거시언어학 11: 담화·텍스트·화용 연구

담화와 지식
: 사회 인지적인 접근

Discourse and Knowledge: A Sociocognitive Approach

거시언어학 11: 담화·텍스트·화용 연구

담화와 지식
: 사회 인지적인 접근

Discourse and Knowledge: A Sociocognitive Approach

테는 반 데이크(Teun A. van Dijk) 지음
허선익 뒤침

경진출판
Kyungjin Publishing Co.

일러두기

1. 이 뒤침 책에서는 원문과 달리 신문 이름, 책 이름은 『 』를 써서 나타낸다.
2. 외국인 이름의 표기
   - 외국인 이름(사람, 장소 등)은 https://www.howtopronounce.com/의 발음을 참고하여 우리말로 옮긴다.
   - 참고문헌으로 늘어놓을 때 등장하는 저자들의 이름은 그대로 표기하고, 본문에서 언급될 때에만 우리말로 옮긴다(예: 반 데이크(Van Dijk, 2019)). 그 사람 이름이 두 번째로 등장할 때에는 괄호 안에 외국어 표기를 하지 않는다.
   - 원서와 우리말 번역서가 있을 경우 서지 정보에 있는 '/'는 원서의 출간년도와 번역서의 출간년도를 구분한다(예: 페어클럽(1992/2017)).
3. 이 책에서 저자는 원문의 저자인 '반 데이크'를 가리킨다. 더러 we로 문장에서 표현되는 경우, 우리말 문장에서 쓰는 관례를 좇아, '이 책에서는'과 같이 뒤친다.
4. 원문의 이탤릭체는 밑줄을 그어 표시하고, 볼드체는 고딕으로 강조하여 표시하였다. 우리말 낱말 다음에 나오는 괄호의 안에 들어 있는 낱말들은 읽는 이에게 영어 낱말을 알려주기 위해 뒤친이가 표기하였다. 그 밖의 괄호 안의 낱말은 원문에 있는 낱말을 우리말로 뒤쳤다. 각괄호([내용: 뒤친이])는 내용을 보태어 글의 흐름을 부드럽게 하기 위해 뒤친이가 덧붙였다.
5. 이 책에는 저자의 각주가 하나도 없다. 따라서 각주는 모두 뒤친이가 덧붙인 것이다.
6. 다른 곳에서 따온 글들은 우리말로 뒤친 다음에 곧바로 그것을 소개하는 관례가 있긴 하지만 여기서는 부록에 따로 모아 놓았다.

이 책의 일부분은 연구거리 No. FFI2008-00070 『담화와 상호작용: 소통에서 인식론적 전략』에 대한 스페인 경제경쟁력부Ministry of Economy and Competitiveness: MINECO의 재정 지원으로 가능하였습니다.

목차

제**1**장 들머리

1.1. 목적

2011년 크리스마스 바로 다음 날, 영국의 신문『데일리 텔리그랩Daily Telegraph』지는 망명 신청자에 대한 일상적인 기사를 실었다.[1]

1 납세자들은 망명 신청에 실패한 사람들을 위해 하루에 100,000파운드를 대고 있음

2 이 나라에서 살 권리를 갖고 있지 않으면서 망명 신청에 실패한 사람들의 주거를

3 위해 납세자들은 하루에 100,000파운드 이상을 허비하고 있다.

4 탐 화이트헤드(내무부 관련 편집자) 씀

---

[1] 각 장의 처음에는 이 장에서와 같이 끌어온 자료들이 있고, 이들을 일정한 행 번호와 함께 제시하였는데, 우리말과 어순이 다르고, 영어와 우리말의 인쇄 지면의 편집 방식에서 차이 때문에 영어 원문과 우리말 뒤침글의 줄 수가 가지런하게 대응하지 않는다. 대략적으로 줄의 수를 맞추기 위해서 의도적으로 줄을 바꾸었음을 밝혀둔다. 이런 점은 다른 장의 따옴글에서도 마찬가지이다. 이 따옴글의 원문은 부록에 다시 정리하여 실었다.

5 2011년 12월 26일 그리니치 평균 태양시 오전 8:00

6 내무부는 지난 해에 대략 4천만 파운드를

7 이른바 '불운한 사람들', 즉 요청이 거절되었지만

8 이런저런 이유로 떠날 수 없는 사람들을 위해 썼다.

9 그 이유란 대개 그들의 고국에서 불안한 조건 혹은

10 질병 때문이거나 자신들의 일로 인한 법률 소송이

11 위헌 법률 심사에 들어가 있기 때문이다.

12 그러나 그러는 동안에 납세자들은 그들의 주거비와

13 생계비를 들여야 한다.

14 그리고 망명 제도에 따른 소송비용은 별도로 불어나고 있는데

15 이는 주거 시설을 필요로 하는 망명 신청자들의 수가 2011년에 늘어났

16 음을 보여준다.

17 영국이주민 감시단 단장인 앤드류 그린 경은 "이것은

18 영국에 사람들이 머무르게 될 기한에 대한 눈금이다.

19 "그러나 결국 그들의 소송이 실패한다면 떠나야 하거나 제도 전체의

20 신뢰도가 완전히 무너진다."라고 말했다.

21 4구역 지원으로 알려진 제도 아래서 은신처 요구소송을 하여 거절되

22 었지만 고국으로 지금은 돌아갈 수 없는 망명 신청자들에게는

23 숙박 시설과 생계비 지원이 주어진다.

24 2011년 9월까지 12개월 동안 전체 4,430명의 사람들에게

25 그와 같은 지원이 있었는데 하루에 12명에 이른다.

26 그들 가운데 몇몇은 그 이후에 그 나라를 떠났을 것이며 다른 사람들은

27 특별히 환경이 변하지 않는다면 무한정으로 여기에 있을 것이다.

28 그 기간에 걸쳐 내무부는 38만 2천 파운드, 즉 하루에 104,658파운드를

29 제4구역 지원을 위해 썼다.

30 그와 같은 지원의 자격을 갖추기 위해 망명 실패자들은 궁핍한 생활을

31 해야 했으며 다음의 조건들 가운데 하나를 충족하여야 한다.

32 그들은 영국을 떠나기 위한 합당한 단계를 밟고 [있으면서: 뒤친이],

33 여행을 하기에는 신체적인 장애로 혹은 다른 의료적인 이유 때문에 영

34 국을 떠날 수 없는 경우, 해당 부처의 장관의 판단에 따라 현재 이용

35 가능한 귀국 경로가 아예 없어서 영국을 떠날 수 없는 경우,

36 망명 신청의 소송을 하고 있기 때문에

사회학: 지식사회학은 무엇보다도, 『텔리그랍』지의 독자들이 지니고 있는 지식이 사회 집단이나 계층, 공동체, 인식론적 공동체에 따라 특징을 보이는 방법에 관심을 가진다. 말하자면 다른 작은 신문tabloid의 독자나 다른 나라에 있는 독자들과 다를 수 있다는 것이다. 이와 비슷하게 지식에 대한 사회학적 설명은 기관으로서 그리고 믿을 만한 정보의 출처로서, 지식의 정당화를 위한 비슷한 사회적 조건을 지닌 언론사로서의 권위를 다룬다. 따라서 담화를 통한 지식의 재생산에는 많은 사회집단과 '인식론적으로 전문직업인들'(교사, 교수, 기자… 등)과 사회 제도적 기관이 관련되어 있다. 이 집단과 기관들의 권력, 바로 그것이, 지식의 힘과 인식론적 공동체와 사회의 '공식적인' 지식을 어떻게 다스리는가에 대해 무엇인가를 말해 준다.

대중매체와 학교, 대학교와 실험실과 같은 집단과 기관, 조직에 의해 이뤄지는 지식의 생산에 대한 연구가 거시사회학적 접근의 고전적인 영역이지만 대화에서 지식의 사용은 사회 구조에 대한 미시적 수준의 연구에서 점점 더 중요한 주제가 되어 가고 있다. 따라서 화자들은 접속 권한을 가지고 있을 뿐만 아니라 다른 사람과의 관계와 사실과의 관계에서 권위를 지니거나 우위에 있을 수 있고, 그에 따라 대화에서, 지식을 표현하거나 전달할 수 있는 권리를 지닐 수 있다. 따라서 자동차 사고의 목격자는 일반적으로 그 사건에 직접 접속할 수 없는 다른 참여자들보다 그것에 대하여 이야기할 권리가 인식론적으로 더 많다.

인류학: 인류학은 집단 구성원들 사이에 공유되는 지식에 기대어 문화를 규정하여 왔고, 특히 지식, 그리고 지식에 대한 기준이 어떤 국가나 사회에 따라 다를 수 있음을 살폈다. 이런 의미에서 인식론적 공동체라는 개념은 이 연구에서 다루게 될 개념으로 사회적 개념이면서 동시에 문화적인 개념이다. 따라서 사회심리학자들뿐만 아니라 인류학자들은 다른 나라와 다른 문화를 가진 사람들에 대한 기자들의 문화적 가정에 대한 연구에 흥미를 가질 수 있다. 기자들의 문화에 대한 가정이 『텔리

그랍』지에 제시된 기사에 틀림없이 영향을 미치기 때문이다. 좀 더 일반적이고 좀 더 중요한 것은 어떤 갈래의 지식과 어떤 지식 기준이 세상을 주도하고 있는지 의문을 가질 수 있으며, 북반구 서부 세계에서 소수 인종으로 이뤄진 개발도상국 화자들이 정보의 원천으로서 전문적이고 백인인 중산층 남성보다 '우리의' 기자들을 덜 미더운 것으로 이해하는 이유가 무엇인지 의문을 가질 수 있다.

소통 연구: 좀 더 구체적으로 『텔리그랍』지를 읽음으로써 우리가 필요로 하고 얻는 것으로서 지식에 대한 연구는 소통 연구의 범위 안에 있다. 전통적으로 이 연구에서는 어떻게 정보가 대중매체에 의해 사회에 퍼지게 되는지 초점을 맞추었으며, 그 과정에서 기자들이나 매체 발행기관의 역할, 독자의 (지식)에 신문 보도가 하는 실질적인 영향에 초점을 모았다. 그럼에도 불구하고 이 학문 분야에서는 매체가 전달하는 내용의 처리에서 지식의 역할뿐만 아니라 사회에서 지식의 (재)생산 과정에서 매체의 역할에 대해서는 상대적으로 관심이 적었다. 담화와 지식의 관계에 대한 좀 더 일반적인 연구는 이 장에서 사례로 그리고 세상에 대해 많은 사람들이 새로운 지식을 얻는 일반적인 방법으로 제시한 신문 기사를 선택함으로써 강조하듯이 소통에 대한 연구에 이바지하려고 한다.

조직 연구: 1990년대 이후 조직 연구 분야에서 지식에 대한 관심이 새롭고 폭넓게 생겨났다. 이들은 종종 혁신의 품질을 끌어올리고 조직 안에서의 배움을 끌어올리며, 좀 더 일반적인 의미에서 조직을 더 발전시키기 위한 경쟁 전략으로서 지식 관리의 관점에서 나타난 관심이었다. 아쉽게도 이 책에서는 이 주제에 대해 현재 이뤄지고 있는 상당수의 연구문헌을 아우르고 비평할 만한 여유가 없다(참고문헌 몇몇은 5장을 참고하기 바람).

언어학, 의미론, 담화 연구: 그리고 끝으로, 앞서 지적한 것처럼, 언어학과 의미론, 담화 연구는 다양한 방식multimodal의 입말과 글말에서 전략과 구조, 언어 사용과 소통, 상호작용에서 지식이 전제로 깔리거나 표현되고 형식화되며 구성되고 관리되는 방식에 초점을 맞추었다. 이는 문장의 초점과 주제에서 새로운 정보와 이전의 정보 사이에 잘 알려진 배치의 문제나 어떻게 지식의 출처가 증거대기evidentials에 의해 표시되거나 혹은 양상 표현을 통해 지식의 품질이 표현되는가와 같이, 문장 수준에서 나타날 수 있다. 여전히 대부분의 형식언어학자들에 의해 무시되지만 수백 개의 담화 갈래, 소통 사례와 실천사례들 중에서, 이를테면 대화나 신문 보도, 교재, 심문과 의회 토론에서 낡은 정보와 새로운 정보가 관리되는 방식과 같이 담화 전체에 걸쳐 관련되어 있기도 하다.

따라서 앞에서 본 것처럼, 대화 분석은 어떤 화자가 어떤 종류의 지식을 어떤 수신자에게 표현하는가, 어떻게 권한 부여entitlement, 책임감, 불균형과 규범들이 그와 같은 대화에 영향을 미치는가를 최근에 이르러 탐구하기 시작하였다. 예컨대 대화에서 어머니는 자기의 아들에 대해 이방인보다 더 많은 지식을 지녔으리라 가정되고, 그에 따라 그 아이들에 대해 이야기하도록 권한을 부여받으며, 다른 대화 참여자들이 표현할 수 없거나 표현해서는 안 되는 세부 내용들을 밝힐 수 있다. 다양한 형태의 많은 대화에서, 특히 전문직업 대화에서 지식과 그 표현은 참여자들 사이에 협상을 하기 위해서도 필요하다.

담화에 대한 연구는 점점 다양한 방식으로 나타나게 되었다. 담화의 미론에서 연구된 것처럼, 담화는 입말과 글말로 되어 있으며, 글말에서도 (망명 신청자에 대한 기사에서 굵고 큰 표제에서처럼) 활자, (망명 신청자에 대한 기사에서 국경 경찰 책임자의 사진에서처럼) 그림, 음악과 다른 소리뿐만 아니라 입말 상호작용에서 몸짓, 외부 장식, 자세의 적절한 변이를 통해 특징을 보인다. 이는 언어 사용자가 입말과 글말을 이해할 때 다양한 복합 방식으로 정신 모형의 형성에 직접적으로 영향을 미칠 수 있기 때문에 여러 가지 다양한 방식으로 지식이 표현되고 습득되며, 전제로 깔릴 수 있음을 의미한다.

1.3. 담화에 대한 연구

비록 현재의 담화 연구는 대부분의 인문학과 사회과학에서 널리 실천되고 있으며 알려져 있지만 담화 연구자들을 위하여 지식 연구에 대한 다양한 접근 방법을 요약하였던 것과 같은 방식으로 지식 연구자들을 위해 담화 연구에 대해서도 무엇인가를 간단히 말할 필요가 있다.

출발 지점에서 담화 분석이 하나의 방법이 아니라 여러 학문에 걸친 방법으로 일반적인 문법 분석이나 언어 분석 방법 이외에도 다양한 양적인 방법과 질적인 방법이 사용되고 있다는 점을 강조하고자 한다. 따라서 1960년대와 1970년대 처음에는 대체로 독립적으로 이뤄진 담화와 대화에 대한 다른 연구들과 현재 나타나고 있는 연구들을 아우르는 이와 같은 학제적 연구를 필자는 '담화 연구'라는 이름으로 부르기를 좋아한다. 이들 서로 다른 접근법들을 다음과 같이 요약할 수 있을 것이다.

- 민담, 신화와 스토리텔링에 대한 이른 시기의 연구가 있고 난 뒤, 대체로 말하기에 대한 민족지학 연구ethnography of speaking는 문화에 따른 상황에 맞춰지고 다양한 사회에서 가변적인 소통 사례들에 초점을 맞추었다.
- 텍스트 문법학자와 담화 문법가들은 언어 능력뿐만 아니라 실제 언어 사용이 고립된 문장 구조(에 대한 지식)에 한정되지 않고 의미 연결에 대한 설명에서 그러하듯이 좀 더 넓은 담화차원에서의 이야기 전달 구조와 논쟁 구조뿐만 아니라 덩잇말과 대화에서 다른 갈래들에 나타나는 다른 많은 '전국적인' 구조와 관련된다는 것을 강조하였다.
- 더 추상적이고 구조적인 거시사회학의 접근을 거부하면서 민족지학 방법론, 좀 더 일반화하면 미시사회학은 사회 질서의 토대로서 상호작용에

초점을 맞추었다. 좀 더 구체적으로 말한다면, 비공식적인 대화와 기관 맥락에서 이뤄지는 대화를 연구하였다. 그에 따라 대화 분석은 담화 연구에서 영향력이 넓지만 부분적으로는 독립적인 접근 방법이 되었다.

• 심리언어학과 달리 좀 더 주도적인 문장언어학과 더 관련이 있는 인지심리학과 교육심리학은 낱말과 문장에 대한 정신적 처리에서부터 덩잇말의 산출과 이해로 곧장 그 범위를 넓혀 나갔다. 그에 따라 처음으로 어떻게 언어 사용자들이 (제한된 작업 기억에도 얽매이지 않고) 복잡한 담화를 전략적으로 산출하고 이해하며 저장하고 회상하는지, 지엽적 의미 연결과 전국적인 연결을 어떻게 수립하며 담화에 대한 주관적인 해석을 표상하는 정신 모형의 구성에서 지식을 어떻게 활성화하고 적용하는지 설명할 수 있게 되었다.

이런 초기의 발전이 있고 난 뒤, 대략 1964년과 1974년 사이에, 담화 연구는 사회언어학, 화용론, 담화심리학과 소통 연구에서 덩잇말과 대화에 대한 연구로 확산되거나 섞여들었다. 사회과학 가운데 오로지 정치학만이 이런 일반적인 담화 연구로의 전환이 통하지 않았다.

담화 연구의 방법들은 이른 시기의 민족지학 방법론과 현대적 접근, 즉 덩잇말과 대화에서 처리와 구조에 대한 문법 연구, 실험 연구에서부터 복합 양상을 띤 의미론적 연구, 컴퓨터 모의실험, 방대한 말뭉치에 대한 자동화된 분석과 참여자 관찰, 혹은 사회과학의 다른 방법이라는 현대적 접근법으로 범위가 넓혀졌다. 비판적 담화 분석[20]은, 이를테면 성차별주의자나 인종주의자와 같은 권력 남용의 사회적 재생산에서

---

20) 담화 분석에 대한 흐름은 세 가지 정도로 잡을 수 있을 듯하다. 먼저 담화 그 자체의 분석이다. 대화 분석과 텍스트언어학의 흐름이 있다. 두 번째 흐름은 담화와 사회를 연결하고, 사회의 여러 현상을 담화를 중심으로 하거나 담화에 견주어 살피는 연구들이 있다. 대표적으로 여기서 언급하는 비판적 담화 분석이 있다. 세 번째 흐름은 담화 사용 주체와 관련되는 연구들이 있다. 언어심리학보다는 주로 인지심리학에서 담화에 많은 관심을 기울였고, 이를 바탕으로 언어교육에 활용하려는 흐름이 있다. 비판적 담화 분석과 담화 분석의 흐름은 허선익(2019ㄱ)을 참고할 수 있다.

나타나는 담화의 역할에 좀 더 구체적으로 초점을 맞추었다.

인종주의와 이념, 맥락21)에 대한 저자의 이른 시기 연구22)에서처럼 폭넓은 학제적 통합을 향한 다양한 시도가 있었음에도 불구하고, 한편으로 탈사회적이고 인지적인 (종종 실험적인) 접근법과, 다른 한편으로, 특히 대화 연구와 상호작용 연구에서 (종종 인지주의에 반대하는) 사회적 접근법 사이에 유감스럽게도 틈이 남아 있다.

이 책과 관련되는 사실은 담화에서 지식의 기본적인 역할에도 불구하고 인지심리학의 범위 밖에서 이뤄진 담화 연구들은 모든 수준의 덩잇말과 대화, 특히 문장의 정보 구조를 넘어서는 경우에 지식의 역할에 거의 주목하지 않았다는 것이다. 이 책은 이와 같은 담화인식론의 모자란 점을 고치기 위한 최초의 통합적인 시도이다.

---

21) 이 책에서 '맥락context'이라는 용어가 널리 쓰이고 있다. 이 용어는 'co-text'(핼러데이의 용어를 담화 분석에서 받아들임; 김지홍(2019), 「비판적 담화분석에 대하여」, 투고 중 참고)와 혼동이 있을 수 있는데, 뜻넓이에서 'context'가 더 넓다. 즉 'context'는 'co-text' 를 포함하여 말하는 상황에 더 가깝다. 그렇기 때문에 일상적으로 자주 쓰는 맥락은 'co-text'에 가깝고 그에 따라 문맥이라는 말을 쓰는 것이 더 자연스러울 수 있다. 이 책에서는 'co-text'란 용어가 두 번 사용되었을 뿐이다.

22) 저자의 책 가운데 2000년 이전에 출간된 책은 그의 누리집(http://www.discourses.org)에 서 무료로 내려받기 할 수 있다. 다음은 그의 책의 일부이다.
   *Structures of International News. Report to UNESCO. (University of Amsterdam, 1984).
   *Prejudice in Discourse (Amsterdam: Benjamins, 1984)
   *Communicating Racism. Ethnic prejudice in thought and talk. (Newbury Park, CA: Sage, 1987).
   *News as Discourse (Hillsdale, NJ: Erlbaum, 1988).
   *News Analysis (Hillsdale, NJ: Erlbaum, 1988).Note that pages 114 and 115 will appear at the end of chapter two. This book has been scanned by Monse Cataldo Leyton.
   *Racism and the Press (London and New York: Routledge, 1991).
   *Elite Discourse and Racism (Newbury Park, CA: Sage, 1993).
   *Ideology and Discourse. A Multidisciplinary Introduction. English version of an internet course for the Universitat Oberta de Catalunya (UOC). July 2000.
   *Ideology. A multidiscplinary introduction. (London: Sage. 1998)
   한편 권력과 관련해서는 『Discourse and Power』(2008, Palgreave MacMillan), 맥락과 관련해서는 『Discourse and Context』(2010, Cambridge University Press)가 있다.

1.4. 담화와 지식에 대한 연구

인문학과 사회과학에서 지식의 연구에 대한 짧은 요약을 통해서, 인지심리학을 제외한다면, 지식과 담화 사이의 관계에 대한 연구가 아직도 제한적임을 찾아내었다. 철학, 사회학과 인류학은 넓게 지식에 관심을 기울였지만, 지식이 습득되고 정당화되며 표현되는 방법에 대한 연구에서 담화의 구체적인 역할을 대체로 무시하였다. 인지심리학은 대부분 실험실의 실험을 통해서 담화 산출과 이해에서 지식이 중요한 역할을 한다는 것을 폭넓게 보여주었지만, 지식이 사회적으로 공유되는 속성에 대해서 충분한 주의를 기울이지 않았다. 사회심리학에서 인식론적 표상과 사회적 표상에 관심을 가졌지만, 주도적인 패러다임은 집단 구성원들 사이의 지식에 바탕을 둔 상호작용이나 인식 공동체보다는 의견이나 태도, 편견에 관심을 가졌다. 언어학에서 지식에 대한 연구는 정보 구조의 변화(주제-초점 명료화), 증거대기, 양상과 전제와 같은 문장들의 몇 가지 속성에 제한된 반면, 담화의미론, 이를테면 의미 연결, 스토리텔링, 논쟁, 기술, 설명, 규정에 대한 연구와 많은 담화 갈래들의 연구에서는 지식의 기본적인 역할을 무시하였다.

다양한 덩잇말과 대화 갈래에서 그리고 인식론적 공동체와 사회, 문화에서 나타나는 다양한 소통 상황에서 지식이 습득되고, 전제로 깔리며, 표현되고 소통되며 정당화되는 방법들에 대한 통합적인 연구를 가능하게 하는, 인문학과 사회학의 일반적이고 학제적인 얼개가 필요하다는 것을 알게 되었다. 이 책은 인식론과 심리학, 사회학과 인류학에서 지식에 대한 연구 문헌들을 살피고 언어 사용자들과 인식론적 공동체에 의해 지식이 '관리되는' 방식에서 담화의 역할에 초점을 맞춤으로써 그와 같은 얼개를 다듬고자 할 것이다.

한 권의 책으로 인문학과 사회과학에서 이뤄진 지식에 대한 수천 편의 연구를 검토하는 일이 가능하지 않다는 것은 말할 필요도 없다. 따라서 이 책에서는 각각의 학문에서 지식-담화의 접합점을 이루는 기본적인 속성들을 설명할 수 있는 학제적 얼개 구성에 특별히 알맞다고 생각하는 연구들에 대한 검토로 제한할 것이다.

1.5. 담화, 인지와 사회의 삼각 연구

이와 같은 학제적 연구의 좀 더 넓은 이론적 얼개뿐만 아니라 인종주의와 이념, 맥락에 대한 저자의 앞선 연구는 담화와 인지, 사회에 대한 삼각 연구로 되어 있다. 따라서 담화는 사회에서 사회적 상호작용의 형태로 규정되며 동시에 사회적 인식의 재생산과 표현으로 규정된다. 지엽적인 사회 구조와 전국적인 사회 구조는 담화의 조건이 되지만 사회적으로 공유되는 지식과 이념, 사회 구성원으로서 개인적인 정신 모형의 중재를 통해 그렇게 작용한다. 개인적인 정신 모형은 맥락 모형으로서 사회에서 일어나는 사건들을 주관적으로 규정하기 때문이다.

따라서 담화의 사회적 측면, 정치적 측면, 문화적 측면과 개인적이고 사회적인 주체들이 사회 구조와 사회적 표상을 산출하고 재산출하는 주관적인 방법에 대해서 설명할 수 있게 되었다. 이념에 대한 연구를 위하여 앞서 한 것처럼 담화와 지식에 대한 구조적이고 상호작용적인 접근은 사회과학에서 악명 높은 거시적—미시적 방법들 사이의 틈에 다리를 놓을 수 있는 방법들 중 하나로 인식될 수 있을 것이다.

제2장 자연 지식에 대한 이론의 요소들

2.1. 들머리

하원이 의원들에게 다음의 행위를 하도록 촉구하는 의견을 소개하면서 11년 전인 2003년 3월 8일, 영국의 수상인 토니 블레어는 이를 옹호하였다.

(1) 하원은 이라크의 대량 파괴 무기의 해제를 확실하게 하는 모든 조치를 취해야 한다는 영국 정부의 결정을 지지하고, 중동에서 병역의 의무를 이행하고 있는 사람들에게 전폭적인 지원을 제공한다.

보수당의 찬성과 자유노동당 의원들의 반대 입장으로 이뤄진 몇 시간의 토론 끝에 대중들의 대대적인 항의를 무릅쓰고, 조지 W. 부시와 조세 마리아 아즈나르가 각각 이끌고 있는 보수적인 정부인 미국과 스페인에서 그러한 것처럼, 영국 국회는 이라크에 대한 전쟁에 나서기로 표결하였다. 의회 속기록에 따르면 자신의 안을 옹호하면서 블레어는 다음과 같이 주장하였다.

(2) 정말로 그렇습니다. 역사를 통해서, 우리는 무엇이 일어났는지 압니다. 우리는 되돌아 볼 수 있습니다. 그리고 "그런 시기였지. 그 순간이었어. 무엇인가 조치를 취해야 하는 그런 순간이었어."라고 말합니다.

십 년 뒤 우리는 의회의 결정에 따른 결과에 따라 전쟁이 일어났다는 것을 이제 안다. 토니 블레어의 표현들을 사용하면서 우리는 이제 그가 발의하면서 참이라고 가정했던 것, 즉 그가 발의에서 제안하는 것처럼 전쟁에 참여하는 주된 이유가 되었던 이라크가 대량 파괴 무기WMD23)를 가지고 있다는 것이 거짓으로 밝혀졌음을 '역사를 통해' 알게 되었다. 이것이 발의에서 토니 블레어가 거짓말을 하였음을 의미하는가? 혹은 그가 단순히 실수를 하였고 미국과 영국의 보안 당국으로부터 잘못된 정보를 통보받았을까?

그의 연설에서 블레어는 그의 발의안과 정책에 관련되는 무엇인가를 알고 있다고 자주 주장하였다. 그가 알고 있다고 수사적으로 강조하고 있는 긴 단락이 여기에 있다.

(3) 내가 알고 있는 것을 말할 수 있도록 내무부에 요청합니다. 나는 대량 파괴 무기, 특히 핵무기 기술을 확산하고 팔고 사는 몇몇 나라나 나라 안의 몇몇 집단들이 있다는 것을 압니다. 핵무기 개발 프로그램에서 앞자리에 있는 과학자들과 개인들, 회사들이 있다는 것을 압니다. 그들은 장비와 전문 기술을 팔고 있습니다. 나는 죽음을 각오하고 화학 무기나 생물 무기, 특히 핵무기 능력을 얻고자 노력하고 있는 몇몇 나라들이 있다는 것을 압니다. 그런 나라들은 아마도 대부분 매우 억압적인 체제를 지니고 있는 독재 권력 있을 것이라는 점 압니다.

---

23) 'Weapons of Massive Destruction'의 줄임말로 대량 파괴 무기라는 뜻이다.

이들 중 몇몇 나라들은 이제 쓸 만한 핵무기를 가지는 데 얼마 뒤쳐져 있지 않습니다. 이런 활동은 사라지지 않고 있습니다. 늘어나고 있습니다. 우리는 모두 대부분의 주요 국가들에서 활동하고 있는 폭력 선동 집단 terrorist group이 있음을 압니다. 단지 지난 2년 동안 대략 20개의 서로 다른 나라들이 심각한 폭동으로 고통을 받았습니다. 9월 11일의 폭동과는 별개로 수천 명의 사람들이 죽었습니다. 그와 같은 폭력 선동의 목적은 불법적인 행위 그 자체에만 있지 않고 공포를 만들어내는 데 있습니다. 선동하고 분열시키며 재난을 초래하는 결과를 가져오기 시작했습니다. 전세계에 걸쳐, 특히 중동과 카시미르, 케냐와 아프리카에서 정치적 진보의 기회를 망쳤습니다. 탤리반의 제거는 당연히 타격을 가하였습니다. 그러나 여전히 사라지지 않았습니다.

일상적인 대화뿐만 아니라 의회 토론에서 그리고 많은 다른 갈래의 정치 담화에서는 언어 사용자들이 일상적으로 이와 같은 경우와 비슷한 일들이 일어나고 있음을 알고 있다. 이 경우, 즉 토니 블레어가 한 연설처럼 명시적으로 알고 있다고 주장한다. 비판적 분석에서처럼 그리고 '역사를 통해' 우리는 또한 토니 블레어가 실제로 이라크에 대량 파괴 무기가 있음을 실제로는 알지 못했다는 것 또한 알고 있다. 기껏해야 그것들이 거기에 있다는 것을 강하게 믿을 뿐이며, 지식이라고 주장하거나 함축하는 것은 반박 불가능한 증거들에 의해 뒷받침되기도 어렵다는 것을 이제는 알고 있다.

다음 장을 위한 준비로 이 장은 담화와 의사 결정에서 나타나는 것으로서 지식과 믿음의 기본적인 개념에 대해 이론적인 논의를 바치고자 한다. 언어 사용자들이 무엇인가를 알고 있다고 정확하게 가정하거나 명확하게 주장하는 경우는 언제인가? 그리고 그러하다고 언제 믿는가?

토니 블레어의 연설과 영국 의회에서 이뤄진 이라크 토론에 대한 자세한 분석을 제시하는 자리는 아니지만, 이 책에서 제시한 개념들을 선보이기 위해 이 장에서는 이 사례들을 때때로 이용할 것이다. 이라크에 대한 토론에 대한 자세한 내용은 반 데이크(Van Dijk, 2008a, 2009a)를, 의회에서 이뤄진 토론에 대한 지식은 반 데이크(Van Dijk, 2003, 2004c, 2006a, 2012)를 참고하기 바란다.

2.1.1. 자연 지식과 상대적인 지식, 맥락 지식

비록 이 장은 현재의 인식론, 마음에 대한 철학과 언어철학에서 정보를 얻었지만, 이를 다루는 철학의 여러 연구 분야에서 논의되고 있는 복잡한 생각들의 흐름을 한 장 안에서 공평하게 다룰 수는 없다. 이 책에서 제시한 일반적인 개념들은 지식에 대한 좀 더 '자연스러운' 이론을 향하고 있는 인식론의 발전과 마음에 대한 철학과 걸음을 맞출 것이다. 이를테면 한편으로 인지심리학으로부터 나온 개념(Quine, 1969[24])에 의해 매력적으로 다듬어짐. Brown and Gerken, 2012; Goldman, 1986, 1993; Kornblith, 1994, 2002도 참고할 것)과 다른 한편으로 사회학으로부터 나온 개념(Fuller, 2002; Goldman, 1999; Haddock et. al., 2010; Jovchelovitch, 2007; Schmitt, 1994; Stehr and Meja, 2005를 참고할 것)들을 통합함으로써 그렇게 할 것이다. 담화, 지식, 인지, 사회와 문화의 이런 접합 부분에 대해서는 다음 장에서 다시 살필 것이다.

규범적인 문법에서 자연 언어에 대한 경험적인 연구로 나아간 언어학의 역사에서와 마찬가지로, 그리고 1960년대 이후 형식적인 문장 문법에서 실제적이고 상황에 매인 언어 사용과 담화, 상호작용에 대한 연구로 나아갔듯이, 자연스러운 지식, 즉 토니 블레어의 연설에서 본

---

24) 이 논문에서 콰인(1969)은 언어에 대한 분석만으로 언어의 실체나 실재를 밝힐 수 없기 때문에 다른 학문, 특히 과학적 방법을 강조하였다. 이른바 학문에서 자연주의를 강조하였다. 이런 그의 주장은 인지심리학 등의 학문과 언어학 혹은 더 넓게 철학이나 인문학의 접합점을 찾으려는 노력, 혹은 뇌에서 문화에 이르는 통섭(부합consilience)에 대한 논의로 이어지는 물꼬 역할을 하였다는 점에서 의의가 있다. 폴 처칠랜드(2012/2016), 『플라톤의 카메라』(박제윤 옮김, 철학과현실사) 참고.

것처럼 실제 상황과 실제의 인식론적 공동체 안에서 실제 사람들에 의해 사용되는 지식의 분석에 관심을 갖고 있다. 이는 또한 (절대적으로) '참된' 믿음에 기대어 추상적으로 규정된 지식에 대한 개념을 대신하여 자연스러운 지식에 대한 연구는 상대적이며 맥락에 매여 있는 경향을 보인다(DeRose, 2009; García-Carpintero and Kölbel, 2008; Preyer and Peter, 2005를 참고. Stalnaker, 1999, 2008도 참고할 것).

실제로 토니 블레어와 많은 다른 사람들은 전쟁으로 몰고 간 그들의 결정이 대량 파괴 무기와 위의 (3)에서 표현된 것과 같은 폭력 선동 집단에 대한 상대적이거나 맥락에 매인 지식에 바탕을 두고 있다고 주장할 것이다. 그와 같은 지식은 다른 사람에 의해 다툼의 여지가 있고 뒤에 단순한 믿음이었음이 드러나는 지식이다.

2.1.2. 담화 분석의 한 가지 전망

이 책의 다른 장들에서와 마찬가지로 이 장에서는 담화 연구에 대한 관점으로부터 나온 지식을 다룬다. 이것은 또한 인식론적 관점에서 사회정치적인 사용과 믿음과 지식을 드러내는 사례이자 구체적인 담화로 이 장뿐만 아니라 이 책을 시작한 이유가 된다. 이는 무엇보다도 담화에 대한 학제적인 이론에 적합한 지식의 속성에 초점을 맞추고 있음을 의미한다. 두 번째로 이 책에서는[25] 또한 인식론이 자연스럽게 발생하는 입말과 글말에 의해 재산출되고 표현되며 습득되는 것으로서 지식과 믿음에 대한 설명을 위해 매우 필요함을 거듭 강조한다.

---

25) 이 책에서는 'we', 'our'와 같이 저자와 독자를 아우르는 대명사 혹은 소유격의 사용에 대해서 문맥에 맞게 '이 책에서는' 혹은 '여기서는'과 같은 표현으로 뒤친다. 아마도 7장에서 많이 언급되는 용어 중 하나인 간주관성을 얻기 위한 장치로 이 책의 저자가 많이 쓰이고 있다고 생각한다(여기에 관련되는 좀 더 자세한 내용은 7.3.4.6.2를 참고하기 바람). 외국어로 된 책이나 그 번역본을 읽은 사람들에게는 2인칭 복수 대명사의 사용이 낯익을 수 있지만 뒤친이의 생각에는 그렇지 않은 사람들이 많으리라 생각하기 때문이다.

자연스럽게 나타나는 입말과 글말(뿐만)이 아니라 문맥이 없거나 맥락이 없이, 짧으며 고안되고 문장 수준으로 표현되는 경우에도 그러하다. 실제로 앞으로 보게 되겠지만 관찰과 경험을 넘어서 담화는 인간 지식의 중요한 원천일 뿐만 아니라 이를 검증하는 중요한 기준이다.

지식에 대한 이 책의 접근법은 오늘날 담화와 언어에 대한 다른 학문에서 그러한 것처럼 문맥을 고려하고co-textual 맥락 중심적contextual이며 상호작용을 염두에 두고 있다(최근에 나온 개론서와 길잡이로서 Gee and Handford, 2012; Schiffrin et. al., 2013; Van Dijk, 2007, 2011b를 참고). 실제로 인식론에 대한 어떤 담화 분석적인 접근법은 다루는 폭이 훨씬 넓어야 한다. 즉 엮인 텍스트를 고려하고 기호론적이어야 한다(Kockelman, 2006; Van Leeuwen, 2005).[26] 입말과 글말에서 표현되는 지식은, 토니 블레어의 연설과 그의 지식이 보안 당국의 보고서에 바탕을 두고 있듯이 관련되는 다른 담화에 기대고 있다. 지식은 대화나 인쇄물뿐만 아니라 이미지와 소리, 몸짓 등을 포함하고 있는 면대면 대화뿐만 아니라 누리그물로부터 일반적으로 알고 있듯이 다채롭게 여러 방식multimodal의 담화에서 가정되고 표현된다.

실제로 이라크에서 대량 파괴 무기의 존재를 증명하기 위해 미 국방부 장관 콜린 파월은 한 달 전인 2003년 2월 5일에 국가안전보장회의에서 있었던 연설에서 의도[27]가 담긴 진실purported truth을 뒷받침하기 위해 정지된 그림과 항공사진, (탄저병균이 든 병을 보여주는) 다른 시각적인 수단을 이용하였다. 여기서도 토니 블레어가 한 것처럼 "우리는

---

26) 이 책에서 다루는 인식론 혹은 인지적 관점에서 서로 얽혀 있는 덩잇글의 속성을 고려해야 한다는 점을 지적하면서 입말과 글말과 같은 언어적 요소뿐만 아니라 비언어적 요소 혹은 반언어적 요소에 더하여 줄글로 이어진 덩잇글뿐만 아니라 사진 등의 요소도 고려해야 함을 지적한다. 반 리우벤(2005)의 책에 제시된 내용에 대해서는 허선익(2019ㄱ)에서 개괄적으로 소개되었다.

27) 의도는 화자/필자가 명시적으로 제시하는 경우를 제외하면 암묵적으로만 파악된다. 그런 의미에서 이를 담화 연구에서 제외하고자 하는 입장을 취하는 연구자들도 있다(앞서 언급한 클락이 포함됨). 여기서는 맥락을 고려하여 비판적이든 우호적이든 청자/독자의 관점에서 파악될 수 있는 것으로 간주하고 있다.

안다"라는 명시적으로 판에 박은 표현formula을 사용하여 의도가 담긴 지식purported knowledge을 유의하게 강조한다.

(4) 우리는 직접 순조롭게 진행되고 있는 생물 무기 공장을 묘사합니다. 효소가 무엇인지 우리는 압니다. 탱크와 펌프, 압축기, 다른 부분이 어떻게 보이는지 압니다.

여기서도 트레일러에 있는 대량 파괴 무기에 대한 '지식'은 만약 이라크에 대한 전쟁을 위해 실상을 강조하려고 조작된 것이 아니라면 기껏해야 잘못 안 것으로 밝혀졌다.

지식과 인식론에 바탕을 둔 담화 접근에서 중요한 부분은 담화에서 지식과 그에 대한 표현이나 전제 사이의 삼각 관계에 대한 연구, 그리고 이 둘이 세계와 어떻게 관련되어 있는가 하는 연구이다. 예컨대 담화와 지식은 종종 표상이나 의도에 관련되는 용어(Searle,[28] 1983)로 자리매김된다. 이들은 세계에서 둘 다 '대하여 있는about' 사건이나 상황을 표상하고 바로 그 점에서 담화는 간접적으로 의도적인데 담화의 생산과 이해에 관련되는 정신 모형이 의도적이기 때문이다. 따라서 토니 블레어의 믿음과 그의 연설은 이라크와 사담 후세인, 대량 파괴 무기에 '대하여 있지만' 그의 발화는 먼저 그가 믿음을 갖고 있음을 전제로 하고 그 다음에 연설에서 그것을 표현할 뿐이다.

앞에서 언급한 것처럼 담화 지식에 대한 접근으로서 이 책에서 제시하는 좀 더 큰 삼각관계(담화-인지-사회) 안에서 볼 때 이 장에서 다루는 인지는 중심 역할과 중재 역할을 한다. 다음 장에서 좀 더 자세하게 살펴보게 되듯이 인식론에서도 담화나 상황에 매인 다른 상호작용에

---

28) 써얼(John Rogers Searle, 1932~)의 책은 여러 권이 우리말 번역으로 출간되었다. 『언화 행위』(이건원 번역, 1987, 한신문화사), 『심리철학과 과학』(심철호 번역, 2009, 남명문화사), 『지향성: 심리철학 소론』(심철호 번역, 2000, 나남출판), 『정신·언어·사회』(심철호 번역, 2000, 해냄), 『마인드』(정승현 번역, 2007, 까치)가 있다.

연루되어 있는 인식론적 공동체의 구성원들이 지니고 있는 (구체적 모형과 같은) 정신 표상mental representation의 구체적 유형에 따라 자연스러운 지식이 설명되어야 한다. 실제로 사회 인지 이론sociocognitive theory의 대표적인 유형은 담화에 대한 상호작용적 접근법과 인지적 접근법이 불충분하게 통합되거나 통합이 되지 않은 것에 대한 평계였다(『담화 연구』 8권 1호(Van Dijk ed., 2006b)에서의 특별한 논제는 여기에 대한 토론에 바쳐졌다).

이와 같은 일반적인 배경에 맞서 이 책의 나머지 부분에서 지식과 담화 사이의 관계를 탐구하는 데 이용할 것으로 지식에 대한 간단한 이론의 요소들을 요약하기로 한다. 이 책에서는 물론 지식에 대한 이론이 인식론에서 발전되어 왔기 때문에, 그리고 좀 더 자연스러운 패러다임 안에서 지식에 대한 연구를 하지 않을 수 있을까 하는 점에서 지식에 대한 이론들에 빚을 지고 있다. 그러나 지식에 대하여 현재 가장 두드러진 접근법조차 전체적인 얼개에서 검토하는 일은 이 책에서 다룰 범위를 벗어난다. 이는 그와 같은 개념들에 대한 동시대의 여러 관련되는 논의에 들어가지 않고 몇몇 기본적인 개념들을 선택할 것임을 의미한다(다른 책들 가운데 Audi, 2010; Bernecker and Dretske, 2000; Greco and Sosa, 1999; Lehrer, 1990; Steup and Sosa, 2005를 참고하기 바란다).

2.1.3. 명제 지식과 계량 가능한 지식

이 장의 범위를 줄여 잡기 위해 계량적29) 지식이나 능력operational knowledge or ability(자전거를 '타는 방법'과 같은 어떻게 하는 방법에 대한 지식)

---

29) 'operation'이 지닌 여러 뜻 가운데 조작이란 한자어가 일찍부터 대응되어 쓰였다. 이는 복합개념 구성물(예컨대 요약)을 검증하기 위해 그와 관련되는 변인들을 통제하여 측정이 가능한 구성물들로 잘게 나누어 실험하고, 그것을 통계 내어 유의미한 결과를 이끌어 내기 위한 양적 조사 연구 맥락에서 쓰였다. 더러 '조작적'이란 낱말이 쓰이기도 하지만 조작이란 낱말이 여러 모로 지니고 있는 부정적인 말맛(어감) 때문에 마땅하지 않다. 여기서는 이런 점을 고려하여 계량 가능하다는 의미에서 이 용어를 쓰기로 한다.

이 아니라 '선언적 지식declarative knowledge'(…라고 안다)이라고 부르는 것만을 다룰 것이다(Ryle, 1994: 2장). 그렇지만 지식에 두 가지 측면, 이를테면 토니 블레어가 의회에서 어떻게 연설을 할 것인지 아는 것과 같은 지식의 유형들이 있음을 주목할 필요가 있다. 할 수 있는 지식도 널리 가르치고 있기 때문이다. 또한 이 책에서는 선언적 지식을 선호하여 실제적인 지식을 무시하는 것이 여성들이 지니고 있는 상당수의 지식이 좀 더 실제적인 성질을 지니고 있지 않을까 하는 성차별적 편견을 함의할 수 있다는 것도 인식하고 있다(Tanesini, 1999).

이 장과 이 책에서는 어떤 사람이나 도시에 대해서 아는 것과 같이 신분 확인이나 얕은 앎acquaintance(누구인지나 무엇이지 앎, …에 대한 지식)은 지식으로서 무시할 것이다. 그와 같은 지식이 상당한 분량(에 대한 요약일 경우)의 '명제적 지식'과 관련될 수 있는 경우에도 그러하다. 실제로 프랑스 말이나 스페인 말에서 그와 같은 지식은 다른 동사로 기술되기도 한다(connaître, conocer 대 savoir, saber인데 독일 말의 경우도 마찬가지이다. 즉 kennen 대 wissen이 그러하다).30) 이와 같은 사정은 여러 가지 다른 앎의 사용의 경우도 마찬가지이다. 즉 그 앎(이를테면 자신의 위치를 아는 것)은 이 책에서 초점을 맞추고자 하는 표상된 지식이나 선언적 지식으로 되돌릴 수 없다.

2.2. 지식의 기본적인 조건과 기능

지식과 믿음과 같은 기본적인 개념들을 더 잘 이해하기 위해 인간의 일상적인 삶에서 그런 개념들의 실제적인 기능에 대한 질문을 해보는 것이 이해하기 쉽다. 그와 같은 기본적인 질문들은 현대 사회에서 그리

---

30) 여기서 맞서는 짝들은 우리말에서 '안다'의 다의적 용법과 관련이 있다. 이를테면 앞의 동사들은 '(이름이나 얼굴 등)을 알다'에 대응하고, 뒤의 동사들은 '(역사를) 알다'에 대응한다.

고 인간의 정보 처리에서 지식의 사용에 대한 경험적인 탐구뿐만 아니라 인간의 진화와 마음의 진화, 자연 환경과 사회 환경에 대한 적응에 대한 연구에서 (부분적인) 답이 있다(Hahlweg and Hooker, 1989; Munz, 1993; Popper, 1972; Ruse, 1986).

종과 유기체의 생존과 번식을 위해 본질적인 것은 종이 맞닥뜨린 환경에 적절하게 적응하는 것이다. 그와 같은 적응adaptation은 다소 느리게 종의 진화에서 이뤄질 뿐만 아니라 유기체의 생애 동안 연루되어 있는 다양한 환경에 있는 요소들과 일상적인 상호작용에서 이뤄진다. 사람의 경우 이는 자연 환경과 적절하게 상호작용하여야 할 뿐만 아니라 사회적 환경에 존재하는 다른 사람과 적절하게 상호작용하여야 함을 의미한다. 따라서 토니 블레어가 연설에서 정치적 환경과 군사적 환경으로 그가 자리매김하는 바에 따라, 이라크에 있는 대량 파괴 무기에 대한 의도가 담긴 그의 지식은 영국과 세계의 평화로운 생존과 안정을 위해 중요하다고 강조한다.

(5) 이 문제의 결과가 그렇게 오랫동안 사담에 의해 인간 아래의 취급을 당해 온 이라크 사람들의 미래 그 이상을, 이라크 정부의 운명 그 이상을 결정할 것이므로, 비록 이런 문제들이 중요하긴 하지만 말이다. 영국과 세계가 21세기의 안정에 대한 중대한 위협에 맞서는 방식과 미국의 발전, 미국과 유럽 사이의 관계, 유럽 연합 안에서 관계들을 결정할 것이며 미국이 나머지 세계에 간여하는 방식을 결정할 것이다. 이는 다음 세대의 국제 정치의 유형을 결정할 것이다.

환경과의 그와 같은 상호작용은 사회 주체들에 관련되는 기본적인 기제 가운데 적어도 세 개를 결정한다.

(i) 사회 주체들에 의해 적절하게 (재)구성되는 것으로서, 환경(여기에는 사회 주체의 마음과 몸도 포함됨)에서 무엇이 일어나고 그것이 어떤

갈래인지에 대한 믿을 만한 지각perception

(ii) 인지와 행위, 상호작용과 담화에서 당장 혹은 앞으로의 사용을 위해 기억에서 이들 지각을 재구성하여 저장하는 정신 표상

(iii) 그와 같은 지식의 인식론적 공동체의 구성원들과 소통할 뿐만 아니라 다른 이들로부터 지식을 얻기 위한 언어 사용과 담화

환경에 대한 이와 같은 정신적 표상을 이 책에서는 '믿음belief'(Price, 1969)이라고 부른다. 동물들도 환경에 대해 일정한 표상을 어느 정도 가졌을 것이다(Allen and Bekoff, 1997; Gallistel, 1992). 그러나 여기서는 오직 사람에게만 초점을 맞춘다. 동물과 달리 사람들은 이런 믿음에 대해 의식하며 자연 언어를 통해 명시적으로 표현하고 소통한다.

사람들이 자신들과 자신들의 (외적) 환경에 대한 믿음을 발전시켜 나간다는 것이 중요할 뿐만 아니라, 이들 믿음이 실제로 일어나고 있는 사례들에 가장 알맞게 대응한다는 점에서, 정도의 차이는 있지만, 정확하다는 것이 중요하다. 건강이나 참살이, 살아남음, 일상적인 상호작용이 (우리들 자신을 포함하여) 자연 환경과 사회 환경에 대한 올바른 믿음에 달려 있다.

따라서 올바른 믿음을 일관되게 형성할 수 있기 위해서 인간은, 시행착오에 바탕을 둔 상호작용 대신에 개인적으로 그리고 집단적으로 자신들의 믿음에 대한 정확도를 높이는 기본적인 기준이나 표준, 혹은 방법들을 계발하여 왔다. 그러한 기준들은, 이를테면 한편으로 서로 다른 상황에서 여러 사람들에 의해 자세하고 되풀이되며 독립적으로 이뤄지는 관찰을 규정하고, 다른 한편으로 경험에 대한 소통뿐만 아니라 어떤 믿음을 다른 믿음들과 관련짓는 방식, 예컨대 일상적인 논쟁이나 형식적인 논증formal proof들에서 나타나는 추론을 규정할 수 있다.

지식에 대한 기준은 세 개의 열쇠낱말로 요약할 수 있다. a) 지각/경험, b) 담화와 c) 사고/추론이 그것이다. 따라서 토니 블레어의 연설은, 대량 파괴 무기와 이전의 사건(사담은 쿠르드 사람들에게 그와 같은 무기

를 썼음), UN 무기사찰팀의 보고, 사담의 사위가 한 선포 등을 통해서 나타나는 사담 후세인의 위협에 대해 의도가 담긴 주장을 뒷받침하는 기준으로 그가 간주하는 것에 이바지하고 있다.

환경에 대한 온당한 표상으로 믿을 수 있는 믿음들은 특별한 지위와 역할을 지닌 믿음의 기능에 가까워진다. 바로 그것이 지식이다. 비록 이것이 개인별 인간과 환경과 상호작용에서 그러하지만, 기본적인 지식으로 규정되는 개인적 지식은 공동체에 의해 소통을 통해 공유되고 수용되는 믿음들이다. 그것은 사회적 지식이다. 이는 토니 블레어가 일관되게 자신의 지식에 관련되는 주장을 방어하기 위해 앞서 있었던 국제연합의 선언과 국제적인 의견일치를 언급하는 이유이기도 하다.

종이 살아남고 적응하기 위한 기본적인 조건으로서 환경에 대한 지식의 역할을 전제로 할 때 한편으로 개인적인 행위와 상호작용의 성공과, 다른 한편으로 유기체나 집단에서 지시의 사용과 표상, 습득에 대한 기본적인 형식이나 기제들은 각각의 종에 가장 적합한 방식으로 유전에 따라 등재되고 나아지며 계통발생학적으로 재산출된다. 비록 사람이 지니고 있는 개인적 경험뿐만 아니라 사회적으로 나누어 가진 일반적인 지식들이 개인별로, 집단별로 습득되지만, 한편으로 자연 언어를 배우고 상호작용하며 소통할 수 있도록 해주며, 다른 한편으로 사회적 환경과 자연 환경을 표상하고 분석하며 지각하게 해주는 것으로, 유전적으로 프로그램된 기본적인 지식 형식과 개념틀, 마음의 장치들을 가지고 태어난다.[31]

사람이 지니고 있는 지식과 그것의 습득과 사용, 적응뿐만 아니라 머리에서 이뤄지는 신경학적 수행과 사회에서 담화를 통한 소통과 재

---

31) 이와 같은 점들을 받아들이고 가정한다고 해도 문제는 인간이 새로운 개념을 어떻게 만들어내고, 이 개념과 일반화가 어떻게 다른지 밝혀야 하는 문제가 남는다. 또한 단순히 있었던 사실을 넘어서 이를 바탕으로 이뤄지는 추론과 같은 사고 작용이 어떻게 일어나는지 밝혀야 하는 문제가 있다. 그리고 개인별, 집단별 차이도 규명되어야 할 것이다. 그런 점에서 인지과학이나 뇌과학, 신경심리학 분야의 연구들을 참고할 필요가 있다.

산출에 대한 설명은 그와 같은 기본적인 가정에서 이뤄졌다(Gazzaniga, 1998; Plotkin, 1997, 2007). 따라서 이 책에서는 아래에서[2.3절 이하: 뒤친이] 그리고 다음 장에서 인간 경험과 환경에 대한 지각의 기본적인 형식들, 그리고 그에 따라 사건과 상황에 대한 특정의 지식에 대한 기본적인 형식이 정신 모형mental models이며, 한편으로 일반적인 지식으로서 일반화와 추상화가 있으며, 다른 한편으로 그것을 담화에서 표현하고 재산출한다고 주장할 것이다.

2.3. 자연 지식에 대한 이론을 향한 단계들

2.3.1. 지식에 대한 일차적인 자리매김

이 장과 이 책의 나머지 부분에서 사회적 지식은 인식론적 공동체 안에서 공유되며 신뢰성에 대한 맥락과 역사, 문화라는 가변적인 (인식론적) 변수에 의해 정당화되는 믿음으로 자리매김한다. 이는 다른 공동체의 구성원들이나 다른 시기에 '단순하거나' '거짓인' 믿음, 이념, 편견 혹은 미신으로 간주될 수 있는 것들을 '참된 믿음'으로 어떤 공동체에서 사용하고, 전제하며 자리매김할 수 있음을 의미한다. 다른 말로 한다면, 자연스러운 지식은 상대적이다. 즉 인식론적 공동체의 인식론적 기준에 따라 상대적이다. 개인적인 지식은 그렇다면 개별 구성원들이 개인적인 경험과 추론에 대해 자신이 몸담고 있는 인식론적 공동체의 인식론적 기준을 적용함으로써 얻을 수 있는 정당화된 믿음으로 자리매김할 수 있다.

토니 블레어가 지니고 있다고 주장하는 지식의 종류와 관련하여 그는 다양한 전문가들이 모은 자료뿐만 아니라 역사적인 선례들 등으로부터 나온 증거들과 같은 다양한 인식 공동체의 기준(이를테면 정치가의 기준, 의회의 기준, 영국의 기준)을 이용하였다고 주장할 것이다. 반면에 전문가들을 포함하여 다수의 사람들은 이라크에 여전히 대량 파괴 무기가 있다는 확고한 증거들이 있다고 믿지 않는다. 그에 따라 인식론적 공동체 전체에 걸쳐 사회적으로 공유되는 데 필요한 일반적인 의견 일치는 없으며 다른 의견만 있을 뿐이다. 다른 말로 한다면 '우리는 모든 것을 안다.'고 되풀이해서 토니 블레어가 주장할 때 이는 거짓말을 감추기 위한 수단이거나 단순한 믿음을 끌어올리기 위해 수사적으로 만든 과장이다.

2.3.2. 담화

이 책에서의 논의와 특별히 관련이 있는 것은 담화가 경험과 믿을 만한 지각뿐만 아니라 그것을 넘어서 지식의 원천이며 기준으로서, 특히 지식의 사회적 재생산에서 중요한 역할을 한다는 점이다. 인간이 지니고 있는 경험과 직접적으로 지각 가능한 환경을 넘어선 세계에 대해, 사람들이 알고 있는 대부분의 지식은 소통의 이런저런 형태와 갈래들 중 누리그물, 교재, 대중매체, 친구, 교사, 돌봄이,[32] 부모의 입말과 글말로부터 나오거나 그것에 의해 습득된다. 이는 당연히, 인식론적 공동체에서 구성원들이 공유하고 있는 경험에 바탕을 두고 쌓여 온 일반적인 지식뿐만 아니라 대부분의 역사적 지식들이 그러하다.

블레어와 그 반대자 둘 사이의 주장을 들여다보면 그들의 주장을 뒷받침하는 모든 논쟁들이 이라크에 대한 전문가들의 보도와 역사적 문헌, 선언 등과 같은 담화로부터 나온 (모순되는) 증거들에 바탕을 두고 있다는 것을 똑똑히 보게 될 것이다. 실제로 대량 파괴 무기의 존재를 믿을 만한 어떤 전문가도 보지 않았고 보고하지도 않았기 때문에 사용된 증거는 담화적이며 그런 점에서 간접적이다. 이는 일상에서

---

32) 우리말에서 글말이 입말의 영향을 입어 바뀌는 현상들이 여럿 있다. '도우미(도움+이)'가 그러한데, 최근에는 '돌보미(돌봄+이)' 그러하다. '재밌다(재미있다)'의 사례도 축약으로 보기에는 문제가 있어 보인다.

직접적이고 개인적인 경험과 관찰을 넘어서는 사건에 대한 모든 지식이 대부분 그러할 것이다.

인식론에서 지식에 대한 기준을 제공하는 원천으로서 지각과 추론/추리[33]와 비교해 볼 때 지식의 습득과 정당화에서 담화의 이런 중요한 역할에 대해서 거의 주의를 기울이지 않았다. 담화에 주의를 기울인 인식론의 한 분야가 있었는데, 사회적 지식과 정당화의 중요하지만 (언제나 믿을 하지는 않은) 원천으로서 증언testimony에 대한 연구이다(Audi, 1997; Coady, 1992; Fricker, 2006; Goldman, 1999; Reynolds, 2002). 인문학과 사회학의 모든 학문과는 달리 인식론은, 담화, 즉 입말과 글말이라는 좀 더 일반적인 개념어 대신에 증언(혹은 '풍문')이라는 특별한 개념을 사용하고 있다는 점을 주목할 필요가 있다.

지식과 담화 사이의 관계에 대하여 논의할 때, 특히 인식론과 관련성이 높은 부분은 추론의 표현으로서 논증에 대한 연구이다. 그리고 믿을 만한 추론은 이미 있는 지식과 다른 사람에게 알려진 지식으로부터 유도될 수 있다(Goldman, 1999). 그럼에도 불구하고 나날의 삶에서 많은 담화들은 거의 논증적이지 않다. 다른 사람의 의견을 알도록 특별한 기능을 하는 신문 사설이나 의견란보다 신문 보도를 통해 대부분의 사람들은 더 많은 것을 안다. 그렇다면 관련되는 담화의 갈래[34]들을

---

33) 추리와 추론은 국어사전의 풀이를 참고할 때는 구분되지 않는다. 그리고 일상적인 용법에서도 둘이 구별되지는 않지만, 학문의 맥락에서는 추론이란 용어가 주로 쓰인다. 킨취(W. Kintsch, 1998/2010)의 『이해』 1~2(김지홍·문선모 뒤침, 나남출판)를 비롯한 여러 논문에서 추론이 네 갈래로 나눠지며 이해에서 추론의 역할을 강조하였다. 추리는 귀납법의 넓은 갈래에 드는 가추법abduction, 즉 가설추리법에서와 같이 전제의 참이 결론의 참을 필연적으로 보장할 수 없는 경우에 이뤄지는 사고 작용으로 추리를 언급한다(물론 가추법은 논증력을 더 높인 가설연역추리법으로 보완되기도 하였음). 그런 점을 고려하여 이 책에서도 이 둘을 구분하기로 한다. 허선익(2013), 『국어교육을 위한 말하기의 기본개념』(경진출판)에서 각주를 통해 이를 구분하기도 하였음을 참고하기 바란다.

34) 담화의 갈래에 대한 논의는 갈래에 대한 논의가 그러하듯이 잣대를 무엇으로 잡는가에 따라 달라질 수 있다. 어느 경우에나 잣대에 가장 잘 들어맞는 전형적인 사례가 있고, 이것으로부터 변이 형태가 나타난다는 점을 고려해야 한다. 국어교육의 맥락에서 말하기의 갈래에 대한 논의는 허선익(2013)을 참고할 수 있으며, 클락(Clark, 1996/2009)과 머카씨(M. MaCarthy, 1998/2010) 『입말 그리고 담화 중심의 언어교육』(김지홍 뒤침,

자세히 들여다보고 이미 있는 지식이나 새로운 지식을 만들어내고 전달하며 전제로 삼고 속뜻을 깔아 넣는 방법들을 더 폭넓게 살펴볼 필요가 있다.

2.3.3. 맥락

담화와 지식은 사태의 상태에 대한 표상으로서 의도적일 뿐만 아니라 맥락적이다. 반면에 여기서는 지식이 인식론적 공동체와 인식론적 기준뿐만 아니라 지각과 경험, 특정의 소통 상황에서 이해되고 산출되는 모든 담화에 관련되는 구체적인 상황에 대하여 상대적이라고 가정한다. '같은' 담화는 어떤 상황에서 참이거나 거짓 혹은 어느 하나도 충족시키지 못하는데, 그것은 상황 중심의 (지시적) 표현에 대한 해석 때문이다. 따라서 토니 블레어가 2003년도에 연설을 하였다면 그와 다른 이에게는 그의 논증이 '참'일 수도 있지만, 그 뒤에는 그의 믿음이 부정확한 것으로 보일 것이다.

좀 더 일반적으로 담화는 각각의 소통 상황에서 화용론적으로 어느 정도 관련이 있다. 그와 같은 상황은 배경, 참여자들(그리고 그들의 정체성이나 역할, 관계), 현재의 사회적 관례, 목표와 참여자들 사이에 공유되는 지식(공동 배경[35])과 같은 그 상황에 대한 매개변인에 의해 규정된다. 다음 장에서 그와 같은 소통 상황이 그렇게 복잡하며 객관적인 사회적 배치나 환경에 따라 배열되는 모습을 띠는 것이 아니라 다소 동적인 맥락 모형들에 따라 참여자들에 의해 주관적으로 요약되고 규정된다는 것을 보여줄 것이다(Van Dijk 2008a, 2009a). 이 모형들은 일상

경진출판)을 참고하기 바란다.

35) 클락(Clark, 1996/2009: 152~153)에서는 공동 기반을 공유된 공동 기반과 재귀적 공동 기반으로 상정하고 공유된 공동 기반(배경)으로부터 재귀적 공동 기반을 추론할 수 있지만, 그 반대는 성립하지 않는다고 하였다. 대화에서 공동 기반의 확인에 대해서는 그곳의 뒤친이가 붙인 각주를 참고하기 바란다.

의 경험을 다스리고 자리를 잡아주는 좀 더 일반적인 정신 모형의 구체적인 사례이다. 이는 또한 지식의 원천으로서 담화에 대한 신뢰도가 그 맥락에 달려 있음을 의미한다. 예컨대 대중매체에 실린 면담에서 어떤 전문가가 선언한 것은 비격식적이고 공개된 맥락에서 참으로 간주될 수 있지만 학술적 맥락에서는 거짓으로 생각할 수 있다.

비록 토니 블레어의 연설이 거짓으로 보일 수 있다고 하더라도 그가 정직하게 그의 믿음이 정확하다고 믿는다면 그것은 화용론적으로 적절하다. 더 나아가 그 날짜에 의회에서 수상으로서 하원 의원 앞에서, 그 당시에 모든 참여자들이 지니고 있는 지식을 가정하고 그가 이끄는 정부에서 이라크 전쟁에 나아가도록 결정하는 데 의회의 지원을 얻으려는 목적을 지녔다면 그러하다. 그가 주관적으로 그것[소통 상황: 뒤친이]을 규정하는 것으로 그의 발언을 통제하는 맥락 모형에서는 이들이 소통 상황을 규정하는 핵심적인 조건들이다(자세한 내용에 대해서는 Van Dijk, 2008a, 2009a를 참조할 것. 그리고 '상황을 규정하기'라는 오래된 사회학적 개념에 대해서는 Thomas, 1928/1966[36]을 참고할 것).

이 장과 이 책에서 특별히 흥미로운 점은 맥락 모형에 특별한 지식 장치, 즉 K-장치가 있다는 점이다. 이 장치는 담화의 각 지점에서 수용자에 대한 다양한 지식에 대하여 화자나 필자가 알거나 믿고 있는 것을 역동적으로 수립해 나가며 그들의 입말이나 글말을 그와 같은 공유된 지식, 즉 공동의 배경에 맞추어 나간다. 따라서 블레어는 논증되고 증명될 것이라고 주장하는 것을 그의 연설에 제시함으로써 차례대로 수용 주체들의 지식(과 의견)을 바꿀 것이고, 그에 따라 그의 제안을 지지할 수 있도록 판단력을 바꿀 것이라고 가정할 수 있다.

앞서 지적한 것처럼 현재의 인식론도 또한 맥락주의적 접근이라는

---

36) 어느 정도 인지심리학에서 널리 받아들여지고 있는 상황에 대한 개념을 자리매김한 논의인데, 화자/필자 혹은 학습자에게 영향을 미치고 중요시되는 상황이 객관적인 실체로 존재한다기보다는 인식하고 학습하는 상황, 언어 사용자가 주관적으로 규정하는 상황이 중요함을 주장한다.

특징을 지닌다. 그럼에도 그와 같은 맥락주의는 그와 같은 맥락에 대한 체계적인 분석을 바치지 못하고 있으며 '큰'과 같이 모호하거나 양을 나타내는 용어, 화자의 의미나 지수나 상황에 따라 변할 수 있는 인식론적 기준과 같이, 의미론적 방법으로 다룰 수 없는 것으로 맥락을 규정하고 있다(DeRose, 2009; Preyer and Peter, 2005).

2.3.4. 정신 모형

지식과 그 기준에 대한 인지적 접근에서 사람들이 사태의 상태, 특히 직접적적이든 간접적이든 (담화를 통해 중재되는) 일상의 경험에서의 사건이나 행위, 구체적인 상황을 마음으로 구성하고 표상하는 방법을 설명하는 이론적 개념을 필요로 한다. 다음 장에서(그리고 참고문헌을 통해서) 좀 더 자세하게 보게 되듯이 인지심리학에서는 나날의 과거, 현재, 미래를 서로 구별되게 자리매김하는 것과 같은 주관적인 표상을 설명하고 기술하기 위해 정신 모형이라는 개념을 끌어들인다.

정신 모형들은 사건들에 대한 정신적 '사본'이 아니라 사람들이 지각이나 경험을 이미 만들어진 모형과 일반적인 지식과 사회·문화적 지식에 근거하여 그와 같은 사건들을 능동적으로 구성한다.

정신 모형들에는 중심적인 행위 주체—경험 주체로서 자기[37]가 존재하는 장기 기억의 일부분인 구체적 사건 기억episodic memory에 저장되어 있는 것으로 가정한다(Brown, 1991; Brueckner and Ebbs, 2012; Ismael, 2007; Neisser, 1993, 1997; Schacter, 1999를 참고).

그 모형에서 변화를 통해 분리하고 개별화하며 서로 다른 구체적

---

37) 일반적으로 심리학에서는 '자아ego'와 '자기self'를 구분한다. 본능적이고 충동적인 자아를 넘어서 사회적 정체성을 갖춘 자아를 자기로 간주한다. 한편 자아의 개념은 피아제와 비고츠키의 견해가 대조된다. 피아제는 개인주의적인 관점에서 자아의 개념이 내적 성장을 따라 발달하는 것으로 보았다. 반면에 비고츠키는 구성주의적 관점에서 자아가 사회적으로 구성된다는 점을 강조한다.

사건들을 표상하는 정신 모형의 연속으로 분절함으로써, 즉 서로 다른 장소와 시간 단위, 참여 구조, 목표와 행위 등을 분절함으로써 나날의 삶에 대해 진행되고 영속적인 '의식의 흐름'을 사회적 행위 주체들이 마음에서 조직하는 것은 이런 방법[38]이다(Newtson and Engquist, 1976; Shipley and Zacks, 2008; Van Voorst, 1988; Zacks and Swallow, 2007; Zacks et. al., 2001).

2.3.4.1. 지식으로서 정신 모형

(경험이 일어나고 있는) 상황에 대해 주관적이고 마음에서 일어나는 구성과 표상으로 자리매김되는 정신 모형은 자연스러운 인식론에서 개념으로서 쓸모가 있다. 왜냐 하면 인식 공동체의 구성원들이 지니고 있는 나날의 경험을 자리매김해 주기 때문이다. 즉 구체적인 상황이나 사건에 대한 지식은 사회적으로 공유되는 지식 기준, 이를테면 믿을 만한 지각과 추론이나 담화라는 기준을 충족시키는 정신 모형에 의해 표상된다. 참된 믿음에 대해 언급하는 대신 인식론에서 지식에 대한 전통적인 정의에서 일반적인 것처럼 사태의 상태를 믿을 만하게 표상하거나 그것에 대응할 때 정확하다고 부를 것이다.

만약 그러한 개인적인 사건 지식이 인식론적 공동체 안에서 소통을 통해 공유되고 그것이 공동체의 인식론적 기준을 충족할 경우 사회적 지식이 될 수 있다. 만약 여러 상황에 걸쳐 일반화될 경우 어떤 상황이나 경험을 시공간적 속성과 다른 고유의 속성으로부터 추상화함으로

---

38) 페어클럽(2003/2012, 김지홍 뒤침, 『담화 분석 방법』, 경진출판)에서 행위 주체를 사회적 사건으로 표상하는 데에는 다음과 같은 선택 내용이 있음을 언급하였다. 즉 능동적 표현 : 피동적 표현, 인칭적 표현 : 비인칭적 표현, 개별이름 표현 : 분류항목 표현, 특칭 표현 : 총칭표현, 배제 : 포함, 명사 표현 : 대명사 표현이 있다. 이들은 담화에서 표현될 때 특정의 의도와 관련하여 선택될 수 있다. 가령 사건의 원인을 숨기고자 할 때 행위 주체로서 사람을 명시적으로 표현하지 않음으로써 (그들이 아니라 우리의) 책임을 회피하고자 할 수 있다.

써 정신 모형은 일반적인 지식이 될 수 있다(McHugh, 1968을 참고).

반면에 개인적인 모형들은 공동체의 지식 기준을 충족시키지 않고 일반적으로 공유되지 않는 고유의 감정과 의견이라는 특징을 지닐 수 있다. 그에 따라 그것은 개인적인 믿음이나 의견으로 간주된다.

많은 사람들이 수천 년 동안 자연 환경과 사회 환경으로부터 나온 사건과 상황을 경험하고 표상하여 왔기 때문에(Plotkin, 1997), 사람들로 하여금 일상생활에서 전략적으로 빠르고 효율적일 수 있도록 하는 종에 기반을 둔 개념틀schema39)을 발전시켜 왔을 가능성이 높다. 이 개념틀은 시공간적 배경, 참여자, 행위/사건, 목표 등과 같은 범주들로 이뤄져 있다. 이 개념틀은 상황에 대한 정신 모형의 구조를 구성한다. 뿐만 아니라 일상적인 입말과 글말에서 그와 같은 상황을 기술하는 문장이나 절, 즉 한편으로는 전통적으로 명제로, 다른 한편으로 특정 담화 갈래의 구조로 나타냈던 단위에 대한 의미론적 표상까지 구성한다. 실제로 특정의 사건과 개인적인 경험에 대한 정신 모형들은 이야기와 신문 보도에서 전형적인 인지적 토대이다.

자연 환경과 사회 환경, 자기에 관련되는 일상적인 경험과 의식은 현재 상황에 대해 지각된 자료나 기억과 함께 정신 모형을 채우고 맞추는 데 관련되어 있다. 아침에 일어날 때나 의식을 잃고 깨어난 뒤에 사람들은 그렇게 한다. 우리가 누구인지, 어디에 있는지, 몇 시이고 몇 일인지, 무엇을 하고 있는지(몸의 상태가 어떠한지), 무엇을 하려는지

---

39) 사람이 지식을 표상하는 방식에 대해서는 일차적으로 개념으로 표상하는가, 명제로 표상하는가 하는 문제가 있었다. 이들에 대한 인지심리학적 실험 연구들을 통하여 대체로 개념을 통한 지식 표상에서는 위계적 망모형과 세부 특징 비교 모형이 제안되었고, 이들 모형이 지닌 한계를 극복하고자 활성화 확산 모형이 제안되었다. 명제를 통한 지식의 표상에서는 ACT 모형이 제안되었다. 이런 개념이나 명제 수준을 넘어서 지식의 표상을 다루고 있는 이론이 스키마 이론(개념틀 이론schema theory)이다. 이정모 외(2003)의 『인지심리학』(학지사)에서는 개념틀과 스크립트(각본)를 구분하는데, 개념틀이 "일반적이고 구조화된 지식으로서 주어지지 않는 정보를 추론할 수 있게 해줌으로써 이해와 기억에 도움을 준다. 스크립트는 정형화된 상황에서 일어나는 일련의 사건들에 대한 도식적 지식으로서 순서성과 중심성에 따라 조직화되어 있다."(204쪽)고 하였다.

(계획), 무엇을 이전에 하였는지(기억) 등에 대해 듣거나 활성화하기도 하며 지각하고 추론한다. 즉 모형들은 몸에 맞추어져 있으며 시각, 청각, 감각 등 우리 몸에 대한 자각이 관련되어 있고 복합적multimodal이다 (Barsalou, 2008; Glenberg, 1999; Vaela et. al., 1991). 분명히 의식의 형식으로서, 모형의 많은 다른 측면, 특히 신경학적 측면이 있지만, 여기서는 논의하지 않을 것이다(논의를 위해서는 Platchias, 2011; Searle, 1993, 2002; Velmans and Schneider, 2007을 참고할 것).

환경의 인식에 간여하는 직접적이고 복합적인 경험은 사건에 대한 정신 모형의 부분적인 원인으로서 자리매김할 수 있는데, 사건에 대한 의식적인 이해로 규정되는 정신 모형 구성 과정의 일부분으로서 오직 초기의 기본적이고 대체로 의식 이전, 그리고 비개념적인 부분만을 구성할 뿐이다(예컨대 Audi, 2010, 2장과 3장, 그리고 Raftopoulos, 2009를 참고할 것).

인식론적으로 개인적인 경험으로부터 나온 자기에 대한 지식self knowledge[40]은, 여기서 기술한 것처럼, 일반적으로 정상적인 환경에서 믿을 만한 것으로 간주된다. 이를테면 모든 감각과 해석은 정상적인 기준에 따라 기능을 한다. 그리고 법정에서 증거로서 인정을 받는다. 매우 위험 부담이 큰 상황에서 기준은 더 엄격해진다. 이를테면 독자적인 증인의 이용이나 '객관적인' 측정 도구(사진기, 녹화기 등)의 사용이 있어 왔는데, 그 이유는 목격 증언이 언제나 믿을 만하지 않기 때문이다(Loftus, 1996; Thompson, 1998b).

신뢰성은 두려움을 느끼거나 머리가 아픈 것처럼 다른 사람들이 접속하지 않는 감정이나 느낌, 생각에서 유지되는 것으로 가정한다

---

40) 스탠포드 철학사전에 따르면 자기에 대한 지식은 다음과 같은 특징을 지닌다. 1. 자기에 대한 지식은 인식론적으로 실수가 있을 수 없으며 전지적이라는 점에서 매우 확실하다. 2. 자기에 대한 지식은 오직 일인칭 방법의 사용을 통해 습득된다. 3. 자기에 대한 지식은 자신이 지니고 있는 것과 자신의 정신 상태와 서로 영향을 미치는 관계에 있다는 점에서 특별하다. 4. 자신의 정신 상태에 대한 선언은 특별한 권위나 진실에 대한 가정을 담고 있다. https://plato.stanford.edu/entries/self-knowledge/(2019.10.12 검색)

(Brueckner and Ebbs, 2012; Gertler, 2003). 이 책에서는 이런 경험 모형을 진행되고 있는 사고에 대해 적합한 모형으로 간주할 수 있는데, 심리학자들은 '되새김의ruminating' 정신 활동이라고 불렀다(Wyer, 1996).

정신 모형이란 개념을 통해 심리학뿐만 아니라 인식론에서도 지식의 구조와 [자연 환경과 사회: 뒤친이] 환경에서 일어나는 사건과 특정의 상황에 대해 믿을 만한 표상과 구성을 설명하는 기본적이고 이론적인 도구를 지니게 되었다. 동시에 정신 모형이라는 개념은 담화 그리고 지식 형성에 대한 기준으로 담화의 산출과 이해를 설명하는 데에도 쓸모가 있다는 것이 밝혀질 것이다.

2.3.4.2. 정신 모형과 담화

다음 장에서 좀 더 자세하게 보게 되듯이 담화의 이해와 산출을 위해 정신 모형에서 계획되어 있는intentional 역할은 언어 사용자들이 표상하고 있는 것과 대상으로 삼고 있는 것에 담화와 그 의미를 연결하는 데에 있다. 그러나 사회적으로 공유된 일반적인 지식을 근거로 한다면 모형들은 그것들을 전달하고 표현하는 담화보다 더 치밀하다. 왜냐하면 수용 주체들은 필자나 화자와 공유하고 있는 지식으로부터 추론을 통해 빠진 어떤 정보를 끌어낼 수 있기 때문이다. 말하자면 화용적인 이유로 담화는 밑바탕에 있는 상황 모형과 비교하였을 때 완전하지 않다. 지엽적 의미 연결과 전국적인 의미 연결과 같은 담화의 많은 속성들은, 따라서 담화가 언급하고자 하는 상황에 대하여, 참여자들의 정신 모형과 관련하여 자리매김된다.

위에서 소통 상황에 대한 표상이 담화의 상황 적합성을 다스리는 주관적인 정신 모형, 맥락 모형의 형식을 띤다는 것을 보였다. 다른 말로 한다면, 정신 모형은 담화의 화용적 토대와 (외연적, 지시적) 의미론적 토대 둘 다를 제공한다.[41]

인식론은 지식의 믿을 만한 원천으로서 담화(인식론에서는 때때로 증거라고 부름)에 관심을 가지며 어떻게 지식이 다른 사람에게 전달될 수 있는가에 관심을 가진다(Adler, 1996; Audi, 1997; Coady, 1992; Fricker, 2006; Goldman, 1999; Lackey, 1999; Matilal and Chakrabarti, 1994, Reynolds, 2002를 참고할 것).

신문 보도, 이야기와 같이 담화의 많은 형식들이 구체적인 사건을 표상하는 정신 모형으로 언어 사용자들에 의해 해석되기 때문에, 그와 같은 담화는, 믿고 쓸 수 있는 속성credibility과 화자/필자에 관련되는 여러 속성들과 언어 사용자의 인식론적 기준이나 '방법'(지각, 경험, 담화 추론)과 같은 구체적인 맥락과 관련되는 조건들이 충족될 때, 인식론적으로 그와 같은 사건들의 간접적인 증거로서 기능을 한다.

화자나 그 원천의 신뢰성에 대한 증거들이 많지 않기 때문에, 소송 절차와 같은 위험 부담이 높은 맥락에서는, 일반적으로 여러 증인들에 의해 공유되는 직접적이고 개인적인 경험보다 다른 사람들에 의해 이야기되는 것(풍문)으로서 사건들에 대한 간접적인 증거들은 덜 믿을 만한 것으로 밝혀진다. 그러나 일반적으로 사람들이 '진실을 말한다면'이라고 가정하는 바를 필요로 하는 정상적인 대화 조건 중 하나로부터 알고 있듯이 일상적인 맥락에서 믿을 만한 화자가 말한 것이나 쓴 것에 바탕을 두고 있는 진실한 증거는 일반적으로 지식에 대한 타당한 원천으로 가정한다(Grice, 1989[42])를 참고할 것).

사례로서 토니 블레어의 연설을 다시 한 번 가져오면, 그가 언급하고 있는 사태의 복잡한 상황, 즉 이라크에서 대량 파괴 무기의 존재에 대한 추측, 세계 평화에 대한 위협과 사담 후세인에 맞서는 군사적

---

41) 이는 정신 모형이 상황의 영향을 받을 뿐만 아니라 고유의 자료 저장고로서 인간에 보편적인 속성을 띠고 있음을 의미한다.

42) 그라이스(Grice, 1913~1988) 사후에 출간된 이 논문 묶음은 생전에 그의 논의들을 모은 책이다. 대체로 우리나라 학자들에 의해 주로 그의 '대화 규범'이 널리 알려져 있고, 브라운과 레빈슨(Brown and Levinson)이 제시한 공손성의 원리와 함께 화용론이나 담화 교육에서 널리 인용된다(개괄적인 설명은 허선익(2019ㄱ)을 참고하기 바란다). 그 뒤에 1991년도에 『The Conception of Value』(Clarendon)가, 2001년도에 『Aspects of Reason』(Clarendon)이 출간된 것으로 알려져 있다.

조치는 그의 정신 모형에서 주관적으로 표상되었다. 토의에 참가하고 있는 모든 의원들은 현재 상황에 대해 자신들의 고유한 모형들을 지니고 있는데, 이라크, 사담 후세인, 대량 파괴 무기, 현재의 군사적 조치에 대한 지식과 믿음뿐만 아니라 그와 같은 조치가 합법적인가 혹은 효과적인가에 대한 의견과 전쟁의 위험에 관련되는 감정들이 그들의 정신 모형이 지니고 있는 주요 특징이 될 것이다. 따라서 블레어의 연설에 대한 직접적인 근거나 원인인 것은 이라크의 상황 그 자체가 아니라 그 상황에 대한 개인적인 정신 모형 안에 표상된 그의 믿음이다. 그리고 그에 동의하지 않은 사람들은 그들만의 고유한 정신 모형을 토대로 그렇게 한다.

2.3.5. 일반 지식과 담화

사람들이 지니고 있는 역사적인 지식과 일반적인 지식의 많은 부분들은 개인적인 경험에 바탕을 두고 있지 않으며, 따라서 개인적인 정신 모형이나 다른 사람들의 대화를 통한 매개 모형이 아니라 정보 전달을 위한 입말과 글말에 바탕을 두고 있다. 그와 같은 일반적인 지식 그 자체는 공유된 정신 모형에 대한 일반화와 추상화에 의해, 그리고 그와 같은 모형(이를테면 이야기나 신문 보도)들에 대한 담화로부터 나온 추론에 의하거나, 앞선 지식을 표현하고 있는 담화와 이전의 일반적인 지식에 바탕을 둔 추론과 추리에 의해 구성된다.

가르침을 위한 부모—어린이의 담화, 교재, 수업, 대중매체와 공개된 다른 많은 설명 담화들은 인식론적 공동체와 그 공동체의 기관에서 쌓이고 재생산된 것으로서 그와 같은 일반적인 지식을 전달한다. 이는 지식의 사회학에 대한 5장에서 더 자세하게 보게 될 것이다.

이라크의 상황에 대한 토니 블레어와 의원들의 정신 모형과 그것에 바탕을 둔 그들의 연설은 다양한 담화뿐만 아니라 이전에 있었던 개인적인 경험(이전의 모형들)으로부터 나온 구체적인 사실들에 대한 증거뿐만 아니라 의회, 정치, 전쟁, 군사력, 대량 파괴 무기들, 그리고 다른 한 무리의 개념들에 관련되는 암묵적인 일반 지식의 예들기instantiation[43] (적용)를 통해 구성된다는 점에 주목할 필요가 있다. 대부분의 이런 지식들은 발화에서 선언되지 않고, 인식론적 공동체에서 공유되는 일반적인 지식으로 가정되고, 그에 따라 진행되고 있는 토론의 공통 배경의 일부로, 그리고 모든 참여자들의 맥락 모형에서 색인이 붙어 있는 것으로 가정한다.[44]

집단적인 지식으로 사회적으로 공유되는 지식은 모든 지식의 토대일 뿐만 아니라 지식에 대한 시금석이 되어 왔다. 일반적인 맥락에서 지식에 대해 이야기할 때 정신 모형에 표상된 것으로서, 개인적인 경험으로부터 나온 주관적인 지식을 언급하기보다는 사회적으로 공유된 지식을 가리킨다.[45] 개인적인 경험으로부터 나온 개인적인 지식조차 사회적으로 습득되고 공유되는 지식의 기준에 바탕을 두고 정상적으로 구성된다. 이런 기준은 다른 사람과 납득이 가능하도록 이야기할 수 있도록 해주며 그러한 지식을 공유할 수 있도록 해준다. 또한 이것이 사회적 인식론이 더 발전하게 된 이유 가운데 하나이다(Cohen and Wartofsky, 1983; Corlett, 1996; Fuller, 1988; Goldman, 1999; Haddock et. al., 2010; Schmitt, 1994; Searle, 1995). 따라서 사회적으로 공유되는 지식

---

43) 인지심리학의 용어로 어떤 일반적인 용어를 좀 더 구체적으로 만들기 위해 배경 지식을 사용하는 추론 과정을 가리킨다. 예컨대 '헤엄치는 사람을 공격하는 물고기'에 대한 예시화는 상어이다.

44) 색인이 붙어 있다는 것은 일종의 책에 있는 '찾아보기'에서 비롯된 비유적 표현으로 자세함의 정도에 상관없이 쉽게 인출되거나 검색될 수 있음을 뜻한다.

45) 최근에 모 대학 어떤 교수의 책이 우리나라 사회에서 적지 않은 비판을 받은 적이 있는데, 이 책의 입장을 빌려 이야기하면 사회적으로 공유된 지식에 어긋나기 때문이다. 여기서 지적되지는 않았지만, UN 등의 기구들의 존재에서 알 수 있듯이 인류가 보편적으로 추구하는 가치나 보는 틀에 비추어 그의 주장은 어긋나 있기 때문이다. 유발 하라리(Yuval Noah Harari)가 지적하고 있듯이 거시적으로 보면 "오늘날 거의 모든 인류는 동일한 지정학 체계, 동일한 경제 체제, 동일한 법 체제, 동일한 과학 체계를 지니고 있다"(유발 하라리(2015/2015), 조현욱 옮김, 『사피엔스』, 김영사, 242쪽). 일본의 극우주의자들이 비난을 받는 이유도 이와 같은 보편성에 어긋나 있기 때문이고 나라와 겨레를 막론하고, 이와 같은 논리를 펴고 있다면 비판을 받을 수밖에 없다.

은 공개된 모든 담화의 조건임과 동시에 결과이다.

다음 장에서 그와 같은 일반적인 지식 표상46)을 개념적인 '의미' 기억에서 다룰 것이다. 그리고 담화의 산출과 이해에서 어떻게 활용되며 습득되는지 다룰 것이다. 이 장에 맞추어 본다면 대부분은 아닐지라도 사회적으로 공유되는 지식의 상당 부분이 맥락에 따라 상황에 맞춰진, 입말과 글말의 다양한 형태에 바탕을 두고 있다는 것이다.

좀 더 일반적으로 말해서, 담화는 인식론의 경우에서 그러한 것처럼 추론에 의해 산출되는 지식의 원천으로서, 그리고 어떤 공동체에서 집단적으로 산출되는 추리의 토대로서 받아들여질 수 있다. 인식론은 덩잇말이나 덩잇글, 생각 이외에 실험이나 관찰로부터 전제들을 거의 얻기 힘들다. 그것은[담화: 뒤친이] 추리나 논쟁을 통해 산출되는 '정당화가 이뤄진 수용justified acceptance'으로 지식의 한 갈래인데, 이를 리허라(Lehrer, 2000)는 담화 지식이라고 불렀다. 따라서 지식은 기존의 지식 체계에 어긋나지 않아야 하기 때문에 이런 입장은 지식에 대한 이른바 '통일주의자coherentist' 접근을 담고 있다.

이 책에서는 담화와 인지, 사회가 서로 만나는 지점에서 자연스러운 지식에 대한 이론의 핵심에 이르렀다. 이어지는 장들에서 그와 같은 지식이 어떻게 마음에서 조직되고, 담화에서 어떻게 사용되고 표현되는지, 그리고 사회적으로 서로 다른 문화에서 어떻게 소통되고 배분되며 수용되고 이용되는지 좀 더 자세하게 세부 내용을 검토해야 할 필요가 있다.

---

46) 영어 낱말 'representation'은 표상과 재현으로 옮길 수 있다. 재현은 있는 그대로 되풀이하여 다시 보여줌의 의미를 지니고 있는데, 인간이 감각기관을 통해 받아들인 모든 정보를 그렇게 할 수는 없다. 오히려 기억하고 떠올릴 수 있을 정도로만 인지한다. 이 용어는 일반적으로 표상으로 옮기는데, 여기서도 이를 따른다. 심리학에서는 아예 재현이라는 개념을 염두에 두고 있지 않은 듯하다. 다만 표상의 경우도 개인에게 특정한 개인적인 표상과 공동체의 속성으로 되돌릴 수 있는 공통적인 측면이 있을 것이다.

2.4. 자연스러운 지식의 몇 가지 속성

위에서 지식의 본질과 기능, 그리고 지식과 담화의 관계에 대한 일반적인 설명을 제시한 참이어서 이제 지식의 몇 가지 속성들을 검토해 보아야 할 필요가 있다. 인식론에서 지식에 대한 연구에 이용되어 왔고 위에서 그리고 다음 장에서 이용된 고전적인 개념들 몇 가지에 대한 간단한 논의로 그와 같은 검토를 하기로 한다.

2.4.1. 믿음

인식론에서 고전적인 접근은 지식을 특별한 갈래의 믿음, 즉 정당화되고 참된 믿음으로 자리매김한다. 따라서 여기서는 철학에서 논의되고 있는 것으로 이 믿음의 개념을 좀 더 자세하게 논의할 필요가 있다. 그리고 심리적 속성에 대해서는 다음 장의 논의거리로 남겨두기로 한다.

믿음의 유형으로서 지식에 대한 자리매김은 우리가 무엇인가를 안다고 말할 때 우리는 그것을 믿는다는 것을 일반적으로 함축한다(따라서 인식론적 논리에서 $Kp \rightarrow Bp$에 대해서는 가정된 타당성이 있음)는 의미에서, 적어도 이 용어에 대한 일상적인 사용과 어긋남이 없다. 실제로 완전한 수용full acceptance에 관련되는 지식에 대한 자리매김이 아니라면 그것을 믿지 않으면서 그것을 안다고 말하는 것은 이상하다(Cohen, 1992; Lehrer, 1990을 참고할 것).

그러나 이 용어에 대한 대부분의 일상적인 용법에서 '믿음'과 '믿고 있음'에 대한 개념은 세계에 대한 주관적이거나 시험적인 생각이나 발화를 가리키도록 사용한다. 말하자면 실체가 무엇인지 자신이 없을 때, 믿음이 다른 사람들과 공유되지 않을 때나 의견을 제시할 때 사용한다. 그런 의미에서 자연스러운 지식은 (단순한) 믿음, 즉 어떤 것이 확실한가 하는 믿음보다 강한 것과 관련되는 인식론적 공동체의 지식 기준을 따르고 있기 때문이다.

믿음에 기대어 지식에 대한 자리매김을 하는 데 따르는 문제점은 믿음 그 자체의 전문적인 개념이 잘 규정되어 있지 않고, 일반적으로 정신 상태나 명제에 담긴 태도로 당연하게 받아들인다는 데 있다(논의를 위해서는 Williams, 2000을 참고할 것). 고전적인 인식론에서는 현실에 있는 사람들의 실제적인 믿음의 기능과 자세한 인지적 구조를 다루기보다는 대부분의 연구들이 참과 정당화에 관련되는 일반적인 문제들, 즉 세계와 믿음 사이의 관계에 대한 본질과 지식으로서 믿음에 대한 기술을 정당화하기 위한 기준을 다룬다(Goldman, 1986, 1992).

믿음에 대한 자세한 분석에서는 마음에 대하여 좀 더 일반적인 철학에 떠넘기는 경향이 있다(Crimmins, 1992를 참고할 것). 철학의 다양한 갈래에서 이뤄진 다수의 논의들을 요약한다면, 전통적으로 믿음은 다음과 같은 방식으로 기술되고 분석되어 왔는데, 때로 저자의 관점을 따라 진술하였다(여러 연구들이 있지만 자세한 내용은 Amstrong, 1973, 2004; Brandom, 1994; Carnap, 1956; Cohen, 1992; Crimmins, 1992; Davidson, 1984; Dennett, 1987; Dretske, 1981, 2000; Perner, 1991; Putnam, 1975; Quine, 1960; Ryle, 1949; Searle, 1983, 1992, 1998; Stalnaker, 1999, 2008을 참고할 것).

- 욕망이나 바람, 희망과 의심, 두려움, 후회와 다른 '정신 상태'와 함께 믿음은 전통적으로 명제에 담긴 태도propositional attitude, 즉 어떤 사태의 상태에 대한 정신적인 '입장'으로 기술된다.
- 믿음들은 전통적으로 명제로 표상되는데, 영어에서 that−절에 의해 일반적으로 표현된다. 이 명제는 믿음의 '내용'으로 간주된다(Anderson and Owens, 1990; Cresswell, 1985; Richard, 1990을 참고할 것). 앞에서 정신 모형에 기대어 믿음에 대해 좀 더 복잡하고 좀 더 완전한 정신적 표상을 선호한다는 것을 알게 되었다. 그리고 자연 언어의 절 구조에 대한 의미론적 구조의 표상을 위해 명제들을 미리 마련해 두고 있다는 것을 알게 되었다.

- (어떻게 기술되든) 정신 표상으로서 믿음과 입말이나 글말(혹은 다른 기호 체계)에서 표현될 수 있는 방법들 사이를 구별하는데, 이와 같은 구별은 사례들에서 나타날 수 있는 믿음에 대한 전통적인 논의를 흐리게 하는 것처럼 보인다.

- 희망이나 바람과 달리 화자가 올바른 것으로 받아들이고 그에 따라 개인적인 지식을 표상하는 믿음은 '나는 that-을 믿는다'와 같이 앞에서 이끄는 절에 의해 표지되지 않는다. 이 구절은 일반적으로 개인적인 의견의 표현을 위해 마련되어 있다.

- 사람들은 실제 세계나 허구의 세계에서 어떤 상황뿐만 아니라 자기 자신에 대하여 그리고 자신의 정신 상태를 표상하는 믿음을 지니고 있다. 그런 의미에서 희망과 바람, 비슷한 명제를 통한 태도는 (사태의 상태를 표상하는) 정신 모형에 대한(자신의 정신 상태에 대한) 재귀적 정신 모형, 즉 상위 모형으로 규정될 수 있다(Perner, 1991을 참고할 것). 그와 같은 입장은 또한 사람들이 자신의 지식과 다른 믿음(자신에 대한 지식이나 자신의 믿음을 평가할 수 있는 특별한 장치)들에 직접적이고 믿을 만한 접속을 하는지 여부에 관련되는 논의와 관련이 있다(Brueckner and Ebbs, 2012; Carruthers, 2009; Coliva, 2012; Gertler, 2003도 참고할 것).

- 지식의 경우와 마찬가지로, 믿음도 개인적인 경험과 지각에 근거하여 담화와 사회적 상호작용에 대한 해석에 의해, 그리고 주체의 믿음 체계 안에 있는 다른 믿음으로부터 나온 추론에 의해 형성되거나 구성된다.

- 일반적으로 말해 믿음이 무엇에 대하여, 즉 믿음의 내용에 표상되는 것으로서 사태(실제적인 세계나 허구의 세계에서 실제적이거나 가능성 있는 사건이나 상황. Kockelman, 2006을 참고할 것)에 대하여 있다는 의미에서 믿음은 의도적intentional이다(Searle, 1983). 몇몇 철학자들은 표상이 아닌 방식으로, 즉 원인이나 행위의 성향에 기대어 믿음을 규정하였다.

- 명제에 담긴 다른 태도와는 달리, 의도적인 대상으로서 혹은 (명제로서) 그 내용은 전통적으로 참이나 거짓으로(혹은 정확하다거나 부정확함) 특징이 밝혀졌는데, 사건이나 상황, 사실에 대응하는지 여부, 혹은 지식

담지자(truthmaker[47])에 의해 참으로 되어짐, 또는 다른 믿음으로부터 유도/추론될 수 있는지 여부에 달려 있다(고전적인 진리 '대응 이론'과 현대의 진리 '대응 이론'에 대한 상당한 분량의 연구들과 반대에 대해서는 Alston, 1996; Armstrong, 2004; Blackburn and Simmons, 1999; Englebretsen, 2006; Wright, 1993을 참고할 것). 위에서 그렇게 지적되어 있지만, 여기서는 참과 거짓이라는 개념을 언어 사용과 담화에서, 정신적 표상으로서 믿음의 속성에 대해서는 정확함을 사용하는 것을 유보하려고 한다(아래[구체적으로는 2.4.2절: 뒤친이]를 참고).

- 희망이나 두려움과 같이 명제에 담긴 다른 태도들은 일반적으로 참값을 배당받지 않지만, '적합성의 방향'[48])에 달려 있는 다른 방식으로 충족될 수 있다. 그런 방식은 내용들이 세계와 관련되는 여러 가지 방식들 중 하나, 즉 따르거나 조건을 지키거나 실현시킬 수 있는 방식이다. 따라서 믿음은 표상하는 세계에 '적합하다'고 가정하지만, 희망이나 욕망은 세계(수행된 행위, 일어난 사건들)가 각각의 정신 상태의 표상에 적합할 것이라고 기대한다(Boisvert and Ludwig, 2006; Searle, 1983, 1998).

- (명제로 표상되든 그렇지 않든) 믿음의 내용은 표현되고, 소통되며 공유될 수 있다. 따라서 특정의 조건에서 서로 다른 사람이나 전체 집단, 공동체는 '같은' 믿음을 공유할 수 있다.

- '같은' 믿음을 공유하는 것은 믿음의 일반사례와 믿음의 구체사례를 구분해야 한다는 것을 전제로 한다. 후자는 특정의 순간에 특정의 사람에

---

47) 영어 단어 그대로 풀이하면 참을 만드는 사람이지만, 논문이나 사설 등에서 참을 지어낸다는 것은 '참임을 주장하는' 것이므로 지식을 만드는 사람의 의미로 이해할 수 있다.

48) 서양에서 논리학의 발전에 수반되는 여러 학문들이 명제의 참과 거짓을 밝히는 데 노력하였다. 가장 명시적으로 이를 밝힌 논의는 (형식논리학이든 자연언어 논리이든) 논리학이었다. 분석철학을 비롯한 여러 학문들이 직간접적으로 영향을 논리학에 미쳤고, 그런 흐름들이 반도체를 중심으로 하는 현대의 과학기술의 발전과도 관련이 있다. 이치 논리를 넘어서 다치 논리를 제안하기도 하였지만 담화 연구자들은 적합성relevance(대표적인 논의로 Sperber and Wilson(1986)을 들 수 있는데, 이 책에서는 1995년도 판을 참고문헌에 소개하고 있음), Relevance(김태옥·이현호 공역(2003), 『인지적 화용론』, 한신문화사)라는 개념을 발전시켰다. 여기서는 그런 점을 지적하고 있다.

의해 유지되는 믿음이다. 이들은 문장 유형이나 개별 문장들(어떤 언어 사용자가 특정의 맥락에서 한 발화)로 비슷하게 표현될 수 있다(아래 참조할 것).

- 믿음은 인지 이론에 따르면, 예컨대 단기 기억STM: Short Term Memory에서 활성화되거나(지금 처리되고 있음) 비활성화될 수 있다(다음 장을 참고할 것).
- 믿음은 명시적이거나 암시적(암묵적, 가상적)일 수 있는데, 암묵적인 믿음은 다른 믿음으로부터 도출된 뒤에야 믿음 체계의 일부가 된다(Crimmins, 1992; Manfredi, 1993을 참고할 것).
- 사태의 어떤 상태에 대하여 있는가에 따라 믿음은 구체적이거나 일반적이다. 즉 특정의 사건이나 일어난 일(하나하나의 일particulars)을 가리키는가, 아니면 가능 세계, 상황, 사건들이나 사람들, 대상들 일반의 속성들이나 범주, 개념틀, 원형을 가리키는가에 달려 있다.
- 믿음은 강도에서 다양할 수 있다. 사람들은 믿고 있는 어떤 것에 대하여 어느 정도로 확신할 수 있다. 그러한 변이는 일반적으로 문장에서 다양한 양상으로 표현된다(영어에서 '짐작건대I guess', '아마도maybe, perhaps', '…일 것이다likely', '확실히surely'와 같은 구절로 표현되는데, 7장에서 논의된다).
- 믿음은 가변적이다. 오늘에 확실한 것이 내일은 덜 확실하며 그 뒤에는 의심하거나 온통 거부될 수도 있다.
- 이와 비슷하게 믿음을 어느 정도로 받아들이는 데는 그렇게 하고자 하는 증거의 강도에 달려 있다.
- 특정의 소통 맥락에서 자연 언어로 발화된 문장의 믿음에 대한 표현은 문맥 의존적indexical이다. 말하자면 맥락과 관련된 시간과 장소, 참여자들에 따라 다를 수 있다. 다른 시간이나 다른 장소에서 다른 화자에 의해 발화된 같은 유형의 발화도 다른 믿음을 표현할 수 있고, 따라서 한 상황에서 참이어도(혹은 충족시켜도) 다른 상황에서 거짓일 수 있다(Blome-Tillman, 2008; Davis, 2004; Perry, 1993; Preyer and Peter, 2007). 맥락에 대한 이론과 문장 이론, 담화 이론은 맥락에 관련되는 (시간이나 장소,

혹은 화자와 같은) 매개변인들이 명시적으로 발화에서 전혀 표현되지 않은 경우에도 맥락에 맞추어 산출되고 해석된다는 점을 기억하기 바란다(예를 들면 Cappelen and Lepore, 2005에 있는 최소주의 의미론에 대한 논의를 볼 것).

- 믿음의 여러 경우와 마찬가지로, 지식도 특정 상황에서만 명시적으로 문맥 의존적이다(that-임을 안다). 'p임을 안다'라고 선언하는 대신, 언어 사용자들은 단순히 p를 선언한다(이는 이른바 지식에 대한 '수축deflationary' 접근을 만들어내었다. Strawson, 1950을 참고). 실제로 'that-임을 안다'라는 구절의 명시적인 사용은 그와 같은 지식에 대한 의문을 나타낸다(Hazlett, 2009에 있는 논의를 참고할 것). 토니 블레어가 이라크에 있는 대량 파괴 무기에 대하여 지니고 있는 그의 '지식'이 그러한 것처럼 전형적으로 '우리 모두는 that-임을 안다'라고 말하는 정치인은 일반적으로 전혀 알려져 있지 않은 믿음을 표현한다.

- 비록 정확한 정신 형식mental format이나 믿음의 '언어'가 여전히 잘 알려져 있지 않지만, 일반적인 믿음들은 믿음 체계 안에서 짜여 있다고 가정한다. 그것으로부터 추론될 수 있을 뿐만 아니라 끝없이 새로운 믿음들의 구성을 허락하는 서로 다른 구성요소들이 내적으로 구조화되어 있다고 가정한다.

- 믿음의 체계는 역동적이고 생산적이다. 이는 또한 선언되지 않은 (희망하지 않거나 바라지 않는 등의) '단순한 생각'이나 '가상의 믿음'을 구성할 수 있도록 해준다. 혹은 실제적이거나 있을 수 있는 사태의 상태나 세계에 대하여 '단순한 생각'이나 '가상의 믿음'을 구성할 수 있도록 해준다(Perry, 1993).

2.4.2. 참, 정확성과 대응속성correspondence

앞에서 본 것처럼 지식은 전통적으로 정당화된 참된 믿음으로 규정된다. 실제로 인식론뿐만 아니라 좀 더 일반적으로 철학에서, 참[≒진실:

뒤친이]은 핵심적인 역할을 한다(Blackburn and Simmons, 1999; Davidson, 1985, 2005; Dummett, 1978; Horwich, 1990; Kirkham, 1992).

홍미롭게도 비록 지식이 언어 사용에서 핵심적이지만 언어학과 담화 연구에서 진실이라는 개념에 주의를 많이 기울이지 않았다. 언어철학과 화행 연구에서 특별하였다. 예컨대 선언에 대한 자리매김에서는 참이 언어 표현에 어떤 역할을 한다(Austin, 1950[49]); Searle, 1969; Strawson, 1950).[50] 철학을 벗어나서 간접적으로 이루어진 연구로서 허구적인 담화뿐만 아니라 반사실적 표현counterfactuals[51]과 같이 특정의 문장이나 절 유형을 제외한다면, 담화와 언어 사용에서는 참이나 참다움의 관점에서 거의 기술되지 않았다(Ferguson and Sanford, 2008; Nieuwland, 2013; Nieuwland and Martin, 2012를 참고할 것). 오히려 이런 학문 분야에서 초점은 통사 구조나 의미 구조, 이야기 전달 구조, 논증 구조나 대화 전략들에 있었다.

참의 개념은 너무나 흐릿하여 이 장에서는 그것을 규정하는 일을 피할 것이다(이처럼 여기에 대하여 마음이 내키지 않음은 Davidson(1969)에서도 표현되었음). 따라서 지난 수십 년 동안 참에 대한 일반적인 이론을 제시하는 것과 관련하여 '굳건한' 고전적 이론들을 피하기 위하여 참에 대한 '최소주의' 이론이나 '수축' 이론을 발전시키고자 하는 다양한 방향의 연구들이 인식론에서 발견된다.[52] 현재 이뤄지고 있는 논쟁은

---

49) 오스틴(John Lanshaw Austin, 1911~1996)의 책을 우리말로 뒤친 책은 장석진(1987), 『오스틴: 화행론』(서울대학교출판부)이 있다.

50) 정상적인 상황이라면 선언을 하는 사람은 선언하는 내용이 참임을 믿을 때에만 선언을 해야 한다.

51) 주로 '전제'의 갈래와 관련하여 사실적 전제, 비사실적anti-factive 전제, 반사실적counter-factual 전제가 구분되었다(Yule(1996), *Pragmatics*, Oxford Univ. Press. 참고). 비사실적 전제는 '꿈꾸다', '상상하다'와 같은 동사의 내포절에서 실제와 반대되는 사실이 전제되어 있다는 것이다. 예를 들면 "그는 민주주의가 실현된 사회를 꿈꾸었다."에서 '지금 현재는 민주주의가 실현된 사회가 아니다'가 전제되었고, 이런 경우 비사실적 전제라고 한다. 그에 비해 반사실적 전제는 전제된 것이 참이 아닐 뿐만 아니라 사실과도 반대되는 경우로 우리말에는 흔하지 않지만 영어의 조건문에서 제시되는 명제가 대체로 반사실적 전제에 갈래에 든다.

참과 사실들에 대한 오스틴(Austin, 1950)과 스트로슨(Strawson, 1950) 사이의 유명한 논쟁에 표현된 것과 같이 참에 대해 해묵은 의심스러운 논쟁이라는 특징을 지닌다(Blackburn and Simmons, 1999를 참고할 것).

앞서 언급한 것처럼 이 책에서 제시한 얼개 안에서 참이라는 개념은 언어 사용이나 담화에 국한되며 믿음에 대한 서술어가 아니다. 선언 맥락에서 오직 진술(실제 진술)만이 거짓이나 참일(이라고 말해질) 수 있다. 따라서 이 책에서 제시한 얼개에서는 '참'이거나 '거짓'인 믿음이라고 부르기보다는 실제 세계나 허구적인 확장에서 사태의 상태나 사실, 이미 있는 상황을 언급할 때(Amstrong, 1997; Searle, 1995; 아래 부분을 참고할 것) 온당한(혹은 부당한) 믿음으로 부르는 것이 훨씬 더 알맞다 (Ryle, 1971: 37).

2.4.3. 상대적 상대주의

참에 대한 규정이라는 잘 알려진 철학적 문제 이외에도 자연스러운 지식에 대한 어떤 이론에서 매우 기본적인 또 다른 논의거리가 있다. 철학적인 규정에서 참은 일반적으로 믿음에 대해 '절대적이거나' '보편적인' 참으로, 사회적 맥락이나 언어 사용자들, 사회적 행위 주체와 독립되어 있다.

그러나 일상적인 삶에서 지식은 절대적인 참으로 자리매김되는 것이 아니라, 인식론적 공동체의 지식 기준과 그 구성원들에 의해 규정되며, 이는 본질적으로 지식을 상대적이게 한다. 따라서 중세 시대에는

---

52) 스탠포드 철학사전에 따르면 최소주의 이론, 수축 이론, 잉여 이론 등으로 부르는 진리 이론이다. 프레게(G. Frege)로부터 시작되었다고 하는데 어떤 진술이 참이라고 하는 선언은 단지 진술 그 자체를 선언하는 것과 다르지 않다는 것이다. 예컨대 '눈이 희다.'는 것이 참이라고 말하거나 눈이 희다는 것은 참이라고 하는 것은 단순히 눈이 희다고 말하는 것과 동치이라는 것이다. 이 책의 저자는 이와 같은 이론들이 동치와 참의 의미를 밝히는 데 일정 부분 이바지하였지만, 이 책에서 필요로 하는 수준보다 너무 추상적인 논의로 보고 있는 듯하다. https://plato.stanford.edu/entries/truth-deflationary/(2019. 10.14 검색)

지구가 평평하다는 믿음이 주관적인 것이 아니라 일반적으로 공유되는 지식으로서 사용되고 전제되었다. 비록 이런 믿음이 지금의 인식론적 공동체에서 우리가 지니고 있는 지식 기준에 의해 거짓(더 정확히 말하면 부정확함)이지만 말이다.

지식과 윤리학에 대한 많은 철학적 접근법에 반하여 나날의 삶에서 자연스러운 지식에 대한 상대주의는 아무런 문제가 없는데, 상대주의 그 자체가 상대적이라는 결과론적 개념이기 때문에 당연하다. 즉 상대주의는 인식론적 공동체와 맥락에 대해서 그리고 그것들에 걸쳐 규정되지만, 그와 같은 공동체와 맥락 안에서 지식은 상대적이지 않으며, 정당화되고 온당한 믿음으로 기술되고 사용되며 전제된다. 그에 따라 '참'과 '사실들' 등으로 기술된다(상대주의에 대해서는 García-Carpintero and Kölbel, 2008; Kirk, 1999; Rorty, 1991을 참고하고, 아래 부분도 참고할 것). 절대적이고 보편적인 참과 지식만을 인정하는 인식론에서는 어떤 상대주의도 이단이다(Goldman, 1999를 참고할 것). 그와 같은 얼개에서 어떤 공동체에 의해 인정되고 수용된 '참된' 지식은 그와 같은 지식을 믿음으로 공동체가 규정하고 사용하든 그렇지 않든 사회적으로 공유되는 믿음으로 규정되어야 한다. (어떤 공동체에서 지식으로서 믿음의 실제적인 사용이라는) 후자의 기준은 지식에 대해 어느 정도 화용론적인 접근의 성격을 지닌다(Rorty, 1991을 참고할 것).

2.4.4. 정당화와 신뢰성

지식이 습득되는 세 가지 조건에 대해 위에서 언급한 것은 지각/경험, 담화, 앞선 지식으로부터 나온 추론/기억이라는 개념들로 요약할 수 있다. 이들은 또한 지식으로서 믿음의 정당화와 수용을 위한 기본적이고 사회적인 기준이나 표준이다(Alston, 2005; Goldman, 1992, 1999, 2002; Sosa, 1994). 좀 더 구체적으로 지식이 믿을 만한 경험과 지각이나 믿을 만한 (다른 사람의 믿을 만한 경험에 바탕을 둔) 담화로부터 도출되거나 주어진 지식으로부터 믿을 만하게(타당하게) 추론될 때 그것을 안다고 말하거나 가정할 수 있는 자격이 정상적으로 주어진다. 그와 같은 습득과 정당화와 관련되어 있는 실제적인 인지 처리 과정은 다음 장에서 좀 더 자세하게 논의할 것이다.

'믿을 만함(신뢰성)'이라는 기준의 적용, 그리고 그에 따른 실제적인 처리나 정당화에 대한 담화는 서로 다른 상황과 기간이나 인식론적 공동체에 따라 다양할 수 있다(Dretske, 1981). 관심도가 높은 자연과학 맥락이나 논리학의 맥락에서는 대부분 비격적인 일상의 상황보다 일반적으로 훨씬 더 엄격하다. 그리고 자연과학은 500년 심지어는 100년 전과 비교했을 때 현대의 자연과학과 다르다. 믿음이 인식론적 공동체 안에서 지식으로 재산출되고 공유되며 정당화되는 방법은 이와 같은 규범적이고 실제적인 방법 안에 있다(Alston, 1993; Blackburn, 1985; Cohen, 1987; Ziman, 1991).

엄밀히 말해서 지식 습득에 대한 대부분의 정당화 기준이나 방법이 추론에 기대고 있다. 지각에 대한 추론(해석)과 몸을 통한 직접적인 경험, 담화로부터 나온 추론, 주어진 특정의 지식과 일반적인 지식으로부터 나온 추론이 있다(추론의 인지적 성질에 대해서는 다음 장을 참고하기 바란다. 그리고 철학적인 접근은 Kornblith, 1993; Lehrer, 1960을 참고하기 바란다). 그럼에도 불구하고 그와 같은 추론에 대한 무한 퇴행[53]에서 벗어나기 위하여 나날의 담화에서 시각이나 고통의 느낌, 격식적인 담화에서 경험에 앞선a priori 가정(격언 등)과 같은 예에서 그러한 것처럼

---

53) 추론을 하기 위해서는 앞선 지식을 전제로 하여야 하고, 추론의 결과도 지식으로 작용하므로, 애초에 추론이 일어난 지식 혹은 원천이 무엇이냐 하는 문제가 남게 된다. 더욱이 지식이 복잡하고 그 시원을 알 수 없다는 점에서 지식이 먼저냐, 추론이 먼저냐 하는 문제가 나타나게 된다. 언어심리학에서는 추론을 여러 갈래로 나누고 있는데, 이에 대해서는 김소영(2003), 「텍스트 이해와 기억」(조명한 외, 『언어심리학』, 학지사)을 참고하기 바란다. 한편 이해의 과정에서 일어나는 추론에 대한 좀 더 자세한 논의는 킨취(W. Kintsch, 1998/2010), 『이해』 1~2(김지홍·문선모 뒤침, 나남출판)를 참고할 수 있다. 그리고 말하기에 대한 인지적 관점의 논의는 르펠트(Levelt, 1989/2008), 『말하기』(김지홍 뒤침, 나남출판)를 참고하기 바란다.

적어도 몇 가지 믿음은 더 이상의 정당화가 필요하지 않다고 가정된다.[54] 이들은 인식론에서 기본적인 것으로 알려져 있다.

지식을 정당화하는 기준(표준과 방법들)에 대한 경험적인 적합성은 또한 서로 다른 언어에서 다양하게 표현되는 증거대기evidentials에서도 나타난다(Aikhenvald, 2004; Chafe and Nichols, 1986). 따라서 개인적인 경험, 특히 보거나 들은 것, 느낀 것이나 혹은 읽은 것, 다른 사람(이나 그들의 경험)으로부터 들은 것과 같은 경험을 언급함으로써, 혹은 어떤 논증을 제공함으로써 진술에 대한 증거들을 바칠 수 있다. 즉 이미 받아들여진 지식에 대한 명시적인 추론을 함으로써 그렇게 할 수 있다. 그와 같은 증거대기는, 예컨대 자신의 눈으로 보고 있는 동안에 일어난 사실을 사건으로 나타낼 때, 몇몇 언어에서는 서로 다른 동사의 형태소로 나타낼 수 있거나 나타내어야 한다. 7장에서 이와 같은 증거대기를 자세하게 다룰 것이다.

지식의 정당화는 종종 일상적인 담화에서 없거나 암묵적이다. 대화에서 일반적으로 지식에 대해 의심을 하거나 받아들이는 사람이 어떻게 알게 되었는지 호기심을 보일 때 증거를 바친다. 반면에 학문적인 담화에서 규범은 학문들에 걸쳐 다양하지만, 일반적인 방식에 따라, 즉 믿을 만한 관찰과 믿을 만한 원천(다른 연구들에 대한 참고문헌), 추론(증거와 논증)에 따라 증거를 요구한다. 신문 보도는 언제나 (믿을 만한) 원천을 제공하지는 않는다. 5장에서 보게 되듯이 비록 신문 보도의 관례들은 이런저런 규범에 의해 통제되기도 하지만 말이다.

정당화의 방법은 사회·문화적으로 규범을 따른다. 인식론은 따라서 일반적으로 지식을 구성하는 데 적절한 방식을 형식화할 때 규범

---

54) 클락(Clark, 1996/2009: 160)에서 믿음이나 공동 배경에서 무한 반복으로 인한 퇴행을 막기 위해서 몇 층위까지만으로 제한하였는데(믿음에 대해서는 하이더와 콕(1976)에서 세 층위까지의 반복만을 허락한다고 함), 클락은 논리적 제한은 없지만(무한히 반복 가능), 심리적인 제한이 있을 것이라고 보았다. 이를 그라이스의 입장에서 보면 일상적이고 상식적인 언어 사용의 측면을 고려할 때 거의 대부분의 보통 사람이 경험하는 수준에서 그 원리를 포착하여야 한다는 일상언어학파의 생각과도 연결된다고 할 수 있다.

을 세우는 원칙으로 자리매김될 수 있다. 실제로 그러한 방법을 따르는 것은 '참'을 찾는 그런 사람들(혹은 집단)의 지적인 미덕으로 간주할 수 있다(Goldman, 1999; Greco, 2010; Steup, 2001; Zagzebski, 1996을 참고할 것).

또 다른 방법으로 인식론은 지식에 대한 경험적인 연구의 일부분으로 볼 수 있고 어떻게 서로 다른 문화와 사회, 집단이나 공동체가 실제로 자신들의 인식론적 표준에 의해 지식을 규정하고 산출하는가에 대한 통찰을 제공하는 데 이바지한다. 이러한 좀 더 기술적인 접근은 이 책에서 연구하고 있는 자연스러운 인식론의 연구거리에 더 가깝다.

2.4.5. 명제와 모형들

앞에서 지식과 믿음에 대한 전통적인 접근법이 명제propositions에 기대어 형식화되는 경향이 있음을 제시하였다. 이런 접근법은 여러 다른 개념들 가운데서 명제를 진술, 문장의 의미나 내용, that-절의 의미와 같이 다양하게 (그리고 모호하게) 이해하고 있다. 그리고 명제를 일반적으로 참이나 거짓일 수 있는 개체의 관점에서 형식화하고 있다(King, 2007; Salmon and Soamesm 1988; Sayre, 1997에서 제시된 논의를 참고할 것). 때때로 좀 더 형식적인 용어로 명제들은 가능 세계, 즉 양상 표현에 대한 의미론에서 참인 그런 세계들의 집합으로 규정되기도 한다(Blackburn et. al., 2006; Hughes and Cresswell, 1968을 참고할 것).

지식을 표상하기 위해 명제들의 사용이 철학과 논리학에서 긴 역사를 지니고 있다는 장점이 있지만(Nuchelmans, 1973), 그리고 좀 더 형식적인 설명을 쉽게 하도록 하고 있지만, 여러 가지 단점도 지니고 있다(Goldman, 1986, pp. 15~16; Ryle, 1972, 2장).

명제(라는 개념의) 사용으로 인한 첫 번째 문제점은 [명제를: 뒤친이] 전통적으로 참이나 거짓일 수 있는 개체로 자리매김하는 데 있다. 따라서 특정 맥락에서 선언으로 발화될 때, 즉 진술될 때, 그런 표현과 함께 정신 표상으로서 뒤섞여 있는 명제들이 있는 것이다(Austin, 1950). 어쨌든 적합하다고 해도 분명히 의미로서 명제들은 전통적인 의미에서 참값을 지니고 있지는 않지만 세계와 맺고 있는 관계가 다른 방식으로 '충족되는' 약속, 물음이나 비난과 같이 다른 발화 행위에서 표현되기도 한다.[55] 같은 이유로 믿음이나 희망, 바람의 '내용'을 명제에 기대어 규정하거나 이런 주관적인 정신 상태를 겉으로 드러내기 위해 '명제에 담긴 태도propositional attitude'라는 용어를 사용하는 것은 유용하지 않다.

만약 명제들이 문장 '의미'나 문장의 '의미론적 내용'이거나, 그런 문장들이 상황 중심적인 표현을 지니고 있다면, 다른 장소에서나 다른 화자들에 의해 (구체적인 사례로서가 아니라 유형으로서) '같은' 명제가 어떤 때는 참일 수도 있고 어떤 때는 거짓일 수도 있다. 이것이 참값이 필요할 경우 명제가 아니라 구체적인 맥락에서 발화된 문장(진술)들과 관련될 필요가 있는 또 다른 이유이다. 상황 중심 지시표현deictic[56]이 해석될 수 있는 경우도 그러하다. 따라서 담화 의미에 대한 설명과 해석은 (명제보다 훨씬 더 복합한) '의미론적' 상황 모형뿐만 아니라 담화에서 (때로는 암묵적인) 지시적 의미를 설명해 주는 '화용론적' 맥락 모형으로 마무리할 필요가 있다.

---

55) 저자가 명시적으로 서술하지는 않지만, 약속의 경우는 약속의 이행 여부에 따라 참/거짓이 결정되지만, 약속의 이행 여부와 상관없이 실현 가능성도 고려해야 한다. 이를테면 "너에게 달을 따다 주마."라는 약속은 현실에서 거의 불가능하기 때문에 이행 여부와 상관없이 거짓이다. 그리고 이런 경우에는 약속을 실현하였는지 여부로 참과 거짓을 결정하기 전에 확인되는 셈이다. 한편 화용론에서 적정성의 조건이란 개념(Searle, 1969)이 등장하면서 여러 가지 화행, 이를테면 사과, 위협 등에 대한 조건들이 탐구되어 왔다 (사과의 적합성 조건(적정 조건)은 이성범(2015), 『소통의 화용론』, 한국문화사, ff. 274를 참고할 것. 그리고 약속의 적정성 조건은 정종수(2013), 「한국어 약속화행에 관한 연구」, 『인문학논총』 33집, 29~47쪽을 참고할 것). 이런 적합성 조건이 충족되어야 발화로서 효력이 일어난다는 점에서 진리조건적 의미론에서 참과 거짓에 대한 판단과는 다르다. 한편 클락(Clark, 1996)에서는 의도적으로 적정성 조건을 깨뜨리는 경우를 'flout 어그러뜨리기', '등쳐먹기exploitation'로 나타내고 있다.

56) 이 용어는 손으로 가리켜 주는 행위를 가리키는 용어이다. 국어학계에서는 직시소('직접 시례를 보여준다.')를 쓰기도 하나, 페어클럽(1992)의 뒤친이(김지홍, 2017)에 따라 용어가 담고 있는 의미가 뚜렷하도록 이 용어를 쓰기로 한다. 한편 르펠트(1989/2008)의 『말하기』(김지홍 뒤침)에서 지시표현의 원리와 갈래들에 대한 설명이 베풀어져 있다.

여기서도 한편으로 정신 표상으로서 구조·믿음·지식을, 다른 한편으로 그와 같은 지식을 표현하는 담화나 문장의 의미를 구분하는 것이 중요하다(Searle, 1971, 1983을 참고할 것). (정신 모형으로서) 지식과 믿음은 담화나 문장의 의미를 이해하거나 산출하는 데 필요하거나 전제될 수 있지만, 이들은 이러한[담화에서 표현된: 뒤친이] 의미와 같지 않다(의미에 대한 명시적인 표상을 위한 아무런 정해진 형식을 지니고 있지 않는 한 명제로 임시적으로 표상된다).

이 책에서 제시하는 이론의 핵심은, 지식과 믿음이 공동체의 구성원으로서 언어 사용자들 사이에 소통되고 공유될 수 있고, 그에 따라 특정의 담화나 언어 사용자들에 제한되지 않는다는 것이다. 따라서 이들은 정보에 대하여 맥락에서 벗어난 유형을 표상하여야 한다(유형으로서 명제에 대해서는 Hanks, 2011; Soamed, 2010을 참고할 것. 또한 Anderson, 1980; Bezuidenhout and Cutting, 2002를 참고할 것. 뿐만 아니라 *Journal of Pragmatics*, 34(4), 2002에 담긴 특별 주제에 담긴 다른 논문들도 참고할 것). 페리(Perry, 1993)는 공유될 수 있고 그에 따라 '보편적인 것'으로 기술되는 '믿음의 상태'와 명제를 구별하였지만, (유형으로서) '같은' 명제들이 다른 사람에 의해 (구체적인 사례로서) 생각되거나 표현될 때 때로는 참이 되고, 때로는 거짓이 된다. 따라서 토니 블레어는 그의 연설에서

(6) 그 조사관들이 조사하였다. The inspectors probed.

연설의 이 시점에서 한 그의 진술에서는 한정적인 표현으로 언급하면서 문맥에 있는 비슷한 표현으로 동지시되는co-referring 특정의 조사관에 관련이 있는 구체적인 명제를 표현하였다. 그에 따라 이들 조사관들은 이미 블레어와 의원들의 정신 모형에서 확인되었다. 그리고 동사의 과거 시제로 표현된 구체적인 행위에 대해 진술하였다. 그럼에도 이런 구체적인 정보는 문장에서 표시되어 있는 만큼만 나타나 있고, 실제로 표현되지는 않았다. 단지 그 상황에서 블레어와 의원들의 정신 모형에

서 나타날 뿐이다. 물론 구체적인 맥락에서 특정의 언어 사용자들이 지니고 있는 특정한 정신 모형에서 표상된 것으로서 서로 다른 막대한 분량의 정보들이, 자연 언어의 문장들에서는 좀 더 '추상적이고' '불완전하거나' '흐릿한' 명제나 의미를 통해 표현되어야 하기 때문에 그럴 수밖에 없다. 만약 담화에서 지식과 믿음, 그 표현에 대해 언급하고자 한다면 다음의 내용을 구분해 주는 것이 분석을 위해 유용하다는 것을 알고 있다.

(i) 화자에 대한 맥락 모형에 의해 규정된 소통의 상황
(ii) 그 상황에서 이뤄진 화행(선언)
(iii) 그와 같은 선언을 하기 위해 표현된 문장
(iv) 그 문장에 의해 표현된 (일반적인) 명제나 문장 의미
(v) 그 상황에서 발화에 의해 표현된 (구체적인) 명제나 화자가 전달하는 의미
(vi) 대하여 언급하고 있는 구체적인 사건에 대한 화자의 구체적인 정신 모형

이 경우 (v)를 아마도 제외할 것인데 (구체적인 사람과 행위, 시간과 장소를 언급하는) 특정의 명제에 대한 특정의 의미들은 상황 모형(vi)과 맥락 모형(i)에서 제시한 정보에 의해 정확하게 제공되기 때문이다. 한편으로 다른 수준의 표상을 더하는 것이 적합할 수 있는데, 말하자면 공동의 텍스트로 지시 대상들을 밝힐 수 있으며 개별적으로 문장과 문장 의미에 의해 제공되지 않은 의미를 구체화할 수 있다.

예문 (6)에서 선언은 매우 간단한 문장으로 이뤄졌는데, 시제가 있는 서술어(probed)와 특정의 논항, 즉 상수(the inspector)로 이뤄진 단순한 명제를 표현하고 있다. 이는 다소 전통적인 형식인데 시간을 나타내는 표지가 보태어졌다. 그러나 자연 언어에서 많은 문장들과 명제들, 특히 기관 맥락의 담화에서는 다음의 토니 블레어 연설에서처럼 매우 복잡

할 수 있다.

(7) 따라서 우리는 이 틀을 만들었습니다. 즉 사담에게 완전한 협력을 보여
줄 수 있는 여섯 가지 검정을 수행할 구체적인 시간을 주어야 합니다. 그리
고 만약 그가 그렇게 하였다면 조사관들은 무장 해제가 일어났음을 확실하
게 하는 데 걸릴 수 있는 시간을 연장할 앞으로의 작동 프로그램을 설정할
수 있을 것입니다.

(7) So we constructed this framework: that Sadam should be given a specified
time to fulfill all six tests to show full cooperation; and that, if he did so,
the inspectors could then set out a forward work programme that would extend
over a period of time to make sure that disarmament happened.

물론 이런 복잡한 문장은 매우 복잡한 명제나 구체적인 명제 구조를
표현하지만 전통적인 명제 양식에서는 그런 경우 처음의 담화 연결사
So, 문맥 중심 지시어 we, 후방조응 지시어 that, 콜론 ':', 종속절을
구체화하기 위해 도입되는 that, 의무를 나타내는 양상 조동사 should
등을 표상하기 힘들 것이다. 다른 말로 한다면, 이와 같은 선언을 하기
위해, 이와 같은 소통 상황에서 발화될 때, 이런 복잡한 문장에 의해
표현되거나 표지되는 기저의 의미론적 모형과 화용론 모형에서 관련
되는 모든 정보를 표상하기 위해 매우 '표현력 있는expressive' 양식들을
필요로 한다.

따라서 언어와 담화에 대한 형식적 접근에서 술어 논리에 대하여
전통적인 명제 형식이 여러 가지 방법으로 넓혀지거나 대체된 것이
놀라운 일이 아니다. 이 문제는 이 책과 이 장에서의 범위 밖에 있다
(Davis and Gillon, 2004; Groenedijk et. al., 1987; Kadmon, 2001; Kamp and
Partee, 2004; Kamp and Reyle, 1993; Levelt and Barnas, 2008을 참고할 것).
반 벤테헴(Van Benthem)은 동적 논리학을 발전시키려는 그의 연구거리
안에서 상호작용과 정보의 논리에 초점을 맞추었고 논리학은 지식의

산물뿐만 아니라 동적인 상호작용의 측면과 정보 교환에도 초점을 맞추어야 한다고 강조하였다(Van Benthem, 2001을 참고할 것).

이것이 문장 의미와 담화 의미에 대해서 사실이겠지만, 마음과 머리에서 지식의 표상에 대해서도 그와 비슷한 수준의 발전이 있었다(표상의 양식에 대해서는 Goldman, 1986: 11장; Haugeland, 1998; Markman, 1999; Sowa, 2000; Van Harmelen et. al., 2008을 참고할 것).

2.4.6. 사실들

만약 지식을 온당한 믿음으로 자리매김한다면, 그리고 온당한 믿음은 실제 세계에서 사실(혹은 다른 '진리 담지자')에 대응하는 믿음으로 자리매김한다면, 사실들에 대해 좀 더 명시적인 형이상학뿐만 아니라 실제 세계에서 사례인 것을 언급하기 위해 다른 개념도 필요하게 된다. 여기서는 '사실'이란 개념이 널리 퍼져 있기 때문에 그것을 쓸 수 있다. 이를테면 '사실'은 참인 진술이나 믿음을 온당하게 만들어주는 어떤 개체를 가리키기 위해 쓰고 있다.

그러나 여기서 논의되고 있는 대부분의 개념들이 그러하듯이, '사실'이란 개념은 모호하고 동시에 복잡하다. 한 가지 문제점은 순환성이 있어 보인다는 것이다. 믿음을 온당하게 만들어주고 진술을 참되게 해주는 사실은 일반적으로 믿음, 바로 그것에 의해 구성되며, 바로 이런 진술들, 그 자체에 의해 기술된다. 만약 그러하다면 사실의 정체는 진술에 달려 있는 것처럼 보이거나 그것에 대한 믿음을 어떻게 기술하는가에 달려 있게 되고, 따라서 온당한 믿음에 대한 실제 세계 대응물로 사실을 규정할 별개의 방법이 없다. 또한 이는 동일한 사실을 다른 낱말이나 문장으로 기술하라는 일반적인 관례와도 어긋난다. 따라서 사실들은 어떻게 믿어지거나 기술되는가에 따라 별개로 규정되어야 한다. 그렇지만 그것들에 접속하는 마음에 의존하지 않는mind-independent 접속은 없다는 점이 문제이다(진리 대응 이론의 문제들 중 하나이다).

또 다른 문제는 서로 구별되는 사실들의 제거와 최소한의 사실이나 기본적인 사실이 있는가 하는 점이다. 이라크와 영국 그리고 세계에 대한 토니 블레어의 정신 모형에서 그러한 것처럼, 사람들은 서로 다른 수준의 일반성이나 구체성의 수준에서 사실들에 대하여 매우 복잡한 정신 모형이나 담화를 지니고 있을 수 있다. 그때에는 어떤 사실을 점점 더 작은 구성 성분의 사건들로 분석할 수 있는데, 문제는 어느 지점에서 멈추어야 하는가 하는 것이다. 실제로 매우 구체적으로 이라크에 대한 연설과 정신 모형에서 정확하게 어느 때 사담 후세인이 유엔의 결정을 수행하였는가? 특히 지속적인 행위를 규정하는 동사의 경우에는 더욱 그러하다. 그리고 그와 반대로 언제나 더 큰 사실들로 결합할 수 있고, 그에 따라 우주에 대한 거시적인 사실Macro Facts을 구성할 수 있다. 토니 블레어는 세계 평화의 일부분으로서 이라크와 대량 파괴 무기에 관련되는 상황을 규정할 때 이와 비슷한 일을 하고 있는 것처럼 보인다.

인지 연구는 구체적이고 '자연스럽게' 중간 수준에서 사건과 대상을 확인하고 이름을 붙이며 처리하고 있음을 보여준다(어떤 동물로서 혹은 푸들의 일종으로서가 아니라 어떤 개에 대하여 좀 더 보편적으로 생각하고 이야기한다. 이를테면 Rosch, 1975, 1978; Rosch and Lloyd, 1978을 참고할 것). 여기서도 형식적인 인식론적 문제점이 실제 세계에서 사실들의 제거와 느슨한 확인에 바탕을 둔 것으로서, 지식에 대한 좀 더 자연스러운 접근법을 막지 못하는 것으로 보인다.

여기서도 사실들이 세계에서 일어난 사건이나 상황을 다양한 수준으로 인지에 의해 구성하거나 분석할 수 있는 방법에 달려 있음을 알게 된다. 그러나 만약 사실들이 믿음에 달려 있다면 사실들을 규정하는 독립적인 방법이 없기 때문에 사실에 기대어 정신 모형으로 믿음의 온당함을 규정하는 것이 아무런 의미가 없다.

이 문제를 해결하기 위해 사실들의 서로 다른 갈래들을 구별할 수 있다. 써얼(Searle, 1995)에 따르면 관찰자에 기댄 사실과 관찰자 독립적인 사실들이 있다. 사실들은 인간이라는 존재나 관찰, 언어의 존재에 기대는 아무런 방법이 없는 경우 관찰자와 독립된 사실들로 규정된다.

그와 같은 사실들을 관찰하고 이해하며 표상하거나 말을 하자마자 마음으로나 언어적으로 투영하고 확인하며, 구획을 나누고, 범주화하며 규정하고, 그에 따라 그런 '자연적인' 사실들을 구성한다. 그렇게 하는 경우조차 자연스러운 지식과 담화를 바라보는 순진한 사실주의에서는 그와 같은 사실들을 마음과 별개로 간주한다. 따라서 자연적인 사실들57)이 구성된 것이 아니라 발견되었다고 말한다(자연과학에 대한 구성주의적 접근은 Knorr and Centia, 1999; Latour and Woolgar, 1986, 5장을 참고할 것).

자동차 사고, 책, 혼인, 병원, 돈(의 사용) 등과 같은 사회적 사실들은 관찰자 의존적인데, 인간이 관련되어 있을 뿐만 아니라 인간과 인간의 직관과 같은 것에 범주로 묶이고 규정되거나 제도화되기 때문이다.

사실들의 관찰자-(비)의존성은 인식론이 아니라 사실들의 존재론 ontology에 대해 이야기하고 있다는 점에 주의하여야 한다. 줄여서 자연적인 사실과 사회적 사실을 이야기할 수 있다.

여전히 써얼(1995)에 따르면, 인식론적 관점에서 사회적 사실과 자연적인 사실은 주관적이거나 객관적으로 규정되고 기술되며 경험될 수 있다. 사람의 몸(혈압, 감정 등)은 자연적인 사실들에 객관적으로 반작용할 수 있다. 한편으로 일몰이나 두통과 같은 자연적인 사실뿐만 아니라 폭력주의자들의 공격이나 이혼과 같은 사회적 사실에 대해 주관적으로 말하거나 주관적인 경험(의견, 감정)을 할 수 있다. 그러나 사회적 사실들은 지진과 비교해 볼 때 자동차 사고에서 그러한 것처럼 자연적인 사실들과 다르다고 하기 어려운 방법으로 나날의 삶에서 '객관적인' 것으로 발견될 수 있다. 그와 같은 경우는 돈(의 사용), 거리, 도시나

---

57) 이 맥락에서 'natural fact'는 관찰자와 별개로 존재한다고 가정하는 사실이며, 'social fact'와 대비되는 개념이다. 이 장의 제목에 포함된 'natural knowledge'와는 뜻넓이가 다르다.

오염의 경우에도 일반적으로 마찬가지이다. 존재론적으로 이들은 관찰자 의존적인 사건이지만, 객관적인 사회적 지식의 토대가 되는 사실들로서 나날의 삶에서 경험될 수 있다(Popper, 1972를 참고할 것).

이런 구별은 객관적인 지식과 맞서는 것으로 이념의 규정에도 해당된다(Van Dijk, 1998). 객관적인 사회 지식은 어떤 공동체 안에서 대체로 수용되고 공유되며 사용되는 반면, 주관적인 사회적 믿음은 개인적이거나 이념 집단에 의해 공유된다. 다른 말로 한다면, 비록 개인적이거나 사실에 대해 공유되는 믿음이 아닐 수도 있지만, 인식론적 공동체 안에서 객관적인 사회적 사실의 존재가 당연시된다.

이 책에서는 뒤에 이런 구별이 담화에 어떻게 영향을 미치는지 볼 것이다. 예컨대 공유되는 객관적 사회 지식은 그렇게 담화에서 전제될 수 있고 (that을 믿는다, 아마도 등으로) 표현되는 것처럼 믿음에 의해 제시될 필요도 없다. 다른 담화에서 동일한 객관적 사회 사실(폭력주의자들의 공격)에 대하여 사람들이 그것에 대해 서로 다른 믿음이나 관점을 지닐 수 있기 때문에 어떻게 생각하고 기술하는지 이제는 사람들이 안다는 점도 중요하다. 여기서는 담화와 지식과 믿음의 관계에서 중요한 측면 가운데 하나를 건드려 보았다.

2.4.7. 몇 가지 존재론ontology

실제 세계나 가상의 세계에서 실제적이거나 있을 수 있는 사실들에 대한 지식과 믿음을 살펴보았다. 사고와 발화에 대하여 구체적인 관련성을 지니도록 이 세계의 내용들(상황과 사건, 행위, 사람들, 대상과 이들의 속성, 그 관계로 이뤄진 사실과 사태의 상태) 몇 가지를 소개하였다. 이 연구에서 존재론은 매우 단순하며, 개념 규정도 많지 않다. 담화에 대하여 존재론도 곁다리이다. 즉 담화가 언제나 맥락에 적합하지는 않지만, 우리가 생각할 수 있는 무엇인가에 대하여 말할 수 있다고 가정한다.

전통적으로 철학의 존재론에서 존재는, 이를테면 사태의 상태로 구체적인 것(즉 개체), 속성과 관계로 이뤄지고, 아마도 시간·배경 등으로 이뤄질 것이라고 가정한다(Armstrong, 1997, 2004). 그러나 자연스러운 인식론에 대한 토대로서 좀 더 구체적이고 아마도 좀 더 명시적인 존재론을 필요로 할 수 있다.

그렇다면 실제 세계에서 생각하고 말하는 대상에 대하여 사람들에게는 무엇이 있을까?

먼저 앞에서 본 것처럼 믿음과 담화는 상황에 대하여 있다.[58] 대부분 사실들을 (실제) 세계의 부분이 아니라 시공간적으로 규정된 특정의 조각이나 세계의 부분, 즉 상황으로 존재하거나 발생하는 것으로 생각하기 때문이다(Barwise and Perry, 1999). 상황이라는 개념은, 또한 담화 처리[59]에 대해, 이 책에서 제시한 이론 안에서, 상황 모형의 개념에 상응하는 실제 세계로 선택되었다(Van Dijk and Kintsch, 1983). 그리고 다음 장에서 보게 되듯이 그것이 담화에 대한 심리학에서 널리 받아들여지고 있다(Zwaan and Radvansky, 1998).

앞에서 정신 모형에 대해서 그러했던 것처럼, 상황은 다음에 기대어 분석될 것이다(Radvansky and Zacks, 2011; Shipley and Zacks, 2008을 참고할 것).

(i) 배경(시간 조각과 공간 조각의 구체적인 결합)
(ii) 살아 있는 혹은 살아 있지 않은 참여자들(개인, 특정의 물건, 사람들 등등)

---

58) 각주 3) 참고할 것.
59) 담화 처리는 '담화의 기본이 무엇일까'로부터 시작하여 실제 언어 사용이 어떻게 일어나며 그 사용의 밑바닥에 있는 것이 무엇인가에 걸쳐 긴 색띠spectrum를 지니고 있다. 일반적으로 기존의 언어학에서 다루었던 내용들은 통사·음운, 의미에 초점을 맞추었고 담화 문법이 가세하면서 정보 구조와 말투 등의 화용론적 요소들이 포함되었다. 그렇지만 인지심리학을 통해서 의도라든지, 거시와 미시 차원의 구조 의미 등이 부각되었고, 재귀적 반성이나 점검 등이 더 추가되어 언어 처리에서 복잡한 모습들이 드러났다. 이 글에서는 주로 표현보다 이해에 초점을 맞추었기 때문에 뒤에 나오는 내용들이 강조되지 않았을 뿐이다.

(iii) 참여자들의 속성이나 관계

(iv) 상태와/나 (상태의 변화로 규정되는) 역동적인 사건들이나 사건의 과
정들. 좀 더 구체적으로 사건들은 사건을 일으킨 참여자들로서 사람들
이 있으면 행위일 수 있다.

끝으로 세계에서 묶음과 계급, 수와 같은 추상적인 개체들, 적어도
몇몇을 아마도 피할 수 없을 것이다. 그럼에도 불구하고 추상적인 개체
에 대한 존재론은 실제 세계에서 분명하지 않고 세계에서 실제 사람들
의 사고에서 실재(하는 것으)로 귀속되어야 할 것이다.

이들 개체들 중 몇몇은 기본적인 것으로 보이거나 경험되며, 그에
따라 다른 개체로 구성되어 있지 않다. 반면에 다른 개체들은 뒤섞여
있거나 복잡할 것이다. 여기서도 합성의 성질은 자연적인 인식론의
실제적인 편리함에 기대어 규정되어야 할 것이다. 이를테면 자연 물리
적인 방편이나 생물학적 방편이 아니라 원형으로서 규정되어야 하는
데, 그것은 인식론의 영역이나 인식론적 공동체에 달려 있다. 필요하다
면 다른 유형의 개체, 예컨대 담화의미론에 관련되는 개체를 뒤에 끌어
들일 것이다.

2.4.7.1. 상상의 세계, 상황과 사건, 의도성의 문제

사실들은 실제 세계에서 존재하는 사태의 상태로 규정된다. 그러나
사람들은 실제 세계에 대해 생각하고 말할 뿐 아니라, 사실에 반하거나
바라마지 않는 세계, 혹은 다른 '가능' 세계와 그 상황을 상상하고 이야
기한다. 사실에 반하는 표현에 대한 양상논리학(Hughes and Creswell,
1968)[60]의 형식적 용어에 기대거나 의미론semantics of counterfactuals(Ichikawa

---

60) 세계와 실제 개체 사이의 관계를 나타내는 양상의 진릿값을 다루는 논리학이다. 대체로
'…일 수 있다', '…는 필연적 사실이다', '…일 가능성이 있다'와 같은 표현의 진릿값을
따지기 위해서 가능세계와 가능개체라는 개념이 도입한다. 이런 양상 논리에서는 가능

and Jarvis, 2012)에서 언급하는 것처럼 말이다.

사람들이 소설을 읽고 영화를 보는 것은 이런 담화가 이뤄지는 상상의 세계에서 사건이 일어난다거나 사람들이 존재한다고 믿거나 알 수 있기 때문이다. 이는 지식과 담화의 '대하여다움aboutness'[61]이나 의도성이 상상의 세계, 상황, 개인들과 이들의 속성이나 관계를 포함해야 한다는 것을 의미한다(Crane, 2009; Searle, 1993). 또 다른 세계나 상황에 대한 담화의 참됨과 믿음의 온당함은 나날의 경험에 의해 규정되는 '실제' 세계에 대한 믿음과 담화에서 그러한 것처럼, 그렇게 매우 자연스럽게 선언된다. 그런 세계는 생활세계lebenswelt, 즉 Lifeworld처럼 공유된다(Schutz, 1962).

문제는 이러한 다른 세계들이 인간의 담화나 믿음을 벗어나서는 아무런 실재가 없다는 것이다. 상상된 세계와 상황으로서 정신 모형과 같은 정신 표상으로서 있을 뿐이다. 허구적이거나 사실에 반하는 담화는 실제 세계에 대한 정신 모형인 것처럼 표상할 수 있지만, 상상의 상황을 표상하는 정신 모형은 그것 이외의 것에 대하여 있지는 않은 듯하다. 이 책에서 제시하는 얼개 안에서 이 문제를 어떻게 설명할까?

이 책에서 앞에서 희망이나 바람과 같은 특정의 명제에 담긴 태도가 세계에서 (앞으로의) 어떤 상황이나 사건에 대한 정신 모형(희망이나 바람의 '내용')에 대하여 더 높은 수준의 정신 모형(화자나 생각하는 주체의 특정한 정신 상태)으로 표상될 수 있음을 보았다. 같은 방식으로 사실에 반하거나 상상, 혹은 허구의 사건들을 실제 상황에 대한 표상에서 그러한 것과 같은 방식으로 구성되는 정신 모형으로 표상할 수 있다. 이 역시 생각의 주체나 언어 사용자에 의해 (재)구성된다. 그러나 허구

세계의 인정 여부, 가능세계와 현실세계의 관계 등에 관련되는 철학적 문제들이 있다. 여기에 대한 자세한 논의는 손병홍(2004), 『가능세계의 철학』(소피아)을 참고할 수 있다.

61) 존재론에 관련된 책에서 '대하여성'으로 번역하는 용어인데, 그 의미는 뒤에 나오는 의도성과 거의 비슷한 의미이다. 즉 의식의 지향성 혹은 의도성을 가리킨다. 'aboutness'는 그런 성질을 지님을 나타내기 때문에 '대하여+-답+-ㅁ'의 형태로 간주하여 '대하여다움'으로 뒤친다. 앞의 각주 3)도 참고하기 바란다.

적 상황과 사건들은 높은 수준의 정신(상위-) 모형으로부터 나온 의도적인 대상물로서 이런 상황과 사건을 상상하고 있는 언어 사용자의 재귀적인 자기-표상이다(McGinn, 2009를 참고). 거짓말을 하고 실수를 하는 경우가 그러한 것처럼, 그리고 바라는 경우에서 그러한 것처럼 말이다(이와 같은 갈래의 내성에 바탕을 둔 상위 인지와 마음읽기에 대해서는 Carruthers, 2009; Nichols and Stich, 2003을 참고할 것).

사실에 반하거나 허구적인 담화는 거짓말이나 계획에서 그러한 것처럼, '실제' 사람들의 속성이나 행위의 상상에 대하여일 것이다. 따라서 실제 사건에 대한 모형과 좀 더 가깝도록 구성된 상황 모형에서 실제 세계와 상상의 세계를 뒤섞을 수 있다는 점을 주목해야 한다. 믿음과 지식, 희망이나 상상을 산출하는 역동적이고 생산적인 인지 체계를 위하여 모형 구성이라는 유전적으로 미리 설계된 처리 과정이 모든 경우에 아마도 같을 것이다.[62] 각각의 사례들에서 (언제나 그런 것은 아니지만) 사람들이 다루고 있는 실제의 '방식'에 대해 의식을 유지해야 하는 재귀적인self-reflective 정신 모형에 의해 (어느 정도) 점검을 받을 뿐이다.

실제로 허구적인 사건에 대한 모형은 판타지 소설이나 영화에서 표상되는 것처럼 때때로 사람들이 실제 사건에 대한 표상과 구별하기 힘들 때가 있을 정도로 실제적이다. 그리고 행복과 두려움과 같은 실제적인 감정을 만들어낸다. 재귀적 상위 모형('나는 지금 어떤 것을 상상하고 있다.')의 통제와는 별개로 실제적인 사건과 허구적인 사건의 구성은 대체로 같은 정신적 처리일 가능성이 높다(실제 상황reality 점검에 대한 연구로는 Johnson 2007; Johnson and Raye, 2000을 참고할 것). 비슷하게

---

62) 실제로 마음에서 모형을 구성하는 일에는 별다른 차이가 없다고 저자는 가정하고 이런 말을 하고 있다. 실제로 어린 시절에 소꿉장난을 생각해보면 어느 정도 이런 모형 구성이 유전적으로 미리 꾸려진 계획(프로그램)을 따르고 있음을 알게 될 것이다. 이런 모형 구성에서 차이가 있다면 재귀적 점검의 과정을 거치느냐, 그렇지 않느냐의 차이임을 지적하고 있다.

이전에 경험에 근거하여 사람들은 미래의 가능 사건들을 구성할 수 있다. 왜냐 하면 두뇌의 같은 지역을 활성하고 있기 때문이다(Schacter et. al., 2007을 참고할 것).

신경심리학적 연구, 예컨대 사건−관계−잠재태를 이용하는 방법 (ERP/N400)(신경 활성화에 대한 뇌 주사)은 사실에 반하는 담화가 납득할 만하다면 언어 사용자들은 담화에서 '사실에 반하지만, (조금이라도 납득할 만한) 참'인 문장들에 대하여, 역사적으로 거짓인 사실을 언급하는 경우에도 이해하는 데 아무런 문제가 되지 않는다고 주장한다(Nieuwland, 2013; Nieuwland and Martin, 2012를 참고할 것). 이런 결과들은, 또한 사실에 반하는 세계와 사건에 대한 정신 모형의 구성은, 근본적으로 '실제적인' 사건의 모형 구성과 다르지 않음을 주장한다. 실제적인 사건에 대한 담화와 사실에 반하거나 허구적인 담화에 대한 이해에서도 그러하다(Byrne, 2002; Gerring and Prentice, 1991; Roese, 1997).

2.4.8. 지식의 인식론에 대한 마무리

이전에 알려준 사항에 따르면 지식에 대한 일반적인 속성들 가운데 몇몇은 오직 인식론에서 어느 정도 기본적인 개념의 초보적인 요약에 지나지 않는다. 이들은 이 책에서 제시한 이론적 얼개에서 부분적으로 다시 다듬어졌다. 현재 이뤄지고 있는 인식론 논쟁의 세부 내용과 세밀한 내용들은 이 책과 이 장의 범위를 넘어서는데, 대체로 다음 장에서 다뤄지는 것처럼 자연스러운 지식에 대한 경험적인 접근에는 알맞지 않다.

앞에서 간단하게 언급한 이론적인 문제들 다수는 인식론에서 전통적으로 −주의-ism로 언급되는 다수의 이론들과 입장들을 불러왔다. 이를테면 사실주의·회의주의·근본주의·정신주의·내재주의·외재주의·신뢰주의reliabilism 등이 있는데, 이들은 지식이나 진실이 산출되고 정당화되는 많은 방법들을 자리매김한다(이런 주제들에 대해 수백 권의 책과 수천 편의 논문이 있다. 적합한 논문과 참고문헌, 현재의 논의를 고르기 위해서는 Sosa et. al., 2008; Steup and Sosa, 2005를 참고할 것). 이런 여러 논의들 가운데 이 책에서 접근법은 앞서 보았듯이 다음을 묶어놓았다.

- 자연주의(실제 언어 사용자들의 실제 지식을 다룸)
- 상대주의(믿음의 온당함은 서로 다른 인식론적 공동체의 기준에 달려 있음)
- 맥락주의(믿음의 온당함은 관찰의 상황이나 소통의 상황에 달려 있음)
- 인지주의(믿음과 지식은 정신 표상에 기대어 분석되고 표상되어야 하며 인지과학의 얼개 안에서 연구되어야 함)

좀 더 구체적으로 여기서는 지식과 믿음이 입말과 글말에 대한 자세한 분석에 의해 연구되어야 한다는 점을 강조하는 담화 분석적 관점을 취하고 있다. 그리고 대부분의 지식이 상황에 맞춘 담화에 의해 습득되고 사회적으로 재생산되는 의식을 갖고 있다. 다시 말하면 담화를 연구하기 위해서 자세한 인식론적 분석을 필요로 하는데, 담화는 지식에 대한 철학적·심리적·사회학적 통찰과 인류학적 통찰을 필요조건으로 한다는 점을 나중에 보게 될 것이다.

2.5. 자연 지식의 자리매김에 대한 요약

지식과 믿음에 대하여 앞서 언급한 개념적 고려 사항을 전제로 할 때 이제 지식과 담화 사이의 관계에 대한 학제적 이론에서 (인간) 지식이 의미하는 바를 살펴보고 요약하여야겠다.

1. 지식은 사회적으로 상황이 맞추어진 (의식적이든 무의식적이든) 정신 처리의 결과물이며 두뇌에서 수행된 인간 사고의 결과물이다.

2. 지식은 의도적이다. 말하자면 실제 세계나 상상의 세계에서 어떤 일들
의 상태나 상황의 표상 혹은 그것에 대한 것이다.

3. 지식은 정신적 표상이다. 이를테면 어떤 모형이며 실재(외부) 세계나
허구(내부, 상상의) 세계에 있는 사실들(존재하는 일들의 어떤 상태)을
표상한다.

4. 지식은 참인 믿음이 아니라 온당한 믿음이다. 온당한 믿음은 선언이라
는 화행에서 발화되는 참인 문장에서 표현될 수 있다.

5. 지식은 (지식) 공동체에서 사회적으로 수용되는 기준에 의해 정당화되
거나 보증된다. 그 기준은 지식 공동체에서 믿음을 지식으로 보증하기
에 충분할 정도로 믿음을 갖게 되는 방법이나 출처가 신뢰할 만한 (신용
할 만한) 것인지를 규정한다. 불충분하게 보증된 믿음, 이를테면 실제
세계에서 어떤 일의 있을 수 있는 혹은 개연적인 상태는 간단히 믿음이
라 부른다.

6. 지식은 개인적이거나 대인적 혹은 사회적일 수 있다. 개인적 지식의
평가에는 또한 사회적으로 적절한 기준의 적용이 개입된다.

7. 개인적 지식은 개인적인 경험이라는 사건에서 습득되고 보증을 받은
믿음인데 구체적 기억에서 정신 모형으로 표상된다.

8. 가상의 사건과 상황에 대한 지식은 상위 모형meta-models에서 표상되는
데 이는 가상의 사건들을 구성하고 정신 모형을 구성하는 데 주도적인
특정의 정신적 활성화를 표상한다.

9. 상호작용하는 개인들 사이의 지식은 공동의 경험에 대한 참여자들의
정신 모형에서 표상되거나 (상호작용하는) 참여자들의 경험에 대한 참
여자의 담화로부터 추론된다.

10. 사회적 지식, 공적 지식, 사회·문화적 지식은 인식론적 공동체에 있는
구성원들의 (장기 기억의 일부인) 일반적이고 '의미' (사회적) 기억에서
배분되고 공유되며 표상된다.[63]

---

[63] 이는 인류의 역사에서 성 역할에 대한 관념의 사례를 통해 매우 분명하게 드러난다.

11. 사회적 지식은 한편으로 경험에 대해 일반화되고, 추상화되며 탈맥락화된 정신 모형이 개입하는 정신적 처리 과정에 의해 다른 한편으로 일반적인 지식에 대한 소통으로 습득되고, 확정되며, 공유되고 표상된다.

12. 지식은 사회적으로 상황이 맞춰진 담화, 상호작용과 소통으로 자리매김되는 자연 언어에 의해 습득되고 표현되며 전제되며 재생산된다. 이는 인간을 위해 이차적으로 중요한 지식의 기능이며 조건이다.

13. 지식은 명제proposition가 아니라 일반적인 지식 구조(각본, 개념 관계 등)와 정신 모형에 의해 표상된다. 이들은 맥락 모형에 따라 맥락화된 명제 유형으로서 의미와 함께 상황에 맞춘 담화로 표상되는 문장으로 소통되고 표현될 수 있다.

14. 나중에 보게 되겠지만 사회적 지식은 사회에 널리 퍼져 있는 지식 관련 기관 혹은 학회와 대학, 실험실, 품질을 인정받은 신문사, 법정, 정부에 의해 공식적인 지식으로 인정된다.

이는 지식에 대한 이론의 일반적인 특징에 지나지 않는다. 다음 장에서, 이를테면 한편으로 정신 상태, 처리, 표상이나 모형으로, 다른 한편으로 사회와 다양한 공동체에서 지식의 평가와 소통 사회적 배분으로 인지적 측면, 사회 인지적 측면, 사회적 측면, 문화적 측면, 언어적 측면에서 이런 일반적인 진술에 관련된 세부 내용들을 다룰 것이다.

생물학적으로 여성과 남성은 성 염색체에 의해 구분되지만, 남자와 여자는 사회적 범주로서 대부분의 사회에서 여성은 여자로서, 남성은 남자로 사회적 역할이 부여될 뿐이다. 유발 하라리가 지적한 대로, 생물학적인 규정과 사회적 규정 사이의 관련성은 그리 높지 않은 편이다(유발 하라리(2015)를 참고할 것).

제3장 담화, 지식과 인지

3.1. 들머리

누리그물(2013년 3월)에 실려 있는 위키피디아, 'the Free Encyclopedia'에서 인종주의racism[64]라는 큰 항목의 들머리 부분은 다음과 같이 쓰여 있다.

1   인종주의는 일반적으로 사람이 인종이라고 부르는 생물학적 집단으
2 로 나누어질 수 있다는 믿음을 반영하는 관점과 관례, 행위로 자리매김
3 된다. 그리고 어떤 인종의 구성원들은 그 집단을 전체적으로 덜 바람직
4 하게 하는 혹은 더 바람직하게 하는 속성, 열등이나 우성의 어떤 속성을
5 공유한다고 자리매김한다.

---

64) 일반적으로 우리말에서는 민족주의로 옮기기도 하지만, 지금은 'nationalism'을 민족주의로 옮긴다. 여기서도 저자가 이 항목을 끌어온 의도에 맞추어 인종주의로 뒤친다. 다만 본문에서 'race'와 'ethnic'은 각각 인종과 민족으로 뒤치도록 한다. 현재(2019년 4월) 위키피디아의 이 항목에서 들머리 부분이 달라졌다.

6   인종주의에 대한 정확한 자리매김은 다툼의 여지가 있는데 '인종'이
7 란 개념의 의미에 대해 학문적인 일치가 거의 없기 때문이기도 하고
8 무엇이 차별을 구성하는지 무엇이 그렇지 않은가에 대해 거의 일치하지
9 않기 때문이기도 한다. 비판가들은 백인종에 의한 편견에 초점을 맞추
10 며 그 용어가 차별적으로 적용되고 있는데, 인종적 차이에 대한 단순한
11 관찰을 인종주의로 규정하고 있다고 주장한다. 어떤 규정에서는 어떤
12 사람의 행위가 의도적으로 해롭거나 위험한가에 상관없이 그들이 지니
13 고 있는 인종 범주에 의해 영향을 받는다는 어떤 가정을 따르고 있다.
14 다른 가정들은 의식적으로 악의를 띤 차별의 형태를
15 포함할 뿐이다. 인종주의를 어떻게 자리매김할 것인가에 대한 질문들
16 가운데 인종에 대한 고정관념에 바탕을 두고 다른 사람의 능력이나 선
17 호도에 대하여 가정을 하는 것과 같이 의도가 없는 구별의 형태를 포함
18 할 것인가 하는 문제가 있다.
19 매체를 통해 인종에 대한 고정관념이 퍼지는 것과 같은 차별의 상징적
20 형태나 제도화된 양식들을 포함할 것인지,
21 때로 인종에 따라 구성되는 사회 계층화의 사회-정치적 변화를 포함할
22 것인지 하는 문제가 있다. 인종주의에 대한 몇몇 규정에는 문화와 국가,
23 민족, 특권 계급이나 종교에 따른 고정관념에 바탕을 두고 있는 차별적
24 인 행위와 믿음을 포함하고 있다.
25   인종주의와 인종에 따른 차별은 종종 인종적인 토대나 문화적 토대에
26 대한 구별을 기술하기 위해 이용된다. 이는 이런 차이들이 인종적이라
27 고 기술되는지 여부와는 별개의 문제이다. 국제연합의
28 관례를 따르면 인종적 차별과 민족적 차별은 구별하지 않으며 인종적
29 차별에 바탕을 두고 있는 우위성은 과학적으로 거짓이며, 도덕적으로
30 비난받을 만하며, 사회적으로 정당하지도 않고 위험하다.
31 그리고 이론으로나 실제에서 어디에서도 인종적 차별에 대해서는 어떠
32 한 정당화도 없다.
33   정치학에서 인종주의는 원주민 보호주의(nativism)와 외국인 혐오
34 (xenophobia)와 함께 일반적으로 우익의 끝자락에 자리 잡고 있다. 역사
35 에서 인종주의는 홀로코스트와 같이 집단학살의 정치적 근거와 이념적
36 근거의 중요한 부분이 되어 왔다. 뿐만 아니라 남아메리카와 콩고의
37 고무 벼락 경기(rubber booms)에서와 같이 식민의 맥락에서 그리고 아메

38 리카의 정복이나 아프리카와 아시아, 호주의 식민지화에서도 그러하였
39 다. 인종주의는 또한 대서양 횡단 노예 무역, 19세기와 20세기 초에 미국
40 의 인종분리에 바탕을 둔 정부,
41 남아프리카에서 아파르트헤이드65)의 등 뒤에 있는 원동력이었다. 인종
42 주의의 이념과 관례들은
43 국제연합(U.N.)의 인권 선언에서 포괄적으로 비난을 받는다.

위키피디아는 다른 모든 백과사전과 마찬가지로 대중을 위해 세상에 대해 현재의 학술 지식을 제공한다. 따라서 인종주의라는 항목에서는 앞에서 인용한 들머리 다음에 인종주의라는 용어에 대한 여러 가지 용법뿐만 아니라 다양한 규정(이를테면 법률적인 용법, 사회학적 용법), 인종주의의 다양한 갈래 유형, 인종적인 갈등, 인종주의의 이념, 학문에서 인종주의, 인종주의의 역사, 반인종주의에 대한 정보와 참고문헌, 주석, 한걸음 나아간 읽을거리를 제공한다.

이 항목의 양식과 덩잇말 무늬66)는 대중적이라기보다는 학술적이지만 위키피디아 사전의 목적이 그러한 것처럼, 교육을 받은 대부분의 독자들에게 쉽게 접속이 가능하다.

비록 백과사전의 한 항목이 원칙적으로 그 항목이 맡고 있는 현상이나 개념에 대한 지식을 전제로 하지 않지만, 그와 같은 지식을 찾는 사람들은 그것에 대하여 알고 있다. 특히 그 항목이나 현상이 매체와 나날의 담화에서 자주 다루어지는 경우는 그러하다. 따라서 이 항목을

---

65) 아파르트헤이드apartheid는 남아프리카공화국의 뿌리 깊은 인종 차별 정책이었다. 이 용어는 흑인 차별주의로 옮겨야 그 차별의 내용이 좀 더 분명히 드러나리라 생각한다.

66) 페어클럽(2003/2012)에서 김지홍 선생님은 'style'을 정체성 모습으로 뒤치고 있다. 흔히 외래어처럼 쓰이고 있는 용어 '스타일'을 통해서 담화 참여자들의 정체성이 드러나기 때문이다. 문체라는 용어도 지나치게 글말에만 국한되어 있어서 망설여진다. 페어클럽의 책에서 스타일은 언어적인 표현, 즉 어휘, 비유적 표현, 발음과 억양, 강세와 가락뿐만 아니라 얼굴표정·몸짓·자세 등을 아우른다(361쪽). 우리말에서 혹은 국어교육에서 이들을 아우를 수 있는 마땅한 용어가 아직은 없는 듯하다. 입말과 글말을 아우르면서 언어적인 요소뿐만 아니라 비언어적 요소와 반언어적 요소를 다 싸안을 수 있는 용어로 '담화 무늬' 혹은 '덩잇말 무늬'라는 용어를 제안해 본다.

찾아보는 대부분의 사람들은 인종주의가 무엇인지에 대해 어느 정도 기본적인 지식(혹은 오개념)을 일반적으로 지니고 있지만, 단지 그것에 대해 더 알고 싶거나 현재의 학문 문헌에서 무엇을 이야기하는지 알고 싶을 뿐이다.

그렇다면 이 장과 이 책에서 관심을 끄는 점은 인종주의에 대한 지식과 마찬가지로 정확하게 어떻게 세계에 대한 일반적인 지식 혹은 일반적인 지식이 습득되고 조직되며 이용되는지, 특히 담화에서 그것이 어떻게 표현되고 재생산되는가 하는 것이다. 이미 앞 장에서 시작되었지만, 여기서는 이런 주제에 대하여 이와 같은 일반적인 지식이 세계에서 사건에 대한 정신 모형과 소통 상황 그 자체의 정신 모형에서 언어 사용자가 채택하고 형성하는 방법에 어떻게 영향을 미치는가에 대한 좀 더 자세한 연구를 통해 접근한다. 이 이론은 담화 처리에 대한 일반적인 이론의 일부분인데, 여기서는 담화 산출과 이해에서 지식의 역할을 이해하는 데 필수적인 얼개로 요약될 것이다.

담화 처리에서 지식의 역할에 대한 경험적인 연구를 자세하게 들여다보기에 앞서 이 장과 이 책에서 제시한 일반적인 얼개로부터 나온 관점으로 이전의 연구 결과를 비판적으로 정리하기 위해 이 책의 현재 이론을 제시하기로 한다. 여기서 제시한 이론들은 반 데이크와 킨취(Van Dijk and Kintsch, 1983)에서 제시한 전략적 담화 처리 이론을 더 발전시킨 이론으로서 담화 문법text grammar에 대해 저자의 앞선 이론들(Van Dijk, 1972, 1977)과 킨취(1974)에 부분적으로 영향을 받았고 뒤에 킨취(1988)에 의해 수정되었다.

3.2. 담화 처리의 새로운 이론을 위하여

담화의 산출과 이해에서 지식의 역할과 담화 처리에 대한 앞선 이론들과 비교할 때, 이 책에서 지금 제시하는 이론은 다음의 요소로 구성되는 특징(혹은 그 필요성을 강조함)이 있다.

- 맥락 이론: 앞 장에서 이미 제안한 것처럼, 역동적인 맥락 모형에서 참여자들에 의해 표상된 것으로서 '소통 상황에 대한 주관적인 규정'으로 자리 매김되는 맥락의 통제 아래 담화는 산출되고 이해된다. 맥락에 대한 이런 인지 이론은 담화 맥락 사이의 관계에 대한 학제적인 이론의 일부이다(Van Dijk, 2008a, 2009a). 여기서 (맥락의) 적합성은 맥락 모형이 참여자들의 공동 배경을 규정하는(Clark, 1996) 특정의 지식 장치(K-장치)라는 수단에 의해 언어 사용자들에게 공유된 지식을 조정한다는 사실에 있다.
- 자연스러운 담화의 처리: 이 책에서 제시한 것처럼 자연스러운 지식에 대한 이론의 경우에서와 마찬가지로 담화에 대한 인지 이론도 나날의 소통과 상호작용에서 사용되는 것으로서 자연스러운 담화에 대한 이론에 바탕을 두어야 한다(개론서로서 Schiffrin et. al, 2013; Van Dijk, 1985, 2007, 2011b를 참고할 것. 심리학 자체에 대한 비판과 인지와 담화 처리에서 생태학적으로 타당한 연구에 대한 방어 논리는 Neisser, 1978, 1982, 1997; Neisser and Hyman, 2000; Van Oostendorp and Zwaan, 1994를 참고할 것. 그리고 이외에도 다른 많은 연구들을 참고할 것). 이는 실험 결과들 다수가 실험실에서 만들어진 담화 사례들로 이뤄졌으며, 앞에서 살펴본 것처럼 자연 발생적인 소통 상황에서 나타나는 자연스러운 담화를 다룰 때 그 결과를 수정할 필요가 있음을 의미한다.
- 다층적인 방식의 담화에 대한 처리: 담화에 대한 이론과 담화 처리에 대한 이론에서 이전의 결함 중 하나는 표현 일반에 구현되어 있는 성질과 다매체성, 구체적인 면에서 상호작용과 소통이 이뤄지는 담화를 무시하면서 입말과 글말에 제한되어 있다는 점이다(Barsalou, 2003, 2008). 또한 이런 경험들은 담화의 다양한 갈래를 규정하는 것으로(Bhatia, 1993; Goldman and Bisanz, 2002; Zwaan, 1994) 응시, 접촉, 몸짓과 몸의 다른 움직임이라는 특징도 갖는다(Catt and Eicher-Cattt, 2010; Givry and Roth, 2006; Glenberg, 1999; Zwaan, 1999, 2009). 심리학에서 이와 같은 발전은 현재

의 담화 연구에서 입말과 글말의 기호학적 분석과 다양한 방식 분석에 통합되어야 한다(Van Leeuwen, 2005를 참고할 것).

• 담화에 대한 신경심리학: 이 장에 관련되어 있는 것으로 지난 십 년 동안 담화에 대한 신경심리학적 발전이다(지나칠 정도로 많은 연구가 있었는데, 이를테면 Gernsbacher and Robertson, 2005; Gillett, 2003, Mason and Just, 2004; Sherratt, 2007; Stemmer, 1999; Zwaan and Taylor, 2006을 참고할 것). 신경심리학에서 연구는 의미론적 치매, 알츠하이머 병, 기억상실, 정신분열증, 두뇌 손상과 같은 담화 무질서의 신경심리학적 토대에 대한 통찰을 동시에 제공하였다(연구들이 많은데 그 중에서 Bartels-Tobin and Hinckley, 2005; Beeman and Chiarello, 1997; Brownell and Friedman, 2001; Broenell and Joanette, 1990; Caspari and Parkinson, 2000; Chaman et. al., 1998; Dijkstra et. al., 2004를 참고할 것). 담화의 산출과 이해에서 일반적인 지식과 정신 모형의 기저에 있는 두뇌 메커니즘에 대한 더 많은 통찰이 얻어질 수 있기를 바란다.

• 진화론적 통찰: 두뇌에 대한 연구가 담화 산출과 이해, 지식의 역할과 관련된 정신적 처리에 대한 통찰을 드러내 보인 것과 같은 방법으로 언어와 지식의 진화 이론에서 발전은 정신 모형의 기본적이고 일반적인 구조, 예컨대 이야기 전달 구조, 문장 구조에 대한 통찰을 제공하고, 그것들과 정신 모형이 지니는 관계에 대한 통찰을 제공할 수 있다(Bickerton, 1995; Chritiansen and Kirby, 2003; Deacon, 1997; Jackendoff, 2003; Lieberman, 1987; Tomasello, 2008을 참고할 것). 이런 점은 앞 장에서 보았던 것처럼 지식에 대한 진화론적 설명의 경우에도 마찬가지이다(Greenberg and Tobach, 1990; Plotkin, 1993, 1997, 2007; Rescher, 1990; Wuketits, 1990을 참고할 것).

• 지식에 대한 새로운 인지 이론: 아래에서 좀 더 자세하게 보게 되는 것처럼 지식에 대한 인지 이론 그 자체는 개념 얼개, 원형, 각본이나 개념틀에 기댄 이전의 설명을 넘어섰으며, 신경심리학적인 배경을 지닌 다중 접근을 탐구하여 왔다(Barsalou, 2003, 2008).

요약하자면, 담화 처리와 지식 처리에 대한 인지 이론은 (ⅰ) 신경학적 배경을 지녀야 하며, (ⅱ) 자연스러운 소통 상황에서 자연스럽고 여러 가지 방식으로 이뤄지는 담화 연구를 통하여 생태학적으로 타당하여야 하고, (ⅲ) 맥락을 설명해야 하며, (ⅳ) 언어와 담화, 지식에 대한 일반적인 계획과 발달에 대하여 진화론적인 통찰을 통해 영감을 받아야 한다.

3.3. 정신 모형

3.3.1. 경험의 모형화modeling experience

여기서 요약된 담화 처리와 지식 처리에 대한 인지 이론은 인간으로서 언어 사용자들이 구성하는 다층적인 정신 모형multimodal mental models에 기대어 자연적인 소통 환경과 사회적인 소통 환경을 표상하는 방식에 대한 가정에 바탕을 두고 있다. 이들 모형은 일반적으로 상호작용과 일상적인 경험을 다스리고 자리매김하며 구체적으로는 담화에 대한 이해와 산출에 대해서 그러하다.

인간의 처리 한계와 기억 한계 때문에 장면, 상황, 사건, 행위, 사람, 환경에 있는 대상들의 여러 가지 다양한 방법(이를테면 시각, 청각, 감각 운동)에서 오는 복잡성이 온전하게 처리되고 저장되거나 재생산될 수 없고 그럴 필요도 없다. 사람들의 일상적인 경험에 대해 상황에 적합한 정보를 규정하면서도 구조적으로 덜 복잡한 표상으로 조직하고 환원시킬 필요가 있다. 그것이 경험 모형experience models이다. 이런 모형들은 일상에서 이야기 전달에서 그러한 것처럼 그와 같은 경험들에 대한 소통과 담화의 인지적 토대이다.

비슷한 모형에 대한 일반화와 추상화는 상향식으로 세계에 대한 포괄적인 지식을 산출하고 이 지식은 그 다음에 하향식으로 경험에 대한 새로운 모형의 구성에 이용된다. 이는 자연적인 환경과 사회적인 환경에 대한 이해가 환경에 대한 속성들의 복사 형태에 그치는 것이 아니라, 모형을 세우고 경신하며 추상화하는 능동적이고 구성적인 모형처리임을 의미한다. 이는 또한 상상하거나 허구적인 상황, 사실에 반하는 상황에 대한 정신 모형을 형성할 수 있도록 해주며, 이런 점을 설명할 수 있도록 해준다. 언어 사용자들이 사실에 반대인 조건을 담은 문장에 대해 납득할 만하지만, 역사적으로 거짓인 결과를 이해하는 데 아무런 문제가 없음을 보여주는 경험적인 연구를 앞 장에서 이미 보았다. 말하자면 어떤 담화에 대하 사실에 반대인 정신 모형이 구성되고 나면 그 담화(의 나머지)는 비록 사건들이 거짓을 가리키고 있을 경우에도 잘 이해되는 것이다(Nieuwland, 2013; Nieuwland and Martin, 2012).

대상의 지각 처리에 대한 신경학과 인지심리학은 이제는 비교적 잘 이해되고 있지만, 사람들의 일상적인 사회생활을 자리매김하는 장면, 상황, 사건과 행위에 관련되는 좀 더 복잡한 정보 처리에 대해서는 덜 알려져 있다. 여기서 적합한 사례는 사건과 행위의 처리이며, 담화처리는 담화에 매우 매여 있지만, 본질적으로 관련성이 높은 사례이다. 따라서 사건에는 대상이나 장면이 관련되며 이들은 시간에 따라 일어나고 나타난다. 그에 따라 일반적으로 구체적으로 표지되며 처음과 끝을 인지 가능한데, 때로 다른 사건들이 앞선 원인이나 뒤따르는 결과를 통해 인과적으로 관련된다. 사건과 행위들은 좀 더 포괄적이고 상위에 있는 사건이나 행위를 공동으로 규정할 수 있는 행위들이나 사건의 결과들을 구성하는 성분이나 부분으로서, 복잡한 (거시적) 계층 구조 안에서 지각되고 구성되며 표상되고 기억된다(Van Dijk, 1980). 폭풍이나 지진, 경제적 위기와 같은 큰 사건들은 성분이 되는 사건의 복잡한 연쇄를 구성한다(사건 지각과 행위 지각에 대한 자세한 내용은Shipley and Zacks, 2008; Tversky et. al., 2008; Zacks and Sargent, 2009를 참고할 것).

이와 비슷하게 사람들의 일상적인 삶은 참여자들에게 의미 있고 그들에게 관련되는 복잡하고 가변적인 길이의 단위들로 나누어지는 행위들의 긴 연쇄로 이뤄져 있다. 그런 조각들은 (시간, 처소, 참여자, 행위 등에서) 변이와 변화로 표지되고 계획될 뿐만 아니라 회상될 수 있는 다소 의식적인 목표와 의도로 규정된다. 이와 같은 전략의 결과로 환경에서 일어나는 사건과 상황에 대한 구성적인 처리는 장기 기억LTM: long term memory의 일부인 구체적 사건 기억EM: episodic Memory에 저장되어 있는 정신 모형이다.

3.3.2. 정신 모형의 구조와 기능

사람들은 수천 년 동안 사회 환경과 자연 환경을 처리하여 왔기 때문에 정신 모형에 기대어 사건과 상황에 대한 표상과 분석에 알맞고 재빠른 프로그램이 유전적으로 프로그램되어 있도록 진화하였을 가능성이 높다(Ackerman and Tauber, 1990; Erlich et. al., 1993; Garnham, 1987; Gentner and Stevens, 1983; Johnson-Larid, 1983; Johnson-Laird et. al., 1996; Van Dijk and Kintsch, 1983).

이런 정신 모형은 자연 환경뿐만 아니라 사람들과의 상호작용을 다스리며 동시에 현재, 과거와 미래의 상황과 사건에 대하여 담화하고 소통할 수 있게 해주는데, 이는 포유류들 가운데서도 인간의 고유한 능력이다. 이들은 또한 세계에 대한 일반적인 지식을 형성하기 위한 일반적인 토대이기도 하다.

환경에서 일어나는 사건과 상황에 대해 관련되는 측면을 빠르게 분석하는 것이 생존과 나날의 사회적 상호작용, 소통을 위해 중요하기 때문에 단기 기억STM: short term memory(작업 기억인데 아래에서 더 자세하게 논의됨)의 한계에 따라 처리될 수 있도록 하기 위해 모형의 구조는 비교적 단순해야 한다. 따라서 여기서는 배경(공간, 시간), 참여자들(정체성과 역할, 관계), 사건/행위와 목표와 같은 정신 모형의 틀을 이루는 범주

들을 보게 될 것이다. 이들은 담화에서 널리 퍼져 있다.[67]

작업 기억을 구성하거나 경신한 뒤에 정신 모형들은 구체적 사건 기억에 저장되는데, 개인적인 경험이 표상되는 기억의 한 부분이다. 이전의 경험을 떠올리는 것은 그와 같은 경험에 대한 오래된 정신 모형의 활성화에 있다. 정신 모형은 휴가의 일부로 기차 여행을 하는 모형에서 그러한 것처럼, 계층에서 더 크고 더 복잡한 모형으로 결합한다. 다음에서 보게 되듯이 (감정적으로 도드라진 정보뿐만 아니라) 이런 모형에서 더 높은 수준, 더 전국적인 부분은 좀 더 쉽게 접속할 수 있는 경향이 있으며 그에 따라 뒤에 더 잘 회상된다. 그리고 이들은, 예컨대 이야기 전달이나 신문 보도 등에서 자주 이용되는데, 그에 따라 이런 정보는 자전적 기억autobiographical memory으로부터 알고 있는 것처럼 다시 좀 더 잘 접속이 되도록 해준다(Bauer, 2007; Bluck, 2003; Conway, 1990; King, 2000; Neisser and Fivush, 1994; Rubin, 1986; Thompson, 1998a; Tulving, 2002와 아래를 참고할 것). 담화 처리와 지식 처리에서 기억의 역할에 대해서는 아래에서 다시 다룰 것이다.

앞 장에서 요약한 것처럼, 모형들에서는 환경으로부터 나오는 외적 정보뿐만 아니라 외부 사건에 대한 표상과 결합될 수 있는 희망, 바람, 감정과 의견과 같은 내적인 정보, 몸에 익은 정보, 정신적인 정보를 구성하고 표상한다. 실제로 사건에 대한 몸에 익은 특성들이 몸과 마음, 현재의 상태와 본질적으로 관련되어 있다.

정신 모형에 표상되어 있는 것으로서 되풀이되는 경험은 포괄적인 지식으로부터 추상화되고 그렇게 일반화되는 경향이 있다. 이런 지식은 이전의 정신 모형(앞선 경험)으로부터 나온 정보와 새로운 정신 모형의 구성 과정에 있는 현재의 환경과 함께 하향식으로 구체적으로 사례

---

67) 기억은 인간의 학습과 관련하여 오랫동안 관심의 대상이 되어 왔다. 기억의 처리 모형과 기억의 갈래에 대해서는 인지심리학과 언어심리학에 관련된 책을 참고할 수 있는데, 간략한 개요는 허선익(2013), 『국어교육을 위한 말하기의 기본개념』(경진출판), 29~31 쪽을 참고하기 바란다.

화된다instantiated.

　사회적으로 공유된 일반적 지식에 의해 공동으로 산출되지만 정신 모형은 개인적이고 고유하다. 개인별로 사람들의 구체적 사건 기억(생애 경험과 오래된 모형들)과 (시간, 장소, 사건, 목표 등에 대한) 지각과 이해, 표상의 순간에 나타나는 고유한 맥락 속성들 때문이다.

　정신 모형이 개인적이기 때문에 자기에 대한 범주의 특징을 드러내는 데 핵심적이다(Neisser and Fivush, 1994). 정신 모형은 고유하고 몸으로 익혀 '수행되는' 성질을 드러낼 뿐만 아니라 그러한 경험은 상황을 넘어서 개인적인 정체성의 확립에 이바지하는 것으로서 자전적 기억을 이루는 개인적 경험에 의해 영향을 받고 있음을 보여 준다.

3.3.3. 담화에 대한 상황 모형

　사람들이 경험하거나 관찰한 상황에 대한 모형을 구성할 뿐만 아니라 입말이나 글말에서 듣거나 읽은 상황을 구성한다. 실제로 앞에서 본 것처럼 개인적인 경험을 넘어서 담화로부터 구성된 상황 모형은 나날의 대화에서 이야기를 전달하고 세계에서 일어나는 사건에 대한 뉴스 보도가 그러한 것처럼 세계에 대한 지식을 얻는 중요한 수단이다.

　1980년대까지만 해도 담화 처리에 대한 이른 시기의 이론들은 지엽적 의미와 전국적 의미의 정신적 표상으로 제한되어 있었고, 담화에서 기본적인 의도 차원intentional dimension에서는 담화가 대하여 있는 대상과 사람, 사건이나 행위에 대한 표상을 필요로 하였다(Johnson-Laird, 1983; Ricjheit and Habel, 1999; Van Dijk and Kintsch, 1983; Wyer, 2004; Zwaan and Radvansky, 1998을 참고할 것. 형식적 모형 이론의 적용에 대한 이전의 연구로부터 받은 영감의 몫은 Chang and Keisler, 1973; Kopperman, 1972에 있으며 담화와 의미에 대한 연구는 Van Dijk, 1977을 참고할 것).

　담화에 대한 상황 모형은 개인적인 경험에 대한 모형과 같은 일반적인 속성을 지니고 있다. 작업 기억에서 담화의 산출과 이해에 대한 문법에 관련되는 다양한 처리와 다른 처리가 이뤄지는 동안 계속해서 활성화되고 구성되며, 구체적 사건 기억에 저장되고, 담화가 대하여 있는 사건·행위·사람·대상을 주관적으로 표상한다.

상황 모형[에 대한 살핌: 뒤친이][68]은 일반적인 지식의 구체적인 사례화뿐만 아니라 화자가 산출한 의미와 수신자가 받아들이는 의미로서, 담화에 관련되는 명시적인 정보와 소통 상황(아래 참고할 것)으로부터 그 의미들이 도출될 수 있기 때문에, 담화에서 암묵적으로 남아 있는 전제와 함의를 포함하여 전통적으로 무엇이 기술되었는지를 설명해 준다. 말하자면 화자의 상황 모형은 글말의 문장이나 입말의 발언 차례에서 실제로 표현된 의미보다 훨씬 더 상세하다. 담화에서는 암묵적으로 남아 있는 일반적인 지식으로부터 이끌어낸 '교량 추론'[69]이 많이 나타나는 특징을 보인다(Graesser and Bower, 1990; Graesser et. al., 2003을 참고할 것). 뿐만 아니라 구체적 사건 기억에서 이전의 정신 모형에 표상되어 있는 것으로서 수신자의 개인적인 이전의 경험의 조각으로부터 이끌어내는 추론도 있다.

화자와 수신자의 상황 모형이 다를 수 있기 때문에, 담화에서 부분적인 이해나 오해는 일반적이다. 비록 사회적으로 공유된 의미와 참여자

---

68) 영어 표현의 다의적 속성을 보여주는 듯하다. 이 책에서 'model'은 모형 그 자체를 가리키기도 하지만 모형 자체가 이론적인 구성물이기 때문에 모형에 대한 이론이나 살핌을 나타내기도 한다. 앞으로의 뒤침에서도 이런 점을 분명히 하기 위해서 여기서와 같은 표현을 하도록 하겠다.

69) 킨취 외(Kintsch et. al., 1993), "A Comprehension: Based Approach to Learning and Understanding", *Psychology of Learning and Motivation* 30, pp. 165~214)는 다음과 같이 추론을 구분하였는데, 여기서 눈여겨볼 점은 추론이 자동적인 과정과 통제된 과정으로 나타난다는 점이다. 이 맥락에서도 암묵적인 지식으로부터 교량 추론이 많이 나타난다는 점도 자동적인 과정이기 때문에 그러하다.

	정보 더해놓기		정보 덜어내기	
	인출	생성	삭제	일반화
자동적인 과정	교량(연결) 추론, 연상에 의한 정교화	친숙한 영역에서 다른 것으로 전이되는 추론	중요하지 않은 세부 내용의 삭제	친숙한 영역에서 구성하고, 일반화하기
통제된 과정	교량(연결) 지식에 대한 탐색	논리적 추론	요점의 발췌	낯선 영역에서 구성하고, 일반화하기

들에게 공통적인 지식이 대부분의 상황에서 이해가 충분함을 보장하고 있지만 말이다.

상황 모형에는 담화의 처리를 위한 기본적인 기능이 많이 있다. 무엇보다 입말과 글말에 대한 의미 처리의 출발점이다. 말하자면 인적인 지식, 특정의 지식, 언어 사용자가 표현하거나 소통하고자 하는 감정에 대한 모든 의미 처리를 위한 출발점이다.

두 번째로, 상황 모형은 지엽적인 의미 연결과 전국적인 의미 연결을 규정한다. 문장이나 발언권의 연쇄는 (일반화와 구체화에서처럼) 다양한 갈래의 기능적 의미 관계를 보여줄 뿐만 아니라 상황 모형에 표상된 행위나 사건들 사이의 시간적 관계와 인과적 관계를 표현한다 (Van Dijk, 1977). 이는 담화의 의미 연결이 상대적임을 의미한다. 즉 어떤 담화에서 수신자가 담화에 대한 정신 모형을 구성할 수 있다면 수신자에 대하여 의미 연결이 이뤄진 것이다.

이런 지엽적인 의미 연결과 순차적인 의미 연결뿐만 아니라, 담화는 더 높은 수준에서 입말과 글말의 요약이나 요지를 규정해주며 참여자들이 지니고 있는 더 높은 수준의 정신 모형에 바탕을 두고 있는 의미론적 거시 구조에 기대어 기술되는 전체적인 의미 연결이라는 특정을 지닌다(Van Dijk, 1980).[70] 단기 기억의 한계를 전제로 한다면, 그와 같은 전체적인 의미나 담화 주제는 복잡한 모든 정보의 처리를 위해 중요하다. 이어지는 문장들의 연쇄에서 활성화된 모든 정보를 간직하는 대신 화자와 수신자에게는 단지 상황 모형에서 규정된 것으로서 지엽적으로 관련성이 있는 담화 주제에 곧장 접속 가능하거나 이용 가능할 수 있도록 유지하기만 할 필요가 있다. 그와 같은 주제는 암묵적이기 때문에 담화의 이해와 산출에 대한 전략들은 인종주의에 대한 위키피디아 항목의 줄글에 대해 관찰한 것처럼 표제와 들머리, 요약이라는 수단으로 그와 같은 주제를 알려주거나 표현할 수 있는 다양한 방법을

---

70) 이 책은 서종훈 옮김(2018), 『거시 구조』(경진출판)로 출간되었다.

이용한다.71) 이들은 전략적으로 미리 규정한 전체 주제일 뿐만 아니라 담화(의 나머지)를 이해하기 위해 필요한 일반적인 지식을 미리 활성화하는 데 이바지한다.

여기서는 구체적으로 담화 구조에 초점을 맞추었지만, 상황 모형의 구조도 정신 모형에서 격 구조가 표상되는 기저의 참여 구조를 반영하는 것처럼, 절의 의미와 문장의 의미에 대한 구조적인 측면의 몇 가지도 최소한으로 사상되어야 한다(Fillmore, 1968).

따라서 언어 사용과 담화의 모든 수준에서, 즉 절 의미의 명제 구조로부터 이야기나 다른 갈래들의 전체적인 구조에 이르기까지, 담화 그 자체와 구체적 사건 기억에서, 그리고 그것에 대한 정신적 표상에서 그와 같은 갈래 구조를 발견할 수 있다는 것은 당연하다. 비슷하고 기본적이며 복합 양상을 띠는 범주들에 의해 일단 그와 같이 저장되고 구성되고 나면, 이런 구체적 경험들은 앞으로 있을 범주들을 위해 준비하게 하는 기능을 할 것이다(Schacter et. al., 2007). 또한 이런 구체적인 경험들은 새로운 경험과 담화에 대한 새로운 모형들을 구성할 때 구체적으로 사례화될 수도 있는 일반적인 개념 지식을 끌어내는 데도 이바지한다. 아래에서 맥락 모형에서 소통 상황을 모형화하는 데에도 같은 내용이 적용된다는 것을 알게 될 것이다.

정신 모형은 담화와 지식의 산출에서 중요한데, 이들의 출발점이면서 담화가 의도한 결과물이기 때문이다. 결국 언어 사용자들은 일반적으로 자신을 위해서가 아니라 정신 모형에 표상되어 있는 대로 (담화를 포함하여) 다른 원천으로부터 얻은 개인적인 경험과 특정의 지식을 전달하기 위해 소통한다. 따라서 수신자들은 정확한 언어 표현이나 심지어 담화의 지엽적인 의미를 거의 기억하지 않지만, 담화에서 결코 표현되지 않은 '잘못된 회상'을 포함하여, 이해가 이뤄지는 동안 구성하였

---

71) 이런 구조들은 담화 표지를 통해 좀 더 명시적으로 표현되기도 한다. 이른 시기에 담화, 특히 글말을 중심으로 한 논의로는 이은희(2000)의 『텍스트언어학과 국어교육』(서울대학교출판부)과 김봉순(2002)의 『국어교육과 텍스트구조』(서울대학교출판부)가 있다.

던 정신 모형은 그렇지 않다(Albrecht and O'Brien, 1993; Blanc et. al., 2008; Géraud et. al., 2005; Morrow et. al., 1989; Van Oostendorp, 1996; Van Oostendorp and Goldman, 1999).

다른 말로 한다면, 표현하고 전달하는 담화, 그리고 모형들은 사회에서 일상적인 상호작용과 훨씬 더 공개적인 담화 모두에서 지식의 재생산을 위한 중요한 수단이다.

담화 처리에서 정신 모형의 또 다른 많은 중요한 기능들에 더하여 정신 모형은 줄글72)·그림·몸짓에 걸쳐 나타나는 영향력과 같은 다양한 형태의 다매체성을 설명해 준다. 실제로 어느 정도 시간이 흐른 뒤, 담화 사용자들은 시와 광고, 혹은 어떤 대화에서 그러한 것처럼 담화의 어떤 속성 그 자체가 두드러지지 않는다면, 어떤 사건에 대한 새로운 항목을 듣거나 보거나 읽었는지 더 이상 기억하지 않을 것이다.

3.3.4. 맥락 모형

앞에서 본 것처럼 담화는 그 의미의 토대가 되는 기저의 상황 모형뿐만 아니라 소통 상황 그 자체를 표상하는 모형, 즉 맥락에 의해서 통제된다(Van Dijk, 2008a, 2009a). 만약 일상적인 경험 모두가 정신 모형에 표상된다면, 말을 통한 상호작용과 소통에 대한 특정의 경험에서도 마찬가지이다.

---

72) 원문에는 'text'로 되어 있는데, 이는 글들이 이어져 있는 지면을 가리킨다. 대부분의 잡지에 실린 기사들은 대체로 사진과 글말이 이어져 있지 않는데, 이런 경우는 끊어져 있다. 그런 경우를 'non-linear text'로 표현하는데(W. 그레이브·F. L. 스톨러(2011/2014), 허선익 뒤침, 『읽기교육과 현장조사 연구』, 글로벌콘텐츠, 385쪽), 덩잇글에 포함되어 있는 도표나 그림 등을 줄글의 사이사이에 끼워 넣는 경우를 가리킨다. 이런 글에서 줄 단위로 전개되지 않는다. 우리말로 뒤치기 쉽지 않은 개념인데 줄글이라는 개념을 빌려 쓰기로 한다.
　일찍이 국어교육에서 글의 갈래를 나누면서 산문과 운문으로 나눈 적이 있다(지금은 문학과 비문학으로 나누는 경향이 강함). 이를 순우리말로 줄글과 가락글로 바꾸어 써 오고 있다. 다만 여기서는 줄글의 의미를 넓혀서 담화에 표현된 글말을 가리키도록 하였다.

맥락 모형은 경험에 대한 다른 모형과 비슷하지만, 참여자에 의해 계속해서 규정되고 있는 소통 상황을 주관적으로 표상한다. 그리고 상황의 <u>행동유도성</u>affordance73)에 의해 표상된다(Clancey, 1997; Gibson, 1986). 이들은 경험에 대한 모든 표상이 그러한 것처럼 사건 표상에 대한 표준적인 범주라는 특징이 있지만, 소통 상황, 즉 진행되고 있는 입말과 글말의 배경(시간, 장소), 상호작용과 소통에서 화자와 수신자와 같은 특정 역할을 맡고 있는 참여자들, 사회적 정체성과 관계, 그리고 화행과 대화 행위, 의도와 목표와 같은 소통(의 내적) 행위에 관련되는 범주에 의해 맞춰 만들어진다.

좀 더 구체적으로 말한다면, 맥락 모형은 순간마다 화자 그리고/혹은74) 수신자에게 적합한 소통 상황의 매개변인들을 표상한다. 따라서 맥락 모형[에 대한 살핌: 뒤친이]은 적합성에 대한 철학적 접근과 형식적 접근보다는 인지적인 접근을 담고 있는 이론을 제공한다(Carston and Uchida, 1998; Rouchda and Jucker, 1998; Sperber and Wilson, 199575)를 참고할 것).

이 장과 이 책의 논의를 위한 핵심은 맥락 모형이 참여자들에 의해 공유되는 공동 배경의 관리를 조정하는 지식 장치K-device라는 특징을 지닌다는 점이다. 다른 사회적 기능에 앞서 대부분의 담화와 소통은 지식을 전달하기 때문에, 화자와 수신자는, 이미 공유하고 있는 정보와 지금 입말과 글말에 의해 전달되는 정보가 나아가는 길을 유지하는 것이 중요하다. 아래에서 좀 더 자세히 보게 되는 것처럼 화자가 지니

---

73) 대상의 어떤 속성이 유기체로 하여금 특정한 행동을 하게끔 유도하거나 특정 행동을 쉽게 하게 하는 성질, 예컨대 사과의 빨간색은 따 먹고자 하는 행동을 유도하며, 적당한 높이의 받침대는 앉는 행동을 잘 지원한다(곽호완·박창호·이태연·김문수·진영선, 『실험심리학용어사전』, 시그마프레스, 2008).

74) 우리말에 나타나지 않는 표현인데, 선택+연결의 두 가지를 다 나타낸다. 풀어 쓰면 화자나 수신자 중 하나를 선택한다는 의미와 화자와 수신자를 동시에 가리키기도 한다.

75) 이 책은 이태옥·김현호에 의해 우리말로 번역되어 출간되었다(『인지적 화용론』, 1994 (두 번째 판), 한신문화사).

고 있는 지식 장치는 참여자들이 지니고 있는 공동 배경을 계속해서 '셈하고', 그에 따라 어떤 지식이 (온전하게) 표현되거나 선언될 필요가 없는지, 그리고 어떤 지식은 전제되거나 오직 표시만 되거나 하는지를 고려한다.

모든 정신 모형과 마찬가지로(Zwaan and Radvansky, 1998), 여러 방식이 겹쳐 있으며, 소통 상황에서 계속 이어지는 시각, 청각, 촉각, 근접 공간감각proxemic, 감정적 속성에 의해 규정된다. 입말과 글말(그리고 지면 배치나 그림, 도식)의 속성뿐만 아니라 참여자들 사이의 거리, 접촉, 악수, 체면 유지, 몸짓 등에 대해 몸에 배여 있는 표상을 표현하거나 아우르는 특징이 있다.

맥락들은 고정되어 있지 않고 역동적이다. 맥락들은 소통 환경에 계속해서 맞춰지고 있다. 맥락 모형에서 각각의 순간은 적어도 시간과 인식에서 앞선 순간들과 다르다. 사회적 정체성과 참여자들의 소통에서 역할, 의견과 감정뿐만 아니라 의도와 목표는 대화 도중에 바뀔 수 있다.[76] 화자에 의해 이해되고 모형으로 수립될 때, 각각의 낱말, 문장, 말할 차례는 수신자에게 미치는 효과를 살펴봄으로써 구체적인 모습을 띨 수 있다.

맥락 모형은 정확한 문법적인 실현을 제외한다면, 정신 모형이나 자세한 의미에 앞서 많은 소통 활동과 갈래에 대해 부분적으로 '미리 계획된다pre-planned'. 따라서 일반적으로 학술 서적을 쓰려고 하는 학자는, 그리고 좀 더 구체적으로 백과사전을 실시간으로 쓰려고 하는 사람은, 이미 그와 같은 항목을 쓰려고 하거나 강의를 하기에 앞서 맥락 모형의 상당 부분을 지니고 있다. 누리그물을 탐색하는 독자는 일반적으로 이미 인종주의에 대하여 읽으려고 하는 계획을 가지고 있으며,

---

76) 이는 입말에서만 그러한 것은 아니다. 글말의 경우에도 의도와 목표가 바뀐다. 전체적인 차원에서 바뀐다면 문제가 있지만, 총의 가늠쇠를 미세하게 조정하면서 사수가 총을 쏘듯이 글쓴이도 미세하게 조정해 나간다. 그런 점에서 과정 중심의 글쓰기 가르침이 중요하다.

위키피디아에서 그와 같은 지식을 구체적으로 찾아보려고 하며, 읽고 탐색하는 과정을 통제하게 될 부분적인 맥락 모형을 구성하거나 활성화하고 경신한다. 실제로 나날의 삶에서 부딪히는 대부분의 상황에서는 '화용적인 계획pragmatic plan'으로서 이미 지니고 있으며 부분적으로 구성되어 있고 맥락 모형에 들어맞는 판에 박힌 상호작용과 소통에 참여한다. 다를 수 있는 것은 소통의 장소나 시간, 참여자들의 정체성이다. 그렇지만 여러 가지 다른 많은 대화 활동 중 일 때문에 친구나 동료와 대화를 하거나 상점에서 무엇인가를 사거나 병원에 갈 때, 그와 같은 상황에 대한 이전의 맥락 모형으로부터 나온 고유한 개인적인 지식이나, 그와 같은 상황에 대하여, 일반적이면서 공유하고 있는 사회·문화적 지식을 전제로 한다면, 대화를 시작하기에 앞서 맥락 모형의 상당 부분은 이미 구성되어 있다.

맥락 모형의 중요한 기능은 현재의 담화가 소통 상황에 대한 조건에 들어맞는다는 점을 확실하게 해준다는 것이다. 따라서 상황 모형은 어떤 담화의 의미론적 유의미성semantic meaningfulness을 규정하는 반면, 맥락 모형은 화용론적인 적합성pragmatic appropriateness을 규정한다(Austin, 1962; Grice, 1989; Levinson, 1983[77]; Searle, 1969; Verschueren et. al., 1994). 이들은 한편으로 화행의 적합성 조건을 위한 인지적 토대를 제공하고, 다른 한편으로 공손성과 같이 입말과 글말의 상호작용 차원에서 적합성 조건을 위한 인지적 토대를 제공한다. 서로 다른 화행을 규정하는 화자의 의도·바람·믿음에 더하여, 화자의 사회적 위치와 지위, 역할과 권력, 수신자와의 관계는 다양한 형태의 자기 표상, 존중이나 설득을 규정한다.

여기서 제시한 사례로서 인종주의에 관련되는 위키피디아 항목에서 산출 맥락에 관련되는 매개변인은 문제와 내용에 결정적인 영향을 미친다. 다른 매체를 위해, 다른 시기에, 다른 필자에 의해, 다른 목적

---

77) 이 책은 이익환·권경원(1993)의 번역으로 『화용론』(한신문화사)으로 출간되었다.

으로, 다른 지식과 다른 독자를 위해 쓰인 항목은 매우 다를 것이다. 주석과 참고문헌으로 알 수 있듯이 전달된 지식은 학술적이며, 필자는 틀림없이 학자들이며, 이들은 누리그물을 이용하여 일반적인 대중에게 말하고 있다. 분명히 지식뿐만 아니라 저자의 의견, 태도, 이념들은 인종주의와 같이 사회적으로 민감한 항목, 특히 인종주의자의 행위와 차별의 공공연한 형태에 영향을 미친다. 따라서 그 항목은, 이를테면 차별의 다양한 형태에 대한 수신자의 앞선 지식을 가정한 표상도 포함하여 소통 상황, 즉 위키피디아에 어떤 항목을 산출하는 것과 같은 맥락에 대해 어느 정도 명확한 개념을 갖고 있는 필자에 의해 쓰였다고 가정한다.

따라서 학술적인 담화에서 꽤 일반적이듯이, 위키피디아의 인종주의 항목에서 필자의 정체성은, 이를테면 '우리we'라는 대명사나 개인적인 경험 하나하나를 늘어놓는 것과 같이 문맥에 기대어 표현되지 않는다. 오히려 수동태 구문(처음 두 줄에서 나타난 문장의 일부로 "인종주의는 일반적으로 규정된다"처럼)은 다른 필자에 의해 이뤄진 자리매김을 암묵적으로 언급하는데, 때로는 주석에 인용된다. 이는 (이를테면 현재 시제의 사용과 계속해서 경신되는 위키피디아의 특성을 이용하여 표현되듯이) 현재의 일반적인 지식에 대한 표현에서도 마찬가지이다. 비록 인종주의에 대한 다른 개념들이 언급되었지만, 이 개념들이 식민주의, 노예무역, 유럽과 미국의 역사뿐만 아니라 정치적으로 극단적인 우익과의 연관성은 사회적으로 비판적인 태도를 암시하는데, 이들은 인종주의에 대해 극단적인 우익에 있는 필자에 의해 역사적으로 다른 시기, 다른 매체와 다른 독자를 대상으로 틀림없이 다르게 말할 수 있다(Van Dijk, 1984a, 1987, 1991, 1993, 1998, 2009b를 참고할 것).

백과사전의 맥락 모형이나 학술적인 맥락 모형은 항목을 알려줄 때 말할 수 있고 말해야 하는 것뿐만 아니라 그렇게 해야 하는 방법을 통제한다. 방법은, 다음의 문장(19행~22행)처럼, 그와 같은 갈래나 그와 같은 백과사전에서 말투나 덩잇말 무늬style와 관련이 있다.

매체를 통한 인종에 대한 고정관념의 순환과 같은 차별의 상징적 형태나 기관에 맞춘 형태들을 포함할 것인지, 때로 인종에 따라 구성되는 사회 계층화의 사회·정치적 변화를 포함할 것인지

그리고 방법은 표제와 필자의 이름을 넣는 행, 앞의 인용에서 처음에 나오는 요약 부분, 주석과 참고문헌 등의 형식과 전체적인 구성에 관련된다. 다른 소통 상황에서, 이를테면 선술집에서 친구에게 이야기할 경우, 텔레비전이나 라디오에서 이야기하거나 학생들에게 이야기할 경우 인종주의에 관련되는 담화는 매우 다를 것이다. 서로 다른 필자나 화자가 인종주의에 대하여 아는 것의 차이는 같을 것이지만, 맥락 모형이 다르고, 그에 따라, 그것에 의해, 통제를 받는 담화는 매우 다를 것이다. 따라서 서로 다른 갈래들, 소통의 서로 다른 유형, 서로 다른 참여자들은 서로 다른 맥락 모형을 불러일으키고 서로 다른 담화를 유발한다. 따라서 담화에 대한 심리 이론에 대해서 맥락 모형은 언어 사용자들이 담화를 산출하고 이해하는 방식과 담화를 산출하는 동안 이 지식을 관리하는 방법의 본질적인 구성요소들을 설명해 준다.

맥락 모형은 암묵적일 뿐만 아니라 상황 중심 지시표현과 문맥 의존적인 다른 지시표현indexicals에 의해 부분적으로 표현되거나 나타내어질 수 있다. 현재의 화행은 어휘적 표현, 억양이나 몸짓, 얼굴 표정에 의해 보여주기, 감정, 의견을 표현할 수 있으며, 소통 상황에 따른 매개 변인들이 문맥 의존 지시표현에 의해 지시될 수 있다. 여기에는 화자 자신과 수신자, 권력 관계와 계속 이어지는 상호작용, 그것의 의도와 목적을 규정하는 방법들에 대한 통찰을 재귀적으로 제공하는 다른 표현들 가운데, 여기에는 일인칭 대명사와 이인칭 대명사, 동사 시제와 시간과 공간을 나타내는 부사들이 포함된다(Brown and Gilman, 1960; Koven, 2009).

끝으로 맥락 모형은 담화가 현재의 소통 상황에서 적절할 수 있도록 만들어져야 하는 방법뿐만 아니라 '의미론적' 상황 모형에서 어떤 정보

가 적절할지를 통제한다. 게다가 맥락에 대한 지식-장치는 어떤 지식이 전제되고 회상되며 선언되어야 하는지를 조정한다.

만약 맥락 모형이 알츠하이머를 앓고 있는 환자처럼 망가지거나 (부분적으로) 접속이 불가능하다면, 두뇌 손상이 있는 사람들에게서 그러한 것처럼, 담화의 화용적 측면 몇몇은 또한 영향을 받을 것이다. 이는, 예컨대 상황 중심 지시표현, 공손성 표현이 부족하거나 잘못되며 이미 소통된 정보에 대해 반복(혹은 질문)하고, 특정의 담화 갈래 수행이 불가능할 뿐만 아니라 상호작용 목표가 일반적으로 결핍되는 것과 같이 부적절한 담화와 상호작용, 소통을 초래한다(Asp and de Villiers, 2010).

맥락 모형은 담화화용론뿐만 아니라 사회언어학을 위해 좀 더 명시적인 토대를 제공한다. 그 이론들은 대부분의 사회언어학 이론에서 주장하는 것처럼 입말과 글말의 구조와 변이 형태에 영향을 미치는 것은 화자의 '객관적인' 사회적 특징(나이, 사회 계층, 성별, 인종, 직업 등)이 아니라고 주장한다(Ammon et. al., 206; Coulmas, 1998; Labov, 1972a, 1972b; Meyerhoff and Schleef, 2010). 검퍼즈(Gumperz, 1982a, 1982b)처럼 맥락에서 제공하는 실마리에 초점을 맞출 경우에도, 그리고 맥콜리(Macaulay, 2004, 2005)에서처럼 음운론적 변이를 넘어 담화 구조에 초점을 맞출 경우에도 그러하다. 오히려 일반적으로 상황에 적절한 담화의 변이 형태를 고르는 데 영향을 미치는 맥락 모형에서 표상된 것처럼, 참여자의 정체성과 같은 주관적인 자리매김이 관련된다. 사회 구조는 직접적으로 담화 구조에 영향을 미칠 수 없고 정신 모형이라는 인지적 매개를 통해 영향을 미칠 수밖에 없다.

담화 처리에 대한 심리언어학과 심리학은 지금까지 맥락 모형의 중심적인 역할을 무시하여 왔다. 이는 놀랍지 않은데, 이들 연구의 대부분이 실험실에서 이뤄지는 실험에 바탕을 두고 있으며, 일상에서 실제로 이뤄지는 소통 상황에 대한 연구에 바탕을 두지 않았기 때문이다. 그에 따라 그런 실험은 맥락과 관련하여 실험 참여자의 나이, 지식이나 성별과 같이 매우 제한된 변이 형태로 수행된다. 그리고 이런 변수들은 참여자들의 주관적인 맥락 모형으로서가 아니라 오직 독립 변수로만 설명될 뿐이다(Koriat and Goldsmith, 1994에서의 논의를 참고할 것).

3.3.5. 담화 처리

'의미론적' 상황 모형과 '화용론적' 맥락 모형의 계속되는 통제를 받으면서 언어 사용자들은 입말과 글말에서 실제 낱말과 절, 문장, 연쇄를 이루는 문장들, 단락과 발언권 교체에서 지엽적·연쇄적·전국적인 이해와 산출에 몰두한다.78)

따라서 언어 사용자들은 문장 의미의 단순화된 명제 구조에 사건에 대한 상황 모형을 전략적으로 투영한다. 어떤 모형에서 사건들 사이의 인과적 관계와 시간적 관계는, 문장들에 대한 지엽적인 의미 연결과 표제나 제목, 혹은 요약(Van Dijk, 1980; Van Dijk and Kintsch, 1983)으로 표현되는 것과 같이 담화의 거시의미를 지배하는 더 높은 수준의 전국적인 모형 구조를 통제한다. 표제나 제목, 혹은 요약은 담화 이해에서 전체적인 주제나 화제의 도출을 위한 전략적 표지들이다(Schwarz and Flammer, 1981).

이와 비슷하게 사건에 대한 전체적인 모형 구조는 이야기 전달 개념 틀(Labov and Waletzky, 1967; Trabasso and Van den Broek, 1985)이나 뉴스 개념틀(Van Dijk, 1988b)과 같은 전체적인 개념틀 구조에 사상될 수 있다. 위키피디아 항목에 대해 살펴본 것처럼, 요약(제목＋요약)으로 시작하고 들머리, 이론적 얼개, 방법과 자료, 분석이 덩잇글 그 자체에서 관례적인 범주로서 명시적으로 표현되는 학술 논문의 산출에서도 마찬가지이다. 이런 얼개들은 학문 분야에 달려 있다(Goldman and Bisanz, 2002; Otero et. al., 2002를 참고할 것).

---

78) 이 문장은 입말과 글말의 산출 단위들이 뒤엉켜 있다. 저자의 의도는 입말과 글말의 산출과 이해에 상관없이 두 측면의 모형이 작동하고 있음을 서술하는 데 있다고 보고 그대로 뒤친다.

한편 앞에서 본 것처럼 맥락 모형은 상황 중심 지시표현과 화행, 공손성 표지와 담화의 다른 많은 속성들을 통제한다. 그럼에도 불구하고 밑바탕에 있는 상황 모형에 의해 의미론적 표상이 실제적인 통제를 받는 경우와 마찬가지로, 심리언어학에서 맥락 모형에 의해 문법적인 구조의 통제를 받는 자세한 내용들에 대하여 문장 산출에 관련되는 고전적인 이론들을 여전히 보완할 필요가 있다(Levelt, 1989[79])를 참고).

일반적으로 담화 이해 전략에 대해서는 더 많이 알고 있는데, 이들은 주어진 입력물로 입말과 글말을 사용함으로써 실험실의 실험에서 좀 더 쉽게 접속이 되기 때문이다. 암시되는 것처럼 담화 산출은 밑바탕에 있는 상황 모형과 맥락 모형, 일반적인 지식뿐만 아니라 언어와 담화의 규칙에 대한 지식에 의해 통제를 받는데, 이들은 입력물로서 실험에서 제시하기가 좀 더 어렵다(담화 산출에 대해서는 De Beaugrande, 1984; Freedle, 1977; Graesser et. al., 2003; Zammuner, 1981과 아래에 제시된 참고문헌을 참고할 것).

담화 처리에 대한 자세한 내용들은 이 장의 범위를 넘어선다(Kintsch, 1998; McNamara and Magliano, 2009; Van Dijk and Kintsch, 1983; Graesser et. al., 2003을 참고할 것). 다음과 마지막 장에서 담화에서 지식 구조를 표현하는 방법에 초점을 맞출 것이다.

3.3.6. 설명 담화의 산출과 이해

이 책에서는 담화의 산출과 이해는 맥락에 따라 통제를 받는 부분적인 표현, 구체적 사건 기억에서 표상되고 의미론적 표상에 의해 조정되는 (다중적인) 상황 모형의 구성과 경신으로 시작되고 끝남을 보았다. 이는 대부분의 일상적인 이야기와 신문 보도에서 그러한 것처럼 특정의 상황이나 행위, 사건들에 대한 담화 처리의 경우도 마찬가지이다.

---

79) 이 책은 르펠트(1989/2008), 『말하기』1~2(김지홍 뒤침, 나남출판)로 출간되었다.

모형[에 대한 이론: 뒤친이]에서 양상에 관련되는 특성을 제외하면, 비록 이것이 표준적인 이론이지만, 설명문과 같은 다른 담화 갈래에, 이 가설이 적용되지 않을 수도 있다고 항상 인식되지는 않았다(Britton and Black, 1985). 설명문에서 일반적인 명제들은 특정의 사건에 대한 '의미론적' 상황 모형의 중재 없이 의미 기억(아래 참고)에 전통적으로 자리 잡고 있다고 간주되어 온 지식의 구조로부터 사상되거나 그 구조에 직접적으로 사상된다(그렇기는 하지만 당연하게 모든 담화는 맥락 모형의 영향을 받고 산출된다).

따라서 인종주의에 대한 위키피디아 항목은 본문과 각주, 참고문헌에서 서로 다른 학자들의 다양한 의견을 벗어나서 특정의 사건에 대한 지식을 거의 알려주지 않는다. 말하자면 그와 같은 설명 담화[≒설명문: 뒤친이]는 인종주의를 기술하기 위해 현상이나 역사, 개념과 용어에 대해 좀 더 추상적이고 일반적인 정보를 제공한다. 앞서 본 것처럼 위키피디아에서 쓰기의 소통 상황에 대하여 필자들이 지니고 있는 맥락 모형만이 구체적이다. 덩잇글 그 자체는 필자(들)에 의해 구성되는 일반적인 지식의 직접적인 표현이고, 여기서도 각주에서 언급되어 있는, 다른 필자들의 (설명) 담화에 근거하고 있다. (갈래를 규정하는 맥락 모형과 함께) 정신 모형이 담화의 의미를 규정할 수 있는 것과 같은 방식으로 밑바탕에 있는 지식 구조도 그러할 것이라고 가정할 수 있는데, 이는 아래에서 좀 더 자세하게 살펴볼 것이다.

3.3.7. 위키피디아 항목에서 인종주의에 대한 일반적인 지식의 구성

기억에서 일반적인 지식의 구조에 대하여 앞서 언급한 것에 비추어 위키피디아 항목에서 인종주의에 대한 지식이 구성되는지 여부와 그리고 그것이 어떻게 구성되는지 짧게 살펴보기로 한다.

무엇보다도 앞서 언급한 것처럼 담화는 밑바탕에 있는 정신 모형과 일반적인 지식을 표현할 뿐만 아니라 주관적으로 소통 상황을 규정하는 맥락 모형들에 의해 통제된다. 위키피디아 항목을 쓴 필자(들)는 누리그물의 항목을 쓰고 있으며, 그에 따라 잠재적으로, 매우 많은 독자들이 있다는 것을 안다. '같은' 지식이 교재나 강의, 의견 기사나 친구들 사이의 대화에서 표현되는 것과 달라질 것이다.

그럼에도 불구하고, 위키피디아 항목은 전체적인 구조와 공식적인 덩잇말 무늬에서 각주와 참고문헌이 있는 어떤 교재의 한 장과 같다. "인종주의는 일반적으로 규정된다"(1~3행), "인종주의에 대한 정확한 규정은 논쟁거리이다"(6행), "비판가들은 주장한다"(9~11행), "학문적인 일치가 거의 없다"(7행)와 같이 수동태 표현[80]으로 표현되는 것처럼 명시적이든 암묵적이든 당시의 참고문헌을 언급함으로써 지식이 어디로부터 나왔는지 맥락에 맞추어 표지한다.

앞서 본 것처럼 많은 지식, 특히 일반적인 지식과 추상적인 지식은 담화를 통해 얻는데, 여기서는 그것이 다른 학술 담화이다. 실제로 가장 높은 수준에서 이 덩잇글은 인종주의가 무엇인가를 요약하는 것에 지나지 않지만, 어떻게 서로 다른 학자들이 그것을 다루고 있는지 보여주며, 그에 따라 맥락(원천)의 속성을 보여준다. 이는 또한 필자(들)의 통합된 지식 체계를 보여주는 것이 아니라, 서로 다른 필자들이 지니고 있는 지식 체계의 일부분임을 의미한다.

위키피디아 항목에서 덩잇글의 의미 구조는 단순히 ('A는 어떤 B이다'나 'A는 B와 C로 이뤄져 있다'와 같이) 보통의 개념 양식 중 하나에만 들어맞지 않는 복잡한 개념 구조를 보여준다. 서로 다른 지식 구조를 보여주는 다양한 뜻매김을 명시적으로 언급한다. 또한 이 항목은 지식의 대상인 인종주의가 무엇인가를 기술할 뿐만 아니라 태도와 국제연합으로 돌릴 수 있는 속성, 즉 인종주의의 밑바탕에 있는 인종적 우월

---

80) 영어 어순이 우리말과 다르기 때문에 이런 점을 반영하여 행의 수를 표시하였다. 또한 영어에서는 학술적인 글에서 수동태 표현이 널리 쓰이지만 우리말에서는 피동형 표현이 어색하기 때문에 이를 피하여 표현하였다. 그에 따라 보기 문장들 중 피동형 표현으로 뒤친 문장은 하나밖에 없다.

성에 대한 편견이 거짓이거나 잘못되었음을 표현한다. '보통의'로 기술되는 높은 수준의 요약을 담고 있는 자리매김은 학자들 공동체에서 사회·문화적으로 공유된 것으로서 일치를 보이는 개념으로 볼 수 있다. 즉, 인종주의는 특정의 관점과 관례, 행위로 이뤄져 있는데, 그에 따라 요약적으로 제시하면, 어느 정도 다음과 같이 낱낱이 나타낼 수 있다.

인종주의〈서로 다른 자리매김〉
일반적인 자리매김: 인종주의 =〈관점(편견들, 이념들), 관례, 행위들〉
관점 =〈인종의 존재; 인종의 구성원들은 속성을 지님; 어떤 인종은 우월하다〉
국제연합에서 평가: 인종에 따른 우월성〈도덕적으로 잘못임, 부당함과 거짓〉
행위들 = 자리매김을 따름[제도화된 인종주의: 매체가 고정관념을 퍼뜨림; 인종에 따른 행위를 보도함, 의식적인지와 의도적인지 여부, 차별의 형태]
관례들 = [역사, 정치학, 지리학]
역사〈식민지화, 아파르트헤이드, 인종 차별, 노예 무역〉
정치학〈극단적 우익, 외국인 혐오〉
지리〈나라들; 남아프리카, 미국 등〉
자리매김의 수정: 인종주의 = '인종'일 뿐만 아니라 '민족'
도덕: 인종주의는 국제연합(UN)에서 비난을 받음

무엇보다도 인종주의에 대한 인식론적 개념 구조는 사회, 즉 집단과 집단 관계, 차별과 편견이나 이념과 같은, 사회에 대해 같은 지식 영역에 있는 많은 다른 특정의 개념들을 아우른다. 그 다음에 다음과 같은 사회적 인식의 여러 형태를 지정한다. (i) 인종의 존재와 우월성에 대한 관점, (ii) 어떤 사회적 행위(이를테면 제도)가 인종 차별의 형태로 간주되는지, 그리고 (iii) 과거에 어떤 관례와 어떤 나라가 인종 편견에 바탕을 두고 있는지, 끝으로 이 개념 규정은 인종주의가 인종뿐만 아니라 민족에도 해당됨을 수정함으로써 많은 독자들이 오해하고 있음을 전제로 하고 있다.

이 항목에 대해 실제의 담화 양식에 관련되는 많은 세부 내용들을 무시하면, (온전한 담화 분석에는 수십 쪽이 필요할 것이다.) 적어도 집단들 사이의 권력 남용에 대한 사회적 관계의 영역에서 추상적이고 일반적인, 이와 같은 갈래의 지식에 대한 개념틀 형식schematic form을 유도해낼 수 있는지 여부가 문제이다(이런 문제는 성 차별주의와 다른 영역에 나타나는 형태들의 특징이기도 하다). 좀 더 요약하면, 인종주의는 국가들과 주도적인 (대체로 백인) 집단(특히 우익)의 차별적인 행위나 관례들이 서로 다른 형태를 띠고 주도적인 집단에서 나타나는, 도덕적으로 잘못된 제도이며 인종이나 민족에 대하여 특정의 이념이나 태도에 바탕을 두고 역사적으로 주도권 다툼에서 (식민주의나 노예 무역, 아파르트헤이드와 인종 분리와 같은) 특정의 지배 체제를 유발한다고 암묵적으로 자리매김 됨을 알 수 있다.

이 책에서 인종주의에 대한 지식 구조는 집단과 사회 인식(이를테면 편견, 태도와 이념), (인종 차별주의 체제의) 역사, (인종 차별 국가들의) 지리학, (국제연합과 같은) 국제적인 기관과 더 높은 수준의 개념들에 의해 관할되고 있음을 보게 된다.

개념에 대한 이와 같은 비격식적인 요약은 개념틀 구조에 더 가까워지지만 여전히 인간 집단, 집단의 관계, 패권, 개념(태도, 관점, 편견, 이념), 도덕적인 평가와 같이 기본적인 지식 범주와 관련되는 좀 더 높은 추상화가 필요하다.

이런 요약과 (긴) 항목의 나머지 부분들이, 참고문헌에서 알려주는 것처럼 인종주의와 관련하여 현존하는 지식의 상당 부분을 요약하고 있지만, 여전히 이 항목에는 인종주의에 대해 다음과 같이 전통적인 관점을 더 선호하는 경향이 남아 있다. (i) 과거에 널리 퍼져 있었고 극단적인 우익이며, (ii) 편견과 차별의 노골적인 형태라는 것이다. 실제로 일상에서 인종주의에 대한 대부분의 형태는 인종의 우월성에 더 이상 근거를 두고 있지 않으며 (문화적 정체성의 차이에 바탕을 둠)

극단적인 우익에게서만 나타나거나 지나간 일도 분명히 아니다.

언어학적으로 학술논문에서 명사화(관점, 행위, 관례)의 일반적인 용법은 뒤에 '백인들', 유럽계 후손의 집단이 있는 나라들이 언급될 때에도, 처음에는 '누가 정확하게 이런 관점을 지니고 있으며, 누가 그와 같은 행위와 관례에 관련되어 있는가'에 대하여 암묵적으로 남겨 둔다.[81]

다른 말로 한다면, 인종주의자들이 잡고 있는 주도권에서 역사적인 지배 체제에 대한 구체적인 사례들이 있음에도 불구하고, 인종주의에 대한 초기의 규정은 좀 더 일반적인 용어로 되어 있다. 실제로는 그러한 것은 패권의 형태가 아니라 반인종주의 대항 세력의 형태라는 특징을 드러내기에 더 알맞을 법한 '흑인 인권운동'과 '흑인은 아름답다'라는 관점에도 들어맞을 것이다. 구체적으로 지적한다면 특정의 인종주의자 관점과 관례들에 의해 재생산되는 사회적 패권의 체제로서 인종주의가 지니고 있는 일반적인 특징이 드러나지 않는다.

3.4. 지식에 대한 표준적인 인지 이론

정신 모형은 상황과 사람들이 살아가는 환경에서 일어난 사건으로 이뤄진 주관적인 지식을 표상하는데, 이를테면 나날의 이야기나 신문 보도에서 그것들은 표현되고 재생산된다. 관찰에 의해서든 담화에 의해서든 그것에 상관없이 그와 같은 모형은 일반화되며 상향식이고, 그에 따라 일반적인 지식을 발생하게 한다. 그리고 그와 같은 일반적인 지식은 새로운 경험을 규정하는 새로운 모형의 구성에서 하향식으로

---

81) 명사는 추상적인 단계의 꼭대기에 있다. 이를테면 묻다/물음/무덤으로 갈수록 추상화의 단계가 높고 그에 따라 필요로 하는 성분, 즉 논항의 수가 줄어든다. 문법적 장치를 사용함으로써 이처럼 주체를 밝히지 않는 경향은 의도적으로 피동 표현을 씀으로써 주체를 밝히지 않으려는 신문 보도에서 나타나는 행태와 비슷하다.

적용되고 실체화된다는 것을 알게 되었다. 위키피디아 항목에서 본 것처럼 그와 같은 일반적인 지식은 위키피디아 항목 그 자체가 그러한 것처럼 다른 담화로부터 나올 수 있다. 특히 이 장과 이 책에 관련되는 것은 이런 일반적인 지식의 대부분이 공개적인 담화에서 재생산될 때, 인식론적 공동체 구성원들에 의해 사회적으로 공유되는 속성에 있다.

일반적인 지식의 속성에 대한 앞부분들의 설명이 매우 간단하였다. 아마도 정신 모형과 명제 (문장 의미와 덩잇글 의미) 모형의 구성에서 적용되고 양상에 뿌리를 두고 있을 것이라면서 장기 기억의 의미 기억에 저장되어 있다고 가정할 뿐이었다. 그러나 이 책의 전체에 걸친 연구의 인지적 토대로서, 그리고 이 장의 핵심으로서, 지식 체계의 단위와 구조, 조직을 좀 더 분명하게 해둘 필요가 있다.

인종주의에 대한 위키피디아 항목의 처음 부분에 대한 매우 비격식적인 분석에서 이미 'A는 B의 한 갈래이다', 'A는 B와 C로 이뤄졌다', 'A는 B와 C임이 자명하다' 등과 같은 일반적인 개념 관계뿐만 아니라 지식의 조직에 대한 표준적인 형식도 있어 보이지 않는다는 것을 알아보았다. 따라서 인종주의에 대해 사람들이 아는 것은 의자, 교수, 초콜릿이나 컴퓨터에 대해 알고 있는 것과는 매우 다른 형식을 지닌다.

이상하게도 인지심리학과 신경심리학, 인공지능AI에서 상당한 연구들이 있음에도 불구하고, 인지 체계나 인간의 능력으로서 지식의 본질에 대해 놀라울 정도로 조금밖에 모른다. 다음에 이전 연구들에서 이론적으로 중요한 제안들을 요약하였다(중요한 논저들에 대해 최소한의 참고문헌을 제시하였는데, 이론이 지니고 있는 개별적인 특징들에 대한 참고문헌이 잴 수 없이 많기 때문이다).

- 개념적 지식은 인간의 기억 체계 안에 저장되는 것으로 가정하는데, 구체적으로 두뇌의 다양한 지역에 분포하고 신경을 통해 수행된다. 상대적으로 안정되어 있으며 접속 가능한 **장기 기억**에 저장되어 있는데, **작업 기억**과는 구별된다(Conway, 1997).

- 좀 더 구체적으로 지식은 구체적 사건 기억과 구별되는, **의미 기억**(이 용어는 어떤 언어 표현에 대한 의미와는 관련이 거의 없기 때문에 거의 알맞지 않다)이라고 부르는 곳에 저장된다. 이런 구별은, 그러나 모든 이론가들이 가정하는 것은 아닌데, 구체적 사건 기억을 기억 체계의 일부로 보는 사람들이 있다(Baddeley et. al., 2002; Tulving, 1972, 1983).
- 지식 체계의 기본적인 단위들은 **개념들**이다. 그런 개념들은 원형(이를테면 인종주의와 같은 어떤 현상에 대한 중요한 특징을 표상함. Rosch and Lloyd, 1978), 개념틀(차별적인 행위에 대한 구조를 표상함. Minsky, 1975)이나 각본(이를테면 인종 차별을 경찰에 고발함. Schank and Abelson, 1977)으로 표상될 수 있다.
- 개념들의 체계는 **범주**(지배와 종속) **관계**(이를테면 인종주의는 성 차별주의에서 그러한 것처럼 패권의 체계이다)일 수 있다(Caramazza and Mahon, 2003; Collins and Quillian, 1972).
- 지식의 구조에 대한 더 새로운 제안은 개념들이 (부분적으로) **양상에 대한 신경 연결망**에 바탕을 두고 있다는 것이다. 예컨대 인종주의라는 개념은 (ⅰ) 두뇌의 시각 영역(사람들 사이의 색깔 지각에 대해 본 결과를 표상함), (ⅱ) 차별적인 행위, (ⅲ) 부정적인 의견과 감정(싫음, 두려움 등) (Barsalou, 2003, 2008)에 토대를 둘 수 있다.
- 개념들은 (사실적이거나 사이비) **믿음**을 형성하기 위해 다른 개념들과 '통합적으로' 관련되어 있다. 그에 따라 위키피디아 항목에서 '인종주의'라는 개념은 백인들에 의해 열등이나 우월이라는 믿음과 연관되어 있다(Schacter and Scarry, 2000).
- 믿음은 **믿음 체계**로 짜여 있는데, 이러한 믿음은 자연, 동물, 사람, 사회 집단이나 조직, 정치, 교육이나 대중매체에 대한 믿음처럼 자연 **영역**이나 회 **영역**에서 다양하게 조직되어 있다. 예컨대 인종주의에 대한 지식은 위키피디아 항목의 기술에서 보여주는 것처럼 편견, 즉 집단을 이루는 사람들, 집단의 관계, 집단의 정체성, 차별과 권력, 사회적 불평등에 대한 지식과 관련되어 있다. 유감스럽게도 믿음 체계는 사회심리학에서 인지

심리학보다 덜 연구되어 있다(Abelson, 1973). 그러나 인지론과 신경심리학에서 지식 영역의 차이에 바탕을 둔 신경학적 토대에 대한 관심이 불어나고 있다(Leonard et. al., 2009; Shears et. al., 2008을 참고할 것).

3.5. 담화 처리에서 지식의 역할: 경험적 조사 연구

앞부분에서 요약한 이론적 얼개에 바탕을 두고 여기서는 이제 담화의 이해와 산출에서 지식의 역할에 대해 수행되어 온 경험적인 연구들 몇몇을 살펴볼 수 있게 되었다. 그 다음에는 남은 문제, 즉 지식 체계의 형성(변환)에서 담화의 역할을 살펴보아야 한다. 좀 더 구체적으로 사람들은 어떻게 지식을 얻는가, 즉 어떻게 입말과 글말로부터 배우는가를 살펴보아야 한다.

앞서 되살펴본 것처럼, 담화 처리에서 지식의 역할에 대한 심리적 연구는 실험실과 교실에서 이뤄졌다. 이는 검사 자료와 실험 참여자, 수행되어야 하는 특정의 과제와 회상이나 재인recognition,82) 읽기 시간, 점화, 문제 해결 등과 같은 측정 가능한 결과나 분석 가능한 자료들에 대하여 (더) 엄격한 통제가 가능하다는 장점이 있다. 단점도 잘 알려져 있다. 실험실 상황은 특별히 언어 사용자들이 자연스러운 소통 상황에 가까운 모의일 뿐인데, 이들은 (성별, 나이, 교육, 읽기 능력, 동기, 관심사 등에서) 언어 사용자들과 매우 다를 수 있다. 실험실 밖의 소통 상황에서 담화 목표는 복잡하고 뒤섞여 있으며, 담화 산출이나 이해는 마무리되지 않을 수 있으며 이용되는 담화의 갈래가 더 많이 있을 수 있다는

---

82) 기억 활동의 한 형태로, 개인이 현재 대하고 있는 인물, 사물, 현상, 정보 등을 과거(이전)에 보았거나 접촉했던 경험이 있음을 기억해 내는 인지 활동. 즉, 현재 경험하고(접촉하고) 있는 자극이나 정보가 과거(또는 이전)의 학습 또는 입력 과정을 통해 기억 체계 속에 저장되어 있는 자극이나 정보와 같은 것임을 알아보는(확인하는) 인지 과정이다 (곽호완 외(2008), 『실험심리학용어사전』, 시그마프레스).

점이다. 대체로 여기서 살펴보게 될 실험실에 근거한 조사 연구는 조각일 뿐이며 담화 처리에서 지식의 역할에 대한 임시방편의 통찰을 제공할 뿐이다.

이 장에서 좀 더 구체적인 주제와 관련하여 어떤 실험적인 연구에서든 가장 기를 꺾게 하는 제한점은 어떤 담화를 읽거나 듣는 앞뒤에 실험 참여자들의 지식을 어떻게 기술하거나 측정하며 분석할 것인가 하는 문제이다. 대부분의 경우가 그러하듯이 인종주의와 같이 특별한 지식 영역이나 주제로 제한될 경우조차 실험 참여자들의 실제 지식에서 부분을 평가할 수 있을 뿐이다. 어느 정도로 이런 지식이 공유될 수 있고 사회적 지식을 표상할 수 있지만, 적어도 다른 몇몇 지식은 성질이 서로 다르고 개인적인 경험이나 흥미에 바탕을 두고 있다. 그에 따라 서로 다른 정신 모형을 유발하고 그 결과로 담화에 대한 서로 다른 처리 과정을 불러일으킨다. 서로 다른 갈래의 지식을 부분으로 찢어내기 어렵고 일반적으로 개인적인 지식과 사회적 지식이 담화의 이해와 산출에서 서로 다른 영향을 어떻게 미치는가에 대해 실험 참여자들의 여러 집단에 걸쳐 일반화하기도 어렵다.

좀 더 분명하고 실질적인 면에서 이 문제는 지식의 습득, 지식 공학knowledge engineering, 전문가 시스템 등에 대한 조사 연구에서 폭넓게 다루어 왔다. 이런 분야에서는 특화된 기술의 자동적인 수행을 위해 컴퓨터 프로그램에서 그와 같은 지식 표상을 고려하여 전문적인 지식을 평가할 수 있도록 전문가들을 면담한다. 이는 방대하고 전문화된 분야로서 그것에 대한 검토는 이 책의 범위 밖에 있다. 게다가 이런 연구의 상당 부분은 컴퓨터 프로그램에서 그와 같은 언어 표현들의 형식적인 표상에 더 관심을 기울이는 반면, 이 책에서는 기억에서 표상된 것으로서 지식이 어떻게 관리되고 입말과 글말에서 어떻게 표현되는가에 더 많은 관심을 가지고 있다(인공지능에서 표상되는 지식에 대한 자세한 내용과 관련되는 영역에 대해서는 Van Harmelen et. al., 2008을 참고할 것).

3.5.1. 담화 이해에서 '앞선 지식'의 역할

지식과 담화에 대한 대부분의 경험적인 연구들이 담화 이해에서 일상적으로 '앞선 지식'이라고 부르는 것의 역할에 초점을 모으고 있다. 일반적으로 이런 연구들은 한편으로 성별이나 실험 참여자의 특정 영역이나 주제 지식과 같은 실험 참여자들에 관련되는 독립 변수를 연구하였고, 다른 한편으로 서로 다른 과제와 덩잇글 자료의 효과를 연구하였다.

앞서 요약한 이론을 전제로 할 때, 다른 모든 조건이 같다면 (일반적이거나 전문적인) 지식을 더 많이 지닌 실험 참여자들이 어떤 담화에 대해 좀 더 자세한 상황 모형을 구성할 수 있다는 것을 예상할 수 있다. 왜냐 하면 이런 사람들은 일반적인 지식으로부터 관련되는 추론을 더 많이 끌어낼 수 있기 때문이다. 만약 신문 보도나 어떤 이야기와 같이 특정 사건에 대한 담화의 (의미) 이해가 상황 모형에 바탕을 두고 있다면, 이는 그와 같은 독자들이 그 덩잇글을 더 잘(더 '깊게', 더 완전하고 좀 더 의미 연결이 이뤄지게 등) 이해함을 뜻한다. 그와 같은 더 나은 이해에서는, 특히 덩잇글에서 명시적으로 표현된 정보로부터 추론이 필요한 경우에는 회상에서 좀 더 자세한 실시간 반응recall protocol, 더 긴 지연이 있는 경우에도 회상이 가능하며, 질문에 맞게 답하는 반응을 보여주어야 한다.

그러나 그러한 모습들이 실험적인 조사 연구의 결과에 대한 일반적인 예측이긴 하지만 이론에 바탕을 둔 예측과 일반적인 발견 사실에 관련되어 있는 이렇게 반복되는 연구 유형에는, 늘 그러하듯이, 많은 변수들이 있다. 실제로 예컨대 (낱말이 뜻하는 바와 같이 주제에 대해 많이 알고 있는) 전문가들이 부주의하게 덩잇말을 처리하고 그에 따라 그들이 지니고 있는 일반 지식으로부터 추론에 의해 예측할 수 없는 세부 내용에 주의를 기울이지 않는 상황이 일어날 수 있다.

앞선 지식의 역할이라는 주제에 대한 대부분의 조사 연구가 1970년

대 후반에 인지심리학에서 '담화로의 전환'이 있은 뒤에 출간되기 시작
했을 뿐이지만, 담화 이해에서 앞선 지식의 역할에 대한 그 이전의
연구가 있었다. 바틀렛(Bartlett)의 획기적인 책인 『기억하기Remembering』
는 자연 발생적인 담화 이해를 대상으로 (1932년까지는 출간되지 않은)
1918년에 이뤄진 조사 연구를 보고하였다. 이는 회상에서 여러 가지
방식으로 지연이 있고난 뒤 이뤄지는 측정에서 이해는 점진적으로 실
험 참여자들의 지식에 맞춰지는 경향이 있음을 보여주었다. 북아메리
카의 원주민 이야기는 이야기에서 전제로 삼고 있는 (이를테면 유령에
대한) (원래의) 지식보다 독자가 지니고 있는 '서구' 사회·문화적 지식이
점점 더 많이 회상된다는 것이다. 1960년대 인지혁명에서 앞선 사람
가운데 한 사람인 바틀렛은 이해가 단순한 되풀이나 따라하기가 아니
라 (재)구성일 뿐만 아니라, 지식이 개념틀schema에 표상됨을 보여주었
다. 개념틀은 뒤에 인지심리학에서 뚜렷하게 드러나는 이론적 개념
중 하나이다. 동시에 바틀렛은 지식의 사회심리학적 측면과 (여러 문화
에 걸친) 인류학적 측면, 다시 말해 서로 다른 인식론적 공동체의 사람
들이 어떤 덩잇글을 읽고 이해(하려고) 한다면 어떤 일이 일어나는지
를 다루었다. 담화 이해에 대한 인지심리학적 연구들에서 거의 언급하
고 있지 않기 때문에 이 책에서는 다음 장에서 이런 주제들로 돌아올
것이다.

맥락 모형 이론은 맥락 모형에 있는 지식-장치에 참여자들의 관련
지식에 대한 전략들을 포함시킴으로써 이런 기초적인 결과들을 설명
한다. 즉 (바틀렛이 사용한 '유령들의 전쟁' 이야기를 공유한 원주민들이 그러
했던 것처럼) 독자들은 담화를 이해하기 위해 자신들의 지식 체계를
활성화하며 필자나 화자들도 그렇게 한다는 것이다.

앞선 지식에 대한 좀 더 현대적인 연구로 돌아가서, 여기서는 몇
가지 결과들을 다음과 같이 요약할 수 있을 것이다(검토를 위해서는
Mannes and St. George, 1996을 참고할 것).

• 담화 이해에서 지식의 역할에 대한 이른 시기 연구인 웨언(Waern, 1977)은 바틀렛이 발견한 효과를 재현하였다. 즉 독자들이 어떤 덩잇글에 대한 이해를 이미 있는 지식(참이라고 이전에 받아들인 진술에서 표현된 믿음으로 규정함)에 '맞춰나간다assimilate'는 것이다.

• 1980년대에 알베르만(Alvermann)과 동료들은 읽기 활동으로 학생들의 앞선 지식(오개념)을 활성화한 뒤 직관에 어긋난 덩잇글의 이해를 조사하였다. 그들은 앞선 오개념을 바로잡기 위해 과학 교재에서는 그와 같은 믿음을 명시적으로 거부하고 올바른 믿음을 보여줄 필요가 있음을 발견하였다(Alvermann and Hague, 1989; Alvermann and Hynd, 1989). 여기서도 앞선 지식이 명시적으로 바로잡혀지지 않으면 담화를 이해하는 방식에 영향을 미침을 볼 수 있다. 교재와 부조화를 이룬 이전의 믿음만이 새로운 배움으로 이어질 수 있다(Kintsch, 1980). 켄두와 반 덴 브루크(Kendeou and Van den Broek, 2007)는 실제적인 처리 과정에서 독자들은 덩잇글이 이전의 오개념을 명시적으로 반박하는 경우 자신들의 이해를 그것에 따라 조정함을 보여주었다. 립슨(Lipson, 1982)에서는 (재인 검사에서) 독자들이 그것이 부정확할 경우에도 앞선 지식에 기대는 경향이 있음을 발견하였다. 마너스와 조오지(Mannes and St. George, 1996)는 읽어야 하는 교재와 다른 앞선 지식 구조(얼개)는 덩잇글에 대한 정교화와 더 통합된 이해를 하도록 자극한다는 결론을 내렸다. 반면에 [읽어야 하는 교재와: 뒤친이] 일치하는 얼개는 단지 앞선 지식을 확신하게 해줄 뿐이며 새로운 개념의 생성으로 이끌지는 않았다.

• 많은 연구에서 일반적으로 전문가 수준(좀 더 많은 앞선 지식)은 담화 이해와 회상, 재인을 촉진함을 보여주었다(Samuelstuen and Bråten, 2005; Spires and Donley, 1998; Valencia and Stallman, 1989). 그러나 특정의 결과들은 덩잇글 구조, 과제나 이해를 묻는 질문에 달려 있다. 아래에서 좀 더 자세한 검토를 할 것이다(Caillies and Tapiero, 1997; Caillies et. al., 2002; Calisir and Gruel, 2003; Callahan and Drum, 1984; Kendeou and Van den Broek, 2007을 참고할 것). 예컨대 아는 것이 많지 않은 학생들은

덩잇글이 더 잘 구성되어 있을 때, 그리고 교재나 적은 내용 등을 다시 읽을 수 있을 때 더 나은 이해를 보여주었다(Haenggi and Perfetti, 1992).

• 킨쉬어-키퍼(Kincher-Keifer, 1992)는 서로 다른 지식 수준을 갖고 있는 독자들이 지엽적인 추론을 할 수 있지만, 오직 높은 수준의 지식을 지닌 독자들은 전국적인 추론을 더 잘 할 수 있다는 것을 보여준다.

• 더 많이 알고 있는 실험 참여자들은 암묵적인 덩잇글을 더 잘 이용하지만 지식을 덜 가지고 있는 실험 참여자들은 명시적으로 의미 연결된 덩잇글 (Kintsch, 1994; McNamara, 2001; McNamara and Kintsch, 1996; Schnotz, 1993)이나 좀 더 다듬어진 덩잇글(Kim and Van Dusen, 1998)로부터 혜택을 많이 입는다는 것이 종종 발견된다. 이는 설득을 위한 덩잇글보다는 정보 전달을 위한 덩잇글의 경우, 특히 더욱 그러하다(Kamalski et. al., 2008). 다양한 수준의 지식과 의미 연결의 역할을 실험하고 있는 맥크나마라 (McNamara, 2001)에서는 특정의 조건 아래에서 높은 수준의 지식을 갖고 있는 실험 참여자들이 의미 연결의 정도가 낮은 덩잇글을 더 많이 이용하고 있음을 발견하였다. 오릴리와 맥크나마라(O'Reilly and McNamara, 2007)는 높은 수준의 지식을 갖고 있는 독자들이 좀 더 암묵적인 덩잇글로부터 혜택을 입는 것이 일반적이지 않음을 보여주었는데, 이는 덜 숙달되어 있지만 높은 지식 수준을 지닌 독자들의 경우, 특히 그러한 듯하다. 숙달되고, 높은 수준의 지식을 지닌 독자들도 좀 더 의미 연결된 덩잇글로부터 도움을 많이 받는다. 또한 오주루(Ozuru et. al., 2009)도 참고할 것.

• 코바야시(Kobayashi, 2009)는 주제에 관련되는 지식을 많이 가지고 있는 학생들 그리고 더 많은 교육(대학 교육)(그에 따라 아마도 전체적으로 더 많은 지식을 가지고 있음)을 받은 학생들이 여러 덩잇글에 걸쳐 있는 관계와 여러 덩잇글에 걸쳐 있는 논쟁을 더 잘 이해하고 있음을 보여주었다.

• 메튜샐럼 외(Metusalem et. al., 2012)는 ERP/N400(두뇌 훑어 읽는 장비) 방법을 이용하였는데, 분명하게 정신 모형이라는 개념을 쓰지는 않았지만, 담화에 있는 문장들이 기술되고 있는 사건들에 대한 일반적인 지식에

근거해 처리되고, 그와 같은 지식은 일반적인 사건 지식과 관련되지만, 덩잇글과는 의미 연결되지 않는 낱말의 처리도 활성화함을 보여주었다.

이런 실험 조사 연구로부터 나온 (예측 가능한) 일반적인 결론은, 더 많은 혹은 더 구조화된(어떻게든 다듬어지고, 검증되거나 구성된) 지식을 지닌 실험 참여자들이 담화 처리에 관련되는 대부분의 측면에서 더 잘하는 경향이 있다는 점이다. 즉, 더 잘 이해하고, 더 잘 회상한다 등등. 그들은 덩잇글이 더 암묵적이고 덜 의미 연결되어 있을 때 등에서 지식을 덜 지니고 있는 실험 참여자들보다 더 잘하는 경향이 특별하다. 이런 경우 더 많은 추론을 생성할 수 있게 해주는 더 나은 지식을 이용할 수 있고, 그에 따라 좀 더 통합된 정신 모형을 구성할 수 있기 때문이다. 말하자면 그들은 담화 이해를 더 잘 표상한다. 낮은 수준의 지식을 지닌 실험 참여자들에게는 [담화의 내용을: 뒤친이] (더 잘) 파악하기 위해 일반적으로 좀 더 명시적이고 좀 더 의미 연결되어 있고 더 잘 구조화된 덩잇글이 필요하다.

앞선 지식의 효과가 널리 퍼져 있지만, 좀 더 정확하게 말해서, 실험 참여자들이 담화를 이해하고 회상하는 데 영향을 미치지만, 의미 연결이나 통사결속, 다양한 갈래의 (요약과 같은) 덩잇글 구성표지organizers[83]의 영향도 분명히 덩잇글 구조에 달려 있음을 보았다. 방금 주장한 것처럼 높은 수준의 지식을 지닌 실험 참여자들은 낮은 수준의 지식을 지닌 실험 참여자들보다 더 잘 짜인 담화 구조로부터 혜택을 덜 입으며, 너무 명시적인 덩잇글보다 주의를 집중하려는 동기가 덜 부여될 수 있고, 그에 따라 덩잇글에 있는 모든 (새로운) 정보에 주의를 기울이는 데 실패할 수 있다(Hidi, 1995도 참고할 것).

덧붙여 말한다면, 살펴본 연구들 가운데 어느 하나도 기억에서 지식

---

83) 일찍이 국어교육에서 도해 조직자로 번역되었던 용어이다. 이들은 덩잇글 표지 가운데 글의 구조와 관련되는 표지로서 구조 표지 혹은 구성 표지로 번역하는 게 알맞다고 생각한다.

의 표상과 지식에 대한 상세한 이론에 관련되어 있지 않다. 연구자들은 이해와 산출에서 지식의 적용과 활성화, 질문에 응답하기, 회상에서 실시간 반응하기에 관련되는 짤막한 얼개만 제공하였을 뿐이다. 따라서 왜 더 나은 수준의 앞선 지식이 이해와 회상에서 영향력을 가지는가에 대해 피상적인 설명만을 할 수 있을 뿐이다. 이는 일반적으로 심리학 학술지에서 실험을 담고 있는 논문의 형식이 짧고 제한되어 있는 탓으로 돌릴 수 있는 문제이다. 실제로 자세한 이론 전개를 거의 허용하지 않는다. 실제로 이들 양식에서는 '이론적 얼개'와 같은 용인된 부분이 없고, 이에 대한 소개는 대체로 '들머리'로 제한되어 있다. 그런 경우 예측과 가설은 상식적인 논의의 결과 그 이상인 경우가 거의 없으며, 상세한 이론에 바탕을 두기보다는 사소한 이론의 부분에 바탕을 두고 있다. 상세한 이론들은 일반적으로 이들을 다루고 있는 단행본의 각 장들에 떠넘긴다.

3.6. 담화에 의한 지식의 습득

대부분의 개인적인 경험과, 특히 사회적으로 공유되는 일반적인 지식이 입말과 글말로 습득된다는 것을 앞에서 자주 되풀이하여 왔다. 분명히 처음에는 아기와 유아들에서 그러한 것처럼, 대부분의 지식이 비언어적이고 시각, 청각, 촉각, (상호)작용 등의 여러 감각 경험으로부터 나온다. 그러나 어린이가 TV를 보고 학교에 가게 되자마자, 보호자에 의해 이야기를 읽거나 또래와 이야기를 할 수 있게 되자마자, 지식 습득은 대체로 담화적이며, 특히 비존재 개체들(사람, 동물, 사물, 나라 등), 정신적인 대상(믿음), 모든 추상적인 대상(시간, 수, 구조, 체계 등)과 같이 관찰 가능하지 않은 대상들에 대해서 그러하다.

현대 정보사회에서 대부분 어른들의 경우 실질적으로 모든 새로운 지식이 TV·신문·라디오·누리그물·책 등의 대중매체 담화, 교육적인 담화와 다른 많은 전문적인 갈래의 담화, 간접적으로는 이런 자료들에 바탕을 둔 기관의 담화 그리고 일상적인 대화로부터 습득된다. 흥미롭게도 시민들의 지식 원천에 대해 대규모의 장기적인 조사 연구가 있는지 알지 못한다. 어떤 경우든 인식론적 공동체에서 공유되는 지식으로 지식을 제한한다면, 지식으로서 믿음의 타당성이나 소통의 필요성은 일반적으로 그와 같은 지식이 먼저 담화를 통해 습득된다는 것을 함의한다.

널리 퍼져 있는 지식이 명백하게 담화적 원천을 갖지 않는 경우는 세계의 기본적인 속성에 대해 일상의 경험에서 얻는 기본적인 믿음일 것이다. 이들은 학교에서 가르치지 않거나 아이들의 이야기에서 언급되지 않지만, 그럼에도 불구하고, 공유되며 그에 따라 공개적인 담화에서는 전제로 깔려 있다. 예컨대 사람들은 (허구의 바깥에서) 사람들이 벽을 통과해서 걷거나 날 수 없다는 것뿐 아니라 대부분의 사물들이 어떻게 보이는지, 어떻게 느끼는데 무엇을 하는지, 그 기능이 무엇인지 등이 물리적 세계나 생물학적 세계의 많은 속성들에 대해 분명히 입말이나 글말로 배우지 않을 것이다.

지식의 중심 원천으로서 담화가 대량으로 존재함으로써 나타나는 자세한 결과들은 그런 지식의 본질과 기억에서의 구성, 사회에서의 확산과 사용에 대한 이론의 얼개 안에서 아직껏 거의 분명해지지 않았다. 예컨대 만약 언어가 추상적 지식과 양상 논리를 벗어나amodally 습득한 지식을 언급하는 많은 표현들을 가지고 있다면, 적어도 지식의 일부분은 고유하게 신경에 근거를 두고 있으며, 언어 사용과 경험 사이에서 놓친 연결고리로서 접합지점의 기능을 할 수 있는 상징적인 '언어'의 어떤 갈래로서 기억에 표상될 가능성을 포기하기를 원하지 않을 것이다. 사람들이 얼마나 쉽게 자신 또는 다른 사람의 감각운동sensorimotor 경험을 입말이나 글말로 변환하는지, 혹은 그 반대로 모형의 수립을 통해 그와 같은 경험에 대한 담화를 얼마나 쉽게 이해하는가 하는 점은 분명히 주목할 만하다.

3.6.1. 덩잇글로부터 배우기

적어도 하나의 학문 분야와 연구 방향에서는 지식의 습득에 대한 담화적 근거를 생각하여 왔다. 그것은 심리학이며 '덩잇글로부터 배우기'는 그 학문의 고전적인 연구이다. 그리고 그것을 중심으로 한 적용이, 특히 교육에서 있었다. 담화에 대한 인지심리학의 다른 대부분의 연구에서 그러한 것처럼, 이런 연구들은 대체로 실험적이며 실험실에서, 그리고 때로는 교실에서 이뤄졌다. 매우 드물게 좀 더 '자연스러운' 소통 환경에서 이뤄졌다(논의를 위해 Alexander and Jetton, 2003; Goldman, 1997을 참고할 것).

이는 또한 실험 참여자로서 언어 사용자들이 자연스러운 상황에서 '실제' 언어 사용자들로부터 비롯되는 맥락 모형과는 매우 다른 맥락을 지니고 있다는 것을 의미한다. 그리고 실험을 수행하는 사람들의 경우도 마찬가지인데, 이들은 실험에서 사용하게 될 덩잇글의 필자와 다른 맥락 모형을 지니고 있다. 실제로 실험실에서 맥락 모형은 거기에 맞추어지는데specific, 실험실은 배경으로서, 실험 참여자들은 참여자로서, 실험 행위는 실험의 목적과 관련되며 구체적인 시간의 제약이 있다.

실험 상황은 또한 전체적인 과정에 대한 통제를 필요로 한다. 특정의 자료(보통 구성됨), 특별한 방식의 읽기나 듣기, 시간 제한, 측정될 수 있거나 쉽게 분석될 수 있는 결과물(회상 내용의 실시간 반응, 질문에 대한 답하기, 반응 시간 등)에 대한 통제가 필요하다. 이들은 매우 사소해 보일 수 있지만 다소 중요한데, 실험의 앞과 뒤에서 어떤 주제나 영역에 관련되는 모든 지식을 얻는 일이 (가능하다고 하더라도 애초에) 어떻게든 실행 가능하지 않음을 의미한다. 그에 따라 어떤 새로운 지식이 습득되었고, 이전의 지식과 어떻게 통합되는가를 알 수 있도록 실행이 가능하지 않다. 이는 앞선 지식을 통제하기 위해 주제나 영역에서 특정의 지식에 대한 질문을 받거나 같은 주제나 영역에 대해 실험에 앞서 그런 지식에 관련되는 가르침을 받음을 의미한다.[84]

실험실에서 이뤄지는 이와 같은 실험적 조사 연구와 관련된 많은 다른 문제나 의문이 있다. 무엇보다 '배움'이 정확하게 무엇을 의미하는지 실험에서 언제나 분명하지는 않다. 그런 경우 배움은 그러한 지식을 재산출할 수 있음을 의미하는데, 예컨대 즉각적인 (때로 다소 지연된) 회상이나 질문에 대한 답하기가 있다. 다른 한편으로 덩잇글로부터 실제로 배웠다고 말하는 경우는, 만약 그것이 (더) 긴 시간 (혹은 영원히) 저장되어 있는 경우와 문제 해결을 위해, 추론을 하기 위한 것처럼, 그리고 같은 영역이나 주제에 대한 앞으로 있을 담화 이해를 위해 사용하는 경우처럼, 많은 다른 상황에 쓰일 수 있다면, 그렇게 말할 수 있다. 이런 능력들을 검증하기 위해 좀 더 복잡하고 장기적인 실험을 설계해애 할지 모른다. 그런데 이는 수행하기가 매우 어렵다. 따라서 '덩잇글 학습'과 (덩잇글로부터 지식을 얻는 것으로서) '덩잇글로부터 배움'을 구별하는 것이 사리에 맞다.

비록 50년 이상의 시간이 지난 뒤에, (적어도 재인에서는) 여전히 활성화되어 있는 (학교에서 배운 스페인어나 수학처럼) 매우 장기적인 지식에 대한 증거들이 있기는 하지만, 그리고 실제로 좀 더 일반적으로 사람들이 새로 얻은 정보를 같은 상황에서 사용하지만, 만약 더 이상 그것을 회상할 수 없거나 하루나 그 이상 며칠이 지난 뒤에 그것을 사용할 수 없다면, (덩잇글로부터 혹은 어떤 다른 방법으로든) '배웠다고' 할 수 있는가? 학교에서 그렇게 '배운' 사실 관련 지식의 대부분은 잊힌다 (Bahrick, 1984; Bahrick and Hall, 1991을 참고할 것). 여기서 언어에 대한

---

84) 이와 같은 실험 연구에서 문제는 두 가지가 있다. 하나는 평가 혹은 측정에서 덩잇글로부터 학습한 내용인가, 아니면 기억한 내용인가 하는 문제이고, 다른 하나는 실험 참여자들마다 지니고 있는 배경 지식의 문제이다. 첫 번째 문제는 단순 기억(사실적 사고)에 대한 평가에서 벗어나려는 시도를 하고, 여러 사람들의 살핌을 통해 어느 정도 극복하고 있지만, 학습의 개념을 어떻게 잡느냐에 따라 연구의 타당성과 관련될 수 있다. 두 번째 문제는 연구 과정에서 사전평가를 설계할 수도 있고, 비슷한 이전의 평가 결과를 활용하여 집단의 크기가 작을 경우 t-검사를 할 수 있다. 그렇지만 덩잇글에서 제시되는 지식과의 상관성이라든지, 추론 능력에 대해서는 말해 주는 부분보다 말해 줄 수 없는 부분이 더 많을지도 모른다.

지식과 수학에 대한 지식이 정확하게 사실에 관련되는 지식은 아니지만, 오랫동안 저장되는 절차 지식[85]과 능력에 가깝다는 점에 주목하기 바란다.

학습의 본질에 대한 쟁점에는 지식에 대한 일반적인 이론에 대한 함의가 들어 있다. 즉 한때는 지녔지만 이제는 '잊어버린' 지식의 지위이다. 이와 같은 점은 다양한 형태의 암묵적인 지식, 즉 오직 불완전하게 인출되는 지식이거나 검색을 위한 실마리와 함께 할 때에만 인식되는 지식에 대해서도 그 지위를 물어볼 수 있다. 여기서도 지식이란 개념이 매우 흐릿한데 한편으로는 (의미 기억에 있는 모형으로 도출되는) 자전적이고 개인적인 지식과 사회적으로 공유되는 지식 사이의 구별, 절차적 지식과 선언적 지식 사이의 구별, 능동적으로 접속 가능한 지식과 수동적으로 접속 가능한 지식, 정확한 지식과 부정확한 지식, 애매한 지식과 분명한 지식 등의 구별이 있기 때문이다.

세 번째로 실험실에서 덩잇글로부터 배운 지식의 갈래는 인식론적 공동체의 구성원으로서 대부분의 실험 참여자들(거의 다 대학생들임)이 지니고 있는 일상적인 지식의 갈래가 아니다. 오히려 그런 지식은 특정적이며 전문화된 지식으로 아마도 직접적으로 일상적인 삶에 관련되어 있지는 않을 것이다. 따라서 검사가 끝난 뒤 그런 새로운 정보는 실험 과제(회상하기, 질문에 답변하기)를 수행하기에 충분할 정도로 유지가 되지만, 어느 정도 영구적으로 습득되는 지식의 갈래로 보기는 힘들다.

끝으로 실시간 반응의 분석을 통하여 실험 참여자들이 덩잇글로부터 특정의 지식을 '배웠다고' 평가할 수 있는 경우에도 여전히 이 새로운 지식이 지식 체계 안에서 어떻게 저장되는지, 특히 다른 지식과 어떻게 관련되는지 알 수 없다. 만약 배움이 비교적 영구적인 지식의

---

85) 지식을 절차 지식과 서술 지식으로 구분하기도 하는데, 절차 지식은 방법에 관련되는 지식이고 서술 지식은 대상에 대한 지식이다.

습득과 동의어라면 개념 체계에서 그 통합에 대한 통찰이 필요하다 (Kintsch, 1998을 참고할 것).

담화로부터 지식의 습득에 대한 경험적인 조사 연구에 대한 이와 같은 주의사항을 염두에 두고, 이제 간단하게 몇몇 경험적인 연구의 결과를 요약하기로 한다. 덩잇글로부터 배움에 영향을 미치는 독립 변수에 따라 이들 연구를 구성하면서 그렇게 할 것이다. 다만 다음과 같은 단서가 필요할 것이다. 한편으로 거의 전부는 아닐지라도 대부분의 연구에서는, 회상과 재인, 질문에 답하기로 평가되는 '덩잇글 학습'(이를테면 덩잇글 내용에 대한 학습)과 다른 방법들을 구별하지 않고 있다. 다른 한편으로 새로운 지식 항목이 도출된 이전의 덩잇글과 아무런 관련이 없는 과제에서의 사용 여부를 평가하는 것으로 덩잇글로부터 도출되는 새로운 정보의 습득과 개념적인 지식 체계로의 통합을 구별하지 않고 있다. 새로운 지식의 이와 같은 사용이 같은 검사 주기에서 일어난다면, 다음 기회에 사용되지 않을 일시적인 (통합되지 않은) 지식이 아니라고 확신하기는 매우 힘들 것이다. 그런 경우 지식은 이전 과제에 대한 구체적 맥락의 일부분으로 존재할 뿐이다.[86]

학교에서 배우거나 신문 읽기를 통해서 배운 것 대부분에서 그러하듯이, 분명히 참된 지식 습득 상황에서도 실험 참여자들은 그와 같은 지식을 어떤 식으로든지 잊어버릴 수 있다. 학교 교재로부터 얻은 새로운 지식의 많은 부분이 일상적인 지식이 아니기 때문에 사람들이 지니고 있는 지식의 일부분이 아닌 (반‡)과학적 지식이며, 그런 새로운 과학적 지식은 사람들의 삶에서 거의 관련되어 있지 않고, 이런 새로운 지식은 몇 달이나 몇 해 뒤에는 더 이상 접속이 불가능하거나 오직 부분적으로만 접속이 가능한 경향이 있다.

---

86) 의미 연결이 부자연스러운데 새롭게 얻은 지식을 과제에서 사용하느냐 여부가 그 지식이 지식 체계에 통합되는지 여부를 결정한다는 점을 기억하면 될 듯하다. 그렇지만 이 지식은 실험 참여자의 지식 체계에 통합되지 않기 때문에 자연스러운 지식natural knowledge이 아니다.

덩잇글로부터 배움 조건들은 실험에 따라 독립 변수로 규정되는데 다음의 일반적인 조건에 따라 조직될 수 있다. 이들은 대부분 복합 설계에서 대부분 결합하여 사용된다. 예컨대 주제와 관련하여 높은 수준의 지식과 낮은 수준의 지식은, 앞에서 본 것처럼, 의미 연결이 더 많이 이뤄지거나 덜 이뤄지는 덩잇글 구조와 결합한다. 그와 같은 설계에서는 실험 조건이 서로에게 영향을 미치는 것으로 전제한다. 따라서 좀 더 잘 의미 연결된 담화는 이해의 품질을 높일 것이다. 이는 차례로 덩잇글로부터 배움에 긍정적인 영향을 미친다. 그러나 이는 추론을 하기 위해 자신들의 지식에 덜 기댈 수 있는, 지식 수준이 낮은 실험 참여자의 경우에 더욱 그러하다. 이런 경우 덩잇글이 그렇게 할 수 있도록 더 잘 의미 연결될 (그리고 일반적으로 좀 더 명시적일) 필요가 있다. 다음에 이런 다양한 조건에 대한 짤막한 요약을 제시한다. 아래 에서 몇몇 연구문헌의 검토에서 좀 더 구체화된다.

1. 맥락 조건
   a. 실험 조건(시간, 장소로서 이를테면 실험실, 교실)
   b. 참여자 속성과 활동
      ⅰ. 실험하는 사람(성별, 나이 등과 지침, 과제 구성 등)
      ⅱ. 실험 참여자 속성과 활동(성별, 나이 등이 있으며 목표, 읽기 능력, 앞선 지식, 학습 전략 등)
      ⅲ. 참여자들 사이의 상호작용과 협력
   c. 실험 관련 활동(이를테면 읽기, 요약하기, 부연하기, 정교화하기)
2. 덩잇글 조건
   a. 다매체: 그림, 도식(schema), 지도 등이 있음.
   b. 연결된 덩잇글, 여러 덩잇글(text complexes)
   c. 하나의 덩잇글
      ⅰ. 표면 구조
         입말이냐 글말이냐

통사구조, 어휘, 통사결속

  ii. 의미 구조

    지엽적 의미 연결과 전국적 의미 연결

    명시성의 정도에 따른 덩잇글

    다듬은 정도에 따른 덩잇글

3.6.2. 맥락 조건: 배경

앞서 지적한 것처럼 대부분의 실험적 연구는 실험실과 교실에서 이뤄지는데 당연히 상황 조건은 실험 참여자들의 맥락 모형에 영향을 미치고 그에 따라 그들의 읽기와 배움에도 영향을 미친다. 그러나 보통 이들은 당연시되고 서로 다른 실험 배경이 끼어드는 비교 실험 설계에서 독립 변수로 연구되지 않는다.

시간에 관련되는 다양한 변수들이 있다. (예컨대 실험 참여자들이 지루하여 졸린다면) 하루 중의 시간이 특별히 읽기와 학습에 어느 정도 영향을 미칠 수 있다. 그렇지만 실험의 날짜와 시간은 거의 보고되지 않은 조건들이다. 읽는 데 걸리는 시간이나 공부하는 시간은 표준적인 조건이고 그에 따라 언제나 보고된다. 그리고 실험 참여자들에게 입말이나 글말을 듣거나 읽는 데 더 많은 (적어도 충분한) 시간을 준다면 이는 배움에 긍정적으로 영향을 미칠 것이다(이를테면 이른 시기인 1970년대에 킹에 의해 이뤄진 실험(King, 1973)을 참고할 것). 일반적으로 더 많은 시간은 학습을 촉진시키는데 학습자들로 하여금 새로운 개념 구조를 기억에서 구성하기 위해 더 많은 교량 추론을 유도하고(의미 연결이 덜 이뤄진 덩잇글에 대해서는 McNamara and Kintsch, 1996을 참고할 것), 지엽적 의미 연결과 전국적 의미 연결을 구성하게 하며 (이야기나 다른 사건 담화에 대하여) 좀 더 자세한 상황 모형을 구성할 수 있게 하거나 덩잇글 의미와 앞선 지식 구조 사이의 연결을 할 수 있도록 해주기 때문이다.

3.6.3. 참여자 특성

모든 담화 처리가 심지어 실험에서도 소통 상황에서 일어나며 분명히 그런 상황에는 참여자들이 끼어든다. 이상하게도 심리학에서 실험 보고는 일반적으로 실험 참여자들에 대해 어느 정도 자세한 정보를 제공할 뿐이며 그와 같은 상황에서 비록 암묵적으로 보고서의 필자(혹은 조력자)가 이런 역할을 하리라 가정하긴 하지만 실험 주체experimenter나 다른 참여자들에 대한 정보는 없거나 거의 제공하지 않는다. 일반적으로 더 이상의 아무런 정보도 제공되지 않는데 (잘 알다시피 성별에 따른 역할이나 인종이 그러한 것처럼) 자연적인 배경에서 비슷하리라 생각할 것이다. 그렇지만 아마도 실험 주체의 속성들(나이, 성별, 인종, 우호성 등)이 측정 가능할 정도로 읽기나 배움에 영향을 미치지 않을 것이라 가정하기 때문이다. 그러나 교육적인 맥락에서는 교사의 지침 전달 대화와 자기 평가에 대한 조사 연구가 있을 수 있다(Roskos et. al., 2000).

실험 주체들은 일반적으로 실험 참여자들에게 주어지는 사전 지침서[87]를 통해 암묵적으로 제시될 뿐이다. 예컨대 어떤 덩잇글을 요약하라는 지침은 설명문으로부터 학습을 촉진한다(Armbruster et. al., 1987; Colman et. al., 1997을 참고할 것). 좀 더 일반적으로 지침을 내리는 전략들은 다양하게 학습에 영향을 미친다(Kanuka, 2005를 참고할 것).

암묵적으로 받아들이는 것처럼 비록 일반적으로 그 정보가 (대부분은 학생인) 직업, 나이, 성별, 앞선 지식과 같은 독립 변수로 실험에 따라 무엇을 검사하였는지에 대한 것뿐이지만 분명히 실험 참여자들에 대한 정보와 어떻게 그들을 모았는가 하는 것은 심리학 보고서에서 정해져 있다. 비록 개별적인 차이들이 거의 기술되거나 명시적으로 연구되지는 않지만 대부분의 실험 참여자들이 (초등학교에서 대학교에

---

87) 일러두기 정도로 볼 수 있는데, 실험의 목적 등을 일러주면서 자신의 신분을 밝히는 경우가 있다. 실험 참여자들의 참여도를 높이기 위한 방법에 대한 논의는 허선익(2019 ㄴ)을 참고하기 바란다.

이르는) 학생들이기 때문에 그리고 일반적으로 같은 교육 집단이나 기관 출신이기 때문에 그들은 보통 비슷한 사회적 배경과 교육 등을 지니고 있으리라 가정할 수 있다(Duek, 2000; Williams, 1991을 참고할 것). 배움의 과정에서 실험 참여자들의 개인별 특징의 역할에 대해 발견된 결과들 몇몇을 요약하기로 한다(Fox, 2009를 참고할 것).

앞선 지식: 지식 습득으로 규정된 배움에 대한 연구에서 본질적인 것은 물론 실험 참여자들의 앞선 (선언적, 개념적) 지식이다. 담화의 이해와 회상에서 대체로 앞선 지식의 긍정적인 역할은 이미 위에서 살펴보았다. 즉 어떤 영역이나 주제에 대하여 더 많이 알고 있는 실험 참여자들은 그와 같은 영역이나 주제에 대한 덩잇글을 더 잘 이해하는데(회상하는 등), 이를테면 정신 모형뿐만 아니라 지엽적 의미 연결과 전국적 의미 연결을 구성하기 위한 추론을 더 잘 이끌어낼 수 있기 때문이다(Britton et. al., 1998). 이렇게 좀 더 자세하거나 더 잘 연결된 의미 표상이나 모형은 그 다음에 담화로부터 지식의 습득에 긍정적으로 영향을 미친다(상당수의 연구들 중에서 Armand, 2001; Butcher and Kintsch, 2003; Kintsch, 1994; Lipson, 1982; McNamara and Kintsch, 1996; Stahl et. al., 1996; Wolfe and Mienko, 2007을 참고할 것).

보스콜로와 메이슨(Boscolo and Mason, 2003)에서는 앞선 지식이 대체로 배움을 촉진할 뿐만 아니라 동시에 흥미를 끌어올린다는 것을 발견하였다. 흥미는 그 자체로 학습에서 잘 알려진 요인이다. 앞에서 살펴본 것처럼 여러 연구들은 더 잘 혹은 덜 의미 연결된 담화의 역할과 앞선 지식의 관계를 연구하였는데 더 잘 의미 연결된 덩잇글은 앞에서 본 것처럼 낮은 수준의 지식을 가진 실험 참여자들에게 도움이 된다는 일반적인 발견 사실들이 있다(McNamara and Kintsch, 1996을 참고).

앞선 지식에는 일반적인 세계 지식만이 포함되어 있지는 않다. 분명히 언어에 대한 지식(일반적으로 언어 능력을 검사하지 않는 실험에서는 당연시 됨)뿐만 아니라 갈래에 대한 지식과 입말과 글말의 구조에 대한 지식이 관련된다(Berkenkotter and Huckin, 1995; Goldman and Rakestraw, 2000; Goldman and Varma, 1995). 따라서 본질적으로 언어 사용자들은 좀 더 구체적으로 실험실에서 실험 참여자들과 교실에서 특정의 실험 참여자들은 대체로 소통 기능과 상호작용 기능의 측면뿐만 아니라 원형적인 구조의 측면에서, 예컨대 이야기와 설명문의 차이를 (맥락 모형의 일부로서) 알아야 한다. 일반적으로 실험 참여자들이 덩잇글 구조를 알고 점검할 때 (상위 인지 능력과 상위 텍스트 능력의 일부로서) 이런 점이 더 나은 이해와 회상, 학습에 이바지한다는 것이 발견되었다(Dymock, 1999; Theide et. al., 2003을 참고할 것).

특별히 흥미로운 연구는 이미 앞에서 본 것처럼 덩잇글에서 받아들일 수 없는 정보와 앞선 지식을 비교하는 연구이다. 실험 참여자들이 무엇을 하는가? 즉 실험 참여자들이 자신들의 (이를테면 잘못된) 앞선 지식 때문에 부정확하게 이해하고 표상하는가, 혹은 덩잇글 이해의 결과로 앞선 지식을 고쳐나가는가? 실험 참여자들은 앞선 지식을 바꾸기 위해 그와 같은 지식이 잘못이었음을 읽거나 들어야 한다는 점이 일반적으로 발견되었다. 그에 따라 부정확한 이전의 지식을 고치기보다는 새로운 지식을 배우는 것이 더 쉽다(Lipson, 1982; Maria and MacGinitie, 1987을 참고할 것).

읽기 능력: 담화 이해에 영향을 미치는, 그에 따라 덩잇글로부터 배움에 강력하고 분명한 조건 중 하나는 실험 참여자들의 읽기 능력이다. 전통적으로 문법과 어휘로 측정되어 왔는데 담화 연구에서는 추론을 생성하고 지엽적 의미 연결과 전국적 의미 연결을 수립하며 거시 구조를 추론하고, 요약하고 전체적으로 회상하고 그에 따라 풍부하고 높은 수준에 연결된 상황 모형을 구성할 수 있는 능력을 강조하여 왔다. 만약 실험 참여자들이 (특히 복잡한) 덩잇글을 읽고 이해하는 데 어려움이 있다면 개념 체계 안에서 새로운 정보를 통합하는 데 더 많은 문제를 지니고 있다는 주장이 설득력이 있다(난독증 어린이에 대한 연구로 Bråron et. al.,

2010을 참고할 것). 앞선 지식에 대하여 앞에서 살펴본 것처럼, 서로 다른 읽기 능력을 지닌 실험 참여자들이 있는 경우 읽기 능력이 낮은 독자들은 이해하기 위해 더 명시적인/의미 연결된 덩잇글을 필요로 한다는 것을 발견하였다(Lipson, 1982; Williams, 1991을 참고할 것).

성별: 덩잇글로부터 배울 때 남성과 여성은 다른가? 성별이 비록 학습에 관련되는 변인 가운데 하나로 종종 간주되고 있지만, 덩잇글로부터 이뤄지는 지식의 습득에 대한 연구들은, 일반적으로 성별을, 설계에서 독립 변수 가운데 하나로 포함하지 않는다. 따라서 체임버스와 안드레(Chambers and André, 1997)에서는 앞선 지식과 흥미, 경험에 의해 매개될 때 성별이 차이를 낸다는 것을 발견하였다. 이와 비슷하게 슬랏 외(Slotte et. al., 2001)에서는 (철학적인) 덩잇글 이해에서 성별 차이는 없다고 결론을 내렸지만 여성들이 남자보다 더 많이 공책에 적으며, 이것이 학습에 영향을 미친다는 것을 발견하였다. 한편으로, 교실에서 성별과 성별에 맞춰진 언어 표현들이 흥미와 동기부여에 영향을 미치고 그에 따라 배움에 영향을 미치는 것으로 알려져 있다(Guzzetti, 2001에 있는 논의를 참고할 것).

학습 목표: 맥락 모형의 중요한 매개변인들 가운데 하나는 참여자들의 목표로서, 행위를 통해 실현되어야 하는 사태의 상태로 표상된다. 실험 주체가 부과하든 스스로 부과하든 분명히 명시적이거나 암묵적인 과제에 의해 규정되는데 어떻게 덩잇글을 읽고 이해해야 하는가에 영향을 미친다. 따라서 이 책에서 제시한 맥락 모형과 비슷하게 벡 외(Beck et. al., 1989)에서는 가르침의 목적이 되는 '그 상황에 맞는 모형'(여기에는, 예컨대 분명한 교과 목표도 포함됨)을 발전시켜나가는 데 학생들을 도와주어야 한다고 주장한다.

덩잇글로부터 배움의 목표는 1970년대 이후 연구되어 왔다(Gagné and Rothkopf, 1975를 참고할 것. 학습의 다양한 조건으로서 목표에 대한 연구는 Dee-Lucas and Larkin, 1995; Duell, 1984; McCrudden and Schraw, 2007; Pfister and Oehl, 2009; Wosnitza and Volet, 2009를 참고할 것).

이론적으로 학습자들의 목표는 맥락 모형에 표상되며 그와 같이 지식과 흥미와 같은 참여자들의 다른 인지 속성과 함께 덩잇글의 산출과 이해를 통제한다고 가정한다(Van Dijk, 2008a, 2009a. Hijzen et. al., 2006; Rinck and Bower, 2004를 참고할 것).

덧붙여 말한다면 이런 화용적 목표들은 표상을 마친represented 참여자들의 목표 표상과는 조심스럽게 구별되어야 한다. 예컨대 이야기 이해에서 표상을 마친 화용적 목표들은 참여자들의 의미 상황 모형에서 표상되며 본질적으로 이야기 이해를 통제한다(여러 연구들 가운데 Goldman et. al., 1991; Trabasso, 2005를 참고할 것).

흥미와 동기부여: 많은 연구들은 덩잇글로부터 배움에서 흥미와 동기부여의 중요한 역할을 강조하여 왔다. 일반적으로 인성 특징, 지능 등과 연관되어 있는 실험 참여자들의 일반적인 흥미와 지엽적이거나 주제(현재의 상황에서 단순히 특정의 덩잇글이나 주제)와 관련된 흥미에 대한 구별이 있고, 그리고 인지적 흥미와 감정적 흥미에 대한 구별이 있다(Harp and Mayer, 1997; Kintsch, 1980; Renninger et. al., 1992; Schiefele, 1999; Wade, 1992).

덧붙여 말한다면, 이런 연구들은 실험실에서 다른 많은 실험 상황에 관련되는 속성의 경우에서 그러하듯이 일반적으로 (주제나 자료 혹은 사람들에 대한) 흥미의 개념을 이론적으로 당연하게 받아들인다는 것이다. 실제로 만약 흥미가 개념적 지식 체계가 아니고 사건에 대한 구체적 기억의 일부도 아니라면 사람들의 행동 속성이나 성격은 어떻게 그리고 어디에 그런 속성들이 인지적으로 저장되는가? 만약 그것이 행위에서 되풀이되는 속성이라면 특별한 행동에 대한 독특한 부분이 아니라 자전적이고 구체화된 (모형들)의 중심적인 구성요소로서 '자기'의 일반적이고 추상적인 속성을 지닌 것으로서 구체적인 면모를 지닐 수 있다. 다른 한편으로 상황에 따른 변수(이와 같은 특별한 덩잇글이나 주제에 대한 홍미)로서 홍미는 실험 참여자들이 지니고 있는 맥락 모형의 부분임이 분명하다.

일반적인 예측에 맞게 교과 홍미나 홍미로운 교재, 목표나 과제는 이곳에서 살피고 있는 여러 연구들 곳곳에서와 마찬가지로 다른 변수들과 상호작용하면서 이들 모두 주의집중을 끌어올리고 더 심층적인 처리, 더 나은 모형 수립과 더 좋고 잘 구성된 지식의 형성에 이바지한다(Garner et. al., 1989를 참고할 것). 보스콜로와 메이슨(Boscolo and Mason, 2003)에서는 홍미가 지식과 함께 불어남을 발견하였다. 체임버스와 안드레(Chambers and André, 1997)에서는 전기傳記에 대한 덩잇글 처리의 성별 차이를 밝힌 연구에서 지식의 수준과 홍미, 관심 수준을 배제한 경우에만 그런 차이들이 있음을 발견하였다. 네이설과 쉬펠(Naceur and Sciefele, 2005)에서는 다양한 인성을 논의하면서 홍미가 학습에 장기적인 영향을 미칠 뿐만 아니라 다른 학습 변인에 독립적인 효과를 미침을 발견하였다. 새도스키(Sadoski, 2001)는 (설명) 덩잇글에 대해 홍미를 발견하기 위해서는 덩잇글이 구체적이어야 하며, 오직 그 때에만 더 잘 회상되고 학습된다는 것을 발견하였다.

홍미는 일반적으로 동기부여에서 실험 참여자가 지니고 있는 폭넓고 역동적인 특징의 일부로서 자리매김되는데 참여자의 다른 성격은 덩잇글 처리와 학습에서 연구된다(덩잇글로부터 배움에서 동기부여의 역할에 대한 더 많은 참고문헌은 Anmarkrud and Bråton, 2009; Carr et. al., 1998; Salili et. al., 2001을 참고할 것).

3.6.4. 상호작용과 협동

전통적인 연구들이 대체로 개별 실험 참여자들이 어떻게 덩잇글을 처리하고 덩잇글로부터 배우는지를 탐구한 반면, 지금의 연구들은, 이를테면 교실수업에서 다양한 참여자들 사이의 상호작용과 협력을 포함하여 자연스러운 상황에서 자연스러운 담화의 처리와 학습을 점점 더 모의하고 있다(Cowie and Van der Aalsvoort, 2000; Goldman, 1997을 참고할 것).

그런 상황에서 개인별 참여자들 스스로 (다양한 방식의) 실험 자료들을 개인적 인지에 대한 기본적인 제약(기억 제한, 표상, 저장과 인출, 회상 등)에 따라 읽고, 듣고 처리해야 하는 것이 맞지만, '또래 학습'의 맥락은 당연히 개별 학습과는 매우 다르다. 참여자들은 전문적인 직업에서 상호작용과 문제 해결, 다수의 자연스러운 담화 처리에서 그러한 것처럼 학습 과제의 완수에서 공동으로 실험에서 주어지는 활동에 참여하고 협력하며 토론하고 서로 도와준다(Frederiksen, 1999를 참고할 것).

그와 같은 형태의 협력 학습collaborative learning에서는 상호작용에서 언어와 규칙과 구조에 대한 앞선 지식, 가르침의 자료들이 대하여 있는 영역이나 주제에 대한 지식, 넓게 말해 일반적인 규칙과 특정(이를테면 교육적인 측면이나 실험에 따른)의 규칙과 사회적 상호작용-전략에 대한 지식과 이들의 적용을 전제로 한다. 그리고 좀 더 구체적으로는 상호작용을 통한 논증에 대한 지식과 적용을 전제로 한다(Lin and Anderson, 2008; Nussbaum, 2008도 참고할 것).

협력 학습에 대한 연구들은 일반적으로 협력이 학습을 촉진한다는 것을 발견한다. 왜 그러한가에 대한 여러 가지 이유들이 있다. 무엇보다 담화의 전제나 함의에 대하여 명시적인 성찰과 토론이 생각 소리내기think aloud,88) 주의집중과 되풀이와 설명의 품질을 드높인다. 이들은 하나의 주제로 되어 있는 덩잇글을 처리할 때에도 학습의 품질을 끌어올린다. 두 번째로 토론은 논증에 관련되는데 논증은 종종 덩잇글뿐만

---

88) 어떤 과제를 수행하는 동안 머릿속에서 일어나는 의견을 말로 표현하는 행위인데, 일반적으로 교수·학습의 과정에서 교수자가 학습자에게 자신의 수행 과정을 본보기로 보여주기 위해 사용될 수 있다. 최근에는 교육심리학에서 학생들의 생각이 일어나는 모습을 살피기 위해 의도적으로 학생들에게 그렇게 하도록 하고, 이를 분석하여 어떤 사고 과정에 대해 결과를 얻기도 한다.

아니라 앞선 지식으로부터 추론함을 함의한다. 세 번째로 공동의 덩잇글 처리는 분명히 추론을 할 수 있도록 더 넓고 조합된 지식 묶음을 전제로 한다. 네 번째로 구체적 사건 기억뿐만 아니라 작업 기억의 기억 한계가 개인별 실험 참여자들보다 모둠에서 제약을 덜 받는다. 한 사람이 간과하거나 잊어버린 것은 또 다른 사람에 이해서 주목을 받거나 회상될 수 있다. 이는 분명히 기억 상실이 있는 실험 참여자들에게서 특히 더욱 그러하다(Duff et. al., 2008).

지난 십 년 동안의 많은 실험 연구들이 입말과 글말에서 그와 같은 협력 학습에 대해 연구하여 왔다. 알바자 외(Arvaja et. al., 2000)에서는 협력 학습의 긍정적 결과는 공유된 성찰을 전제로 한다고 강조한다. 즉 아무런 공유가 없다면 더 높은 수준의 이해와 상호작용을 통한 추론과 그 다음에 모둠으로의 학습에서 아무런 장점이 없다는 것이다. 다른 말로 한다면 협력 학습에 대한 실험에는 상호작용과 자료, 과제의 특성이 추론과 높은 수준의 이해를 공유하도록 요구하며, 공유할 수 있는 설계가 필요하다. 챈(Chan, 2001)은 또한 참여자들이 피상적인 상호작용(평가하거나 무시하기, 고쳐주기 등) 이상을 넘어서며 문제를 매듭짓기,89) 재인recognition, 설명과 같은 문제 중심의 행동을 할 때에만 협력 학습이 성공적임을 보여주었다. 친 외(Chinn et. al., 2000)는 또래 학습의 실제 담화 구조에 좀 더 자세하게 초점을 맞추었으며 토론에서 논증의 구조(결론에 대한 찬성이나 반대)가 공동의 과제가 성취되는 방법에 대한 통찰을 제공한다는 것을 발견하였다.

모든 담화 처리에서 그러한 것처럼 협력을 위한 담화 처리에서 처리의 '깊이'(추론, 설명, 토론 등)는 이야기의 경우나 지식 단위의 구성에서

---

89) 이는 'formulation'을 뒤친 용어인데, 페어클럽(1992/2017: 47)의 뒤친이 주석에 따르면 '마무리 짓는 입장 정리'(입장 정리로서 마무리 짓기)라는 용어로 뒤쳤다. 이 글의 문맥에서 봐도 이어지는 대화의 흐름에서 어떤 주제를 매듭짓는 차례를 가리킨다는 것을 알 수 있다. 이런 단계에서는 평가도 같이 이뤄지고 입장 정리도 이 단계에서 이뤄지므로 '매듭짓기'로 뒤친다.

그러한 것처럼 정신 모형에서든 어디든 기억과 학습에 관련되는 타당한 표지이다. 정과 카이(Jeong and Chi, 1997, 2007), 정과 리(Jeong and Lee, 2008)는 전체적인 모둠 학습이 참여자들의 다양한 역할과 유형, 예컨대 참여자들이 어느 정도 능동적이거나 수동적인지, 짝을 이룬 학습자들이 단지 '이름뿐인지', 아니면 실제적이고 협력적인 상호작용에 몰두하고 있는지 여부에 따라 달라짐을 보여주었다.

여기서의 검토에서 중요한 것은 상호작용을 통한 학습의 협력적 측면 뿐만 아니라 (보통의) 교실수업 토론과 토의, 가르침과 배움에서 입말다 움oral nature이다. 상호작용적이든 아니든 입말 담화로부터 학습은 당연히 이해에 특별한 조건을 더하는데 작업 기억이 지니는 일반적인 한계 때문이다. (글말) 덩잇글로부터 이뤄지는 대부분의 학습 형태에서 실험 참여자들은 읽은 것을 다시 읽는 등으로 읽기 속도에서 자신에게 맞게 조정할 수 있지만 입말 담화에서는 그렇지 않다. 게다가 입말 담화 처리에서 주의집중은 문장의 부분들이나 낱말을 놓치지 않도록 초점을 맞추어야 한다. 게다가 활성화 확산은 적합한 지식과 추론을 활성화할 뿐만 아니라 적합성이 떨어질 수도 있지만 연상되는 믿음도 활성화한다. 이런 믿음은 초점 맞추기를 방해하고, 입말 담화 듣기에서 입력물 input의 일부분을 잃어버릴 수도 있음을 뜻한다. (학습에서 토론의 구체적인 역할에 대한 자세한 내용은 다른 연구들 가운데 Alvermann et. al., 1995; Bennett et. al., 2010; Chinn et. al., 2000; Goodyear and Zenios, 2007; Pontecorvo, 1987; Wilen, 1900을 참고할 것.)

3.6.5. 실험에서 활동과 전략들

실험 참여자들의 활동은 실험의 핵심이며 읽을 덩잇글(혹은 들어야 하는 덩잇말)과는 별도로 그들이 무엇을 (해야) 하는지를 자리매김한다. 일반적으로 이런 활동들은 학습과 이해에 대한 서로 다른 결과를 얻기 위해 다변화된다(다양한 활동에 대한 연구에 대해서는 Chan et. al., 1992를 참고할 것). 다른 많은 활동들과 담화 처리를 위한 전략들 가운데 참고 문헌에서 이뤄진 연구 몇몇이 있다.

- 동화(Chan et. al., 1992)
- 하나의 덩잇글이 아니라 여러 덩잇글에 대한 모형의 수립(Bråten, 2008)
- 대조를 보이는 목표 개념(Hamilton, 1997)
- 설명(Ainsworth and Burcham, 2007. Coleman et. al., 1997도 참고할 것)
- 외삽법(extrapolation)(Anderson, 1973; Chan et. al., 1992)
- 주제를 담은 표제와 주제 문장 생성(Clariana and Marker, 2007; Dee-Lucas and di Vesta, 1980)
- 하이퍼텍스트와 하이퍼링크의 사용(Alexander and Jetton, 2003; Azevedo and Jacobson, 2008; Eveland et. al., 2004; Rouet et. al., 1996에 있는 여러 연구들을 참고할 것)
- 미시전략과 거시전략(Gallini et. al., 1993)
- 상위 인지적 점검(Bartholomé and Bromme, 2009; Britton et. al., 1998)
- 조직하기(이를테면 연결하기, 묶기grouping 등)(Castañeda et. al., 1987)
- 담화 구조에 대한 예비 연습(Armbruster et. al., 1987)
- 문제 해결(Chan et. al., 1992)
- 되풀이(Castañeda et. al., 1987)
- 다시 말하기(Chan et. al., 1992)
- 생각 소리내어 말하기(Chan et. al., 1992)

분명히 이들을 요구하는 실험 활동 전략과 자발적인 실험 활동 전략들은 서로 관련되어 있다. 이런 요소들이 학습을 촉진하는 곳에서는 언제나 연결고리의 구성construction of links을 함의하는데, 이를테면 개념들 사이의 연결, 명제들 사이의 연결(지엽적 의미 연결), 명제들과 거시명제(전국적 의미 연결), 모형 구조들, 표상의 서로 다른 방식들 사이의 연결(그림과 양상 논리를 벗어난 상징이나 개념들), 개념과 지식 영역 사이의 연결, 현재의 덩잇글(개념, 부분부분)과 (하이퍼텍스트를 통한) 다른 덩잇글 사이의 연결 등이 있다. 실제로 학습은 새로운 개념이나 새로운 믿음의 통합뿐만 아니라, 특히 알려진 개념과 믿음 사이의 연결 수립을 함의한다. 더 나아가서 정신 모형과 담화에서 더 많은 연결(이를테면 의미 연결과 개념틀)이 있을수록 더 많은 연결에 유리하며 그에 따라 더 잘 통합된 일반 지식[을 얻는 데: 뒤친이]에 유리하다.

3.6.6. 담화 구조

끝으로 학습에 대한 전통적인 연구와 현재의 연구에서는 지식의 습득에서 덩잇글 구조, 특히 오늘날에는 더 일반적으로 여러 방식으로 된 담화 구조의 두드러진 역할을 강조한다. 여러 연구들에서 일반적인 발견 사실은 어떤 수준에서든 더 잘 조직된 입말이나 글말 담화가 이해와 회상을 촉진한다는 것이다. 그에 따라 더 잘 짜인 모형, 더 많고 더 훌륭한 지식을 촉진한다. 특히 아는 것이 적고 덜 유능하며 경험이 더 적은 실험 참여자들의 경우 더욱 그렇다.

이런 발견 사실들을 통해 나타난 결과는 이해와 학습을 나아지도록 하기 위해 참여자들(실험 주체와 참여자들)은 여러 가지 방식으로 구조를 전략적으로 '더하는데', 예컨대 '교량 추론' 채워넣기interpolating, 의미에 대한 더 높은(거시적) 단계에서 조직하기, 요약하기와 결론 표현하기, 열쇳말과 주제를 나타내는 문장 표현하기, 도식에 따라 구성하기, 큰점bullet 표시하기, 밑줄 긋기, 색깔을 집어넣기 등으로써 그렇게 할 수 있다. 이들 중 몇몇은 지엽적인 구조(큰점, 밑줄 등)에 대한 기억과 거시적 구조(주제, 요약, 결론, 표제 등)의 기억에 대한 품질을 끌어올린다. 정신 모형의 전체적인 구조로서 전국적인 구조는 가장 잘 회상되며 좀 더 중요하거나 좀 더 적합한 정보에 대한 표상도 그러하다. 그에 따라 지식 체계에 좀 더 잘 통합될 가능성이 높다.

실험에서 조정될 수 있는 담화 구조들은 상당수가 있을 수 있다.

음운 구조와 시각 구조(입말 대 글말, 그림 등), 통사 구조(이를테면 어순, 문장 복잡도,90) 능동태 대 수동태 문장, 대명사), 어휘(쉬운 낱말이나 더 어려운 낱말), 의미에 대한 명제 구조, 명제들 사이의 의미 관계, 명시적 대 암시적 전제, 전경과 배경, 상세화의 정도(자잘한 정도), 인칭의 유형, 사건 기술과 행위 기술, 묘사의 수준(대략적 대 구체적), 관례적인 틀(이야기 전달적, 논증적), 수사적 구조(과장, 완곡어법), 덩잇말 무늬와 말투 register, 화행, 대화 전략91) 등이 있다. 이들 가운데 여럿이 사용되었고 몇몇은 자주 이용되었다. 이를테면 의미 연결이 그러하다(다양한 갈래의 구조에 대한 논의를 위해서는 Aelxander and Jetton, 2003; McNamara and O'Reilly, 2002; Vezin, 1980을 참고할 것). 다음에 수많은 변인들 중 다양한 덩잇글 변인으로서 실험 연구의 사례들 몇몇이 있다. 영어 자모 순서에 따라 늘어놓는다.

- 부가적인 질문(Panda and Mohanty, 1981)
- 유추(Glynn and Takahashi, 1998; Iding, 1997)
- 논증(Lin and Andersos, 2008)
- 원인-결과 구조(Armand, 2001; Britt et. al., 1994; McCrudden et. al., 2007)
- 연대기적, 시간 순(Davis et. al., 1966)

---

90) 문장의 복잡도를 바탕으로 하는 실험을 위도슨(H. G. Widdowson, 2004/2018), 『텍스트, 상황 맥락, 숨겨진 의도』(김지홍 뒤침, 경진출판)에서 비판하고 있다. 즉 문장의 복잡도만을 바탕으로 한 실험이 실생활에서 청자/독자의 이해와 관련성이 높지 않을 것이기 때문이다. 그렇지만 국어교육 맥락에서 문장 수준을 넘어서 한 편의 덩잇글을 두고 이해의 정도를 가늠해 보기 위한 연구들은 필요하고 그에 따라 이를 활용하는 이독성에 대한 연구는 필요하다.

91) 전략은 특정의 목적 달성을 위해 의도적으로 사용하는 방법들이다. 그렇기 때문에 이 단어의 앞에 제시된 여러 요소들이 전략의 사용과 밀접한 관련이 있다. 특히 정치적인 담화나 토론의 과정에서 이런 전략의 사용은 두드러진다. 그렇다면 모든 담화가 전략적인가 하는 문제가 있다. 일반적인 수준에서 볼 때 근본적으로 인간의 언어 사용에는 의도가 개입되어 있고, 의도를 목적으로 본다면 '그렇다'라고 할 수 있다. 그렇지만 이런 목적이 명명백백하고 정보를 주고받는 행위 자체만을 목적으로 하는 경우를 상정한다면 그렇지 않을 수도 있다. 그렇지만 과연 소통의 갈래 중에 그런 경우는 얼마나 될까? 아마도 많지 않으리라 생각한다.

- 의미 연결(Ainsworth, and Burcham, 2007; Boscolo and Mason, 2003; McNamara and Kintsch, 1996; McNamara et. al., 1996)
- 구체화(Sadoski, 2001)
- 상세화seductive(Garner et. al., 1989)
- 도표diagram(Ainsworth and Loizou, 2003; Butcher, 2006; Guri-Rozenblit, 1988; McCrudden et. al., 2007)
- 토의/토론(입말 담화)(Alvermann et. al., 1995; Bennet et. al., 2010)
- 명시적 대 암시적(Franks et. al., 1982)
- 갈래(Dymock, 1999; Wolfe and Mienko, 2007)
- 하이퍼링크(Eveland et. al., 2004)
- 서로 엮인 덩잇글 속성intertextuality(여러 겹의 덩잇글로부터 배움 등)(Boyd and Thompson, 2008; Bråten, 2008; Britt et. al., 1999; Goldman, 1997; Short, 1992; Strømsø et. al., 2008; Voithofer, 2006)
- 한줄 구조 대 계층적 구조(Calisir and Gruel, 2003; Calisir et. al., 2008)
- 지도(Abel and Kulhavy, 1986; Scevak and Moore, 1998; Verdi and Kulhavy, 2002)
- 은유(Gallini et. al., 1995)
- 어느 정도의 상세화(Thorndyke, 1979)
- 설명문 대 이야기 전달글(Dymock, 1999; Wake, 2009; Wolfe and Mienko, 2007)
- 실시간 토론(Chen and Looi, 2007)
- 입말 담화(논의를 위해서는 Alexander and Jetton, 2003)
- 그림, 예시 그림(Bartholomé and Bromme, 2009; Carney and Levin, 2002; Iding, 1997; Mayer, 2002; Peeck, 1993; Reid and Beveridge, 1986; Schnotz, 2002)
- 문제-해결 구조(Armbruster et. al., 1987)
- 부정확한 앞선 지식에 대한 반박(Diakidoy et. al., 2003; Lipson, 1982; Maria and MacGinitie, 1987)

- '수사적' 표지(담화 기능을 보여주는)(Lorch, 1989; Meyer, 1975)
- 화제(Thorndyke, 1979)
- 시각적으로 보여주기 대 청각으로 보여주기(Kalyuga et. al., 2004)

여럿 가운데 이런 일련의 연구들은 일반적으로 좀 더 자세하고, 좀 더 명시적이며 여러 수준과 여러 방식의 구조가 더 나은 이해에 이바지하며 좀 더 자세하고 좀 더 의미 연결되거나 연결된 의미 표상, 좀 더 자세하고 조직된 정신 모형에 이바지하며 그리고 그것에 근거하여 좀 더 잘 짜여 있는 구조화된 지식에 이바지한다고 결론을 내렸다. 그와 같은 주된 효과들은 특별히 지식을 덜 갖추고 덜 숙달되며 관심이 덜하고 동기부여가 덜 된 학생들에 두드러진다.

더 많은 지식을 지닌 학생들은 때로 '가외의' 구조(모형, 수준 등)를 덜 필요로 하고 스스로 시작한 추론, 정교화, 다른 이해 전략과 학습 전략의 긍정적인 결과로부터 더 많은 혜택을 받을 수 있다. 따라서 이런 학생들은 앞에서 본 것처럼 세부 내용에 집중하도록 요구하는 과제를 때로 잘못할 수도 있다. 따라서 여기서도 덩잇글 구조와 같은 덩잇글에 딸린 조건은 맥락 조건, 즉 지식과 능력, 전략, 과제, 목표 등을 중재하는 유형을 통해 학습과 이해에 영향을 미칠 뿐이라는 점을 강조해야 한다.

3.7. 지식과 기억

지금까지 더 발전된 분석 없이 지식은 작업 기억에서 처리라는 수단에 의해 의미 기억에 저장되고 그곳으로부터 활성화되며 구체적 사건 기억에서 특정의 정신 모형의 구성에 구체화되고 적용된다는 것을 당연하게 여겨왔다. 여기에 더하여 개념적 지식은 범주 관계, 개념틀, 프레임이나 각본과 같은 구조적 기제의 다양한 유형에 따라 여러 겹으로 구조화된다고 가정하였다. 그리고 두뇌에서 여러 방식의 신경 구조에 바탕을 두고 있다고 가정하였다.

이는 어느 정도 이 분야에 대한 요약이며 작업 기억의 본질, 즉 모든 개념적 구조가 양상적인지, 혹은 좀 더 상징적인지 여부나 그 방법에 대해 논의가 계속 이뤄지고 있다. 모든 지식, 특히 좀 더 복잡하고 높은 수준의 지식이 양상의 특징을 보이는지 상상하기 어렵기 (그리고 증명하기는 더 어렵기) 때문이다. 실제로 '민주주의', '자본주의', '철학'이나 '인종주의'와 같은 개념의 양상적 본질은 정말로 무엇일까?(논의를 위해 Barsalou, 2003, 2008; Caramazza and Mahon, 2003을 참고할 것)

위에서 간단하게 언급한 범위를 넘어 기억의 서로 다른 갈래에 대해 포괄적인 참고문헌들을 검토하는 것은 이 장의 범위를 넘어선다. 따라서 여기서는 담화의 처리와 지식의 처리에 대한 이론에 관련되는 현재의 이론화 연구를 간단하게 요약할 뿐이다.

3.7.1. 작업 기억

담화는 작업 기억working memory: WM에서 문법 구조와 다른 담화 구조에 대한 자세한 처리를 통해, 예컨대 담화와 의미 연결된 담화 연쇄에 기대어 음운론적 구조, 형태론적 구조, 통사론적 구조와 여러 방식의 구조를 계층에 따라 해득함으로써 산출되고 이해된다. 앞에서 본 것처럼 그와 같은 의미 해석과 의미 연결의 수립에는 정신 모형의 구성과 일반적인 지식의 구체화가 필요하다. 작업 기억은 그러나 제한된 용량을 지니고 있을 뿐이며 각 수준에서 몇 개의 구조적 단위만 지닐 뿐이다(Baddley, 1994; Miller, 1956). 그렇다면 어떻게 복잡한 담화 구조와 모형 구조가 구성될 수 있는가 하는 문제뿐만 아니라, 특히 어떻게 이런 처리 과정이 전체적인 구조(거시 구조)와 화용론적 모형에 의해 통제될 수 있는가, 그리고 예컨대 지엽적인 의미 연결과 전국적인 의미 연결에 필요한 추론을 이끌어냄으로써 얼마나 정확하게 (그리고 얼마나 많이) 일반적인 지식이 구체화되는가 하는 것이 문제이다.

작업 기억에 대한 현재의 접근법들 다수가 히치와 앨런 배들리(Hitch and Baddeley, 1974)의 획기적인 논문이 발표된 이래 그와 그의 동료들(Baddeley, 1986, 2007)의 고전적인 이론과, 계속 이어지며 경신되는 이론과의 일치나 차이에 기대어 입장이 정리된다. 앞의 논문에서 그들은 중앙 실행부Central Executive와 두 개의 '딸린 체계slave system'를 제안하였다. 하나는 음운 처리(음운론적 임시회로phonological loop)와 다른 하나는 시각 처리('시-공간 잡기장the visuo-spatial sketchpad')인데 최근에는 두 개의 '딸린 체계'에 관련되지 않은 정보를 임시로 저장하고 두 체계로부터 나온 정보를 통합하는 '구체적 임시저장고episodic-buffer'로 경신되었다.

그러나 이런 제안들은 매우 단순한 기억 과제에 제한되어 있고 좀 더 복잡한 담화와 지식의 처리를 설명하기에는 충분하다고 보기 힘들다. 이 책에서 쓰는 용어에 따르면, 예컨대 중앙 실행부는 지엽적인 (문장) 담화 처리의 많은 수준을 통제할 뿐만 아니라 역동적으로 조정되는 적합성에 관련되는 맥락 모형과 전체적인 의미 연결을 보장하는 의미론적인 거시명제라는 특징을 지녀야 한다. 특히 지식 관리에 대한 맥락의 특성(공동 배경)뿐만 아니라 이해를 위한 일반 지식의 활성화와 적용을 통제하도록 할 필요가 있다. 여기서는 오직 작업 기억에서 그와 같은 처리가 어떻게 이뤄지는지 이해하기 시작할 뿐이다(Miyake and Shah, 1999를 참고할 것). 실제로 필수적인 통제 체계는 분명히 전통적으로 인식되어 온 작업 기억의 능력에는 맞지 않다. 따라서 장기 작업 기억이 확장된 형태에서 통제 체계나 중앙 실행부를 가정할 필요가 있다(Ericsson and Kintsch, 1995). 실제로 작업 기억에 대한 현재의 이론은 그 처리와 복합한 사회적 환경과 소통 환경뿐만 아니라 여러 수준에서 담화 구조와 상호작용 구조의 통제를 설명할 수 없다.

게다가, 복잡한 정보 처리는 맥락 모형에 표상되어 있는 대로 상황에 맞춰져 있을 뿐만 아니라 스스로 체현된다. 감정이입,92) 거울 신경과 다른 정신들은 중요한 차원에서 자기와 상호작용, 모의실험에 대해

불어나고 있는 이런 조사 연구들의 열쇳말들이다(책 한 권 분량의 연구들 가운데 Arbibm 2006; Chemero, 2009; Givón, 2005; Goldman, 2006; Neisser, 1993; Semin and Smith, 2008; Shapiro, 2010; Tomasello, 1998; Varela et. al., 1991을 참고할 것).

3.7.2. 구체적 사건 기억과 개인적 지식

이 책에서는 앞에서 정신 모형이 장기 기억에 그리고 좀 더 구체적으로 사람의 자전적 경험들이 표상되는 부분, 즉 구체적 사건 기억에 저장되어 있다고 가정하였다(자세한 내용은 Baddeley et. al., 2002; Neisser and Fivush, 1994; Rubin, 1986; Tulving, 1983, 2002; Williams et. al., 2008을 참고할 것).

비록 구체적 사건 기억이 전통적으로 과거에 대해 사람들이 기억하는 경험이나 사건에 기대어 그리고 정신적 '시간 여행'의 일종에 기대어 묘사되어 왔다(Tulving, 2002). 이런 자전적 경험은 그 다음에 현재적인 것으로 구성되었다는 점을 명심해야 한다. 다른 말로 한다면 앞에서 설명하였던 것처럼 경험 모형과 정신 모형은 계속해서 과거, 현재, 미래에 대하여 구성되고 경신되며, 수정되거나 계획된다. 따라서 이들은 사람들의 계속되는 경험을 규정하고 통제한다(Bertsen and Jacobsen, 2008; Friedman, 2007을 참고할 것). 신경심리학적 연구에는 미래를 그림으로 떠올릴 때 과거를 기억할 때처럼 같은 두뇌 영역이 사용된다는 것을 확실하게 해주었다(Schacter et. al., 2007). 계속되는 현재의 경험 모형이 처리되고 그에 따라 맥락 모형이 처리되는 영역도 대부분 그와 같을 것이다.

---

92) 이와 비슷한 개념으로 공감을 들 수 있는데, 공동 배경에 형성에 중요한 역할을 할 수 있다. 여기서는 언급하고 있지 않지만 감정이입도 신경생리학적 기반을 가지고 있는 것으로 논의된다. 작업 기억을 다루면서 이를 언급하고 있는 것은 저자가 이런 연구들을 염두에 두고 있는 듯하다.

사람들이 경험한 (혹은 대하여 들은) 사건에 대한 이야기의 산출에는 구체적 사건 기억에서 어떤 사건에 대한 주관적인 상황 모형의 활성화가 개입한다. 이 처리는 현재의 맥락 모형에 의해서 통제되는데 그 지식-장치는 상황 모형의 어떤 정보가 전제되고 회상되거나 새로운 정보로 선언되어야 하는지를 상세화한다. 그 처리의 결과 앞에서 언급한 것처럼 그 다음에 작업 기억에서 낱말과 문장들이 순차적으로 처리된다.

　이 책에서 제시한 이론에 관련되는 것은 특정의 경험에 대한 정신 모형이 자신의 삶(가족, 친구, 학교, 살고 있는 곳 등)에 대한 개인적이고 자전적인 지식에 기대어 먼저 일반화되고 추상화될 수 있다는 것이다 (Conway, 1990). 이는 정신 모형으로부터 배경이나 참여자 정보를 삭제함으로써 일어날 수 있다. 이런 자전적 지식은 새로운 경험의 구성에서 핵심적이며 자기의 중심 범주에 대하여 조직될 때 경험에 대하여 일관성과 연속성을 부여한다. 사람들의 삶에서 (큰 상점에서 오늘 아침을 먹거나 물건을 사는 일과 같은) 대부분의 일상 경험이 뒤에 더 이상 접속 불가능하지만 (아침으로 무엇을 먹고, 어디에서 물건을 사는가와 같은) 일반적인 개인적 지식은 많은 상황과 관련되도록 남아 있으며 그에 따라 구체적 사건 기억에서 개별적인 지식으로 표상되는 경향이 있다.

　구체적 사건 기억에 대한 연구문헌에서는 과거 사건에 대하여 '기억하기'와 '알기'를 종종 구분한다(여러 연구들 가운데 Bodner and Lindsay, 2003; Fivush and Hudson, 1990; Knowlton, 1998; Rajaram, 1993; Tulving, 2002를 참고할 것). 이런 구분은 털빙(Tulving, 2002)에 의해 설명되는데 그는 자기에 관련되는 정신 모형을 다시 활성화할 때처럼, 종종 시각적인 세부 내용에 대한 기억에서 그러한 것처럼, 구체적이고 세부적인 내용을 능동적으로 기억할 때 역할을 하는 '자기의식이 동반되는 자각 autonoetic consciousness'이라는 개념에 기대어 설명한다. 다른 한편으로 '알기'라는 의미에서 어떤 사건이 일어났다는 것을 알 뿐이며, '낯익다'고 느끼지만 그 세부 내용에는 더 이상 접속하지 않는다. 오히려 실제로는 그것이 일어났는지 여부만 알 뿐이라고 하였다.

두 번째로 개인적인 경험, 특히 (뉴스와 같은) 사건들에 대한 공개적인 담화의 처리는, 다양한 형태의 탈맥락화와 추상화, 일반화를 통해서 일반적이고 사회적으로 공유된 지식, 이를테면 이민이나 인종주의에 대해 의미 기억(아래 참고)에서 구성을 하도록 해준다. 의미 기억과 구체적 사건 기억에 대해 신경에 바탕을 둔 이론적 구별이 있음에도 불구하고 이 두 체계는 영구적인 상호작용의 상태에 있다(Kompus et. al., 2009; Menon et. al., 2002). 사람들은 경험을 바탕으로 그리고 구체화된 일반적 지식으로 정신 모형을 구성하지만 그 반대로 일반화와 추상화에 의해 일반적인 지식을 구성하기 위해 정신 모형을 이용한다. 따라서 오랜 지연이 있은 뒤에, 비록 두드러진 세부 내용들이 종종 기억되기도 하지만, 자전적 경험은 일반적인 지식으로부터 나온 추론으로 납득할 만하게 세부 내용을 재구성함으로써 점진적으로 '회상되는' 경향이 있다(Barclay, 1993)는 것은 놀랍지 않다. 이전에 발견된 것처럼(Kintsch and Van Dijk, 1978), 이는 (개인적인 이야기뿐만 아니라) 이야기에 대한 회상 연구의 결과이다. 따라서 아마도 같은 기제가 대부분 관련되어 있을 것이다. 좀 더 일반적으로 말해서 사람들의 일상적인 경험들 다수가 정형화되어 있으며 일반화되는 경향이 있고 그에 따라 추상적이라는 분명한 이유 때문에 각본이 그러한 것처럼 자전적 기억은 개인적 경험과 사건에 관련되는 구체화된 지식에 대한 구체적인 정신 모형의 혼합물인 듯하다(Hudson and Nelson, 1986을 참고할 것).

3.7.3. 의미 기억과 일반적인 사회 지식

'작업 기억'과 마찬가지로 의미 기억sm도 역시 합당하게 이름이 붙여졌다고 보기 힘들다. 왜냐 하면 의미나 지시표현 혹은 어떤 언어적 의미와 아무런 관련이 없기 때문이다. 의미 기억이 집단의 이념, 규범, 가치, 즉 어떤 형태의 사회적 인지를 표상한다고 앞서 가정하기는 하였지만 세계에 대한 지식을 표상하는 기억의 일부이기 때문에 아마도 '인식에 대한 기억epistemic memory'과 같은 이름이 좀 더 알맞을 듯하다. 아래에서 좀 더 살펴볼 것이다(Van Dijk, 1998).

이미 위에서 꼬집은 것처럼 의미 기억에 저장되어 있는 개념 지식은 일반적으로 구체적 사건 기억에서 저장되어 있는 구체적이고 개인적 경험과 비교할 때 좀 더 일반적이고 추상적인 지식으로 간주한다. 그런 비교의 의미라면 사회적 기억social memory이라고 하는 것이 더 알맞은 듯하다. 전형적으로 인식론적 공동체의 구성원에 의해 사회적으로 공유되는 일반적 혹은 포괄적인 지식의 일종이기 때문이다.

그러나 담화에서 가정될 수 있는 것처럼 사회적으로 공유되는 모든 지식이 포괄적이거나 일반적인 것은 아니다. 2차 세계 대전, 홀로코스트나 2001년 9월 11일에 있었던 세계 무역 센터에 대한 폭력주의자들의 공격에 대한 지식이 그러한 사례들로서 일반적으로 정관사가 가리키는 것처럼 이들이 공유된 지식임을 알려준다. 이와 같은 역사적 지식의 구조는 시공간적 배경, 참여자 구조와 사건이나 행위로 규정되는 정신 모형과 좀 더 비슷하다. 일반적인 지식과 달리, 어떤 일반화가 예시를 통해 구체화되는 것처럼, 이런 갈래의 역사적 사건에 대한 지식은 또한 추론을 위한 근거로 쓰일 만하지도 않아 보인다.

개념적 지식은 개념틀, 각본, 범주, 원형과 영역에 의해 다양하게 조직됨을 앞서 지적하였다(3.4절의 참고문헌을 볼 것). 그와 같은 조직화는 방대한 지식 저장고에서 빠른 검색과 인출을 가능하게 할 뿐만 아니라 개념틀이 활성화되고 나면 개념틀의 부분들이 자동적으로 활성화되도록 해준다. 따라서 예컨대 폭력주의자들의 공격에 대해 사건의 복잡한 지식이 각본에서 조직화된다면 연관되어 있는 다른 개념들이 (적어도 부분적으로) 활성화될 수 있으며, 때로는 예컨대 희생자나 파괴된 건물이 있다는 것으로 전제된다. 개념들은, 이를테면 인종주의가 사회 영역에서 특정의 '한 갈래'로 짜여 있듯이 높은 수준의 범주나 낮은 수준의 범주로 관련되어 있을 것이다.

각본에 대한 이전의 연구 뒤에 쉥크와 아벨슨(Schank and Abelson, 1995)에서는 사람들의 기억이 경험에 바탕을 두고 있으며 그에 따라 이야기에 바탕을 두고 있다고 주장하면서(Bruner, 2002도 참고할 것) 기억에 대한 이야기 이론narrative theory을 제안하였다. 이런 주장은 지식의 습득에 대한 모형 기반(혹은 경험 기반) 접근과 양립할 수 있지만, 모든 '일반적인' 학습, 이를테면 설명문을 통한 학습을 배제한다. 교육과 자연과학에서 사용된 대부분의 덩잇글의 경우도 위키피디아의 인종주의 항목의 경우도 마찬가지이다. 분명히 이야기들은 담화와 상호작용의 형식들이다. 기억에는 아무런 이야기가 없지만 경험에 대한 정신 모형만이, 그리고 그런 모형으로부터 도출된 일반 지식뿐만 아니라 설명문에 대한 정신 모형에는 [이야기가: 뒤친이] 있다. 이야기들은 그런 정신 모형에 바탕을 두고 있으며 더 나아가 맥락 모형에 의해 통제된다. '같은' 이야기를 다른 방식으로 다른 소통 상황에서 말할 수 있다 (Polanyi, 1981; 쉥크와 아벨슨의 관점에 대한 다른 논문들은 Wyer, 1995를 참고할 것).

일반적인 지식의 사용을 가능하게 하는 다른 방법은 개념들이 원형, 즉 어떤 범주에서 더 대표적인 사례로서 표상된다고 가정하는 것이다 (Rosch, 1978로부터 영감을 받은 다수의 참고문헌이 있음). 따라서 일자리 주기나 숙소 제공에서 차별과 같이 인종주의의 몇 가지 형태는 (원형) 유형으로 인식되는 반면 어떤 가게에서 흑인 고객들을 재빨리 도와주는 일과 같이 '일상적인 인종주의'의 여러 형태들은 흑인 고객들에 의해 인종주의자로 인식될 뿐이다(흑인 여자에 의해 기술된 차별 상황은 Essed, 1991을 참고할 것).

끝으로 개념들은 정책이나 매체 보도, 백과사전에서 그렇게 하는 것처럼 자연, 동물, 사람, 기구, 문학이나 나라와 연관된 개념으로 그리고 정부 부처의 구분에서 행정이나 교육과 건강과 연관된 개념으로 조직되어 있듯이 더 큰 영역으로 조직될 수 있다. 분명히 다소 큰 영역들의 많은 유형들은 구별될 수 있지만 겹치거나 여러 범주에 걸쳐 있을 수 있다(지식 영역의 역할에 대한 응용 연구는 Beghtol, 1998을 참고할 것).

그러나 문제는 더 쉬운 접속, 활성화 확산, 점화나 어떤 조직의 형태로 나타나는 다른 현상들에서 일정한 역할을 한다는 의미에서 그와 같은 영역들이 어떤 점에서 인지적으로 실제적인가 하는 것이다. 그와 같은 조직화는 공개적인 담화에서 자주 동시에 발생하는 결과일 수 있다. 따라서 '정치가'와 같은 개념은 '정부', '선거', '유권자', '의회' 등과 같은 개념과 다발을 이루는 경향이 있다. 그에 비해 그와 같이 관련되는 개념들이 비교적 많이 있는 덩잇글은 잠재태 의미 분석LSA: Latent Semantic Analysis에 대한 연구로부터 알고 있듯이 좀 더 의미 연결되고, 좀 더 통합되거나 좀 더 원형적인 것으로 볼 수 있다(Kintsch et. al., 2007도 참고할 것). 여기에서는 담화 의미 연결에 대한 확률 측정(벡터)으로 다루고 있지만 그와 같이 빈도가 높게 동시에 나타나는 개념들을 지니고 있지 않은 담화도 의미 연결이 잘 될 수 있으며 그와 같은 개념들의 존재가 담화가 의미 연결된다는 아무런 보장이 없다는 것을 강조할 필요가 있다. 따라서 잠재태 의미 분석은 담화 의미 연결에 대한 실천적인 진단법이 될 수 있지만 분명히 구조에 대한 이론을 대신할 수는 없다.

명제나 개념틀에서 지식에 대하여 양상의 속성 없이 표상하고 있는 것과 달리 여기서는 지식에 대한 연구, 특히 최근의 연구에서 지식이 양상의 속성 없이 추상적으로 표상되지 않는다고 가정하고 있음을 보았다. 오히려 청각, 외적 경험과 시각, 촉각, 후감, 운동이나 생각이나 감정과 같은 내적 경험에 기대어 두뇌의 양상적 본질에 바탕을 두고 있다고 가정한다(Barsalou 2003, 2008). 그러나 높은 수준의 단위체(실제로 '가구'나 '자연', '동물'과 같이 집합 개념을 양상에 따라 어떻게 표상할 것인가?)에서 그러한 것처럼 모든 개념 지식, 특히 추상적인 개념(이를테면 '민주주의'와 '인종주의')이 양상에 토대를 두고 있는지 보아야 할 문제가 남아 있다.

만약 많은 지식이 두뇌에서 신경에 부호화되고 좀 더 추상적인 상징이나 구조의 면에서 사람의 경험, 즉 복합 양상을 띤 경험으로부터 나온다면 사회적 습득과 담화에서 지식의 사용에 대해 문제가 있는 결론에 이르게 된다. 사람들은, 이를테면 동물이나 자동차와 가구에 대하여 서로 다르게 배우고 그것에 대한 매우 서로 다른 개인적 경험을 지니게 될 것이다. 만약 이런 경험들이 양상에서 서로 다르다면 공유된 지식과 공동 배경에 바탕을 둔 상호작용과 소통, 담화는 이와 같은 이론으로 설명하기 힘들 것이다. 아마도 적어도 좀 더 일반적이고 상징적인 용어로 표상될 필요가 있는 것도 상호작용, 소통, 지식에 대해 각별한 이와 같은 사회적 차원이다.

이와 비슷하게 개념들은 매우 다른 행위와 상호작용, 담화에서 쓰인다. 만약 이들이 오직 양상적 배경에 의해서만 규정된다면 언어 사용자들은 개인적인 감각 경험에 어긋나는 어떤 개념의 속성들이나 경험에 대한 담화를 산출하거나 이해하기가 불가능하거나 덜 유능하게 될 것이다. 이는 낱말의 의미에 대한 설명의 경우도 마찬가지이다. 만약 이들이 개념 지식과 연관되어 있고 그와 같은 지식이 (오직) 양상적이라면 낱말의 의미는 개인에 따라 서로 다를 것이다. 이는 언어 사용과 언어에 대한 어떤 다른 이론을 필요로 할 것이다.

따라서 양상의 속성을 지식 체계와 연관짓기보다는 개인적이거나 사회적으로 가변적인 사용, 이를테면 정신 모형의 구성과 그에 따라 경험에 기반을 둔 습득과 연관짓는 것이 더 설득력이 있어 보인다. 개인적이고 양상에 기반을 둔 것은 다양한 감각 운동 경험과 감정 등을 포함하여 사람들의 개인적 경험(다른 사람에 의해 자극을 받은 경험)이다. 실제로 실험에서 일반적으로 검사를 받은 것은 추상적인 개념 지식이 아니라 실험실 과제를 포함하여 좀 더 구체적이고 개인적이며 좀 더 양상의 성격을 띠고 경험에 구체화되는 지식을 사람들이 적용하는 방법들이다.

3.8. 마무리

이 장에서는 담화와 지식 사이의 관계에 대한 인지적 측면의 이론적 얼개를 전개하였고 이 주제에 관련되는 연구문헌들을 검토하였다. 그 이론은 공동의 지식과 공유하고 있는 지식의 역할을 포함하여 적절한 담화의 처리를 위한 통제 체계의 본질적인 양상으로서 맥락 모형을 끌어들임으로써 인지심리학에서 주도적인 이론들을 확장하였다.

담화 처리에서 지식의 역할에 대한 고전적인 결과는 일반적인 지식에 대한 구체적 사례화가 담화 이해를 규정하는 정신 모형의 구성에서 핵심적이라는 것이다. 인식론적 공동체에서 공유되는 지식에 대한 화용론적 규칙들은, 언어 사용자들로 하여금 그들의 정신 모형보다 덜 자세하게 담화를 산출하게 하는데 이는 수용자들이 똑같이 사회적으로 공유된 일반 지식으로부터 나온 추론에 바탕을 두고 정신 모형들을 재구성할 수 있기 때문이다.

담화 처리에서 지식의 역할에 대한 연구들은 일반적으로 교실수업 과제나 실험실에서 통제되는 변인들에 따라 제약을 받는다. 일반적으로 이러한 맥락과 환경적 한계 안에서는 더 많은 지식을 가진 참여자들이 담화를 더 잘 이해한다는 것을 찾아내었다. 그리고 이를 여러 가지 방식으로 보여줄 수 있을 것이다. 예컨대 질문에 대해 응답하게 하기, 더 나은 회상 등이 있다. 반면에 더 잘 짜인 담화는 일반적으로 더 나은 지식을 산출하는데, 특히 더 유능한 독자들에게서 더욱 그러하다.

지나칠 정도로 많은 실험 연구들이 서로 다른 담화 구조(이를테면 덜 결속된 담화 구조)나 다른 과제 변이나 실험 참여자들의 변수들에 대한 처리 결과의 점검에 바쳐지고 있는데 이들의 연구에서 앞선 지식은 여러 변인 가운데 하나이다.

저자는 또한 실험이 정교해질 수 있지만 이런 연구들에서 이론적 얼개들이 매우 단순함을 발견하였다. 자세하지 않은 이론들이 기억에서 지식의 구성이나 본질에 대해 제공되었다. 덩잇글 읽기 배움과 덩잇글로부터 배움이 신중하게 구별되지 않을 수 있다. 지식이 활성화되고 변화되는 처리 모형의 세부 내용들이 거의 구체화되지 않았고 어떻게 지식이 구체적 사건 기억과 의미 기억에 표상되는지 구체화되지 않았다. 지식 표상에 대한 명시적인 이론이 제공되지 않았기 때문에 어떻게 새로운 지식이 습득되고 이미 있는 지식에 통합되는지 분명하지 않다.

저자는 이제 담화의 이해에 대한 표상으로서 지엽적인 의미 연결과 전국적인 의미 연결의 수립을 위한 추론의 역할도 포함하여 정신 모형의 구성에서 일반 지식이 활성화되고 적용되며 실체화되는 방법에 대해 합리적이고 분명한 이론을 지니게 되었다. 다른 한편으로 담화 처리를 통하여, 그리고 정신 모형의 일반화와 추상화를 통하여, 특히 일상의 장기적인 학습에서 일반적인 지식이 습득되고 변화되는 방법에 대해서는 결국 덜 알게 되었다.

이와 마찬가지로 이전의 언어학 연구와 담화 분석 연구 덕분으로 담화 구조의 많은 다른 갈래를 다양하게 하고 연구할 수 있으며 그런 구조가 이해와 회상, 다른 정신 처리에 미치는 영향도 연구할 할 수 있게 해주었다. [그러나: 뒤친이] 담화 처리에서 정확하게 어떤 '앞선' 지식이 간여하며, 경신되는 그것에 대하여 자세하고 체계적이며 명료한 통찰력을 지니게 된 것은 아니다.

실제로 지식에 대한 심리학에서 가장 통찰력이 부족한 부분은 일반 지식 체계의 정확한 본질과 구성이다. 지식의 본질적 양상(적어도 그것의 습득과 사용)에 대하여 개념 관계와 계층 구조, 원형, 각본이나 개념 틀, 더 새로운 신경학적 방향의 가정에 의지하여 지식에 대한 전통적인 규정을 넘어서 일반 지식이 기본적으로 어떻게 정신과 두뇌에 조직되어 있는지 정확하게 알지 못한다. 이는 모든 인지 과제와 처리, 특히 담화 산출과 이해에서 지식의 사용과 변화에 대한 통찰을 매우 심각하게 제약한다.

어린 시절과 구체적인 일상 경험을 넘어서 지식은 다양한 갈래의 소통 상황과 갈래, 맥락 조건에서 담화를 통해 대체로 습득되고 변하며 경신된다고 가정한다. 세계에 대하여 우리가 지니고 있는 지식의 대부분이 일상 경험을 넘어서 대중매체로부터 나온다는 것을 깨달을 때 비록 이러한 가정은 매우 납득할 만하지만 일생 동안 지식이 어떻게 그렇게 구성되는가에 대한 경험적 증거가 거의 없다. 따라서 교육 맥락에서 학습에 대한 고전적인 연구문헌을 넘어서 우리 생애의 다양한 단계에서 공개적인 담화로부터 지식이 습득되고 그와 같은 지식이 기억에서 조직되는 방법에 초점을 맞춘 일반적인 조사 연구의 패러다임이 필요하다.

제4장 담화, 지식과 사회적 인지

4.1. 들머리

2013년 2월 28일 『뉴욕타임즈ɴʏᴛ』지는 다음의 사설을 실었다.

1　백악관은 그 싸움에 가담했다
2　오바마(Obama) 대통령은 그의 두 번째 취임 연설에서 한 약속 이행을
3　목요일에 캘리포니아 주정부의 동성 결혼 금지의 번복에 대한 싸움에
4　달라붙음으로써 분명히 하였다. 혼인 평등은 "세네카 폴스와 셀마, 스톤
5　월을 지나는" 길의 일부93)라는 선언을 하였지만, 우리는 이것을 그가
6　어떻게 시작할 수 있을지 떠올릴 수 없다.
7　　대법원[의 결정: 뒤친이]에 대한 행정부의 간추린 설명은 합법적으로
8　그리고 상징적으로 같은 성별을 지닌 두 사람 사이의 결합에 대해
9　혼인이라는 이름을 부여하는 것을 금지하기 위해 2008년도 국민투표의
10　[결과로: 뒤친이] 수정된 캘리포니아 헌법 제8호에 대한 중대한 거부를
11　하였다. 캘리포니아 대법원은 주 헌법 아래에서 동성결혼이
12　기본적인 권리라고 판결하였다.

13   개정안 8호를 뒤집고자 하는 사람들을 위한 변호사들에 의해
14   그리고 이번 주 초반에 주도적인 공화당파에 의해
15   만들어진 주장과 비슷하게 정부의 간추린 설명은
16   동성 결혼을 막고자 하는 어떤 법률도 강화된 검열에 복종해야 한다고
17   주장한다. 왜냐 하면 역사적으로 차별을 받아왔던
18   미국의 한 계층을 부당한 대우를 받은 것으로 지목하기 때문이다.
19   간추린 설명은 캘리포니아의 이민 연합 법은 결혼의 권리를 제공하고
20   보호하고 있으므로 혼인이라는 명명에 관련된 개정안 8호의 부인은
21   "실질적으로 정부 차원에서
22   더 이상의 관심거리가 아니다."
23   정부에서는 동성 부부가 '전통적인' 혼인에 대한 위협이라는 논란을
24   묵사발로 만들었다. "청원인의 핵심적인 주장은
25   개정안 8호가 출산과 양육의 책임에 대한 관심을 높여주었는데
26   이성 부부만이 '원하지 않은 임신'을 생기게
27   하기 때문이며 결혼에서 '무엇보다도 우선시되는 목적'이
28   출산과 양육을 위한 안정적인 제도를 제공함으로써 그런 실제를 다루기
29   때문이라는 것이다."며 간추린 설명에서는 언급하기를
30   "그러나 이 법정에서 인정하고 있듯이 결혼은
31   원하지 않은 임신을 다루는 사회적 수단 이상이다."라고 하였다.
32   개정안 8호에서는 이성 부부가 부모 되기를 촉진하지도 동성 부부가
33   부모 되기를 막지도 않는다고 이야기된다. 어쨌든 "전문가들 사이의
34   압도적인 일치를 보이는 점은 아이가 동성애자 부모가 기른 아이들이
35   이성 부모가 기른 아이들만큼이나 잘 적응할 것이라는 점이다.
36   오바마 행정부에 의해 한걸음 더 나아간 법률적인 분석을 통해 동성
37   혼인을 반대하는 어떤 시도도 본질적으로 헌법에 위배된다는 거침없는
38   결론으로 이어졌다. 그러나 이번 주 초에 공화당파의 소견 발표를 통해
39   행정부에서는 그와 같은 진실을 선언하는 것은 꺼리는 것으로
40   알려졌다. 실제로 행정부에서는 이와 같은 특별한 계획의 맥락을 넘어
41   서 결혼 금지의 합법성을 고려할 필요가 없다고 하였다.
42   우리는 행정부에서 왜 그와 같은 조치를 취하지 않았는지 모른다.
43   아마도 오바마 대통령으로 하여금 동성 결혼이라는 문제는 주 정부에
44   맡겨 주어야 한다는 것을 말할 수 있도록 하는 것일 수도 있다. 우리는

45 사법부에서 헌법은 어떤 남성동성애자든 어떤 주에서든 혼인할 수 있는
46 권리를 부정하는 것을 용서할 수 없다는 좀 더 넓은 진리를 인식하기
47 바란다.
48 『New York Times(NYT)』, 2013년 2월 28일

신문의 사설들은 말 그대로 의견을 제시한다. 최근의 쟁점에 대해 편집자의 의견을 표현하고 소통한다. 이들에는 개인적인 의견이 드물지만 의견은 독자들 사이에 널리 공유됨직한 태도를 바탕으로 하는 경향이 있다. 비록 맥락으로 봐서 주된 수용 주체로서 신문의 독자들에게 전달되지만 사설들은 일반적으로 권력이 있는 기관, 기구, 정치가와 뉴스 속의 다른 중요한 행위 주체들, 즉 그들의 정책과 조처가 지지를 받거나 비판을 받기를 원하는 사람들에게 간접적으로 전달된다.

의견과 태도들은 사회심리학의 고전적인 영역이다. 좀 더 최근에 이들은 사회 집단에 의해 공유되는 사회적 인지의 형태로 연구되고 있다. 이 장에서 이들은 연구거리로 관련되는데 지식을 바탕에 깔고 있으며 전달하기 때문이다. 인용[94]한 사설의 경우에서 그러한 것처럼 사설들은 독자들에게 『뉴욕타임즈NYT』지의 의견에 대한 정보를 제공할 뿐만 아니라 (오바마의 조처라는) 사건에 대한 요약으로 시작하고, 사설에 전형적인 것으로 그것에 대한 어떤 의견을 제공한다(Van Dijk, 1988a, 1988b, 1989, 1992, 1998). 그럼에도 그와 같은 요약은 그것에 그치지 않고 이전의 사건이나 신문의 어느 곳에 보도된 사건에 대한 정보를

---

93) 원문에 'Seneca Fall'은 'Seneca Falls'가 잘못 기록되었다. 처음에 나오는 'Seneca Falls'는 1848년에 일어난 여성 인권 운동, 'Selma'는 1960년대 미국 흑인 인권 운동, 'Stonewall'은 1960년대 남성 동성애자의 인권 운동과 관련이 있다. 이들은 모두 미국의 역사에서 중요한 인권 운동과 관련되는데, 오바마 대통령이 이 맥락에서 이를 언급을 하고 있는 이유는 기사에서 다루고 있는 문제, 즉 동성애자의 혼인 인정 혹은 동성애자에 대한 인권 보호가 그와 같은 무게의 역사적 의미를 지니고 있음을 강조하기 위해서이다.

94) 인용은 비판적 담화 분석에서 중요성이 부각되었는데(허선익(2019ㄱ) 참고), 인용의 기능에 대한 자세한 논의는 머카씨(MaCathy, 1998/2010), 『입말, 그리고 담화 중심의 언어교육』(김지홍 뒤침, 경진출판)을 참고하기 바란다.

떠올리게 한다. 그렇게 함으로써 공유된 지식을 표현하지만 의견과 태도를 표현하는 자신들의 관점이나 평가를 보이는 언어를 통해 그렇게 한다. 이를테면 (2행에서) 약속을 이행하였다. Obama made good, (23~24행에서) [오바마: 뒤친이] 정부에서 묵사발을 만들었다. the government made mincemeat 등.

이념과 함께 지식과 태도는 모두 사회적으로 공유되는 인식의 한 형태이다. 그럼에도 불구하고 이들은 또한 다르다. 앞 장에서 본 것처럼 사회적으로 공유되는 지식은 전체의 인식론적 공동체에 의해 공유되고, 따라서 대부분의 공개적인 담화에서 전제된다. 태도와 이념들은 다른 한편으로 오직 특정의 사회정치적 집단에 의해서 공유된다. 따라서 미국에서 동성 결혼이 분명하게 널리 공유되지 않는다는 의견을 지닌 다른 집단 구성원들에게 전달될 때는 구체적인 선언이나 논쟁, 설득적인 담화를 필요로 한다. 실제로 캘리포니아에서 개정 헌법 (개정안 8호)은 대법원에서 무효화되었고 정확하게 많은 보수주의자들과 종교인들은 동성 시민의 이와 같은 기본적인 권리에 반감을 가지고 있음을 보여준다.

만약 지식에 초점을 맞추고 지식과 담화의 관계에 초점을 맞추는 학문 분야가 하나 있다면 지식의 사회적 본질과 인지적 본질의 결합을 고려해 볼 때 그리고 사회에서 재생산에 대한 일반적인 담화적 본질을 고려해 볼 때 그것은 사회심리학이다. 따라서 사회심리학에서 전통적이거나 현대적인 주제들 가운데 귀인, 태도, 편견, 사회적 정체성, 집단 사이의 관계와 같은 주제에서 지식이 주도적인 지위에 있지 않다는 것은 놀랍다.

이 학문 분야에서 지금으로서는 단행본이 없으며 20년 전에 출간된 오직 한 권의 엮은 책(Bar-Tal and Kruglanski eds., 1988)이 있을 뿐이다. 이 책은 지식에 대한 사회 인지적 연구를 구체적으로 다루었다. 실제로 표준적인 사회심리학 개론에서, 심지어 사회 인지를 전문으로 다루는 경우에도 주제 찾아보기에 '지식'이라는 개념은 거의 없다. 그와 관련하여 '담화'도 마찬가지이다. 이 분야에서 세 번째 판인 표준적인 교재(Fiske and Taylor, 2007)만이 가끔씩 지식과 담화를 언급할 뿐이다. 오늘날에 이르기까지 담화를 통한 지식의 재생산은 이 분야에서 한껏 달아오른 중심 주제가 아니었다고 결론을 내릴 수 있다.

1960년대 행동주의의 몰락으로 심리학에서 인지혁명은 마침내 사회심리학, 특히 미국에서 가장 두드러진 사회 인지 이론에도 영향을 미쳤다(Fiske and Taylor, 2007. 이런 변천에 대해 좀 더 역사적인 설명은 Abelson, 1994를 참고할 것). 비록 사회심리학이 인지에 방향을 둔 오래된 (유럽의) 전통이 있지만(예컨대 Heider, 1958을 참고할 것), 이는 1980년대부터 태도와 귀인attribution과 같은 고전적인 주제들이 지식과 분명하게 연결되는 기억 개념틀과 정보 처리에 기대어 새롭게 다시 형식화되기reformulated 시작함을 의미한다. 그러나 이는 일반적으로 탁월한 개인에 초점을 맞추고 실험적인 실험실 연구와 함께 나타났는데 믿음에 대한 사회적 성질을 무시하고 연구에서 자연스러운 맥락을 무시하였다. 따라서 '사회적인 기억'은 보통 다른 사람에 대한 개인적인 기억을 의미한다(예컨대 Hastie et. al., 1984).

유럽뿐만 아니라 사회심리학 자체에서 비판적인 목소리들이 사회구조적 차원의 심리학을 곧바로 옹호한 것은 당연하다(Bat-Tal, 2000; Himmelweit and Gaskell, 1990). 그리고 사회적으로 공유되는 인지에 대한 새로운 초점을 옹호하였고(Resnik et. al., 1991), 사회 인지 이론에 대하여 무엇이 사회적인지 의문을 가졌다(Nye and Brower, 1996). 따라서 개인주의자의 주도적인 패러다임에도 불구하고 오늘에 이르기까지 사회심리학에서 경험적인 실험 연구는, 특히 미국에서 그 한계를 비판하는 목소리들이 많았다. 그리고 탐구의 방법으로서 좀 더 다양하고 질적방법뿐만 아니라 사회적 측면의 초점을 옹호하였다.

유럽에서는 적어도 미국의 주도적인 학문적 영향력 밖에서 사회 인지적 관점이 계속해서 자라났다. 그 중에서 가장 두드러진 것은 한편으로 영국에서 헨리 타즈펠(Henry Tajfel)이 수행한 연구의 패러다임에서 시작된 사회정체성 이론과 집단 사이의 관계에 대한 연구이다. 다른 한편으로 프랑스에서는 세르게이 모스코비치(Serge Moscovici, 1981, 2000)의 영향으로 사회적 표상에 대한 연구가 두드러졌다(이런 서로 다른 연구 방향에 대한 일반적인 개론으로 Augoustinos et. al., 2006을 참고할 것. 또한 이런 패러다임들의 통합에 대해서는 Operario and Fiske, 1999를 참고할 것. 좀 더 자세한 참고문헌은 아래를 참고할 것).

사회적으로 공유되는 상식 수준의 지식과 사회에서 그것의 재생산에 대한 관련성의 연구를 가장 명시적으로 강조한 것이 사회적 표상 연구라는 후자의 패러다임이라는 점은 분명하다. 사회적 표상의 소통에 대한 관심이 이와 같은 연구의 방향성을 보여주는 특징임에도 불구하고, 담화의 (사회적) 심리를 주창한 사람들에 의해 개념에서 흐릿함 뿐만 아니라 방법론과 이론에서 나타나는 결함으로 인해 자세한 담화분석이 부족하다는 비판을 받았다(논의를 위해서는 Breakwell and Canter, 1993을 참고할 것). 미국에서 담화심리학자들은 개인주의적인 태도와 실험적인 태도, 사회적 인지 연구도 역시 비판하였다. 그들의 비판은 대화 연구에 대한 배타적으로 초점을 맞춘 것이 정신적 표상(에 대한 연구)에 대해 원리에 바탕을 둔 거부가 동반되었기 때문만은 아니었다 (Edwards and Potter, 1992).

현대 사회심리학에서 이렇게 단순화된 일반적 배경에 맞서 이 장에서 검토하게 되는 것은 공유되고, 정당화되며 일반적으로 수용되는 ('참'인) 사회적 믿음과 인식론적 공동체와 대체로 사회에서 담화를 통한 재산출로서 규정된 지식의 역할과 본질이다. 다른 말로 한다면 사회심리학에서 다양한 방향으로부터 나온 생각들을 인지의 역할과 사회의 역할을 통합하는 방식으로 연결하고 사회에서 지식의 재생산에서 담화의 역할을 강조할 것이다. 따라서 여기서는 이 학문 분야에서 이론적인 논의와 입장들 다수의 특징을 드러내는 축소와 배제라는 경향을 피하고자 한다. 서로 다른 패러다임들 사이를 연결하고자 하는 현재의 노력에도 불구하고 이런 경향은 여전히 있다(논의를 위해서는 Augoustinos et. al.,

2006을 참고할 것).95)

지식이 사회심리학에서 널리 연구되어 왔기 때문만 아니라 지식이 공적인 의견, 태도, 고정관념, 사회적 표상과 이념과 같이 '널리 퍼져 있는' 다른 사회적 믿음의 토대로 연구될 것이다. 여기서는 오바마에 대한 사설의 부분들을 분석하면서 실제로 지식과 의견을 구분하는 것이 그렇게 간단하지 않음을 보여줄 것이다.

사회적 믿음은 그것을 습득하고 공유하며 재생산하는 **공동체**나 **집단**으로 인해 구조적 편향을 지닌다. 그와 관련된 주제는 사회학적 관점에서 다음 장에서 연구해 볼 필요가 있다. 이 장에서 저자는 사회에서 지식과 다른 사회적 믿음의 **소통**에 초점을 맞춘다. 실제로 사회적 믿음은 사회적으로 공유되기 때문에 사회적일 뿐만 아니라, 사회적으로 소통되고 습득되기 때문에 사회적이며 사회적 실천관례96)와 모든 담화의 토대이기 때문에 사회적으로 관련이 있는 문제이다('사회적'이라는 개념의 다른 용법에 대해서는 McGuire, 1986을 참고할 것이며, 태도와 사회적 믿음 사이의 비교를 위해서는 Eagly and Chaiken, 1993와 Mcguire,

---

95) 담화 연구자들이 거의 관례적으로 자신의 입장과 다른 입장에서 서 있는 연구들을 축소하고 배제하는 입장이 널리 퍼져 있음을 지적하고 있다. 논의의 범주가 넓기 때문에 그런 경향이 나타났다고 볼 수 있지만, 이런 경향은 학문의 올바른 발전을 위해서 국어 (교육) 연구에서도 생각해 보아야 할 점이라고 생각한다.

96) 사회적 실천관례와 관련하여 일련의 페어클럽 저작 가운데 우리나라에 소개된 책들이 여럿 있다. 이를테면 1992/2017, 『담화와 사회변화』(김지홍 뒤침, 경진출판); 1995/2004, 『대중매체와 담화 분석』(이원표 역, 한국문화사); 2001/2011, 『언어와 권력』(김지홍 뒤침, 경진출판); 2003/2012, 『담화 분석 방법』(김지홍 뒤침, 경진출판); 2012/2015, 『정치 담화 분석』(김현강·신유리 역, 박이정)이 있다. 페어클럽을 중심으로 한 일군의 학자들의 견해를 비판하고 있는 위도슨(Widdowson, 2004/2018), 『텍스트, 상황 맥락, 숨겨진 의도』(김지홍 뒤침, 경진출판)가 있다. 이런 논의들을 두루 다루고 있는 허선익(2019ㄱ)이 있다.

이상의 논의와 이 책의 논의들을 바탕으로 할 때 담화의 지위를 다음과 같이 정리할 수 있을 것이다. 하부구조로서 사회구조는 상부구조인 믿음(지식)에 영향을 미치고, 믿음은 사회적 실천관례에 영향을 미친다. 실천관례는 믿음에 영향을 미치므로 이들의 관계는 상호작용적이다. 이런 사회적 실천관례를 담화 분석의 관점에서 보면 담화 실천관례가 있고 이를 구체화한 것이 텍스트(≒담화)이다. 물론 이들도 포함관계를 이룬다기보다는 같은 지위에서 상호작용하는 것으로 보는 것이 올바르다. 좀 더 자세한 논의는 페어클럽(1992/2017: 150), 허선익(2019ㄱ)을 참고하기 바란다.

1989를 참고할 것). 그런 의미에서 사회적 믿음들은 '널리 퍼진 믿음'으로 연구된다(Gaskell and Frase, 1990).

4.2. 사회적 믿음

4.2.1. 사회적 믿음 대 개인적 믿음으로서 지식

이 책에서 중심적인 주제 중 하나는 지식이 개인적인 믿음이 아니라 공유되는 사회적 믿음의 유형으로 분석되어야 한다는 것이다. 지식은 다양한 의미에서 사회적 믿음이다(Bar-Tal, 2000도 참고할 것).

- 습득: 사회적 지식과 개인적 지식은 둘 다 사회적인 상황에서 그리고 대부분 사회적 상호작용과 담화에 의해 일반적으로 습득되고 바뀐다.
- 배분: 지식은 (사회적, 문화적) 공동체의 구성원들 사이에 사회적으로 공유되는 정당화된 믿음이다.
- 정당화: 지식으로서 믿음을 자리매김하는 정당화의 표준이나 기준은 사회·문화적으로 계발되고, 공유되며 변하는데 때에 따라 사회기관에 의해서도 그렇게 된다.
- 관련성reference/의도성. 사회적 믿음은 일반적으로 사회적으로 관련성이 있는 주제와 쟁점에 대하여 있다.

이 장에서 특별히 관심을 두는 것은 그와 같은 개인적 경험과 지식이 다른 사람들과 소통되고 공유되는 방식에 대한 연구이다. 이런 소통과 공유는 개인적 지식과 믿음이 일어나게 하는데 이들은 결국에는 사회·문화적으로 공유된다. 예컨대 사회적으로 공유되는 통찰에 바탕을 둘 때조차도 많은 일반적인 생각과 이론들이 처음에는 개인적인 구성물인 것이다(예컨대 Hultman and Horberg, 1998을 참고할 것).

지식의 기본적이고 사회적인 본질은 개인적인 지식을 배제하지 않지만(Briley and Aaker, 2006; Bukobza, 2008; Phye, 1997; Razmerita et. al., 2009를 참고할 것), 이 개인적 지식은 대체로 사회적 지식과 사회·문화적으로 공유되는 지식의 기준에 바탕을 두고, 그것으로부터 유도되며, 활성화된다. 개인적 지식은 또한 사회적 지식의 개인적인 변이형personal version으로 이뤄진다(Potter, 1996).

개인적인 경험을 개인적인 지식으로 해석할 수 있기 위해서 사람들은 자신들의 환경과 다른 사람의 생각과 감정, 신체를 이해할 필요가 있다. 이런 기본적인 이해에 대한 개념이나 범주 바로 그것이 사회적으로 공유되며 처음에는 보호자들과 가족 구성원, 동료들, 그 다음에는 학교와 대중매체뿐만 아니라, 같은 인식론적 공동체 구성원들과 언어적 상호작용과 비언어적 상호작용에서 습득된다. 주관적인 표상들이 구체적 사건 기억에서 정신 모형으로 저장될 때 환경에 관련된 상황과 구체적인 사건에 대한 일상적이고 주관적인 표상의 대부분이 더 이상 접속 가능하지 않지만 중요한 사건들과 생애 기간에 일어난 사건들과 더 높은 수준의 모형으로 결합되고 구체적인 개인 지식에 기대어 추상화되고 일반화된다는 것도 알고 있다(Conway, 2007).

4.2.2. 사회적 인지의 체계

지식과 사회적으로 공유되는 믿음들은 현재로서는 전체적인 구조가 여전히 밝혀지지 않은 어떤 사회적 인지 체계로서 장기 기억LTM에서 표상된다. 그러나 다른 사회적 믿음과 지식을 관련지을 수 있기 위해서는 사회 인지 체계가 사회적으로 그리고 인지적으로 기능할 수 있는 방식으로 구성되어 있다고 가정해야 한다. 따라서 앞서 논의한 것처럼 사회 집단에서 전체 공동체에 공통적이며 일반적이고 사회·문화적 지식이 있을 때 태도와 고정관념, 이념과 같은 특정의 믿음을 발달시킬 수 있다. 따라서 사회적 지식은 기본적이며 모든 인지의 토대이다. 이와 비슷하게 앞 장에서 자전적인 구체적 사건 기억97)에 저장될 때 주관적 정신 모형들은 그와 같은 일반 지식을 바탕에 깔고 있어야 한다는 것을 보아 왔다. 그러나 개인은 오직 인식론적 공동체 그리고 사회 집단의 구성원일 뿐이므로 정신 모형, 특히 그들의 의견은 다른 사회적 믿음에 바탕을 두고 있다. 〈그림 4.1〉은 사람들이 사회적 인지 체계와 개인적 인지 체계 사이의 관계를 어떻게 표상하는지 보여준다.

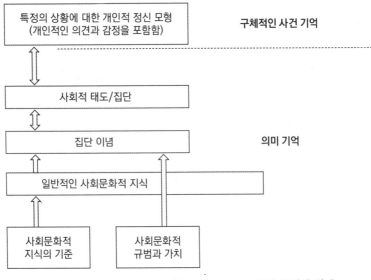

〈그림 4.1〉 사회적 인지 체계와 개인적 인지 체계 사이의 관계

다음 부분에서 사회적 인지와 지식 체계를 관련지을 수 있기 위해서 그것에 대해 알려져 있는 바를 요약한다. 태도와 사회적 표상이 사회심리학에서 충분히 관심을 받아 왔기 때문에 그 분야에서 일반적으로 무시되어 왔던 이념보다는 좀 더 짧게 다룰 것이다.

---

97) 'episodic memory'는 더러 일화 기억으로 번역되어 왔으나 지나치게 영어 낱말에 충실한 번역이라고 생각하며 '일화'라는 낱말의 뜻과는 차이가 많이 난다. 이 책에서는 '구체적인 사건 기억'으로 뒤친다.

4.2.3. 이념

태도와 달리 믿음은 사회심리학에서 거의 연구되지 않았다(Aebischer et. al., 1992, Augoustinos, 1992; Billig, 1992; Billig et. al., 1988; Scarbrough, 1984, 1990; Tetlock, 1989를 참고할 것). 이념은 철학과 사회학, 정치학의 역사에서 중요한 연구 주제가 되어 왔다(이념에 대한 수많은 책 가운데 다음과 같은 개론서가 있다. Abercrombia et. al., 1990; Eagleton, 1991; Larraín, 1979; Thompson, 1984; Van Dijk, 1998).

비록 사회심리학의 주류에는 거의 영향을 미치지 않았지만 각별히 정치학에서 이념은 수십 년 동안 연구되어 왔다(Lau and Sears, 1986을 참고할 것). 요스트(Jost) 외의 최근 연구는 이념과 체제 정당화에 대한 연구를 자극하였다(Jost, 2006; Jost and Banaji, 1994; Jost and Major 2008; Jost et. al., 2008. 특히 Jost, 2009를 참고할 것. 또한 패권 이론에 대한 Sidanius and Pratto, 1999를 참고할 것).

데스튀트 드 트라시(Destutt de Tracy)가 200여 년 전에 관념의 과학으로서 '이념'이라는 개념을 고안한 이래, 특히 마르크스와 엥겔스의 논의가 있었던 이래 사회과학에서 이념에 대한 고전적 논의는 '참된' 지식과 '거짓 의식'으로 규정되는 이념의 관계에 초점을 맞추었다(특히 Mannheim, 1936[98])을 참고할 것).

오인된 관념으로서 이념에 대한 부정적인 개념이라는 전통과 대조적으로 이념에 대한 개념은 이들이 '긍정적'이든 '부정적'이든 좀 더 일반적이고 어떤 집단의 기본적인 사회적 믿음에 관련된다(자세한 논의는 Van Dijk, 1998을 참고할 것). 중요한 것은 이념은 인지적으로 집단의 정체성과 가치, 목표이며 관심의 토대를 제공한다는 것이다. 이념은 성차별주의나 남녀동등주의, 자본주의, 사회주의와 군국주의, 평화주의의 사례에서 그러한 것처럼 패권의 합법화뿐만 아니라 패권에 맞서는

---

98) 이 책은 임석진 역(2012), 『이데올로기와 유토피아』(김영사)로 출간되었다.

저항의 기능을 할 수 있다.[99] 만하임(Mannheim, 1936)은 '긍정적' 이념을
유토피아라고 불렀다. 현대의 정치학은 믿음의 체계로서 이념이라는
좀 더 일반적인 관점을 취한다(Freeden, 1996, 2013). 그렇지만 자주 관찰
되듯이 사람들 심지어 집단의 구성원들은 일관된 믿음의 체계라고 거의
말할 수 없는 서로 다른 많은 의견을 지니고 있다(Converse, 1964).

지식과 이념의 관계에 대한 한 가지 예시로 인용한 오바마에 대한
사설을 고려해 보기로 한다. 사설은 요약하고 그에 따라 미국에서 동성
결혼에 대한 현재의 논쟁에 대한 공유된 지식을 떠올리게 한다. 오바마
의 의견과 현재 정부의 정책과 조처와는 별도로 마지막 단락에서 그
문제에 대하여 분명한 입장도 취하고 있다.

> 우리는 행정부에서 왜 그와 같은 조치를 취하지 않았는지 모른다. 아마도
> 오바마 대통령으로 하여금 동성 결혼이라는 문제는 주 정부에 맡겨 주어야
> 한다는 것을 말할 수 있도록 하는 것일 수도 있다. 우리는 사법부에서 헌법
> 은 어떤 남성동성애자든 어떤 주에서든 혼인할 수 있는 권리를 부정하는
> 것을 용서할 수 없다는 좀 더 넓은 진리를 인식하기 바란다.

남성동성애자들의 시민권을 옹호하는 그와 같은 의견은 다른 나라
뿐만 아니라 미국과 유럽에서 널리 공유되는 태도의 일부분일 뿐만
아니라 사회적 평등, 성구별에 대한 기본적인 이념에 바탕을 두고 있
다. 오바마와 그의 친구들에게 이것이 '긍정적인' 이념인 반면 보수적
인 반대자들에게 이것은 분명히 부정적인 이념이다.

---

99) 그람시(A. Gramsci, 1971/1999), 『그람시의 옥중 수고』 1~2(이상호 역, 거름)에서 오늘날
자본주의가 널리 퍼진 이유를 읽을 수 있다. 그는 자본주의가 기득권을 지니고 있거나
패권을 지닌 세력들의 확장과 유지가 억압이나 지배를 통해서 이뤄지지 않고 협상과
조정을 통해 도덕적 승복을 수반하는 '동의와 묵인'의 바탕 위에 서 있는 통치질서와
궤를 같이 한다고 하였다. 이는 피지배층 혹은 패권을 지니지 못하는 세력들이 자본주의
를 자신의 이념으로 받아들이도록 세뇌시키는 과정이 사회화 과정에 동반되어 있음을
의미한다.

4.2.4. 이념의 사회적 측면 대 개인적 측면

요스트(Jost)와 공동 저자들은, 특히 사람들의 개인적인 선호도, 기질, 성격에 초점을 맞추면서 이념에 대한 새로운 심리학적 접근법을 널리 퍼뜨렸다. 중요한 조건으로, 이를테면 좌익 이념 지향 대 우익 이념 지향을 내세웠고, 그에 따라 그것을 개인의 이념적 선택의 양상으로 간주하였다. 따라서 권위주의자의 인성에 대한 연구인 아도르노(Adorno, 1950)에서 일찍이 가정하였던 것처럼, 불확실성과 위협뿐만 아니라 질서와 안정, 권위에 대한 선호도가 보수적인 이념 정체성을 선호하는 것으로 간주하는 반면 새롭고 다른 경험과 변화와 평등에 대한 선호도는 진보적인 이념 정체성을 옹호하는 것으로 간주하였다. 요스트와 동료들의 연구는 미국에서 대체로 보수(우익)와 진보(좌익) 사이의 양극화를 다루었다. 이들은 미국 바깥(이런 곳에서는 어떤 사람이 복지정책을 펴는 정부에 대한 신자유주의적 공격에 맞선다면 '보수적'이면서 동시에 사회주의자가 될 수 있다)에서 매우 일반적인 (상위) 이념적인 지향으로 사회주의나 남녀평등주의, 평화주의와 같은 구체적 이념과 관련되지 않는다. 이념에 대한 이와 같은 개인주의적 접근 안에서는, 갑자기 집단 구성원 모두의 인성이나 대부분의 집단 구성원들이 이념적 집단을 바꾸었다고 가정하지 않고서는, 어떻게 한 개인이 경제적인 문제는 보수적일 수 있고 성별 문제에 대해서는 진보적일 수 있거나 (러시아에서 공산주의에서 신자유주의로의 변화, 남아프리카에서 인종주의에서 반인종주의로의 변화처럼) 어떻게 이념이 역사적으로 변할 수 있는가와 같은 점을 설명하기 어렵다.

개인적인 경험과 인성의 기능으로서 이념의 습득이나 사용에서 개인이 하는 선택에 초점을 모으는 것이 아니라 여기서는 어떤 집단의 구성원에 의해 공유되는 것으로서 이념에 대해 좀 더 사회적이고 정치적인 자리매김에 초점을 모은다. 이들은 개인별 심리학과 정신 모형에 기대어 더 잘 설명될 것이다. 이념은 인성이 아니라 집단들과 그 집단들의 목표와 규범 사이의 관계, 그리고 주도권과 저항 사이의 관계와 관련이 있다. 이와 마찬가지로 철학자들은 사회적으로 관련이 있는 문제들에 대하여 특정 개인적인 믿음을 가질 수 있지만, 사회에서 특정의 집단에 의해 공유될 때에만 이념이 될 수 있다.

이 장과 이 책과 관련된 것은 이념은, 사회적으로 공유된 지식과 마찬가지로, 공개적인 담화를 통해 대체로 습득되고 재생산된다는 것이다. 비록 개인적인 경험이 이념의 선택이나 발전에 매우 관련될 수 있지만 일반적으로 소통, 즉 매체나 어떤 이념 집단의 이념적 지도자를 통해 배우는, 사회적으로 공유된 믿음 때문에 남녀평등주의나 평화주의자가 된다.

개인들은 여러 이념 집단의 구성원일 수 있다. 사회주의자, 남녀평등주의자와 평화주의자가 동시에 될 수 있다. 이는 특정의 태도에서, 특히 나날의 경험과 실천에 대한 정신 모형에서 이념적 모순을 발견할 수 있음을 의미할 수 있다. 미국에서 현재 이뤄지고 있는 토의에서 보여주듯이 실제로 남녀평등주의자이지만 동성 혼인에 반대할 수 있다. 또한 이는 집단 이념과 구체적인 상황에서 그 구성원들에 의해 '적용되는' 방법들 사이에 구별을 해야 함을 보여준다. 이념은 집단 구성원으로서 사람들의 담화와 사회적 실천관례에 영향을 미치지만 그것을 결정하지는 않는다. 사회적 실천관례에 대한 사람들의 정신 모형은 개인적인 경험과 같이 많은 사회적 표상과 개인적 표상에 의해 통제되기 때문이다. 따라서 면담에서는 이질적인 이념적 믿음을 종종 보여준다(Convere, 1964; Jost, 2009의 비평도 참고할 것). 면담은 어떤 공동체 안에서 언어에 대한 지식과 개인적인 사용에 대한 지식의 경우와 마찬가지로 공유된 집단 믿음에 대하여가 아니라 개인적 사용에 대하여 있으며 따라서 그와 같은 믿음의 있을 수 있는 적용사례 adaptation이다.

사회적으로 공유된 기본적인 믿음과 마찬가지로 이념은 삶과 죽음, 계층, 성별, 인종, 민족성, 성적 지향성sexuality, 지구, 재생산과 생존과 같이 인간과 사회생활에 대한 기본적인 문제나 관심사에 대하여 있다. 개인적인 의견(정신 모형)과 달리 사회운동에서처럼 어떤 집단의 목표와 정체성, 관심에 이바지하도록 다소 안정되어 있어야 한다(예컨대 Klandermans, 1997; Oberschall, 1993을 참고할 것). 어떤 사람이 하룻밤 새 남녀평등주의자나 평화주의가 되지는 않는다.

집단의 목표와 관심사 때문에 이념 집단은 주도를 하든, 지배를 받든 일반적으로 다른 집단과 맞선다(Jost and Major, 2001; Mény and Lavau, 1991을 참고할 것). 이것이 왜 이념이 계속해서 이념의 다툼으로 보이는 이유가 된다. 집단의 동일성 일부와 이념은 정확하게 외집단outgroup과 그들의 이념과의 관계에 의해 자리매김된다(Bar-Tal, 1990, 1998, 2000을 참고할 것). 따라서 이념은 일반적으로 자신의 집단, 내집단(동료들)에 대한 긍정적 자기 이미지와 부정적인 집단, 외집단(들)(그 동료들)에 의해 양극화된다. 사회적 실천관례와 [이념이: 뒤친이] 분명히 드러나는 담화에서 쉽게 관찰 가능한 것도 이런 이념 체계의 양극화된 구조이다.

따라서 이념과 이념 집단의 여러 측면들은 집단들 사이의 관계와 갈등에 대한 이론 안에서 틀을 만들 수 있다(Billig, 1976; Brewer, 2003; Brown, 2001; Hogg and Abrams, 2001; Stroebe et. al., 1988; Tajfel, 1982). 또한 집단 믿음과 사회구조적 믿음에 대한 사회심리학에서 이른 시기 연구는 이념과 사회적 표상과 같이 사회적으로 공유되는 다른 믿음(Bar-Tal, 1990, 2000을 참고할 것) 사이에 공통적인 속성들을 많이 보여주었다. 따라서 그와 같은 이른 시기 연구에서 이념을 거의 언급하지 않은 것이 이상하지 않다(Scarbrough, 1990을 참고할 것).

사람들은 다양한 집단의 구성원이기 때문에 그 집단에 적합한 이념뿐만 아니라 이념의 구성을 위한 좀 더 일반적인 개념틀을 천천히 습득한다(Van Dijk, 1998). 그러한 이념적 개념틀은 이념에 따른 집단의 형식화와 표상, 다음과 같은 범주들의 특징에 대한 인지적 토대를 형성하는 것으로 간주한다.

- 정체성(우리는 누구이며, 우리에 속하는 사람이 누구이며, 우리의 구성원은 누구인가?)
- 행위(우리는 무엇을 하며, 무엇을 해야 하는가?)
- 목표(왜 이것은 하는가, 왜 함께 하는가?)
- 규범과 가치(우리에게 좋은 것과 나쁜 것은 무엇인가, 무엇을 하도록 허용되는가, 허용되지 않는가?)
- 준거 집단(누가 우리의 동료이며 적인가?)
- 자원들(마음대로 할 수 있는 권력의 자원들은 무엇인가? 우리 집단을 위해 무엇을 재생산해야 하는가?)

이념은 여러 상황 유형에서 많은 사람들의 행동에 적용되어야 한다. 이는 매우 일반적이고 추상적이어야 함을 뜻한다. 집단의 사람들에 의해 느리게 발전하고 재생산되며 수용되기 때문에 천천히 바뀌고 특정의 주제나 나날의 행위, 환경 바꾸기 등에 대한 사소한 세부 내용들을 일반적으로 명세화하지 않는다.

여기서는 아래에서 이념들이 좀 더 구체적인 사회적 태도로부터 나오고 그 다음에 그것을 통제함을 보게 될 것이다. 따라서 인종주의자의 이념은 이민이나 언어 사용에 대한 부정적인 태도의 토대일 것이다.

4.2.5. 태도

태도에 대해서는 짧게 이야기할 수 있는데 태도는 전통적인 사회심리학의 핵심이기 때문에 많은 분량의 소개와 정교화가 여기서는 필요하지 않기 때문이다. 그러나 태도에 대한 저자의 개념이 주도적이고 전통적인 개념과 다소 다르기 때문에 사회적 믿음의 형식으로서 태도에 대해 저자가 지니고 있는 고유한 개념을 간단히 요약하기로 한다. 이런 개념은 좀 더 인지주의자에 가까울 뿐만 아니라 사회구조적인 연관성을 갖는 사회심리학 안에서 이론의 조각으로서 부분적으로 구체화되어 있다.

- 태도는 사회적이다. 태도는 사회적으로 중요한 문제들에 대해 사회적으로 공유된 믿음이고 정신 모형에서 표상된 것으로서 영구적이나 임시 방편적인 개인적인 의견과는 구별되어야 한다(Fraser and Gaskell, 1990; Jaspars and Fraser, 1984).
- 태도는 일반적인 개념틀에 의해 조직된다. 이념에 대해서 보았던 것처럼 집단의 정체성과 행위, 목표, 규범과 가치, 다른 집단과의 관계에서 특징을 지닌다. 어떤 태도의 내부적인 구조나 조직은 전통적으로 세 개의 중요한 구성요소, 즉 ABC 구조로 제한된다. 영향**Affect**, 행위**Behaviour**와 인지**Cognitive**가 그것이다(Rosenberg and Hovland, 1960). 혹은 균형의 관점에서 표상되거나(Heider, 1946, 1958), 좀 더 동기부여에 관련되는 개념이나 인지적 부조화로 표상된다(Festinger, 1957). 1980년대 이후 태도에 대한 좀 더 인지적 접근에서는 개념틀 구조에 더 많이 집중하였으나(Eagly and Chaiken, 1993: 3장을 참고할 것), 태도의 구조에서 개념틀에 대한 자세한 연구는 드물었다(Wyer and Srull의 세 권짜리 지침서를 참고할 것. Fiske and Taylor, 2007; McGuire, 1989; Otrom, Skowronski and Nowak, 1994를 참고할 것). 태도에 대한 개념틀 조직화에 대한 좀 더 현대적인 접근은 Smith and Queller, 2004를 참고하기 바란다.
- 태도는 사회적으로 공유되는 지식에 바탕을 두고 있다. 태도는 어떤 집단의 이념뿐만 아니라 어떤 공동체의 일반적인 지식에 바탕을 두고 있다. 이는 우선적으로 서로 소통하고 토론을 가능하게 한다. 『뉴욕타임즈』지 사설의 경우에서 그러한 것처럼, 남자동성애자 혼인에 대한 의견을 주고받거나 토론을 하기 위해 그것이 무엇인지 먼저 알아야 한다.
- 태도는 종종 양극화된다. 이념의 구조적인 측면에서 핵심은 종종 양극화된다는 것이다(Eagly and Chaiken, 1993: 97ff). 여기에는 우리의 좋은 점을 강조하는 일반적인 내집단－외집단의 차원과 그들의 나쁜 점을 강조하는 다른 차원이 있다(Burnstein and Sentis, 1981; Mackie and Cooper, 1983;

Van Dijk, 1998). 그럼에도 불구하고 태도는 일방적인 면도 있다. 이를테면 내집단에 대한 긍정적인 측면의 강조 없이 외집단의 부정적인 측면을 강조하는데 그 반대의 경우도 있다(Kerlinger, 1984를 참고할 것).

· 어떤 태도는 각본과 비슷하다. 태도에 대한 구조적인 개념은 좀 더 역동적인 각본(Abelson, 1976; Schank and Abelson, 1977), 수사적 딜레마나(Billig, 1989) 이야기 전달(Bruner, 2002;Schank and Abelson, 1995)과 비교되어 왔다. 이를테면 프롭(Propp, 1986)의 알려진 연구를 통해 그런 점을 알게 된다. 즉 처음의 (좋은) 상태는 무너지고 우리 집단(과 영웅)은 이런 파괴자들에 맞선 싸움을 통해 그러한 상태로 다시 만들기를 원한다는 것이다. 사정이 이러하지만 태도에 대한 인지적 조직화와 관례적이고 문화에 바탕을 두고 있는 이야기의 담화 구조를 구분한다는 점에 유의해야 한다.

· 태도는 평가적이다. 평가적인 차원(Pratkanis et. al., 1989를 참고할 것)은 태도에 대한 지금의 규정에도 대체로 유지되고 있다(Fiske and Taylor, 2007을 참고할 것). 사정이 이러하지만 이들은 사회적으로 공유되는 규범과 가치에 바탕을 두고 사회적으로 공유되는 평가이지 (전통적인 접근에서 일반적인 것처럼) 개인적인 의견이나 감정이 아니라는 점에 유의해야 한다. 여러 보수적인 태도는 전체적으로 부정적인 방향성을 지니는 경향이 있다. 그에 따라 낙태, 이민, 안락사에 맞서는 태도를 보인다. 전쟁이나 환경오염에 대해서 맞서는 경우도 그대로이지만 평화와 환경에 호감을 보이는 긍정적인 태도로 규정될 수 있다. 따라서 보수적인 태도는 현재의 상태, 기존의 권력 관계 등을 유지하는 데 관심을 공유하는 듯이 보인다. 이런 점은 정확하게 전통적이거나 권위적인 성격을 지닌 구성원들에게 매력적이다(Jost, 2009).

· 태도 대 실천관례와 담화. 이념의 경우와 마찬가지로 태도는 장기 기억에 표상되어 있고 어떤 집단의 구성원들에게 공유되어 있는 사회적 인지의 형태들이다. 태도는 담화와 다른 사회적 실천관례에 의해 표현되는 것처럼 개별 구성원들의 정신 모형과 구별되지만 정신 모형에 영향을 미치고 그에 따라 의견에도 영향을 미친다. 따라서 사람들은 이념에 따른 의견과

개인별 담화를 지니게 되지만 이들은 밑바탕에 있는 사회적으로 공유되는 태도의 적용이나 사용이다(Van Dijk, 1998). 태도와 담화 사이의 관계는 (담화로부터 나온 태도가 다시 담화를 결정한다는 의미에서) 순환적이지 않다. 왜냐 하면 기저에 있는 태도는 다른 담화뿐만 아니라 실천관례도 통제하기 때문이다. 이들은 서로 다른 갈래의 이론적 구성물이다.

4.2.6. 공개적인 의견public opinion

사회적 믿음의 형태로서 공개적인 의견이라는 개념은 태도와 밀접하게 관련되어 있지만 사회심리학과 정치학 두 분야의 실제 조사 연구에서 공개적인 의견은 사회적으로 혹은 정치적으로 관련되는 쟁점에 대하여 사회에 퍼져 있는 개인적인 의견의 집성, 즉 일반적으로 조사 연구에서 모여진 의견의 합을 가리킨다(Himmelweit, 1990). 만약 개인적인 의견이 비슷하다면 그런 의견들은 사회적으로 공유되는 태도의 구체화된 형태일 것이다. 그런 의미에서 공개적인 의견은 다른 것들과 구별되는 사회적 믿음의 유형이 아니다. 만약 그것이 집합적이라면(그리고 단순한 개인적 의견의 집합이 아니라면), 여러 출판물이나 일반적으로 이민과 같은 사회적 관심사와 관련되는 다양한 쟁점에 대한 조사 연구에서 나타나듯이, 공개적인 의견은 사회에 퍼져 있는 태도의 체계로 규정되는 공적인 태도라고 불러야 할 것이다(여러 연구들 가운데 Fetzer, 2000을 참고할 것).

공개적인 태도라는 이름으로 연구되는 다음의 주제 목록을 고려해 본다면 아래에서 논의되듯이 그와 같은 주제들은 (그와 같은 태도를 모으기 위해 사용되는 방법들과 별도로) 기본적으로 태도로 연구되는 주제와 수많은 논문들에서 사용되는 개념인 그야말로 '공개적인' 의견이나 사회적 표상에 관련되는 주제와 구별되지 않음을 알게 된다. 그 주제들은 다음과 같다.

낙태	광고	후천성 면역결핍증
자본주의	생물 복제	소통
공동체의 정신 건강	남자남성애자 결혼	동성애자gay and lesbians
유전학genetics	수소 에너지	이민
정신 질환	나노기술	핵무기
장기 기증	평화	감시활동
발전소	흡연	사회 보장 제도
지속 가능한 에너지	텔레비전	폭력주의
실업 수당	여성 폭력	복지정책
복지 국가		

이런 주제들은 공공 보건, 복지, 보장, 위험, 새로운 기술, 에너지, 전쟁, 평화와 (동성애와 남성애자 혼인 등과 같이) 사회 집단, 정체성과 관계와 같은 일반적인 주제를 중심으로 무리를 이루고 있는 듯하다. 더 추상화한다면 이런 주제들 묶음들은 모두 시민들에게 새롭고 그리고 전통적인 가치를 포함하여 좋거나 알려진 것에 대한 위협으로 다수의 사람들에 의해 해석될 수 있다.

그에 따라 많은 사람들이 한편으로 알려지거나 낯익은 것, 현재 상태를 받아들이거나 정당화하지만 다른 한편으로 새로운 것과 기대하지 않은 것에 대해 두려워하는 보수적 경향처럼 태도를 개인에 따른 다양성과 동기에 따라 나타나는 다양성과 관련지으려는 주장이 있었다 (Jost, 2009). 그와 같은 개인주의적 설명과 달리 여기서 제안하는 동기에 따른 설명에서는 그와 같은 '개인적' 특성을 집단 관계의 개별 사례로서 그리고 주도적인 태도와 이념을 방어하거나 장려하는 주도적인 선민들이 사용하는 설득적이고 수완 좋은 담화의 힘으로 설명한다 (Van Dijk, 2006a). 이들은 반대 집단이나 반체제 집단이 사회 변화를 옹호하기 위해 공개적인 담화에 접속하지 않는 한 이런 경향은 널리 퍼진다.

요약하자면, 공개적인 '의견'의 주제들은 새로운 사회적 발전이나, 정치적 발전, 경제적 발전, 과학적 발전으로 위험에 있는 사회 집단이나 특정 집단의 관심사뿐만 아니라 생각을 구체화한다. 여기서는 이들 문제에 대해서 짧게 언급하였는데, 분명히 많은 사람들이 대하여 생각하고 있는 것이기 때문이다. (이를테면 복지나 실업과 관련하여) 개인적 경험 때문에 자발적으로 그렇게 하든, 혹은 기자, 조사 연구자나 정치가들이 (유전학이나 나노기술에 대하여) 공공의 의제로 올리고 대중의 '의견'을 폭넓게 얻기를 원하기 때문이다. 이들은 이 장에서 살펴보았던 것처럼 사회적 믿음에 대한 다양한 갈래에서 공유되는 관심사들이다.

4.2.7. 편견, 고정관념

편견과 고정관념 같은 다른 사회적 믿음에 대해서도 짧게 살피려는데 이들은 외집단에 대한 태도(혹은 사회적 표상)의 특별한 사례로 규정될 수 있기 때문이다. 그리고 정신적인 개념틀이나 집단 사이의 관계로서 전통적인 태도의 관점에서뿐만 아니라 사회적 표상의 관점에 폭넓게 연구되어 왔기 때문이다(Augoustinos and Reynolds, 2001; Bar-Tal, 1989; Dovidio and Gaertner, 1986; Dovidio et. al., 2005; Pickering, 2001; Zanna and Olson, 1994).

편견을 자리매김하는 한 가지 방법은, 부정적 속성이 사회적 외집단에 귀속된다고 보는 일반적인 사회적 믿음을 구성하는 태도로 보는 것이다. 이런 관점에서는 이념의 구조에 대해 발견한 것처럼 집단의 일반적인 개념틀에 의해 조직되어 있다고 가정한다(Van Dijk, 1984a, 1998). 밑바탕에 있는 이념의 양극화된 속성을 전제로 한다면 편견도 양극화된 체계로 짜여 있는데 특별히 우리에게 중요한 사회적 가치 체계를 따르면서 우리 집단(내집단)에는 긍정적인 속성을, 그들의 집단(외집단)에는 부정적인 속성을 부여한다. 따라서 우리 집단 안에서 지능이 중요한 가치라면 외집단은 우리보다 낮은 지능을 지닌 것으로서 표상된다는 등등. 균형과 정의의 원칙 때문에 외집단은 우리에게 덜 중요한 가치(이를테면 음악적 재능이나 친절함)에 대해 긍정적인 특징을 부여할 수도 있다.

이 장의 논의와 관련되는 것은 여기서도 지식과의 관계이다. 태도에 대해서 보아 온 것처럼 집단 편견도 공동체의 지식을 전제로 한다. 이민이 무엇인지를 알 경우에만 그것에 대해 편견을 가질 수 있다. 비록 몇몇 고전적 연구에서 사람들은 모르는 외집단(특히 사람들)에 대해 부정적인 의견을 지니고 있는 것으로 발견된다. 이를테면 외국인 혐오가 있다.

흥미롭게도 편견은 종종 어떤 집단에 대한 세부적인 지식의 부족이라는 특징이 드러났다. 그에 따라 어떤 외집단의 구성원에 의한 행위에 맞닥뜨렸을 때 지나친 일반화의 욕구라는 특징이 밝혀졌다. 다른 말로 한다면 적어도 몇몇 외집단의 경우 그에 대한 더 많이 자세한 정보를 지닐수록 고정관념이나 편견이 줄어드는 듯하다. 이는 아마도 인종에 따른 외집단이나 외국인에 대해서 적용될 듯하지만 여성이나 특정 지역 출신의 소수에 대해서는 거의 알맞지 않은 듯하다.

앞에서 본 것처럼, 내집단의 구성원들은 때때로 고정관념이나 편견을, 특히 이들이 널리 퍼져 있고 거의 반박을 받지 않는다면, (객관적) '지식'으로 인식할 수 있다. 지식의 형태로 매우 이른 시기에 편견과 고정관념을 배운 어른뿐만 아니라 어린이의 경우도 이런 점은 마찬가지이다. 그러나 편견을 가진 유아를 언급하는 것이 이론적으로나 실제적으로 이치에 맞는가 하는 문제는 남아 있다. 동시에 그와 같은 의문은 언제, 그리고 특히 어떻게 사람들이 능동적으로 편견에 집착하고 그것을 수용하며 공유하는가 하는 점을 전제로 하고 있다. 그리고 그에 따라 자신들이 속한 이념 집단과 동일시하거나 고유한 것이라고 쉽게 주장한다. 이런 일은 일반적으로 독립적인 사회정체성, 특히 정치적 정체성이 발달하는 시기, 즉 사춘기와 청소년 시기에 나타난다(Aboud, 1988; Devine, 1988; Holmes, 1995; Quintana and McKown, 2008; Van Ausdale and Feagin, 2001을 참고할 것).

4.2.8. 사회적 표상

사회적 표상SR: social representation이라는 개념은 사회심리학에서, 특히
라틴아메리카와 유럽에서 사회적 믿음과 지식에 대한 현재의 논의에
서 중심 무대를 차지한다. 그 주제에 대한 현재의 참고문헌이 방대하기
때문에, (수십 권의 단행본과 엮은 책들, 수천 편의 논문이 있다. 2010년 여름
에 제목에 '사회적 표상'을 용어로 쓰고 있는 500개 이상의 논문이 Web of
Science에 나열되었는데 아마도 열쇳말로 그 용어가 들어 있는 논문은 더 많을
것이다.) 대체로 사회에서 지식과 담화 재생산과의 관계를 세우고자
하는 의도를 가지고 중심 원리들main tenets 몇몇에 대해 요약할 수 있을
뿐이다.

• **자연과학의 대중화로서 사회적 표상**: 사회적 표상이라는 원래의 개념은 자연
과학적 믿음, 특히 일상적인 지식과 앞에서 규정한 태도를 특징으로 하는
정신요법psychotherapy(Moscovici, 1961)과 광증(Jodelet, 1989)에 대한 과학적
믿음을 대중에 맞게 재맥락화하고, 습득하며 활용하고 재생산하는 방편으로
자리매김되었다(사회적 표상에 대한 일반적인 연구에 대해서는 Breakwell
and Canter, 1993; Deaux and Philogène, 2001; Farr and Moscovici, 1984;
Jodelet, 1989; Moscovici, 2000; Von Cranach et. al., 1992를 참고할 것).
그런 의미에서 사회적 표상은 상식commonsense(Jodelet, 2008; Jovchelovitch,
2007)이라는 개념이나 일상적인 삶에 대한 암묵적인 이론(Wegener and
Petty, 1998; Wegener and Vallacher, 1981)에 가깝다. 위에서 논의한 것처럼
사회적 표상에 대한 연구에서 지식과 태도, 고정관념 사이에 아무런 명시
적 구분이 없었고 사회적 실천관례와 설명, 담화와 토론에서 이들이 표현
되는 방법들에 대해서도 그렇게 하지 않았다. 만약 사회적으로 공유된다
면, 사회적 표상은 인류학자들이 '문화 모형'이라고 부르는 것에 가까운
듯하다(Holland and Quinn, 1987; shore, 1996: 6장을 참고할 것).
• **사회적 표상과 지식 습득**: 사회적 표상은 비유적으로 기술하여 '닻 내리기'

로 기술되는 과정에 의해 기존의 지식 체계에 통합된다. 그러나 그와 같은 지식의 통합에 어떤 인지적 처리가 개입하는가에 대해 아무런 명시적인 설명은 이뤄지지 않았다.

• 사회적 표상의 구조: 중심적인 믿음(좀 더 영구적)과 주변적인 믿음(맥락에 따라 다름) 사이의 구분을 넘어서 사회적 표상의 구조화나 내부 구조에 대한 통찰이 거의 이뤄지지 않았다.

• 사회적 표상은 사회적 문제에 관심을 둔다. 기존의 사회적 표상 조사 연구는, 특히 후천성 면역 결핍증, 질병, 가난, 폭력, 소수자들, 성별 등과 같은 사회적 문제를 특별하게 다루었다. 이들은 건강, 나이, 재생산, 위험, 위기와 인간과 사회적 조건에 대한 기본적인 관심사를 반영하는 사회 구조와 같은 일반적인 거시-주제로 요약될 수 있다.

만약 사회적 표상이 사회적 태도로 앞서 자리매김한 것과 구별된다면 〈그림 4.1〉을 고친 〈그림 4.2〉에서 보인 것처럼 사회적 인지의 얼개

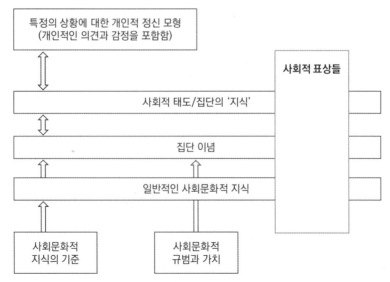

〈그림 4.2〉 사회적 믿음의 체계, 그리고 사회적 표상의 통합된 지위

에 대한 설계도에서 다른 유형의 사회적 믿음을 가로질러 나타낼 수 있을 것이다.

4.2.9. 사회적 믿음과 지식

이념과 태도, 편견과 사회적 표상으로서 사회적 믿음은 여러 겹으로 사회적으로 공유되는 지식과 관련되어 있으며 그런 지식을 일반적으로 전제로 하거나 그것을 어떤 집단의 이익이나 관심사에 맞추어 나감을 보았다. 인식론적 공동체에 한정되어 있기는 하지만, 또한 특정 집단의 지식에 대해 언급할 수도 있다. 따라서 이념적 집단의 지식은 한쪽으로 치우칠 필요가 없으며, (아직껏) 일반적으로 수용되지 않았거나 전제되지 않은 지식이라는 특징을 지울 수 있다. 이런 경우는, 예컨대 성 차별에 대한 남녀평등주의자에 기반을 둔 지식의 경우(Hotter and Tancred, 1993을 참고할 것), 오염에 대한 생태학적 기반을 둔 지식의 경우(Johnson and Griffith, 1996; Yearley, 1992), 일반적인 수준에서 사회운동에 대한 지식 생산의 경우가 그러하다고 할 수 있다.

끝으로 같은 원리가 전문가 집단을 포함한 전문화된 집단의 지식의 갈래들로 확장될 수 있다. 이런 경우 각각 특정의 인식론적 공동체는 일반적인 세계 지식을 전제로 하지만 전형적으로 과학의 경우에서 그러한 것처럼 그 자체의 고유한 지식 기준('방법')과 매우 자세한 형태의 전문화된 지식을 계발하고 발전시킨다(Ellis, 1989; Musgrave, 1993). 사회적 표상과 대중화에 대한 조사 연구에서는 그런 전문화된 지식이 상식이나 비전문화된 지식의 형성과 변화에 영향을 미칠 수도 있음을 보여 주었다(Myers, 1990; Purkhardt, 1993).

만약 [〈그림 4.2〉에서처럼 여러 영역을: 뒤친이] (가로지르는) 사회적 믿음에 대한 일반적인 얼개에 이러한 가정들을 통합한다면 여러 가지 선택 내용이 있게 된다. 전문가들 (과학자들) 사이에 담화와 사회적 실천관례에 대한 토대로서 일반적인 지식의 위에 전문화된 (과학적) 지식을 위한 특별한 상자를 더할 수 있다(〈그림 4.1〉 참조). 이런 경우 전문가들은 일반적인 사회·문화적 지식뿐만 아니라 그들의 (담화를 포함하여) 사회적 실천관례 둘 다를 전제로 한다. 같은 방식으로 사람들이 과학으로부터 알고 있듯이, 전문화된 특징에 대한 태도와 일반적인 이념을 다른 사람들도 가질 수 있다(Aronowitz, 1988).

다른 방식으로 전문가들을 공동체가 아니라 집단으로 다룰 수 있으며 그들의 전문화된 지식, 이념과 태도뿐만 아니라 가치와 규범을 (가로지르는) 특별한 사회적 표상의 부분으로 고려해 볼 수 있다. 이는 어느 정도 매력적인 제안인데 다소 독립적인 규범, 가치와 지식, 이념, 태도를 지니고 있는 많은 다른 전문가 집단을 허용하기 때문이다. 그러나 이들은 모두 사회·문화적 지식에 대한 일반적인 체계와 그 밑바탕에 있는 기준에 바탕을 두고 있다.

게다가 이는 몇 가지 전문화된 지식들(이념 등)은, 이를테면 그와 같은 지식이 실수인 것으로 가정될 경우, 일반적인 지식과 모순되거나 혹은 일반 지식에 비판적일 수 있음을 뜻한다. 이는 민간 지식[100]에 대해 비판적인 과학적 표상에서 일상적이다. 그렇지만 사회운동, 교회 혹은 이념으로 묶인 집단(인종주의자 등)에서도 분명하게 서로 다른 이유로 그렇게 한다.

사회적 표상 이론 안에서 일반 대중들 사이에서 자연과학적 지식의 전파에 대한 일반적인 흥미는 특정의, (이를테면 과학에 대한) 사회적 표상 집단의 사회적 믿음을 공동체의 일반적 지식 체계로 끌어들임으로써 이뤄지겠지만 이런 일은 일상적인 상식이나 '세속적인' 지식으로 보통 수준의 변형이 일어난 뒤에 일어난다(Purkhardt, 1993; Kruglanski, 1989도 참고할 것).

유감스럽게도 이는 '참된' 지식뿐만 아니라 잘못된 인종주의 '지식'

---

100) 민간 지식 혹은 민간 자연과학의 개념으로 정상 자연과학, 즉 엄밀한 방법과 해석에 이뤄지며 반박 가능한 지식과 반대되는 지식을 가리킨다.

에서도 마찬가지이다. 일반적인 측면에서 인종주의자들 사이에 퍼져 있는 과학 역사로부터 알게 되는 바이기도 하고 좀 더 구체적으로는 우생학적 사고로부터 알게 되는 바이기도 하다(Barkan, 1992; Haghihat, 1998). 이는 여자에 대해 잘못된 '자연과학적 지식'에서 분명하게 그러하며 가부장적 사회에서 그와 같은 믿음이 퍼진 역사에서도 그러하다. 또한 (대부분 여성) 과학자들의 싸움에 대해서 그리고 성별 패권에 대해 그러한 형태의 이념에 기반을 둔 지식을 합법화101)하는 체계에 맞서는 남녀평등주의자들의 경우에서도 그러하다(Joshi, 2006).

전문화된 집단의 지식, 이념과 태도들이 대체로 일반 공동체에 맞춰지는 순간, 당연시되고 상식적인 믿음으로 변형된다. 사례들은 남녀평등주의자들의 운동에서 나온 (적어도 몇 가지) 생각뿐만 아니라 특별히 나날의 삶과 법, 규정 등에서 판에 박은 실천관례와 담화로 널리 수용되어 왔던 환경운동에서 나온 생각들이 있다(Agone, 2007; Sunderlin, 2002; 소수자의 영향력에 대한 사회적 표상 연구로 Moscovici et. al., 1994도 참고할 것).

4.2.10. 지식과 의견을 어떻게 구별할 것인가
: 『뉴욕타임즈』지의 사설에 대한 부분적인 인식론적 분석과 믿음의 분석

앞에서 개인적 의견뿐만 아니라 사회적 태도와 이념들이 지식에 바탕을 두고 있다고 가정하였다. 예컨대 이민에 대한 의견을 가지기 위해서 이민이 무엇인지 (어느 정도) 안다는 것을 전제로 한다. 그럼에도 기본적인 개념들이 대개 그러하듯이, 사실들은 그보다 더 복합하다. 만약 어떤 사람이 증명된 도둑이라고 유죄가 선언되면, 사람들은 그를

---

101) 페어클럽(2003/2012)에서는 네 가지 합법화 전략을 소개한다. 권위를 빌리는 경우, 제도화된 행위의 유용성과 인지적 효력이 있는 기존의 지식에 기대는 경우, 공동체의 가치 체계에 기대는 경우, 서사이야기(늑신화)에 기대는 경우가 그것이다. 여기서는 주로 공동체의 가치 체계에 초점이 맞춰져 있다.

도둑이라고 부를 수 있는데 그것은 틀림없이 지식의 진술이다. 그러나 만약 사람들로부터 어떤 사람이 생각을 훔쳐 간다면 사람들은 도둑이라고 부르는데 많은 사람들은 그것이 사실에 대한 진술이 아니라 의견으로 볼 것이다.

사설은 기자의 의견을 표현하는 갈래이다. 심지어 어떤 사람 집단의 이념이나 태도를 표현하기도 한다. 오늘날 미국에서 동성 혼인과 같이 악명 높은 논쟁거리인 사설의 경우도 틀림없이 그러하다. 따라서 의견과 지식이 관련이 있는지, 어떻게 관련이 있는지 좀 더 자세히 이 사설을 살펴보기로 한다.

무엇보다도 앞에서 살펴본 것처럼, 세계에서 신문 사설에 대하여 거의 체계가 갖추어져 있지 않은 연구들은 사설에서는 어떤 의견을 내거나 제안을 하기 전에 쟁점을 언급하고 되풀이하며, 알려진 내용으로서 같은 날이나 그 앞날에 무엇이 보도되었는지 요약하는 경향이 있다고 주장한다. 이는 이 사설에서도 마찬가지인 듯하다. 오바마 대통령이 캘리포니아의 동성 혼인 금지에 맞서 '싸움에 가담했다'는 소식을 되풀이하면서 시작했기 때문이다. 이는 틀림없이 대부분의 독자들에게 이미 알려졌다. 그렇게 함으로써 오바마가 "두 번째 취임 연설에서 한 약속 이행을 분명히 하였다."는 것은 그러나, 오바마가 그의 연설에서 말 그대로 싸움에 가담하기로 약속한 경우에도 의견이나 사실로 범주화하기는 어렵다. 그 사설을 쓴 『뉴욕타임즈』지의 편집자에게 이는 개인적인 의견이 아니라 오바마가 한 것, 즉 '약속을 지킴'을 기술하는 방법이다. 비록 어떤 사람이 약속을 지킴은 화용적으로 좋은 일임을 함의하지만 오바마가 약속을 지킴에 대하여 어떤 명시적인 평가가 이뤄지지 않았다는 의미에서 무엇이 일어났는지를 기술하는 주관적인 방법으로 받아들이기로 한다. 한편으로 첫 번째 단락의 마지막에 오는 절 "우리는 이것을 그가 어떻게 시작할 수 있을지 떠올릴 수 없다."에서 화용적으로 대명사 우리로 표시되어 있는데 이는 분명히 오바마의 행위와 대안들에 대한 좀 더 명확한 의견이다. 그러나 이 경우조차 그와 같은 의견은 '(혼인) 평등에 대한 이전의 선언과 정책과 일관되도록 하기 위해, 오바마는 대안을 거의 갖고 있지 않지만 동성 혼인 금지에 맞서는 싸움에 가담했다.'와 같은 암묵적인 추리와 추론을 필요로 한다. 그러나 이와 같은 주관적인 추론은 사실에 대한 관찰과 매우 가깝고 따라서 정치적으로 실행 가능한 대안을 부정함으로써 어떤 사실을 언급한다. 실제로 이 진술은 오바마의 반대 측에 의해 이뤄질 수 있다.

단지 두 개의 비교적 간단한 사례들은 사실과 의견 사이의 경계와 그에 따라 뉴스 보도와 사설의 경계가 미국의 신문 보도 원칙(사실을 의견과 섞지 말 것)처럼 설정하기 쉽지 않음을 보여준다. 더 쉬운 경우는 사설 7~11행에서 정부의 간추린 설명briefing이 "합법적으로 그리고 상징적으로 중대한 거부를 하였다."라고 언급하는 것으로 형용사 '중대한important'이 어떤 평가를 함의하기 때문이다(평가를 나타내는 낱말, 특히 평가appraisal에 대한 언어학적 접근에 대해서는 Martin and White, 2005를 참고할 것).102) 그러나 여기서도 보이는 것처럼 그 문제가 그렇게 단순하지 않다. 인식론적 공동체의 모든 구성원들이 그 간추린 설명이 중요하였다는 것에 동의할 수 있고 같은 방식으로 대통령이 강력하다는 것에 동의할 수 있으며, 그에 따라 이론적으로 지식으로 규정하는 것의 범위 안에 있다. 그럼에도 불구하고 '큰', '작은', '무거운', '아름다운'과 같은 형용사들이 그러한 것처럼 그것은 맥락에 달려 있다. 더 중요한 다른 것이 있으며 그에 따라 비교해서 말한다면 그 간추린 설명이 전혀 중요하지 않다고 주장할 수 있다. 다른 한편으로 간추린 설명에 한 것에 대한 사실을 외현하는 것으로 보이는 명사화된 표현인 거부repudiation는 편집자가 공유한 지식의 표현인데, 이는 오바마의 반대자들에 의해 거부될 가능성이 매우 높다. 이를테면 그 의견이 흠이 있기 때문이다. 즉 간추린 설명에서는 실제로 어떤 것도 거부하지 않았다. 정당화된

---

102) Martin and White(2005)의 논의를 참고하면서 인용을 통해 평가가 이뤄지는 모습에 대한 개략적인 논의는 허선익(2019ㄱ), 159~164쪽을 참고하기 바란다.

믿음에 가까운 것은 간추린 설명에서 캘리포니아의 동성 혼인 금지에 대한 거부를 하려고 시도하였다는 것이다. 이들과 다른 많은 사례들은 인식론자들을 오랫동안 혼란스럽게 하였으며 2장에서 본 것처럼 다양한 형태의 상대주의와 맥락주의로 이어졌다. 즉 암묵적인 평가와 사태에 대한 상태를 기술에 바탕을 둔 명시적인 의견을 형식화하는 데 따르는 불충분함은, 아마도 화자의 입장에서 보았을 때 혹은 특별한 맥락에서 또는 다른 상황과 비교할 때 '참'일 것이다. 행위나 과정은 그 목표가 실제로 그리고 완전하게 달성되었을 때 이뤄졌다고 기술될 수 있지만 여기서도 그러한지 여부는 관찰자의 관점에 달려 있다. 실제로 대법원에서는 정부의 간추린 설명이 실질적으로 캘리포니아 주 정부의 입장을 거부할 정도는 아니라고 생각할 수 있다.

지식과 의견을 구분하기 위한 좋은 검증으로 다음 단락을 보기로 한다. 이 단락은 다소 직접적으로 논란이 있는 사실들을 요약한다. 그리고 토론에서 반대자들 사이에 공유된 지식이 무엇인지 비교적 분명하게 되풀이하고 있다. 그러나 "정부에서 묵사발을 만들었다."(25~26행)는 앞서 주장한 것처럼, 개정한 8호(동성 혼인이 전통적인 혼인을 위협한다)를 옹호하는 사람들의 논증을 성공적으로 논박하였다는 것을 기술할 수 있는 생생한 방법일 수 있다. 그리고 그에 따라 무엇이 그러한지에 대한 단순한 관찰에 가깝다. 그러나 은유의 경우에서 그러한 것처럼 정치적으로 결백하지는 않다(Lakoff, 2004, 2008).[103] 이 경우에도

---

103) 이 책들은 각각 유나영 역(2018)의 『코끼리는 생각하지마』(와이즈베리), 한울아카데미 역(2014)의 『폴리티컬 마인드』(한울아카데미)로 출간되었다. 이 밖에도 레이코프의 책은 국내에 많이 소개되었는데, 번역자, 책 제목, 출판사만 소개하면 다음과 같다. 나익주 역(2018)의 『나는 진보인데 왜 보수의 말에 끌리는가?』(생각정원), 임지룡 외 역(2002)의 『몸의 철학』(박이정), 손대오 역(2010)의 『도덕, 정치를 말하다』(김영사), 나익주 역(2007)의 『프레임 전쟁』(창비), 나익주 역(2016)의 『이기는 프레임』(생각정원), 나익주 역(2009)의 『자유전쟁』(프레시안북), 나익주 역(2010)의 『자유는 누구의 것인가』(웅진지식하우스)가 있으며, 절판되었지만 이기우 역(1996)의 『시와 인지』(한국문화사), 이기우 역(1994)의 『인지의미론』(한국문화사)이 있다. 최근에 조지 레이코프의 은유와 프레임 이론 등을 이해하기 쉽게 소개하고 있는 나익주(2017)의 『조지 레이코프』(커뮤니케이션북스)가 출간되었다.

은유법은 수사적으로 '논박하다'라는 동사에 담긴 축어적 의미의 품질을 더 끌어올렸다. 추상적인 동사를, 고기를 저민 고기로 만들기 위해 '잘게 갈다'라는 일상적인 관찰에 기대어 매우 구체적으로 만듦으로써 논쟁에 대해 말하고 있다. 그러나 명사화 형태인 거부_repudiation에서 보았듯이 정부의 간추린 설명에서 반대 논증을 기술하는 방법은 틀림없이 논증의 정확성에 대한 (긍정적인) 평가이며 그 목표, 즉 반대의 논증을 거부하려는 목표의 성공을 나타낸다. 즉 오바마 반대자가 거부될 것이라는 평가인 것이다. 실제로 사설의 후반부는 다음과 같이 말하고 있다.

오바마 행정부에 의해 한걸음 더 나아간 법률적인 분석을 통해 동성혼인을 반대하는 어떤 시도도 본질적으로 헌법에 위배된다는 거침없는 결론으로 이어졌다.

그러나 이 결론은 사설의 결론이며 실제로 오바마가 그와 같은 결론을 내리는 것을 "꺼린다."는 다음 문장에서 그것을 유감으로 생각한다. 이는 그가 그렇게 하지 않은 것을 해야 한다는 것을 함의하고 이것 역시 오바마의 정책에 대한 의견이다. 이와 비슷하게 사설의 42행에서 "우리는 행정부에서 왜 그와 같은 조치를 취하지 않았는지 모른다."고 어리둥절해 하는데 말 그대로 어떤 지식의 부족에 대한 진술이다. 이는 내적인 자기-기술로서 있는 그대로 받아들여야 한다. 그러나 여기서도 이 덩잇글과 맥락에서 함축된 의미는 『뉴욕타임즈』지에 따르면, 오바마가 그런 조처를 취해야 하고 그에 따라서 간접적인 의견 진술의 사례가 된다. 사설의 마지막 문장은 평가가 담긴 결론을 통해 그리고 판사들에 대한 권고로서 바람에 대한 명제적 태도를 지닌 명시적인 표현이지만 사실성 동사 '인식하다'의 사용은 그 판사들이 인식하여야 하는 것이 (도덕적, 정치적) 진실이라는 것을 함의한다. 말하자면 사법부가 차별을 참지 않을 것이라는 의미이다. 즉 "우리는 사법부가 헌법은 어떤 남성동성애자든 어떤 주에서든 혼인할 수 있는 권리를 부정하는 것을 용서할 수 없다는 좀 더 넓은 진리를 인식하기 바란다."는 의미이다.

사설에 대한 짧고 마무리되지 않았으며 인식론적인 의견 중심의 분석을 통해 분명히 사설은 신문사의 의견을 표현하지만 사실에 대한 진술의 다수가 의견에 기울어져 있고 의견에 가깝다는 결론에 이르렀다. 다른 말로 한다면 당연히 인식론적 이론화와 심리학적 이론화에도 불구하고 일상에서 사설 담화는 일상 대화와 마찬가지로 사실에 대한 진술과 의견에 대한 진술의 구별이 때로 어렵다는 것이다. 이는 특별히 그러한데 사실에 대한 진술조차 맥락에 따라 의견을 함의하고 사회적 환경과 정치적 환경에 대한 거의 모든 진술이 화자나 필자의 관점에서 이루어지기 때문이다.

끝으로 사설에서 암묵적으로 표현되는 개인적인 의견은 개정안 8호와 동성 혼인의 토론에 대한 『뉴욕타임즈』지 기자(들)의 정신 모형 가운데 일부이다. 이는 (사법부에 대하여) 마지막 문장에 요약되어 있는 것처럼 동성 혼인에 대한 좀 더 자유로운 태도를 보여주는 구체적인 사례이다. 즉 『뉴욕타임즈』지의 일반적인 태도가 무엇인지 알고 있으며 사설에서 명시적이지 않은 경우에도 이런 태도에 대한 맥락에 매여 있는 지식은 의견과 관련된 함의를 끌어낼 수 있게 해준다. 좀 더 일반적으로 『뉴욕타임즈』지 신문사에 의해 공유되는 기본적인 평등권 이념은 바로 이런 자유주의적인 태도를 예측하게 해준다. 다른 말로 한다면 사설은 이념에서 일관된다.

이 장의 경우 이런 짤막한 분석이 어떻게 이념과 태도, (기관의) 의견이 관련되어 있으며 한편으로 담화에서 편견을 담은 지식, 상대적인 지식 혹은 맥락에 담긴 지식을 구분하고 다른 한편으로 의견과 구분하는 것이 얼마나 어려운가를 보여준다. 이들은 많은 사건들과 상황에 대해 사람들이 지니고 있는 정신 모형을 자리매김한다. 의견이 무엇이며 사실을 놓고서 치우친 기술이 무엇인지 알아내기 위해 함의에 대한 좀 더 깊이 있는 분석을 필요로 할 수 있으며, 특히 화자나 필자에 의해 공유되는 사회적 태도와 이념에 대한 지식에 대해서도 그럴 수 있다. 분명히 정치적 담화와 다른 공개적인 담화에서 좀 더 일반적으로 이는 명시적인 의견 진술을 했다는 것을 부인하도록 해준다. 부인 가능성은 맥락에 담긴 함의에 대하여 전략적으로 중요한 이점이다. 인종주의자의 입말과 글말에서 여러 형태의 함의를 알고 있듯이 판사들은 명시적인 진술에 대한 '사실'만을 존중하고 맥락이 담고 있는 함의에 있는 사실들은 무시하는 경향이 있다.

4.3. 사회 집단과 공동체

지식과 다른 사회적 믿음은 공기에 떠다니는 단지 추상적인 개체들이 아니며 마음과 두뇌에 별개로 있는, 단순한 정신 표상도 아니다. 그것은 집단의 구성원인 구체적인 사람들이 '지니고 있고' 공유된다. 인지심리학에서 그리고 그보다 더 많이 사회심리학에서, 개인에 대한 초점뿐만 아니라 집단과 공동체와 같은 집합체의 다양한 갈래에 기대어 사회적 믿음을 자리매김하는 것이 필요하다. 사회적 정체성으로부터 알게 되듯이, 구성원들에 의해 공유되는 몇몇 사회적 표상이나 어떤 집단의 구성원으로서 행동하고 구성원임을 자각함으로써 공유하는 사회적 표상의 어떤 갈래로 되돌리지 않고는 사회적 집단을 자리매김하기는 어려움을 보았다. 그러나 그 반대도 마찬가지이다. 말하자면 전체 사회와 문화, 집단과 공동체의 관점에서 분명한 사회적 토대 없이는 사회적 믿음도 자리매김하기 어렵다.

언어와 태도, 이념과 같은 경우처럼 체계로서 사회적 믿음과 지식의 어떤 갈래들은 집합의 수준에서만 전형적으로 자리매김되지만 사회적 믿음에 대한 사회적 접근 혹은 사회구조적 접근이 미시적 수준의 분석에서 다른 사회적 실천관례와 실제 담화에 대하여 그런 믿음의 습득과 적용, 사용과 관련하여 개별 사회 구성원들의 관련성을 부인함을 함의하지 않는다. 중요한 점에서 집단은 그 구성원들이 상호작용하고 구성원들이 있다는 점에서 단지 '있을' 뿐이다. 집단 구성원들의 지식과 믿음은 그 구성원들에 의해 공유되고 사용되며 습득될 때에만 존재할 뿐이다. 이는 결국 구성원들의 마음/두뇌에 표상된 것으로서 지식을 그들이 지니고 있어야 함을 전제로 한다.

특히 지금의 사회 인지 조사 연구에서도 개인주의자들의 접근이 잦지만, 타즈펠(Tajfel, 1978, 1981)과 그의 동료들(Billig, 1976; Brown, 2001; Turner and Giles, 1981을 참고할 것. 이외에도 Brewer, 2003; Stephan and Stephan, 1996도 참고할 것)에 의해 기초가 놓인 집단 사이의 조사 연구라는 전통으로부터 알고 있듯이, 사회심리학은 언제나 개인들과 사회 집단의 복잡한 변증법적 관계도 고려해 왔다.

여기서의 논의와 관련된 것은 집단의 구성원들과 다른 사회 집단에 의해 공유된 것으로서 지식과 다른 사회적 믿음에 대한 사회적 토대이다. 집단이라는 개념이 비록 매우 일반적이고, 모든 집합들의 갈래에서 일반적인 것으로 받아들여지기도 하지만 다른 갈래의 집합들을 분석적으로 구별할 필요가 있다.

먼저 그 구성원들이 같은 언어, 종교, 지식, 국적과/혹은 인종 정체성을 공유하는 사회·문화적 집합체|collectives로서 공동체를 가리킨다. 사람들은 태어나고 다소 느린 문화 통합의 과정을 통해 사회화되고 옮겨 삼으로써 공동체의 구성원이 된다. 그에 따라 문화적 공동체, 인종 공동체, 언어 공동체와 인식론적 공동체라고 말한다. 비록 전문직업에 따른 조직은 공동체라기보다는 어떤 집단이기는 하지만 공유된 지식과 교육, 능력, 활동의 유형에 따라 집단의 다른 사례로 들 수 있다.

널리 퍼져 있지만, 모호한 개념인 실천관례의 공동체|community of practice (Lave and Wenger, 1991)는 이 책에서 제안한 의미에서 언제나 공동체인 것은 아니다. 그렇지만 공동의 활동에 종사하고 하나 또는 그 이상의 목표를 공유하는 구성원들로 구성되는 경우가 있다. 그에 따라 이

책에서 쓰는 용어로는 집단group의 한 갈래이다. 만약 (지식을 포함하여) 공유된 규범, 가치, 실행목록 등에 기대어 자리매김한다면 이들은 공동체이다.

엄밀한 의미에서 집단은 한편으로 사회주의자, 남녀평등주의자, 반인종주의자나 평화주의자에서 그러한 것처럼 다른 한편으로 사회운동이나 정치행동단체에서 그러한 것처럼 특정의 행위나 목표, 태도, 이념을 공유하는 구성원들로 이뤄진 집합체이다. 따라서 민족 공동체처럼 어떤 공동체에는 서로 다른 갈래의 (이념 등) 집단이 있을 수 있다. 집단은, 이를테면 다소 공식적인 행정 절차와 구성원 자격(정식 회원), 지도력, 역할, 정해진 활동, 중심부, 개종에 의해 조직화되고 기관화될 수 있다.

구성원, 활동, 결속력, 영구성, 조직화 등의 서로 다른 갈래에 의해 규정되는 집단의 유형들이 많다. 그 범위는 한편으로 수다 모임, 일행, 팀과 업무 집단, 지역사회, 사교 모임,104) 사회운동, 갱, 분파, 정당, 남학생 사교 모임에서부터, 다른 한편으로 더 큰 조직, 사업체, 교회와 국가 등에 이른다. 완전한 유형 분류는 조직의 유형, 지도력, 구성원 관리나 재정과 같은 사회학적 기준뿐만 아니라 공유된 지식이나 태도, 이념, 규범과 가치와 같은 사회 인지적 기준에 바탕을 둘 것이다.

비록 특별한 집단 범주로 보기는 힘들지만, 집단의 부류로서 업무 팀과 같은 작은 집단에 대해서는 의사 결정이나 상호작용 유형뿐만 아니라 지식과 다른 믿음의 공유, 재생산에 대해서 사회심리학에서 연구하여 왔다(Devine, 1999; Nye and Brower, 1996을 참고할 것). 이 연구는 조직에서 지식 관리에 대한 폭넓은 연구로 적합하다(Thompson et.

---

104) 클락(Clark, 1996/2009: 183)에서는 공동체의 부류와 이를 확인하는 주위환경에서 증거 유형을 제시하고 있다. 다만 클락이 지적하고 있듯이 공동 배경의 형성은 점진적이라는 점에서 대화를 통해 확립되어 가는 측면이 있기 때문에 섣불리 공동체의 부류로 모든 대화가 부드럽게 진행되지는 않을 것이다. 이는 개인적인 차원에서도 생각해 볼 수 있다. 세 사람이 친분을 유지하고 있지만 A는 B, C와 깊은 유대관계를 유지한다고 하더라도 B 혹은 C는 서로에 대하여 친분이 깊다고 할 수 없는 경우도 있을 것이다.

al., 1999, 5장에 있는 참고문헌을 참고할 것).

사회 인지적 기준들은 지금의 논의와 관련이 있다. 그에 따라 사회주의자들, 남녀평등주의자나 평화주의자와 같은 이념 집단을 언급하는데 이들 집단은 사람들이 이념에 따른 활동이나 구성원들의 정체성에 대한 토대로서 기본적인 이념의 목표, 태도, 규범과/이나 가치를 공유한다.

위에서 지금까지 사회·문화적 지식이 인식론적 공동체를 자리매김한다고 가정하였지만, 그런 공동체 안에서 인식론적 집단을 구별할 수 있다. 이런 집단들은 전문화된 지식을 공유한 사람과 그런 지식에 바탕을 두고 있는 전문가 집단, 두뇌 집단think tank, 운영자, 합의체panel, 위원회 등에서 그러한 것처럼 공동 행위에 관여하는 사람(이를테면 조언하기)의 집합체로 규정된다. 이념 집단에 대해 그러한 것처럼 이런 인식론적 집단의 전문화된 지식에서는 전체적으로 인식론적 공동체의 일반적인 사회·문화적 지식을 전제로 한다. 연구문헌들에서 그런 인식론적 집단은 '인식론적 연결망'이나 '인식론적 공동체'로도 부른다. 여기서도 집단과 공동체 사이에 다소 흐릿한 경계를 보여준다(Haas, 1992; Leydedorff, 2001; Miller and Fox, 2001; Roth, 2005; Roth and Bourgine, 2005).

행위 집단이나 사회운동, 정당이나 사업체에서처럼 주로 인식론적 용어로 자리매김하지는 않았지만 이들은 집단의 목표나 본질, 활동의 특정 영역뿐일지라도 특정 집단의 지식을 공유할 것이다. 지식 관리가 조직에 대한 연구에서 가장 많이 거론되는 주제인 이유도 정확하게 그런 이유이다(참고문헌에 대해서는 다음 장을 참고할 것).

집단과 다른 집합체 수준에서 지식의 자리매김은 또한 개인의 정신/두뇌에 대한 심리학과는 다른 설명을 함의한다. 또한 집단 지식을 설명하는 한 가지 방법은 그런 지식이 아래에서 보게 되는 것처럼 구성원들 사이에 공유되고 배분된다고 가정하는 것이라고 가정하였다. 이를테면 어떤 언어 공동체의 사람들은 어쨌든[105] 자연 언어에 대하여 같은 (기본적인) 지식을 어느 정도 공유할 것이다.

그러나 어떤 집단의 집합적 지식은 **공동의 지식, 축적된 지식**으로 분석될 수 있는데 그 집단의 구성원 각자는 전체 공동체 더불어 일반적인 사회·문화적 지식, 집단에서 어떤 특정 조직에 대한 기본적인 지식을 공유할 뿐만 아니라 대학이나 실험실, 사업체와 같은 많은 조직에서 일반적으로 그러하듯이 개인이 지니고 있는 전문지식을 공유한다. 어떤 조직체의 구성원들 사이에서 지식의 차이는 상호작용과 소통의 서로 다른 형식을 함의하고 그에 따라 복합한 '인식론적 상호작용의 관리'도 함의한다. 어떤 구성원(혹은 구성원들의 집단)의 그런 전문화된 지식은 다른 사람들과의 상호작용에서는 전제될 수 없기 때문이다 (Canary and McPhee, 2010을 참고할 것). 그럼에도 그 집단의 공동의 지식은 학술 서적의 발간, 다리의 건설이나 나라의 통치에서와 같은 공동의 행위에 이용될 수 있다(집합체의 집단 지식에 대한 일반적인 논의는 Back, 2005; Benson and Standing, 2001; Hagemann and Grinstein, 1997; Lewis et. al., 2007; Rolin, 2008을 참고할 것).

4.4. 공유되는 사회적 믿음

　　다음으로 언급할 필요가 있는 기본적인 논제이면서 담화와 지식 사이의 관계에 대한 토대를 이루고 있는 문제는 먼저 어떻게 사회적 믿음이 집단과 공동체에서 소통되고, 확산되며, 점점이 퍼뜨려지고, 배분되는가 하는 것이다. 실제로 만약 공유된다면 그것은 오직 사회적 믿음뿐이며, 타고나면서 얻어지지 않았고 사람들의 집단 사이에서 확산되고 퍼진 것이라면 오직 공유될 수 있을 뿐이다. 새로운 구성원들의 사회화 과정에서 이런 일들이 일어난다면 사람들이 제1언어와 문화를 배우기 시작하거나 뒤에 소통과 상호작용에서 특정 형태로 배우기 시작하는

---

105) 원문에는 'in the way'로 되어 있는데 'in any way'가 잘못 인쇄된 듯하다.

것처럼 집단의 구성원들 사이에 오직 퍼질 수 있을 뿐이다('공유되는 믿음'이라는 개념은 Bar-Tal, 2000; Echterhoff et. al., 2009; Eiser et. al., 1998; Lee, 2001; Sperber, 1990을 참고할 것).

공유라는 질문에 대한 명백한 답변은 '사회적 학습'이라는 과정을 통해서 사회적 믿음을 얻는다는 것이다. 그리고 그런 습득은 일반적으로 입말과 글말을 통해서 일어난다. 그리고 비언어적인 소통의 형태로 일어나기도 한다. 그와 같은 과정은, 앞 장에서 설명한 것처럼, 구성원들이 지식과 사회적 믿음을 (여러 가지 방식의) 담화로 표현할 수 있고 구성원들은 그와 같은 담화를 해석할 수 있으며 그에 따라 담화에서 표현된 대로 사회적 믿음을 습득함을 가정한다. 실제로 이것이 소통에 대한 전통적인 자리매김이다. 소통은 우선적으로 상호작용이 형태가 아니라 믿음을 '전송하기' 위한 수단으로 자리매김된다.

4.4.1. 공유되는 믿음이란 무엇인가?

유감스럽게도 '공유하기'라는 문제는 그렇게 단순하지 않다. 무엇보다도 특정의 상황에서 혹은 소통의 갈래로서 담화를 통해 사회적 믿음(지식, 태도, 이념, 사회적 표상 등)을 얻는다면 이 장에서 사례로 제공한 사설과 같은 다른 갈래 혹은 대화에서 일상적인 것처럼 우선적으로 사람들이 얻는 것이 화자나 필자의 개인적인 지식과 의견이 아니라 사회적 믿음임을 어떻게 아는가 하는 것이다. 그에 따라 만약 사회·문화적 지식과 같이 사회적 믿음의 일부가 보호자로부터 먼저 습득된다면 어린이는 어떻게 양육자의 개인적인 믿음에 그치는 것이 아니라 '사회적임'을 알게 되는가?

그 질문에 대한 분명한 답은 집합체의 구성원들을 만나기 전까지 그리고 (어느 정도) 같은 믿음을 알게 되기 전까지 어린이(혹은 집단이나 공동체에 처음 오는 사람)는 아마도 모를 수 있다는 것이다. 다른 말로 한다면, 사회적 믿음은 반복과 비교, 경험으로부터의 추상화(정신 모형)

나 직접적으로 다양한 형태의 설명 담화로부터(부모, 교사나 공동체의 다른 인식론적 전문가로부터) 습득될 수 있다. 이런 방식으로 구성원들은 상식과 '비상식', 정상적인 것과 비정상적인 것, 편견에 치우친 것과 공평한 것 둘 다를 담화를 통해 배운다. 비록 이런 과정의 인지적 세부 내용들을 분명하게 하기는 힘들지만, 사람들이 어떻게 일반적이고 공통적인 믿음을 (제한된) 담화 묶음이나 다른 형태의 상호작용으로부터 끌어내는가 하는 것은 그렇게 신비로워 보이지는 않는다. 실제로 이것이 어떤 언어에 있는 낱말들과 그것들의 일반적인 지식과의 관계를 포함하여 어떤 언어를 배우는 방식이다.

사람들이 사회적 믿음을 어떻게 얻는가에 대하여 이렇게 가정한다고 하더라도 그와 같은 믿음들이 각각의 구성원들에게 엄밀히 말해서 '같은지' 여부에 대한 의문은 남는다. 따라서 다양한 구성원들과의 반복되는 담화와 경험에 의해 사람들은 '공통의' 믿음을 비교하고 일반화하며 추상화가 가능하지만 이런 과정들의 실행 그 자체는 여전히 개인적이라고 하는 것이 나을 듯하다. 더 나아가서 각각의 구성원들은 자신들의 고유한 자전적 경험을 가지고 있으며, 서로 다른 집단과 공동체에서 자라나가거나 사회화되므로 그 결과 '공통의' 믿음 체계는 동시에 여전히 '개인적'이다. 즉 일반적인 체계의 이질적인 형태들idiosyncratic versions인 것이다.

그에 따라 입말과 글말, 상호작용에서 이런 체계들이 개인에 따라 가변적으로 사용될 것도 알아차릴 수 있듯이 모든 구성원들이 사회적 믿음 체계(지식, 태도, 이념)의 고유한 형태를 지니고 있다면, 당장 하나의 '공유된' 믿음 체계가 존재하지 않을 것이다. 불완전한 유전복사와 비교하는 방식에서 그러하듯이, 사람들의 사회적 체계들도 집단이나 집합체의 새로운 구성원들에게 불완전하게 전달될 수 있을 것이다.

다행스럽게도 그와 같은 불완전함에 대하여 일반적으로 사회적 차원의 '스스로 고치기' 기제나 문화적 차원의 '스스로 고치기' 기제가 있는 듯하다. 그것이 표준화normalization이다. 각각 고유의 이질적인 형태의 사회적 믿음 체계를 지니고 있는 많은 서로 다른 구성원들을 다룰 때 개인적인 형태를 버리고 다소 추상적인 공통의 표준denominator을 만들도록 배운다. 이는 자신의 담화와 더불어 다른 구성원들의 담화에서 그러한 것과 같이 여러 가지 다른 이유로 중요하다. 사람들은 일반적으로 자신이 가지고 있는 공유된 지식과 태도나 이념이 (대부분의) 다른 사람들의 것이나 추상적인 '공통의' 믿음과 다르다는 것을 경험으로부터 알고 있다. 어떤 언어에서 개인적인 변이 형태, 혹은 방언에 따른 변이 형태에서 그러한 것처럼 이는 자신을 이해시키기 위해 개인적으로 알지 못하는 다른 구성원들에게 개인적인 변이 형태가 알려야 한다는 것을 전제하지 않을 수 있으며, 다른 사람들에게 이해 가능한 방식으로 자신의 '개인적인' 지식이나 다른 믿음들의 사용을 맞추어 나가는 경향이 있다.

공유되며 공통의 사회적 믿음 체계(그 자체가 더 일반적인 체계의 변이 형태일 수 있음)가 있는 개별 집단과 공동체에서도 같은 과정이 일어나지만 여기서도 개인적인 변이 형태가 있다.

언어의 경우 표준화의 절차가 매우 엄격하다. 만약 그렇지 않다면 공동체의 (대부분의) 다른 구성원들과 소통이 불가능할 것이기 때문에 그리고 학교에서 언어를 통한 사회화의 규범적인 측면 때문에 그러하다. 그렇지만 다른 믿음 체계의 표준화normalization는 매우 다를 것이다. 그에 따라 만약 어떤 개인이 교회나 계파나 일행으로부터 심각하게 벗어난 믿음을 지니고 있다면 제명당하거나 추방당할 것이다. 그러나 남녀평등주의나 평화주의와 같은 많은 사회운동의 범위 안에는 내부적으로 이념의 변이 형태나 하위 집단이 있다. 말하자면 사회주의자적인 남녀평등주의자나 신자유의주의적인 평화주의자 등이 있다. 그리고 그와 같은 차이는 가열된 내부 토론이나 갈등을 불러올 수도 있다. 그럼에도 여전히 자신을 남녀평등주의자나 평화주의자로 여길 것이다. 물론 사회운동에는 배제의 형태와 주변화marginalization의 형태가 있다.

4.4.2. 배분된 인지

공유되는 사회적 믿음 체계를 다루고 난 뒤이기 때문에 일반적으로 '배분된 인지(distributed cognition'106)라고 부르는 것을 부분적으로나마 설명하였는가 하는 문제를 간단히 고려해 볼 필요가 있다(Hutchins, 1995; Salomon, 1997). 이런 사회적 믿음 체계들이 개인들이 지니고 있는 믿음 체계의 특징을 밝히는 것이 아니라 오직 집합체와 관련하여 높은 수준에서 규정된다는 의미에서 어떤 언어를 앎, 태도와 사회적 표상이나 이념을 공유함이 배분된 인지의 형태인가? 만약 개인적인 언어나 사적인 이념이 없이 오직 사회적인 수준의 언어나 이념만이 있다고 가정한다면 믿음 체계라는 경험적인 존재는 체계에서 개별적으로 배분된 형태(로부터 추상화된 형태로) 존재한다.

좀 더 적절히 부른다면 배분된 지식의 다른 형태가 분명하게 있다. 어떤 모둠이 같은 어떤 집단에서는 소통과 상호작용, 특히 협동을 위한 토대로 제공되는 공통의 지식 너머에 전문화된 지식의 서로 다른 체계들이 있다. 앞에서 본 것처럼 전체로서 집단이 다리를 건설하기, 조사 연구를 실행하거나 어떤 보고서 쓰기와 같은 상호작용의 특별한 형식에서 만약 **공동의 믿음** 체계가 이용된다면 집단은 그 구성원들보다 '더 많은' 지식을 가지고 있다는 의미에서 그러하다.

구성원들 사이에서 그와 같이 서로 다른 지식은 전문적인 믿음 체계와 협력으로 제한될 필요가 없이 친구들 사이의 일상적이고 비공식적인 입말에서도 나타난다. 어떤 구성원은 단순히 새 정부의 정책만을 읽을 수 있지만 다른 참여자는 어떤 친구의 애정 생활에 대한 최근의 뉴스를 읽을 수 있음 등의 모습으로 나타날 것이다. 이런 경우에 협력 과제를 실행하기 위해 사용되는 것은 공동의 믿음 체계의 어떤 한 형태

---

106) 뒤친이에게 이 용어는 낯설다. 지식 공동체의 경우만 놓고 생각해 보면 공동으로 책을 쓰거나 공동으로 다리를 만들 경우 전문가 집단은 각각의 영역에서 개별화된 자신의 지식을 활용할 것이다. 그런 지식을 저자는 배분된 인지라고 부르고 있다.

라기보다는 참여자들의 개인적인 지식이다.

4.4.2.1. 생태학적인 배분ecological distribution

배분된 인지라는 개념에 대한 좀 더 분명한 용법에 더하여 이 용어는
훨씬 더 넓은 의미에서 사용되어 왔는데 그런 분야에서는 인지가 개인
의 정신이나 집합체, 집단의 구성원들에 의해 공유되는 것에 국한되지
않고 다양한 환경에서 다양한 방식으로 확장되었다.

배분된 인지에 대한 '생태학적' 개념은 무엇보다도 먼저 사람들 몸의
적응이나 능력과 같이 사회적 믿음 체계의 구체화embodiment를 강조한
다. 자전거에 대한 어떤 지식은 의미 기억에 있는 개념틀에 제한되는
것이 아니라 자전거를 인식하고, 조종하거나 타며 고치는 데 필요한
감정과 (시각적, 운동에 관련되는) 지식이 관련될 것이다. 그런 여러 방식
의 능력과 경험은 그 다음에 자전거에 대한 개념적인 지식으로 변환될
것이다(Barsalou, 2008도 참고할 것).

이와 비슷하게 어떤 집단에 특별한 의미를 지닌 종교적 상징물이나
정치적 상징물 혹은 침묵 행진이나 동상에 표상되어 있는 집단적인
기억에서 그러한 것처럼 배분된 인지는 대상과 상징물에 표상될 수
있다. 다른 말로 한다면 공유된 의미와 기억처럼 전통적으로 정신과
연관된 것들은 자연물이나 구성된 환경 혹은 인공물의 특정 요소와
더 폭넓게 연관될 수 있다.

끝으로 앞 장에서 본 것처럼 복잡한 정신적 조작은 일반적으로 작업
기억의 과제에서 '부담을 줄이는off-loaded' 방식이 필요하다. 이를테면
계산을 하기 위해 펜, 종이, 연필과/이나 컴퓨터를 사용하여 정보를
저장하고 인출한다. 여기서도 계산에 대한 전체적인 조작이나 메시지
를 보내는 일은 대상과 환경의 속성, 환경에 대한 적응과 정신적 처리
를 조정하는 특별한 방식일 수 있다.

여기서의 논의와 관련되는 것은, 특히 배분된 인지와 지식, 담화

사이의 관계이다. 따라서 앞에서 본 것처럼 사회적 믿음 체계는 구성원들 사이의 확산을 통해 존재한다. 두 번째로 집단체는, 이를테면 복잡한 과제의 실행을 위해 축적된 공통적인 지식을 지니고 있는 것으로 규정될 수 있다. 세 번째로 지식과 기술 사이의 구체화된 관계가 존재한다. 자전거에 대하여 어떻게 아는가와 같은 문제뿐만 아니라 언어와 담화에 대하여 어떻게 아는가 하는 문제들이 있다. 네 번째로 지식과 다른 사회적 믿음뿐만 아니라 그것에 바탕을 두고 있는 조작은 환경에서 대상이나 상징에 걸쳐 배분되어 있다. 여기서 제안한 이론의 경우 이는 중요한데 공유된 의미와 지식의 습득은 담화에 국한되지 않으며 그림이나 영화, 인공물, 심지어는 자연경관을 통해 '전달된다'.

이는 오직 그와 같은 외부 대상물이 먼저 의미, 기억, 지식 등에 연결될 때에만 가능하다는 점에 주목해야 한다. 즉 외부 대상물의 역할이 무엇이든 의미를 할당하고 해석하며 의미와 지식을 공유하는 데 여전히 필요한 것은 인간의 정신이다.

4.4.3. 공동 배경

끝으로 다시 한 번 언어 사용과 소통을 위해 이용되는 것으로서 **공동 배경**common ground이라는 개념을 간단히 살펴보기로 한다(대부분의 공동 배경에 대한 참고문헌은 사회적 공동 배경과 정치적 공동 배경에 대하여 있다). 사회적 믿음 체계가 어떤 집단이나 공동체에서 공유되는 믿음의 수준에서 자리매김되는 반면 공동 배경은 맥락에 매여 있다. 즉 공동 배경은 대화나 다른 갈래의 상호작용에서 두 참여자 혹은 기자와 그 독자들에게 공유된 지식처럼 특정의 소통 상황에서 공유된 지식을 자리매김한다. 이 개념에 대해서는 7장에서 다시 좀 더 구체적으로 초점을 모을 것이다.

그와 같은 상황에서 여러 갈래의 공동 배경이 있다(Clark, 1996). 먼저 일반적인 공동 배경으로서 담화나 소통의 참여자들인 구성원들의 일반적인 공동 지식을 포함하여 앞에서 언급한 사회적 믿음 체계가 있다. 따라서 소통에 참여한 사람들은 다양한 수준이나 기준의 공동 배경을 지닐 수 있는데 다음과 같다.

- 일반적인 수준에서 같은 언어와/나 방언[107)
- 사람들 사이의 지식(가족이나 친구들 사이에서)
- 같은 (소통) 상황에서 공동 참여
- 인식론적 공동체(지엽적, 지역적, 국가적, 국제적)에서 같고 일반적인 수준에서 지식 체계
- 같고 전문화된 지식 체계(이를테면 전문직들 사이)
- 어떤 문제에 대해 같은 태도나 사회적 표상
- 같은 이념
- 같은 규범과 가치

이와 같은 공유된 믿음에 더하여 공동 배경에는 정신 모형과 그 속성들에 따라 명세화된 용어로 자리매김될 필요가 있다. 따라서 참여자들은 종종 서로를 개인적으로 알고 개인적인 지식을 공유할 수 있다. 그와 같은 지식은 대체로 입말이나 글말에 의해 습득되며 참여자들은 그와 같은 정보들이 공유되었는지 여부와 언제 그러하였는지 알아둘 필요가 있다. 다른 말로 한다면 참여자들은 맥락 모형에서 각자의 개인적인 지식이나 사회적 지식을 포함하여 서로에 대해 상호 표상할 필요가 있다. 이전의 모형(이전의 소통)이 수신자에게 알려져 있는지 알기 위해서 그들은 이전의 맥락 모형을 활성화할 수 있고 회상할 수 있다. 이전의 상호작용이 있어야 한다는 것뿐만 아니라, 특히 이전의 담화에서 소통되었던 특정의 정보(상황 모형)가 공동 배경으로서 (부분적으로) 활성화되기 위해서 필요하다.

---

107) 이는 앞서 언급한 언어의 변이 형태를 가리킨다.

대화와 다른 형식의 상호작용에서 공동 배경은 사례화된 일반 지식과 믿음뿐만 아니라 이전의 담화나 현재의 입말에서 공유된 특정의 믿음에 바탕을 두어야 한다. 참여자들의 정신 모형도 관찰된 대상들의 존재와 그들의 속성과 같이 소통의 상황의 속성, 사회적이거나 물리적인 상황의 관찰된 속성에 대하여 서로 간의 지식뿐만 아니라 다른 참여자들의 (다를 가능성이 있는) 관찰이나 관점도 표상할 수 있다. 따라서 소통 상황에 대한 정신 모형들은 잘 알려진 사례로, 즉 서로의 믿음이 되풀이되는 경우로 다른 참여자들의 모형에 대한 정신 모형을 심어둘 수 있는데 실행에서는 전형적으로 작업 기억이나 시간 혹은 다른 조건에 의한 우연적인 조건에 의해 제약을 받는다.

분명히 다른 참여자의 모형에 대한 모형은 부득이하게 불완전하거나 가설의 상태인데 기억 자원에 많은 부담을 요구하기 때문에, 만약 지식이 실제로 부족하다고 전제되면 참여자들은 그것에 대해 요청을 할 것이다. 반면에 적절하다거나 지식이 실제로 알려져 있다면 수신자는 그렇게 말하거나 화용적인 실수를 무시할 것이라고 가정하면서 다른 참여자들에 대한 현재의 정보를 짐작할 수 있도록 빠르지만 불완전한 전략에 기댈 수 있는 자원을 지니고 있다. 이는 일반적으로 이전의 같은 상황에서 소통된 지식의 경우 일반적으로 그러하며, 현재의 서로 다른 관점이나 현재의 상황에 대한 전망이 다를 경우 그러하다(공동 배경에 대한 많은 연구들 가운데 Clark, 1996; Clark and Marshall, 1981; Davidson, 2002; Gerigg, 1987; Gibbs, 1987; Horton and Gerrig, 2005; Horton and Keysar, 1996; Keysar, 1997; Keysar and Horton, 1998; Keysar et. al., 1998; Keysar et. al., 2000; Krauss and Fussell, 1990; Lee, 2001; Planalp and Garvin-Doxas, 1994; Stalnaker, 2002를 참고할 것).

흥미롭게도 이들 연구 중에 소수만이 공동 배경이나 공유되는 지식과 서로의 지식을 상황 모형과 맥락 모형에 기대어 설명하는데, 이는 어떻게 다양한 지식과 서로 다른 믿음들이 참여자들에 의해 공유되는가를 설명하고 기술하기 위해 가장 명백한 이론적인 구성물인 것처럼 보인다.

언어 사용과 대화에 적용될 때 상당수의 연구들이, 특히 전제나 대명사, 한정적인 기술과 좀 더 넓게 상황 중심 지시표현의 사용에 대한 화용론적 공동 배경의 제약을 다룬다. 이 주제는 7장에서 다시 다룬다.

여기서도 일반적인 경우에서 그러한 것처럼 제약과 전략들이 서로 다른 소통 상황, 즉 다른 갈래에 대하여 서로 다를 것이다. 나날의 소통에서 받아들일 만한 전략이 무엇이든 그것은 교재나 경찰의 심문, 재판 소송이나 신문 기사의 전략과 같지는 않을 것이다. 실제로 뉴스나 시험, 심문과 자백에서 그러한 것처럼 서로 다른 갈래들은 지식의 관리와 공동 배경에 대한 맥락에 따른 기본적인 기제에 따라 정확하게 자리매김될 수 있다.

다른 말로 한다면 여기서 공동 배경에 대한 설명은 앞서 설명한 것처럼 공유되는 사회적인 믿음 체계뿐만 아니라 특정 개인의 정신 모형을 따르고 있으며 참여자들이 지니고 있는 맥락 모형에 의해 관리되고 통제된다. 이때 맥락 모형은 참여자들뿐만 아니라 그들의 일반적인 지식과 특정의 지식, 정체성과 목표들을 표상한다.

그렇다면 문제는 참여자들의 맥락 모형에서 그와 같은 지식을 표상할 수 있도록 수신자들에 대한 지식을 어떻게 아는가 하는 것이다. 여기서도 답변의 일부는 앞에서 제공하였는데, 이를테면 다음과 같다.[108]

- 화자들은 수신자들이 같은 믿음 체계, 특히 일반적인 지식과 사회·문화적 지식 체계를 지닌 구성원임을 알거나 믿기 때문이다.
- 수신자는 다른 자원들에 대해 새로운 지식을 알고 있거나 혹은 화자가 이런 정보를 앞서 혹은 같은 상황에서 이전에 제공하였다는 것을 알기 때문이다.

---

108) 원문에는 '…이다.'의 형태로 되어 있지만 문맥에 좀 더 자연스럽게 맞추기 위해 '…때문이다.'로 뒤친다.

• 화자는 수신자가 서로의 지각과 지엽적인 환경에 대한 적응력에 바탕을 두고 이제는 같은 상호작용 상황에 참여하고 있다거나 공유되는 정보가 도출될 수 있는 어떤 사건에 참여한다는 것을 알기 때문이다.

여기서도 이런 모든 정보들은 공동 배경을 모의하고 사회적 믿음 체계, 이전의 경험과 상황 모형에 관련되는 궤도를 유지하는 현재의 맥락 모형에서 설명되어야 한다.

철학자들은 또한 공동 배경을 좀 더 형식적인 방식으로 다루었는데, 이를테면 (다양한 수준의) 서로에 대한 지식mutual knowledge이 있다(Smith, 1982; Sperber and Wilson, 1990; Stalnaker, 2002). 그렇다면 어떤 화자는 수신자가 이미 어떤 사건 E에 대하여 알고 있다고 가정할 수 있고 그에 따라 그것에 대한 언급을 생략109)하거나 그것을 전제하는 일을 생략할 것이다. 그런 입말을 듣는 수신자는 이 화자가 수신자의 지식에 대한 지식을 알고 그 화자가 앞서 들려주었던 것을 기억하려는 노력을 할 것이다. 간단히 말해 여기서 인식론적 '되돌이recursion'나 (마음에) '심어둠embed'이라는 잘 알려진 사례를 보게 된다. 실제 소통 상황에서 되돌이는 서너 차례 심어둠의 수준을 넘어서지는 않을 것이다.110)이는 명백하게 작업 기억의 한계 때문이며 더 높은 수준은 오직 갈등이나 오해 혹은 매우 복잡한 형태의 공손성이나 타개의 형태가 된다(Lee, 2001도 참고할 것).

더 나아가서 거울 신경에 대한 연구와 마음에 대한 이론과 모의실험에서는 담화와 상호작용을 통제하는 맥락 모형에서 수신자가 아는 것

---

109) 생략은 글말보다 입말에서 두드러지게 나타난다. 상황과 지시 대상의 공유가 그만큼 쉽기 때문이다. 그리고 직접 확인하는 일이 쉽기 때문이다.

110) 이는 무한반복을 염두에 둔 설정이다. 되돌이와 심어둠이 무한으로 되풀이된다고 설정하는 것은 논리적으로 불가능하지는 않겠지만, 현실적으로 그렇게 되기는 힘들다고 보는 견해를 반영한다. 여기서 서너 차례의 심어둠이란 화자가 수신자가 알고 있다고 하는 것, 수신자가 화자가 알고 있다고는 아는 것, 다시 그것을 화자가 아는 것 등으로 수준이 올라가는 것으로 이해할 수 있다. 이와 같은 되돌이에 대해서는 앞의 각주 54)도 참고하기 바란다.

과 원하는 것 등에 대하여 납득할 만한 전략적인 추측을 한다는 것을 주장한다.

- 수신자, 특히 같은 인식론적 공동체의 수신자들은 화자와 다소 비슷하게 상황을 생각하고 해석하는 경향이 있기 때문에
- 화자들은 나날의 판에 박힌 행위와 그 의도와 목표를 알기 때문에
- 다른 맥락 실마리(목적어가 있고 없음 등등) 때문에. 이전의 담화나 다른 자원들 때문에. 그리고 공유되는 사회적 믿음 체계 때문에(Antonietti et. al., 2006; Arbib, 2006; Goldman, 2006; Tomasello, 1998, 2008도 참고할 것).

공동 배경이라는 주제와 담화 참여자들의 서로에 대한 지식, 담화화 용론은 7장에서 다시 다룬다.

4.5. 사회에서 지식과 소통과 확산

끝으로 사회에서 지식과 다른 사회적 믿음이 퍼지고 배분되는 방식에 대한 사회심리적 기준을 살펴볼 필요가 있다. 앞에서 여러 차례에 걸쳐 이런 일들이 대체로 담화를 통해 이뤄진다고 주장하여 왔다. 어떻게 이런 일이 일어나는가, 즉 어떤 갈래의 담화 구조를 통해 일어나는가 하는 문제는 7장에서 탐구할 것이다. 이 장에서는 지식이 소통되는 배경, 참여자 목표와 같은 소통 상황의 매개변수에 초점을 맞춘다.

앞에서 담화심리학을 제외한다면 담화는 사회심리학에서 중심 개념이 아니었음을 보아왔다. 그리고 저자는 이전의 연구에서 여러 차례에 걸쳐 이런 상황을 비판하였다(많지는 않지만 Kraut and Higgins, 1984처럼 담화를 짤막하게 다루는 사회 인지에서 연구가 있었음). 고전적인 사회심리학과 현대의 사회심리학의 중요한 주제를 간단히 살펴보면 어떻게 그와 같은 연구들이 표현과 실행에 관련된 실제 입말과 글말을 조금이나

마 살피지 않고 가능하였을까 하고 의아하게 여기기에 충분하다.

공격성aggression, 태도 변화, 믿음, 귀인, 편향, 소통 협력, 감정, 인상 관리
impression management, 사람들 사이의 관계, 상호작용, 내집단, 경쟁과 갈등,
설득, 편견, 관계, 사회적 정체성, 사회적 영향, 고정관념들

요약하자면 사람들 사이의 관계, 개인과 사회 사이의 관계, 사회적
정체성, 사회적 인지와 표상, 집단과 집단의 관계를 사회심리학에서
일반적인 주제로 다룬다면, 언어 사용과 담화는 이런 많은 관계와 인지
가 표현되고 실행되는 여러 가지 방법일 뿐만 아니라, 이들의 연구를
위해 방법론적으로 중요한 자원들이다. 다른 사회 인지적 현상들 가운
데 태도, 태도 변화, 편견과 집단 개념틀은 다른 사회적 실천관례로
표현된다. 그렇지만 담화에서 가장 '설득력 있게' 표현된다. 그리고
오직 담화에서만 이들은 설명되고 자세해지며 논증되고 설명된다(사
회심리학에서 오구스티노스Augoustinos와 그의 동료들은 담화 분석 방법에 기
대어 편견과 이념과 같은 사회적 믿음을 연구한 몇 되지 않은 사람들이다.
Augoustinos and Every, 2007; Augoustinos, LeCounteur and Soyland, 2002를
참고할 것).

담화 분석적 접근법에 대한 필요성은 사회에서 지식과 사회적으로
공유되는 다른 믿음의 소통과 배분 혹은 확산의 연구에서 더욱 절실
하다. 사회적 믿음을 얻고 퍼지게 하는 데 어느 정도 비언어적이고
비기호적인 방법들, 이를테면 환경과 다른 사람에 대한 단순한 인식
혹은 다른 사람과의 단순한 소통을 통하는 방법이 있다. 특히 언어
사용이 여전히 제약을 받을 때 이른 시기의 사회화에서 그럴 수 있다
(Augoutinos et. al., 2006: 67쪽 이하). 그러나 그런 암묵적인 사회 학습은
명시적이어야 하고 규범화되어야 한다. 즉 인식과 상호작용에 바탕을
둔 사회적 의미를 공유하고 알기 위해서 담화가 필요하다(사회적 지식
의 습득과 구조에 대해서는 Holyoak and Gordon, 1984를 참고할 것).

아마도 (상상하기는 어렵지만) 일반적인 연굿거리에서는 담화와 소통을 통해서든 아니면 단순하고 비언어적이며 비기호적인 인식과 상호 작용을 통해서든 어떻게 실제 삶에서 사람들이 대부분의 지식과 다른 사회적 믿음을 얻는지 정확하게 살펴볼 필요가 있을 것이다. 그러나 작업 가설로 어린 시기 이후에 습득되는 대부분의 새로운 지식, 특히 나날의 경험에서 얻어지는 외부 세계에 대한 방대한 지식은 담화, 말하자면 일상적인 대화, 일에 대한 담화, 대중매체(특히 TV, 라디오와 신문), 새로운 매체(전화기), 책과 누리그물에 의해 습득된다고 상정할 것이다.

이런 소통 과정에 대해 조직과 기관(이를테면 학교와 대중매체)의 역할과 같은 사회적 차원은 지식사회학을 다루고 있는 7장에서 언급하겠지만 이 장에서 초점은 담화를 통한 지식과 다른 믿음의 습득, 확산과 재생산에 관련되는 사회 인지적 측면을 다룰 것이다.

사회에서 사회적 믿음의 재생산에 대한 대부분의 소통을 통한 접근에서 어느 정도 주변부에 있는 접근 방식에는 (은유적으로) '역학적이고 epidemological' 진화론적인 관점이 있다. 이 관점에서는 믿음의 배분을 생각의 단위, 즉 밈meme에 의한 접촉감염contagion으로 본다(Lynch, 1996; Sperber, 1990도 참고할 것). 그 연구에서 언급된 '밈'은 전통적으로 '태도'라고 부르는 것과 매우 비슷할 듯하지만 '질병'은 린치(Lynch)의 책에서 주제 색인에 있는데 담화와 소통은 있지 않았다. 따라서 그와 같은 접촉감염에 관련된 실제적인 과정에 대한 통찰을 많이 얻지는 못한다.

담화를 통한 지식의 (재)생산에 대한 사회심리적 검토는 여러 단계의 섞이는 방식에 따라 분명하게 된다. 먼저 담화를 통한 지식의 재생산이 분석될 수 있는 사회심리학의 중요한 영역에서 이뤄진 일반적인 구분을 따르기로 한다.

- 사람들 사이에서 담화와 소통
- 집단 안에서의 담화와 소통
- 집단 사이에서 담화와 소통

각각의 중요한 분야 안에서 지식이 일반적으로 표현되고 소통되는 사회적 상황에 대한 체계적인 분석으로 나갈 것이다.

사람들 사이의 관계에는 많은 유형이 있고 현재 사회심리학 개론서 (Hewston et. al., 2008을 참고할 것)에서 보여주는 것처럼 사람들 사이의 인식, 흡인력, 공격성, 순응conformity, 인상 관리, 상호작용, 협력, 설득, 사회적 영향력, 담화 등과 같은 여러 주제들이 두드러진다.

이들 주제 중 몇몇은 인상 관리(Tedeschi, 1981)에서 분명히 그러한 것처럼 소통이라는 좀 더 넓은 주제로 묶이는데, 특히 전통적으로 (개인적인) 태도의 변화라는 관점에서 자리매김되어 온 설득(Benoit and Benoit, 2008; O'Keefe, 2002; Perloff, 2003; Petty and Cacioppo, 1981, 1986)에 묶일 수 있다. 사회심리학에서 덜 연구되어 왔지만, 다른 관련되는 주제는 사람들 사이의 지식 관리와 소통으로 사람들이 자기 자신에 대하여, 그리고 다른 사람에 대하여, 좀 더 일반적으로, 세계에 대하여 무엇을 아는가 하는 것이다.

사람들 사이의 소통은 가족과 친구, 동료들, 전문직업에서 대화 그리고 비격식적으로 이뤄지는 일상적인 대화에서 그러한 것처럼 인간 상호작용에서 가장 일반적인 형태로서 중심에 있다(Antos et. al., 2008을 참고할 것). 나날의 대화(개론으로 Ten Have, 2007, 7장을 참고할 것)에 대한 막대한 연구에도 불구하고 사람들이 비격식적으로 이뤄지는 담화, 일상적으로 이뤄지는 담화에서 무엇에 대하여 실제로 말하는지 거의 알지 못한다.

- 사회학에서 대화 분석 연구와 일반적인 담화 분석은 대화가 어떻게 수행되는지 더 분석하지만 그 '내용'에 대해서는 거의 관심이 없다.
- 이와 비슷하게 언어학은 문법과 언어의 습득, 사회적 변이에 대부분 관심이 있다. 말뭉치111)언어학에서는 문맥co-text에서 낱말들을 지엽적으로 연

---

111) 지금은 어느 정도 귀에 익은 낱말이 되었다. 전산 처리된 입말이나 글말 자료를 바탕으

구할 수 있게 해주는 수많은 낱말로 이뤄진 자료 은행이 있지만 그런 입말이나 글말의 전체적인 주제에 대한 자료 은행은 거의 없다.

· 인지심리학은 덩잇글 처리에 관심을 가지고 있지만 입말의 내용에 대한 연구의 거의 없다. 담화 분석도 입말과 글말의 주제나 화제(Louwerse and Van Peer, 2002)보다는 구조와 전략에 더 많이 초점을 모은다(Van Dijk, 2007, 2011b).

따라서 사람들이 다양한 사회적 상황에 대하여 무엇을 이야기하는지 경험적으로 연구하는 것이 사회심리학에서 훌륭한 과제가 될 수 있으리라 결론을 내린다.

이런 광범위한 영역의 한계를 정하고 관리하기 위해서 참여자들의 맥락 모형에서 표상되는 것으로서 서로 다른 소통의 상황에 초점을 모을 필요가 있다. 따라서 사람들 사이의 대화는 가족과 친구, 동료와 품을 제공하는 사람들, 전문직 등의 사이에서 어느 정도 (비)격식적 상황에서 나타날 수 있다. 각각의 상황에는 각각의 고유한 배경, 서로 다른 정체성과 역할, 관계, 의도와 목표, 지식을 지니고 지속되는 행위를 하는 참여자들이 있다.

따라서 아래에서 사람들 사이의 소통과 집단 안에서의 소통, 집단들 사이에서 소통에 대상으로 하여 이뤄진 몇몇 연구들에 대한 검토를 하는 것은 일반적으로 말해서 사회적 관념이, 구체적으로 말해서 지식이 어떻게 구성원들과 사회 집단 사이에서 소통되고 재생산되는가를 발견하려는 특별한 목적을 지닌다.

로 구축된다. 다만 이와 같은 말뭉치 자료는 반언어적 요소(즉 초분절음적 요소인 목소리, 어조, 억양, 빠르기, 말투)는 어느 정도 복원이 가능하지만, 비언어적 요소(발화의 상황 및 맥락 정보나 표정 등)를 이용할 수 없다는 한계가 있다. 한편 위도슨(2004/2018)에서는 말뭉치와 관련하여 관찰자의 역설과 주관성의 역설에 있을 수 있다고 지적하였다. 우리말을 대상으로 한 말뭉치 언어학에서는 원시 자료의 수집의 기준에 대한 논의로부터 시작하여 다루어야 할 논제들이 많이 있는 듯하다. 그럼에도 불구하고 언어의 산출에 관련되는 연구의 토대를 닦는다는 의의가 있다. 우리말 말뭉치 자료는 대표적으로 국립국어원의 '세종 말뭉치'(https://ithub.korean.go.kr)가 있다.

4.5.1. 비격식적인 대화에서 지식과 주제

언어를 통한 상호작용의 모든 형식들 가운데 기본적인 형태, 즉 (기관이 아닌) 비공식적인 상황에서 가족이나 친구 등으로 이뤄지는 비격식적인 대화로부터 시작하고 지식이 소통될 수 있는 <u>선언적 발화 행위</u> declarative speech acts에 초점을 맞추기로 한다.

적합한 담화의 모든 측면에서 그러한 것처럼, 입말의 주제는 참여자에 의해 맥락 모형으로 해석되는데, <u>소통 상황</u>에 달려 있다. 즉 배경, 장소, 시간, 참여자들(이들의 사회적 정체성, 역할과 관계)뿐만 아니라 소통 사건의 목표와 참여자들의 공동 배경에 달려 있다.

보통 사람들 사이의 관계나 사람들 사이의 소통의 일부분으로서 (비격식적인) 담화의 주제에 대한 경험에 바탕을 둔 사회심리적 조사 연구가 있다. 유감스럽게도 그와 같은 연구들은 실제의 비격식적 담화를 거의 관찰하고 분석하지 않는다. 이를테면 실험 참여자들이 누군가와 실제로 혹은 잠재적으로 무엇에 대하여 이야기할 것인지 묻는다는 의미에서 이들 가운데 다수는 실험적이다. 비록 이런 자료들은 구체적인 사건 기억에서 과거의 맥락 모형에 저장되어 있는 것으로 어떤 일반화된 경험을 입력할 수 있지만, 또한 이전의 담화에 대한 그와 같은 기억이 반드시 믿을 만한지는 않다는 것, 가상의 상황은 실제 삶에서 반드시 실현되는 것은 아니라는 것도 알고 있다.

켈러맨과 그의 동료들은 비격식적인 대화에서 정보의 주고받음에 많은 관심을 기울였다(Kellermann, 1987). 좀 더 구체적으로, 이를테면 (쉥크의) 기억 조직 다발MOP: Memory Organization Packet의 이론 안에서 '주제 얼개잡기topical profiling', 즉 대화에서 갑자기 나타나며 동시 발생적인 관계를 규정하는 주제에 초점을 맞추었다(Kellermann and Palomares, 2004를 참고할 것). 그들은 대화에서 주제의 일반적인 얼개가 있지 않고 어떻게 주제가 동시에 나타나는가에 대한 어떤 통찰도 있지 않다고 결론을 내렸다. 그들은 대화의 주제에 대하여 경험에 바탕을 둔 연구문헌들이 일반적으로 작은 사례들, 독특한 집단(이를테면 학생들, 어린이나 중년)과 특별한 배경에 제한되어 있다고 결론을 내렸다. 그럼에도 불구하고 적어도 몇몇 주제는 동시에 나타나는데 판에 박힌 상호작용 때문이라고 가정하였다. 예컨대 사람들은 보통 일상적인 대화의 시작 부분에서 서로의 건강과 안부를 묻는 일에 간여한다. 주제들은 또한 대화의 다양한 기능이나 개인적인 필요를 충족시켜 주기 때문에 동시에 나타난다. 대화에서 주제는 일반적으로 다른 사람과 맺고 있는 관계의 유형을 반영한다. 그런 유형은 친밀도의 범위 안에서 다른 중요한 사람과 매우 가까운 친구에서부터 형제자매, 부모, 조부모, 친척, 윗사람, 직장 동료와 이방인에 걸쳐 있다(Kellermann and Palomares, 2004: 313). 같은 이유로 이 책에서 제시한 맥락 모형에서 그러한 것처럼 담화의 화용적 적합성에 대한 조건으로서 참여자들과 그들의 관계에 관련되는 범주가 지니는 특징을 보여주면서 그와 같은 상황에 그런 주제들이 어느 정도 맞추어져 있다(Van Dijk, 2008a). 캘러맨과 그의 동료들은, 사람들에게 최근에 가졌던 대화에서 누구와 어떤 곳에서 주제가 정해지는지 참여자들이 생각하는 바에 따라 주제 목록을 만들어 달라고 한 뒤 서른 개의 서로 다른 유형으로 이뤄진 대화 주제를 뽑아내었다. 500개의 보고된 대화에서 90개의 대화 주제를 찾아내었다. 말하자면, (이 자료들에서) 사람들은 같은 주제로 자주 대화한다. 주제 중 가장 많이 나타나는 주제는 '[투숙이나 탑승: 뒤친이] 수속을 밟을 때' 대화 처음 부분에서 지식을 경신하면서 함께 가는 것이나 '나갈 때'(출발) 판에 박힌 대화와 상호작용 기능을 하였다. 이는 참여자들이 주제로 간주하는 것을 연구자들이 격식으로 간주함을 보여준다(Schegloff and Sacks, 1973도 참고할 것). 사람들은 자신의 삶에서 중심적인 주제에 대해 말하며 자신과 대화 상대방의 관심사를 반영한다. 그것에는, 이를테면 활동이나 관계, 감정, 도움 구하기 등이 있다. 저자들은 어떤 유형에서 어떤 주제가 논의되는지 횟수의 45% 이상을 예측할 수 있다고 하였다. 그럼에도 주제들은 고정되어 있지 않고 역동적이며 다른 사람과의 상호작용을 관리하기 위해 대화에서 어느 정도 전략적으로 선택된다.

대화의 주제에 대한 어떤 체계적인 연구로서 흥미가 있지만 아쉽게도 (관찰된 대화가 아니라 자기 보고에 바탕을 둔) 이런 조사 연구는 사람들이 자신의 일상적인 삶이나 관심사를 이야기하는 경향이 있는 것 이외에 사회에서 사회적으로 공유되는 지식과 다른 사회적 믿음의 재생산에 대하여 많은 통찰을 제공하지는 않는다. 믿음에 대한 '백과사전적' 대화가 어느 정도 있지만 그런 주제는 다른 주제와 동시에 나타나지 않으며 그에 따라 고립되는 경향이 있다. 좀 더 사회적인 대화를 통해, 이를테면 사회에서 사람들이 쟁점이나 문제를 이야기하는 경향을 보일 때, 이를테면 TV에서 볼거리나 두드러진 주제에 대한 속보를 보고 자극을 받는 경우를 통해 좀 더 경험에 바탕을 둔 통찰이 필요하다.

아가일 외(Argyle et. al., 1988)는 또한 은행 지점장에게는 의사와는 다른 것들을 폭로할 것이라고 가정하면서 주제와 대화 상대방의 유형들 사이의 관계를 연구하였다. 누구에게 사람들이 일반적으로 어떤 것들에 대하여 대화하는지, 예컨대 개인적인 걱정거리에 대하여 이야기하기로 바뀌는 것(Veroff et. al., 1981을 참고할 것)과 같은 앞선 연구들을 살피고 난 뒤 80명의 호주의 심리학과 학생들이 최근에, 대하여 이야기한 주제들을 먼저 뽑아낸 뒤 그들에게 어떤 유형의 대화 상대방과 어떤 주제로 이야기할지 물어 보았다. 분산 분석[112]에서 관계의 유형이 단연코 분산의 가장 큰 원천(80%)이었다.[113] 주제들은 다섯 가지 요인으로 묶였는데, 개인적인 문제(성, 관계), 일상적인 사건(사고), 돈, 정치와 종교들이 있다. 이들 가운데 개인적인 사건(일상적인 사건들,

---

112) 분산 분석은 두 개 이상의 집단들을 대상으로 집단 사이의 평균을 분석하여 집단 사이의 평균값의 차이가 통계적으로 유의미한지를 검증하는 양적 통계 방법이다. 이 사례에서는 주제가 다섯 가지이고 관계 유형도 여럿이므로 다원배치 분산분석을 하는데, 이 다원배치 분산분석의 장점은 주효과를 검증할 수 있다는 점이다. 분산분석뿐만 아니라 양적 분석에서 통계 처리에 대한 개괄적인 안내서로 허선익(2019ㄴ), 『국어교육을 위한 현장조사 연구 방법론』(휴머니스트)을 참고하기 바란다.
113) 이 통곗값은 변화가 나타나는 이유의 80%를 관계의 유형으로 돌릴 수 있음을 의미한다.

읽은 책, 보았던 TV의 볼거리)이 가장 중요한 것으로 보였다. 높은 수준의 털어놓기는 일반적으로 연애 상대방, 자매, 가까운 친구와 어머니와 대화에서 나타나고, 가끔씩 아버지(이런 경우는 돈이나 성공, 정치와 관련되는 경우)와 대화에서 나타났다. 낮은 수준의 털어놓기는 일반적으로 의사와의 대화와 관련이 있었는데 덜 전형적이지만 교수, 이웃이나 성직자와의 대화가 관련이 있었다. 여성들이 어머니와 자매들과 더 많이 대화를 한다는 점에서 성별 효과도 있었다.

여러 연구들은 가족들의 저녁 시간 대화에서의 주제에 대하여 있다. 또한 모은 자료들은 담화 분석과 대화 분석의 관점으로 연구하였다 (Ochs and Capps, 2001; Tannen et. al., 2007을 참고할 것). 그와 같은 대화에서 참여자들은 일반적으로 그날에 있었던 자신의 경험을 이야기할 것이라 기대하는데 어머니가 아이들과 아버지 사이를 중재하는 역할을 한다. 아부 아켈(Abu-Akel, 2002)은 비록 많은 주제들이 그와 같은 대화에 제공되었지만 단지 몇 개만이 채택되었다는 것을 발견하였다. 주제 선택의 기준은 일반적으로 수신자에게 주제 제안이 미치는 영향력에 있다. 일반적으로 가족들 사이의 주제는 앞서 공유되었던 가족들의 경험에 대하여 상당한 양의 축적된 지식을 전제로 한다.

4.5.2. 비격식적인 대화에서 주제의 성별 차이

일반적으로 비격식적 대화에서 주제 선택과 관련하여 성별 차이가 연구되어 왔고, 구체적으로 이야기 전달에서 차이도 여러 학문 분야에서 서로 다른 방법으로 연구되어 왔다. 그런 학문 분야에는 담화 연구와 대화 연구, 성별 연구와 사회언어학 연구뿐만 아니라 사회심리학이 있다(Tannen, 1994a를 참고할 것).

비쇼핑(Bishopping, 1993)은 1990년의 자료와 성별 차이의 연구로 잘 알려진 1922년의 헨리 무어(Henry T. Moore)에 의해 이뤄진 연구, 1922년과 1990년 사이에 같은 주제를 다룬 후속 연구들의 자료를 비교하였다. 무어는 '길거리 조사 방법'을 썼다. 그 방법은 저녁에 뉴욕의 브로드웨이를 걸으면서 여성과 남성이 대하여 대화를 하는 도중 듣고 기록하는 방법이다. 그는 여성과 여성의 대화에서는 남자와 옷, 건물과 내부장식에 대해 이야기하는 반면 남성끼리의 대화에서는 사업이나 취미에 대해 이야기하는 경향이 있다는 것을 관찰하였다. 그리고 이런 차이들을 막연하게 남성과 여성의 '원래적인 특성'의 차이 탓으로 돌렸다.

그 뒤에 많은 연구들이 대화에서 주제의 성별 차이를 검토하긴 하였지만 자연스럽게 일어나는 대화에서 일반적인 양적 자료는 없다. 그에 따라 비쇼핑은 미시간 대학 캠퍼스와 그 근처의 다양한 곳에서 여성과 남성의 대화를 관찰함으로써 무어에 의해 이뤄진 1922년도 연구를 반복하고 그 결과를 제시하였다. (261개의) 대화와 그 주제들은 가능한 한 있는 그대로에 가깝게 현장 연구 기록장에 기록하였고 다섯 차례 이상 나타나는 주제들은 무어에서 사용한 주제와 비교하였다. 흥미롭게도 그는 1990년에서도 그와 같은, 성별에서의 주제의 차이를 발견하였다. '남성'은 여전히 여성들 대화(특히 여학생)의 중심 주제였다. 다만 1922년도의 연구보다 그런 주제들이 덜 나타났다. 남성들은 1990년의 여성들보다 여전히 일과 돈(43.2% 대 37.5%)에 대해 더 많이 대화하지만 남성과 여성의 차이는 1922년도보다 덜 극적이었다 (그때는 56.7% 대 3.7%). 여가시간이라는 주제는 1922년에는 남성에서 거의 압도적이었지만, 1990년에는 남성과 여성 둘 다에서 유의하게 늘어났고 여성에서 더 그러하였다(3.7%에서 25.8%). 1990년에는 일과 돈, 여가시간은 남성과 여성 둘 다에서 가장 빈도가 높은 주제였지만, 여성에 의해 논의되는 남성이라는 주제를 바짝 따라 붙었다. 1922년 이후 (학생들을 대상으로 한) 대부분의 연구들은 1922년보다 성별 차이가 더 작았는데 아마도 2차 세계 대전 중에 일어난 사회적 변화 때문일 것이다. 어느 정도 성별 차이가 바뀌지 않을 수 있었던 부분에서는 지난 수십 년 동안 바뀐 것이 담화에서 성별 차이라는 주제 바로 그것임을 발견하였다.114)

하스와 셔먼(Haas and Sherman, 1982)은 자기 보고 연구self-report study115)를 통해 비록 어떤 주제가 감당하는 역할에서 가장 잦은 주제는 남성과 여성에 같았지만, 어떤 주제의 인기도에서 그런 주제가 맡고 있는 역할과 성별 차이를 발견하였다. 다른 성별에 대해서는 친구와 대화하고 일에 대해서는 동료와 대화하며 가정의 문제는 부모, 자매와 아이들과 이야기한다. 클락(Clark, 1988)은 젊은 남성과 여성은 대화에서 서로 다른 목표를 지니고 있는데 여성은 감성 중심의 주제를 강조하고 남성은 대화의 오락적 기능에 관심을 갖고 있음을 발견하였다.

마틴 루조와 고메스 에스터반(Martín Rojo and Gómez Esteaban, 2005)은 남성이 축구보다 개인적인 문제에 대한 대화에 문제가 있음을 발견하였다(그리고 개인적인 주제에 대하여 대화하지 않은 남성이 여성의 의해 좀 더 긍정적으로 평가받음을 발견하였다). 이와 비슷하게 에긴스와 슬레이드(Eggins and Slade, 1997)도 또한 일터에서 차 마시는 동안 남성은 일과 스포츠에 대해 더 많이 이야기하지만 여성은 개인적인 경험과 다른 사람에 대한 '수다'를 더 많이 한다는 것을 발견하였다. (캐머른(Cameron, 1997)이 자신의 연구에서 남학생들의 사교 모임에서, TV를 볼 때 남자들의 대화 연구에서 발견한 것처럼 남성들도 수다떨기에 몰두할 수 있다고 한 점을 기억할 것.)

애리스와 존슨(Aries and Johnson, 1983)은 학부모들에게 질문을 한 뒤 거의 판에 박은 듯이 여성은 남성보다 친숙한 주제에 대해 더 많이 대화하고 개인적인 문제와 가족 문제에 대해 남성보다 더 깊이 대화한다는 것을 발견하였다. 그리고 남성들은 운동에 대해 좀 더 판에 박은 듯이 매우 깊이 대화한다는 것을 발견하였다. 대학의 매점에서 자유로운 대화를 연구한 던바 외(Dunbar et. al., 1997)에서는 대부분의 대화가

---

114) 여전히 성별에 따라 차이가 있다는 뜻이다.
115) 언어교육에서 자주 사용하는 연구 방법이다. 일정한 과제를 주고 과제를 수행하는 과정에 대해 실험 참여자의 마음에 일어난 일을 입말이나 글말의 형태로 표현하게 하는 것이다. 여기에 대한 개괄적인 설명은 허선익(2019ㄴ)을 참고하기 바란다.

개인적인 경험과 (화자나 다른 사람과의) 관계에 대하여 있으며 수신자에게 충고하거나 비판하지 않는다는 것을 발견하였다. 그러나 성별 차이는 발견하였다. 즉 여성은 연결망을 만드는 데 더 많은 시간을 바치고 남성은 좀 더 자기를 과시하는 데 시간을 쓴다는 것이다.

쏠러(Soler, 2004)는 비공식적인 면담 맥락에서 콜롬비아 여성과 남성의 이야기 전달에 대하여 담화 분석을 한 논문에서 대화의 주제들은 근본적으로 다르지 않음을 발견하였지만, 판에 박은 듯한 차이를 관찰하였다. 여성은 가정과 아이에 대해 더 많이 대화하는 경향이 있지만, 남성은 정치적 사건과 길거리 사건뿐만 아니라 운동에 더 많이 초점을 모은다는 것을 발견하였다. 같은 사회적 상황에 있는 남성과 여성 둘 모두 범죄와 이웃의 위험성과 같이 공유된 경험에 초점을 모았다.

이런 발견 사실뿐만 아니라 여기서 검토한 이전 연구로부터 나온 몇몇의 결과들은 사회적 믿음의 재생산에서 정치적 지식이 남성에 의해 일반적으로 공유되고 재생산되며, 아이와 가정에 관련된 문제들과 같은 다른 사회적 문제는 여성의 의해 그렇게 될 것이라는 의미에서 성별 치우침이 있을 수 있다는 생각을 하게 한다. 그러나 여러 갈래의 여성들 (교육, 전문직 등) 사이에서 상당할 정도의 분산이 여전히 있을 것이라고 가정할 수 있다. 분명히 대부분의 전문직 여성들은 일을 하면서 개인적인 주제에 대해서 이야기한다고 하더라도 적게 할 가능성이 높다.

라일리(Riley, 2003)는 영국에서 전문직 백인 남성의 대화에 대한 연구에서 이런 남성들은 부양자로서 자신의 역할이라는 관점에서 자신의 정체성을 확인하는 것이 중요한 주제임을 발견하였다. 따라서 그들은 대화에서 맥락 모형에 의해 통제를 받으면서 일반적인 이념을 실행하고 있다.

4.5.3. 비격식적인 대화에서 주제의 나이별 차이

당연히 대화의 주제에서 나이 차이들이 있다. 보든과 비엘비(Boden

and Biedly, 1986)에서는 (62세 이상) 노년층 사이의 대화를 기록하고 이들의 대화가 자신의 삶에서 시간뿐만 아니라 이 기간 동안의 개인적인 경험에 초점을 맞추고 있음을 발견하였다. 따라서 노인들은 의도적으로 현재의 주제에 대한 대화를 지난 시절의 주제와 섞어 짜 넣을 수 있다. 대화의 주제에 대하여 우연적 기억과 의도적 기억 사이의 나이에 따른 차이를 한 연구들은 많지 않은데 카우슬러와 해커마이(Kausler and Hakami, 1983)는 일반적으로 젊은이들(18~23세)은 어떤 대화의 질문거리와 주제를 더 떠올리지만 노인들(58~86세)은 이전의 주제이든 새로운 주제이든 더 방금 이야기한 주제뿐만 아니라 더 새로운 주제들을 인식한다는 점을 발견하였다.

다른 한편으로, 아이들의 대화에 대한 오래된 연구에서 도슨(Dawson, 1937)에서는 3학년에서 4학년의 나이에 있는 아이들(아홉 살에서 열한 살 사이)은 일반적으로 게임, 운동, 완구, 가족 경험과 여행에 대해서 이야기하기를 더 좋아한다는 것을 발견하였다. 비록 보호자나 동료와 나눈 아이들의 대화 주제에 대해 뒤따르는 연구들이 많이 있지만 여기서 살펴보지는 않을 것이다. 왜냐 하면 아이들은 더 폭넓은 범위에서 사회적 믿음의 재생산에서 두드러지게 능동적인 역할을 하고 있지 않은 듯하기 때문이다. 비록 그와 같은 믿음의 습득에서 아이들은 분명히 중요하지만 말이다.

4.5.4. 비격식적인 대화에서 주제에 대한 제약

좀 더 일반적으로, 비격식적인 대화에서 주제에 대한 연구는 일반적으로 모든 담화와 이야기 전달에서 분명히 기억의 한계를 고려하여야 한다. 덜 유의미한 사건의 세부 내용에 대해 일반적으로 좋지 않은 구체적 사건 기억을 전제로 한다면, 한편으로 삶에서 중요한 순간들과 구체적 사건들에 대한 이야기들을 다소 추상적인 (거시) 수준에서 말할 수 있다. 다른 한편으로, 특히 좀 더 최근에 일어난 일과 두드러진 사건에 대하여 말할 수 있다(자전적 기억에 대한 참고문헌은 앞 장을 참고할 것).

일상적인 이야기 전달의 많은 부분은 몇 주와 몇 달, 특히 몇 년 뒤 더 기억할 수 없는 보통의 사건들에 대하여 있다. 따라서 이들 분석은 중요한 사회적 사건, 정치적 사건이나 과학적 사건의 사회적 표상에 대한 통찰에 이바지할 것 같지 않아 보인다. 그러나 그와 같은 보통의 이야기에 바탕을 두고 있는 상황 모형들은 일반적이고 사회적으로 공유하고 있는 지식과 이념, 태도에 기대어 그와 같은 경험들을 구성한다. 이는 성별, 계층, 인종, 나이, 정치, 건강 등에 대해 사회적으로 공유된 믿음을 추론하는 경우에서와 마찬가지로 그와 같은 이야기로부터 그와 같은 사회적 믿음을 추론할 수 있음을 의미한다.

비격식적 대화에서 주제에 대해 앞에서 살펴본 연구들 그리고 주제 선택에서 성별 역할에 대한 연구들의 가장 일반적인 결론은 아마도 사람들이 자신들의 개인적인 경험, 일상적인 활동과 걱정거리에 대하여 말하기를 더 좋아하고, 다른 담화 속성에 대하여 그렇듯이, 주제는 일반적으로 맥락 모형에서 보통의 매개변인들, 즉 배경, 정체성, 역할, 참여자들 사이의 관계, 목표와 공유된 지식, 믿음에 따라 변한다는 것일 테다. 어린이, 학생들 젊은이와 어르신, 남성이나 여성은 서로 다른 주제에 대하여 말하는 경우 이는 먼저 개인의 일상적인 경험뿐만 아니라 사회적 집단이나 범주, 계층의 경험을, 이차적으로는 집단에서 이념의 차이를 반영한다.

따라서 사회적 지식뿐만 아니라 태도와 이념과 같이 다른 공유된 믿음은 참여자들의 사회적 정체성과 역할뿐만 아니라 그들의 개인적인 경험에 따라 비격식적인 일상의 대화에서 지엽적으로 재생산된다. 그러나 이런 경험들은 '실제적인' 사건을 반영할 필요가 없지만 이념적 기반을 가진 상황 모형에 의해 자리매김될 수 있다는 점이 중요하다. 따라서 개인적인 경험과 사람들 사이의 경험이 중요한 역할을 하는 일상적인 삶에서 비격식적인 상황은 비격식적인 대화에서도 역시 그러하며, 지식과 이념은 밀접하게 서로 얽혀 있다. 개인적인 경험은 사회 집단과 범주의 구성원으로서 사람에 의해 이야기되며 그에 따라 사회적인 조건과 이념적인 조건에 맞춘 관심사, 분야나 경험, 태도에 의해 조건화된다. 사람들은 여성이나 남성으로서, 늙은이나 젊은이로서, 학생이나 교수 등으로서 이야기를 전달하고 같은 집단의 구성원들과의 대화로부터 습득한 것들에 대한 태도와 지식을 가지고 자신의 경험에 대한 틀frame을 구성한다.

비록 사회에서 사회적 주제의 지엽적인 (재)생산에 대한 통찰이 흥미롭기는 하지만 비격식적인 대화에서 이런 주제의 대부분과 그것에 대한 연구는 지식과 태도, 이념과 같은 사회적 믿음이 사회 안에서 어떻게 습득되고 재생산되며 공유되는가에 대한 연구를 목적으로 수행되지는 않았다.

따라서 일상의 삶(사람과 물건, 환경)에 대한 '기본적인' 지식이 대체로 어린이에 의해 부모와 교사, 친구와 대화, 텔레비전과 어린이들의 이야기뿐만 아니라 그들의 비언어적이고 개인적인 경험과 사람 사이의 경험을 통해서 습득된다고 가정할 수 있다. 그러나 일상적인 대화에서 관련되는 사회적 쟁점, 이를테면 노동과 실직, 차별, 다양성, 성별 등에 대한 상식적인 믿음을 담화를 통해 어떻게 점진적으로 습득하는가에 대해 아는 것이 거의 없다. 그와 같은 지식의 상당 부분뿐만 아니라 다른 사회적 믿음은, 특히 그와 같은 쟁점에 개인적으로 관련되어 있지 않은 사람들에 의해 직접적이거나 간접적으로 대중매체를 통해 습득된다고 가정할 수 있다.

4.5.5. 기관과 제도에서 사람들 사이의 대화에서 지식 관리

대화 분석은 전문가들과의 대화나 기관과 제도 맥락에서 이뤄지는 모든 대화들이 조직이나 기관에 관련되는 것은 아님을 강조하였다. 또한 가게에서, 의사와의 대화에서, 혹은 일에 대해서, 학교와 다른

'사회적 차원'의 장소에서 자주 비격식적인 대화, 사람들 사이의 대화, 때로는 이들이 뒤섞인 '업무에서 대화'가 있다(Atkinson, 1992; Lee, 2007; Schegloff, 1992). 이론적으로 이는 대화에서 하나 또는 그 이상의 참여자들이 맥락 모형의 변수 중 하나, 이를테면 사회적 정체성이나 역할(예컨대 교수에서 친구에 이르기까지), 대화 조각에서 목표(예컨대 일터에서 동료들 사이에 농담을 하거나 개인적인 경험을 이야기할 때)를 바꾸자마자 그렇게 된다.

조직에서 대화의 유형은 사회 구조만큼이나 복잡하다. 그리고 각각의 소통 상황은 적합성을 위해 서로 다른 대화의 속성을 통제하는 서로 다른 맥락 모형을 유발한다. 그 속성들은 7장에서 다룬다(Arimnen, 2005; Boden, 1994; Drew and Heritage, 1992; McHoul, 2001; Sarangi and Roberts, 1999; Tannen, 1994b를 참고할 것). 이 부분의 논의와 관련되는 것은, 특히 사회적 믿음이 (재)생산되는 상황에서는 배경, 참여자들의 정체성과 역할, 관계의 유형, 상호작용의 목표, 참여자들이 지니고 있는 지식의 유형과 같은 소통 상황의 구조이다. 좀 더 일반적으로 집단에서 지식의 전승을 연구하기 위해, 특히 사회인식론에서 이 특정의 분야가 다양한 접근법의 대상이 되어 왔다(진실 묘사주의 대 구성주의, 이를테면 Goldman, 2002; Jacobson, 2007; Schmitt, 1994 참조).

따라서 환자−의사 상호작용에서 환자는 건강 문제에 대해 의사에게 알려주려는 목적을 가지고 개인적인 건강문제를 이야기하고 그 정보에 근거해 그와 같은 문제들을 해결해 줄 수 있기를 바란다. 그 반대로 의사는 치료를 위한 충고나 처방으로 혹은 끝난 검사에 대한 새로운 정보로 반응할 수 있다(방대한 연구들 가운데 Cassell, 1985; Chenai and Morris, 1995; Fisher and Todd, 1983; West, 1984를 참고할 것).

사회적 지식의 재생산을 위한 공간으로서 이들 기관의 업무는 관련되어 있을 것이다. 특히 만약 의사가, 예컨대 에이즈나 광우병과 같은 새로운 전염병이 개인적인 건강 문제를 일반화할 수 있다거나, 의사가 새로운 약이나 처방에 대해 환자들에게 (전문직 사이의 상호작용이나 의료 전문지식, 이념을 넘어서) 동료들에게 알려져 있거나, 의약 회사, 전공 분야 학술지로부터 얻은 정보를 제공해 줄 수 있다면 말이다. 다른 말로 한다면 여기에 아마도 제한되어 있기는 하겠지만 사회적 표상과 관련된 조사 연구의 특별한 대상들에서 그러한 것처럼, 한편으로 자연과학적 담화와 지식 사이에, 다른 한편으로 일반적이고 상식적인 지식 사이에 접합점이 있게 된다. 확산되는 범위는 대중매체를 통해 전달되는 전염병, 새로운 약품, 처방에 대한 정보와 비교해 볼 때 제한되어 있는데 의사-환자 사이의 상호작용이 주로 사람 사이에 걸쳐 있기 때문이다.

비슷한 특징을 지니고 있는, 고객-전문가 사이에 이뤄지는 상호작용의 여러 유형들이 많이 있다. 개인적인 문제를 지닌 고객들이 전문가와 상담하고 전문가에게 그와 같은 문제가 지니고 있는 발생률, 특성, 빈도나 다른 특성에 대해 알려준다(Natti et. al., 2006을 참고할 것). 그와 반대로 전문가들은 직접적이거나 간접적으로, 혹은 암묵적으로 (응용된) 전문적 지식을 구체적인 충고나 추천, 다양한 갈래의 조처를 통해 고객과 소통한다(Prosser and Walley, 2006). 그와 같은 경우에 고객들이 그런 지식에 대해 이야기하는 사람과 다른 개인적인 접촉이 없다면 전문적인 지식은 여기서도 대중매체에서 이런 문제를 다루는 경우와 비교해 볼 때 확산되는 범위는 어느 정도 제한될 것이다(이런 경우는 담보 대출금 납부에 관련되는 문제와 비슷하다. 이 문제는 2008년부터 시작된 경제 위기 상황에서 국제적인 범위의 주제로서 중요하게 되었다. Swan et. al., 2003을 참고할 것).

공동체나 사회 전체의 대중적인 국면에서 전문지식이 그와 같이 확산되는 모습을 살핀 연구들은 거의 없는 듯하다(그렇지만 Cranefield and Yoong, 2009; Knotek et. al., 2009; Wilkinson et. al., 2009를 참고할 것). 전문가에서 일반 대중으로 흘러가는 그와 같은 하향식의 전문적 소통이나 자연과학적 소통과 비교해 볼 때 시민들로부터 전문가로 흘러가는 자연과학적 지식은 더 느리고 보통 대규모의 실험, 이를테면 환자 집단이나 전문가 의견 조사, 설문지를 통해 이뤄진다.

실제로 좀 더 자주 연구되는 것은 전문가들과 전문직 사이의 사회적 믿음뿐만 아니라 지식과 전문 기술 습득과 확산이다(Apker and Eggly, 2004; Berkenotter and Huckin, 1995; Buus, 2008; Feltham, 1996; Karseth and Nerland, 2007; Li et. al., 2007; Mertz, 1992; Tillema and Orland-Barak, 2006을 참고할 것).

동료들 사이의 전문가적 상호작용은 좀 더 구체적인 하위 유형 여럿이 있는, 지식 '전승'의 일반적인 유형이다(소통에서 지식 전승에 대한 일반적이고 철학적인 분석은 Graham, 2000을 참고할 것). 여기서도 지식 전승은 비슷한 전문지식을 지닌 동료들 사이에서 수평적이거나 다소 전문적인 지식이 부족한 전문가들 사이에 상향식과 하향식으로 이뤄진다. 따라서 모둠의 구성원들과 다른 작은 집단 유형에서는 개별 과제에서 새로운 지식을 얻고 그런 지식을 다른 모둠붙이들과 소통하므로 전체적으로 그 모둠의 공동 지식에 이바지한다(작은 집단에서 정보와 지식이 관리에 대해서는 Nye and Brower, 1996; Thomson, 1999를 참고할 것).

집단의 전문가 혹은 집단의 지도자는 얼굴을 맞댄 소통이든 전자 편지, 대화나 다른 글말 형태로든 하향식으로 전달되는 전문화된 지식을 집단이나 조직의 다른 구성원들과 소통한다. 실제로 이는 지식뿐만 아니라, 이를테면 병원 배경에서 전통적인 의료 이념들이 전문의에서 수련의에게 전달되는 것처럼 이념이 전달을 통해 재생산될 때에도 마찬가지이다(Apker and Eggly, 2004). 그리고 그 반대로 지식을 덜 가지고 있는 참여자들은 상향식으로 (구체적인 상황에서 전문적인 지식의 적용과 같은) 전문적인 경험에 대해 되짚어보기 방식으로 전문가에게 정보를 제공할 수 있다. 그런 경험은 전문가에 의해 모이고 일반화되며 추상화된다. 그리고 그 전문가는, 이를테면 전문적인 출판을 통해 다른 전문가들에게 정보를 전달한다.

이런 짤막한 검토에서 핵심은 맥락 모형으로서 소통 상황의 구조와 그 표상에 대하여 체계적으로 살피고 지식의 '흐름'에 대한 일반적인 유형을 연구하는 것이다. 지식이나 정보를 액체로 규정하는 이와 같이 잘려진 흐름에 관련되는 은유뿐만 아니라 지식의 전이에서 하향식이나 상향식과 같은 공간을 이용한 은유는 맥락에 놓여 있는 덩잇말의 복잡한 구조에 대한 개념상의 방편일 뿐이다. 예컨대 상황에 기대면 상향식이든 하향식이든 많은 (이전의) 지식이 각각의 담화에 전제될 것이다. 일터에서 사람들은 해당되는 일거리에 대해 최소한의 전문적인 지식을 가지고 있을 때에만 전문가로부터 배울 수 있다. 게다가 배움의 많은 부분이 비언어적이며 전문가가 전수 행위와 상호작용에서 전문적인 지식과 기술을 보여줄 때 비언어적이다.

일하는 중에 이뤄지는 전문가들의 상호작용과 지식 전달에서, 이와 같은 양태는, 또한 조직 안에서, 그리고 전문화된 지식으로 그 범위가 제한된다. 따라서 일반적으로 조직의 밖에서 이용이 제한된다. 전문직업에서 인식론적 처소는 대체로 전체적인 인식론적 공동체(사회)를 통하여 일반적인 상식의 발전에서 선호되는 지점은 아닌 듯하다.

전문직업에서 이뤄지는 소통과 상호작용에서, 지식의 역할에 대한 이론적인 분석은 상황 분석, 상호작용과 대화 구조, 맥락 모형의 관점에서 구체적인 조사 연구 결과를 토대로 좀 더 경험적인 관점에서 다듬어야 한다. 따라서 다음과 같은 다양한 주제에 대한 연구들이 있다.

- 배경은 일에 대하여 교사들 사이의 비격식적인 대화에서 보여주는 것처럼 전문지식의 교환을 위해 중요한 조건들이다(Mawhinney, 2010).
- 일하는 집단에서 만약 전통적인 성별 역할이 위협을 받는다면 남성들은 여성 전문가 동료들로부터 되짚어보기를 덜 구하는 그런 방식으로, 여성과 남성들의 (되짚어보기를 구하는) 지식 소통은 전문 기술뿐만 아니라 성별 역할에도 달려 있다(Miller and Karakowsky, 2005).
- 지식 '기부하기'와 '모으기'의 관계는 모둠의 소통 방식뿐만 아니라 지도자의 역할이라는 측면으로서 지식을 공유하고자 하는 자발성과 열의에 의해 매개된다(De Vries et. al., 2006; De Vries et. al., 2010).

- 조직에서 사회 연결망은 지식의 공유를 위해 중요하다(Cross et. al., 2001).
- 집단의 구성원들은 집단의 동의에 의해 영향을 받으며, 공유되지 않고 제시되는 정보를 집단 토론에서 무시하는 경향이 있다. 그렇지만 집단의 결정은 개인적인 판단의 평균 수준보다 더 믿을 만하지는 않다(Gigone and Hastie, 1993).
- 의사들의 집단 소통 방식(이를테면 왜 그리고 어떻게 약을 섭취할 것인가에 대해 좀 더 자세한 설명)은 환자들의 지식과 복용에 긍정적인 영향을 미쳤다(Bultman and Svarstad, 2000).
- 부정적인 교육에 대한 두려움은 조직에서, 특히 사람들 사이의 소통에서 정보의 공유에 부정적인 영향을 미친다(Bordia et. al., 2006).
- 어떤 조직 안에서 지식은 서로 다른 직업 집단과 그들의 지엽적인 맥락들 사이에서 소통이 이뤄지는 동안 변형(풍부하게)된다(Bechky, 2003).
- 동료들 사이의 비격식적 대화보다는 공식적인 회기에 학술 회의에서 지식의 공유가 더 많다(Reychev and Te'eni, 2009).

기관이나 조직의 배경에서 동료들 사이의 담화와 지식 전승을 조사한 연구에서 발견한 사실들과 주제에 대한 선택한 자료들은 집단과 조직에서 인식의 역동성이라 부를 수 있는 것에 영향을 미칠 수 있는 것으로서 소통의 상황과 관련된 많은 매개변인들 중 몇몇만을 보여줄 뿐이다. 인식의 역동성에는 지식의 흐름, 전이, 전달, 상호작용 등의 측면이 있다. 대부분의 이런 연구는 소통 연구와 관리 연구에서 나타난다. 고전적인 태도 측정(라이커트 눈금 등)과 현장에 대한 민족지학적 연구 사이에 복잡한 설계가 있음에도 불구하고 그와 같은 소통에 대한 정교한 질적 담화 분석을 발견하기는 힘들다. 그와 같은 연구들은 지식에 대하여 이론적으로 분명한 분석을 제시하지 않으며 그와 같은 소통 과정에서 지식이 어떻게 표현되고 입말이나 글말로부터 지식이 어떻게 재구성되는지에 대해서도 그러하다.

4.5.6. 대중 의사소통과 지식

사람들 사이의 지식 전승에 대하여 비교적 적게 알려져 있음에도 불구하고 대중적인 소통, 이를테면 대중매체를 통한 소통, 그리고 특히 교육적인 소통에서 지식의 역할에 대해 많이 알고 있다. 실제로 이들은 사회적으로 공유되는 지식의 소통을 위해 선호되는 지점이다. 여기에는 뉴스 전달 매체의 경우에서 그러한 것처럼 특정의 (뉴스) 사건들뿐만 아니라 교육 상황에서 일반적으로 그러한 것처럼 좀 더 일반적인 지식이 있다.

대중매체를 통한 지식의 흐름과 전승은 대체로 하향식으로 매체를 다루는 기관으로부터 (특정의) 대중으로 이어진다. 따라서 (신문이나 누리그물의 경우처럼) 몇 시간 안에 혹은 (라디오나 누리그물의 경우처럼) 몇 분 안에 수천 명이나 수만 명의 시민들이 새로 공개되는 사건들에 대한 기자의 해석이나 구성에 대한 상황 모형을 표현하는 정보를 받는다. 앞 장에서 본 것처럼 그와 같은 소통은 그 다음에 수신자의 개인적인 정신 모형에서 재구성되거나 경신될 것이다.

특별하게 대중적인 중요성을 지니고 있지 않다면 그리고 (9·11테러의 경우처럼) 많은 반복에 의해 대부분의 이런 사건들은 구체적 사건 기억에 머무르고 따라서 곧 잊힐 것이다. 혹은 회상의 실마리가 없다면 더 이상 접속 가능하지 않을 것이다(Graber, 1984, 2001; Van Dijk, 1998a). 사회적 지식의 형성에 대한 이들의 기여는, 이를테면 개념 지식 구체적으로 말한다면 폭탄 공격에 대해, 그리고 폭력주의에 대한 일반화와 추상화를 통해 '일상적인' 학습에 의해 간접적으로 나타난다(Edgerton and Rollins, 2001; Rollins and Levy, 1986을 참고할 것).

대중매체를 통하여 좀 더 명시적이고 직접적인 지식의 전이는 대체로 자연과학의 대중화라는 다양한 형태로 제한된다. 이는 틀림없이 대부분 연구되어 온 지식의 전이와 확산의 형태이다. 따라서 여기서 더 이상 분석할 필요는 없다(검토와 분석을 위해서는 Bell et. al., 2008;

Bucchi and Trench, 2008; Gregory and Miller, 1998; Jacobi, 1986; Myers, 1990; Priest, 2010; Shin and Whitley, 1985를 참고할 것).

이런 경우 소통 상황의 일반적인 구조는 전문(예컨대 자연과학) 기자들이 출간하는 (더러 텔레비전에 출연하는) 정보 전달 기사로서 자연과학자들의 면담이나 전문적인 출판을 통해 얻은 자연과학 지식의 맥락을 다시 잡고 변형한 구조이다. 자연과학자로부터 대체로 전문 기자의 중재를 통해 대중으로 이어지는 세 단계 지식의 흐름은 특별히 흥미로운데 전문화된 자연과학 지식과 담화가 공개적인 담화로 변형되는 방법 때문이다.

그런 대중화된 담화는 일반적이고 일상적인 상식에 근거를 둘 필요가 있는데 때로 (유전과 관련된 쟁점 뉴스에서 DNA와 같이) 몇몇의 전문용어와, 예컨대 은유나 개념 규정, 설명, 개념틀로 자연과학적 개념의 틀을 다시 잡는 다른 많은 (복합 양식의) 형태로 풍부해진다(Beacco, 1999; Calsamiglia and Van Dijk, 2004; Jacobi, 1986; Myers, 1990, 2003을 참고할 것). 유감스럽게도 자연과학의 소통에 대한 자세한 담화 분석에 초점을 맞추는 연구들은 일반적으로 그런 입말과 글말에 대한 인식론적 분석이나 소통 상황의 세부 내용과 맥락 모형의 영향, 다시 맥락을 잡는 과정에 대한 체계적인 분석을 아우르는 데 실패한다.

4.5.7. 교육에서 지식의 소통

대중매체를 통한 지식의 확산보다 더 잘 알려진 경우는 교육적 상황에서 지식의 생산과 재생산이다. 소통하는 일의 대부분은 중심 목표로서 새로운 지식의 전승이 있다. 여기서도 일반적으로 하향식이지만 대중매체보다 훨씬 더 상호작용적이다. 학교와 대학교에서 소통은 체계적으로 이중의 전문가들(교사로서 전문가와 어떤 학문 영역에서 어느 정도 지식을 지닌 전문가)과, 다양한 수준으로 모른다고 가정되는 (학생) 초보자들 사이의 상호작용이 끼어든다(자세한 내용은 Anderson et. al.,

1977; Cowie, 2000; Paechter, 2001; Salomon, 1993을 참고할 것).

교육에서 지식의 습득은 비격식적으로 '배움'이라고 하는데, 여기서 검토할 수 없는 방대하고 전문적인 분야이다. 이런 갈래의 지식 습득에 대한 몇 가지 속성들은 앞 장에서 살펴보았다. (매체가 아니라) 학교 교육schooling에서 일어나는, 많지 않은 사회적 상호작용의 유형이 인지 심리학과 교육심리학에서 체계적으로 연구된 분야이다. 그런 지식 전이는 나이, 앞선 지식, 흥미, 동기, 이독성, 학습자의 다른 속성들뿐만 아니라 교육에 쓰이는 입말과 글말의 속성들(어휘, 통사 구조, 의미 연결, 전국적인 조직화, 그림 자료 등)과 같은 변수들의 복잡한 묶음에 달려 있음을 발견하였다.

능동적이고 상호작용을 통한 (다른 학습자들과 함께 혹은 컴퓨터를 이용한) 배움이 일반적으로 새로운 지식에 대한 다소 수동적인 수용보다 더 성공적임을 알고 있다. 상호작용을 통한 배움에서 협력에 대한 사회심리학적 관점이 가장 적절한 지점도 여기이다. 그와 같은 협력과 이런 갈래의 학습은 여기서도 학습의 전체적인 목표, (앞에서 언급한 것처럼) 참여자들의 개인별 속성, 참여자 각각의 특정 과제뿐만 아니라 교사의 특성, 교사의 담화, 교사의 행위와 같은 관련되는 여러 맥락 변수들에 달려 있다.

잴 수 없이 크든 그렇지 않든 학교에서 처음으로 배운 다소 전문화된 지식은 (시험이 끝난 뒤에) 곧 잊힐 것이다. 틀림없이 집에서 또래로부터 텔레비전이나 누리그물로부터 습득되지 않는, '세계'에 대한 일반적인 지식의 상당한 토대는 남아 있을 것이다. 그러나 보통의 시민들이 현재 지니고 있는 어떤 지식을 학교에서 실제로 배웠는지, 특히 학교에서 배운 어떤 관련되는 지식이 뒤에 다른 소통 상황, 특히 대중매체와의 소통에서 굳어지거나 바뀌는지에 대한 경험적 통찰이 거의 없다 (Conwya et. al., 1992; Custers, 2010; Naveh-Benjamin et. al., 1997; Phye, 1997; Semb et. al., 1993). 실제로 사람들은 어떤 나라와 전쟁을 할 때 교재로부터 학교에서 그 나라에 대해 배우는 것보다 더 많이 (경우에 따라 더 많이 치우친 지식을) '배운다'.

특정의 학교 지식은 나라 전체와 세계의 나머지 부분, 다른 사람들에 대한 일반 지리학적 지식, 사회적 지식과 역사적 지식과 같이 일상의 경험 바깥에 있는 지식으로서, 이를테면 대중매체와 같은 대중적인 담화를 이해하는 데 특별히 필요한 지식의 습득에 먼저 관련될 것이다.

두 번째로 이와 같이 조금 발전된 (고등)학교 지식은, 이를테면 자신의 몸, 건강, 질병, 사람들 사이의 관계, 언어, 소통, 사회 조직, 사회 집단, 자연과학 등의 관련되는 일상적인 사실과 상식적인 사실을 이해하거나 설명하는 데 적합할 수 있다(Nagel, 1996; Normand, 2008; Yoon, 2008을 참고할 것).

교실에서 상호작용을 통한 지식의 습득뿐만 아니라 그와 같은 배움에 대한 통찰의 중요한 자원들은 교재에 대한 체계적이고 때로는 비판적인 연구에 의해 제공된다. 이런 연구들은 종종 그와 같은 배움이 주도적인 이념의 습득과 그 합법화와 밀접하게 관련되어 있고 그에 따라 사회적인 분석이 필요함을 강조한다(Apple, 1979, 1982, 1986, 1993, 2012; Luke, 1988; Young, 1971).

학교에서 습득한 다소 전문화된 지식의 적용 가능성은 그와 같은 지식을 적합하게 하고 그에 따라 좀 더 쉽게 일반적인 지식 체계에 통합되도록 하였다. 대중들 사이에 대체로 확산된 것으로서 (고정관념 등을 포함하여) 상식적인 지식과 반半전문화된 지식이 경쟁을 하도록 해야 하는 지점도 여기이다. 혹은 그 반대로 나날의 경험뿐만 아니라 다른 원천으로부터 배운 지식이 교재를 통해서나 교사로부터 배운 고정관념적인 믿음, 편견에 사로잡힌 믿음이나 인종주의적 믿음과 갈등을 일으킬 수 있다(Apfelbaum et. al., 2008; Kurtz-Costes et. al., 2008을 참고할 것).

분명히 사람들이 특별한 교육을 받아감에 따라 일반적인 사회·문화적 지식의 크기와 전문화 정도는 바뀔 것이다. 그에 따라 오늘날의 신문이나 텔레비전은 50년 전이나 심어 10년 전에는 상식이 아니었던 반전문화된 지식을 전제로 할 수 있다.

끝으로 다음 장에 나오는 전승과 마찬가지로 학교의 교육 상황에서 습득한 지식은 더 발전된 사회적 분석, 이를테면 공식적인 지식으로서 혹은 사회에서 특정 집단, 계층이나 조직의 특별한 관심사로서, 분석이 필요하다. 지식의 (재)생산을 위한 공간으로서 학교와 대학, 실험실, 학원과 다른 기관에 대한 일반적인 분석의 경우도 마찬가지이다. 이 주제는 다음 장에서 다룰 필요가 있다.

4.6. 마무리

사회심리학은 지식과 담화의 연구에서 중심 학문 분야가 될 수 있지만, 그 주도적인 패러다임이 집단 구성원들의 일상에서 일어나는 이런 중심적인 현상의 어느 부분도 거의 연구하지 않았다. 그럼에도 불구하고 이런 주제들에 대하여 통찰을 바치는 중요한 사회심리학적 개념들이 있는데 이들은 태도나 사회적 표상과 같이 믿음이 사회적으로 공유되는 본질로부터 시작한다.

지식과 이념을 같이 다루고 있는, 사회적 믿음에 대한 좀 더 일반적인 이론은 정신적 표상에 대한 인지심리학적 설명을 넘어서야 하며 다른 집단과 공동체에 있는 참여자들에 의해 서로 다른 소통 사건에서 그것들이 어떻게 형성되고, 소통되며, 공유되고 변하는가를 탐구하여야 한다. 태도와 사회적 표상과 같이 전통적인 사회심리학의 많은 개념들이 사회적으로 공유되는 지식에 대한 일반적인 이론 안에서 재검토되어야 한다.

끝으로 여기서는 좀 더 일반적으로는 사회적 믿음이, 좀 더 구체적으로는 지식이 사람들 사이에서, 전문직업에서 그리고 다른 제도기관에서 이뤄지는 소통에서 어떻게 소통되는지 살펴보았다. 이런 연구들의 다수가 그와 같은 소통의 담화 구조에 대한 세부 내용보다는 일반적인 내용이나 주제에 초점을 맞추고 있다. 다른 한편으로 교육적인 상호작용과 교실수업에서 배움이나 교재분석을 제외하면 자세한 담화 분석은 주제나 내용보다 구조와 전략 혹은 어떻게 사회적 지식이 대체로 사회나 집단 안에서 퍼지게 되었는가에 더 많은 관심을 가지고 있다.

제5장 담화와 지식, 사회

5.1. 들머리

2015년 3월 25일, 영국의 수상 데이비드 캐머른David Cameron은 작은판 신문tabloid인 『선Sun』지의 독자들에게 다음과 같이 이민에 대한 새로운 강압 정책을 알렸다.

1　입국이민116)은 영국에 커다란 혜택을 주었습니다. 폴란드의 영웅 말입
2　니다. 그는 그 뒤에 재건을 도와준 서부의 인디언과 맞서 전쟁 동안
3　우리를 위해 싸워 주었습니다.
4　　개방, 다양성, 환대. 이것이 우리의 이야깁니다. 저는 그것에 무한한
5　자부심을 느낍니다.
6　　그러나 우리가 지각 있는 토론을 하지 않는다면 이 나라의 위대한
7　역사는 아무런 혜택을 베풀지 않을 것입니다.
8　　『선(Sun)』지의 독자들은 입국이민이 노동당의 통제를 벗어났음을 알
9　고 있습니다.

10   솔직히 말해서 이 나라는 만만해져 갑니다. 나가는 사람보다 이백이
11   십만 명 이상의 사람들이 더 들어옵니다.
12   보수당이 정권을 잡은 뒤로 우리는 더 많이 관리가 가능하도록 하려
13   고 고군분투하였습니다.
14   그리고 그것이 작동하고 있습니다. 순인구 이동117)이 지난 선거 이래
15   3분의 1로 줄었습니다.
16   그러나 이는 도표에 나타난 수치에 그치지 않았습니다. 그것은 또한
17   여기에 오는 사람들은 빚지지 않고 살아가며 무엇인가를 돌려받고 있
18   음이 대체로 확실합니다.
19   노동당의 입국이민 체제 아래에서는, 이를테면 기한을 넘겨 머무르
20   고 있는 사람들이 어떤 수당을 요구하는 것이 합법적이었습니다.
21   이는 이미 여기에 살고 있는 사람들에게는 공평하지 않습니다.
22   다음 해에 오는 루마니아 사람들과 불가리아 사람들에 대한 논란이
23   많았습니다.
24   우리는 EU에 가입하는 새로운 나라들로부터 혜택을 받고 있는데 그
25   들은 우리로부터 더 많은 것을 사고 일자리가 만들어질 것입니다.
26   정부로서 우리는 사람들이 여기에 정당한 이유로 오도록 분명히 해
27   주어야 합니다.
28   그것이 제가 오늘 입국 이민에 대한 새로운 기준을 발표하는 이유입
29   니다.
30   현재로서는 얼마나 오랫동안 유럽 경제 지역 국가들이 일자리를 구
31   하는 동안 수당을 신청할 수 있는가에 대한 제한이 없습니다.
32   이제부터는 만약 여섯 달 이후에 일자리를 잡지 않는다면 만약 일자
33   리를 찾을 진심어린 기회를 갖지 않는다면 수당은 끝납니다.
34   우리는 또한 임대 주택을 정리하려고 합니다. 지금 당장 새로운 이민
35   자들이 그들이 살 곳을 위해 납세자들이 돈을 지불해 주기를 기대하고
36   있습니다.
37   우리는 새로운 법률을 도입하려고 합니다. 사람들은 지난 이 년 동안
38   살지 않았다면 그리고 무엇인가를 되돌려 줄 수 있음을 보여주기 않는
39   다면 임대 주택이 자격이 없을 것입니다.
40   지금은 EU로부터 온 사람들이 국민의료보험(NHS)에서 무상으로 처
41   치를 받을 수 있습니다. 우리의 계획에 따르면 당신이 병원을 이용하고

42 세금을 내지 않는다면 우리는 당신의 고국에 그 비용을 추적할 것입니
43 다.
44   제가 수상이 된 뒤로 정부는 잘 살고자 원하는 모든 사람을 뒷받침해
45 줄 것입니다.
46   그리고 이는 당신의 가족이 여기서 몇 세기 동안 살았든 지난 주에
왔든 진실입니다.

　영국에서 수상이 일반적으로 언론사에 중재되지 않은 채 직접 접속
하지는 않지만, 그러나 『선Sun』지가 더 완고한 입국이민정책에 더 많이
동의하지 않을 수 있었고, 캐머른의 새로운 정책 배후에 있는 가장
대중적인 세력들의 하나이기 때문에, 여기서 정치 담화와 매체 담화가
버무려진 특이한 혼합물을 마주하게 된다.118) 두 기관, 즉 보수적인
정부와 영향력 있는 우익 계열의 작은판신문이 대중적인 공개 담화에
서 영국 시민뿐만 아니라 입국이민자들에게 새로운 정책에 대한 정보
를 제공하고 있다. 당연히 『선Sun』지의 기자 스코필드K. Schofield는 캐머
른의 성명보다 덜 다듬은 채로 캐머른의 성명을 소개한다. 그러나 근본
적으로는 그에 동의한다. 『선Sun』지의 독자들을 명시적으로 언급함으
로써 캐머른은 분명히 선거에서의 승리에 관심이 있으며 우익으로서
입국이민을 반대하는 당인 영국 독립당UKIP: United Kingdom Independence Party
이 표를 잃게 되는 것을 두려워한다.
　매체 담화와 정치 담화에 관련되는 이 사례는 입국이민에 대한 대중
적인 의견이 영국(그리고 유럽)에서 오늘날 어떻게 관리되는가 하는

---

116) 이민migration은 한 나라 안에 들어와 살기 위한 입국이민immigration과 다른 나라에 나가
살기 위한 출국이민emigration이 있다. 이민은 이들 현상의 상의어이다.
117) 이 개념은 거주 목적의 입국 이민자 수에서 출국자 수를 뺀 값으로 이 값이 줄었다는
것은 입국 이민자 수가 줄어들었음을 뜻한다.
118) 이 문장은 논리적으로 모순인 듯하지만 '영국에서 … 않지만'은 사실, '그러나 … 있었
고'는 가정으로서 반대되는 사실, '캐머른의 … 때문에'는 사실을 나타낸다. 반사실적인
부분은 다루고 있는 기사가 순수한 매체 담화가 아니라는 점을 나타내며, 사실적인
부분은 순수하게 정치 담화가 아니라는 점을 지적하고 있어서 모순이 되는 진술처럼
보일 뿐이다.

문제뿐만 아니라 지식이 사회 집단과 정치 집단, 기관과 조직에서 어떻게 관련되는가 하는 문제에 대한 통찰을 제공하고자 하는 이 장에 각별히 관련된다. 실제로 아래에서 좀 더 살펴보게 되는 것처럼, 캐머른은 분명하게 의견과 정책의 의도를 공개할 뿐만 아니라 문장에서 지식을 귀속시키는 표현의 명시적인 사용을 통해 함의되어 있는 것처럼 입국 이민자들에 대한 수당과 입국이민에 대한 '사실들'로서 수백만 명의 『선Sun』지 독자들을 위해 제시한 정보에 근거해 그렇게 하고 있다.

　　『선Sun』지의 독자들은 입국이민이 노동당의 통제를 벗어났음을 알고 있습니다.

　　좀 더 일반적으로 이 장에서는 지식사회학의 몇 가지 주제를 검토하게 될 것인데 담화 분석의 관점에서 그렇게 한다. 그 분야에 대한 고전적인 접근은 마르크스Marx가 시작한 사례에서 그러한 것처럼 지식에 대한 사회 계층119)이 미치는 영향력, 좀 더 일반적으로 어느 정도 결정론적으로 생각과 사상에 영향을 미치는 영향력에 초점을 맞추고 있다. 그들의 생각은 잇따라 발전하면서, 이를테면 지식의 (재)생산과 관련된 집단과 조직, 기관의 역할과 같은 사회와 사회적 인지의 다른 관계 혹은 사회에서 힘의 원천으로서 지식의 역할에 초점을 맞추었다(지식사회학의 역사와 뒤따른 발전은 Stehr and Meja, 2005를 참고할 것. 그리고 한 걸음 더 나아간 발전에 대해서는 아래에서 제시하는 참고문헌을 참고할 것).

　　이들 연구의 대부분은 어느 정도 추상적이고 거시적 수준의 탐구에서 나타났다. 한편으로 지식의 생산에서 사회적 상호작용에 대한 미시적 수준의 역할의 연구는 아주 적었다. 다른 한편으로 비록 지식에

---

119) 'class'는 계층이나 계급으로 뒤칠 수 있는데, 오늘날 대부분의 사회에서 계급에 따라 신분 차례가 나누어지지 않기 때문에 오늘날의 맥락에서 마르크스가 언급한 계급보다는 계층이 더 알맞다고 생각하고 계층으로 뒤친다.

대해 사회의 '영향력'은 '결정'이나 '의존성'과 같은 많은 다른 용어로 얼개가 짜였지만 이런 갈래의 관계에 대한 자세한 사회 인지적 본질은 거의 명확하게 밝혀지지는 않았다. 실제로 좀 더 일반적으로 지식에 대한 사회학적 접근은 지식의 구조와 구성물formation에 대한 사회적 영향력을 자리매김하는 인지적 처리 과정과 표상의 세부 내용들에 거의 관심을 기울이지 않았다. 이와 반대로 지식이 사회적 상호작용을 통제하는 방식에 대해서도 마찬가지이다. 그에 따라 간접적으로 지식이 집단, 조직, 기관의 구조와 작용을 통제하는 방식에서도 그러하다.

앞 장에서 되풀이하여 강조하였듯이 이 논의와 관련되는 것은, 특히 사회학에서 지식의 (재)생산에서 담화의 기본적인 역할에 대한 무지이다. 나날의 대화이든 교실에서 이뤄지는 상호작용이나 뉴스 보도, 강의나 자연과학책이나 논문이든 나날의 경험을 넘어서는 대부분의 지식은 다양한 방식의 입말과 글말에 의해 습득되고 표현되며 소통되고 사회적으로 확산된다. 따라서 이 장에서는 좀 더 구체적으로 지식의 사회구조를 통한 재생산에서 이들 갈래 중 하나, 즉 출간된 뉴스라는 갈래에 초점을 모을 것이다.

앞 장에서 지식을 인식론적 공동체와 이 공동체의 정당화 기준에 의해 공유되는 믿음이라고 자리매김하였다. 이 장에서는 공동체의 경계, 구성원 자격과 재생산과 같은 공동체의 속성들 중 몇몇을 검토함으로써 이 개념을 좀 더 명확하게 할 필요가 있다.

고전적인 지식사회학의 주제 중 하나는 이념으로서 지식과 '뒤틀린' 혹은 '거짓된' 믿음 사이의 관계였다. 이념에 대한 좀 더 일반적인 이론을 연구한 앞선 논의에 바탕을 두고(Van Dijk, 1998), 지식과 이념 사이의 관계를 명확하게 할 수 있는데 이는 사회 인지적 얼개 안뿐만 아니라 사회학적 관점에서 그러하다. 이는 이념에 대해 앞 장에서 이뤄진 논의에 세부 내용을 더하는 셈이다.

지식사회학은 사회인식론에서 좀 더 규범적인 접근, 이를테면 정당화의 기준에 대한 사회적 특성과 관련되며 그에 따라 진리, 상대주의의 본질과 맥락, 그리고 다른 많은 주제들과 겹친다. 이 장에서는 지식과 진리의 사회적 특성에 대한 좀 더 철학적인 측면들을 조금만 다루겠다. 주로 지식의 사회적 토대로서 인식론적 공동체의 실천관례와 믿음에 대해 좀 더 경험적인 설명을 통해 다루어나갈 것이다(Fuller, 2002; Goldman, 1999도 참고할 것).

지식사회학에 대한 많은 역사적인 연구를 전제로 하여 이 장에서는 지식에 대한 고전적인 사회학자, 이를테면 마르크스(Marx and Engels, 1947), 만하임(Manheim, 1936, 1972), 쉴러(Scheler, 1980), 뒤르킴(Durkheim, 1915, 2002), 머턴(Merton, 1983), 러투르(Latour, 1987; Latour and Woolgar, 1986)와 많은 다른 학자들에 의해 이뤄진 연구들을 되풀이하지 않을 것이다. 아래에서는 이 책에서의 접근과 관련된 연구들과 저자들만을 언급할 것이다(읽을거리로 그리고 지식사회학에 대한 개론과 사적인 설명으로 Abercrombie, 1980; Curtis and Petras, 1970; Hamilton, 1974; Hekman, 1986; Stark, 1958; Stehr and Meja, 1985를 참고할 것).

5.2. 사회와 인지를 관련짓기

지식사회학은 사회와 인지 사이의 관계를 다룬다. 특히 마르크스주의의 관점으로부터 시작하는데 집단이나 계급의 이익과 같이 사회의 '토대'로서 사회 구조가 '상부'나 '초구조'에 있는 사상이나 생각에 영향을 미친다고 가정한다는 의미에서 전통적으로 상향식 관점으로부터 사회와 인지의 관계를 다룬다(자세한 내용은 Stark et. al., 1958을 참고할 것).

현대의 인지과학 얼개 안에서 그와 같이 매우 일반적이고 추상적이며 흐릿한 기술은 지식에 대한 사회학적 설명을 위해 좀 더 만족스러운 기반을 제공하도록 좀 더 분명하게 할 수 있고, 또 그렇게 되어야 한다. 실제로 한편으로 사회 집단과 그 구조나 관심사와의 관계, 다른 한편으로 인지적 산출과 담화를 통한 지식의 확산 사이의 관계는 매우 간접적이다. 그리고 복잡한 사회 인지적 접합 지점을 필요로 한다. 그와 반대로 앞에서 본 것처럼 인지과학은 지식의 사회적 특성이나 문화적 특성을 거의 다루지 않았고, 그에 따라 결국 좀 더 명시적인 사회적 구성요소를 필요로 하게 되었다.

여기서는 상호작용을 하는 관계로서 사회-인지의 연결을 분석한다. 이들은 전통적으로 '변증법'에 기대어 설명되어 왔다. 사회에 대해 전통적인 거시 접근법 대신 미시적 수준에서 분석할 것이다. 즉 사회적 질서의 '토대'로 받아들인 인식론적 공동체의 구성원으로서 행위 주체들의 인지와 상호작용을 분석한다. 그리고『선Sun』지의 기자와 캐머른에 의해 나온 신문 기사와 같이 신문 기사의 산출과 출간과 같은 특정의 사회적 실천관례와 정치적 실천관례에 기대어 분석을 한다.

사회와 인지 사이의 인과적인 관계나 이론적인 관계는 추상적이거나 상호 관련되어 있으며 사회적 상호작용과 소통, 담화뿐만 아니라 개인적인 경험과 해석이라는 미시적 수준에서 설명을 필요로 한다. 지식은 마음-머리의 어떤 속성이며, 그와 마찬가지로 공동체 구성원들 사이에 사회적으로 공유되거나 확산되기 때문에 사회-인지의 접합면을 구성하기 위해 필요로 하는 것은 이들 이들 구성원들의 상호작용과 행위이다(두뇌의 사회-상호작용적 차원에 대해서는 Brothers, 1997을 참고할 것).

5.2.1. 정신 모형과 사회

앞 장에서 본 것처럼 정신 모형은 사회 인지적 접합면에 대한 이론적 구성에서 핵심이다. 정신 모형은 구체적 사건 기억에서 표상되어 인식론적 공동체의 구성원으로서 사회적 행위 주체의 일상적이고 주관적인 경험을 표상하는데, 상황에 관련되는 환경과 사회적 상호작용의 설계 및 실행에 대한 인식을 포함한다(Gentner and Stevens, 1983;

Johnson-Larid, 1983; Oakhill and Garnham, 1996; Van Dijk and Kintsch, 1983).

이 장과 관련되는 것은 정신 모형이 개인적이고 주관적일 뿐만 아니라 간주관적이며 사회적 편향을 지닌다는 것이다. 공유되는 사회·문화적 지식의 적용이나 사례로 구체화된다는 특징을 지니기 때문이다 (Duke, 1996). 이런 지식은 인식론적 사회화와 성장이 이뤄지는 동안 그리고 공동체에서 자라는 동안 구성원들에 의해 습득되는데, 앞 장에서 본 것처럼, 언어의 습득과 곁들여지면서 입말과 글말을 통해 점진적으로 습득된다. 실제로 담화의 이해나 산출에는 언급되는 사건에 대한 사회적 기반을 가진 정신 모형의 표현과 형성 과정, 경신뿐만 아니라 공유되는 사회적 지식의 발달이 간여한다.

인지적 정신 모형 이론에 대한 간결한 요약을 통해서 이미 개인적인 경험·지각·행위와 인식론적 공동체에서 사회적으로 습득되고 공유되는 지식이 어떻게 서로 관련되어 있는지를 볼 수 있다. 즉 한편으로 구체적인 사례를 들거나instantiation 적용이, 다른 한편으로 일반화와 추상화가 구체적 사건 기억에서 개인적 경험과 공동체의 지식 체계를 표상하는 '의미' 기억이 어떻게 서로 관련되어 있는지를 보여준다.

앞 장에서 일상적인 이야기 전달이 대화를 통한 상호작용에서 그러한 것처럼, 상호작용과 소통 그리고 그에 따라 이뤄지는 담화가 공동체의 구성원들에 의해 공유되는 과정에 어떻게 간여할 수 있을지 보았다. 이 장에서 『선Sun』지에 있는 캐머른의 성명은 정치가와 신문이 그들이 보고 있는 상황, 즉 영국에서 입국이민자들이 불공평하게 사회 수당을 이용하고 남용하는가를 어떻게 자리매김하는지를 보여주는 사례이다. 『선Sun』지의 독자들과 다른 시민들이 '공식적인 지식'으로 받아들이는 것은 수상으로서 권위를 갖고 표현된 특별한 믿음이다. 그리고 그에 따라 그것은 여론 형성을 위해 전제되어 있는 토대가 된다. 따라서 여기서는 지식과 믿음의 재생산에서 뉴스 매체의 역할에 특별히 관심을 기울일 것이다.

비록 대다수의 담화와 소통이 모형에 기반을 두고 있지만,120) 즉 나날의 경험에 뿌리를 두고 있지만, 일반적인 사회·문화적 지식은 설명 담화에서 전형적으로 그러한 것처럼 직접적으로 공유되고 습득된다(Britton, 1984; Nippold and Scott, 2010). 그리고 이런 점은 부모-아이 담화(Popousek et. al., 1986), 교재(Brotton et. al., 1993), 교실수업 상호작용(Cowie and Van der Aalsvroort, 2000), 대중을 상대로 한 담화(Myers, 1990; Shinn and Whitley, 1985)와 다른 형태의 교육적 담화의 경우도 마찬가지이다. 그와 같은 담화에서 전략과 구조는 7장에서 설명된다. 이들 담화는 일반적으로 가족·학교·대학·도서관과 같은 사회기관과 관련되어 있다. 그리고 그에 따라 사회에서 지식의 습득·생산·재생산과 확산에 대해 좀 더 사회적인 설명이 관련되어 있는데 이를 이 장에서 다룰 것이다.

개인적인 경험(지각과 설계, 상호작용)에 대한 정신 모형이 '지엽적인' 배경, 참여자와 행위, 목표에 대한 표상에 제한되지 않음을 앞에서 되새겨 보았다. 이런 정신 모형은 언어 습득과 개념적 지식 습득을 통하여 사회 범주와 집단이나 단체(여성, 남성, 아이, 어른, 교수, 학생, 폭력선동주의자 등)와 계층(가난한 사람 대 부자), 기관(학교, 감옥 등), 사회-정치적 체제(민주주의와 독재), 사회적 사건과 의례(혼례, 생일잔치), 권력 관계(억압, 조종) 등과 같이 상당한 분량의 사회 구조와 관련되는 개념의 실제적 사례라는 특징을 지닌다(Bendix, 1988; Flick, 1998; Garfinkel, 1962와 앞 장에서 사회적 인지에 관련되는 참고문헌을 참고할 것). 그에 따라 『선Sun』지에 있는 캐머런의 성명을 예로 든 사례를 통해 영국의 복지 체계에서 입국이민자와 그들의 부당한 사용과 관련된 더 발전된 지식을 어떻게 독자들이 얻게 되는지 알 수 있다.

무엇보다 인식론적 공동체에서 사회적으로 공유되는 지식에 사회

---

120) 여기서는 이 책에서 제시하는 여러 모형을 염두에 두고 있다. 정신 모형, 상황 모형, 맥락 모형 등이 있고, 일상의 언어 처리가 이런 모형에 근거를 두고 있음을 지적한 표현이다.

구조가 표상되는 방식은 이러하다. 그 다음에 그렇게 구성원들의 행위와 특정 경험에 대한 정신 모형에서 구체적인 사례로서 표상된다. 예를 들면 신문기자의 행위, 즉 어떤 이야기에 대한 조사나 글쓰기는 기자라는 직업으로서 신문사라는 기관에 대하여, 그리고 쓰기에서 대하여 있는 사회 집단이나 정부에 대하여 혹은 매체협동조합에 대하여, 구체적인 사례로 표상되는 특징을 지니고 있는 맥락 모형에서 그렇게 표상된다(Van Dijk, 1988a, 1988b, 1991, 2008a, 2008b). 이는 교수로서 자신의 정체성에 대한 구체적인 사례와 기관이나 대학, 글을 쓰고 있는 대중매체 관련기관에 대하여 구체적인 사례를 표상하는 특징을 지니고 있는 맥락 모형에 따라 조사 연구를 하거나 가르치는 교수들의 행위도 마찬가지이다.

'이념'에 대한 계층, 이를테면 노동자 계층의 영향력에 대한 고전적인 설명을 적용한다면 여기에는 무엇보다 어떤 계층의 구성원으로서 공유된 경험과 사회적 행위 주체로서의 의식이 필요할 것이다. 그러나 그와 같은 계층 의식이나 지식은 타고나지 않으며 일상적으로 겪는 계층 구성원으로서 경험으로부터도 자발적으로 나타나지 않는다. 그러나 보통 다양한 형태를 띤 정치 담화의 재생산을 통해 어떤 관념으로서 교육을 받아야 한다(Aries and Seider, 2007; Burke, 1995; DeGenaro, 2007; Graetz, 1986; Kelsh et. al., 2010; Reay, 2005를 참고할 것). 오직 그 다음에 경험들은(이를테면 이야기 전달을 통해서) 더 이상 개인적인 것이 아니거나 다른 사람에 의해 간주관적인 것으로 공유될 뿐만 아니라 계층의 구성원으로서 '우리'의 경험으로 표상된다. 즉 일상의 경험에 대한 정신 모형에서 구체적인 사례로 표상하는 것은 사회적 정체성에 대한 지식이라는 공유된 지식이다. 이와 비슷한 논지가 여성들의 성별 정체성이나 남녀평등주의자[121]들의 사회정치적 정체성에도 유지된

---

121) 'feminist'는 한때 여권에 대한 의식도 없고, 제도적 장치도 갖추어져 있지 않은 시대에 여권의 신장만을 주장하는 주의로 받아들여졌으나 오늘날은 시대가 바뀌고 남성들에 의해서 역차별 논란까지 일어나고 있는 실정에서 좀 더 폭넓게 해석될 필요가 있다.

다(사회적 정체성의 적용과 형성 과정에 대한 사회심리적 설명은 Abrams and Hogg, 1990, 1999; Brewer and Hewstone, 2003; Capozza and Brown, 2000; Tajesel, 1982를 참고할 것).

요약하자면 사회-인지 접합면은 인식론적 공동체의 구성원으로서 사회적 행위 주체의 개별 경험 수준에서 규정되며 일반적으로 공유되는 사회·문화적 지식의 적용과 구체적 사례의 표상뿐만 아니라 담화에 대한 정신 모형에 기대어 규정된다. 사회심리학에서 사회적 정체성에 대한 이론을 경신하는 방법은 정신 모형 이론을 통하는 것이다. 따라서 담화의 소통에 더하여 상향식으로 개인적 경험과 공유되는 경험은 집단 형성과 정체성의 '토대'를 이룬다.

그러나 하향식으로 그와 같은 경험을 어떤 집단의 구성원의 경험으로 이해하는 (해석하는) 것은 (일반적으로 담화를 통해서) 그 집단에 대한 개념적 지식, 사회적으로 공유된 지식의 습득을 전제로 한다. 전형적으로 집단에 대한 일반적인 지식은, 데이비드 캐머른과『선Sun』지, 그곳에 딸려 있는 기자의 사례에서 보았듯이, 사회 구성원으로서 집단의 경험으로부터 지도자와 이론가 혹은 특정 이념을 만들어낸 사람에 대한 지각과 일반화와 추상화에 의해 구성된다. 앞의 측면은 사회적 정체성에 대한 사회심리적 설명인 반면, 뒤의 측면은 이와 같은 과정에서 일반적으로 정체성과 집단 형성, 정부와 대중매체의 역할에 대한 사회적인 설명에 속한다.

이는 또한 비록 인지-사회의 접합면이 일상적인 경험과 행위에 뿌리를 두며 적용되지만 이는 근본적으로 개인적인 경험과 태도가 사회 집단의 경험과 정체성으로 해석되도록 해주는 것으로서 집단 경험에 대해 담화를 통한 재생산과 하향식 사회 인지적 구성을 필요로 함을 보여준다.

특히 오늘날은 이런 경향을 띠는 사람들이 여권의 신장만을 주장하지는 않고 있고 궁극적으로는 남성과 여성의 평등을 주장하는 것으로 생각하고 여기서는 남녀평등주의자로 받아들인다.

5.2.2. 사회·문화적 지식의 기원과 재생산

한편으로 사회적으로 공유되는 지식과 다른 한편으로 개인적인 경험과 지각, 행위 사이의 접합 부분으로서 정신 모형의 근본적인 기능에 대한 설명도 인식론적 공동체의 구성원들에 의해 공유되는 것으로서 지식의 기본적인 역할을 강조한다. 매우 중요한 것은 집단 구성원으로서 사회적 주체의 경험은 그들이 구성원으로 있는 바로 그 집단의 지식을 전제로 한다는 점이다.

인지뿐만 아니라 사회적으로 관련되고 흥미로운 점은 이 공유되는 지식이 처음에 어떻게 습득되는가 하는 문제이다. 앞에서 여러 차례 설명하였고 앞 장에서 설명하였듯이 일반적으로 개별 구성원들의 그와 같은 지식은 대체로 입말과 글말, 즉 여러 갈래와 부류들 가운데 부모와 또래, 친구나 동료들과 나누는 일상적인 대화, 대중매체나 전문 직업에서 대화로부터 습득된다. 그러나 무한 퇴행이나 닭—달걀의 진퇴에서 벗어나기 위해 그 결국 담화들을 생성하는 데 우선적으로 지식이 필요하다는 사실을 설명할 필요가 있다.

따라서 공동체나 집단에 딸린 대부분의 (새로운) 구성원들에게 공동체나 집단의 수준에서 입말과 글말을 통해 대부분의 지식이 습득되고 인정되며, 특히 기술된 경우에도 사회적 지식의 '기원'에 대해 알아둘 필요가 있다, 로크(Locke, 1690), 드콘딜락(De Condillac, 1746), 흄(Hume, 1750) 이래 다른 철학자들뿐만 아니라 현대의 심리학자들이 강조한 것처럼(Carpenalde and Müller, 2004; Hood and Santos, 2009; Keil, 1979, 1998; Mandler, 2007; Spelke et. al., 1992), 틀림없이 개체발생론적으로 사람의 지식은 부분적으로 인간의 감각 경험에 의해 습득된다.

앞에서 주장한 것처럼 특정 갈래의 전문적이거나 정치적인 지식, 과학적 지식의 사회적 기원에 대하여 한편으로 특정 개념과 용어들의 계통이나 고고학을 거슬러 추적하거나 전문 분야의 선도자, 필자, 정치가나 기자, 학자들의 연구를 추적하며 다른 한편으로 그 조직이나 기관을 추적하는 것은 쉽다(사회과학과 개념들의 역사에 대한 방대한 연구들 가운데 Black, 1996; Foucault, 1972; Galli and Nigro, 1990; Geary, 2005; Moscovici, 1961; Radnitzky and Bartley, 1987; Ritzer, 1994; Rüschmeyer and Skocpol, 1996을 참고할 것).

체계적인 관찰의 결과이든 이론적인 성찰의 결과이든 상관없이, 정치적 담화, 매체 담화나 자연과학 담화를 통해 공개적인 담화에서 입장이 정리되고 나면 그와 같은 개념들과 용어들은 인식론적 공동체를 통해 퍼진다. 비록 여기서 설명이 사회 인지적 역할과 이런 과정에 담화의 역할을 좀 더 자세하게 강조하고 분석적으로 설명하지만 여기서는 지식사회학과 대중화에서 연구된 것처럼 인식론적 재생산의 본질적인 과정을 다루고 있다.

비록 공개 담화의 다양한 형식을 통해서, 이를테면 대중매체에 의한 대중화를 통해서 자연과학 지식의 재생산과 확산에 대해 어느 정도 알고 있지만(Meyer, 1990을 참고할 것), 자연 발생적인 지식의 담화를 통한 재생산과 대중화의 결과와 조건에 대해 좀 더 사회학적인 통찰을 필요로 한다. 실제로 사회 안에서 어떤 학자들의 어떤 자연과학적 개념이 어떤 학문 분야에서 어떤 기관에서 어떤 언어로 어떤 나라에서 어떤 매체에 의해 대중화되는 경향이 있는지, 어떤 대중을 위해서 새로운 사회·문화적 지식의 습득에 어떤 효과를 지니는지 알아둘 필요가 있다.

여기에는 많은 변수들이 있으며, 몇몇은 자연과학 원천 담화의 기관과 언어, 국가와 관련하여 권력과 관련이 있으며 다른 변인들은 목표로 삼은 독자들의 경험과 일상적인 삶에서 그와 같은 개념과 지식의 기능, 사회적 적합성에 달려 있다(Bowler, 2009; Caranynnis and Campbell, 2006; Guilhon, 2001; Jones and Miller, 2007; LaFollette, 2008을 참고할 것).[122] 아마

---

122) 자연과학 계열의 논문들이 거의 대부분 영어로 쓰이고 있다는 점, 그에 따라 우리나라의 자연과학자에게 영어로 소통할 수 있는 능력을 갖추는 일이 중요해지는 점은 생각해 볼 만한 현실이다. 그리고 그에 앞다투어 대학에서 영어로 이뤄지는 수업이 어떤 의미와 효과가 있을지 심각하게 고민하고 있지 않은 듯하여 안타까울 따름이다.

도 자연과학지식 가운데 오늘날 사회에서 가장 두드러지고 그래서 널리 퍼진 것은 컴퓨터, 휴대폰과 같이 사회에서 사람-기계의 접합면을 이루는 사회 연결망에 대하여 있다.

5.3. 인식론적 공동체

같은 지식을 공유하는 사회적 행위 주체들의 집단으로서 앞에서 비격식적으로 규정되긴 하였지만 인식론적 공동체의 개념은 사회적으로 더 분석될 필요가 있다. 그에 따라 앞서 주장한 것처럼 버스에 탄 사람들을 인식론적 공동체로 범주화하지 않을 것이다. 이와 비슷하게 비록 특정의 지식을 공유하고 있지만 그 개념은 동업자와 나, 가족이나 대학 학과의 구성원들로 이뤄진 '집단'의 특징을 밝히는 것도 아주 미미하게 쓸모가 있을 뿐이다. 그렇다면 여기서 경험적으로 그리고 개념적으로 쓸모가 있는 인식론적 공동체의 이론적 개념과 관련을 짓고자 할 때 규정하는/구분하는 속성은 무엇인가(상세한 내용에 대해서는 Beinhauer, 2004도 참고할 것)?

5.3.1. 언어 공동체와 상호작용 공동체 - 담화 공동체

인식론적 공동체의 자리매김에 대한 언급을 시작하는 한 가지 방법은 공유되는 지식의 기능이라는 그 용어에 있다. 먼저 왜, 무엇을 위하여 사람으로 이뤄진 집단은 공유된 지식을 필요로 하는가? 이 질문에 대한 답은 한편으로 언어 (혹은 담화) 공동체들과 다른 한편으로는 상호작용이나 실천관례를 공유하는 공동체들 사이의 관계와 관련되어 있다. 사회적으로 공유되는 지식은 기본적으로 소통과 행위, 상호작용이 성공적으로 이뤄지도록 하는 데 이바지하기 때문이다.

따라서 만약 언어 공동체를, 실제로는 공유되는 지역이나 나라에 의해서도 규정되기도 하지만, (제1) 언어를 공유하는 언어 집단으로 규정한다면 (중국에서 스페인 말을 제2언어로 알고 있는 사람들을 언어 공동체의 구성원들로 배제하고자 한다면) 그와 같은 언어 지식은 분명히 좀 더 일반적인 지식 세계의 일부이다(Gumperz, 1962). 그러나 언어 지식만으로 입말 담화나 글말 담화에 참여하기에는 불충분하다. 앞 장에서 그리고 다음 장에서 지적한 것처럼 '세계 지식'의 상당한 부분도 필요하기 때문이다. 같은 문화 안에서 많은 언어 공동체에 의해 공유되는 것으로서 (뒤에 다루게 될) 물리적 환경과 생물학적 환경에 대한 일반 지식에 더하여 사적인 담화와 공적인 담화에 참여하기 위해서는 언어 사용자들의 사회적 환경과 문화적 환경에 대한 지식도 필요하다. 스페인 말로 이뤄진 담화의 많은 측면들을 이해하기 위해 언어 사용자들은 분명히 스페인이나 라틴아메리카에 있는 사람들과 사회들에 대해 많은 지식이 필요하다.

그렇다면 그런 의미에서 인식론적 공동체와 언어 공동체는 밀접하게 관련되어 있고 더 넓은 개념의 담화 공동체에 합쳐진다(Cortes and Duszak, 2005; Cutting, 2000; Kennedy and Smith, 1994; Porter, 1992; Rodin and Steinberg, 2003; Ventola, 2000; Wuthnow, 1989). 말하자면 사회적으로 공유되는 지식이 전제되고 그에 따라 특정의 문화 공동체에서 입말이나 글말에 참여할 수 있는 능력이 필요하다. 담화는 또한 그 공동체의 중요한 수단으로서, 특히 가정에서 부모-아이 대화, 학교와 대중매체를 통해 습득되고 확산되며 재생산된다. 그리고 그 반대로 제1언어는 담화 공동체의 맥락 안에서 일반적으로 습득된다.

지식은 언어 사용, 담화나 소통에 의해 전제될 뿐만 아니라, 행위와 상호작용에 의해 전제된다(Bicchieri and Dalla Chiara, 1992). 다른 사회적 행위 주체의 행위와 의도를 이해할 수 있기 위해서 집단의 행위를 설계하고 행위를 조정하기 위해 물리적 환경, 생물학적 환경, 사회적이고 문화적인 환경에 대한 특정의 지식이 필요하다. 한편으로 그와 같은 지식은 특정의 언어 공동체에 대한 지식보다 넓고 담화 공동체나 언어 공동체에 의해 공유되는 문화 지식의 좀 더 일반적인 부분이다. 다른 한편으로 행위와 상호작용을 위해 필요로 하는 지식은 좀 더 특정적일 수 있다. 예컨대 전문직에서 필요로 하는 지식의 경우가 그러한데 이는 전문적 담화에 참여할 수 있는 능력과 관련된다.

끝으로 실천관례의 공동체라는 이와 밀접하게 관련되어 있는 개념은 특정의 상호작용에 규칙적으로 참여하는 사회적 행위 주체 집단에 공유되는 지식이 필요하며 그것에 의해 자리매김된다. 그리고 그 구성원들은 가족이나 모둠, 사교 모임, 대학의 학과, 가게와 (작은) 사업체 등의 경우처럼 전체적인 목표를 공유한다(Wenger, 1998). 여기서도 위에서 살펴보았듯이 좀 더 일반적으로 인식론적 공동체의 지식은 그와 같은 공동체의 담화와 서로서로 관련된다. 한편으로 그와 같은 공동체의 담화에 적절하게 참여하고 다른 한편으로 그와 같은 지식은 비록 좀 더 일반적인 사회·문화적 지식과 더 넓은 담화 공동체에 바탕을 두고 있지만 공동체에서 담화와 소통을 통해 습득되고 정당화된다.

인식론적 공동체는 담화 공동체, 상호작용 실천관례와 사회적 실천 관례와 같은 서로 비슷한 개념과 밀접하게 관련되며 부분적으로 그것을 전제로 한다. 모든 사례에서 지식에 대한 그와 같은 다른 형태들은 그와 같은 공동체의 구성원으로서 능동적으로 참여하는 데 필요할 뿐만 아니라 적절하게 참여하는 데, 즉 특정의 규칙이나 규범을 따르는 데 필요하다.

5.3.2. 구성원다움membership

모든 갈래의 사회적 공동체나 문화적 공동체의 경우와 마찬가지로 인식론적 공동체는 그 구성원들에 기대어 한 걸음 더 나아간 자리매김을 할 수 있다. 사회학적으로 말해 그와 같은 구성원다움은 사회 집단과 단체나 조직뿐만 아니라 그들의 접속 방법과 구성원 자격이 정해질 때 비교적 쉽게 규정될 수 있다. 어떤 사람이 기관이나 회사에 공식적으로 고용되고 그에 따라 법률과 관습에 따라 어떤 구성원이 된다. 어떤 사교 모임이나 정당, 혹은 다른 단체의 공식적인 구성원으로 받아들여질 수 있는데 그와 같은 구성원다움은 구성원 자격 카드나 등록부 등으로 문서화될 수 있다.

언어 공동체의 구성원다움은 덜 규정되어 있다. 그 언어를 배우고 있는 어린이나 외국인은 이미 그와 같은 공동체의 구성원인가, 아직 아닌가? 많은 나라에서 외국인 학생들에 대하여 언어적 요구 조건을 내세우는 바와 같이 특정의 상황에서는 구성원으로 간주하기 위해 수년 동안의 재학과 공식적인 학위를 요구할 수 있다. 그리고 언어 공동체와 문화 공동체는 밀접하게 관련되어 있기 때문에 유창하게 문법에 맞게 말할 수 있지만, 한편으로 어떤 언어 공동체에서 적절한 담화를 위해 요구되는 여러 가지 화용 지식이 부족할 수 있고, 다른 한편으로 사투리로 말할 수 있다. 따라서 언어 공동체라는 개념이 지식, 유창성과 능력의 서로 다른 유형과 정도에 따라 더 분석되어야 한다.

인식론적 공동체의 구성원다움의 경우에도 마찬가지이다. 아이와 외국인은 유창하고 적절하게 행위와 상호작용, 담화에 참여하기 위해서는 문화적 지식과 사회적 지식이 여전히 부족할 수 있다. 사회화 과정에 대한 서로 다른 갈래들은 공동체에 그와 같이 '새로 오는 사람'이 어떻게 한편으로 일상의 비격식적인 상호작용을 통해, 다른 한편으로 공식적인 학교교육이나 다른 형태의 교육을 통해 '인식론적 능력epistemic literacy'을 습득하는가를 자리매김한다. 여기서도 대부분의 나라나 조직에서는 유창한 구성원으로서 사회적 행위 주체들이 인정을 받기 전에 학위와 검사, 몇 년에 걸친 공식적인 학교교육 기간을 요구한다. 이를테면 투표를 할 수 있기 위해서는 일자리를 갖거나 높은 수준의 전문화된 학교교육에 참여해야 한다. 유창한 행위와 상호작용, 담화를 가능하게 하는 최소한의 지식 수준에 대한 인정에 더하여 그와 같은 공식적인 요구사항은 그 공동체 구성원으로서의 확인과 사회적 동질성에도 이바지한다(Anderson et. al., 1997; Apple, 1979, 1993, 2012; Barnett,

1994; Bernstein, 1996; Frandji and Vitale, 2010; Gabbard, 2000; Mercer, 1987; Paechter, 2001; Sharp, 1980; Welch and Freeboy, 1993; Young, 1971).

공적인 학교교육과 학위, 그리고 인식론적으로 공동체 구성원들을 사회화하는 다른 사회기관이 있음에도 불구하고 심지어 같은 교육을 받고 같은 사회 환경에서 자라고 생활하는 경우에도 개별 구성원들 사이에 지식의 막대한 차이들이 남아 있다(Furnham and Chamorro-Premuzic, 2006; Furnham et. al., 2007; Habrick et. al., 2007). 가변적인 개인의 관심사들도 지식의 상당한 차이로 이어지는 매체 사용, 읽거나 다른 실천관례 공동체의 가입에서 차이 등 차이를 설명하는 조건 가운데 하나이다. 따라서 『선Sun』지에 있는 데이비드 캐머른의 사례에 대해 『선Sun』지의 독자들은 다른 독자들, 이를테면 의미심장하게 사실과 비허구라는 제목을 붙인 사설에서 캐머른의 중재를 비판적으로 논평하고 있는 『가디언Guardian』지의 독자들과 다른 지식 묶음을 지니고 있으리라 가정할 수 있다.

널리 공유된 지식에 근거해 구성원들은 뒤에 직업에 따라 전문화된다(Eraut, 1994; Horvath and Sternberg, 1999). 이런 의미에서 사회적 행위 주체들은 여러 인식론적 공동체, 겹치거나 계층을 이룬 인식론적 공동체의 구성원이 된다. 격식적이든 비격식적이든 각각의 공동체에 대한 구성원 조건은 따라서 (점진적으로) 다양한 사회적 맥락에서 적절한 사회적 상호작용과 담화에 참여할 수 있는 데 필요한 (점진적인) 인식 능력에 기대어 규정될 수 있다.

'같은' 인식론적 공동체의 개별 구성원들 사이에 막대한 지식의 차이를 전제로 한다면 공식적인 교육과 검사뿐만 아니라 공동체의 소통 관례들 바로 그것에 능력의 최소 형태를 요구할 수 있다. 이것이 앞에서 여러 차례에 걸쳐 주장해 온 것처럼 다양한 유형의 공적인 담화에 전제되어 있는 지식에 기대어 인식론적 공동체를 자리매김하려고 하는 이유이다(Gavin, 1998; Jansen, 2002; Wagner et. al., 2002도 참고할 것).

매우 구체적으로 텔레비전에서 뉴스 볼거리와 (많은) 쇼를 이해하기 위해, 신문에 있는 일반 소식을 읽고 이해할 수 있도록 그리고 일에 대해서 동료와 적절한 대화를 하거나 공공기관의 공무원들과 대화에 참여할 수 있도록 하기 위해서 하는 경우가 여기에 해당할 것이다. 공개적인 담화의 갈래들과 다양한 상황에 적절하게 참여하기 위해 요구되는 것으로서 이런 기본적인 사회 지식을 훨씬 더 많이 알고 있는 구성원들이 있는 경우에도 인식론적 공동체를 규정하는 기본적인 공동 배경Common Ground으로 제공될 수 있는 것은 이런 갈래의 일반적이고 사회·문화적 지식이다.

분명히 그와 같은 기본적인 공동체 지식에 의해 규정되는 사람들의 묶음은 흐릿하다. 더 많이 알고 있는 구성원들이 있을 뿐만 아니라 여러 사람들로 이뤄져 있을 때 여러 이유로 덜 알고 있는 구성원들이 있게 되고 그에 따라 가족이나 친구들, 일터에서 동료들과의 기본적이고 일상적인 상호작용에서 요구되는 지식을 넘어서는 텔레비전 뉴스와 같은 공개적인 담화의 많은 유형들을 온전하게 이해할 수 없을 것이다. 이 지점에서 교육사회학, 개인별 차이, 성공적인 학교교육을 위한 사회적 조건이라는 주제와 그와 관련되는 주제에 들어서게 된다. 이들 각각은 다양한 사회 집단이나 범주 혹은 개인에 의해 습득되는 인식 능력의 갈래에 기대어 기본적인 인식론적 분석을 필요로 한다.

5.3.3. 인식론적 공동체의 수준과 유형

인식론적 공동체는 많은 유형으로 나타나고 다양한 수준에서 분석이 가능하다. 때로는 담화에 대한 각각의 공동체와 관련되기도 한다. 따라서 무엇보다도 인식론적 공동체는 시공간에 따라 가변적이다. 백년 전에 공동체로 알고 있던 것보다 더 많이 그리고 다른 것들에 대해서 '같은' 공동체를 더 많이 그리고 다른 것들도 알게 되는데, 특히 기술적인 지식의 분야에서 그러하다. 즉 인식론적 공동체는 개인들과 마찬가지로 점진적으로 배우고(그리고 잊고), 그에 따라 역사 인식론적 분석을 필요로 한다. 새로운 현상이 발견되었을 때 새로운 자료나 상징적인 목표들이 구성되고 어휘를 통해 확인되는데, 여기에는 7장에서 더 살피게 되는 기술과 특징 밝히기, 혹은 자리매김을 위한 담화 전략과 같은 것들을 필요로 한다.

이는 공간적이거나 지역적인 변이가 있는 경우도 마찬가지인데 이는 다음 장에서 다루게 될 서로 다른 유형의 문화 지식과도 관련된다. 그에 따라 스페인 사람들은 어떤 인식론적 공동체로 자리매김될 수 있는데, 어떤 나라, 사회, 문화로서 스페인에 대해 그들이 공유하고 있는 특정의 지식 때문이다. 특정의 지식은 스페인에서 공개적인 담화의 많은 유형, 예컨대 학교교육과 대중매체들에 의해 공유되고 습득되며 전제되어 있다. 그러나 이는 카탈로니아와 바르셀로나의 시민 공동체의 경우도 마찬가지이다. 이때에도 그들이 지니고 있는 특정 지역의 지식에 따라 규정된다. 그렇지만 스페인 시민 그리고 유럽의 시민으로서 그들은 높은 수준의 인식론적 공동체나 더 폭넓은 인식론적 공동체를 공유하고 있고 각각의 공동체는 한편으로, 공개적인 담화의 특정 형식에 의해 다른 한편으로는, 좀 더 지엽적인 담화에서 그와 같은 공동체를 높은 수준에서 참고함으로써 사회적으로 규정된다.

담화에서 전제의 역할이 인식론적 공동체가 여러 겹으로 겹쳐진 계층 구조와 관련되어 있음을 알고 있다. 바르셀로나의 시민들은 스페인의 다른 지역이나 도시 구성원들과 '스페인 말'에 대한 일반 지식을 공유해야 하지만, 반드시 그 반대인 것은 아니다. 스페인의 다른 지역 시민들은 일반적으로 대중매체를 통하여 바르셀로나와 관련된 지역의 지식 가운데 제한된 지식만을 지닐 뿐이다(Butt et. al., 2008; Geertz, 1983; Mignolo, 1999).

스페인과 다른 유럽의 나머지 국가들 사이 혹은 서부 유럽과 남부 아시아 사이의 관계에서 그러한 것처럼 더 높고 추상적인 수준의 사회적 지식과 문화적 지식에도 같은 논점이 적용된다. 다음 장에서 이를 더 탐구하게 될 것인데, 여러 문화에 걸친 담화와 소통의 경우에서 그와 같은 점이 더욱 더 적용된다.

서로 다른 수준의 교육과 학교교육, 사회 계층, 성별, 직업, 조직, 이념이나 종교에 의해 규정되는 여러 인식 공동체들 가운데, 아마도 여기에서의 논의와 가장 관련이 있는 것은, 전문직업에서 인식론적 공동체일 것이다. 실제로 다른 공동체보다도 전문직업의 인식론적 공동체 구성원들은 선발되고 교육되며 그들의 지식과 관련되는 분야의 능력과 기예에 초점을 맞추어 고용된다(Connelly and Clandinin, 1999; Eraut, 1994; Friedson, 1986). 의사·기술자·법률가·사회학자와 다른 많은 전문직업에서 그러한 것처럼 그들은 그와 같이 전문화된 지식을 특정의 기관에서 특별한 상호작용이라는 교육의 형태로 습득하고 특별한 시험과 검정의 통제를 받으며 최종적으로 전문직 담화와 다른 형태의 실천사례와 상호작용에 유능하게 참여함으로써 인정을 받는다.

지역이나 국가에 관련되는 지식 사이의 계층적인 관계에서와 마찬가지로 전문직업의 지식은 좀 더 지정되어 있고 그에 따라 습득을 위해 일반적이고 문화적인 '기본' 지식뿐만 아니라 담화와 소통, 상호작용의 비전문직업의 측면도 전제한다. 이는 또한 일반 지식으로 간주되는 지식은 전문화된 지식의 상세화를 필요로 할 뿐만 아니라 전문화된 지식에 의해 수정되거나 부정되며 심지어 단순히 대중적인 믿음이나 미신으로 거절될 수 있음을 함의한다.

담화를 통한 지식에 대한 사회학의 과제 중 하나는 이런 서로 다른 인식론적 공동체들의 속성과 그들의 관계를 상세히 밝히고, 이들 공동체와 함께 혹은 이들에 걸쳐 있는, 지식의 습득과 확산의 밑바탕에 있는 담화 유형에 의해 그와 같은 공동체가 어떻게 특징을 드러내는가 혹은 드러내어야 하는가를 보여주는 것이다(Keller, 2005를 참고할 것).

5.4. 맥락에서 담화와 지식

담화와 지식에 대한 사회학은 공개적인 입말과 글말의 서로 다른 갈래에서 방식들과 내용의 (재)생산에 대한 연구, 그와 같은 담화가 사회적으로 공유된 지식의 전제와 표현, 지식의 전달 방식에 대한 연구에 제한되지 않는다. 이 책에서는 복잡한 소통 사건의 일부분으로서 그리고 언어 사용자들에 의해 특별한 맥락 모형에서 주관적으로 구성되는 것으로서 맥락의 역할을 강조하여 왔다(Van Dijk, 2008a, 2009a).

따라서 『선Sun』지로부터 나온 사례에서 그것[맥락: 뒤친이]은 지식과, 다른 믿음을 (재)생산하는 캐머른의 성명이 뉴스에 그치는 것이 아니라 이 신문, 그리고 이 수상이 특정한 날에 영국에서 특별한 목적을 가지고 입국 이민에 대하여 계속 이어지는 논쟁의 더 넓은 얼개 안에서 이들 덩잇글을 발간하였다는 사실이다.

말하자면 독자들은 그들의 지식과 의견을 형성할 때 그 덩잇글을 표상할 뿐만 아니라, 맥락도 표상한다. 따라서 지식과 담화에 대한 사회학의 얼개 안에서 소통 맥락의 제약에 대한 사회적 차원의 체계적인 분석도 필요로 한다. 언어 사용자들, 이를테면 신문의 독자들은 지식의 원천으로서 담화의 신뢰도123)를 평가하고 그에 따라 특정의 자원에 의해 표현된 믿음이 지식으로 인정받을 수 있는지를 먼저 평가하는 것도, 특히 그와 같은 맥락에 대한 평가를 통해 이뤄진다.

따라서 일반적으로 맥락 자질의 인식론적 영향력은 분명히 (화자의 모형에서) 수신자의 정체성과 역할, 그리고 기능에 달려 있다(Tormala and Clarkson, 2008. 지식과 권력, 신뢰도와 제도기관에서 역할, 참여자들의 정체성 사이의 관계에 대해서는 Aronowitz, 1988; Berkenkotter and Huckin, 1995; Bourdieu et. al., 1994; Coburn and Willis, 2000; Friedson, 1986; Gilles and Lucey, 2008; Goldman, 1999; Mumby, 1988; Thornborrow, 2002; Van Dijk, 2008a; Vine, 2004; Wodak, 1989a, 1989b를 참고할 것).

『선Sun』지에 있는 캐머른의 성명에 대한 맥락 분석은 특별히 흥미로

---

123) 'reliability'와 'credibility'가 이 책에서 쓰이고 있는데 앞은 신뢰도로, 뒤는 신용도로 뒤친다. 신뢰도는 말 그대로 믿음의 정도를 나타내지만, 신용도는 지식의 원천으로서 믿고 쓸 수 있는 정도를 가리킨다.

운데 대중매체와 정치학에서 소통의 영역들이 뒤섞여 있기 때문이다. 틀림없이 캐머른은 여기서 기자로서가 아니라 수상으로서 글을 쓰고 있지만 그의 성명을 소개하는 기자의 경우와 마찬가지로 그는 의회나 그의 정당에서 연설을 하는 것이 아니라 구체적으로 『선Sun』지의 독자 들에게 연설하고 있다. 또한 성명의 목적은 각각의 영역에 대하여 규정 된다. 이를테면 한편으로 대중매체의 독자들에게 정보를 제공하고 다 른 한편으로 잠재적인 유권자들에게 영향을 미친다. 따라서 이 성명의 소통의 갈래는 정치적 담화와 매체 담화의 이종결합이다. 이 성명을 담고 있는 덩잇글은 이런 복잡한 소통 상황에 대한 표지[index124]일 뿐만 아니라 그런 상황에 맞추고 있다.

따라서 지식에 대한 사회적 분석에서는 대중매체와 같이 집단이나 기관과 조직에서 나온 특정의 담화 갈래, 특정의 장소(침실, 뉴스편집실, 회의실, 교실, 법정 등)와 시기(저녁 뉴스를 마련할 때나 선거 바로 앞 등; Cook, 1989를 참고할 것)와 참여자들(수상, 국회의원, 기자, 교사, 자연과학 자 등)과 사회적이거나 정치적인 활동들(정보 전달하기,[125] 정치활동, 입 법 활동, 교육활동 등)에 더하여 특정의 목적(더 많은 표를 얻기 등)과 같은 맥락에 대한 체계적인 분석을 필요로 한다는 것을 아래에서 보게 될 것이다(그와 같은 맥락 분석에 대해서는 Van Dijk, 2008a, 2009a 참고할 것).

이들 맥락 범주 각각은 내부 조직이나 가구, 서로 다른 장소나 공간 ('방들', McElroy et. al., 1983; Morrow and McElroy, 1981을 참고할 것)이

---

124) 여기서 표지는 복잡한 소통 상황을 유표적으로 드러내어 보여준다는 의미이다. 이 책에의 곳곳에서 쓰고 있는 'index'는 일상적으로 색인(찾아보기)의 의미로 쓰이지만, 이 부분을 제외한 다른 곳에서는 지표의 의미, 즉 무엇인가를 '가리켜 나타내줌'의 의미로 쓰인다.

125) 이 글에서는 담화의 유형, 특히 목적이나 의도에 따른 담화의 갈래에 별다르게 신경을 쓰고 있지 않다. 그래서 사례들을 늘어놓을 때 상·하의 관계가 가지런하지 않다. 정보 전달하기는 담화의 목적을 나타내지만 입법 활동은 담화를 수단이나 방법으로 보고 있다.

담화가 이뤄지는 양상은 쓰임새에 상관없이 목적에 따라 설명과 묘사, 논증, 이야기 전달(storytelling)로 나뉜다. 담화는 또한 언어 사용의 차원에서 정보 전달하기와 설득하 기의 두 갈래로 나뉜다. 국어교육의 맥락에서 이들은 분명히 인식되어야 한다.

그러한 것처럼 참여자들의 관계, 정체성, 역할에 대한 분석과 다양한 일반성의 수준에서 사회적이거나 정치적인 행위에 대한 세부 내용을 분석할 필요가 있다. 따라서 기본적인 분석의 수준에서 캐머른은 작은 판신문에서 성명을 발표하고 있지만, 이렇게 함으로써 『선Sun』지의 다른 독자들에게 연설하고 그의 당을 위해서 대중의 관심을 끌며 선거에서 이기려 하고 토론에서 어떤 입장을 취하는 등과 같은 다른 많은 일들을 하고 있다(그와 같은 행위와 행위 목표에 대한 계층 구조에 대해서는 Ellis, 1999를 참고할 것). 실제로 이는 사회 질서의 미시 구조와 거시 구조의 본질적인 특징이다(Cicourel, 1981; Druckman, 2003; Mayer, 2005).

이와 비슷하게 대중매체 담화와 참여자들, 시기 맞추기(Tuchman, 1978을 참고할 것) 사이의 관계나 대화와 시기 사이의 관계(Auer et. al., 1999; Boden, 1997; Boltz, 2005; Greene and Cappella, 1986; Heldner and Edlund, 2010; Nevile, 2007을 참고할 것)를 검토해 보아야 한다.

끝으로 사회에서 담화를 통한 지식의 재생산에 대한 체계적인 맥락 분석은 그와 같은 맥락에 의해 규정되는 담화 갈래에 초점을 맞추어야 한다. 이를테면 뉴스 보도, 정부의 성명, 교재와 많은 다른 갈래들은 이를 통하여 지식이 소통되고 표현되는 담화이고 행위인데 이들은 각각 [지식의: 뒤친이] 원천으로서 그에 딸린 신뢰도를 지니고 있다 (Bazerman, 1988; Berkenkotter and Huckin, 1995를 참고할 것).

따라서 『선Sun』지에 있는 신문 기사는 틀림없이 『가디언Guardian』지에 있는 기사보다 정규 독자들 사이에서도 신뢰도가 낮을 것이다.[126] 입국이민에 대한 교재는 수상의 정치적 성명보다도 더 믿을 만하고 신용이 있음을 일반적으로 보여줄 것이다.

이런 폭넓은 얼개 안에서 아래에서 이들 갈래 중 하나, 즉 출간된 뉴스를 좀 더 자세히 살펴볼 것인데 지식의 사회적 관리에 이 뉴스가

---

126) 우리나라 신문들에 대해서도 독자들 사이에 공공연하게 혹은 암묵적으로 진보와 보수 쪽의 신문들로 나눠지고 있듯이 영국에서도 신문들은 사상의 경향에 따라 나뉜다. 대체로 앞의 신문은 보수 쪽을 뒤의 신문은 진보 쪽을 대변하는 것으로 알려져 있다.

어떻게 관련되어 있는지 보게 될 것이다.

5.4.1. 기관에서 지식의 관리

지식사회학을 훨씬 넘어서 인지심리학과 사회심리학, 소통 연구, 경영학, 경제학과 관련된 것으로 조직에서 현재의 지식 관리에 대한 방대한 연구 영역이 있다. 이 책에서, 특히 이 장과 앞 장에서 많은 개념들이 논의되었고, 그 가운데 상호작용에서 그리고 인식론적 공동체에서 사회적으로 공유되는 지식이 있다. 그렇지만 이 책의 범위를 넘어서는 다른 차원들이 많이 있다. 따라서 실제적인 지식과 '암묵적인' 지식을 포함하여 지식은, 사회 인지적 현상일 뿐만 아니라 조직으로 하여금 배우고 혁신하게 하며 다른 이들과 경쟁할 수 있게 하고 조직들을 발전하게 하는 전략적인 상징 자원이거나 '지적 자본'이다. 이 분야에서 조사 연구는 종종 실제적인 실행과 관련되기도 하는데, 조직에서 지식의 창조·공유·확산에 대한 자연적·인지적·사회적·경제적 조건에 초점을 맞춘다(이 주제에 대한 방대한 연구들 가운데, 구체적으로 Easterby-Smith and Lyles, 2011; Liebowitz, 2012; Rooney et. al., 2012; Schwartz and Te'eni, 2011; Wellman, 2013을 참고할 것). 실제로 이들 연구들은 사회의 발달과 사회경제적 발달 단계에서 '지식 사회'에 대한 좀 더 큰 분야의 일부분이다(Baert and Rubio, 2012; Sörlin and Vessuri, 2006). 이들은 이 책의 범위를 벗어나는 다른 주제이다.

앞 장에서 조직이라는 상황에 맞춘 개인적인 상호작용에서 지식의 역할에 초점을 맞추면서 이미 조직에서 담화와 지식 사이의 관계에 대한 몇몇 참고문헌을 검토하였다. 이 장과 좀 더 폭넓게 관련되는 것은 조직체들 사이, 조직체들 안에서뿐만 아니라 대체로 사회에서 지식의 확산과 소통이라는 문제이다. 이 주제에 대해서는 많은 연구들이 있는데, 특히 조직에 대한 연구가 있다. 이에 대한 검토는 이 책의 범위를 넘어선다(Canary and McPhee, 2010; Farrell, 2006; Kikoski and

Kikoski, 2004; Liebowitz, 2012를 참고할 것).

5.5. 신문 보도

일상적인 경험을 넘어서 세계에 대해 알고 있는 것의 대부분은 대중 매체, 특히 인쇄되거나 라디오, 텔레비전, 누리그물에 있는 뉴스 보도를 통해 알고 있다. 시와 소설, 이야기 전달, 광고와 많은 다른 담화 갈래들에 대해 알고 있는 것과 비교해 볼 때 담화로서 뉴스에 대한 연구는 기껏해야 주변적이며 대중의 소통에 대한 연구와 잡지에 대한 연구에서도 마찬가지이다. 1970년대 이전에 뉴스에 대한 연구는 단순히 내용 분석(사건 X나 나라 Z에 대한 보도의 취재규모)이나 숨은 이야기에 대한 연구로 취급되었다.

1970년대에 처음으로 기자들의 판에 박은 일상, 특종, 상호작용에 대한 사회학적인 정보를 담은 연구, 권력의 관점에서 기자, 취재원과 기관이나 조직으로서 신문사와 다른 기관과의 관계들에 대한 연구들이 나타났다(Gans, 1979; Tuchman, 1978). 1980년대와 그 후반에만 입말과 글말의 갈래로서 뉴스에 대해 좀 더 자세한 질적인 연구들이 나타났지만, 오늘에 이르기까지 매체를 통한 소통 연구의 중심에 있지 않다(Bell, 1991; Bell and Garrett, 1979; Fowler, 1991; Montgomery, 2007; Richardson, 2007; Van Dijk, 1988a, 1988b).

이 장과 관련되는 것은, 특히 뉴스 보도가 인식론적 관점에서 거의 연구되지 않았다는 사실이다(Van Dijk, 2004a, 2005a). 뉴스 이해에서 지식의 경신과 기억에 대한 심리적 연구들뿐만 아니라 의견과 태도에 뉴스 매체가 미치는 영향에 대한 많은 연구들이 있다(Allen et. al., 1997; Baum, 2003; Larsen, 1981; Park, 2001; Perry, 1990; Van Dijk and Kintsch, 1983; Yaros, 2006을 참고할 것).

그럼에도 불구하고 뉴스에 전제되어 있는 지식으로서 그와 같은 주제에 대한 좀 더 자세한 통찰이 필요하며 어떤 갈래의 수신자들에 대해서 그런 지식이 전제되는지 그리고 어떤 갈래의 지식이 표현되며 어떤 쟁점에 대하여 어떤 지식이 전달되고 어떤 맥락에서 어떤 결과로 나타나는가에 대한 통찰이 더욱 더 필요하다.

공공의 문제에 대하여 공적인 지식을 소통하는 공개 담화의 형식으로서 뉴스 보도는 담화 분석의 관점으로도 좀 더 자세한 분석이 필요하다. 여기에 대한 자세한 내용은 7장에 있다. 이 장에서는 뉴스에 대한 사회학적 설명이 기자와 독자들 각각에 의해 구성될 때 소통 상황에 관련되는 매개변인에 초점을 맞춘다. 뉴스는 사회에서 중요한 공개적인 사건에 따라 변화하는 동시에 특별한 관심을 필요로 하는 사건을 구성하고 그렇게 되도록 끌어올린다는 의미에서 사회와 뉴스는 변증법적으로 관련된다. 즉 뉴스는 사회에 대해 사람들이 지니고 있는 개념을 규정함으로써 사회를 자리매김한다. 뉴스와 뉴스 산출과 관련되는 사회학적 측면과, 담화와 지식과 이들[뉴스 산출: 뒤친이]의 관계에 대한 사회학적 측면을 좀 더 자세하게 살펴보기로 한다.

5.5.1. 배경(기관): 신문

텔레비전이나 라디오, 누리그물에 있는 뉴스(이들은 그 자체의 맥락 분석이 필요함)는 무시하고 글말로 된 뉴스 보도의 산출기관, 즉 아마도 이들은 더 큰 매체 조직의 부분이겠지만 신문사라는 기관에 대해 조금 언급하기로 한다(Cohen, 2005; Turow, 1984; Wolff, 2008을 참고할 것). 뉴스는 무엇보다도 상업적인 생산물, 즉 일간 신문으로서 생산되고 구독 예약으로 혹은 역등의 가판대나 길거리에서 팔린다. 일간지에서 뉴스는 한편으로 그와 관련된 의견 기사, 칼럼, 사설, 현지 보고reportage, 날씨 보도, 주식 시장 정보, 사람에 관련되는 항목과 배경 기사와 함께 얽혀 있고intertextually 다른 한편으로 광고와 얽혀 있다.127)

다른 신문의 갈래와 함께 뉴스는 팔려야 하고 이윤을 얻어야 한다.

따라서 뉴스의 내용과 구조는 독자들이 사기를 원하고, 그와 같은 뉴스 보도를 읽기를 원하는 것이어야 한다. 매체 소통에서 많은 전통적인 연구들은 비록 원인(공급)과 결과(수요)의 변증법이 복잡한 문제이긴 하지만, 맥락에 기대어 어떤 유형의 뉴스, 즉 특정 주제에 대한 뉴스가 다른 것보다 더 잘 팔림을 보여주었다. 독자들은 충분하게 제공되는 것을 읽기를 원하며, 거의 제공되지 않는 것에서 빠진 것이 무엇인지 알지 못한다. 여기에서도 사회적 맥락과 정치적 맥락에 달려 있다(세부적인 내용에 대해서는 Abel, 1981; Allan, 2010; Altschull, 1984; Cohen, 2005; Hulteng, 1979; MacKuen and Coombs, 1981; Nash and Kirby, 1989를 참고할 것).

좀 더 일반적으로 '뉴스 가치'에 대한 연구에 따르면 멀리서 일어난 일보다는 가까이서 일어난 일에, 좀 더 자신들의 일에 관련될수록, 자신들의 이념과 태도, 기대에 일관되는 것, 감정적으로 자극을 주는 것(극적·위협적·성적·의외적), 인간의 관심사를 대서특필하는 것(사생활, 명성, 좋지 않은 소문 등)에 독자들은 더 많은 관심을 갖고 있다(Bell, 1991; Da Costa, 1980; Fuller, 1996; Galtung and Ruge, 1965; Lee, 2009; Price and Tewksbury, 1997).

5.5.2. 뉴스 생산

분명히 상업적인 생산물로서 뉴스 내용에 대한 이와 같은 선호도는 인식론적 결과를 지니고 있다. 독자들은 자주 두드러지게 보도되는 사건이나 주제에 대해 더 많이 안다. 따라서 다른 사람이 관련된 폭력

---

127) 이 책에서는 거의 언급되고 있지 않지만 이에 대해서는 Van Leeuwen(2005), *Introducing Social Semiotics*, Routledge을 참고하기 바란다. 뉴스 형태를 띤 광고는 오늘날 비판의 대상이 되고 있다. 광고 효과를 높이기 위해 신문 보도의 형태를 취함으로써 독자들을 잘못된 방향으로 이끌고 있다. 무엇보다도 자연과학 집단들에 의해 검증되지 않은 정보가 근거로 사용되고 있다는 점이 문제이다.

선동주의와 같은 두드러진 주제에 대해서는 우리 사회에 있지만 덜 보도되는 인종주의, 성차별주의 가난보다 훨씬 더 많이 안다. 후자의 조건으로 인해 실제 희생자나 잠재적 희생자의 수가 세계적으로 전자의 희생자들보다 그 수에서 막대함을 알 경우에도 그러하다(매체와 폭력선동주의에 대한 상당수의 책들이 있다. Alali and Eke, 1991; Alexander and Latter, 1990; Chomsky, 1987; Gerbner, 1988; Hachten and Scotton, 2002; Paletz, 1992; Schlesinger et. al., 1983; Schmid and Graaf, 1982를 참고. 대중매체에서 인종주의는 Downing and Husband, 2005; Hartmann and Husband, 1974; Jäger and Link, 1993; Van Dijk, 1991을 참고할 것).

선호되고 팔릴 수 있는 이야기에 대한 뉴스 보도라는 최종 산물은 산출에서 뉴스거리를 모으기, 특종잡기, 기자회견, 보도자료, 다른 매체의 사용 등이라는 다양한 형태와 단계에서 그러한 것처럼 특별한 과정을 필요로 한다. 또한 팔릴 수 있는 뉴스거리로서 신문에서는 입말과 글말의 최소한의 형태를 받겠지만, (중앙이나 지방) 정부, 의회, 경찰, 법원, 대학, 사업체, 스포츠 단체 등과 같이 그와 같은 자료의 상당 부분을 만들어내는 기관과 단체를 포함하는 특종을 따라다닐 필요가 있다는 점을 확실하게 해둘 필요가 있다. 그와 같은 자료는 청하지 않는 보도자료, 보도와 다른 형태의 글말로 신문사에 도착할 수 있고, 기자회견·면담·전화통화 등에서 얻을 수 있다(Gans, 1979; Machin and Niblock, 2006; Meyers, 1992; Tuchman, 1978; Van Hout and Jacobs, 2008).

최종 산출물에 대한 상업적인 요구를 전제로 한다면 뉴스 생산 그 자체는 앞서 언급한 뉴스 가치라는 기준을 만족시키는 뉴스의 사건, 뉴스의 행위 주체들과 뉴스 정보원에 적합하도록 맞추어야 한다. 이는 시간과 돈의 제약 때문에 오직 어떤 기관이나 조직만이 매일의 특종을 일상적으로 취재하겠지만 다른 경우에는 우연적이거나(이를테면 파업이 일어난 노동조합) 거의 일어날 가능성이 거의 많지 않은 일(입국이민 단체, 가난한 사람, 여성, 어린이, 장애인 등)을 취재할 것이다.

기사 만들기에 대한 이런 제약들이 여전히 일반적이고 거시적이지만 편집자, 기자, 뉴스 정보원들의 일상적인 상호작용이라는 미시 구조에 영향을 미치고 영향을 받는다. 따라서 일간신문 편집 회의(조사 연구자로서는 접속의 부족으로 거의 연구되지 않음)는 상호작용에 의해 어떤 이야기의 어떤 주제에 대하여 어떤 식으로 취재를 하고 어디에 배치할 것인가를 결정한다. 뉴스에 해당하는 이야기에 찬성하거나 반대하는 논의는 독자들의 관심거리로서 상업적 적합성의 틀이라는 관점에서 사회적 적합성, 정치적 적합성, 문화적 적합성이라는 기준을 따를 것이라 예상할 수 있다. 즉 세계에 대해 수천 혹은 수만 명의 독자들이 알게 될 것과 모르게 될 것을 한 사람의 편집자 혹은 몇 명의 편집자가 결정하는 곳은 이런 회의에 있다. 그와 같은 전문적인 상호작용의 목표와 가치, 기준, 규범, 토론에 대한 자세한 연구는 사회에서 지식의 재생산에서 신문의 역할을 이해하는 데 분명히 중요한 필요조건이다. 현재로서는 그와 같은 상호작용에 대한 통찰이 사후에 이뤄지며 추론에 바탕을 두고 있다. 즉 신문에서 어떤 나라, 사건, 행위나 사람이 나타나는가, 나타나지 않는가에 대한 바탕을 두고 있다(또한 글래스고우 대학의 매체 연구 집단에 의한 비판적인 연구인 1976, 1980, 1985도 참고할 것).

들어오는 덩잇글(보도자료, 보고서, 다른 매체, 누리그물 등)에 더하여 기자는 앞서 언급한 다양한 지점에서 믿을 만하고 적합한 정보의 제공자를 상호작용에 따라 다루어야 한다. 그런 정보 제공자는 좀 더 구체적으로 말하면, 정치학·사업·과학·예술·운동에서 공개적인 담화에 접속하고 통제할 수 있는 상징적인 선민들elites로서 두드러진 정치가, 정당의 대표, 의원들 혹은 그 대표자뿐만 아니라 큰 조직의 우두머리, 중요한 비정부단체의 지도자나 다른 조직의 지도자, 교수 등이다(Ericson et. al., 1989; Manning, 2001; Soley, 1992; Strentz, 1989). 데이비드 캐머른이 『선Sun』지에 직접 접속하고 입국이민자에게 주는 혜택에 대한 새로운 강격정책을 독자들을 대상으로 성명을 발표하는 이유가 바로 이것이다.

기자회견과 면담에서 상호작용은 여기서도, 이를테면 배경, 참여자,

목표와 참여자, 목표와 참여자들에 대한 지식과 같은 소통 상황의 그런 형태에 대한 맥락 모형에 의해 맞춰진다. 질문하기와 심문하기는 따라서 팔릴 만한 뉴스 이야기의 내용을 구성할 수 있는 흥미롭고, 관련되는 최근의 사건에 대한 새로운 지식과 의견을 얻거나 경신하려는 의도를 지닌다(Clayman and Heritage, 2002). 그와 같은 상호작용의 담화 전략들은 뉴스에서 면담과 마찬가지로 7장에서 다룰 것이다. 여기서 관련되는 것은 다양한 갈래의 상호작용을 통해 뉴스가 만들어지는 방법에 대한 미시사회학적 차원이며 이는 새롭고 팔릴 만한 지식의 습득과 생산에 적합하도록 맞춰진다.

뉴스 생산에서 조직, 특히 전문 영역과 분과가 있는 큰 조직에서 조직에 따른 복잡성, 편자들 사이의 위계구조와 기자들 사이의 상호작용을 위한 수많은 소집회의array, 기자들과 뉴스 정보원의 회의, 수천 개의 덩잇글 가운데 출간을 위해 수백 개의 덩잇글만을 선택하는 최종 과정들에는 분명히 인식론적 구조와 전략들이 관련되어 있다. 이를테면 다음과 같은 질문거리가 관련되어 있다. 실제로 독자들의 지식과 관심사에 대해 기자들은 무엇을 알고 있을까(Boyd-Barrett and Braham, 1987; Tewksbury, 2003)? 뉴스 이야기에는 독자들의 어떤 지식이 전제되어 있을까? 기자들은 쓰고 있는 주제에 대하여 무엇을 알고 있을까? 보도 주체는 가장 적절하거나 흥미로운 지식을 얻기 위한 질문을 전략적으로 조직하기 위해 뉴스 제공자가 어떤 지식을 지니고 있다고 가정하는가? 이런 정보가 참임을 보증하기 위해 어떤 인식론적 기준을 세우는가, 그리고 그에 따라 인식론적 공동체의 지식이라고 간주할 수 있는가?

좀 더 일반적으로 이런 모든 상호작용, 자료 모으기, 뉴스 쓰기에서 편집자와 기자들의 이념과 사회적 태도는 어떤 기능을 하는가, 그리고 다른 요인들 가운데 사회 계층, 교육, 성별, 나이와 국적이 간접적으로 어떤 기능을 하는가(Cooper and Johnson, 2009; Deuze, 2005; Ecarma, 2003; Fowler, 1991; Van Dijk, 1988a, 1988b; White, 2006)? 말하자면 여기서는 지식사회학의 중요한 주제 중 하나를 건드리고 있다.

그러나 그런 사회적 변인들을 어느 정도 직접적으로든 간접적으로든 기자들이 지니고 있는 지식과 의견을 관련짓고, 그에 따라 뉴스 산출과 뉴스 내용들을 관련짓는 대신, 그런 관계에 대해서는 무엇보다 일반적인 뉴스 작성에 대한 좀 더 구체적이고 미시적인 접근이 필요하다. 그 다음에 뉴스 산출을 규정하는 다른 담화와 관련된 일들 가운데 기사 작성이나 뉴스거리 모으기, 면담을 통제하는 맥락 모형이라는 개념이 그 다음에 필요하다는 점을 강조하여 왔다. 뉴스거리 모으기와 기사 작성을 이끄는 것은 정보원이나 뉴스가 되는 사건에서 행위 주체들의 '객관적인' 힘이나 지위가 아니라 소통 상황에서 그들의 모형에 이런 것들을 기자가 표상하는 방식이다. 이는 신문 보도의 수신자로서 대중을 읽어내는 표상의 경우도 마찬가지이다.

이런 맥락 모형은 주로 신문기자로서, 신문사의 피고용인으로서, 다른 기자들의 동료로서, 편집자에 딸려 있는 사람으로서⋯ 등등 참여자들의 현재 자기-표상이라는 특징을 지닌다(Bohère, 1984). 여기서도 모든 단계에서 모든 행위와 담화를 역동적으로 통제하는 것은 이 맥락 모형이다. 즉 뉴스의 산출에서 뒤따르는 모든 소통과 그에 맞춘 갈래들에 대해 그렇게 한다. 이 맥락 모형에서 지식 장치는 가장 유명하거나 믿을 만하며 많이 알고 있는 정보원들로부터 적합한 새로운 지식의 습득에서 전략적인 목적을 지닌 모든 대화와 행위를 좀 더 구체적으로 통제한다.

5.5.3. 뉴스와 지식

여기에서의 논의와 가장 관련이 있는 것은 분명히 뉴스와 지식의 관계이다. 지금까지 담화로서 뉴스와 그 조직적 차원 사이의 관계에 관련되는 몇몇 양상을 살펴보았다. 그러나 이 장과 이 절을 위해서 지식과 뉴스 산출이나 뉴스 산출기관에 안겨 있는 사회적 연결이나 조직에 대한 연결을 설정하는 일이 더 필요하다(Van Dijk, 2004a, 2004b).

뉴스는 뉴스를 만드는 사람들이 독자들에게 관심이 있거나 관련이 있다고 생각하는 최근의 사건에 대한 담화이다. 뉴스는 일반적인 사실들을 전제로 하지만 일반적으로 '가르치려는' 목적으로 하지는 않는다. 공개된 사건들 중에서 전쟁이나 내전, 혁명, 폭력선동주의자들의 공격, 중요한 사건, 경제적인 위기나 정치적인 위기, 선거와 같은 사건들에 대해 말해 준다. 다른 말로 한다면 매체 뉴스로부터 일반적으로 얻게 되는 지식의 갈래는 '역사적'이거나 '구체적'이라고 부를 수 있다. 즉 비교적 중요한 사건이지만 구조나 체계적인 원인과 결과, 규칙성이나 일반성에 대해서는 거의 말해주지 않는다. 실제로 판에 박힌 매체 뉴스는 세계에 있는 가난과 불평등과 같은 사회적 문제, 정치적이거나 경제적인 사건의 배경이나 구조적인 조건에 대한 통찰을 제공해 주지 않는다고 비판을 받는다(Rosenblum, 1981; Unesco, 1980).

주제에 대한 반복적인 소통은 물론, 이를테면 일반화와 추상화, 탈맥락화에 의해 추론의 학습에 이바지할 수 있다. 비록 여기에 대해 인용할 만한 경험적인 증거들은 가지고 있지는 않지만, 경험을 넘어서 세계에 대한 일반적인 지식의 많은 부분을 추론을 통해 ('일상적으로' 혹은 '간접적으로'나 '비격식적으로') 인쇄된 뉴스나 텔레비전으로부터 배운다(Gavin, 1998; Graber, 2001; Schwoch et. al., 1992).

그러나 최근의 중요한 뉴스와 관련되는 해설, 사설, 의견 기사, 배경기사와 대중화된 기사와 같은 다른 매체 갈래들은, 그와 같은 사건들에 대해, 이를테면 역사적 배경이나 경제적 배경, 혁명과 위기의 원인, 질병의 기술적인 측면이나 의료적인 측면에 대한 정보나 새로운 기술에 대한 일반적인 지식을 생성할 수 있다(Harindranath, 2009; Wade and Schramm, 1969).

인지적으로 뉴스는 기자들의 상황 모형에 기반을 두고 있다. 이런 모형들은 앞에서 설명한 것처럼, 일반적으로 다양한 원천 담화(다른 매체의 메시지, 목격한 증언, 전문가 의견 등)를 처리한 결과로 기자들에게 의해 구성되고 오직 드물게 사건에 대한 직접적인 관찰에 의해 구성된다(Van Dijk, 1988b). 그러나 뉴스 담화는 상황 모형을 직접적이고 완벽하게 표현하지 않고 기자의 상황 모형에 의해 표상될 때에는 오직 부분적으로 그리고 현재의 소통 상황에 적합할 뿐이다.

이는 무엇보다도 의미론적으로 사건에 대한 상황 모형은 독자들이 이미 그와 같은 지식을 가지고 있거나 현존하는 지식으로부터 추론할 수 있기 때문에 전제될 수 있는 방대한 양의 지식을 담고 있음을 뜻한다. 따라서 뉴스 보도는 학교나 이전의 매체 사용을 통한 사회화 과정에서 이전에 배웠던 수백이나 수천만의 개념들 가운데 국가가 무엇인지, 정치가나 전쟁, 폭탄, 실직이나 폭력선동주의자들이 무엇인지 설명할 필요가 없다. 실제로 뉴스는 새로운 정보를, 특히 중요하고 관련이 있거나 흥미로운 최근 사건에 대한 새로운 정보를 제공하기 때문에 그렇게 부른다.

두 번째로 상황 모형은 비록 수신자들에게는 '새롭지만' 여러 이유로 뉴스 담화에는 표현되지 않는 지식이라는 특징을 지닌다. 표현되지 않는 이유는 기자들이 흥미롭거나 적절하지 않다고 생각하기 때문이다. 때로 새로운 정보는 다양한 규범적인 이유로, 이를테면 비합법적으로 정보를 얻었기 때문에 그것을 출간하는 것이 (국가 안보 등과 같이) 불법이기 때문에 사생활을 침해하거나 모욕법libel laws을 침범하기 때문에 공개되지 않을 수도 있다(Barendt, 1997; Glasser, 2009; Wilkinson, 2009; Zelezny, 1993).

뉴스 산출은 공개된 사건에 대한 상황 모형에 근거를 둘 뿐만 아니라 앞에서 주장한 것처럼 맥락 모형에 의해 통제된다. 즉 기자는 자신을 표상하고 기자로서 특정의 신문사나 다른 매체에 고용되어 있는 사람으로서 특별한 수신자를 마음에 두고 특별한 목적을 지니고 쓴다. 이는 '같은 사건'에 대한 '같은 이야기'가 다른 나라에서 그리고 다른 신문에서 매우 다를 수 있는 이유를 설명해 준다. 뉴스 담화에서 전형적인 차이는 해당 사건에 대하여 한편으로 상류인사들이나 선민들을 위한 신문과 다른 한편으로 대중적이거나 작은판신문에서 나타난다.

따라서 1982년 9월 레바논에서 대통령 당선자 베치어 가메열Bechir Gamyel의 암살에 대해 백 개 이상의 나라에서 발간한 700개의 국제 뉴스를 대상으로 한 경험적인 연구에서 신문의 서로 다른 유형들이 세계에서 진보와 보수 사이에 가정된 이념적 차이보다 더 중요함을 발견하였다(Van Dijk, 1984b). 이러한 이념적 이질성에 대한 설명 가운데 하나는 상류 인사들을 위한 신문에서 기사의 대부분은 대부분의 뉴스 보도가 기반을 두고 있는 국제적인 통신사의 양식을 매우 가깝게 따르고 있다는 것이다.

맥락 모형이 담화의 상황에 따른 적합성을 규정한다. 따라서 기자의 맥락 모형은, 뉴스 항목들이 독자들의 관심이나 지식에 대해 서로 다른 가정을 바탕으로 쓰였음을 확신하게 해준다. 식자층을 대상으로 하는 신문에는 일반적으로 고등 교육을 받은 독자들이 있을 수 있는데 더 많은 청중들을 대상으로 하는 대중적인 신문들보다 더 많은 사회적이거나 정치적인 지식을 가정할 수 있다(Frechie et. al., 2005).

수신자들에 대한 지식에 더하여 맥락 모형에서는 또한 기자의 이념과 수신자에게도 그와 같은 이념에 대한 가정을 한다는 특징을 지니고 있고 그에 따라 그와 같은 이념에 (상황 모형에서 표상된 대로) 새로운 정보를 맞추어나갈 수 있다. 이는 일반적으로 이념 사각형Ideological Square128)(Van Dijk, 1998)에서 제시한 일반적인 전략의 적용을 통해 나타난다. 이 사각형에 따르면 그들의 나쁜 점과 우리의 좋은 점을 강조하고 그들의 좋은 점과 우리의 나쁜 점을 덜 강조한다. 따라서 이는 어떤 이념이나 그에 딸려 있는, 사회적으로 공유된 태도에 표상된 것으로서

---

128) 허선익(2019ㄱ: 169~170)에서는 이를 이념적인 맞섬 전략으로 해석하고 구체적인 자료를 통해 이런 전략이 적용되는 사례를 소개하였다. 그리고 Van Dijk(1998: 267)의 내용을 다음과 같이 제시한다. (ⅰ) 우리us에 대한 긍정적인 정보는 표현/강조할 것, (ⅱ) 그들them에 대한 부정적인 정보는 표현/강조할 것, (ⅲ) 그들에 대한 긍정적인 정보는 억제/경시할 것, (ⅳ) 우리에 대한 부정적인 정보는 억제/경시할 것.

내집단과 외집단 특징 사이의 양극화를 표현한다(Brinks et. al., 2006; Van Dijk, 1991; Wilson et. al., 2003).

뉴스에서 다루고 있는 사건에 대한 상황 모형과 뉴스 산출에 대한 맥락 모형은 따라서 사건 그 자체와 관련하여 어떤 종류이든 편향을 함의할 수밖에 없다. 그와 같은 사건에 대해 중립적이거나 객관적인 정신 표상과 같은 것은 없다. 무엇보다 상황 모형은 그 자체로 불완전하다. 어떤 직접적인 관찰자도 사건의 (이론적으로 무한한) 모든 속성들을 표상할 수는 없다는 말이다. 즉 상황 모형들은 사건에 대한 선택된 측면의 한 조각일 뿐이다. 두 번째로 상황 모형들은 기본적인 인지적 이유로 선택적이다. 신문 기자는 가장 두드러지고 가장 적합하거나 흥미로운 것에 초점을 맞춘다. (자신의 지식에 따라) 개인적으로 (수신자에 대해 가정한 지식과 관심사에 따라) 직업정신에 맞추어 그렇게 한다. 세 번째로 사건에 관련되는 지식을 이념 사각형의 전략에 따라 처리하는 기자가 속한 이념 집단의 구성원다움에 의해 상황 모형은 이념적으로 치우쳐 있다. 끝으로 대부분의 상황 모형들은 같은 이유로 이미 한쪽으로 기울어져 있는 담화에 바탕을 두고 있다(Van Dijk, 2004a).

다른 말로 한다면 왜 뉴스에 대한 상황 모형이 필연적으로 불완전하며 부분적이고 이념적으로 치우쳐 있는가에 대해 별도의 여러 가지 사회적 이유와 인지적 이유가 있다. 시사적인 뉴스 산출에 대한(이를테면 무엇을 위해 신문을 쓰고 있는지를 아는) 맥락 모형은 그와 같은 치우침을 더 강화할 수 있다(그리고 때로 직업에 따른 이유로 완화할 수 있다). 실제 뉴스 보도는 뉴스 보도가 현재의 소통 상황(신문, 공개됨 등)에 적합함을 확인시켜 주는 맥락 모형에서 나온 제약에 의해 통제된 것으로서 기저에 있는 한쪽으로 치우쳐 있는 상황 모형의 결과물이다.

매체 있는 의견 기사와 뉴스 보도에 바탕을 두고 있는 것으로서 사회에서 사회적 지식, 경제적 지식과 정치적 지식의 (재)생산이 어떻게 기자의 (필연적으로 불완전하고 한쪽으로 치우쳐 있는) 상황 모형과 맥락 모형에 의해 중재되는 복잡한 과정인지를 알게 되었다. 이런 모형들은 결국 수신자들에게 같은 모형의 '입력물'이며 처리 과정인 (한쪽으로 치우친) 뉴스 보도 구조로 귀결된다. 이는 독자들의 지식과 이념을 전제로 할 때 결국 뉴스 보도에 (어느 정도 설득적으로) 표현된 것과 같이 기자의 상황 모형과는 매우 다를 수 있는 상황 모형을 독자들이 구성함을 의미한다. 그러나 만약 수신자들이 비슷한 사건에 대해 관련되는 다른 개인적 경험(정신 모형)이 없다거나 혹은 그와 같은 사건에 대한 이념이나 일반적으로 관련되는 지식이 없다면, 소수자와 입국 이민자들에 대한 인종주의자들의 보도에서 알 수 있듯이, 기자에 의해 제안된 '선호되는' 모형을 채택할 것이다.

특별히 이 장과 관련되는 것으로 뉴스 산출과 구체적 지식의 재생산에 관여하는 복잡한 조직화와 상호작용은 기자의 관심사, 지식과 이념에 달려 있다는 것이다. 여기서도 분석과 기술의 상위 수준에서 이들은 여러 조건들 가운데 전문적 교육과 경험, 국적, 인종, 사회 계층이나 성별에 달려 있을 수 있다. 후자는 여기서도 좀 더 구체적으로 낮은 수준이 처리와 상호작용에서 분명하게 할 필요가 있다. 여기에는, 이를테면 신문 대학원journalism school에서 교사와 교재, 매체 이용 방법, 개인적 경험 등이 있다. 다시 한 번 복잡한 일련의 입말과 글말, 수반되는 일련의 복잡한 사회 인지, 즉 일련의 (사건의 읽기 경험에 대한) 정신 모형 형성과 일반적인 지식, 사회적 태도와 이념을 확인할 수 있다.

여기서 복잡한 사회적 처리처럼 보이는 것은 불가피하게 사회 인지적 양상과 관련이 있음을 알게 되었다. 한편으로 기관으로서 신문사라는 조직, 기자들 사이의 상호작용, 기자들과 뉴스 정보원 사이의 상호작용, 혹은 기자들의 다양한 사회적 정체성(직업, 성별, 계층, 인종, 교육 정도 등)과, 다른 한편으로, 기자들의 지식이나 이념과 같은 '사상' 사이에 아무런 직접적인 (결정론적 혹은 인과론적) 관계는 없다. 말하자면 기자들의 사회적 '기반'과 뉴스 만들기는 그들이 구성원을 이루고 있는 사회 집단이 이전에 지니고 있는 이념과 지식과 같이 사회적으로 공유된 표상과 정신 모형과 같은, 표상과 해석, 이해 전략과 단계라는 여러 층위의 중재를 통해, 기자들의 지식과 의견 그리고 뉴스 담화에 영향을 미칠 뿐이다. 좀 더 구체적으로 말하면 이렇다. 흑인 기자는 자동적으로 흑인이나 반인종주의적 관점에서 쓰지 않으며 혹은 반드시 그렇게 하는 것은 아니다. 여성 기자들은 여성으로서 심지어 남녀평등주의자로서 반드시 그렇게 하는 것은 아니며 언제나 그렇게 하지도 않는다.

5.5.4. 『선Sun』지의 캐머런의 진술에서 힘129) 인식

『선Sun』지에서 데이비드 캐머런의 성명과 관련된 맥락이 지니는 특징 가운데 몇몇은 위에서 요약하였다. 거기서는 소통 상황의 흥미로운 속성, 즉 수상이 직접 신문에 글을 쓰고 독자들에게 전달하였다는 점을 주목하였다.

인식론적으로 이는 흥미로운데 왜냐 하면 『선Sun』지의 수만 명의 독자들은 (계획된) 입국이민정책을 수상의 대변인이나 수상의 기자회견으로부터 알게 된 어떤 기자의 뉴스 보도를 통해 중재되기보다는 책임이 있는 수상으로부터 알게 되기 때문이다. 시민들(그리고 유권자들)인 『선Sun』지의 독자들에게 직접 수상이 전달함으로써 이뤄진 소통이 이루어진 직접적인 방법은 또한 이렇게 얻은 정보가 매우 믿을 만하며 일련의 대변인과 기자에 의해 중간 담화에서 바뀌지 않았음을 의미한다.

수상으로부터 직접 얻은 정보는 그의 성명 후반부에서 표현된 것처럼 수상이 하고자 하는 것과 관련하여 믿을 수 있을 뿐이다. 그 내용은 입국이민자들을 위한 수당과 임대주택, 건강보험을 제한한다는 것이

---

129) 영어 '*power*'는 이 책에서 일반적으로 권력으로 인식되지만 여기서는 힘이란 뜻으로 뒤친다. 영국 수상의 입장에서 '*power*'는 권력이 되지만 이 절의 끝에 가면 대중들의 '*power*'도 나오는데, 이는 영향력이라고 뒤칠 만하다. 권력과 영향력을 아우르는 낱말로 '힘'이란 낱말을 썼다고 생각한다. 그에 따라 이 절의 제목이 뜻하는 바는, 캐머런은 자신의 권력을 이용해서 대중들에게 영향력을 미칠 수 있음을 인식하고 그와 같은 글을 보수적인 작은판신문에 실었다는 의미이다.

다. 그와 같은 강경한 정책을 캐머른이 제시한 이유는 입국이민자들에 의해 이런 공공사업의 이용이나 남용에 대해 그가 아래에서 제시한 다음과 같은 지식에 바탕을 두고 있다.

- 입국이민은 노동당의 통제를 벗어났습니다.
- 나가는 사람보다 이백이십만 명 이상의 사람들이 더 들어옵니다.
- (따라서) 순수한 이민migration이 지난 선거 이래로 3분의 1로 줄었습니다.
- (노동당 정권 아래서) 기한을 넘겨 머무르고 있는 사람들이 어떤 수당을 요구하는 것이 합법적이었습니다.

이 성명의 의미 구조는 이념 사각형으로 알려져 있는 일반적인 양극화를 보여준다. (보수당 정권의) 긍정적인 자기 표상과 (노동당 행정부에 대한) 부정적인 다른 표상이 그것이다. 그러나 이 성명은 『선Sun』지의 독자들에게 특별히 언급하고 있는 수상의 당파적인 평가가 아니라 사실로서 제시되고 전제된다. 이들의 다수가 수당의 터무니없는 남용에 대해 부정적인 믿음을 갖고 있는데 수상의 믿음과 모순되지 않는다. 실제로 『가디언Guardian』지와 같은 신문의 독자들은 이런 믿음을 '사실' 아니라 '허구'라고 믿는다. 따라서 상황, 즉 입국이민 비용이 입국이민자들이 나라에 이바지하는 것보다 더 많은지 여부에 대한 사실의 자리매김에 대한 여러 기관들, 즉 신문들과 수상의 이념적 갈등을 목격한다.

데이비드 캐머른은 인종주의자의 외국인 혐오나 인종 편견으로서 입국이민자들에 대한 부정적인 것들을 언급한 내용들을 영국에서 들을 수 있음을 알고 있다. 입국이민자들이 받은 (지난 날의) 혜택을 강조하고, 특히 영국이란 나라의 위대한 역사, 기꺼이 [입국이민자들을: 뒤친이] 맞이함을 힘주어 말하면서 일상적으로 알려진 부인否認을 하면서 그는 연설을 시작한다(이와 같이 일상적으로 쓰이는 부인에 대한 자세한 내용은 Van Dijk, 1991, 1993을 참고할 것). 그와 같은 부인(나는 인종주의자는 아닙니다. 그러나 …)의 대표적인 형태는 외집단과 내집단에 대한 긍정적인 진술을 할 뿐만 아니라 외집단(여기서는 노동당과 입국이민자들)에 대해 뒤따르는 부정적인 진술에 대한 인상을 관리하는 기능을 한다.

앞 장에서 한편으로 (단순한) 믿음이나 의견과 정당화된 믿음으로서 지식을 구분하기 어려움을 보았다. 따라서 입국이민이 노동당의 통제를 벗어났다는 것은 분명히 화자의 관점과 화자의 내집단 안의 관점에 기대고 있다. 그리고 그것은 영국의 인식론적 공동체 안에서 공유된 믿음이 아니기 때문에 그것은 당연히 의견이고 사실이 아니다. 그럼에도 불구하고 여기서 관련이 있는 점은 수상이 그와 같은 진술을 하였고 잘 믿어주는 『선Sun』지의 독자들에 대해서 그렇게 했다는 점이다. 그리고 그들 중 다수는 입국이민에 대해 그와 같은 일반적인 태도와 이념을 공유하고 있다는 점이다. (대부분의 독자들의 맥락 모형에서 표상되는 것으로서) 이는 수상으로서의 권력의 행사로 만들어졌음을 의미하며 그에 따라 그 신용도를 높인다(수상은 당연히 그와 같은 '자료'에 접속할 수 있는 특권을 지니고 있음이 틀림없다). 그와 동시에 『선Sun』지가 입국이민권을 '따내기'라고 부르는 것에 대해 널리 공유된 편견과 고정관념을 확인시켜 준다(Van Dijk, 1991).

게다가 입국이민과 경제에 대해 수상이 할 수 있는 모든 성명 가운데 『선Sun』지의 많은 독자들뿐만 아니라 일반 대중의 일상에 직접적으로 관련이 있는 인식 영역(실업 수당, 건강보험, 주택임대)을 정확하게 골랐다. 분명히 그는 대부분의 입국이민자들이 세금을 내며 영국의 시민들을 위해 일자리를 만들었다는 사실은 언급하지 않을 것이다. 따라서 여기에서 '진실'이 상대적임을 목격한다. 그의 성명이 사실이라고 하더라도 미국 법정에서 목격담에서 요구되는 것과 같은 전체적인 진실을 전달하지 않는다.

따라서 캐머런의 성명은 영국에서 수십 년 동안 번져나간 입국이민에 대한 국가적인 토론의 일부이다. 특히 이 장과 관련되는 것은 지식의 (재)생산과 관리는 권력과, 말하자면 수상의 권력과 작은판신문의 권력이 관련되어 있다는 점이다. 두 번째로 그와 같은 힘 있는 기관에 의해 언급되고 지식으로 제시된 의견에 대한 대중매체의 소통은, 정신 모형을 만들고 입국이민을 반대하는 태도를 퍼뜨리는 데 사용되는, 이념적으로 치우친 정보(입국이민과 그 혜택)를 제공하며, 그리고 (영국의) 주도적인 다수 권력을 (재)생산한다는 점이다. 끝으로 그와 같이 한쪽으로 치우친 표상은 동시에 캐머른과 보수당의 경우처럼, 입국이민자들의 터무니없는 수당 남용에 맞서서 주장하는 정당이나 정치가들이 선거에서 이롭도록 하는 데 이바지한다.

따라서 『선Sun』지에 있는 캐머른의 성명은 독자들에게 입국이민자, 수당과 그의 정책을 중심으로 알리고자 하는 의도가 아니라 영국에서 다수의 힘을 끌어올림으로써 그의 권력과 그가 속한 정당의 권력을 끌어올리고자 하는 의도를 갖고 있다.130) 따라서 외국인 혐오증과 인종주의가 대중적인 담화에 우선적인 접속권을 지니고 있는, 상징성을 띤 선민elite들에게 어떻게 담화를 통해 (재)생산되는지를 알게 된다. 그리고 믿음이 대체적으로 대중을 조종하기 위해 지식으로서 어떻게 제시되는지 알게 된다(자세한 내용은 Van Dijk, 1993을 참고할 것). 여기서는 비판적 사회학의 얼개 안에서 담화와 지식의 접합 지점에 대해 매우 중요한 사례를 발견하였다.

5.6. 마무리

담화와 지식에 대한 사회학, 특히 이들의 관계에 대한 사회학적 탐구는, 사회적인 거시 구조와 그것의 드러남manifestation, 미시적 수준에서 입말과 글말의 일상적인 산출과 수행, 상호작용과 세부적인 구조와 전

---

130) 최근에 일본의 아베 정권에서 이런 속성들을 보게 되는데, 사실의 왜곡이라는 점을 염두에 둔다면 비판의 여지가 많으리라 생각한다. 영국의 캐머른 수상과 일본의 아베 수상이 모두 보수적인 정당의 우두머리라는 점도 생각해 볼 수 있으리라 생각한다.

략 사이에서 여러 수준으로 이뤄질 수 있다. 이런 모든 수준에 관련되는 이론은 아직 초기 단계에 있으며 초기 지식사회학과 문화사회학의 단순한 개념, 예컨대 '패권·반영·토대·초구조' 등을 넘어설 필요가 있다.

지난 50년 동안의 미시사회학은 거시 수준의 사회질서가, 다양한 일반화의 수준에서 볼 때 사회 구성원들의 무수한 상호작용과 행위에서 매일 만들어지고 있다는 것을 보여주었다. 대화 분석은 어떻게 그와 같은 상호작용이 대화의 미세한 구조와 전략들에 의해 이뤄지는지 보여주었다. 비판적 담화 분석은 성차별과 인종주의가 그러한 것처럼 어떻게 권력이 담화의 여러 구조들에 의해 생산되고 재생산되는지 보여주었다. 사회 집단과 조직, 기관, 권력의 사회적 처리와 관계, 패권과 존재에 대한 거시사회학적 설명은 그에 따라 일상적인 삶과 사회적 행위 주체들의 담화와 상호작용에 '근거를 두고 있다.'

그와는 반대로 사회적 상호작용과 담화에 대한 지엽적이고 미시적인 측면은 그 자체의 규범과 규칙에 의해서 이해되어야 할뿐더러 더 큰 사회 구조, 정치적 구조의 구성요소이며 그 차원에서 처리를 위한 구성요소로 이해되어야 한다. 실제로 담화 연구뿐만 아니라 사회학에서 하나의 접근법으로서 대화 분석의 '지엽적인' 담화 실천관례들은 학문 분야로서 담화 연구와 사회학의 대대적인 전개, 대학의 학과 구조, (이를테면 담화 연구에서) 학술 전문지 창간 등을 배경으로 할 때 더 잘 이해될 수 있다.

이론적으로 그와 같은 거시-미시의 관계들은 상향식 영향과 하향식 영향의 관계와 마찬가지로 학자들이 지니고 있는 지식과 의견의 측면에서 형식화할 수 있다. 학문에 대한 학자들의 지식과 이력은 특정한 갈래의 연구와 방법이나 주제에 참여하는 동기를 구성한다. 다른 말로 한다면 여기서도 사회의 거시 구조와 미시 구조가 관련되는 방법들 가운데 하나는 참여자로서 사회적 행위 주체들의 마음을 통하는 것 즉 학문 활동을 하는 학자의 구체적인 정신 모형들과 그것들이 그 학문에 관련되는 일반적인 지식 구조, 방법, 이론과 맺고 있는 관계를 통하는 것이다. 이는 '학문 활동'에 대하여 인지심리학과 사회심리학이 분석과 이론에 개입하여야 함을 의미한다.

사회에서 지식과 담화 사이의 관계에 대한 좀 더 일반적인 설명은 이와 같은 여러 학문에 걸친 패러다임 안에 있다. 이런 관계들과 그 수준에 대한 논리는 분명하다. 담화와 지식은 사회적 행위 주체로서 인간 개인의 속성들이며 둘 다 서로를 필요로 한다. 지식은 대체로 상황에 맞춘 입말과 글말에 의해 습득된다. 그리고 담화 그 자체는 상당한 분량의 일반적인 지식과 특정 지식으로 산출될 수 있고 이해될 수 있을 뿐이다. 둘 다 상호작용의 조건이며 사회에서 지식을 공유하고 배분한다는 점에서 그와 같은 상호작용의 결과이다. 언어 사용자들은 사회적 행위 주체이며 사회적 범주나 집단의 구성원들이다. 남자와 여자, 젊은이와 어르신, 흑인과 백인, 부자와 빈자 등이 있으며 그와 같은 관련되는 정체성은 의사소통 상황을 규정하는 부분, 즉 입말과 글말의 맥락을 규정하는 부분이 될 수 있다. 그리고 이는 사회적 행위의 주체로서 언어 사용자가 기관이나 기구의 구성원인 경우에 더 높은 수준의 분석에도 그러하다. 여기서는 정치나 교육, 대중매체, 관료제도 그리고 사회조직과 정치조직의 다른 영역에서 본질적으로 그러한 것처럼 집단적으로 비슷하게 입말과 글말을 통해 [지식을: 뒤친이] 산출하고 [지식이: 뒤친이] 구성된다.

그에 따라 모든 수준에서 담화와 지식은 각각 독립적으로 그리고 결합하여 중요한 역할을 한다. 새로운 지식은 사회조직의 기관과 인식론적 기구 사이의 셀 수 없는 지엽적인 상호작용 속에서 일상적으로 그리고 사회적으로 산출된다. 그런 산출과 관련하여 한편으로는 학교와 대학, 그리고 실험실에서 다른 한편으로는 대중매체와 누리그물에서 가장 두드러진 특징을 보인다. 이와 같은 산출의 대부분은 학회모임과 수업, 실험, 자료 분석, 논문과 기사, 보고서, 강의 등으로 입말과 글말에서 일어난다. 전국적인 구조에서 일어나는 지엽적인 일들에서 그와 같은 담화는 다시 이전의 지식을 전제로 하고 새로운 지식을 만들어낸다.

『선Sun』지에 나오는, 이민자들과 수혜자들에 대한 캐머른의 진술 사례는 수상과 작은판신문과 같은 권력이 있는 기관이 자신들의 권력뿐만 아니라 주도적인 영국 시민 집단의 권력에 이바지하게 될 입국이민에 대한 반대 태도를 만들어내기 위해 어떻게 지식을 관리할 수 있는지를 보여주었다. 또한 상징성을 띠는 선민들이 공적인 담화를 어떻게 통제하거나 혹은 우선적인 접근을 하는지 보았으며 그들이 대중의 지식과 신념을 조정하고 그에 따라 인종차별주의를 어떻게 재생산하는지 보았다(Van Dijk, 1993, 2006a). 이런 관계들에 대한 세부 내용들을 연구하는 것이 지식과 담화에 관련되는 미래 사회학의 과제이다.

제6장 담화와 지식과 문화

6.1. 들머리

지식에 대한 상대주의적인 개념은 믿음에 대한 정당화를 인식론적 공동체의 가변적인 기준과 결부시킨다. 앞 장에서 사회에서 서로 다른 공동체의 경우, 예컨대 자연과학자 공동체나 전문직업 공동체의 경우에서 그러함을 보았다. 이 장에서는 그와 같은 논의를 문화 공동체, 특히 비서구사회에 있는 문화 공동체로 확장한다.

고대 그리스, 중세 유럽과 대부분의 서구사회 그리고 오늘날의 비서구사회에서 인식론적 기준과 권위는 계속 바뀌었다. 실제로 문화를 자리매김하는 많은 방법들 가운데 하나는 인식론적 기준에 기대는 방법이다. 정령이나 천사에 대한 지식은 무엇인가, 혹은 일상에서 신이나 조상들의 영향에 대해 가정되는 것은 무엇인가에 대해 '야만인'의 믿음에 대해 전통적인 인류학에서 이야기하는 것처럼(이를테면 Fraser, 1910에서처럼) 어떤 (하위) 문화의 구성원들은 다른 (하위) 문화 구성원들이 지니고 있는 지식을 미신이나 단순한 종교적 믿음으로 볼 수 있다.

진화에 대해 미국에서 창조주의자의 개념으로부터 알고 있듯이 지식은 이전에 그리고 어느 곳에서는 성직자, 구루,[131] 교육위원회에 의해 정당화된 참된 믿음으로 선언되었지만 오늘날 많은 문화권에서 지식은 자연과학자나 다른 전문가들에 의해 자리매김된다. 그런 의미에서 모든 지식은 지역적이고 토착적이거나 민간 지식이다. 일상적인 지식과 자연과학적인 지식 사이에는 중요한 차이가 있음에도 불구하고, 우리의 지식과 그들의 지식은, 특히 그 내용과 방법에 관련되어 있는 기본적인 과정은 매우 비슷하다(Kuhn, 1996: 280).

6.1.1. 인식론적 인류학을 향하여

이런 일반적인 상대주의 얼개 안에서 이 장은 지식과 담화, 문화 사이의 관계를 다룬다. 여기에는 학문으로 확립된 분야가 있다면 '지식의 인류학'이라 부를 수 있는 분야에 이바지하려는 의도가 있다. 일찍이 '지식의 인류학'에 대해 『연간 서평Annual Review』에 실린 논문이 있었지만(Crick, 1982), 그는 그러한 분야가 있음을 부인하였고, 그 논문의 많은 부분이 지식에 대한 문화적 연구가 아니었다. 실제로 현재의 인류학 관련 단행본들 가운데 독본이나 지침서는 지식과 믿음에 바쳐지는 장들이 드물고, 주제 찾아보기에서도 이런 개념들이 거의 나타나지 않는다. 그럼에도 불구하고 문화인류학, 특히 인지인류학이라는 넓은 분야에서 인식론적 인류학이나 인식론적 민족지학 연구는 오늘날에 가장 분명히 관련되는 분야나 방법이며 인문학과 사회학의 다른 분야에서 발전과 연결될 것이다.

말하기에 대한 민족지학 연구ethnography의 경우와 마찬가지로, 1960년대부터 오늘날의 인류언어학(관련되는 참고문헌은 아래에 나올 것임)에 이르기까지 인류학은 언어와 담화에 대한 문화적 연구의 앞자리에 있

---

131) 힌두교나 시크교의 스승이나 지도자를 가리킨다.

다. 이와 비슷하게 인지인류학, 좀 더 구체적으로 말하면, 문화인류학은 수십 년 동안 다양한 믿음이나 세계관, 우주관의 체계에 대한 연구에 관심을 가졌다. 이를테면 친족이나 색, 식물이나 동물, 좀 더 일반적으로 말하면, 사회적 환경과 자연적 환경이 있는데, 이들은 민족지과학ethno-science이나 민족지의미론ethno-semantics에서 연구되어 왔다. 실제로 구드납(Gooednough, 1964)의 자리매김 이후 오늘에 이르기까지 많은 인류학자들에게 문화는 공동체에서 적절하게 기능을 할 수 있도록 구성원들이 반드시 지니고 있어야 할 지식의 관점에서 자주 자리매김되었다. 좀 더 구체적으로 말하면 비슷한 자리매김이 언어 지식에 대하여 언어 공동체에서 '능력competence'로 제시되기도 한다.

6.1.2. 친족에 대한 연구에서 문화 모형까지

인지인류학에서 지식의 구조, 조직과 기능에 대한 분석은 지난 수십 년 동안에 걸쳐 바뀌었다. 친족에 대한 이른 시기의 접근법과 친족 용어 분석에서는 언어학에서 구조적 음운론으로부터 나온 구성 성분 분석을 채택하였다(Lounsbury, 1969; 다른 논의들은 Spradley, 1972도 참고할 것). 1970년대 이후 인지심리학에서 인지혁명의 영향으로 원형과 각본을, 일반적으로는 지식에 대한 특징을 밝히기 위해 개념틀schema과 같은 개념들을 끌어들였다. 이런 연구의 상당수가 뒤에 '문화 모형'에 기대어 형식화되었다. 여기서 문화 모형은 이 책에서 쓰고 있는 (개인적) 정신 모형이라는 개념과 구별하기 위해 문화적으로 공유되는 정신 모형이라는 의미를 지닌다.

흥미롭게도 비록 인류학은 담화와 지식의 문화적 연구와 경험적 연구에 대한 통찰을 하도록 많이 이바지하였지만 조사 연구에서 이와 같은 서로 다른 방향은 결합되지 않았다. 입말과 글말에서 문화적 다양성에 대해 널리 퍼져 있는 연구들은 다양한 인식론적 맥락과 조건과 결과들을 거의 탐구하지 않았다. 그리고 그 반대로 비록 지식에 대한 대부분의 자료들을 민족지학 연구를 위해 모은 면담과 이야기와 민담, 보통의 구성원들과 지역에 대한 전문가들 사이의 대화 분석을 통해 얻었고 일상적인 [상호작용을 하는: 뒤친이] 구성원들은 다른 구성원(부모 또는 또래, 교사들 등)들과의 언어를 이용한 상호작용을 통해 얻었지만, 지역에 관련되는 지식의 재생산에서 담화의 이와 같은 기본적인 역할이 어느 정도 무시되어 왔다.

이 장에서는 문화적 맥락에서 담화와 지식 사이의 관계에 대한 얼개를 제시하는 것으로 시작할 수밖에 없다. 문화의 전승과 생산에서 담화의 역할뿐만 아니라 다양한 인식론적 기준에 의해 여러 문화권 안에서 혹은 여러 문화에 걸쳐 영향을 받을 가능성이 높은, 담화의 다양성에 대한 연구들에 대해 특별한 관심을 가지고 대체로 이론적으로 그리고 지역의 지식에 대한 현재 이뤄진 연구문헌에 대한 검토에 기대어 그렇게 하고 있다. 예컨대 여러 나라들, 특히 미국에서 출간되는 뉴스는 사설과 칼럼이나 의견 기사로 표현될 때 사실적이고 의견과 구별되는 것으로 가정한다. 그러나 스페인과 프랑스, 이탈리아에서는 그와 같은 엄격한 구분을 하지 않으며 신문 기사는 기자나 특파원들에 의한 해석과 해설이라는 특징을 지닐 수 있다.

담화와 지식 사이의 특별한 문화적 관계에 대한 연구는 보아스Boas와 인류학 창시자들의 연구 이후 인류학의 특징을 드러내는 사고와 언어, 문화 사이의 관계에 대한 연구의 일반적인 배경을 바탕으로 하여 나타난다. 그와 같은 전통에서 끊이지 않고 나타나는 논의는 사피어와 워프 Sapir and Whorf의 고전적인 가설132)에 대한 어느 정도 엄격한 해석에 자극을 받았는데 사람들의 세계에 대한 지식 습득에서 언어의 역할에 대한 것이었다.

오늘날 인지인류학의 다양한 방향에서는 문화 지식의 좀 더 자율적

---

132) 언어 구조나 실제로 사용하는 언어의 형식이 언어 사용자의 사고에 영향을 미친다는 가설이다. 19세기 독일의 언어철학자 훔볼트에 의해 언어 상대성으로 제기되었는데 이들 두 사람이 이를 좀 더 구체화하였다.

인 발전을 통해서, 이를테면 관찰, 참여, 비언어를 통한 사회적 실천관례들을 통해서 좀 더 자율적인 발전이 있었다고 주장한다. 또한 그와 같은 습득과 발전이 개체발생론적으로나 계통발생론적으로 환경과 상호작용하여 어떻게 배우는가에 대한 인지적 보편성에 바탕을 두고 있다고 널리 가정된다. 따라서 사회 환경과 자연 환경에 대한 문화 학습의 상당 부분이 비언어적이고 암묵적이다. 이는 서로 다른 문화적 맥락을 지니고 있는 다양한 환경에서 일상적인 행위와 경험에 참여할 수 있도록 하는 데 필요한 (기술로서) 실제적인 지식의 습득을 위해서는 더욱 그러하다. 게다가 앞 장에서 본 것처럼 명시적인 학습 맥락을 제외한다면 문화 지식은 일반적으로 전제되고 그에 따라 담화에서조차 암묵적이다.

6.1.3. 지식의 문화적 재생산에서 담화의 중요한 역할

이와 같은 비언어적 학습의 역할에도 불구하고, 문화와 문화 전승은 입말이나 글말이 없다면 불가능하다. 무엇보다도 문화의 많은 측면들이 관찰 가능하지 않고 그에 따라 담화나 다른 기호를 이용한 실천관례들에서 다시 제시될 필요가 있으며, 두 번째로 관찰 가능한 사회 환경이나 자연 환경들은 담화에서 형식화할 수 있는 의미로 환원될 필요가 있기 때문이다. 따라서 문화의 근본적인 측면들, 즉 자연이나 물건, 행위에 딸려 있는 의미들은 습득되고 전승되기 위해 근본적으로 '언어' 가 필요하다.

이른 시기에 언어적 상대성을 다룬 많은 연구들은, 실제로는 형태론이나 통사론의 몇몇 측면들과 어휘부에 대한 연구로 귀속되고 그에 따라 문화 지식의 습득에서 언어의 기본적인 역할을 다룬 반면 여기서는 이 과정에서 언어 사용, 즉 담화의 역할을 강조하고자 한다. 일상의 비언어적 경험과 실천관례들로부터 배우는 것뿐만 아니라 새로운 구성원들은 사물에 어휘 딱지를 개별적으로 붙여나감으로써 세계나 환경에 대하여 배우는 것이 아니라 부모-아이의 상호작용, 또래 대화, 이야기, 신화, TV 볼거리, 교재와 전문가들에 의한 명시적인 가르침과 같은 전면적이고 복합적인 방식을 통해 배운다.

더 나아가서 문법, 구조와 담화의 규칙들은 사회 행위의 주체로서 언어 사용자들과, 자연 환경과 사회 환경 사이의 기본적인 관계의 기능으로서 그리고 사회적 상호작용의 통합된 영역으로서 습득될 가능성이 높다. 실제로 어떤 언어를 배우기 위해서는 표현의 의미를 배우고 세계에 대한 지식에 깊숙이 안겨 있으며 그리고 그에 따라 세계에 대한 지식을 전제로 하는 그런 의미들을 배울 필요가 있다. 언어적 상대주의라는 복잡한 문제뿐만 아니라 수십 년 동안의 논의가 이 장에서 검토될 수가 없지만 이 문제와 관련된 담화 분석의 관점과 사회 인지적 관점을 아래에서 간략히 요약할 필요가 있다.

6.1.4. 대화에서 지식에 대한 가정의 문화적 변이 형태

담화와 지식에 대한 통합된 문화 연구의 목적 가운데 하나는 담화가 서로 다른 소통 상황에서 지식이 전제되고, 함의되며, 표현되고 전달되는 방식이 문화에 따라 어떻게 달라질 수 있는가를 검토하는 것이다. 예컨대 어떤 문화에서는 부모들은 어린이들이 아무런 지식을 실제로 지니고 있지 않다고 가정할 수 있고 부모-아이의 담화에서 아이 대화133)에 참여함으로써 이 가정을 적용할 수 있다. 다른 문화에서는 아이의 지식 부족에 맞추지 않고 나이든 아이나 어른들과 어느 정도 같은 방식으로 처음부터 대화를 할 것이다(Ochs, 1982를 참고할 것). 이와 비슷하게 믿을 만한 관찰, 신뢰성이 있는 자원들과 타당한 추론이 어느 정도 일반적이며 보편적이지 않다면 믿음의 정당화 기준 그리고 그에 따라 증거대기는 입말과 글말에서 다르고 이런 기준의 적용도

---

133) 아이다운 대화나 말투를 사용하거나 흉내 내면서 이뤄지는 대화를 가리킨다.

담화뿐만 아니라 문화에 따라 다를 수 있다(다양한 배경과 문화에서 증거로서의 기준에 대한 인류학적 접근에 대해서는 Engelke, 2009를 참고할 것).

6.1.5. 지식과 문화, 상대주의와 맥락주의

앞 장에서 논의된 것처럼 지식에 대한 이 책의 접근법은 전통적인 인식론, 즉 '정당화된 참된 믿음'이라는 절대적인 용어가 아니라 인식론적 공동체의 기준이나 표준에 기대어 자리매김한다는 의미에서 상대주의적이다. 무엇이 참인가를 확립할 실제적이거나 경험적인 방법이 없기 때문에 그리고 일상적인 삶에서 지식은 오직 어떤 공동체의 기준에 의해서 기능을 하기 때문에 이는 또한 분명히 문화적 변이 형태에 대한 연구에서 지식을 자리매김하고 사용하기 위해서 지식에 접근하는 방법이어야 한다.

쉐나펠트(Schanafelt, 2002)는 (심리학과 사회학에서 관찰자에 독립적인 참과 선험적인 참과 같이) 서로 다른 참의 영역에 기대어 민족지학 분야에서 상대주의와 참, 거짓을 논의하였다. 핸선(Hanson, 1979)은 인류학에서 상대주의를 논의하면서 이런 갈래의 상대주의를 맥락주의 contextualism라 부르기를 제안하였다. 그러나 맥락주의에 대한 그의 자리매김은 여기서 제안한 상대주의와 비슷하다. 하나의 세계이지만 이 세계에 대한 서로 다른 지식(그리고 그에 따라 서로 다른 담화)인데 그 이유는 서로 다른 공동체에서 서로 다른 표준이 있기 때문이다. 맥락주의에 대해 저자는 같은 인식론적 공동체 안에서 서로 다른 (특히 소통의) 상황에 대한 적용 때문이라고 본다. 이를테면 어떤 학자들이 다른 상황에서 어떤 상황에 대해서 이야기할 때에도 대학이나 혹은 기사에서 다른 인식론적 기준을 적용하는 것이다(Van Dijk, 2008a; DeRose, 2009; Preyer and Peter, 2005도 참고할 것).

6.1.6. 권력

지금의 민족지학 방법과 인류학의 상대주의 원리는 지식 기준과 서로 다른 지엽적인 지식과 전국적인 지식을 분석하고 인식할 뿐만 아니라 담화를 통한 지식의 재생산과 생산에서 권력의 기본적인 역할을 인식하고 분석한다. 이는 지식과 담화에 대한 사회학뿐만 아니라 좀 더 일반적인 문화가 지구화되는 경향의 일부로서, 특히 서구의 지식과 기준이 인식론적 지구화라는 특징을 보일 수 있는 방법으로 어떻게 점진적으로 지식과 방법을 주도하면서 다른 지식과 방법을 배제하는지, 그리고 어떻게 보편적임을 가장하는지 살피고 있는 비판적인 민족지학의 경우도 마찬가지이다. 따라서 담화를 통한 지식의 재생산에 대한 문화적 차원의 연구에서는 지엽적인 과정과 전체적인 과정에서 권력이 실행되는 방법 그리고 권력에 저항하는 많은 방법들을 인식할 필요가 있다. 그리고 좀 더 일반적인 비판적 담화 분석 안에서 중요한 연구도 이와 같은 방법에 있다.

6.1.7. 맥락에서 지식과 문화에서 담화에 대한 제약까지

공동체들과 문화들 사이의 인식론적 차이는 입말과 글말의 구조가 지니는 다양한 수준에 대하여 영향력을 지닐 수 있다. 예컨대 발화에 깔아놓은 속뜻illocution134)에 대한 분석에서 선언이라는 기본적인 화행은, 화자가 청자가 모르는 무엇인가를 알고 있음을 전제로 한다. 이는 소통에서 보편적인 조건일 가능성이 높다. 그러나 선언에 대한 이런 일반적인 적합성 조건, 즉 누가, 누구에게, 언제, 어떻게, 그와 같은 선언을 할 수 있는가에 대하여 그리고 이런 조건의 구체적인 적용에서

---

134) 오스틴이 제안한 용어로 언어 사용이 언어 표현 행위locution – 속뜻 깔아놓기illocution – 수행완료하기perlocution의 세 단계를 거친다고 주장하였다.

틀림없이 문화적인 차이가 있다.

이는 특정의 인식론적 조건뿐만 아니라 담화가 지니는 화용적 속성, 의미론적이거나 형식적인 속성을 지니고 있는 질문하기나 다른 화행의 경우도 마찬가지이다. 예컨대 젊은이나 계층이 더 낮은 구성원들은 선언을 하기 전에 먼저 교사 혹은 지위가 더 높은 구성원들에 허락을 받을 필요가 있는 문화들이 많다. 그리고 만약 그들이 그렇게 한다면, 즉 허락을 받지 않고 선언을 한다면 수신자의 체면을 유지하도록, 즉 [수신자가: 뒤친이] 무지함을 표현하지 않도록 특별한 공손성 변화나 부담을 줄이는 변화를 끌어들여야 한다. 다른 말로 한다면 담화의 소통 상황에 대한 전체 맥락 분석이 필요한데, 여러 조건들 가운데 인식론적 차이가 적합성의 여러 조건들 가운데 하나일 뿐이다. 따라서 담화와 지식 사이의 관계에 대한 문화적 다양성은 '덩잇글'의 특성일 뿐만 아니라 맥락의 특성이다. 이 문제는 맥락의 본질에 대한 이전의 연구거리에서부터 이어진다(Van Dijk, 2008a, 2009a).

담화와 지식을 통합하는 연구에는 많은 측면들이 있음을 알고 있다. 따라서 이 장은 한편으로는 공유되는 지식의 습득과 전승에서 담화의 역할과 속성에 초점을 맞추고 다른 한편으로는 입말과 글말의 적절한 수행에서 변할 수 있는 문화 지식에 초점을 맞춘다. 이런 주제에 초점을 맞추기에 앞서 문화와 인지 사이의 관계와 같이 이 장에서 중요하게 다루게 될 이론적 개념들의 일부에 대한 관점을 분명하게 해둘 필요가 있다.

6.2. 문화와 인지

서로 다른 사회에서 지식과 믿음에 대한 민족지학 연구와 비교 연구는 좀 더 일반적으로 문화와 인지 사이의 관계를 검토하는 탐구의 더 넓은 분야의 일부이다. 문화에 대하여 이른 시기의 행동주의적 접근에 더하여 현재의 상호작용주의적 접근과 1960년대의 인지혁명은 인류학에 닿아 있다(다른 많은 책들 가운데 Bloch, 1998; D'Andrade, 1995; Holland and Quinn, 1987; Marchand, 2010; Quinn, 2005; Shore, 1996을 참고할 것. 그리고 인지와 문화에 대한 놀랍도록 이른 시기의 논문 묶음은 Spradley, 1972를 참고할 것).

인지심리학과 인지언어학과 같은 인지과학의 이론과 방법을 이용하면서 문화에 대한 그와 같은 인지적 접근은 서로 다른 공동체에서 사회적 환경과 자연 환경에 대하여 개념화하고 표상하며 이야기하는 서로 다른 방식에 초점을 맞추었고 그에 따라 나날의 삶을 이해하는 서로 다른 방식에 초점을 맞추었다(자세한 내용들은 최근에 Kronenfeld et. al., 2011을 참고할 것).

이 장에서는 지식과 믿음에 대한 문화적 다양성과 문화적으로 다양한 담화를 통제하는 (그리고 통제를 받는) 방법에 대한 이론적 연구를 통해 인지인류학에 이바지하고자 한다. 즉 지식과 문화에 대한 대부분의 이른 시기 여구들이 일반적으로 언어의 역할에 초점을 맞춘 반면(셔저(Sherzer, 1987)와 같은 인류학자에 의해 지지를 받은 것처럼) 여기서는 문화 지식의 사용과 습득에서 문화적으로 상황에 맞춘 입말과 글말의 역할을 강조한다.

앞 장과 다른 연구에서 강조하여 왔던 것처럼 담화─지식의 접합면에서 문화적 다양성에 대한 인지적 접근은 인지로의 귀속됨을 함의하지 않는다. 같은 방법으로 담화를 단순한 행동으로 되돌리지 않으며 담화를 통한 상호작용과 다른 실천관례들은 또한 기본적인 인지 속성을 지니고 있으며, 지식에 대한 사회 인지적 접근은 개인의 정신이나 기억에 대한 연구로 귀속되지 않는다고 가정한다. 사람이 지니고 있는 기본적인 지식 구조들은 인간이 다양한 환경 아래에서 살아남기 위해 사회적 삶과 상호작용의 조건으로서 그리고 그 결과로서 계통발생론적으로 진화해 왔다(2장에 있는 참고문헌을 볼 것). 지식은 한편으로는 사회적으로 공동체에 의해 구성되고 전승되며 공유되고 바뀌며, 다른 한편으로 개별 구성원들에 의해, 특히 사회적으로 맞춰진 담화에서 사회적으로 습득되고 사용된다. 그러나 동시에 이는 지식이 정신적이지 않음을 의미하지는 않는다. 즉 그와 같은 지식을 배우고 다양하게 적용하며 바꾸는 개별 구성원들의 마음에 확산되고 규범화되고 조정된다. 또한 인지에 초점을 맞출 때에도 오로지 우리 자신들을 떠올릴 필요가 있으며 인간의 인지에 대해 이야기를 하고 있고 사회·문화적인 공동체의 구성원들에 의해 공유되고 습득된 믿음에 대하여 언급하고 있다는 점을 잊지 않도록 염두에 두어야 한다. 그와 같은 인지의 '사회성'은 또한 사회적 상호작용과 사회적 관계, 즉 권력의 상호작용과 관계를 전제로 한다(Thomas, 2011).

따라서 인지 분석이나 상호작용 분석으로의 되돌아가는 일은 지식과 담화에 대한 연구로서 부족하며, 특히 문화에 대한 분석의 얼개 안에서는 더욱 그러하다는 점이 사회 인지적 접근을 하는 이 책에서의 주된 주장이다. 담화와 지식 둘 다 사회의 문화적 국면에 딸려 있고 둘 다 인지적인 측면과 수준뿐만 아니라 사회적 차원과 실천관례나 상호작용의 수준과 차원을 지니고 있으며, 구체화하는 수준과 차원을 지니고 있다. 이와 같은 문화적 맥락에서 이들의 변증법적 관계를 검토해 보기로 한다.

6.2.1. 인지와 행위로서 문화

언어, 담화, 소통, 상호작용, 마음이나 인지와 같은 일반적인 개념들에 대해서 자리매김하지 않은 것처럼 '문화'라고 널리 받아들이고 있는 흐릿한 개념에 대해서도 자리매김하지 않을 것이다(자세한 내용은 Kuper, 1999를 참고할 것). 실제로 매우 이른 시기인 1952년에 크루버와 클라콘(Kroeber and Kluckhohn, 1952)은 문화에 대한 164개의 자리매김을 늘어놓았다. 이 장의 논의를 위해서 흥미로운 점은 구드납(Goodenough, 1964)의 자리매김 이후, 많은 인류학자들이 지식, 즉 어떤 공동체에서 적절한 기능을 하는 데 필요한 지식이라는 용어에 따라 문화의 자리매 김에 동의하였다는 점이다(Bloch, 1998; Kessing, 1979). 만약 문화가 아이 와 신참들이 배우고, 그 구성원들에 의해 공유되며 세대에 걸쳐 전승될 필요가 있는 무엇이라면 문화에 대한 그와 같은 인지적 개념은 당연히 매력적이다.

믿음이나 사회적 태도, 정치적 태도와 이념, 규범, 가치와 같이 문화 와 일반적으로 관련되어 있는 다른 정신 표상의 경우도 이런 점은 마찬 가지이다(Geertz, 1973). 실천관례들이나 의식, 의례와 같이 일반적으로 문화로 규정되는 인간 사회의 다른 측면들은 그와 같은 형태로 전승되 지 않고 오직 그것을 만들고 그것에 참여하는 지식과 기술만 전승될 뿐이다.[135) 가정용품이나 초상황에서부터 회화나 다른 예술작품에 이 르기까지 문화 유물은 전승될 수 있다. 그렇지만 이들은 실천관례나 지식, 기술이나 어떤 문화의 가치로서 연구되기 때문에 여기서는 이 점을 더 이상 살피지 않을 것이다. 비록 문화 유물은 지식의 물질적 표현이고, 그에 따라 상황에 맞춘 인지의 관점에서 지식에 대한 접근을 통해 연구될 수 있지만 말이다(3장 참고할 것).

앞에서 생각해 본 것처럼, 문화에 대한 사회 인지적 접근법에서는 문화의 기본적인 인지 속성들을 강조하고 인지로 귀속시키지 않는다. 같은 방식으로 문화의 핵심적인 측면 중 하나인 언어도 언어적 수행이 나 담화를 통한 수행뿐만 아니라 문화나 수행으로서 두 가지 측면, 즉 한편으로 공유된 지식이며 다른 믿음일 뿐만 아니라 다른 한편으로 문화적 실천관례로서의 측면도 지닌다(Bourdieu, 1977; Lave, 1988을 참고 할 것. 인류학에서 실천사례로의 방향 전환에 대한 검토는 Ortner, 1984를 참고할 것). 다른 말로 한다면 문화는 구체적인 사회적 상황에서 특정의 구성원들에 의해 실제적인 구현이나 용법뿐만 아니라 인공물이나 예 술, 입말과 글말과 같이 문화적 산물로 자리매김된다. 일상생활에서

---

135) 문화를 인지적 관점에 보거나 연구할 때 그러하다는 의미이다.

경험되고 우선적으로 개별 구성원들에 의해 학습될 수 있고 적용될 수 있는 방법은 문화에 대한 이러한 표현이나 실행이다.

한편으로 문화에 대한 어떤 이론 안에서 실천관례들을 포함하는 것이 오늘날 많은 상호작용학파들의 생각에서 그러한 것처럼 지식이나 문화를 실천관례나 상호작용에 귀속시키는 이론적인 접근을 하고 있음을 의미하지는 않는다. 관찰 가능성에 대해 벌이고 있는 상호작용주의자들의 이와 같은 논쟁은 수십 년 전에 있었던 행동주의를 생각나게 한다. 인간의 행위는 언제나 구체화를 필요로 하지만 지식이나 기술에 대한 머리-마음의 통제를 필요로 하며 어떤 갈래의 정신 표상과 연관된다면 의도를 파악할 수 있고 의도를 개입시킬 수 있으며 이해될 수 있다. 다른 말로 한다면 행위들이나 실천관례들은, 일반적인 지식이나 다른 믿음에 근거한 개인적인 의도나 공유된 의도, 계획과 목표라는 특징을 지니고 있으며, 사회적 상황에 맞춘 행동과 정신 표상이라는 복잡한 단위로 규정될 수 있다. 지식인류학에서 이뤄진 최근의 연구는 정신과 몸, 환경에 대한 통합적인 설명을 제안한다(Marchand, 2010을 참고. 그리고 '몸에 익은' 지식의 연구에 대한 비평은 그 책에 있는 Cohen, 2010을 참고할 것).

다른 말로 한다면 라우어와 어스와니(Lauer and Aswani, 2009)에서 서부 솔로몬 제도에 사는 어부의 경우에 그러한 것처럼 관련되는 인류학적 연구문헌으로부터 나온 첫 번째 사례를 통해 '상황에 맞춰진 실천 사례'에만 기대어 지식을 자리매김하는 것은 사고와 행위 사이의 기본적인 구분을 무너뜨린다. 고기를 잡고 항해할 수 있기 위해서 이 어부들은 고기와 낚시, 바다, 섬들, 방향 등에 대한 지식뿐만 아니라 (어떻게 고기를 잡고 배를 몰아야 하는가에 대한) 다양한 기술과 능력을 필요로한다. 담화에서 표현되는 것은 물론이고 이런 모든 지식이 명시적일 필요는 없다. 그러나 이것이 고기잡이나 항해하기 그 자체의 실천관례를 무너뜨리지 않는다. 왜냐 하면 그런(이를테면 지리에 관련되는) 지식은 다른 상황에서 사용될 수 있고 사용되어야 하기 때문이다. 실제로 어부들 자신은 조사 연구자들이 만든 지도에서 환경에 대한 지리를 인식할 수 있게 되었을 때 그렇게 하였다. 다른 말로 한다면 매우 쉽게 말해 지식뿐만 아니라 기술은 행위로 규정될 수 있는 실천관례 '안'에 있지 않고 이들 어부의 머리에 있다는 점을 되풀이해야겠다. 분명히 이는 실천관례에 전제되어 있는 지식을 연구하기 위해 담화로 시작하는 실천관례들을 자세하게 연구할 필요가 없음을 의미하지 않는다.

문화에 대한 공동의 인지−행위 접근은 많은 학문적 경계의 경우와 마찬가지로 문화인류학과 사회인류학의 구분이 인위적임을 함의한다. 문화적 실천관례들은 문화적 상황에서 나타나고 사회기관과 사회 구조를 규정하며 이들은 문화적 실천관례들을 가능하게 하고 제약하기도 한다(Giddens, 1986). 작용원인−구조agency-structure 접합면 그 자체는 인지적이어야 한다. 사회 구조는 문화 구성원들의 정신에서 사회 지식으로 공유되는 표상을 통해 사회적 실천관례나 행위에 영향을 미칠 수 있을 뿐이다. 입말과 글말에 사회적 맥락이나 문화적 맥락의 역할이나 그 영향력도 이와 같다(Van Dijk, 2008a, 2009a).

상황에 맞춘 인지와 실천관례로서 문화에 대한 사회 인지적 자리매김은 분명히 한편으로는 문화 지식, 다른 한편으로는 문화적 실천관례로서 담화 사이의 관계에 대한 연구를 위해 본질적이다. 이들은 서로를 필요로 한다. 즉 지식 없이 구성원들은 담화나 다른 문화적 실천관례에 참여할 수 없고, 담화 지식과 문화 지식이 없다면 매우 기본적이고 주변적인 것만 배울 수 있을 뿐이다(문화에 대한 자리매김과 언어의 역할에 대해서는 Duranti, 1997을 참고할 것).

6.2.2. 문화 지식과 믿음

그들의 지식이 믿음으로 불린다는 점이 인류학적 연구문헌에서 매우 일반적으로 발견된다. 실제로 '문화적 믿음'이라는 이 개념이 사용된 (우리의) 모든 책들이나 기사들은 비서구적인 나라들, 공동체들과 입국 이민자들이나 소수자 혹은 '우리의' (서구) 과거에 대하여, 즉 다른 사람들에 대하여 있다.

앞 장과 저자의 이전의 책(Van Dijk, 1998을 참고할 것)에서 논의한 것처럼 지식과 이념 사이의 구분에 대해서도 마찬가지이다. 우리는 지식을 지니고 있는 반면 그들은 믿음을 지니고 있다고 선언하거나 전제하는 문화 연구들이 여전히 있음을 보게 된다. 이는 그와 같은 연구들이 지식과 믿음을 외현하는 좀 더 포괄적인 용어를 사용하기 때문이 아니라 일반적으로 이들 연구들이 '우리의' (서구적인) 지식 기준에 모순되는 '단순한 믿음'과 미신, 종교, 신화와 '이성적이지 않은' 믿음을 다루고 있다는 함의나 선언 때문이다(Lloyd, 1990; Loewen, 2006; Bala Joseph, 2007; Needham, 1972를 참고할 것).

실제로 인류학에서 앞선 연구들은 그와 같은 믿음들을 가리키는데 레비 스트로스(Lévy Strauss, 1962)의 『야생의 사고pensée sauvage』136)에서 한 것처럼 그리고 뛰어난 학자 보어스(Boas, 1911), 뒤르켐(Durkheim, 1915), 프레이저(Frazer, 1910), 티치너(Tichenor, 1921), 바틀렛(Bartlett, 1932), 말리노프스키(Malinowski, 1926), 미드(Mead, 1937)들의 연구들에서처럼 '토착'민이나 야만인이라는 생각에 기대어 여전히 틀을 만들고 있다. 그러나 그들 중 다수는, 백 년 전에 『미국 인류학회』지에 실린 짤막한 논문에서 토착민에 대한 자세한 지식을, 특히 그들의 환경과 관련하여 강조한 골든바이저(Goldenweiser, 1915)의 논의에서 나타나는 것처럼 토착민의 믿음과 지식을 비이성적인 것으로 자리매김하는, 한쪽으로 치우쳐 있으며 유럽 중심적인 자리매김을 비판하기도 하였다(Baker, 1998; Bickham, 2005; Jahoda, 1998도 참고할 것).

일반적으로 문화에 따른 믿음은 그와 같은 기본적인 내용들을 포함하고 그에 따라 삶과 죽음, 병과 건강, 성, 재생산과 아이 기르기, 사회적 상호작용(이를테면 협력과 권력 등), 사회 구조(이를테면 친족), 자연

---

136) 이 책은 안정남(1996, 한길사)의 번역으로 국내에 소개되었다.

현상과 환경으로 인간 사회의 보편적인 측면들을 포함하고 있다. 이런 믿음들은 종종 그들의 일상적인 실천관례들이 우리들의 실천관례들, 예컨대 우리의 의사들, 학자들, 정치가들, 기자들뿐만 아니라 인류학자들과의 상호작용에서 그것과 어떻게 다른가를 설명하기 위해 기술된다(여러 책들 가운데 Briggs, 1989; Copney, 1998; De Mente, 2009; Edson, 2009; Englander, 1990; Finucane, 1995; Havens and Ashida, 1994; Latour, 1993; Little and Smith, 1988에 있는 비판과 논의를 참고할 것).

틀림없이 문화적 믿음에 대한 전통적인 연구들 가운데 다수가 믿음이라는 용어의 사용이 현재의 (서구적인) 의학 지식이나 과학 지식에 토대를 둔 것으로서 만약 그 믿음이 주도적이며 '전지구적인' 인식론적 기준에 의해 '잘못'이라면 수정될 수 있을 것이다. 그러나 만약 연구되고 있는 인식론적 공동체의 믿음이 일반적으로 지역에 토대를 둔 공개 담화뿐만 아니라 상호작용의 다른 형태에서 전제되고 그 구성원에 의해 참으로 받아들여진다면 상대적인 인식론과 내적인(내부자적인) 인식론은 그것들을 당연한 지식으로, 이를테면 지역에 토대를 둔 지식 local knowledge[137]으로 다루어야 한다(Geertz, 1983).

그러나 '토착적이거나' '민간'과 같이 다른 사람들others뿐만 아니라 '지역적'이라는 용어는 지식의 질적 표현으로서 여전히 지역적인 지식과 다른 (전지구적?) 지식 사이의 기본적인 구별을 전제로 하고 있는 것으로 읽히는 반면 '토착적인'이라는 용어만이 우리의 것이 아니라 다른 사람의 지식에 대하여 이야기하기 위해 쓰인다. 이 장에서는 비서구적인 공동체에서 지식의 몇 가지 유형에 대한 연구문헌들을 살필 것이다. 그러나 지역에 따라 정당화되고, 공유되며 전제되는 믿음들을 또한 단순히 지식으로 부를 수 있는 상대주의적인 관점 안에서 그렇게

---

137) 이 용어에 쓰인 'local'은 'global'과 짝을 이루어서 이 책 전체에서 고루 쓰인다. 지엽적 의미 연결local coherence과 전국적 의미 연결global coherence에서 그러하다. 여기서는 지역의 동물, 환경, 토지에 대한 지식을 가리킨다. 이 맥락에서 강조하고 있는 것은 지식의 상대주의적 관점이다.

할 것이다.

의심할 바 없이 이들 '다른' 공동체의 상당수가 참된 믿음과 거짓 믿음, 지식과 종교, 사실과 미신 혹은 뉴스와 역사, 신화 사이의 구분을 하고 있다. 따라서 원칙대로 내부자적 관점을 진지하게 채택하고 있는 인지인류학은 일반적으로 받아들여지고 다툼의 여지가 없으며 전제되어 있는 어떤 공동체의 믿음을 다룰 때 '지식'이란 용어를 사용해야 한다. 일반적으로 그와 같은 경우에서 '전제된' 문화 지식은 때때로 암묵적이며 학습이나 갈등 상황 너머에서 당연한 것으로 받아들이거나, 이를테면 뉴스에서처럼 새로운 지식으로 당연히 전달되어야 한다. 어떤 공동체의 대부분이나 전체 구성원들의 담화와 다른 사회적 실천 관례에서 지식은 '말할 필요도 없지만', 단순한 믿음은 특정의 집단에 의해 공유되는 경향이 있을 뿐이고 일반적으로 논쟁에서 방어되거나 분명해진다(Agar, 2005; Bicker et. al., 2004; Carayanis, and Alexander, 2005; Haarmann, 2007; Monroe, 2003; Pike, 1993을 참고할 것). 이 책에서는 아래 [특히 6.4: 뒤친이]에서 '지역에 토대를 둔' 지식(들)의 연구로 되돌아올 것이다.

6.2.3. 개인적 모형 대 문화적 모형

앞 장에서 사건에 대한 주관적 표상으로서, 혹은 구체적 사건 기억에서 상황으로서 '정신 모형'에 대한 심리학적 개념들을 채택하고 더 넓게 적용해 왔다(Genter and Stevens, 1983; Johnson-Laird, 1983; Van Dijk and Kintsch, 1983). 인류학에서 어떤 모형으로부터 나온 개념은 일반적으로 문화적 모형에 기대어 사회·문화적으로 공유되는 믿음의 체계나 사회적 표상으로 사용되는데 앞에서 자리매김한 것처럼 믿음의 어떤 체계나 지식의 어떤 형태로 사용된다(D'Andrade, 1995; Haarman, 2007; Holland and Quinn, 1987; Quinn, 2005; Shore, 1996 참고. '민담 모형'이나 '문화 모형'에 대한 비판적 평가는 Kessing, 1987을, 그리고 최근에 경신된 내용에 대해서는 Quinn, 2011을 참고할 것).

이 책에서 쓰인 개인 모형과 상황 모형이라는 개념과의 혼동을 피하기 위해 이 장에서는 '문화 모형'이라는 개념의 사용을 피할 것이다. 대신에 지식과 믿음 혹은 특정의 문화 영역(이를테면 교육이나 농경)에서 사회적 표상이나 관례들(이를테면 가르침이나 씨뿌리기)에서 (문화에 따라 가변적인) 사회 체계로 이들을 언급한다. 만약 어떤 문화의 개별 구성원들이 자신들의 일반적인 문화 지식과 믿음을 사용할 뿐만 아니라 현재의 개인적 배경, 목표와 정체성, 믿음에 딸려 있는 독특한 방식으로 맥락에 따라 주관적으로 사용하는 방식을 설명하고자 할 때 이런 구별은 중요하다. 그리고 이들에 대하여 개별 구성원들의 주관적인 사용 방식은 그에 따라 문화 변화를 시작하는 것일 수 있다. 사회적으로 공유된 문화와 그 구성원들의 개인적인 '사용' 사이의 관계에 대한 이론적인 설명은 문화와 개별 구성원들 사이의 관계에 대하여 잘 알려진 인류학적 논쟁에서 입장을 분명하게 해준다(Benedict, 1935; Dumont, 1986; Malinowski, 1939; Morris, 1991; Triandis, 1995).

방법론적으로 이는, 면담을 하거나 다른 문화에서 구성원들의 행위를 관찰하는 것이 구성원들의 공유된 문화 지식에 대한 직접적인 접속을 제공하는 것이 아니라 그와 같은 지식에 대한 개인적인 사용법이나 적용에 대한 접속을 제공할 뿐임을 의미한다. 개인적인 의도와 해석이나 행위로부터 되풀이되는 관찰과 비교, 추상화, 맥락 해체와 일반화는 어떤 문화에 공유되는 '모형들'에 이르는 데 필요할 수 있다. 니이덤(Needham, 1972)은 실제로 발화로부터 사람들의 믿음들에 대한 추론하는 것을 좀 더 일반적인 수준에서 경고하였다(Moore and Sanders, 2006에 있는 장들을 참고할 것). 이것은 실제로 여기서 제시하는 이론에서 쓰는 용어로 담화는 기저에 있는 상황 모형에 의해 통제를 받을 뿐만 아니라, 이를테면 공손성 제약 때문에 소통 상황에서 적합하거나 효과적일 수 있도록 기저에 있는 지식과 믿음을 여러 가지 방식으로 변형할 수 있는 맥락 모형에 의해 통제를 받음을 의미한다(Van Dijk, 2008a, 2009a).

게다가 비록 기본적인 혹은 기준이 되는 지식은 어떤 문화에서 유창한 구성원들에 의해 공유될 수 있지만, 이를테면 개인적으로 혹은 맥락에 따라 다양한 경험이나 관심사(아래를 참고할 것)의 결과로, 보통의 구성원들과 전문가들 사이뿐만 아니라 일반적인 구성원들 자체에서도 유의한 차이가 있을 수 있다. 이런 차이들은, 특히 심리학, 특히 인공지능AI의 전문가 시스템에서 연구되어 왔다.

문화 체계에서 구성원들의 다양한 개인별 '사용'이나 '수행'은 서로 다른 유형이 있을 수 있게 한다(Bucholtz, 1994; Denzin, 2003; Fine and Speer, 1992; Wirth, 2002). 다른 사람들에 의해 공유될 때, 그와 같은 어긋남은 문화 체계의 역동성과 변화를 설명하게 해주며, 그에 따라 공동체가 변하는 사회적 제약과 경제적이거나 환경에서의 제약, 그것에 대한 구성원들이 경험에 기대어 적응하는 방식을 설명하게 해준다. 다른 말로 한다면 문화는 대부분의 기본적인 변화들이 보편적으로 매우 느린 경우에도 언제나 동질적이지 않으며 안정적이지 않다. 이 장의 논의에서 채택할 수 있는 것은 이와 같은 이론적 얼개, 즉 공유되는 사회·문화적 지식과 구성원들이 구성한 모형, 구성원들의 담화 사이에 상호작용을 연결하는 얼개이다.

여기에서 사용하고 있는 것처럼 개인적 정신 모형이라는 개념은 개인적인 인식론, 특히 교육에서의 인식, 대체로 말해 설문지라는 방법으로 모을 수 있는 지식에 대한 표준이나 본질 혹은 다른 속성들에 개인적인 의견이라고 부르는 그러한 것과 혼동되어서는 안 된다(Hofer and Pintrich, 2002). 여기에 대한 연구 영역은 개인별 인식에 대하여, 특히 전세계에 걸쳐 학생들을 표본집단으로 삼는 여러 문화에 걸친 연구로 이어져 왔다(Khine, 2008). 그러나 여기서 논의하고 있는 지식의 인류학과는 대체로 관련되지 않는다.

문화 모형에 대한 비평 중 몇몇은 홀런드와 퀸(Holland and Quinn, 1987)이 엮은 책에 있는 논문과 '정신 모형'이라는 개념에 대해 키싱(Keesing, 1987)에 의해 좀 더 자세한 비판 속에서 공론화되었다(엮은이들은 일찍이 '민속 모형folk model'이라 불렀다). 그의 평가 가운데 첫 번째 요점은 '문화 모형'이나 '코드'와 같은 개념들의 사용은 적절한 대화와 다른 상호작용에서 이상적인 화자로서 참여하고 있는 모든 구성원들에 의해 공유되는 이상적인 규칙을 암시하고 있으며 실제로 화자가 하고 있는 것, 이를테면 변이형, 일탈과 타개하기 등을 무시하는 경향이 있다는 것이다. 또한 그는 '민간' 지식과 '전문가' 지식 사이에는 어떤 차이가 발견되는데 문제가 되는 구별은 사회의 민간 모형을 표상할 때라고 하였다. 키싱은 어떻게 문화 모형이 규정되며 어떻게 다른 지식과 구별될 수 있는지 그리고 어느 정도 다양한지(그리고 다양할 수 있는지 여부)를 정확하게 물어보고 있다. 그는 지식에 대한 사회 이론의 역할을 강조하는데 문화 모형에 대한 연구에서는 일반적으로 무시되었다. 그리고 공유되는 문화 모형(Ⅰ)과 그와 같은 문화 모형이 일상적인 지각과 상호작용에서 촉발되는 개인적(부분적이고 선택적인) 형태(Ⅱ)를 구분하자는 제안을 하였다(Holland and Quinn, 1987: 377). 실제로 어떻게 구성원들이 민간 모형을 이용하는지 그리고 비전형적이거나 주변적인 혹은 이들의 경계가 흐릿한 모형을 어떻게 설명하는지 거의 알려져 있지 않다(380쪽). 사회적으로 공유되는 지식 체계와 특정의 사건에 대한 개인의 정신 모형 사이의 구별이 관련되는 지점은 여기이다. 어떤 구별도 문화 모형의 이론 안에서 이뤄지지 않았다.

6.3. 사회·문화적 공동체

앞 장에서 공유되는 지식과 믿음의 사회적 토대로 '공동체'를 자리매김하였다. 이 개념은 이미 사회 안에서 (하위) 문화적 차이, 즉 학자들과 기자들뿐만 아니라 다른 비전문적인 사회의 구성원들의 서로 다른 경험과 인식에 바탕을 둔 실천관례에서 그러한 것처럼, 이를테면 남성과 여성, 젊은이와 연장자, 부자와 가난한 사람들 사이에서 나타나는 그러한 차이를 설명한다.

이념을 자리매김하기 위해 사용되는 사회 집단이라는 개념과 달리 공동체라는 개념은 기본적으로 문화적이다. 앞에서 본 것처럼 전체 사회/문화에는 (이를테면 입국이민자에 대한) 일반적이고 사회·문화적으로 공유되는 지식이 있을 수 있다. 반면에 집단은 이념과 이념에 따른 태도, 목표와 관심사(이를테면 입국이민자들에 대한 편견)에 의해 자리매김될 수 있다. 분명히 이념은 문화적으로 다양하고 그런 의미에서 문화의 일부이지만(Asad, 1979; Geertz, 1973: 8장), 어떤 공동체 안에서 받아들이고 당연시하자마자 그 공동체 안에서 지식으로서의 기능을 한다.

사회학에서 사회Gesellschaft와 공동체Gemelschaft 사이의 구분은 토니스(Tönnies, 1957/1887)의 연구 이래 잘 알려지게 되었다. 문화인류학에서 사회와 공동체 사이의 이러한 구분은 무디어졌는데 대체로 민족지학 연구 방법이, 비교적 적은 사람들의 모임에 대한 연구로 국한될 뿐만 아니라 공유된 언어와 믿음, 동질감과 같은 사회의 문화적 측면에 초점을 맞춘 연구이기 때문이다. 그에 따라 이들은 공동체로 규정된다. 이런 점 때문에 이 책에서는 지식을 공유하는 사람들의 모임으로 인식론적 공동체를 언급하는 이유이기도 하다.

때때로 작은 문화 공동체들은 또한 발화 공동체이다(Gumperz, 1962; Morgan, 2004; Romaine, 1982). 그러나 국가 공동체는 스페인이나 스위스, 인도에서 그러한 것처럼 서로 다른 공동체들을 지닐 수 있는 반면 언어 공동체는 영어, 불어, 독어, 서반아어에서 그러한 것처럼 다양한 국가 공동체를 아우를 수 있다.

앞서 문화에 대한 자리매김에서 본 것처럼 문화 공동체들은 공유되는 믿음, 지식이나 언어에 의해 규정될 뿐만 아니라, '무엇인가를 말하는 방식', 즉 특징을 보이는 실천관례들에 의해서 규정된다(여러 참고문헌들 가운데 Bourdieu, 1977; Latour and Aswani, 2009; Lave, 1988; Martin, 1995를 참고할 것). 이 장과 특별히 관련되는 것은 의례와 다른 관습적인 행위와 모임에 더하여 말하기의 민족지학 연구에서 대체로 연구되듯이 '말하기 방식', 즉 그와 같은 실천관례들의 특징을 지니는 담화가 그러하다(Gumperz and Hymes, 1972; Hymes, 1962, 1974; Saville-Troike, 1982).

여기에서는 또한 앞에서 문화적 실천관례에 대한 연구를 관찰 가능한 행위로 규정되는 실천관례에 귀속시켜서는 안 된다는 점을 강조하여 왔다. 인류학에서 행동주의나 상호작용주의에 맞서 지어츠(Geertz, 1973)와 좀 더 일반적으로 해석적 인류학에서는 행위들이나 다른 상징적 대상, 행동으로 돌릴 수 있는 의미의 기본적인 역할을 강조하여 왔다. 따라서 문화 구성원뿐만 국외자들은 이런 실천관례들을 이해하기 위해 다양한 갈래의 해석에 참여하여야 한다(Marcus and Fischer, 1986을 참고할 것). 의미와 해석이라는 이들 개념이 흐릿하기[138] 때문에 여기서 제시하는 얼개 안에서, 의미론적 해석을 정신 상황 모형에 기대어, 그리고 화용론적 해석을 맥락 모형에 기대어 자리매김하기로 한다. 그에 따라 그와 같은 (개인적인) 모형들은 공동체에서 공유되는 지식과 다른 믿음에 바탕을 두고 있다. 4장에서 본 것처럼 사회심리학에서는 공유된 지식에 대한 그와 같은 접근법은 어떤 공동체의 사회적 표상에 기대어 형식화된다(Jovchelovitch, 2007을 참고할 것).

지어츠(1973)와 다른 많은 인류학자들, 특히 전통적인 행동주의 성향을 지닌 인류학자들뿐만 아니라 지금의 학자들 다수는 대화와 상호작용에 대한 연구에서 의미들이 '공개적'이며 '사회적'이라고 주장하면서 그와 같은 의미들이 문화 구성원들의 '머리 안에서' 발견되지 않는

---

138) 원문에는 'ambiguous and vague'로 표현되어 있는데, 이와 대응되는 우리말이 없고 그에 따라 우리말에서는 잘 구별되지 않는다. 더러 일본식 한자어 표현을 빌려 '애매하다', '모호하다'로 각각 대응시킬 수 있는데, 이들도 대체로 대응이 엄격하게 이뤄지지 않는다. 다만 여럿 가운데 어느 것인지 분명하지 않은 경우와 전체 집합 안에서 경계나 테두리가 분명하지 않은 경우가 있고 이들을 싸잡아서 우리말로 '흐릿하다'로 표현할 수 있다. 영어에서도 앞에 제시된 두 개의 단어에 대한 상의어로 'fuzzy'로 표현할 수 있을 듯하다. 여기서는 두 개 낱말의 뜻을 본디대로 구분하지 않고 그 상의어의 의미를 좇아 '흐릿하다'로 뒤친다.

다는 점을 주목하기 바란다. 그러나 이는 해석이나 의미의 공개적인 본성이나 사회적 본성을 담화나 행위의 관찰 가능하고 비정신적인 속성으로 돌리려는 경험주의자들의 오류라고 앞서 주장하였다. 문화적 의미나 믿음은 만약 이들이 문화 구성원의 마음에서 표상될 뿐만 아니라 공유된다면 그리고 만약 이들 구성원들이 다른 구성원들이 이런 믿음을 공유하고 있음을 안다면 이들 구성원들의 마음에 확산되어 있다는 점에서 둘 다 인지적이고 사회적이다(지어츠의 반인지주의적 입장에 대한 논의를 위해서는 Shore, 1996, pp. 50~52와 Strauss and Quinn, 1997, 2장을 참고할 것. 그리고 문화와 인지에 대한 좀 더 일반적인 논의는 Ross and Medin, 2011을 참고할 것).

요약하자면 이 책에서는 문화 공동체를 사회적 표상(지식, 믿음, 규범과 가치 등)의 통합된 체계와 사회적 실천관례들의 체계(상호작용, 담화, 의례 등)를 공유하는 사람들의 모임으로 규정한다. 사회적 표상은 사회적 실천관례들을 통제하고, 사회적 실천관례들은 사회적 표상을, 특히 좀 더 일반적으로 담화와 상호작용을 통해 형성하고 변화시키고, 재생산하며 전승하도록 한다는 의미에서 이들은 '변증법적으로' 관련되어 있다.

인지인류학에서 다수의 현대적 연구들은 어떤 문화의 '공유'와 그에 따른 지식의 공유가 문제가 없지 않다는 점을 강조한다(Hazlehurst, 2011). 아래에서 보게 되듯이 어떤 문화에서든 전문가와 보통의 구성원들 사이에 유의한 차이가 있을 뿐만 아니라 많은 문화 공동체에서 개인별 차이가 많이 있다(Atran et. al., 2005; Ross and Medin, 2011).

이 책뿐만 아니라 이 장에서는 (개인적인 자전적 경험을 포함하여) 맥락에 달려 있는 다양한 개별 경험을 구성하는 정신 모형의 관점에서 지식의 개인별 차이를 설명하고 있다는 점을 염두에 두기 바란다. 이런 개인별 변이에도 불구하고 언어와 담화, 소통뿐만 아니라 자연 세계와 사회에 대하여 최소한의 공유되는 기본적인 지식은 반드시 필요하다. 그와 같은 이해가 부분적이고 때때로 상호작용에 문제가 있을지라도 그와 같은 지식이 없다면 서로의 이해와 상호작용이 불가능할 것이다. 그럼에도 모든 실제적인 목적을 위해서 대부분의 이해와 상호작용은 비교적 성공적이고 그에 따라 공유되는 지식과 능력들이 필요하다. 이를테면 공유되는 지식과 규칙들을 새로운 환경에 맞추어 나가고 그에 따라 (느리게) 문화 지식 그 자체를 바꿈으로써 구성원들이 다양한 맥락과 문제를 다룰 수 있는 것은 기본적인 인지 자원으로서 이와 같은 공유된 지식을 통해서이다. 따라서 이런 공유하기라는 역동적인 개념은 수행, 즉 개인적인 사용이나 적용, 변이를 막지 않으며 공동체 수준에서 바뀌지 않는다. 그것은 얼마나 많이 그리고 어떤 갈래의 지식이 공동체의 어떤 부분에 의해 공유되는가 하는 경험적인 문제이다.

어떤 문화에 딸려 있는 개별 구성원들에 대하여 미시적 차원에서 구성원들의 다양하고 상황에 맞춘 개인 담화와 다른 실천관례들에 대한 설명이 추가적으로 필요하다는 의미에서 어떤 문화 공동체에 대한 이 개념은 거시적이다. 이 책에서는 한편으로는 경험과 개인적인 지식, 개인적인 의견뿐만 아니라 감정과 동기에 대한 개인의 독특한 이력에 바탕을 두고서, 다른 한편으로는 사회·문화적으로 공유된 지식과 믿음에 대한 구체적인 사례화로서 구성된 정신 모형의 관점에서 그런 점들을 설명할 것이다.

6.4. 지역에 토대를 둔 지식(들)

수십 년 동안 인류학은 특별히 '문화적'·'지역적'·'토착적' 혹은 '민간'의 믿음이나 지식(들)이라고 부르는 것에 대한 연구에 관심을 기울여 왔다(Douglas, 1973; Geertz, 1983). 위에서 지적한 것처럼 믿음이 어떤 공동체에서 담화와 다른 사회적 실천관례에 일반적으로 공유되고 수용되며 당연시되고 전제된다면 믿음을 단순히 (지역에 토대를 둔) 지식이라고 부를 것이다. 이 용법은 이제 비서구사회에서 지식에 대한 많은 연구들에서 일반적이다(Brøgger, 1986; Fardon, 1985, 1995; Harris, 2007; Lindström, 1990을 참고할 것). 지역적인 지식에 대한 이들 많은 연구가, 이를테면 민족지학, 즉 민족지 생물학이나 식물학 등의 다양한 형태의 민족지학 과학의 얼개 안에서 자연 환경에 대한 전문화된 지식에 초점을 맞춘다(Ellen, 2011; Kapoor and Shizha, 2010; Nazarea, 1999와 아래의 참고문헌을 참고할 것). 실제로 문화 지식에 대한 이른 시기에 이뤄졌던 다수의 인지 관련 연구들은 민족지학의 미론이나 자연을 분류하는 어휘에 관심을 가졌다(Conklin, 1962; Michalove et. al., 1998; Sturtevant, 1964; VanPool and VanPool, 2009를 참고할 것).

문화적 다양성과 지식의 전문성을 기술하는 다양한 용어들에 대한 폭넓은 논의들이 있었다(Barnard, 2006; Kuper, 2003; Lauer and Aswani, 2009; Pottier et. al., 2003; Sillitoe, 2007, 2010). 따라서 씰리토이는 '토착적인 지식indigenous knowledge'이라는 논쟁의 여지가 있는 용어와 관련하여 다음과 같은 평을 하였다.

> [우]리는 뉴기니아의 고산지대든, 방글라데시의 범람원이든, 혹은 영국의 뒤람Durham 골짜기이든, 토착적인 지식과 유사한 무엇인가를 곳곳에서 발견한다. 이는 모든 사람들은 권력을 부리고 친족 관계를 인정하며 초자연적인 관념들을 품는 등의 생존 체제와 기술, 언어를 가지고 있다는 생각과 같다. 말하자면 이는 어떤 보편적인 속성들에 대한 가정인데, 이런 보편성은 민족지학에 바탕을 둔 탐구를 오랫동안 지지해 왔다. (Sillitoe, 2010: 13)

그러나139) 또한 저자는 '토착적인 지식'이라는 개념 그 자체뿐만 아니라 '경제'나 '친족'과 같은 개념들이 문화에 따라 가변적이기 때문에 그와 같은 지식의 '내용들'의 명백한 다양성에 초점을 맞출 뿐만

---

139) 이 맥락에서 '그러나but'라는 접속어가 사용된 것은 따옴글에서 문화의 보편성을 강조한 반면 이 문장은 문화의 가변성과 개별성을 강조하기 때문이다.

아니라 '지식'이라고 사람들이 부르거나 사용하는 것, 즉 사람들이 지니고 있는 지식으로서 믿음을 구성하고 권위를 부여하거나 타당하게 하는 것들에도 초점을 맞추어야 한다고 강조한다. 그는 그와 같은 연구는 대부분의 경우에 그러하듯이 문법이나 어휘에 국한되어서는 안 되고, 아래에서 검토하게 되듯이, 특히 '통사결속된 발화'(Sillitoe, 2010: 13·25), 즉 담화에 대해서도 연구되어야 한다고 강조한다. 그는 이와 같은 점을 뉴기니아의 남부 고산지대에서 월라Wola 화자들을 대상으로 하여 그렇게 한다. 그 사람들에게는 '마음'과 기능이 머리에 있는 것이 아니라 가슴에 있다. 인식론에서 기본적인 인식론적 기준은 (관찰이나 출처 혹은 추론의) 신뢰성일 수 있는데 썰리토이는 증거대기의 기준으로서 진술에서 신뢰trust의 역할을 강조한다. 그와 같은 신뢰성은 특정의 사건을 화자나 수신자 혹은 다른 사람들이 직접 목격하였는지 여부와, 지식이 소문이나 추론 등에 바탕을 두었는지 여부에 근거를 두고 있다. 신뢰성에 대한 이와 같은 인식론적 기준들은 서구 문화, 이를테면 소송이나 의료 보고에 대한 증거에서처럼 신뢰도와 신용도라는 기준과 비슷하다. 그러나 월라 말에서 이들은 서로 다른 동사 형태로 문법화되기도 한다.

6.4.1. 문화와 지식과 권력

'지역에 토대를 둔 지식local knowledge'이라는 용어의 사용은 많은 인식론자들뿐만 아니라 (의료나 발달 분야의) 서구 전문가들, 즉 지식을 과학에 의해서 수립된 사실의 관점에서만 규정하고 지엽적인 지식을 (단순한) '문화적 믿음'으로써 건강이나 환경에 대한 지식으로 보는 사람들의 용어와 부딪히면서 알려졌다. 이러한 지식은 그들에게는 사회적인 발전이나 경제적인 발전을 방해하는 것으로 보이기도 한다. 이런 연구들과 논의는 환경과 건강 관리에 특히 초점을 맞추었다(Apffel-Marglin and Marglin, 1996; Bala and Joseph, 2007; Brokensha et. al., 1980; Cunningham and Andrews, 1997; Good, 1994; Lauer and Aswani, 2009; Lindenbaum and Lock, 1993; Nygren, 1999; Pelto and Pelto, 1997의 논의를 참고할 것).

서구 지식의 우위성을 가정하는 논의는 인류학 그 자체만큼이나 오래되었다. 맬리나우스키(Malinowski, 1972)는 '야만' 문화에 대한 선입관을 경고하면서, 조직과 친족 관계 지식의 복잡성을 강조하였다. 보아스(Boas, 1911/1938)는 '원시'인이라고 그가 부르는 사람들의 마음에 대한 연구에서 인종차별주의자들의 가정을 논박하였는데 이를 다음과 같이 요약하였다.

> [우]리는 추리를 통해 이른바 열등 인종들에 대한 감정적인 태도를 지지하고 싶어 한다. 우리 발명품의 우월성, 과학적 지식의 확장, 사회기관의 복잡성, 사회 모든 구성원들의 복지를 드높이려는 시도, 문명화된 사람으로서 우리가 다른 사람들이 질질 끌면서 머물러 있는 단계를 뛰어넘어 나아갔다는 인상의 창출, 유럽 국가와 그들 후손의 타고난 우월성에 대한 가정이 떠오르고 있다. 우리의 추론의 토대는 분명하다. 더 높은 수준의 문명화가 이뤄질수록 문명화에 대하여 더 높은 소질이 요구된다는 것이다. 그리고 그런 소질은 아마도 마음과 몸의 기제의 완벽함에 달려 있는 것처럼 백인종이 그런 최상위 유형을 대표한다고 추론한다. 적어도 [여러 갈래의: 뒤친이] 성취가 주로 혹은 오로지 타고난 인종의 능력에만 주로 달려 있다는 암묵적인 가정이 만들어진다. 백인종의 지적 발달이 가장 높기 때문에 그들의 지성이 최상위이고 그 마음은 가장 숭고한 기관이라고 가정한다. (Boas, 1911/1938: 4~5)

오늘날조차도 사회정치에 대한 좀 더 추상적인 수준의 분석에서, 공동체에 대한 상대주의적 문화적 접근은, 지역에 토대를 둔 지식이 무지와 지체의 형태로 볼 수 있다는 국제적인 가치나 규범을 옹호하는 보편주의자들의 자유로운 입장에 맞서는 것으로 분석되어 왔다(미국에서 미국 원주민과 관련된 공식적인 정책에 대한 연구는 Boggs, 2002; Marcus and Fischer, 1986, p. 32도 참고할 것).

파멀과 와들리(Palmer and Wadley, 2007)는 이런 가정된 지역적 지식을 대화(이를테면 면담, 이야기 등)에 바탕을 둔 민족지학 연구에서 얻어 왔다면서, 지역 환경에 대한 대화는 지역적인 환경 지식과 혼동해서는 안 된다고 경고했다. 실제로 그들의 연구에서 뉴파운드랜드Newfoundland 에 있는 작언 어촌에서 거주민들은 다른 지역의 주민들이 그 환경에 대해 이야기하는 것에 매우 회의적임을 발견하였다(아래에서 지식과 담화에 대한 연구로 돌아올 것이다).

이는 또한 어떤 공동체에서 정당화되고 공유된 믿음으로서 지식에 대한 자리매김이 언제나 신중한 검증을 필요로 하며 분명히 몇 명의 정보 제공자와의 면담으로 검증될 수 없음을 암시한다. 그렇기 때문에 일치에 관련되는 분석을 주장하는 방법론적인 연구들이 있다(Romney et. al., 1986).[140] 따라서 아앤탄드(Ayantande et. al., 2008)는 니제르Niger에 사는 토착민의 생물학적 지식에 대한 연구에서 그와 같은 지식이 나이, 성별, 인종, 직업이나 종교적 믿음이라는 함수에 따라 다양함을 발견하였다. 오늘날 좀 더 일반적으로 지식에 대한 문화적 연구는 문화와 지식의 동질성을 가정하는 추상적이고 구조적인 접근에 맞서거나 그 것을 보완해주는 접근으로서 역동적인 변화나 수행, 문화 안에서의 변이 형태들을 강조한다.

6.4.2. 지역에 토대를 둔 지식에 대한 조사 연구

비서구사회의 지식 체계는 고기잡이나 건강관리와 같이 종종 특정 의 지역적인 실천관례들에 대한 민족지학 연구에서 자주 기술되었다. 이런 실천관례나 지식들은 참여자 관찰, 면담, 비격식적인 대화 등에

---

140) 연구 방법론에서는 연구자 혹은 관찰자의 일치도를 통계적으로 검증하는 방법이나 공식을 제안하고 있다. 여기에 대해서는 허선익(2019ㄴ)을 참고하기 바란다.

의해 종종 지역 전문가들의 수행이나 매듭짓는 방식formulation141)에 바탕을 두고 계통적 분류법에 따라 평가되었다. 전문가들의 정체성은 물론 방법론에서 중요한 문제이다(Davis and Wagner, 2003; Coffe and Geys, 2006을 참고할 것).

많은 연구들은 여러 문화에서 나날의 행위와 의사결정에서 지역적인 지식과 그에 따른 지식의 실천관례들은, 이를테면 건강관리의 경우처럼 국제적이거나 보편적인('서구적인') 지식과 실천관례들과 결합하고 있음을 보여준다. 따라서 다른 한편으로 모유 먹이기breastfeeding와 같이 분명히 보편적인 실천관례들은 롸이트 외(Wright et. al., 1993)에서 미국에 사는 나바호 족Navajo의 경우 체액이 희생함(피, 정액, 젖), 위험함(생리혈)이나 단순한 부산물(땀과 눈물, 소변)이라고 믿고 있음을 보여준 경우처럼 서로 다른 문화에서 다른 의미를 지닐 것이다. 다른 한편으로 이 저자들은 젊은이들 사이에서 어떤 핵심적인 믿음(이를테면 모성애에 대한 믿음)은 몸이나 모유 먹이기에 대한 영국계 미국인Anglo의 믿음과 결합되어 있음도 발견하였다.

이와 비슷하게 다버그와 트뤼거(Dahlberg and Trygger, 2009)는 농사를 짓는 남아프리카에서 약용 식물에 대한 일상의 지식이 여러 사소한 질병의 처치에 적용되고 있지만 동시에 좀 더 심각한 질병의 처리를 위해 지역 병원에서 '서구적인' 건강관리를 이용함으로써 다른 지식 체계에도 신뢰를 지니고 있음을 보여주었다.

남아프리카의 전통적인 치료사sangomas의 지식 전수에 대한 연구에서 쏜턴(Thornton, 2009)은 그와 같은 지식이 (예컨대 예지와 조상신의

---

141) 페어클럽(Fairclough, 1992/2017)의 『Discourse and Social Change』(김지홍 뒤침, 『담화와 사회 변화』, 경진출판)와 페어클럽(2001/2011)의 『Discourse and Power』(김지홍 뒤침, 『언어와 권력』, 경진출판)의 뒤친이 각주에 나온 설명을 참고로 하였다. 여기서는 문맥이 분명하지 않아 공식화로 뒤칠 수 있지만 대화 분석에 관련되는 연구에서 이 용어가 일반적으로 사용되기 때문에 이를 반영하기로 하였음을 밝혀둔다. 페어클럽이 쓴 일련의 뒤침 책에서 김지홍 선생님은 '마무리 짓는 입장 정리', '입장 정리'(말할 내용 정리 평가)로 뒤쳤고, 클락(Clark, 1996/2009)에서는 '요약하기(summarizing)'란 용어로도 쓰인다고 지적하였다. 여기서는 이들의 상의어로 매듭짓는 방식으로 쓴다.

통제라는 특징을 지니는) 여러 문화들로부터 나온 경험과 통찰을 아우를 수 있으며, 치료사가 자신들의 기술을 종교가 아니라 직업으로, 그들의 실천관례를 엄격한 훈련의 결과로 보고 있다는 점을 보여주었다.

미국에서 라틴 사람들 사이의 자궁암의 위험 요소에 대한 문화적인 믿음의 연구에서 차베스 외(Cháves et. al., 2001)에서는 자궁암 초기 검사법Pap test과 같은 실제 실행에서 사회경제적 조건뿐만 아니라 (이를테면 다양한 상대방과의 성교에 대한) 전통적인 믿음, 규범과 가치에 어떻게 의존되어 있는지 검토하였다. 그들은 믿음이 영국계 미국인 여성과 더 가까운 라틴계 미국 여성들은, 더 나이가 많고 더 많이 영어를 말하고 더 나은 교육을 받았거나 혼인을 한 라틴계 미국 여성들과 마찬가지로 자궁암 조기 검사를 지난 2년 동안 한 번 받았을 가능성이 높다는 것은 발견하였다(예는 아래를 참고할 것).

라우어와 어스와니(Lauer and Aswani, 2009)에서 서부 솔로몬 제도에 있는 어부들의 경우와 로빈스(Robbins, 2003)에서 인도의 자라스탄 주 양치기의 경우와 마찬가지로, 지역의 지식과 그것에 바탕을 두고 있는 실천관례들이 지리 정보 체계와 같은 발전된 기술을 이용한 관찰 기술의 결과와 눈에 띄게 일치됨을 보여주었다.

이와 비슷하게 호주의 바위 왈라비rock kangaroo142)의 환경과 분류에 대한 토착 지식의 연구에서 텔퍼와 가드(Telfer and Garde, 2006)는 캥거루와 같은 대상에 대한 (작은) '자연과학' 지식에 대하여 지식의 확장과 보충을 보여주었다. 그와 같은 발견 사실들은 자연과학적 (혹은 서구적) 지식과 보통의 (혹은 비서구적) 지식 사이의 양극화에 맞서는 좀 더 발전된 논의로 활용될 수 있고 지식사회학에서 비판을 위해 활용될 수 있다(Latour, 1987). 실제로 민족지학 연구들은 지역의 전문가들이 대체로 지역에 토대를 둔 지식과 비서구적 지식의 결합을 보게 된다(Johnson, 2012도 참고할 것).

---

142) 몸집이 작은 호주산 캥거루.

6.4.3. 문화 지식에 대한 비판적 접근

비판적 인류학 연구와 (이를테면 라틴아메리카에 대한 연구에서) 지역 연구에서 모든 지식은 지역적이며 이종 결합되어 있고, 서구적인 지식 체계와 비서구적 지식 체계 사이에 설정된 이항 대립이 그 자체로 이념 적 구성물임을 강조하였다(Nygren, 1999). 더 나아가서 앞에서 본 것처 럼 지역에 토대를 둔 지식이 동질적이지 않으며 성별, 나이나 계층, 전문성에 따라 다양함을 강조하였다.

인류학에서 이른 시기의 비판적 접근에 따르면(예컨대 Asad, 1973; Hymes, 1972), 다양한 '식민지로부터 독립적인' 접근, 특히 문학 연구에 서는, 현재의 많은 서구 과학과 인식에서 '식민성'을 비판하며 '하층민 중subaltern'[143]의 지식에 대해서 자율적인 접근의 필요성을 강조한다 (Escobar, 1997, 2007; Grosfoguel, 2007; Mignolo, 1999를 참고할 것). 이와 비슷한 비판적인 연구에서는 문화 지식의 생산에서 여성의 역할을 강 조하였다(Di Leonardo, 1991; Engelstad and Gerrad, 2005).

담화와 문화 분야에서 비판적 논의들 가운데 여러 문화 사이의 소통 에 대한 비판적 연구CICS: Critical Intercultural Communication Studies[144]라고 부르 는 최근의 연구도 끝으로 언급해야겠다. 이 분야에서 학자들은, 특히 미국에서 무엇보다도 권력이나 패권, (신)식민주의에 대한 의문을 무 시한 여러 문화 사이의 소통에 대한 (무비판적) 전통적인 연구에 비판적

---

143) 이탈리아의 사상가 그람시(Antonio Gramsci)는 『옥중 노트』에서 '하위자下位者'를 의미하 는 이 말을 지배계급의 헤게모니hegemony에 종속하는 하층 민중을 나타내는 말로서 사용하여 지배 계급의 역사를 대신하는 서벌턴 계급의 역사서술의 가능성을 추구하였다. [네이버 지식백과] 서벌턴[Subaltern](21세기 정치학대사전, 정치학대사전편찬위원회)
144) 영어를 우리말로 뒤치는 과정에서 고려해야 하는 표현 가운데 꾸미는 말과 꾸밈을 받는 말 사이의 말차례이다. 우리말로 옮겨져서 널리 쓰이는 용어 가운데 비판적 담화 분석이 있다. 뒤친이도 이를 써서 책을 내기도 하였지만(허선익, 2019ㄱ). 실제로 이 말은 담화를 비판적으로 분석한다는 뜻이기 때문에 '담화의 비판적 분석'이라고 뒤쳐야 올바른 뜻풀이다. 이와 같은 사례들이 너무 많아서 꼽을 수 없지만, 이런 영어 표현들이 우리말에 들어와 중의적이거나 의미가 흐릿한 표현으로 만들고 있어서 문제가 된다.

이었다(나까야마와 핼룰라니가 엮은 지침서에는 여러 인종 집단으로부터 나온 논문들이 있는데 오직 미국에서 연구하는 학자들만이 수록되어 있다!). 그들은 '표현의 처리와 실천사례'로서 문화를 주로 소통과 이념적 갈등으로 자리매김하였다(Nakayama and Halulani, 2010: 6~7). 그 지침서에는 여러 입장의 논문들과 여러 문화 사이의 소통에 대한 비판적 연구에 관련되는 많은 의견을 담고 있다는 특징이 있지만, 실제로 이 연구 방법이 어떻게 적용되는지를 보여주는 세부적이고 경험적인 연구들이 없다. '담화'라는 개념이 눈에 들어오지만 문화 사이의 소통에서 체계적인 담화 분석은 있지 않다. 문화와 소통에 대한 다른 연구들과 달리 자세한 찾아보기에서 지식과 관련하여 여러 항목들이 언급되는 특징이 있지만, 짤막한 언급을 제외하면 어떤 논문도 지식에 대한 자세한 논의를 하지 않는다.

지식과 여러 문화에 걸쳐 덧붙여진 지식의 변이 형태에 대한 방대한 연구들을 요약하면서 전부는 아닐지라도 대부분의 연구자들은 전세계에 걸쳐 지식 체계들 사이의 유사성은 그들의 차이보다 훨씬 더 엄청나다고 결론을 내렸다.

6.5. (지역에 토대를 둔) 지식의 구조

인류학에서 (지역에 토대를 둔) 지식에 대한 연구의 현재 상태와 좀 더 일반적인 역사적 배경을 바탕으로 이제는 그 구조에 대한 분석에 초점을 맞출 필요가 있다. 아마도 사소하겠지만, 지역에 토대를 둔 지식에 대한 내용들은 지역 사회와 자연 환경에 맞춰져 있을 것이다. 사소하지만 월wall 거리의 중개인들은 지역에 토대를 둔 지식의 수많은 유형들 가운데서 벼를 어떻게 키우고 폭력주의와 어떻게 싸우는가에 대하여 모를 것이다. 그리고 태평양에서 작은 배로 항해하는 데에는 암스테르담에서 자전거를 탈 때와는 다른 (그리고 더 복잡한) 지리적 실천관례에 대한 지식과 몸으로 익힌 실천관례 지식이 필요할 것이다.

따라서 서로 다른 지식 체계의 기본적인 조직 원리를 탐구하는 것은 흥미롭다. 틀림없이 이들 중 몇몇은 보편적이고 진화가 일어나는 동안 환경에 적응해 왔던 것처럼 머리-마음의 기본적인 구조에 따라 자리 매김된다. 예컨대 모든 문화에서 사람들은 식물과 동물 사이에 체계적인 구분을 해 왔다. 생물에 대한 '민간의' 분류 항목도 (이 또한 민간의 분류 항목이었던) 린네로 거슬러 올라가는 자연과학적 체계와 도드라질 정도로 가깝다(Atran, 1993, 1998; Berlin, 1992; VanPool and VanPool, 2009 를 참고할 것).

여러 문화에 걸쳐 인간 마음의 단일성unity과 진화의 역할을 강조하는 애트랜(Atran, 1993, 1996, 1998)의 '자연주의' 이론과 달리 캐뤼(Carey, 1996)에서는 '민간생물학folkbiology'이 생득적이지 않으며 기본적인 존재론(식물과 동물)과 현상(질병, 재생산, 성장, 죽음 등)을 특징으로 하는 얼개 이론frame theory의 한 가지 사례라고 하였다. 이런 얼개 이론에서는 어린이들이 대략 6~7세에 이런 얼개들을 습득한다고 본다. 자연주의나 보편주의와 문화적 상대주의 사이의 논쟁에서 (타고나든 배우든) 자연 환경에 대한 지식과 같은 지식의 내용들에 초점을 맞추지만 여기서는 당연히 서로 다른 문화에서 지식 체계들 사이의 구조적 차이에 대한 가능성을 탐구할 필요가 있다.

수십 년 동안 인류학에서 인지적 접근은 다양한 문화에서 지식과 믿음의 구조에 주의를 기울였다. 많은 사회에서 사회 구조의 중요한 기준으로 친족에 대한 성분 분석을 자세하게 연구함으로써(Lounsbury, 1969) 시작하였고, 뒤에 식물과 동물의 지역적 분류를 위한 민족지학의 미론이 있었으며(Berlin, 1992), 그 뒤에 많은 연구들이 인지심리학에서 발전을 따르는 경향을 보였다. 그리고 범주화, 원형, 개념틀과 지역의 지식에 대한 표상으로서 (문화적) 표상에 초점을 모았다(좀 더 자세한 논의를 위해서는 D'Andrade, 1995; Holland and Quinn, 1987; Marchand, 2010; Quinn, 2005; Shore, 1996; Spradley, 1972를 참고할 것).

유감스럽게도 인류학에서 '개념틀'이나 '모형'과 같은 개념들에 대한 현대적 적용은 문화 지식의 구조에 대한 세세한 통찰을 언제나 제공하지는 않는다. 단순한 분류학을 넘어서 미국에서 국가적인 운동으로서 야구나, 호주에서 원주민의 신화 배우기(Shore, 1996), 미국에서 혼인(Quinn, 1987)과 같은 복잡한 사회 현상을 다룬다. 이런 문화 모형들에 대한 분석은 질적[인 연구: 뒤친이]이며, 지역에 토대를 둔 사고와 실천 관례들에 대한 '촘촘한' 기술이고 그에 따라 문화 특정적이거나 가변적인 구조나 조직보다 문화의 '내용'에 대한 통찰을 더 많이 제공한다(Quinn, 2005; Strauss and Quinn, 1977). 퀸(Quinn, 2011)은 연결주의 심리학[145]에서 나온 특정의 방법론의 역할을 강조하지만 그와 같은 개념적 패러다임이 지역에 토대를 둔 지식에서 특정의 사항을 설명하거나 기술하는 데 이용되기는 힘들다.

쇼어(Shore, 1996)에서는 문화 모형의 서로 다른 유형에 관련되는 방대한 유형론을 끌어들이고 개인적인 모형과 관례적인 모형, 문화 모형과 기초적인 개념틀, (정신) 모형과 실천관례의 체계로서 '기관에 따른 모형'을 구분하였다. 그는 또한 한편으로 문법 모형과 (분류와 같은) 어휘 모형, 다른 한편으로 설득과 같은 소통 모형들과 같은 여러 층위의 언어 모형도 포함하였다. 그러나 그와 같은 모형이 개념에 대한 방대한 확장으로 인해 (정신적인) 지식에 대한 이론적 설명으로서 구체성을 잃어버렸고, '구조'나 '체계'와 같은 일반적인 개념으로 축소되어 버렸다. 실제로 다양한 문화 현상에 대한 실제적인 민족지학 방법에서 기본적인 범주와 관계나 규칙과 같은 문화 모형의 구조에 대한 명시적

---

145) 이른 시기의 학습에 대한 쏜다이크Thorndike의 학습 이론에서 연결은 자극-반응의 연결이 학습을 강화한다는 의미에서 연결 이론이라 부른다. 여기서는 인지심리학에서 연결주의를 가리키는 듯하는데, '병렬분산처리PDP: Parallel Distributed Processing'라고도 부르는 이 방법은 인간의 마음을 여러 정보들이 동시에 함께 처리되는 병렬처리체계로 간주한다. 본문에서 이야기하는 특정의 방법론은 연결주의 인지 이론에서 여러 가지로 제안되었는데 전문가-초보자 차이효과, 연습효과, 동형구조효과 및 전이효과들 중 하나를 가리키는 듯하다(이정모 외(2003), 『인지심리학』, 학지사 참고).

인 기술이 매우 적다. 문화 행사는 자세하게 호주에서 와윌락Wawilak146) 의 서사와 의식의 경우처럼, 이를테면 목록으로 기술될 수 있다. 그러 나 기저에 있는 추상적인 모형 구조로는 거의 기술되지 않는다.

인지심리학으로부터 빌려 쓴 이론적 개념들 다수는 실험실에서 경 험적으로 검증되어 왔을 뿐이다. 여러 담화들 가운데 참여자로서 관 찰147)과 면담, 이야기 전달, 신화, 일상적인 대화에 바탕을 두고 있는 질적인 방법으로서 민족지학 방법은 그러나 통제된 실험에는 거의 참 여하지 않는다. 따라서 민족지학의 현장 연구는 일반적으로 지엽적인 담화에 대한 (비격식적인) 분석과 참여자 관찰을 통해 지역 지식의 구조 에 대해 간접적으로만 접속할 수 있을 뿐이다. 게다가 상당수의 민족지 학 방법은, 친족 용어에 대한 분석과 그 뒤에 이어지는 분류에서 민족 지학적 의미 분석 그리고 좀 더 일반적인 민족지학 방법에서 그러한 것처럼, 따로 떨어져 있는 낱말과 용어에 제한되어 있다.

따라서 문화인류학에서 (지역의) 지식에 대한 연구는 어휘부에 대한 연구와 결합되어 있지만, 셔저(Sherzer, 1977, 1987)에서 강조되었던 것처 럼, 담화 구조에 대한 체계적인 분석과 결합되지는 않았다. 앞에서 본 것처럼 그리고 아래에서 더 보게 되는 것처럼, 인류학에서 담화 분석의 길고도 풍부한 전통이 있었지만 그런 연구들은 일반적으로 인식 구조 에 초점을 맞추지 않는 반면, 지역에 토대를 둔 지식에 대한 연구들은 담화 분석에 거의 간여하지 않았거나 서사 전달에 대한 연구에만 국한 되어 있었다(아래를 참조할 것).

---

146) 이 책에서는 호주에 관련되는 이야기들이 많이 나온다. 여기서 와윌락은 호주의 창조신 화에 등장하는 여신 자매들로 창으로 형태를 가리키고 이름을 지은 것으로 알려져 있다.
147) 영어의 'observation'은 우리말의 관찰에 대응하는데, 'see', 'look', 'watch'라는 단어와는 달리 의도를 가지고 어떤 대상을 살피는 행동을 나타낸다.

6.5.1. 키징Keesing의 콰요Kwaio(솔로몬 제도의 말라이타) 연구

지식 구조에 대하여 있을 수 있는 문화적 변이 형태에 관련되는 일반적인 질문거리를 탐구하기에 앞서 연구문헌으로부터 솔로몬 제도 가운데 있는 말라이타에 대한 키징의 고전적인 연구(Keesing, 1979, 1982)를 간단히 살펴보기로 한다. 이 책에서 이를 사례로 고른 이유는 키징의 문화에 대한 연구가 기본적으로 행동이나 삶의 방식이 아니라 지식에 대한 연구이기 때문이다(Keesing, 1979: 15). 또한 그 연구는 특별히 흥미로운데 콰요의 지식 체계는 서로 다른 동사 형태로 표현되기 때문이다. 1979년도의 논문에서조차 키징은 세계에 대한 사람들의 지식이 언어 지식에 달려 있다는 전제를 하고 있는 사피어-워프 가설에 대한 피상적인 해석을 논박하였다.

그의 논문에 대한 이론적인 소개로 키징은 언어와 문화 사이의 차이가 종종 과장되어 왔다고 주장한다. 그는 지식에 대하여 좀 더 체계적이고 명시적인 연구가 있다면 언어의 특정 측면을 설명할 수 있다고 주장한다. 따라서 콰요의 어휘의미론에 대한 연구는 의미가 본질적으로 상징 구조에 기대고 있음을 보여준다(Kessing, 1979: 15). 비록 어떤 어휘부가 어떤 문화에서 두드러진 (이를테면 환경의) 어떤 것을 보여준다는 점을 사소하게 생각하기는 하였지만, 한편으로 어휘부의 구조가 지각한 세계, 개념 세계에 대한 구조를 드러낸다는 것을 믿지 않았다. 그의 입장에서 지식은 개인의 머리-마음에 자리 잡고 있지만 그리고 비록 그와 같은 문화 지식에서 개인별 차이가 있기는 하지만(Kessing, 1979: 16), 공동체 안에서 널리 공유되며 전승되고, 그에 따라 배울 수 있다.

키징(1979)에서는 몇몇 콰요 말의 동사들은 영어에서 일반적인 많은 은유에서 그러한 것처럼(이를 테면 동사 '지불하다to pay'가 '주의를 기울이다to pay attention' 등으로 쓰임) 물리적인 의미와 비물리적인 의미를 지니고 있음을 보여주는 것으로부터 시작한다. 따라서 콰요 말에서 동사 'lafu-a'는 한편으로 '(위로) 들어 올림to lift'를 의미하고 다른 한편으로 '제물을 바치다(혹은 내주다)'를 의미한다. 따라서 동사의 비구체적인 의미, 즉 두 번째 의미는 의식, 마술, 정령이나 조상을 가리킨다. 이런 방식으로 콰요 말은 친족 집단에게 자신들의 고유한 조상의 정령이 일상의 모든 삶을 통제한다는 믿음을 반영한다. 이런 점은 근본주의자 기독교 신앙 체계에서 신의 영향에 대해서도 마찬가지이다.

이와 비슷하게 사람들의 노력은 조상들의 특별한 정령의 힘(초자연적인 힘)을 필요로 한다. 그러나 의례의 준수와 제물을 필요로 한다. 콰요에서는 신성한 곳, 세속적인 곳, 오염된 곳의 경계를 지키는 것이 특별히 중요하다. 이를테면 여성(의 몸)은 오염되거나 오염되고 있다는 식이다(이를테면 생리혈). 예컨대 오염에 의해 경계를 허물어뜨리는 것은 병으로 이어질 수 있고 비록 각각의 문화마다 오염됨을 보는 것에는 차이들이 있지만, 이는 환경에 대한 서구의 (그리고 다른) 지식 체계에서는 낯익은 설명이다.

콰요의 어휘부에 전제되어 있는 것은 우주론이다. 비록 키징도 콰요의 종교라고 말하긴 하였지만(Kessing, 1979: 23), 단순한 어휘 분석이나 의미 분석을 넘어서기 위해 키징은 콰요 말의 인식론적 세계에 대해 좀 더 추상적인 범주와 규칙들을 고안하였다. 이런 믿음 체계 안에서 서로 다른 영역, 이를테면 현상과 실재 사이에는 차이가 있다. 한편으로 일상적인 지각과 경험의 대상이 되는 물질적이고 물리적인 세계와, 다른 한편으로 조상들과 같이 볼 수 없는 정령과 힘의 세계가 다른 영역인 것이다. 여기서도 이런 구분이 기독교적인 개념화(신·성령·천국 등)에서 매우 낯이 익다. 실재의 영역에서 모든 살아 있는 피조물은 그늘nunua을 지니고 있는데 이는 현상 세계에서의 물리적 인과율의 지배를 받지 않는다. 두 번째로 앞에서 언급한 것처럼 신성함abu과 일상mola, 오염sua 사이에 구별이 이뤄진다. 따라서 신성한 것은 조상, 죽음, 상승 운동, 사당이나 사람들의 집과 연관되며 오염된 것은 하강 운동이나 월경회피 오두막menstrual hut과 연관된다. 일상의 삶은 보통 '정상적이다'. 신성한 상태는 일반적으로 닫혀 있으며 '열려야' 한다. 세 번째로 콰요에서는 마법 행위와 그렇지 않은 행위를 구분한다.

그와 같은 상징성은 영어와 다른 언어에서 은유의 인식 구조, 의미 구조를 떠올리게 한다(다른 참고문헌 가운데 Lakoff and Johnson, 1980을 참고할 것). 위UP는 도덕적으로 품질에서 좋으며 영적으로 (위에 있는) '천국에 있거나 가고 있음'이며 그런 의미는 동사에도 있다(향상시키다 uplift). 반면에 아래DOWN는 일상적이지만('착륙하다in down to earth'에서처럼), '넘어지다going down', '하층민lower class'이나 '암흑가underworld'에서처럼 특히 부정적이다.

콰요의 믿음 체계에서 이러한 구분과 양극화 그리고 다른 구분에서 양극화는 콰요의 (어휘)의미론에서 상의어로 사용될 수 있다. 비록 이런 지식이 반드시 명시적이거나 의식적이지는 않지만 많은 지식들의 경우에서 그러한 것처럼 간단하게 말해 암묵적으로 전제되어 있다는 점은 주목할 필요가 있다.

콰요의 우주론과 종교의 몇 가지 측면에 대한 이 간단한 요약은 다음에 언급할 필요가 있는 첫 번째 이론적 질문거리, 즉 정령에 대한 믿음과 그 영향력이 '단순한' 믿음이나 지식으로서 기능을 하는지 여부이다. 그리고 그들의 용어에서 그러한지 여부이다. 여기서도 지식에 대한 상대주의적 자리매김에 따라 만약 믿음이 지역에 토대를 둔 기준에 의해 정당화되고 담화와 상호작용에서 일반적으로 공유되고 전제된다면 이들은 지식의 형태일 것이다. 이 믿음은 어떤 사람들이 믿는 그리고 다른 사람들이 믿지 않는 (혹은 도전하는) 믿음이 아니라 지식으로서 기능을 하기 때문이다.

실제로 같은 내용을 서구의 많은 문화에서 종교에 대해 물어볼 수 있다. 전체 문화의 수준에서 종교적 믿음은 단지 믿음일 뿐이다. 그러나 종교 문화 그 자체 안에서 그와 같은 믿음은 정당화된 (실체가 드러난 등등) 지식으로서 기능을 할 수 있다. 그리고 일상의 사건들과 행위들에 대한 해석에서, 이를테면 자연 재해에 대한 설명에서 전제될 수 있다.

서로 다른 문화 공동체는 서로 다른 믿음, 특히 서로 다른 종교적 믿음을 지니고 있다는 점은 당연하다. 일반적인 양극 대립, 즉 신성함과 속됨, 일상과 마법, 그리고 위와 아래 사이의 은유적 구분은 보편적이지는 않는다고 해도 널리 퍼져 있다. 그리고 한 세기 이상 사회학과 인류학에서 연구되어 왔다(다른 많은 고전적인 연구 중 Durkheim, 1915; Eliade, 1961[148]); Geertz, 1973; Lévi-Strauss. 1958, 1962, 1974; Malinowski, 1954; Mauss, 1972를 참고할 것. 또한 Greenwood, 2009; Stein and Stein, 2005도 참고할 것).

이와 비슷하게 우주론은 사건과 행위에 대한 서로 다른 영역과 범주들에 대하여 있을 뿐만 아니라 설명, 즉 왜 일들이 일어나는가에 대하여 있다. 따라서 문화와 문화 안에서 소통도 (서구 문화의 경우에서 그러한 것처럼) 자연적인 원인, 생물학적 원인이나 심리학적 원인을 혹은 행위의 이유나 사건의 이유를 구분할 수도 있고 구분하지 않을 수도 있다. 그들의 지식 체계에서 그와 같은 차이들은 사건에 대한 설명을 통제할 수 있다. 그러나 일반적으로 인식론적 문제는 콰요 우주론에서 조상들과 그 정령들의 존재에 대하여 전제되어 있는 것처럼 지역에 토대를 둔 존재론에 달려 있음을 주목할 필요가 있다.

문화들(뿐만 아니라 언어들) 사이의 분명한 인식론적 차이, 의미론적 차이, 어휘론적 차이 그리고 범주와 분류, 사회적 표상의 체계에 차이가 있다고 하더라도 그것이 근본적인 것처럼 보이지 않는다는 키징에 동의하면서 예비적으로 결론을 내릴 수 있을 것이다.

실제로 지역에 토대를 둔 지식에 대한 드넓은 참고문헌들은 알려진 서구 문화의 지식 체계와 완전히 다른 지식 체계가 있음을 주장하지는 않는다. 그와 같은 결론은 자연 환경과 사회 환경에 대한 적응과 진화에 따른 제약뿐만 아니라 인간의 상호작용과 사회의 조건 때문에 서로

---

148) 이 책은 『성과 속』(이동하 역, 학민사, 1983)으로 국내에 소개되었다.

다른 문화에 살고 있는 사람들이 자연의 세계와 사회에 대하여 근본적으로 다른 개념을 지니고 있을 것 같지 않다는 선험적인 입장과 들어맞는다. 자연의 제약과 적응을 전제로 한다면 그와 같은 차이들은 아마도 자연 환경(식물, 동물과 자연경관 등)에 대한 표상에서 덜 두드러지고, 인간 행위와 관계에 대한 규범과 가치에서 있을 수 있는 차이를 전제로 할 때 사회적인 구조의 표상에서는 더 유표적일 것이다. 그리고 자연 환경에 대한 필요한 설명을 제외한다면 자연 세계의 제약을 충족할 필요가 없는 종교적 믿음이나 초차연적 믿음이 가장 유표적일 것이다.

좀 더 일반적으로 이런 가정들은, 한편으로 인간에 대해 가정된 '심리적 단일성'과 (언어적 보편성을 포함하여) 정신 구조의 보편성에 대하여, 그리고 다른 한편으로 공동체와 공동체의 믿음, 실천관례들, 언어의 문화적 다양성에 대하여 인류학의 고전적인 논의와 현대적 논의의 특징을 보여준다(Shore, 1996: 15~41). 복잡한 지식 체계와 다른 유형의 공유된 표상에서 아무런 모순이 없이 통합만이 있다. 인지인류학의 첫 번째 연구는 지각과 상호작용의 기본적인 속성들은 보편적이고 유전적으로 미리 프로그램되어 있는 반면, 지식은 사회적으로 구성되고 언어가 의미와 상징을 기술하고 경험하도록 쓰이게 됨에 따라 가변적일 수 있는 의미와 상징에 바탕을 두고 있다는 점을 강조한다(Spradley, 1972).

6.6. 담화와 지식과 문화

지식과 문화 사이의 관계에 대한 이론의 배경에 맞서 이 장에서는 지식에서 문화적 다양성이 어떻게 담화에서 비슷한 정도의 변이와 다양성과 관련이 있는지 언급할 필요가 있다.

인지심리학에서 담화 처리와 인공지능에 대한 이론과 경험에 바탕을 둔 결과는 모든 담화가 방대한 양의 지식을 전제로 한다는 점을 알려준다. 만약 이런 지식이 문화에 따라 특정적이라면 그것에 바탕을 둔 전제도 다를 것이다. 따라서 콰요 사람들이 '우리 조상들의 정령' the spirit of our ancestor에 대하여 말한다면 (영어에서) 정관사 the를 통해 화자들에게 그와 같은 정령이 있음을 전제로 한다. 지역에서 이뤄지는 의례에 대한 지역에서 이야기는 틀림없이 그와 같은 의례에 대한 정신 모형을 형성할 수 있는 그런 참여자들에 의해, 이를테면 개인적으로 그것을 경험하였기 때문에, 아마도 완전히 이해가 가능할 것이다.

이런 의미에서 문화적 지식이나 믿음과 담화 사이의 관계는 간단하다. 특정의 문화 지식은 어떤 공동체의 담화를 생산하고 온전하게 이해하기 위해 필요하다. 문화에서 지식 개념틀의 역할에 대한 기초를 닦은 논의인 바틀렛(Bartlett, 1932)은 북미 원주민의 토착 이야기('유령들의 전쟁The War of the Ghosts')를 이해하기 위해서 관련되는 토착적인 지식이 필요함을 보여주었다. 그와 같은 지식이 없다면 다시 전달하기에서 다른 문화 출신의 수신자들은 일반적으로 자신들에게 고유한 문화적 지식의 개념틀에 더 잘 들어맞도록 이야기를 변형한다.

이와 비슷하게 최근의 담화 분석에서 플라워듀와 리옹(Flowerdew and Leong, 2010)은 홍콩에서 신문에 실린 이야기들이 애국심이 무엇을 의미하는가와 같은 사회정치적 가치와 문화정체성에 대한 지식을 전제로 하지만 인지적 전략들은 정치적 맥락(베이징에 찬성하는 태도 대 서구에 찬성하는 태도)에 부드럽게 맞춰지고 있음을 보여준다. 담화와 지식, 문화 사이의 관계는 이미 언어의 습득에서 그 특징을 보여주는데, 이는 동시에 사회·문화적 지식의 습득과 동시에 이뤄진다(Ochs and Schieffelin, 2001).

문화적으로 가변적인 다른 어떤 조건들이 담화와 지식 사이의 관계를 규정하는가? 이를테면 정당화 기준이 서로 다른 문화에 따라 다르다면 이는, 이를테면 증거대기 속성evidentiality의 흐름이 다름을 의미하는가?(Nuckolls, 1993) 앞에서 요약한 콰요에 대한 키징의 연구에서 특정의 지식 구조가 '글자 그대로의' 의미와 '마법적인' 은유 의미를 할당함으로써 어휘부와 형태론에도 영향을 미칠 수 있음을 보았다.

다음 장에서는 담화에서 선언되고 회상되거나 전제된 지식의 다른 언어적 표현과 이들 문법적 표현들을 더 살펴볼 것이다. 그리고 다른 정당화 기준이 서로 다른 증거대기의 기저에 있는지 그리고 그것이 서로 다른 언어에서 어떻게 표현되는지 살펴볼 것이다.

이 장에서는 문화적 소통 상황에서 담화의 적합성을 자리매김하는 것으로서 지식과 민음과 관련된 담화의 구체적인 맥락 조건과 화용 조건에 대한 논의로 국한하였다. 저자가 알고 있는 한에서 담화에 대한 인식론적 조건에서 문화적 변이 형태가 거의 없기 때문에 담화에 대한 기존의 문화 연구로부터 뽑아낸 어떤 사례들을 제시하기에 앞서, 그리고 담화와 인종주의에 대하여 이전에 있었던 자료를 제시하기에 앞서, 논의의 상당 부분이 이론적이어야 했다(Van Dijk, 1984a, 1987, 1991, 1993).

6.6.1. 방법으로서 담화

지식에 대한 연구에서 일반적으로 그러하듯이, 사람들은 사회의 실천관례, 특히 담화로부터 추론에 의해 지역에 토대를 둔 지식에 대해 안다. 우리는 일상적으로 지식의 출처가 다른 사람에 있는 것으로 추정하는데 이미 공유되고 있는 지식을 전제로 함으로써 그들이 명시적으로나 암묵적으로 입말과 글말을 통해 이런 지식을 표현할 수 있기 때문이다.

나날의 삶에서 이런 경험적인 '방법'은 잘 돌아간다. 학문적인 탐구에서 그리고 인류학에서 좀 더 신중해야겠지만 여기서도 담화 분석은 아마도 가장 믿을 만하고, 특히 문화 지식과 믿음을 연구하는 가장 똑똑한 방법일 것이다. 따라서 민족지학 연구에서 비격식적인 대화, 면담, 초점 집단, 일기, 인생사, 잡담gossip, 의례, 공식적인 모임, 일시적인 모임, 생각 소리내기think-aloud나 다른 갈래의 입말과 글말을 널리 쓴다(Chua et. al., 2008; Durnati, 1997, 2001b, 2004; Hanks, 1989; Moore and Sanders, 2006; Ochs and Capps, 1996을 참고할 것).

그럼에도 불구하고 지식에 대한 원천으로서 담화에는 잘 알려진 한 계도 있다. 무엇보다 이론적으로 아마도 가장 중요하겠지만 종종 무시 되는 것은 담화가 어떤 인식론적 공동체의 일반적이고 공유된 사회·문 화적 지식이나 개인의 경험에 대한 정신 모형, 즉 의미론적 근거를 두고 있는 개인적 지식에 근거해 산출될 뿐만 아니라 담화를 소통 상황 에 적합하게 만드는 화용론적 제약의 지배를 받는다는 점이다. 이는 공손성 전략과 같이 상호작용의 규칙과 전략들이 한편으로 종종 잘 알려진 것의 표현을 막고, 다른 한편으로 알려지지 않은 것의 표현을 자극함을 의미한다. 실제로 원주민 정보제공자들은 지역에 토대를 둔 지식, 특히 신성과 관련된 문제에 대해 밝히기를 꺼린다(Crick, 1982; Palmer and Wadley, 2007, p. 751을 참고할 것).

두 번째로 담화의 내용과 구조들이 지식의 형성을 위해서 화용론적 조건들이 최적일 경우에도 기저에 있는 지식의 내용, 구조들과 같지 않다는 점이다. 그와 같은 지식은 특정의 사건과 상황에 대한 모형에서 적용된 지식으로 묻혀 있고, 그와 같은 모형들의 일부만이 일반적으로 표현되고, 상당 부분은 전제되는데, 담화에 관련되는 추론에 대한 특별 한 분석이 필요하다.

세 번째로 지식이 이전 사건에 관련되어 있을 경우, 특히 정보제공자 는 무엇을 원하는지 잊어버리거나 혹은 특정 영역에서 당파성이 강한 지식만을 지닐 수 있다. 많은 지식은 암묵적이거나 함축적이다. 그에 따라 비록 그것이 사회적 실천관례에 영향을 미칠지라도 정보제공자 는 그것을 형식화할 수 없을 수도 있고 무엇보다도 상식에 대하여 완전 히 자각하지 못할 수도 있다(방법으로서 민족지학 연구에서 쓰이는 면담에 대한 논의는 Agar and Hobbs, 1982; Hoffmann, 2007; Holstein and Gubrium, 1995; Paulson, 2011을 참고할 것).

면담, 설명, 기술, 이야기나 신화, 다른 관찰이나 일상의 대화에서 능동적인 참여, 모임, 의례나 다른 형태의 상호작용에서와 마찬가지로 지역에 토대를 둔 지식에 접속하는 가장 명시적인 수단으로서 입말과 글말을 이용하는 것은 이와 같은 한계를 지니고 있다. 즉 입말과 글말은 탐구를 위한 민족지학 맥락에 달려 있는 것이다. 아래에서 어떻게 지역에 토대를 둔 지식이 다양한 민족지학 연구에서 얻어지고, 특히 어떤 갈래의 입말과 글말이 관련되며 그런 경우에 어떻게 분석되는지 살펴볼 것이다.

6.6.2. 언어 상대성과 담화 – 인지 접합점

언어, 특히 문법이 사고에 영향을 미치는 방식에 대한 보아스, 사피어와 워프에서 시작된 복잡한 논의를 검토하거나 요약하는 것은 이 장의 범위를 넘어선다(Gumperz and Levinson, 1994; Lucy, 1992; Niemeier and Dirven, 1997을 참고할 것). 이들은 일반적으로 워프 – 사피어 가설로 언급된다. 그 주제에 대해서 인류학자들을 대상으로 하는 『인류학 연간 비평Annual Review』에 실린 힐과 맨하임(Hill and Mannheim, 1992)의 논문은 '언어와 세계관'이라는 (편집자에 의해 부가된) 이상한 제목을 달고 있는데 여기서 그들은 독립 변수와 종속 변수가 있는 특정의 검정 가능한 가설에 대해서가 아니라 공리에 대해서 말해야 한다고 강조하기 시작했다. 언어인류학의 창시자들이 언어에 대한 사고의 의존성에 대한 관찰을 특정의 매우 관습적인 형태로 제한하였다는 점을 상기시켜 주었다. 따라서 그들은 기본적인 정리를 다음과 같이 재형식화하였다.

그러나 좁은 의미에서 주장들149)의 묶음은 발전하였다. 필수적이거나 관습적인 범주에까지 비교적 접속이 불가능한 평균적인 화자의 의식에 이

---

149) 이 문장은 해석이 불가능할 정도로 난삽한데, 인용에서는 '… being advanced that …'으로 되어 있고, 원래 글에는 '… being advanced – that …'으로 되어 있다. 원문에 따라 뒤친다. 이 문장에서 '주장'들은 하위 문화의 보편성에 대한 워프와 사피어의 가설에 바탕을 둔 주장들을 가리키는 듯하다.

르기까지 문법적인 범주들은 사회적 범주와 문화적 범주의 전달과 재생산을 위해 특화된 지점을 구성한다는 것이다. (Hill and Mannheim, 1992: 387)

예문을 통해 그들은 이 원리를 영어의 성별 대명사 분석에 적용하였다. 영어에서 무표적인 he는 문법적으로 남성과 여성을 가리키도록 사용되지만 기본적인 해석은 한 명의 남자를 가리킨다. 다른 말로 한다면 문법적인 범주로서 특칭의 '남성' 대명사는 지시대상의 성별 해석으로 방향이 잡혀 있고 그에 따라 동시에 권력의 사회·문화적 구조를 재생산한다. 남성들은 그에 따라 규범적이고 무표적인 어떤 사람의 범주가 된다(Hill and Mannheim, 1992: 389). 이런 의미에서 언어는 사람들의 '생각'에 영향을 미치는 듯하다.

영어 대명사 he에 대해 그와 같이 방향이 잡힌 해석은 통칭 요법에서 적용되었을 뿐이라고 언급하기 위해서는 좀 더 완결된 분석이 필요하다는 점에 주목해야 한다. 상황 중심 지시표현deictic이나 동지시표현 co-referential expression로서 he는 특정의 여성을 가리키기 위해서 사용될 수 없고 그에 따라 (알려진) 어떤 남자만을 가리키도록 유표화되었다. 대다수의 he의 용법은 이 유형이다. 따라서 이런 '관습적인' 해석과 용법은 (특별히 정해지지 않은) 남성을 가리키는 것으로서 무표적인 통칭 표현의 해석이 이뤄지도록 점화된다. 그렇다면 좀 더 일반적인 덩잇글과 맥락에서 실제적인 사용 대신 별도로 대명사나 다른 문법적인 범주를 연구하는 것이 어떤 의미를 가지기 어렵다. 여기서는 언어적 상대성 연구의 경우 담화를 통한 접근을 옹호하는 중요한 논거를 찾아내었다. 끝으로 그들이 참조한 실버스타인(Silverstein, 1993)의 (상위) 화용론적 연구와 담화 중심의 접근법을 보여주는 셔저(Sherzer, 1987)는 그와 같은 폭넓은 얼개의 필요성을 언급하고 있다.

언어-사고 논의에서 문제 가운데 하나는 이 용어들이 너무 일반적이고 흐릿하다는 점이다. 무엇보다도 언어라는 용어는 언어 체계나 실제 사용되는 언어를 가리킬 수 있다. 두 번째로 전통적으로 문법을 가리키거나 어휘나 통사 혹은 좀 더 넓게 입말이나 글말의 구조를 가리킬 뿐인데 여기서도 일반적으로 이들은 모두 특정의 맥락에서 실제적인 사용에서 그런 것들을 가리킬 뿐이다. 사고라는 용어의 경우도 마찬가지이다. 이 용어는 마음에서 (이를테면 해석의) 처리나 마음의 구조를 가리키는데 여기서도 좀 더 일반적으로, 이를테면 공유된 사회·문화적 지식이나 상황 모형과 같이 특정 맥락에서 이뤄지는 해석을 가리킨다.

따라서 널리 퍼져 있는 남성 주도적인 사회·문화적인 체제가, 그 구성원들의 마음에서 또한 표상되는 것으로서 대명사를 포함하여 대명사의 체계나 어휘 체계에서 표현되듯이(이를테면 여승무원·간호사·소방관 등) 언어 체계의 발달에 영향을 미쳤을 가능성이 높다. 이와 마찬가지로 남녀평등주의자들의 남성 패권이나 여성의 전통적인 역할에 대한 도전이 이와 비슷하게 언어적인 적용으로 이어졌다. 실제로 사회에서 남성 패권을 바꾸기보다는 어휘의 관습적 용법을 바꾸기가 더 쉽다. 이는 또한 언어 체계와 그 사용이 [사회적 관계와 언어사용 사이의: 뒤친이] 관계에 대한 종속 변수임을 보여주는 듯하다.

요약하자면 추상적인 언어 지식과 사회·문화적 지식의 수준에서 사회 구조는 언어 구조에 영향을 미치며, 그와 같은 언어 구조를 고려할 때 그 사용은 특정의 해석을 점화할 수 있는 듯하다. 그러나 실제 언어 사용에서 해석은 상황 모형으로서 명시적이어야 한다. 이런 해석은 언어 구조에 달려 있을 뿐만 아니라 (언어 구조에 훨씬 덜 의존적임) 이전의 개인적 경험(오래된 모형)과 인식론적 공동체의 일반적인 사회·문화 지식에 더하여 (이를테면 성별) 이념에 달려 있다. 이는 포괄적인 he가 오늘날 남자나 여자를 가리킬 때 많은 언어 사용자들에 의해 화용론적으로 부적절하며 성차별주의자로 지적되는 이유이다.

그렇다면 이 장의 논의를 위해서 언어적 상대성이라는 문제는, 특히 한편으로 특정의 담화 구조들 사이의 관계에 초점을 맞추어 다룰 때, 다른 한편으로 상황 모형들과 사회적으로 공유되는 지식 표상(각본 등) 사이의 관계에 초점을 맞추어 다룰 때 관련된다. 또한 이런 관계는 두 방향에서 연구될 수 있다. 따라서 이전의 개인적 경험과 사회·문화적 지식에 의해 통제를 받고 정신 모형에서 표상된 것으로서, 경험의 구조는 의미 구조에서부터 어휘와 형태론적 형식에 이르기까지 모든 수준에서 담화 구조의 필요조건이 된다. 그러나 경험 구조는 한편으로 언어의 문법과 지엽적인 담화 규칙의 제약을 따르며 다른 한편으로 변이 형태에 대한 선택 내용을 다스리는 맥락 모형의 제약을 따른다.

6.6.3. 담화 – 인지의 관계

인지와 담화의 관계에 대한 이전의 발견 사실들을 평가하기 위해 필요한 것은 이러한 패러다임 안에서이다. 슬로빈(Slobin, 1990, 1991)은 여러 문화에 걸친 연구에서 서로 다른 언어를 말하는 어린이들은 같은 그림에 대해서 다른 방식으로 그들의 경험을 등재하고 있음을 보여준다.

체입(Chafe, 1980)은 잘 알려진 '배 이야기' 실험에서 몇 개의 배를 훔치는 소년에 대한 짧막한 영화를 이용하여 서로 다른 언어와 문화에 있는 어린이들과 어른들에게 영화의 이야기를 다시 들려달라고 요청하였는데 눈에 띄는 문화적 차이를 거의 발견하지 못하였다. 캘리포니아 실험참여자들은 영화 제작에 대해 더 많은 평을 하였으며 영어 이외 다른 언어와 문화에 있는 사람들은 (훔치는 소년에 대한) 평가에 대한 기술을 더 많이 하였지만 전체적으로 그 차이들은 좀 더 개인적이거나 (더 긴) 입말과 (더 짧은) 글말 이야기 전달에 있었다. 일반적으로 영화에서 행위 순서와 일반적인 이야기 전달 구조(이는 물론 서구 영화와 그 영화의 전형적인 이야기 구조의 거의 보편적인 영향으로 부분적으로 설명될 수 있다)를 따르고 있다. 악수-칵(Aksu-Koc, 1996)은 같은 방법을 터키 출신의 실험참여자들에게 적용하고 다시 이야기하기 구조가 교육의 수준과 어느 정도로 현대적인 하위 문화 출신인가, 전통적인 하위 문화 출신인가에 따라 달라짐을 발견하였다.

다른 질문들 가운데 그와 같은 결과들은 (ⅰ) 그와 같은 변이가 오직 언어-담화적인가, 혹은 (ⅱ) 서로 다른 문화에 있는 어린이들과 어른들은 다른 상황 모형에서 영상이나 영화를 해석하는가, (ⅲ) 그와 같은 장면들에 대한 서로 다른 문화적 지식에 달려 있는가. 끝으로 (ⅳ) 소통 (실험적) 상황의 화용론적 모형에 달려 있는가 하는 질문들을 제기한다. 이들 각각은 담화 구조에 영향을 미칠 수 있다. 관련되는 실험 상황과 인지 구조, 조건들에 대한 부분적인 해석은 복잡한 의존성에 대하여 부분적인 통찰만을 제공할 뿐이다. 만약 모형 개념틀 범주(배경, 참여자 등)에 반영된 것으로서 경험의 기본적인 구조가 만약 기본적이고 부분적으로 더 보편적이며 문법과 어떤 담화 구조가 문화에 따라 좀 더 가변적이고 부분적으로 임의적이라면, 서로 다른 언어를 가진 서로 다른 문화에서 같거나 비슷한 경험에 대한 서로 다른 담화 구조를 기대할 수 있다. 실제로 같은 언어, 문화, 인식론적 공동체 안에서 같은 경험(정신 모형)은 화자가 현재 지니고 있는 맥락 모형에 따라 서로 다른 방식으로 담화를 통해 다르게 표현될 수 있다.

그 반대로 관련되는 소통 상황(이를테면 신문 읽기)에서 가변적인 담화 구조는 정신 모형에 표상되는 것처럼 표현될 수 있고 또한 특정의 해석을 점화할 수 있다. 비판적 담화 분석에서 여러 연구들은 영어의 (예컨대 폭동에 대한) 뉴스 보도에서 수동태 동사와 명사화 형태의 사용이 (경찰들과 같은) 내집단 구성원들이나 기관의 능동적이지만 부정적인 역할을 경시할 수 있음을 보여주었다(Van Dijk, 1991). 그와 같은 용법은 방향이 잡힌 정신 모형에 의해 통제를 받는데 이 정신 모형은 이어서 외집단의 부정적 속성을 강조하고 내집단의 부정적 속성을 가볍게 보는 기저에 있는 이념에 의해 다스림을 받는다(Van Dijk, 1998).

요약한다면 담화에서 변이 형태[150]는 이념 집단의 관심사나 같은

---

150) 페어클럽(1992/2017: 67~71)에서는 문법적인 측면에서 비판적 담화 분석이 주목하고 있는 변이 형태의 사례를 제시하고 있다. ① 연대를 이루고 있는 집단의 명칭에 대한 선택, ② 행위 주체와 대상이 숨겨버린 명사화 구성, ③ 수동/피동 표현으로 행위 주체

문화 안에서 서로 다른 화용적 맥락 모형에 의해서 (설명되고) 통제된다. 한편으로 '겉보기에' 담화 구조의 문화적 다양성은 해당되는 문화(대화에 참여하는 특별한 방식, 이야기를 전달하거나 뉴스 보도를 짜는 방식)의 담화 관례('말하기의 방식')나 해당되는 언어의 문법적 선택 내용에 의해 제한될 수 있다. 혹은 좀 더 근본적으로 서로 다른 지식 구조에 바탕을 두고 있는 것으로서 경험(모형들)의 서로 다른 구조에 의해 제약을 받을 수 있다.

예컨대 어떤 (하위) 문화에서 모든 사회적 사건과 인간의 행위들이 신이나 조상신에 의해 일어나고 통제된다고 모든 구성원들에 의해 이해된다면 그와 같은 사회·문화적 지식은 특정 사건에 대하여 구성원들의 정신 모형에 영향을 미칠 것이고 그에 따라 문화 특징적인 이야기 전달이나 설명에서 있을 수 있는 원인 가운데 하나를 설명한다. 한편으로 이야기 전달 구조들은 단순히 언어적으로 여러 문화에 걸쳐 같은 사회·문화적 지식과 경험을 지닌 이야기 전달자의 경우, 이를테면 베이징과 런던의 주식 중개업자의 경우 단지 언어적으로만 가변적이다. 담화의 문화적 변이와 일반적인 수준에서 인지와의 관계, 구체적인 수준에서 지식과의 관계에 대한 체계적인 연구는 그 관계를 통제하는 복합적인 접합면의 구성요소와 서로 다른 수준들을 명확하게 할 필요가 있다.

6.6.4. 다른 담화 갈래와 화행의 인식론적 조건

세상에는 수많은 담화 갈래들이 있고, 이들 가운데 상당수가 여러 문화에 걸쳐 다양하다. 앞에서 갈래들은 특별한 덩잇말 무늬, 말투나 주제와 같은 '덩잇글다움'('언어적')의 특징뿐만 아니라 맥락의 속성에

숨기기, ④ 사회관계 및 사회정체성들을 표시되는 방식으로 '양태 속성'의 문법적 표현, ⑤ 서로 다른 이념을 지닌 집단에서 상이한 어휘체계로 인해 경험의 영역들이 재어휘화되었다.

의해 자리매김됨을 보았다. 여기서는 2003년도에 전쟁으로 나아가려는 움직임을 보이면서 사담 후세인과 이라크에 대한 토니 블레어[151]의 연설과 같이 의회 토론에 대한 연구를 통해 담화 갈래에서 이러한 맥락적 근거를 살펴보았다. 어떤 갈래로서 이 연설은 격식적인 덩잇말 무늬와 간헐적으로 나타나는 표현(존경하는 의원님), 정치적인 주제뿐만 아니라 배경(시간, 장소, 환경), 참여자들(과 정체성, 역할과 관계), 행위, 목표, 지식과 같은 맥락 매개변인들에 의해 자리매김된다(자세한 내용은 Van Dijk, 2000, 2008a, 2009a를 참고할 것).

현재의 논의와 관련되는 것은 서로 다른 문화에서 담화 갈래의 맥락에 맞춘 지식 조건이다. 일반적으로 말해서, 뉴스나 학술적인 논문과 같이 선언으로서 화용적 기능을 하는 담화들은 화자가 아는 것을 선언한다면(그리고 수신자들이 알지 못한다고 가정한다면) 적절하다. 이런 경우 지식은 각각의 공동체와 맥락에 따라 변화가 있을 수 있는 믿을 만한 관찰, 자원들과 추론에 바탕을 두고 있다고 암묵적으로 전제된다.

그러나 화용적으로 선언을 하지만 적어도 이와는 다른 방식으로 반드시 필자나 화자가 그들이 언급하는 것은 '안다'고 전제하지 않는 담화 갈래들이 있다. 그에 따라 이야기와 소설, 신하, 전설, 모험담sagas이나 우화, 그리고 허구적인 담화는 좀 더 일반적으로 특별히 자리매김되는 데 선언되는 것이 (반드시) 실제 세계에서 참이지 않거나 부분적으로 참이거나 참과 비슷하기 때문이다.

그러나 이런 조건의 적합성에서 상당할 정도로 문화적 변이와 사회적 변이가 있다. 따라서 연속극soap opera(텔레노벨라)[152] 시청자들은 가

---

151) 제54대 영국수상(노동당 출신, 1997.5~2007.6)을 지냈다. 페어클럽(2003/2012: 387 이하)에서는 2001년 노동당 전당대회의 연설문을 평가와 가치의 관점에서 분석하고 있다.

152) 'telenovela텔레노벨라'는 스페인어 'televisión(television)'과 'novela(novel)'의 합성어로, 중남미 국가들에게 가장 인기 있는 텔레비전 볼거리 갈래이다. 드라마 형식의 텔레비전 영상을 통해 장편소설을 감상할 수 있는 갈래인 것이다. 이런 텔레비전 연속극들은 극심한 빈부 격차를 소재로 즐겨 쓴다. 그 내용은 주로 사랑 타령인데, 가난한 메스티소(Mestizo 혼혈) 여자가 천신만고 끝에 백인 부자 남자와 혼인하여 팔자를 고친다는 게 주된 줄거리이다([네이버 지식백과] televelona, 강준만, 『교양영어사전』 2, 2013.12.3 검색).

상의 세계와 실제 세계가 있는 이런 이야기에서 적어도 부분적으로는 혼동을 한다. 브라질뿐만 아니라 그런 텔레노벨라가 많은 가정에 일상의 소통 경험으로 두드러진 곳에서 그러하다.

같은 문화나 공동체 안에서(이를테면 성별이나 나이, 교육 정도에 달려 있는) 이런 사회적 차이에 더하여 많은 문화들에서 사람들은 신화나 전설을 허구적이라고 해석하지만, 이를테면 집단, 공동체나 나라의 역사에 대한 갈래에서는 참에 가깝다고 해석한다. 따라서 허구적 갈래들은 정령, 유령, 산주검living dead, 외뿔소나 가상의 동물들을 주인공으로 하는데 '실제' 세계에서는 불가능한 능력이나 속성, 행위에 참여하는 특징을 지니고 있다. 그리고 이는 문화에 달려 있는데 몇몇 혹은 전체 수신자들이 그와 같은 담화 유형이 실제로 존재하였거나 존재한다고 어느 정도 믿을 수 있다.

이런 허구적 갈래들 사이의 차이에 대해서는 문학 연구와 인류학에서 상당한 연구가 있었다. 문학 연구에서는 초점이 맥락보다는 이야기 전달과 다른 구조에 있었고, 여러 연구들 가운데 오직 주변적으로만 인식론적 측면에 초점을 맞추었는데, 허구에 대한 이론과 달리 가능 세계의 관점에서 다루었다(여러 연구들 가운데 Gibson et. al., 2007; Ryan, 1991을 참고할 것).

신화와 민담의 구조에 대한 분석(Champagne, 1992; Lévistrauss, 1958; Propp, 1968)에 더하여 민족지학에서 맥락도 연구되었는데, 이를테면 잘 알려진 하임즈(Hymes, 1972)의 SPEAKING 분석틀grid153)에 나오는 범주, 이를테면 배경, 참여자들 등이 있는데, 이들을 적용하는 사례가 있다(Gubrium and Holstein, 2009; Hymes, 1996). 비록 '말하기 방식'이 분명히 참여자들의 지식에 기대고 있지만, 그리고 수신자들에 대한 지식

---

153) 민족지학에서 하임즈의 모형으로 제안되었는데, 이들은 줄임말의 차례대로 setting배경, participants참여자들, ends목적이나 목표 혹은 결과, act행위, key어조나 분위기, instrument말투, norms대화 협력 규범, genre갈래의 머릿글자들로서 이를 중심으로 담화를 분석하는 틀로 삼았다. 이 책에 대한 개괄적인 소개는 허선익(2019ㄱ)의 43쪽을 참고할 수 있다.

(혹은 무지)에 대한 화자의 지식에 기대고 있지만 이상하게도 이 분석틀에서는 어떤 범주로서 지식을 다루지 않았다. 따라서 어떤 갈래에 대하여 화자/필자들이 참을 말하는지 여부, 수신자들이 그것들을 믿는다고 가정하는지 여부를 알아두는 것이 온당하다(Bientenholz, 1994; Cassier, 1955; Kirwen, 2005를 참고할 것).

신화에 대한 많은 접근들 가운데 홀리요크와 쌔거드(Holyoak and Thagard, 1995), 쉘리와 쌔거드(Shelley and Thagard, 1996)는 신화에 대한 상징주의, 구조주의, 기능주의자들의 연구를 아우르고 담화에서 은유적 개념과 비슷한 유추적 접근을 제안하였는데 이는 신화의 요소들을 체계적으로 지역 문화의 어떤 측면들과 관련지을 수 있는 접근법이다. 애트랜(Atran, 1996)은 지식에 대한 (민속생물학 등에 바탕을 두고 있는) 자연주의적 접근법이 문화의 구성원들(실제적으로 전체)에게서 초자연적 존재와 현상들이 환경과 인과율에 따른 자연 지식과 모순되지 않는다는 믿음을 강조하였다고 역설하였다. 따라서 초자연적 존재와 사건들에 대한 신화와 다른 이야기들은 특별한 맥락에서 이야기되는데, 일상적인 심리학과 생물학을 문제 삼지 않는 세계를 내세우는 소설을 읽거나 텔레비전을 보는 경우와 마찬가지로, 여기서는 자연 세계에 대한 기본적인 믿음이 잠시 멈춘다.

토착민의 이야기 전달에 대한 방대한 연구들이 있음에도 불구하고, 이야기 전달자와 그들의 공동체가 지니고 있는 지식과 믿음과 같은 맥락의 인식론적 조건에 대해 거의 초점을 맞추지 않았다. 1964년에 처음 출간된 부룬디Burundi154)의 담화에 대한 고전적인 연구에서 앨버트(Albert, 1986)는 "룬디Rundi 말에서 사실과 허구, 지식과 추론, 참, 오류,

---

154) 아프리카 중앙 콩고민주공화국 동쪽에 있는 나라이다. 제1차 세계전쟁 때 벨기에의 지배에 들어가 1923년 르완다-우룬디Urundi로 벨기에 통치하의 국제연맹 신탁통치령이 되었고 1964년부터 국제연합UN의 신탁통치령으로 있다가 1962년 르완다와 분리하여 부룬디로 독립하였다. 쓰는 말은 룬디Rundi이다. [네이버 지식백과] 부룬디(Burundi)(두산백과)

거짓 사이에 이뤄지는 구별은 서구 문화와 매우 비슷함"을 관찰하였다. 이와 비슷하게 거짓, 실수, 사전 지식이 충분하지 않은 가설 등에 대한 어휘적 표현들이 있는데 이들은 특별히 화자의 신뢰성에 적용된다. 호혜성의 규칙을 어기는 대신에 거짓은 어떤 약속을 깨뜨림으로 해석되었다. 특히 심각한 경우는 헐뜯음으로, 선한 배경 없이 다른 사람의 나쁜 점을 이야기하는 경우이다. 실제로 거짓말하기는 이치에 닿을 경우 실제로 아무런 문제가 없다. 앨버트는 "아무런 거짓말을 하지 않는 사람은 자식들을 먹여 살릴 수 없다."는 속담을 인용하며 "참은 좋다. 그러나 참이 말하기 좋다고 하는 것은 아니다."라고 하였는데 이는 공손성과 체면155)에 관련되는 일반적인 문화 규칙과 모순되지 않는다.

6.6.4.1. 다른 사람의 마음에 대한 잡담과 대화

잡담과 소문에 대한 문화적 연구는 인식론적 조건과 다른 사람에 대하여 (나쁘게) 말한 사회적인 결과에 초점을 맞추었다. 글라크맨(Gluckman, 1963)은 풍문과 잡담에 대한 영향력 있는 논문에서 "토착민들은 잡담에 대하여 매우 지속적이고 상습적"이라는 래딘(Radin, 1927)의 말을 인용한다. 그러나 글라크맨은 래딘보다 좀 더 폭넓은 설명과 분석을 제공하는데 공동체의 가치를 굳히고 다른 공동체, 특히 배제된 집단과 관련하여 단결심과 자율성을 강화하는 데서 잡담의 역할을 강조하였다. 그는 미국 북서부의 마카 인디언Makah Indians에 대한 콜슨(Colson, 1953)의 연구에 대한 분석으로 이를 예증하였다. 그곳에서는 내적인 경쟁자가 콜슨이 "말로 하는 경멸의 기술"이라고 부르는 것을 통해 "우두머리가 된다". 체면의 문제가 있긴 하지만 말이다. "중요한

---

155) 클락(Clark, 1996/2009)에서는 언어 사용, 특히 친분을 쌓는 소통에 작용하는 원리로 공평성의 원리와 체면의 원리를 제시하였다. 공평성의 원리에는 자율성의 원리와 자존심의 원리가 있다.

도덕규범은 경쟁자의 등 뒤에서 소문을 만들어내야 하고 당신의 주장
이 공개된다면, 그의 면전에서는, 고상해야 하고 그를 모략했다고 말한
근거를 절대로 내어주지 말아야 한다."는 것이다(Gluckman, 1963: 313).

여기서 담화의 인식론적 조건들이 어떻게 다른 맥락 조건들, 즉 누군
가에 대해 그의 면전에서 말하느냐 여부와 어떻게 밀접하게 관련이
있는가 하는 점을 알게 된다. 글라크맨은 이를 인류학자들의 공동체와
같은 다른 공동체에도 적용하였다. 호피 족의 잡담에 관련되는 연구에
서 콕스(Cox, 1970)는 잡담('정보 관리')이 권력 관계와 두 당파, 즉 전통
주의자와 의회 지지자들(진보주의자)의 관심사가 갖는 특징을 어떻게
나타내는지 보여주었다.

(파푸아 뉴 기니아의) 보세이바이Bosavi 종족의 잡담에 대한 좀 더 최근
의 연구에서 쉬플린(Schieffelin, 2008)은 현대의 중요한 이론적 문제, 즉
마음 이론ToM: Theory of Mind156)의 문화적 변이 형태, 특히 믿음, 의도,
바람이나 다른 사람의 다른 내적 상태에 대한 이론적 속성들에 초점을
맞추었다. 사람들은 다른 사람들이 말한 것을 축자적으로 인용할 수
있지만 그들이 생각함직한 것에 대해서는 이야기하지 않는다. 보세이
바이 사람들에게 생각은 사적이다. 생각은 다른 사람들에 의해 빼앗길
수 없는 개인적 소유물과 같다. 잡담(사 다부sa dabu)에 대한 금지는 어떤
행위에 대한 추론처럼 제3자가 생각할 수도 있는 것에 대한 폭로에
대한 금지로도 확장된다.

이와 비슷하게 옥스(Ochs, 1987)는 서부 서사모아에서 보호자와 어린
이 사이의 대화에서 일반적 경향을 관찰하였다. 어린이들의 말에서
분명하지 않을 때 설명하도록 요청하는데 여기서 보호자들은 어린이
들이 의미하는 것이 무엇인지에 대해 짐작하기를 좋아하지 않기 때문
이라는 것이다. 이는 미국에서 어린이와 보호자 사이의 대화에서 자주

---

156) 발달심리학 이론 중 하나로, 여기에서는 욕구·신념·의도·지각·정서·생각과 같은 자신
　　 과 다른 사람의 마음, 그리고 정신적 상태에 대하여 이해하는 선천적인 능력의 발달이
　　 관련되어 있다.

일어난다. 흥미롭게도 옥스는 이런 경우에 대하여 서로 다른 <u>인식론적</u> <u>원리들</u>을 분명하게 언급한다.

　분명히 다른 사람들의 생각에 대해 언급하지 않는다는 문화 규칙은 보세이바이 사람들이 다른 사람들에게 의도가 있음을 추리할 수 없다거나, 행위에 대한 또 다른 정신적 추론들을 할 수 없음을 의미하지 않는다. 정신적 추론들은 분명히 인간에게 보편적이다(Tomasello and Carpenter, 2007을 참고할 것). 그러나 흥미로운 것은 다른 사람이 생각하거나 원하는 것을 이야기할 때 그것이 담화로부터 추론한 것이든, 혹은 비언어적 행위에 대한 추론이든, 다른 (이를테면 서구적) 문화와의 차이가 일반적이라는 점이다. 어린이들은 자신의 생각을 이야기할 때 자신을 잘 표현하도록 배운다(Astington and Olson, 1990). 비록 증거대기로서 그런 추론들이 사람들이 실제로 말한 것에 대해 알려주는 것보다 덜 믿음직하지만 서구의 어린이들은 다른 사람에 딸려 있는 생각에 대하여 어떻게 말하지 않아야 하는지 배우지 않는다.

　마음의 상태에 대한 담화는 마음 이론이 손쉽게 자리 잡게 하였다는 증거가 있다. 즉 다른 사람들이 알거나 믿는 것을 알고 믿게 하였다(Hughes and Dunn, 1998; Slaughter et. al., 2008을 참고할 것). 흥미롭게도 보세이바이 문화도 예외가 아닌 듯하다. 중국 어린이들 사이의 입말과 마음 이론에 대한 연구에서 루 외(Lu et. al., 2008)는 중국의 부모들도 정신 상태에 대해 덜 언급하고 있음을 보여주는 여러 문화에 걸친 연구들을 언급하면서(Wang, 2001, 2003을 참고할 것), "부모를 기술하고 인과적 추론을 하면서 중국인 개인들은 내적인 상태에 대한 언급에 맞서는 것으로서 외부 행위, 사회적 관계와 맥락 요인들에 초점을 맞추는 경향이 있다."고 하였다(Lu, 2008: 1734). 필자들은 어떻게 중국의 어린이들이 마음 이론을 그와 같은 상황에서 습득하는지 의아해하며, 자전적 경험에 대한 말하기에서 다른 사람들을 좀 더 언급하는 것이 마음 이론을 손쉽게 이뤄지도록 함을 의미한다(잘못된 믿음 통과하기 검사[157]는 어떤 상황에 대한 사람들의 믿음이 자신의 믿음과 다를 수 있음을 이해한다는 것을 함의한다).

그러나 다른 사람들의 내적 상태에 대하여 언급하는 대신 중국 문화에서는 다른 사람을 적절하게 응대하기 위해 생각이나 바람, 소망 등을 추론하는 것이 중요하다. 이는 또한 중요한데, (일본말뿐만 아니라) 중국말에서 그런 소망이나 바람을 이야기하는 것이 매우 예의가 없을 수 있기 때문이다. 말하자면 수신자들이 그와 같은 마음 상태를 추론할 수 있다고 가정한다. 흥미롭게도 마음 상태에 대한 추론은 그것에 대해 말하지 않고 그것에 맞추어 행동하는 것이 중요하다.

따라서 이 경우 다른 사람들이 '마음에 두고 있는' 것을 이야기하지 않음에 대한 사회·문화적 설명은 원하는 것이 무엇인지 묻지 않음으로써 체면을 잃게 됨을 피하고자 하는 것과 매우 비슷한 반면 보세이바이 문화에서 그런 설명은 개성이나 사생활에 대한 설명 중 하나이다. 즉 생각은 개인의 재산이기 때문에 어떤 속성을 지닐 수 없으며 담화에서 표현될 때에만 공개될 수 있다는 것이다. 그렇다면 보세이바이 어린이들은 다른 사람의 생각에 대하여 생각하도록 어떻게 배우는가 하는 문제가 제기될 수 있다. 이런 배움에는 적절하고 효율적인 상호작용이 분명히 필요할 것이다. 또 다른 설명은 다른 사람들의 생각에 대한 대화는 부적절한데 인식론적으로 믿을 만하지 않기 때문이다. 그에 따라 심각한 잘못을 저지를 수 있는데, 예컨대 다른 사람이 지니지 않은 생각 때문에 다른 사람을 고소할 수 있다.

---

157) 1983년 조세프 페르너(Josef Perner)와 하인즈 위머(Heinz Wimmer)가 실시한 실험으로서 어린이의 마음 이론이 언제 뚜렷이 발달하는지를 보여주는 일종의 사고 실험이다. 이를 통해 자신의 생각과 다른 사람의 생각이 다를 수 있음을 인식하는 나이로 네 살 전후로 잡을 수 있게 되었다.

6.6.4.2. 거짓말과 속임[158]

민족지학 연구와 여러 문화에 걸친 연구에서 많이 연구된 담화 실천 관례 중 하나이면서 특별한 인식론적 조건이 깃들어 있는 거짓말과 속임이 흥미롭다. 일반적으로 거짓말은 화자가 선언되고 있는 것이 거짓임을 알거나 믿는다는 의미에서 그릇된 선언으로 자리매김된다. 게다가 거짓말은 일반적으로 화자가 수신자들을 속이고자 한다는 의미에서 도덕적인 차원이 있다. 즉 선언된 것을 실제로 수신자가 믿도록 원하고 그에 따라 그릇된 것을 믿기를 원한다. 칭찬이나 하얀 거짓말, 배반, 적에 의한 심문과 마찬가지로 그와 같은 의도는 참을 아는 것이 수신자를 해치거나 그 관계를 해친다면 정당화될 수 있다.

스위처(Sweetser, 1987)는 콜먼과 케이(Coleman and Kay, 1981)의 연구를 비평하면서 이런 다양한 맥락 조건들에 대한 정교한 분석을 제공한다. 무엇보다 참된 믿음으로써 지식에 대한 철학적 자리매김을 받아들이지 않지만 문화 연구에서 지식은 지식으로 간주되는 믿음을 다루어야 한다고 강조하였다. 이는 또한 이 책에서의 자리매김이기도 하다. 지식의 '문화 모형'이라 부르는 것에서 그녀는 (그녀가 규칙이라고 부르는) "해치려 하지 말고 도와주려고 하라."는 규범과 같은 여러 규칙들을 형식화하였다. 이를테면 '지식이 유익하고 유용할' 경우 그 규칙은 "지식을 주고(다른 사람에게 알리고), 잘못 알리지 마라." 그리고 "믿는 것을 말하고, 믿지 않는 것을 말하지 마라."와 같다(Sweetser, 1987: 47). 이런 얼개 안에서 거짓말은 참 값이 (소설이나 농담, 칭찬과 달리) 관련되는 그릇된 진술이다. 이런 경우 화자는 온전하게 정보를 갖고 있다(이를테면 증거가 있으며, 실수하지 않았다). 속이기는 여러 가지로 도덕적으로 잘못이다. 그 이유 중 하나는 (의사들이 환자들의 건강에 대하여 그러한

---

158) 이 작은 절의 원서 제목은 'lies and lying'이다. 여기서는 앞에 있는 'lies'는 행위의 결과로 나오는 언어적 결과물로서 거짓말로 뒤치고, 뒤에 나오는 'lying'은 언어적이든 비언어적이든 거짓말하는 행위로서 간주하고 속임으로 뒤친다.

것처럼) 화자들이 수신자들이 지니고 있지 않은 진리에 대한 접속 권한을 남용하는 것일 테다. 더 나아가 맥락 분석은, 속이기가 흐릿한 개념으로 지식과 믿음의 갈래와, 화자의 경우는 화자의 지위, 참여자들의 관계, 화행의 목표 등에 달려 있음을 보여준다. 지식의 갈래들 가운데 절대적으로 분명한 것은 거의 없기 때문에, 그리고 대부분의 지식이 다른 사람의 담화와 추론에 바탕을 두고 있기 때문에, 만약 그와 같은 것들이 선언을 위해 적합한 조건일 경우, 일상적인 선언을 함으로써 사람들은 많은 거짓말과 관련되어 있을 것이다.

서로 다른 문화는 참과 정보에 대하여 동일한 문화적 모형을 지닐 수 있지만 서로 다른 환경에서 참과 정보를 야기한다(Sweetser, 1987). 선언에 대한 문화적 연구는, 특히 공손성 맥락에서 '참을 말하는' 서로 다른 맥락 조건들이 있음을 보여준다. 어떤 문화에서 상호작용 규칙과 공손성 규칙은 어떤 질문에 대하여(이를테면 길 안내에 대하여) 답을 하지 않거나 아무런 도움을 주지 않기보다는 '잘못된' 답변이라는 조건을 덧붙일 수 있다. 비슷하게 옥스 키넌(Ochs Keenan, 1976)은 말라가시 Malagasy 대화에서 지식이 이방인들과 언제나 공유될 필요가 있지는 않은, 가치 있는 개인적인 자산으로 간주될 수 있음을 보여준다.

6.6.4.3. 질문

담화 갈래뿐만 아니라 화행은 가변적인 적합성 조건을 지니고 있을 수 있다. 따라서 화행으로서 직접적인 질문은 수신자들로부터 정보를 얻기 위한 가장 두드러진 특징을 지니고 있다. 따라서 그들은 화자에게 정보가 부족함을 전제로 한다. 다음 장에서 자세히 보게 되듯이 그와 같은 지식의 부족함은 한편으로 시간(언제), 장소(어디서), 참여자들(누가, 누구에게), 행위나 사건(무엇이), 그 속성(어떻게)과 같은 어떤 사건(좀 더 정확하게 말하면, 사건 모형) 혹은 전체 사건이나 일련의 사건들(무엇이 일어났는가)의 한 범주에 관련될 수 있다. 틀림없이 선언의 경우와 마찬가지로 질문들은 보편적인데 지식은 행위와 상호작용의 보편적인 조건이기 때문이다.[159] 그리고 그에 따라 각각의 문화에서는 잃어버린 지식은 그것을 가지고 있다고 가정되는 다른 사람으로부터 얻어낼 필요가 있기 때문이다.

그럼에도 불구하고 대부분의 화행에서 그러하듯이, 실제로 수행되는 방식에는 문화에 따른 차이들이 있는데 이는 적합성에 관련되는 다양한 맥락 매개인자들에 달려 있다. 무엇보다도 화자의 입장에서 지식의 부족함이라는 일반적인 조건과 수신자가 지니고 있으리라 가정되는 지식이 여러 문화들에서 수사적 질문과 교육적 질문들에서 충족되지 않는다. 따라서 '당신 제 정신이오?' 유형의 수사적인 질문들은 특정의 참여자들로 제한되는데 공손성 조건을 어기는 화행을 수행하기 때문이다(Black, 1992; Ilie, 1994; Koshik, 2005). 이와 비슷하게 교사들은 학생들의 지식을 검사하기 위해 교육적인 질문을 할 수 있는데, 그 반대의 경우는 일어나지 않는다(Hargreavesm 1984; Lee, 2008; Mehan, 1978).

여기서는 묻는 방식에 대해, 이를테면 교육적인 배경에서 체계적으로 여러 문화에 걸친 연구들을 찾을 수 없었다. 인삿말과 같은 화행은, 이를테면 영어에서 "How are you?"에서처럼 문법적인 질문으로서 정직한 답을 요구하지 않는다.[160] 그러나 다른 문화에서, 이를테면 사모아 말에서 "Where are you going?"에서처럼 정보를 요구하는 실제 질문으로서의 기능을 한다(Duranti, 2001a).

---

159) 해묵은 언어기원설 가운데 인간의 언어가 질문하고 답하기 위해서 비롯되었다고 하는 믿음이 있었다.

160) 이는 우리말에서도 그러하다. 다만 여기서는 지적하지 않았지만 그와 같은 답에 정직하게 답하는 경우, 화자는 다른 의도, 이를테면 가까운 사이에서 우스개로 쓰일 수 있다. 그렇지만 친분이 두텁지 않은 사이에서는 분위기를 딱딱하게 만들거나, 정상적이지 않은 사람으로 해석될 수 있다.

6.6.5. 지엽적인 지식에 대한 민족지학 연구에서 담화의 사용

앞에서 언급한 대부분의 민족지학 연구들은 민족지학 방법론에 따라 다양한 갈래의 면담을 사용하지만 이들을 있는 그대로 인용하지 않고 찾아낸 특정의 지역 지식, 이를테면 자연 환경에 대한 개념과 그것을 기술하기 위해 사용된 용어를 알려주기만 하는 경향이 있다. 민족지학 연구의 목적을 전제로 하여 면담이나 대화의 상당 부분이 정보 제공자들의 실제 발화에 대한 대화 분석이나 자세한 질적 담화 분석이 아니라 부호화를 통해 부연되고 요약되거나 분석된다(Hopper, 1991; Maynard, 1989; Moerman, 1987).[161] 따라서 지식이 표현되거나 전제되는 특별한 방식에 대해 독립된 연구에 활용할 수 있는 토착민의 담화로서 이용 가능한 자료들이 거의 없다.[162]

6.6.5.1. 아프리카에서 나온 사례

예를 들기 위해 여기서는 남아프리카에서 전통적인 치료법에 대한 연구인 쏜턴(Thornton, 2009)의 논문으로부터 짤막한 단락을 가져온다. 그는 여기서 치료사 매가웨니Megdweni를 인용하는데, 그는 비물질적인 개체인(기독교 성령도 조상의 성령도 아닌) 이맨자브emandzawe를 기술하고 있다.

(1) 이맨자브emandzau는 출신은 마푸토[모잠비크의 수도]입니다. 당신은 어떤 마푸토 남자가 스와질랜드(즉 남아프리카)에 정착할 것임을 알게 될 겁니다. 우리 스와지 족의 전통 때문에 사람들은 환영을 받습니다. 아마

---

161) 이는 질적 연구 방법의 반대편 색띠에 있는 양적 연구 방법을 위한 방편이다. 자주 반복되는 발화에 일정한 부호를 매기고 이를 셈하여 의미를 해석하는 방법이다.

162) 이 책에서 널리 쓰이고 인용하고자 하는 연구들은 질적 연구이다. 그와 대립적인 방법으로 양적 연구가 있는데, 저자는 그런 연구 자료들을 이용하기를 꺼린다.

도 그는 결국 딸들 중 한 명과 혼일할 것입니다. 공동체에 한 번 통합되고 나면, 그는 죽고, 그 공동체에 통합됩니다. 이맨자브emandzawe의 정령, 그들은 ⋯ 그곳에 살았던 가족들과 연결되어 있습니다. 이 정령은 중개자이고 그는 이 지역 출신이 아니기 때문에 정착을 해야 하는 정령입니다. 그는 마푸토 출신이고, 베이라(북구 모잠비크)163)에서 왔습니다. (Thornton, 2009: 27)

이 조각은 다양한 방식으로 (이맨자브에 대한) 지식을 표현한다. 즉 그들은 외국 출신이며 일반적인 용어와 성별 용어(마푸토 남자)로 표현하고 또한 일반적인 용어로 스와질랜드의 전통적인 환대(사람들은 환영을 받는다)를 설명하고 전제로 한다. 그리고 앙골라로부터 (일반적인) 어떤 사람의 도래와 [스와질랜드] 딸 중 한 명과 혼인할 가능성을 이야기하는데, 이는 그 사람이 환대를 받을 뿐만 아니라 통합됨을 의미한다. 그 다음에 단수의 통칭 기술(한 명의 남자a man)은 집단의 통합에 초점을 맞추어 그들의their 통합164)으로 지시함으로써 복수 표현으로 바뀐다. 핵심적인 단락에서는 이맨자브emandzawe165)가 정령이거나 정령을 지녔음을 함의하고 이 정령은 그가 산 곳에서 가족들의 정령과 관련될 수 있음을 함의한다. 여기서도 그런 가족 가족들이 정령을 가졌음을 함의한다. 끝으로 이 정령은 중개자의 행위를 할 수 있는데 바깥에서 들어온 정령이기 때문이다. 그러나 어떤 개체들 사이에서 이 정령이 중개자

---

163) 아프리카 모잠비크 소팔라주의 중심 도시.

164) 이 표현 자체가 본문에 나오지는 않지만 'a man'과 'they'가 교체되어 나타나는데, 저자는 이를 통합으로 보고 있다.

165) 따온 글 (1)과 여기까지 이에 대한 설명에서 emandzawe/emandzau/madzawe라는 세 개의 형태가 쓰이는데, 이들이 같은지 여부를 쏜턴(Thornton, 2009)의 논문을 통해 확인할 수 없다. 쏜턴(구하기 어려움)이 인용한 이 사람들의 말이 인구어처럼 굴절어라면 성과 수 혹은 본문의 설명을 참고한다면 외부인인지 여부에 따라 다른 형태를 띨 수 있으리라 짐작하지만 문맥에서 그런 차이들이 거의 감지되지 않는다. 여기서는 처음에 저자가 소개한 형태를 기본으로 보고 'emandzawe'를 제외한 다른 형태는 단순한 오타가 아닐지 의심해 본다.

역할을 하는지 여부는 이 단락을 통해서 분명하지 않다. 이 단락의 뒤에 필자는 외국인 정령ndzawe이 치료 기술, 즉 쿠펨바kufemba, 탐지하기를 가르칠 수 있고 그런 능력이 있음을 설명한다. 환자의 몸에서 '외부 사람의 몸'을 확인할 수 있는 극적인 기술을 지니고 있다는 것이다.

분명히 이 담화에서 담화와 지식 사이의 관계를 분명하게 하기 위해 더 많은 담화와 좀 더 자세한 담화 분석이 필요할 것이다. 이 작은 담화 조각은 무엇보다도 민족지학 방법의 면담이고 그에 따라 맥락에서 화자는 아마도 면담 주체의 인식론적 질문에 응답할 것이다. 이런 지식은 가상의 사람에게 초점을 맞추고 주로 평범하고, 일반적인 용어로 형식화할 것이다(이렇게 외부로부터 온 정령, 그리고 치료사가 여성일 수 있는지는 분명하지 않다). 두 번째로 응자브ndzawe라는 개념이 (지역의) 가족 정령과 소통할 수 있는 특별한 소통 능력이라는 속성을 지니고 있다. 이것도 또한 전제되지만 여기서 선언되지는 않는다. 끝으로 이 단락은 또한 (전제된) 스와질랜드 사람들의 환대라는 관점에서 형식화가 이뤄지는데 이런 속성은 집단의 속성으로 상호작용에서 어떤 구성원으로서 스와질랜드 화자가 긍정적으로 자기를 표현하는 조처일 것이다. 비록 초점은 응자브의 기술과 그에 대한 설명에 있지만 화자는 또한 자신의 인종 집단에 대한 지식도 전달하며 다른 지식, 이를테면 외부 사람들도 지역의 여자들과 혼인할 수도 있고 그들의 가족에 통합될 수 있음을 전제로 하고 있다는 점에 주목하기 바란다.

6.6.5.2. 캘리포니아에 사는 라틴계 미국 거주 여성의 사례

다음은 미국에서 라틴계 여성들Latinas 사이에서 자궁암에 대해 알고 있는 위험을 다루고 있는 차베스 외(Chavez et. al., 2001)의 논문으로부터 나온 사례이다.

(2) 제가 믿는 것은 여자들의 몸 안의 민감한 성질이 또한 원인이라고 믿어

요. 저는 엘살바도르에서 어떤 여자 … 그녀가 검진을 갔을 때 그들은 암에 걸렸다고 들었어요. 사람들은 그것이 그녀의 남편 때문이라고 … 그녀와 (성) 관계를 가질 때 조심하지 않았다고 말해요. 그는 그녀에게 매우 무뚝뚝하고, 그녀를 긁어서 상처를 많이 내었어요. 그리고 그것이 나쁘게 되었고 그녀는 죽었어요. (캘리포니아, 45세 엘살바도르의 입국이민자, Chavez et. al., 2001: 118)

이 조각은 미국의 라틴계 여성으로부터 자궁암의 원인과 위험에 대해 지역에 토대를 둔 지식을 뽑아내려는 중심 목표를 지닌 면담이라는 맥락에 적합하다. 특히 그들의 믿음이 그들의 행동, 즉 정기적으로 자궁암 검진을 받는 데 영향을 미치는지 알아보기에 적절하다. (2)의 예문에서 첫 번째 여성은 자궁암이 '여자들의 몸 안의 민감한 성질'의 탓으로 돌렸다. 즉 여성의 생체생리학적 속성의 탓으로 돌렸는데 이는 여성이 일반적으로 남성보다 더 민감하다는 일반적인 고정관념과 어긋나지 않는다. 이런 믿음을 뒷받침하기 위해 그녀는 남편이 '조심스럽지 않고', '무뚝뚝하며', 그 결과 '긁어서 상처를 많이 내었기' 때문에 암으로 죽었으리라 가정되는 다른 엘살바도르 여자에 대한 이야기를 한다. 이는 개인적인 경험에 대한 이야기나 어떤 친구의 경험에 대한 이야기가 아니라 ('사람들이 말하더라'라는) 소문이다. 많은 대화에서 증거대기로 일반적으로 이뤄지는 조처이다. 전체적인 차원의 설명으로서, 그는 거칠었고, 그녀에게 상처를 내었으며, 그것이 나빠져 '그녀는 죽었다'로 기술되는 사건과 행위의 분명한 흐름이 있다. 여성 '내부'의 민감함에 대한 고정관념에 더하여 사건의 중심 원인을 발견하기도 한다. 그 남자가 (너무) 거칠었다는 것이다. 다른 말로 한다면 이 여자에게는 자궁암을 남자 탓으로 돌릴 수 있는 거친 성관계에 의해 유발될 수 있지만, 이것이 유일한 원인이나 중심적인 원인인지 여부는 분명하지 않다. 적합한 것은 다른 정보 제공자의 대화에서 보듯이 성폭력이나 성관계를 통해 전염되는 병의 결과로 여성이 죽을 수 있다는 가정된 지식이다.

(3) 남자들이 다른 여자들과 관계를 하고 와서 자신들의 부인과 관계를 할 때 남자들은 여자들에게 질병이 일어나게 하고 있어요. 남자들은 부인들에게 질병을 주지만 그들은 그들이 하는 것에 대해 분석하지 않고 불행하게도 이 나라에서는 더 많은 매춘이 있는 상황에 우리는 있어요. 방세를 지불하는 것 이외는 공짜로 그런 일을 하는 여자들이 있어요. 그것으로 끝이지요. 이제 남자들이 노닥거리지 않을 때조차 이제 여자들이 자신의 남편이 아닌 남자들과 밖으로 나가고 상처가 곪고 그 다음에 그들은 아이들을 가져요. (33세, 멕시코 입국이민자, Chavez et. al., 2001: 118)

이 예문은 또한 성관계가 자궁암의 원인으로 비난을 받고 있으며 자신들의 부인들에 질병을 옮길 수 있는 불륜 남자들의 탓으로 돌릴 수 있는 (중요한) 책임이 있다. 그렇기 때문에 자궁암의 직접적인 원인은 이런 질병이다. 어떤 자원도 증거들로 언급되지 않았고 지식−진술은 총칭적인 복수(남자들, 여자들 등)로 형식화되었다는 점을 주의하기 바란다. 자궁암에 대한 설명은 불륜 남자에 의해 유발되는 어떤 질병 탓으로 다음에서 되풀이되는 것과는 약간 다른 형태이다. 만약 그녀가, 이를테면 다른 여성과 성관계를 가지고 난 뒤 후천성 면역 결핍AIDS 검사나 성병 검사를 받는 것을 언급하지 않는다면 "그러나 그들은 그들이 하는 것에 대해 분석하지 않는다."라는 문장으로 표현되고 있는데 이 여자가 의미하는 것이 매우 분명하지 않다. 다른 여성들은 더 나아가 매춘부로 신분이 밝혀지는데 이 여자들의 동기에 대해서는 사회적 설명도 있다(즉 방세를 내기 위함). 남자들만 비난을 받지는 않지만. 두 번째 부분에서 여성들도 비난을 받는데 다른 남자들과 밖으로 나가기, 그에 따라 감염될 수 있기 때문이다.

요약하자면 이 작은 조각 몇 줄에 미국에서 현재의 성행동에 대한 사회학적 지침서뿐만 아니라 자궁암 혹은 다른 질병에 걸릴 위험에 대한 연구로부터 나올 수 있는 지식을 요약하고 있다. 비록 두 번째 부분에서 여성들도 비난을 받지만, 그리고 매춘부들이 남자들을 감염시키지만 단락 전체에서 주된 원인은 분명히 남자들의 성행위이다(그들은 그들과 함께 나가는 여성들을 감염시키기 때문에도 비난을 받는다).

여기에는 원인과 결과의 복잡한 사슬과는 별도로 남자와 여자의 혼외 성관계에 대한 도덕적인 잣대가 암묵적으로 있다. 실제로 이런 믿음들은 면담을 한 의사들의 믿음과도 모순되지 않은데 다양한 상대방과 (예방이 이뤄지지 않은) 성관계를 자궁암의 중요한 원인으로 비난한다. 다른 곳에서와 마찬가지로 선택내용(평가에 관련되는 믿음)과 지식 사이의 구별은 쉽지 않다. 면담 참여자들의 도덕적인 선택내용은 분명히 개인적인 선택이거나 보수적인 집단의 태도이다. 그러나 비록 아무런 증거가 이용되지 않았지만 자궁암의 원인으로 가정된 원인의 다른 측면, 즉 성행동은 사실로 언급된다. 끝으로 필자들은 비록 그들의 논문 제목이 암시하는 것처럼 여자들이 자궁암 검진을 받으려는 결정에서 '믿음의 문제'이지만, 다양성의 상당 부분이 사회경제적이며 라틴계 미국 거주 여성들이 이루는 다양한 집단의 지식과 선택내용에서 상당할 정도의 변이가 있다. 나이와는 별도로 중요한 것은 미국에서 보낸 햇수와 말하는 언어인데 백인 동료들의 태도와 비슷하게 라틴계 여성들도 그런 태도에 맞추어나갈 가능성을 높인다. 이는 지식과 믿음에 대한 지역적인 변화와 전세계적인 변화의 결과로 지역에 토대를 둔 지식이나 토착적인 지식이 다른 집단이나 문화에서 주도적인 지식에 영속적으로 노출되고 있음을 보여준다.

6.6.5.3. 토박이 미국인으로부터 나온 사례

다름 사례들은 나바호 족 여성들 사이에서 모유 먹이기에 대한 지역 지식의 연구에서 나왔는데 롸잇 외(Wright et. al., 1993)에서 녹음되었다. 여기에는 모유 먹이기의 혜택을 표현한 믿음들의 사례가 많이 있다.

(4) (연장자가 말하기를) 모유 먹이기는 좋았어요. 그리고 (어린이들은) 모유를 먹이면 아프지 않을 거예요. 실제로 그들은 감기에 걸리지 않았고 아무렇지 않았어요. (모유 먹이기에) 벗어났을 때 그들은 모두 감기에 걸리고 언제나 아플 것 같았어요. (Wirght et. al., 1993: 786)

(5) 모유 먹이기가 어머니로부터 시작되었다면 아무런 정체성 문제가 없었을 거예요. 어린 아기가 자동적으로 저기가 어머니라고 느꼈을 것이고 그 정도의 친밀감이 있어요. 아기는 더 안전하고 또한 아기는 그것에 마음으로 더 강해져요. 아기에게 애정과 정체감 그리고 자존감이 있기 때문이에요. (우리는) 언제나 병에 담긴 걸 내밀 때마다 조금 이질감이 들고 자연스럽지 않다고 느끼고 우리는 당신과 마찬가지로 서로 다르게 함으로써 아이에게 병에 담긴 걸 줌으로써 당신 아기를 거부한다고 느끼게 돼요. 인간적인 편안함이나 아이에게 매우 유익한 인간적인 어루만짐이 없어요. (Wirght et. al., 1993: 786)

(6) 아마도 그건 가정환경인 거 같아요. 거기(그녀가 자란 곳)에는 가족은 가족이요. 환경은 좋았어요. 아마도 그것이 저를 그렇게 하도록 한 거 같아요. 여기서는 가족이 가족이 아니죠. 대부분 여기서는 결손 가정이에요. 거기서는 가족이 함께 머물렀고 그게 다에요. (Wirght et. al., 1993: 786)

(7) 저에게 모유 먹이기는 앉아 있는 시간이었고 아기와 함께 있는 시간이었어요. 단지 그에게 말을 걸고 안고 있을 뿐입니다. 아마도 제가 내 아기들과 함께 있을 수 있는 시간을 가지는 유일한 기회였던 것 같아요. 그렇게 하는 것이 저에게는 매우 중요했어요. 그 시간은 실제로 그들과 가까워지고 그들과 함께 지낼 뿐입니다. 저에게는 젖병으로 먹이기는 당신이 그들을 들고 다니는 것과 같아요. … 실제로 가까워지지는 않아요. 당신이 그들에게 모유를 먹인다면 당신이 그들을 사랑하고 있음을 보여주고 있다고 저는 느낍니다. (Wirght et. al., 1993: 787)

(8) 저기, 만약 아기에게 모유를 먹이고 엄마의 몸에 있는 액체를 먹는다면 그 아기는 가르칠 수 있어요. 있잖아요. 만약 아기가 엄마의 몸에 있는 액체를 먹지 않는다면 가르침에 문제가 있을 거예요. 젖병으로 먹인 아기들은 엄마가 아닌 다른 무엇의 액체를 먹게 돼요. 그리고 이런 식으로 영향을 받을 거예요. (Wirght et. al., 1993: 787)

(9) 저의 입장에서 반대하는 말은 한 적이 있어요. 이 관습(젖병 먹이기)은 나바호 족 삶의 방식의 일부로 결코 주어진 적이 없어요.doo shíí nihaa deet'áada binlinaa at'é. 있잖아요. 나바호족으로서 우리는 이 관습을 받아들임으로써 잘못하는 거예요. 그것 때문에 우리의 아기들이 영향을 받고 그리고 (그것은) 그들의 삶의 방식을 무너지게 했어요. (Wirght et. al., 1993: 787)

(10) 저의 누이가 젖병을 베개를 받쳐서 넘어지지 않게 하고 아기의 입에 넣었어요. 그녀는 집안일과 요리와 같은 다른 일들을 하려고 했는데 아이가 울기 시작했어요. 그녀는 단지 아기의 입에 젖병을 넣었을 뿐이에요. 주의를 기울이지도 않고, 밖으로 나가고 우유를 그녀는 단지 흘려줄 뿐이에요. (Wirght et. al., 1993: 788)

(11) 지금 세대에게는 병으로 먹일 뿐이고 그것이 유익하지 않아요. 있잖아요. 그들의 이빨이 영향을 받고 젖병으로 먹이기 때문에 약해집니다. … 이 관습은 결코 나바호 족의 삶의 방식의 일부로 주어진 적이 없어요. (Wirght et. al., 1993: 788)

(12) 제 누이my sister는 단지 젖병을 아기의 입으로 찔러 넣었어요. 그러나 그때 그녀의 아기는 변비에 걸려 많이 아팠어요. 그녀의 아기들은 중이염에 걸렸던 겁니다. 그들을 본 대부분의 시간 동안 그들은 감기에 걸렸습니다. 무엇인가 계속 아팠어요. 그것은 그들을 아프게 하는 아주 작은 한 모금으로 보였습니다. (Wirght et. al., 1993: 788)

(13) 그때 저는 어렸고 누군가에게 그것(그녀166)의 젖가슴)을 보게 하는 걸 보고 당황했습니다. 저는 그때 수줍음이 많았던 듯했고, 저는 당혹스러워 제 남편이 그것을 보게 하고 싶지 않았어요. 비록 그가 알고 있지만 저를 놀리려는 것으로 보였습니다. (Wirght et. al., 1993: 788)

이 면담 조각들에 대한 인식론적 담화 분석으로서 모유 먹이기와 관련되는, 지역에 토대를 둔 지식과 믿음은 다음과 같이 요약될 수 있다.

- (i) 믿을 만한 권위((4)에서처럼 연장자)
  (ii) 개인적인 경험((4), (5), (6), (7))
  (iii) 추론: 긍정적인 결과와 부정적인 결과를 거슬러 올라가는 추리((4)와 (5))에 의해 지식 관련 진술의 정당화
- 맥락에 따른 설명의 기술: 친밀한 가족 환경이 그것을 자극함.167)
- 개인의 긍정적 경험에 대한 세부 내용 기술: 사례(7)
- 모유 먹이기의 긍정적인 결과와 모유를 먹이지 않을 때의 부정적인 결과에 대한 일반적인 진술168)
- 모유 먹이기와 (나바호 족) 삶의 방식과의 관계. 젖병으로 [우유 등: 뒤친이] 먹이기를 받아들이는 것은 잘못됨: 사례 (9), (11)
- (누이를 통한) 개인적으로 부정적인 경험: 사례(10)
- 부끄러움−모유를 먹이는 동안 그녀의 남편에게 젖가슴을 보이는 것: 사례(13)

---

166) 이 경우는 화자 자신을 가리킨다.
167) 원문에는 여기에 대한 사례가 제시되지 않았는데, 다른 부분에서는 사례를 제시하면서 여기만 그것이 빠져 있다는 것이 부자연스럽다. 내용으로 보아 예문 조각 (6)번이 여기에 든다고 생각한다.
168) 이 경우에도 관련되는 예문에 대한 지적을 하지 않았는데, 모유를 먹일 때의 긍정적인 면은 (8)에서 도드라지고, 부정적인 면은 (12)에서 두드러진다.

여기서 일반적으로 여성들이, 개인적이거나 (누이와 같이) 가족적인 경험과, 어린이에게 모유 먹이기의 긍정적인 결과뿐만 아니라 모유를 먹이지 않은 경우의 부정적인 결과에 대한 지식 그리고 권위자로서 연장자의 추천 내용과 나바호 족 전통의 추천 내용을 결합함으로써 모유 먹이는 일에 대한 지식을 얻음을 볼 수 있다. 이들은 일반적인 관습이나 규칙에 대한 일반적인 용어뿐만 아니라 개인적인 경험에서 나온 특정의 용어로 그렇게 하고 있다. 지식은, 특히 경험적으로 모유 먹이기의 긍정적인 결과와 부정적인 결과를 비교함으로써 얻기도 한다. 끝으로 모유 먹이기와 젖병으로 먹이기 사이에 좋음 대 나쁨이라는 양극단이 있다.

이런 지식의 진술에 더하여 개인적인 경험들도 도덕적인 진술에 뒤섞여 있는데, 이를테면 예문 (10)에서 누이에 대하여 그렇게 하고 있다. 즉 그녀는 일을 계속하면서 아기를 무시하고 있다는 것이다. 다른 말로 한다면 모유 먹이기가 아기에게 좋다는 점이 (전통이나 권위자, 다르게 사회적으로 공유된 지식이나 개인적인 경험으로부터) 알려져 있다면 아기에게 언제나 최선을 다해야 하다는 함의된 논리적 근거와 함께 모유를 먹이지 않는 것은 나쁘다는 도덕적인 논거의 토대가 있다.

여기서의 논의를 위해 좀 더 일반적인 것은 지식과 의견과 같은 다른 믿음은, 앞에서 본 것처럼, 구별되기 어렵다는 것이다. 따라서 (의학적이든 경험적이든) "모유를 먹이는 것은 아기에게 좋다."라는 진술은 경험적 사실에 대하여 참된 진술일 뿐만 아니라 평가를 나타내는 용어 때문에서 의견으로서도 참이다. 요점은 이것이 단순히 개인적인 의견이 아니라는 점이다. 그것은 구성원들의 개인적인 정신 모형의 부분이 아니라, 어떤 공동체에서 일반적이고 사회적으로 공유된 태도의 일부인데 지식뿐만 아니라 의견이라는 특징을 지닌다. 이 예문들에서 지식에 대한 정당화의 갈래들이 어떤 문화에서든 있을 법한 것과 매우 비슷하다는 점을 볼 수 있다. 거기에는 나이 든 사람들의 권위, 전통, 개인적인 경험과 가족의 경험 그리고 좀 더 일반적으로 말해서 긍정적 결과와 부정적 결과의 경험에 따른 추론 등이 있을 수 있다.

6.6.6. 입국이민자와 소수인종에 대한 지식

끝으로 유럽과 미국에서 인종주의와 담화에 대한 저자의 연구물로
부터 나온 몇몇 자료들을 살펴보기로 한다. 이 연구물들의 일반적인
목표는 (ⅰ) 유럽에 사는 사람과 유럽 출신의 사람들은 남아메리카
출신의 입국이민자들뿐만 아니라 미국에 사는 소수인종과 같은 다른
사람들Others에 대하여 어떻게 말하고 쓰는가를 연구하는 데 있다. (ⅱ)
그와 같은 입말과 글말을, 인종에 대하여 공유된 편견과 인종주의자들
이념뿐만 아니라 이런 표상으로부터 도출된 것으로서 한쪽으로 치우
쳐 있는 개인적인 모형의 관점에서 부분적으로 설명하고, (ⅲ) 유럽과
미국에서 (백인) 인종의 권력 재생산과 같이 사회에서의 역할이라는
관점에서 이런 자료들을 부분적으로 설명하는 데 있다.

연구물들의 부분들은 네덜란드의 암스테르담과 미국의 산디에고와
캘리포니아에 사는 다양한 이웃들에 대한 민족지학의 현장 연구들로
이뤄져 있다. 다른 자료들은 노동자들과 라디오 프로그램, 특정의 사건
에 대한 상당한 분량의 보도자료, 유럽의 일곱 개의 나라, 남아메리카
의 여덟 개 나라를 포함하여 미국에서 있었던 정치적 토론, 네덜란드와
스페인, 라틴아메리카의 여러 나라들로부터 나온 교재들을 주된 대상
으로 하고 있다. 1981년에서 지금까지 수행된 다양한 세부 연구의 결과
물들은 여러 책들과 논문에서 발표되었다(Van Dijk, 1984a, 1987, 1991,
1993, 1998, 2007, 2009b).

서른 해에 걸친 큰 연궂거리의 목표를 전제로 할 때, 연구의 초점은
분석의 여러 수준에서 인종에 대한 편견과 인종주의자들의 이념들이
입말과 글말의 구조에 미친 영향에 있었다. 그러나 특정의 담화 구조와
집단의 태도(편견), 이념을 연결하는 핵심적이고 직접적인 표상으로서
화용적 맥락 모형과 의미론적 모형이라는 개념의 통합, 이념을 대상으

로 하는 새로운 이론의 제안, 새로운 사회 인지적 얼개 안에서 편견에 대한 새로운 이론의 (재)형식화가 우선적으로 필요하다. 게다가 이런 사회 인지적 얼개는 정치학, 매체, 교육과 사업체에서 주도적인 담화를 재생산하는 상징적인 선민들의 역할에 기대어 인종주의자들의 담화에서 권력을 설명하는 사회학 이론에 묻혀 있다.

이 장의 목표는, 3장과 4장에서 이미 부분적으로 언급되었던, 편견과 이념의 연구를 위한 사회 인지적 얼개를 되풀이하는 대신에, 주도적인 인종 집단에서 어떤 구성원들이 실제로 입국이민자들과 소수인종에 대하여 아는가(알고 있다고 그들이 생각하는가)에 대하여 좀 더 많은 통찰력을 얻는 데 있다. 말하자면 많은 이념들과 태도가 우리의 좋은 속성과 그들의 나쁜 속성에 초점을 맞추지만 일반적으로 그와 같은 평가는 당연시되거나 반박되지 않는, 사회적으로 공유된 지식의 갈래들에 근거를 두어야 한다. 이를테면 지역에 살고 있는 백인들은 다른 사람들에 대하여 먼저 무엇을 아는가, 그것을 어떻게 아는가 하는 문제가 있다. 분명히 앞서 논의한 것처럼 '인종에 대하여' 논박되지 않는 지식으로서 당연하게 받아들이는 것은 실제로는 편견일 가능성이 높다. 많은 편견들이 개별적이고 부정적이며 개인적인 경험의 지나친 일반화로 구성되거나 굳어지기 때문에 서로 다른 문화와 나라로부터 나온 몇몇 면담 자료들에 대한 자세한 살핌은 복잡한 사회적 인지 전략과 구조에 대해 좀 더 자세한 통찰력을 가져올 수 있다.

6.6.6.1. 네덜란드 사람 이야기

첫 번째 사례는 네덜란드 남자(M)와 여자(W)의 면담으로부터 나온 이야기인데, 1983년 암스테르담에서 녹음되었다. 면담 참여자들은 터키와 모스크바로부터 온 입국이민자들과 이웃하며 사는데, 그 '외국인들'과의 경험에 대해 말해주도록 요청했다(네덜란드 말로 'buitenlanders'는 입국이민자들을 가리키는 비격식적인 표준어 표현이다).

1   (14) (Van Dijk, 1984a: 86~97)

2   남: 당신이 그것에 대하여 웃기는 것에 대하여 말하고 있기 때문에

3   그렇다면 저도 재미있는 뭔가를 말해 보겠습니다. 양 도살에 대해 알

4   겁니다. 슬픈 이야기 중의 하나에요. 글쎄 그럼, 그래요. 모퉁이 주변에

5   살아요 한 가족이, 터키 가족이 살아요. 그리고 예쁜 딸이 하나 있어요.

6   그런데 어느 날 아래층에 여자가 갑자기 나에게 와서는 말하기를 "지

7   (G) 씨가 어디 있는지 아세요?" 아무렴요. G는 내 친구였는데 (길 건너

8   편에 있는) 건물의 관리자였죠. 제가 말했죠. "글쎄요. 그는 차고에 있던

9   데요." "아이고", 그녀가 말하기를 "제가 잠깐 이야기하러 갔다 왔어요."

10 "좋아요, 저와 함께 가요." 말하고 함께 그곳에 갔지요. 제가 "G야, 음."

11 제가 말했죠. "이웃에서 자네한테 말하러 왔어." 그리고 그는 말했어요.

12 "그래, 무슨 일이지?" 그때 그녀가 말했어요. "계단에서 악취가 나요."

13 제가 말했어요. "그래, 보러 가 봅시다." "그리고 싱크대가 막혔어요."

    (이웃의 목소리를 흉내내어) 글쎄요, 이미 그걸 봤어요. 그리고 이미

    양가죽을 숨겼다는 것을 알았고, 발코니에 걸려 있었습니다.

14 면담자: 오, 지 씨.

15 남: 이해하셨겠지만, 그들은 샤워실에서 양을 몰래 도살하였던 거죠.

16 여: 그래요, 그때는 라마단이었어요.

17 남: 당신 말대로 라마단이죠. 그들이 그 동물의 모든 것을 없애버릴

18 수는 없죠. 그들은 작은 관에 쑤셔 박았지요. 당신이 짐작하는 대로.

19 면담자: 하수관의

20 남: 하수관의

21 여: 그것이 유일한 이야기에요.

22 남: 모든 것들이 막혔어요. 일이 알려졌어요. 경찰관이 그곳에 있었구

23 요. 이봐요. 누가 도대체 그와 같은 일을 하겠어요!

24 면담자: 무엇을, 누가 그 사람들이 경찰들에게 요청하였을까요? 추론

25 해서, 무엇, 무엇이 있었지요?

26 남: 예, 그 경찰이 왔어요.

27 여: 당신에게는 집에서 양을 도살하도록 허가를 주지 않지요, 그것을

    몰랐나요!

28 남: 그리고 그것은 또한 누군가가 대가를 치러야 함을 뜻하지요.

29 여: 당연하죠!

30 면담자: 그래요.
31 남: 왜냐 하면 당신은 그것에 맞서 아무 것도 할 수 없어요.
32 여: 글쎄 그게 유일한 만남입니다. 그때 한 번
33 남: 재미있는 일을 말하자면 아니 … 누가 그와 같은 일을 하겠어요?
34 당신은 방에서 도살을 하지 않을 겁니다. 당신도 그래요, 그리고.
35 면담자: 안 할 거예요. 도살장에서는 지금도 많이 그렇게 합니다.
36 남: 그것이 유일한 거죠.

인식론적인 분석을 위해서는 자세하게 이야기 전달을 분석하는 것이 직접적으로 관련되어 있지는 않다(자세한 내용에 대해서는 Van Dijk, 1984a를 참고할 것). 그러나 이 이야기는 레이봅과 웨일츠키(Labov and Waletzky, 1967)에 의해 제안된 이야기 전달의 전형적인 개념틀을 따르고 있음을 쉽게 알 수 있다. 즉 이야기의 준비/예고, 요약, 배경, 분규, 해결, 평가와 마침이 있는데, 분규의 경우(하수관이 막히고 그들이 양을 도살함)와 평가(당신은 양을 도살할 수 없음)의 경우처럼 여러 범주들이 되풀이되어 있다. 여기서는 대화에서 일반적인 상호작용 차원도 무시할 것인데, 이는 훨씬 더 자세하고 전문적인 녹취기록을 필요로 할 것이다.

이 이야기는 라마단[169] 기간 동안 이슬람교도에 의해 일어난 양 도살 사건으로서 잘 알려져 있고, 판에 박힌 문화적 사건에 대하여 있다. 양 도살 사건은 때로 집에서도 이뤄지는데, 이 이야기의 경우처럼 네덜란드 이웃을 성가시게 한다. 이 이야기에서 분규(12행)는 양의 잔존물 remains로 인해 이웃 씽크대의 하수관이 막히는 놀라운 사건이 있는 부분이다.

인식론적으로 이 이야기는 이야기를 공동으로 전달하는 남자와 여

---

169) 우리나라에도 이슬람교도의 사원이 있고, 이슬람교도의 종교 관례에 대해서는 어느 정도 알려져 있다. 라마단도 이슬람교도에서 신성시하는 기간으로서 신도들의 금식과 금욕을 요구한다.

자의 정신 모형에서 표상되는 것으로서 개인적인 경험에 바탕을 두고 있다. 여기서는 남자가 중심 이야기를 전달하고 여자는 한 걸음 나아간 평가를 그 다음 차례에서 제공한다. 이 이야기는 대화/면담의 앞부분과 주제의 측면에서 연결하면서("당신이 그것에 대해 말하고 있기 때문에." /2행) 시작하고 먼저 이야기 전달의 동기를 제공하고 이야기에서 발언권을 얻기 위해 긍정적 평가('웃기는')를 앞세우고 되풀이한다.

그 다음에 일반적인 개시를 시작하는 요약initial summary, 즉 "당신도 알다시피"라는 상호작용을 위해 공동 배경을 끌어들이는 담화 표지를 통해 이야기는 양 도살이라는 주제에 초점을 맞춘다. 이 표지는 수신자도 자신의 결론을 끌어내도록 한다(Erman, 2001; Foe Tree and Schrock, 2002). 이 주제를 끌어들이는 방식은 화자가 (이슬람교도들이) 양을 도살하는 것에 대해 알고 있으며 면담자도 이것에 대해 알고 있음을 함의한다. 양쪽이 이슬람교도가 많은 다문화사회에 관여하고 있는 것이다. 그 화제에 대한 예고가 있고 난 뒤, 그와 같은 양의 도살에 대하여 곧바로 부정적인 평가('슬픈 일 가운데 하나')가 있는데, 이는 네덜란드에서 이슬람교도의 몇 가지 관습들에 대한 매우 일반적인 부정적인 평가와 어긋나지 않는다. 그러나 사건에 대한 일반적인 평가('웃기는', '슬픈')는 부정적이지만 그 정도는 적절하다. 그리고 부분적으로 우스개와 감정이입의 관점에서 보여주고 있다. 다양한 이웃들 가운데 입국이민자들에 대하여 암스테르담에서 모은 많은 이야기들의 경우와 마찬가지로 불평들의 상당수는 문화적 차이와 관련이 있으며, 특히 널리 퍼져 있는 네덜란드의 규범과 가치에 어긋나는 '외국인들'의 행위와 관련이 있다.

4행에서 그 남자[이슬람 사람: 뒤친이]는 이야기에 등장하는데, 각각의 관련되는 참여자들이 있는 배경을 이루고, 분규의 구성요소가 된다. 관련되는 참여자들의 주고받는 대화의 재생산과 같이, 이야기되는 사건의 세부 내용들은 이야기의 신용도뿐만 아니라 이야기의 생생함을 끌어올리는 방법 중 하나이다. 그처럼 이야기의 신용도를 끌어올리는 조처는 화용적으로 이슬람교도에 대한 인종차별적인 이야기에 그치는 것이 아니라 실제로 일어난 일임을 함의한다. 다문화 사건에서 사건들을 경험할 뿐만 아니라 이야기되고 재생산되는 것은 이러한 방법이며 공유되는 의견의 산출로 이어지고, 이미 있는 고정관념이나 편견을 굳힐 수 있다. 그리고 이는 라마단 기간 동안 이슬람교도들의 양 도살에 대하여 잘 알려진 고정관념의 경우도 마찬가지이다.

15행에서 여자는 실제로 한 것은 이것이다. 즉 그녀는 문화적 사건, 말하자면 라마단에 기대어 무엇이 일어났는지 설명하고('당신이 이해하듯이') 해석한다. 이는 다음 말할 차례에서 남자에 의해 되풀이되고 확인된다. 그리고 그에 따라 그녀가 지역에서 일어난 사건과 사고를 다른 민족 집단과 그들의 관습에 대하여 일반적이고 사회적으로 공유되는 지식에 기대어 해석할 수 있음을 보여준다. 동시에 이야기에 대한 여자의 기여가 남자에 의해 그녀도 중심 역할을 하는 이야기 전달자가 될 수 있음을 확인할 경우 여기서 성별에 따라 차별화된 권력이라는 문제가 있다.

이는 문화적인 사건과 여러 문화들 사이의 차이와 갈등에 대한 일반적인 지식을 보여주는 이야기일 뿐만 아니라 중요한 도덕적 차원이 있는데 전제된 가치와 규범에 바탕을 두고 있다. 처음 부분에서 '슬픈'이라는 속성이 이미 사건의 표상에서 (즉 사건에 대한 이야기 전달자들의 상황 모형에서) 첫 번째 평가의 수준이며 양의 도살에 대하여 사회적으로 공유된 태도일 수 있다. 23행의 끝에서 이야기의 중심 사건들에 대한 간단한 되풀이가 있고 난 뒤, 이런 도덕적인 평가의 표현을 강조하는 수사 의문문이 나온다. "이봐요, 도대체 누가 그와 같은 일을 하겠어요?"(네덜란드 말: Kijk, wie DOET dat nou?) 이는 어떤 갈래의 도덕적 일탈에 대해 수사의문문을 통해 비판하는 일반적인 방식이다. 이 사례는 또한 다문화 사회의 몇몇 양상들에 대해, 일반적으로 공유되는 지식이, 어떻게 일반적으로는 사회적 태도의 특징을, 좀 더 구체적으로는 편견과 고정관념의 특징을 드러내는지 보여준다.

그 남자는 33~34행에서 도덕적인 태도를 담은 수사 의문문을 되풀이하지만 이런 도덕적 판단에 대하여 집이나 방에서 이뤄지는 닭의 도축과 같은 '우리'의 문화에서 하지 않는 것과 비교를 통해서 논거를 더하였다. 그는 흐릿한 이인칭 대명사 you[170](네덜란드 말로는 je)를 쓰고 있는데 이 경우에는 면담자를 가리키며, ("누구도 이런 일들을 하지 않아요."에서처럼) 어떤 누구를 가리키는 총칭 대명사[171]일 가능성이 더 높다. 그렇게 함으로써 규범을 진술하는 전형적인 문장이 된다.

흥미롭게도 면담자는 그때 이런 종류의 도축은 도축장에서 일반적으로 이뤄짐을 덧붙이는데 이슬람교도들이 일반적으로 이런 종류의 일을 하지 않는다고 함으로써 이야기에 함의된 편견이라는 힘에 맞서는 전략일 가능성이 높다.

끝으로 이야기 전달자들은 이것이 그들이 겪었던 유일하게 (부정적인?) 경험이며, "그것이 유일한 거죠."라고 말할 수 있다. 이는 거기에서 이뤄진 면담이 이 이야기로부터 일반화할 아무런 이유가 없다고 해석할 수도 있다. 다른 이야기 전달자들은 종종 편견이 들어 있는 이야기의 끝을 "이것이 한 번 일어나지 않았고, 두 번 일어나지 않았어요. 언제나 일어나요!"라는 종결부로 마무리한다.

여기서의 논의와 관련되는 것은 어떤 갈래의 지식을 구성원들이 다문화 사회에서 이웃하고 있는 인종의 관습에 대하여 지니고 있는가, 그리고 이런 이웃들과 여러 문화 사이에 걸친 경험들이 내집단의 가치와 규범의 비교를 통해 그리고 그에 따라 폭넓게 공유되는 고정관념과 편견의 적용과 확인에서 주로 부정적이겠지만 어떻게 평가되는가 하는 것이다. 이런 유형의 이야기가 입국이민자들의 관습에 대한 부정적인 주장을 형성하려는 의도를 지닌 많은 대화에서 확장된 논거로 이용되는 것도 이와 같은 이유이다.

---

170) 단수와 복수, 성별에서 구별되지 않는다.
171) 괄호 속의 예문에서 주어로 'one'이 쓰이고 있다(One doesn't do these things).

여기서의 분석에서 다루지 않는 것은 전체적으로 전제되고 당연하게 받아들이고 있는 하수관, 수도관, 막힘, 도축, 양(과 그 가죽) 등에 대해서 사람들이 지녀야 하는 일반적인 사회·문화적 지식이다. 그와 같은 전제는 이야기 전달자가 뒤에 양이 도살되었음을 더하기 전에 "그러나 그때 이미 양가죽을 숨겼다는 것을 알았고, 발코니에 걸려 있었습니다."라고 말할 때 이야기에 있는 분규[갈등의 조짐: 뒤친이]에서 긴장을 끌어올리기 위해 사용되기도 한다. 양가죽을 말리기 위해 걸어두었다는 정보를 바탕으로 수신자들이 이미 추측을 할 수 있는 어떤 것이다.

6.6.6.2. 캘리포니아에 사는 사람 이야기

이제 캘리포니아의 산디에고에서 1985년에 녹음된 이야기를 보기로 한다. 면담은 캐나다 출신의 부부인 남자와 여자를 대상으로 하였는데 그들은 30년 전에 미국으로 입국이민하였다. 이 이야기는 입국이민에 대하여 있다.

```
1
2   (15) (A-TD-Ia, b) Van Dijk, 1987: 75)
3
4   면담자: 그리고 누가 누가 당신이 생각하기에 여기서 밤에 무단침입을
5   한다고 생각해요? 어떤 사람들이 그런 사람들인가요?
6   여: 글쎄요, 어느 날 … 그래요 그 남자에 대하여
7   남: 멕시코 사람들이 많아요. 어느 날 저는 집에 있었고, 감기에 걸렸는
8   데 그리고 어 커피를 마시기 위해 주방으로 나왔고, 파자마 차림으로.
9   그리고 창문으로 우연히 밖을 쳐다보게 되었지요. 그리고 그들이 집으
10  로 들어가기 위해 이웃 집 문을 부수고 있는 걸 봤어요. 처음에는 무엇인
11  가 일을 하고 있구나 생각했죠. 그가 창문에 일을 하도록 누군가를 고용
12  했구나. 그리고 그때 부수고 들어가고 있음을 깨달았죠. 그래서는 저는
```

13 차고 문으로 갔고. 지금 실제로 잘 묘사하고 있지요. 저는 그때 매우
   아팠기 때문에 정말로 잘 묘사하고 있는 거예요. 적어도 그들 가운데
   한 명은

14 면담자: 둘이 있었어요?

15 남: 모두 셋이 있었어요.

16 면담자: 셋!

17 남: 그리고 어, 저기 사람들은 뜰에 있었고, 한 명은 밖에 있었고. 그에
18 대해서는 잘 표현했지요. 그는 제 소리를 들었을 거예요. 그는 벗어나려
19 했기 때문에요. 그리고 잘 생각해서 그 중 한 명은 잡을 수 있다고. 그래
20 서 문 밖으로 나갔는데 그는 너무 빨랐고, 사라졌어요. 제가 문 밖을
21 나오는 때에 그는 아래에 있었고요. 블록을 지나 달렸어요. 교회를 지나
22 쳐 바로 뒤에 있었지요. 그리고 어, 그래서 어쨌든 경찰을 불렀고 그들에
23 묘사해 주었어요. 십 분이 안 걸렸어요. 그들은 차를 분명히 가지고 있었
   고, 그를 태웠어요.

24 면담자: 그래요?

25 남: 그들은 불법 체류자로, 멕시코 사람입니다.

26 여: 그들은 버스로 왔지요. 그렇지 않아요?

27 남: 버스로 왔고 물건 사는 가방도 있었어요. 그리고 어 가지고 있었는데
28 어 저는 얼마나 많은 가방들을 덤불 속에 숨겨두었는지 몰라요.

29 여: 그들은 덤불에 스무 개의 가방을 숨겨두었지요.

30 남: 스무 개였다고?

31 여: 스물.

32 남: 교회 땅에는, 교회 근처에는, 뒤에 덤불이 있어요. 그들이 부수고
33 들어간 곳이 얼마나 되었지요?

34 여: 저는 기억 못해요.

35 남: 그들이 40곳이라 말했다고 생각해요. 언덕 위와 대학 구역에서, 어
36 여기 아랫길까지, 그리고 그들은 이리로 내려오면서 작업을 하고 있었
   어요.

37 여: 당신은 믿지 않았을 거예요.

38 남: 그리고 되돌려 주었기 때문에 그리고 그의 신분을 확인하고, 한 명은
39 벌목공이었어요. 그리고 어 경찰이 그를 데려가서 감옥에 넣고 그리고
40 저는 경찰서와 연락하고 변호사와 연락하고 어

41 여: 검사

42 남: 검찰관, 그가 말하길 재판에 들어가고 그리고 그들은 이러저런 날에

43 재판이 있을 거라고. 어쨌든 어, 그리 얼마 되지 않은 뒤였는데, 서신을

44 받았는데 그것에 대해 모두 잊었습니다. 우리는 그를 멕시코로 돌려보

내졌지요.

45 면담자: 그들은 성가신 일을 겪지 않았군요. 그를 어떻게 해보려고 그리

고 어

46 여: 아니요.

47 남: 아니요

48 면담자: 그들이 단지 그를 돌려보내기만 했나요?

49 남: 그들은 단지 그를 돌려보내기만 했고. 어떻게 하려고(??) 그 사람들

50 에게, 그리고 단지 그들을 돌려보내고(웃음). 그래서 이것이 이뤄진 거

51 죠. 그들은 손목을 때리고요, 그리고 "개구쟁이, 개구쟁이." 그리고 "이

제 집에 가."

네덜란드 사람 이야기처럼 캘리포니아 사람의 이야기는 전형적으로
사건으로서 고정관념에 따라 멕시코인의 탓으로 돌리고 있다. 여기서
도 북미에서 입국이민자와 소수자들에 대하여 개인적인 지식이 어떻
게 만들어지고 다시 만들어지는지를 생각해 볼 수 있게 한다. 그리고
그 지식은 편견에 빠진 지나친 일반화의 토대로 사용되고 있음을 볼
수 있다.

상당할 정도의 자세한 내용, 지식에 대해 중요, 진실의 기준들 중
하나, 즉 직접적인 관찰에 대한 강조("정말로 잘 묘사하고 있는 거예요.",
"그의 신분을 확인하고는")는 신용도를 높이는 이야기 전달의 전략일 뿐
만 아니라 인종 편견이라는 부담에 맞서는 함의를 지닌 논거이다.

다른 말로 한다면 이것과, 이와 비슷한 이야기들은 이야기 전달자뿐
만 아니라 멕시코 사람들이 도둑들이라는 '증거'로서 들어보았던 적이
있는 사람들에 의해 이용되고 있다. 실제로 그 이야기는 이웃에 대한
일반적인 질문 뒤에 이야기되었고 그 남자는 많은 야간 주거 침입자들

이 있고 그들 가운데 대다수가 멕시코 사람들이라는(7행) 응답이다. 말하자면 이것은 일반화를 위해 개인적으로 경험한 증거로서 이 이야기를 야기시킨 일반화이다.

실제로 그 남자는 무단 주거 침입자들이 '불법 체류자들'이고, 따라서 도둑으로서 부정적일 뿐만 아니라 '불법적인' 것으로서 범주화하면서 구체화시킨다(25행). 따라서 그들은 이미 법을 어긴 사람들로 범주화된다. 동시에 이런 이중 범주화는 설명의 기능을 한다. 즉 그들은 불법적이기 때문이다.

이야기가 실망스럽게 끝날 때(그 멕시코 사람들이 멕시코로 돌려보내졌다), 도덕적인 종결은 주로 법률 체계에 대한 비판에 초점이 맞추어진다. 이때는 "손목을 때렸다."와 같은 구체적인 은유를 이용하며 범죄는 아들에게 하는 아버지의 담화와 연관된다. 이를테면 "개구쟁이, 개구쟁이!" 결론을 내리는 종결부[172]는 보통의 경우와 마찬가지로 그 사건에 적용할 뿐만 아니라 범죄자나 '불법 체류자'에 대한 관대한 처분에 대한 일반적인 태도의 표현이다. 그런 태도와 밑바탕에 깔린 이념들은 분명히 인식론이 아니라 믿음에 관련된다. 따라서 이 이야기의 초점은 '사실들'에 대한 근거를 제공하고 일반적인 태도뿐만 아니라 개인적인 의견을 정당화하는 데 있다.

6.6.6.3. 소수자에 대한 라틴계 미국인의 담화

'남미'에서 온 입국이민자들에 대한 이야기인 네덜란드 사람의 이야

---

172) 일반적으로 대화는 클락(Clark, 1996/2009)이 지적한 것처럼 작은 마디의 연결체로 볼 수 있다. 각 마디들은 구조에 따라 여러 겹을 이루겠지만, 시작 → 본체 → 퇴장이라는 흐름을 되풀이한다. 특히 종결부에서는 여기서 지적하였듯이 일반적인 태도(평가 혹은 입장 정리, formulation: MaCarthy, 1998/2010)가 이뤄지기도 하고, 그 마디에서 말해진 골자를 요약해서 보여주기도 하고, 속담이나 관용어 따위를 이용하여 그 마디에 대한 평가를 내리기도 한다(이와 관련하여 우리말에서 관련 사례를 다룬 논의로 허선익 (2013)을 참고할 것).

기와 캘리포니아 사람의 이야기는 눈에 띨 정도로 비슷하다. 그렇다면 지역의 소수자인 아프리카 후손과 토착민에 대한 라틴아메리카에서 이야기 전달과 다른 담화는 어떠할까? 그들은 '백인'인 유럽계 라틴 사람의 관점에서 아마도 다른 사람으로 간주될 수 있는데 입국이민자로 여기지는 않을 것이다. 따라서 저자가 엮은 책에 투고한 다양한 필자들이 이용하거나 녹음한 몇몇 조각들을 보기로 한다. 그 책은 스페인 말로 된 『라틴아메리카에서 인종주의와 담화』에 번역되어 있다 (Van Dijk, 2009b).

라틴아메리카의 소수자들에 대한 주도적인 담화를 검토하기에 앞서 과라니Guaraní 여성의 말을 인용하는 것이 알맞을 듯하다. 공시적으로 주도적인 담화에 맞선 저항의 목소리의 한 가지 사례로 그녀는 2002년도 아르헨티나 상원에 위임된 토론회에 참여하였다. 동시에 이 조각은 서로 다른 관점으로부터 규정된 지식으로서, 표현되고 심혈을 기울인 지역에 바탕을 둔 지식을 강조하는 데 이바지할 수 있다. 그 토론은 '토착민에 대한 법안'에 대하여 있으며, 그 법안은 토착민의 문제에 대한 국가기관Instituto National de Asuntos Indigena의 내부 구성을 다룬다. 특히 그 기관에서 토착민 대표단의 문제를 다루고 있다. 토론에서 상원의원들은 한편으로 토착민의 말과 문화에 대하여 치켜세우지만, 다른 한편으로 토착민의 대표단에 실제적인 권한을 주는 것을 지연시키고 있으며 심지어 토론회에서 조화와 우애를 해친다는 이유로 비판이 거부되기도 하였다. 과라니 대표단으로부터 어떤 여성이 다음과 같이 답하였다.

(16)[173] 아르헨티나 상원에서 토론(Van Dijk, 2009b: 27)

(Corina Courtis, María Inés Pacecca, Diana Lenton, Carlos Belvedere, Sergio

---

[173] (16)~(18)에 이르는 인용문은 Van Dijk(2009b)에 있는 책에서 인용하고 있다. 스페인어 원문이 있는데, 우리말 뒤침 책에서는 이를 싣지 않기로 한다.

Caggiano, Diego Casaravilla, Gerardo Halpern, "Racism and Discourse: A Portrait of the Argentina Situation인종주의와 담화: 아르헨티나 상황에 대한 묘사"로부터 따옴. Van Dijk, 2009b: 13~55)

의장님, 당신에게 부탁드립니다. 우리가 질문을 하더라도 화내지 마시기 바랍니다. 우리는 매우 참고 견뎌 왔으며, 세상에 있는 모든 끈기를 지니고 있습니다. 그리고 여전히 그렇게 하고 있습니다. 당신에게 귀 기울여 듣기를 요청하는데, 우리들의 모든 집중력을 당신들에게 주어왔기 때문입니다. 마치 우리들이 다른 나라에 있는 것처럼 보이지만 선진국에서는 우리를 표현할 기회를 얻었을 때 연구하고 이해하고 심지어 귀 기울여 들으려 노력하지 않습니다. 당신들은 당신들의 문화로부터 당신들의 일을 하면서 우리를 도와주려 합니다. 우리는 당신들이 우리와 함께 일하기를 원합니다. 우리가 이루어야 하는 첫 번째 일은 원주민과 서구인 사이에서 우리의 상태에 대한 모든 것을 당신들이 이해하도록 하는 것 바로 그것입니다. 우리는 국가 수준의 조사census가 말해 줄 수 있는 그런 존재들이 아니며 그것은 올바르게 이뤄지지도 않았습니다. 우리가 이루어지기를 요청하는 방법은 반영되지도 않았습니다. 우리들이 요청하는 것은, 무엇보다도, 의문을 제기하거나 구체적인 요구를 할 때 당신들이 우리들을 직접적인 이해 당사자로 여기는 것인데 그것이 정확하게 우리의 상태입니다. 그것은 아르헨티나에서 배고픔을 몰아낼 수 없는 지도자들로서 당신들에게 매우 중요할 것입니다. 이곳에서는 날마다 수백 명의 어린이들이 배고픔과 영양실조로 죽습니다. 그리고 많은 여성들이 병원에 있는데 먹거리가 없기 때문입니다. 우리 원주민들이 제안하는 것을 들어보십시오. 말하자면 우리의 말에 귀를 기울이고 우리가 가진 문화를 적용하고 풍요로움을 만들어내는 데 이바지할 영역을 지닐 가능성을 우리에게 주십시오. 그 이상 우리는 아무 것도 바라지 않습니다. 그것은 서구인인 당신들을 도와줄 수 있게 그리고 어린이들을 배고픔으로부터 지켜 줄 수 있게 합니다.

이 연설이 지니고 있는 많은 정치적 기능과 사회적 기능에 더하여 이 연설은 또한 여러 인식론적 속성도 지니고 있는데 지식의 형태들을 전제로 하고 간접적으로 이를 선언한다. 그에 따라 무엇보다도, 주도적인 국가의 지식과 지식 기준을 거부한다. 말하자면 한편으로 원주민에 대해서 국가가 알고 있는 체하는 것, 다른 한편으로 국가 수준의 조사를 통해서 알고 있는 체하는 것을 거부한다. 다음으로 분명하게도 중요할 뿐만 아니라 아이러니컬한 전개에서 이 여성은 아르헨티나의 기아에 대하여 알고 있음을 보여주며 암묵적으로 이 상황에 대해서 아르헨티나의 지도자들을 나무라고 있다는 점이다. 세 번째로 그녀는 토착민들이 필요한 영역에서 풍요로움을 만들어내고 문화를 적용할 수 있으며 그에 따라 배고픔과 싸우는 데에 이바지할 수 있다는 것을 전제로 한다. 이 선언의 정치적 함의(Van Dijk, 2005b, 2008a)는 정부에서 다스리고 있는 영토에서 배고픔을 막을 수 있는 능력이나 지식을 분명히 지니고 있지 않다는 점이다. [이런: 뒤친이] 정치적 투쟁은 주도적인 집단과 지배를 받는 집단 사이의 대결일 뿐만 아니라 그에 따라 정치 권력과 경제 권력의 대결을 함의하며 토착민의 지식에 대한 정당화를 함의하고 있음을 볼 수 있다.

이 강한 목소리와 예순두 살의 아르헨티나 (백인) 중산층 주부의 목소리를 비교해 보기 바란다. 그녀는 면담에서 입국이민에 대해 말하고 있다.

(17) (Van Dijk, 2009b: 27)

(Corina Courtis, María Inés Pacecca, Diana Lenton, Carlos Belvedere, Sergio Caggiano, Diego Casaravilla, Gerardo Halpern, "Racism and Discourse: A Portrait of the Argentina Situation인종주의와 담화: 아르헨티나 상황에 대한 묘사"로부터 따옴. Van Dijk, 2009b: 13~55)

이 사람들과 관련된 문제는 그들이 부에노스 아리에스에서 왔고 결국 판자촌 지역에 종착하게 된다는 데 있습니다. 그들은 그들의 마을에 머물고 그곳에서 그들이 번영하도록 하는 게 나을 듯합니다. 우리는 그들이 오지 않도록 조건을 만들어내어야 합니다. 그곳에서 작은 시골집을 짓고, 닭을 기를 수 있습니다. 그들은 배고프지 않을 것입니다. 그러나 여기서는 일자리를 가질 수 없고 무엇을 해야 할지 모르고 범죄자가 됩니다. 그리고 그들은 일자리를 잡지 않는데 그렇게 많이 벌기를 원하지 않기 때문입니다. 만약 그렇지 않다면 누군가가 그들을 집에 데려가서 일하도록 하거나 이상한 일을 하게 하지만 그들은 허세를 너무 부립니다. 안토니오 삼촌의 작은 하녀처럼 저런 작은 흑인들은 너무나 허세를 부립니다. 그리고 그런 사람들은 결코 만족하지 않는 사람들로 페론이 데리고 온 사람입니다.

인종주의적이고 가족주의적인 이 단락은 또한 소수자들의 비참한 생활 조건뿐만 아니라 일자리의 부족과 같은 다양한 갈래의 지식, 틀림없이 입국이민자들에게 공유되는 지식도 보여준다. 그러나 소수자들이 범죄자가 된다는 지나친 일반화는 인종주자들의 편견이다. 그리고 (너무) 높은 수준의 봉급을 요구한다는 것도 백인 중산층의 몇몇 분야에서 공유되는 정당화되는 믿을 수 있지만, 소수자들이 공유하기는 힘들 것이다. 따라서 그런 지식은 계층의 이념에 바탕을 두고 있는, 당파성이 강한 믿음이다.

더 잘 살도록 하기 위해 '그들의 마을에 머물기'를 바라는 가족주의에 바탕을 둔 권고사항도 소수자들에게는 분명히 공유되지 않고 가정된 사회경제적 지식에 바탕을 두고 있다. 틀림없이 거기서 잘 살거나 부에노스 아이레스의 빌라villas에서 혹은 아르헨티나의 다른 도시에서 비참한 조건에서 살게 된다면 그들은 마을을 떠나지 않을 것이다.

다른 말로 한다면 이 목소리는 주도 세력의 목소리이며 백인 다수의 계층에서 나온 믿음, 인종차별적인 믿음에 바탕을 두고 있다. 이런 가정된 지식에 더하여 또한 화자는, 공유된 사회적 믿음, 이를테면 소수자들이 너무 '허세를 부린다'거나 결코 '만족할 줄 모른다'는 태도를 표현한다.

이 단락에서 인종주의는 검고 작은 머리cabecitas negras로 나타나는 그들의 일반적인 묘사에서 그러한 것처럼 아마도 소수자들과 관련된 일련의 작은 글diminutives174)에서 가장 두드러지게 나타나는 듯하다. 특히 '그들의 이익을 위하여'라는 권고사항의 분위기 안에서 형성된 듯하기 때문에 흥미롭게도 유럽 정치가들의 담화에서 입국이민에 맞서는 가족주의적 논증, 이를테면 입국이민자들이 '자신의 나라에 머물고 발전하도록 돕는 일'이 널리 퍼져 있다(Van Dijk, 1993; Wodak and Van Dijk, 2000).

당연히 아르헨티나 여성의 담화는 입국이민자들에 대해 스키욜리 씨Mr. Scioli가 한 다음과 같은 의회에서의 발언을 들을 수 있을 때 전혀 놀랍지 않다.

(18) (Van Dijk, 2003)

스키욜리 씨: 대통령 각하, 데퓨티 피체토 씨Mr. Deputy Pichetto가 주장하고 있는 점을 강조하고 싶습니다. 우리나라, 특히 큰 도시에 지금 도착하고 있는 입국이민자들의 특징이, 우리나라를 위대하게 만드는 이탈리아 입국이민자들과 스페인 입국이민자들, 즉 그들이 일하고 공장을 세우려고 올 때의 입국이민자들의 특징과 아무런 관련이 없기 때문입니다.

이는 다른 나라들로부터 온 범죄 조직, 우리의 병원을 채우고 있는 환자들의 무리, 우리의 가정을 점령하는 범죄와 매춘과 함께 부에노스 아이레스에서 유행하고 있는 많은 범죄들의 구체적인 사례에 분명히 반영되어 있습니다.

아르헨티나 사람들은 이제 거꾸로 살고 있습니다. 우리는 기술자와 과학자들을 내보내고 범죄를 수입하고 있습니다. 이는 제가 입국이민에 반대함을 의미하지 않습니다. 우리는 자신들을 보호하기 위해 중대한 조치를 한 스페인과 같은 다른 나라로부터 나온 사례를 받아들여야 합니다.

---

174) 여기에 소개된 (16)~(18)의 글을 가리킨다.

이 담화 조각에서도 믿음은 스키욜리 씨와 유럽계 후손 가운데 아르헨티나에 사는 다른 사람들에 의해 공유되고 그에 따라 지식으로서 유럽계 백인들과 볼리비아나 페루로부터 온 토착 입국이민자들 사이의 차이로서 당연시된다. 그는 우리 집단의 긍정적인 특징을 강조하고 다른 집단의 특징을 강조하는, 일반적인 양극화된 이념 전략을 적용한다. 그런 양극화는 동시에 인종주의 이념의 밑바탕에 있는 백인의 우월성이라는 자기들에게 따린 속성을 표현한다. 스키욜리 씨는 다른 사람의 논쟁거리를 비판적으로 중재하면서 자신의 담화가 외국인 혐오는 아니라고 분명하게 부인을 한다. 단지 범죄로부터 아르헨티나를 보호하고 싶을 뿐이라는 것이다.

이런 유형의 단락들과 논지에 대한 비판적 분석에서 도전거리는 유럽에서 인종주의자와 정치적 토론에서도 관련되는 것으로서 그들이 지니고 있다고 주장하는 지식이 부당하다고 보기 힘들다는 점이다. 틀림없이 입국이민자들 사이에 그때와 지금에 차이가 있다는 점은 진실이다. 틀림없이 유럽의 입국이민자들은 도시를 세우고 공장을 세웠음도 진실이다. 또한 많은 전문직 종사자들이 1990년대 경제 위기 동안에 아르헨티나를 떠나고 있음도 참이다. 그리고 아마도 적어도 몇몇 입국이민자들은 범죄에 연루되거나 병원을 차지하고 있을 것이다.

이런 의미에서 이런 갈래의 지식은 주도적인 집단의 상식이고 그런 관심사를 공유하는 사람들에게 설득력이 있다. 이 단락에서 드러나는 인종주의적 특징은 유럽 출신의 후손들 가운데 백인 아르헨티나 사람들의 우월성을 강조하고 편견에 사로잡힌 지나친 일반화를 하고 있다. 그에 따라 백인이 아닌 토착민을 부정적으로 보고 있으며 그들이 범죄에 관련되어 있는 속성을 강조하고 있는데, 밑바탕에 깔려 있는 이념의 양극화된 특성에 바탕을 두고 있다.

여기서 살펴본 소수의 사례들은 라틴아메리카에서 매우 대표적인 사례로 받아들일 수 있다. 그리고 라틴아메리카의 '백인들' 사이의 주도적인 담화가 흑인과 토착민을 얕잡아보는 방식일 수 있는데 당파성이 강한 지식에 의해 그리고 지배나 배제를 위하여 합법화된다. 저자는 여기서 그와 같은 담화를 통한 인종주의와 편견에 빠진 믿음을 정치와 매체, 교재, 나날의 대화와 다른 많은 주도적인 영역에서 발견한다. 저항의 담화가 있는데, 한편으로 무엇보다 먼저 흑인과 토착민에 의해, 그 다음으로 주도적인 집단의 사람들 가운데, 그런 저항에 유대감을 느끼는 사람과 아르헨티나 의회에서 일어난 것처럼 인종주의 담화와 실천관례에 도전하는 사람에 의해서, 그런 담화가 나타난다(더 자세하고 다른 사례에 대해서는 Van Dijk, 2009b를 참고할 것).

6.7. 마무리

유럽과 미국에서 나온 소수의 사례들은 지식이 어떻게 참된 믿음으로 정당화되지 않은지에 대해서뿐만 아니라 서로 다른 공동체 혹은 그에 맞서는 사회 집단에 의해 패권을 쥐거나 저항하기 위해 어떻게 정리될 수 있는지를 보여준다. 인종 우월주의를 지닌 정치가들이 이민이나 소수자의 인격에 대해 언제나 거짓말을 하지는 않지만 반쯤 참인 말들은 패권을 유지하는 기능과 다른 담화와 사회적 실천관례를 통해 배제하는 기능을 하는 기저의 이념들을 보여줄 수 있다. 반면에 비주도적인 집단에 의해 선언된 지식은 반쪽 진실일 수 있는데 그런 경우 저항하거나 정당성을 얻기 위해 사용된다.

지역에 토대를 둔 지식은 세계와 관련하여 공동체 구성원들의 삶과 사회 환경 및 자연 환경과의 관계를 유지하도록 해주는, 정당화되고 공유되는 신념이 아닐 수도 있다는 것을 보았다. 지역에 토대를 둔 지식이 자연과학적인 '전세계적인' 지식만큼이나 정교화될 수 있다는 것에 대한 민족지학적 증거들이 많이 있다. 믿을 만한 관찰이나, 정보의 원천 혹은 추론과 같은 기능적 지식에 대한 기본적인 기준은 어떤 사회뿐만 일상적인 삶과 자연과학에 관련되어 있는 듯하다.

정령의 존재나 조상의 영향과 같이 어떤 공동체에서 지식으로서 당연시되는 것은 다른 사람들에게는 미신으로 간주될 수 있다. 그러나 이는 미국과 같은 영향력 있는 서구의 경우처럼 주도권을 쥐고 있는 (서구의) 공동체에서 종교적인 믿음에도 마찬가지로 적용된다.

다른 말로 한다면 인식론적인 경계는 서구와 비서구, 지역과 전세계, 토착과 보편, 상식적인 지식과 자연과학적 지식 사이에 있지 않다. 그 경계는 (정당화된) 지식과 (단순한) 믿음, 참인 것과 거짓인 것 사이에 있지 않은데 자신이 속한 관심 집단에서 어떤 믿음이 진실하다고 선언할 것이며 패권을 이끌거나 그것에 저항하는 데 그것을 적용할 수 있다. 믿을 만한 관찰과 출처나 추론에 대한 보편적인 인식론적 기준은 구체적으로 (다소 엄격한) 적용에서 도전을 받을 수 있다.

문화의 연구에서 결과론적 상대주의consequent relativism도 (물론 상대적이고 기본적으로 역동적인) 기본적인 자리매김으로서 각각의 (지역적이든 전세계적이든 여타의) 공동체에서 지식으로 규정되고 공유되는 믿음에 지나지 않는다. 그리고 이는 구성원들이 지니고 있는 사회적 실천관례와 구체적인 담화에서 전제된다. 지식에 대한 사회 인지적 접근법에 대하여 이런 점은 지식의 재생산과 문화적 기능에 대한 사회적 기준뿐만 아니라 인지적 기준을 설명하여 준다.

제7장 언어와 담화, 지식

7.1. 들머리

앞 장에서 철학·심리학·사회학·인류학에서 담화와 지식 사이의 관계에 대하여 살펴본 뒤이므로 이 장에서는 이런 관계들에 대한 언어학적 분석 연구와 담화 분석 연구에 초점을 맞추기로 한다.

언어학 연구와 담화 연구는 전통적으로 지식에 관하여 주변적으로만 다루었고 문법에 초점을 맞추었는데, 특히 담화의 구조와 대화의 구조에 대한 연구에 초점을 맞추었다. 그렇지만 언어학에서 몇 가지 주제들은 주제와 초점에 대한 연구, 증거대기, 인식론적 양상과 전제에 대한 연구였다. 이 장에서는 이런 주제들에 대한 연구들이 이제는 많기 때문에 이런 연구들의 몇 가지를 요약하기만 하도록 한다. 좀 더 정확히 말하면 여기서는 담화의 인식론적 구조에 대하여 좀 더 폭넓고, 좀 더 담화 분석적이며, 통합적인 입장을 취할 것이다(이를테면 이른 시기의 언어학에서 지식에 대한 연구인 Chafe, 1972도 참고할 것).

대화 분석에서 여전히 인지적인 연구들이 적지만, 이를테면 사건에 대해 좀 더 직접적인 접속으로 인해 대화에서 어떤 이야기를 말할 권리를 지닌 사람이 누구인가 하는 문제와 같이 지식은 이제 인식론적 접근 가운데 규범적이고 도덕적인 관점, 상호작용에서 우선권primacy과 책임의 관점에서 연구되고 있다.

문법을 넘어서 고전적인 화행 이론은 참여자들의 지식(의 결핍)의 관점에서 선언과 질문으로서 화행의 적합성 조건175)을 형식화하였다. 이미 그와 같은 적합성 조건은 입말과 글말의 이해와 산출을 통제하는 맥락 모형의 관점에서 더 충분하게 형식화할 수 있음을 보았다.

끝으로 담화 연구와 소통 연구는 대중화된 담화에서 지식이 확산되는 방식에 주의를 기울여 왔다. 따라서 이 장에서는 문장 수준을 넘어서 담화 구조가 지식의 표현과 소통에 관련되는 방법들에 초점을 모을 것이다.

〈표 7.1〉 과거와 현재의 연구에서 지식 – 담화의 접합면에 관련되는 도식

지식	담화
a. 개인적 경험과 총체적인 지식과 같은 지식의 유형들 b. 지식의 원천과 그 정당화: (ⅰ) 다양한 방식의 개인적 경험(시각, 청각, 촉각, 느낌) (ⅱ) 소통(소문, 증언, 믿을 만한 원천), (ⅲ) 추론 c. 자신들의 지식에 대한 참여자들의 확신 d. 알려진 사건의 개연성 e. 공유된 지식, 배경 f. 이전의 지식 대 새로운 지식	• 개인적인 이야기, 신문 보도나 교재의 단원과 같은 담화의 갈래 • 증거대기 • 인식론적 입장 표현 • 양상 • 합의, 전제, (비)한정 표현 등 • 주제, 초점, 정보, 확산 등과 자리매김, 은유, 설명 담화의 조직, 신문 보도 등

요약하자면 언어학과 담화 연구에는 입말과 글말에 대한 인식론적 구조를 다루기 위한 접근이 어느 정도 있었지만, 이런 연구들은 거의 서로 관련을 맺지 못하였고, 그에 따라 일관되고 좀 더 통합된 이론적 얼개가 필요하다(Pishwa, 2006을 참고할 것). 〈표 7.1〉은 언어 사용과 담

---

175) 여기에 대해서는 7.3.3.1.2에서 논의되고 있으니 참고하기 바란다.

화에서 지식의 역할에 대한 현재의 접근법 몇 가지를 요약하고 있다.

7.2. 담화와 인지, 사회의 삼각 연구

비록 이 장에서는 담화의 인식론적 구조에 초점을 맞추지만, 그 분석
이 일반적인 언어 분석 범주나 담화 분석 범주에 국한되지 않는 점을
상기해야 한다. 오히려 앞 장에서 요약된 접근법의 갈래, 이를테면 여
러 갈래들 중 상황 모형과 맥락 모형, 기억에서 처리와 표상, 인식론적
공동체와 문화적 변이, 인식론적 기관과 제도조직을 전제로 하고 있다.
따라서 담화 구조를 인지 구조와 사회 구조에 연결하는 삼각 분석이
필요하다. 예를 들면 아래에서 좀 더 자세하게 보게 되듯이 증거대기
evidentails의 표지는 (ii) 어느 정도 믿을 만한 지식의 원천을 보여주고
그에 따라 (iii) 대화와 상호작용에서 화자들의 권리와 신용도, 다른
도덕적 속성들을 보여주는 (i) 다양한 문법적 표현과 담화 표현들이
다. 이와 비슷하게 언론기관의 뉴스 보도는 (i) 뉴스 개념틀과 증거대
기의 표지, (ii) 기자의 정신 모형에서 표상된 것과 같은 최근의 사건에
대한 특정의 지식을 표현하고 전달하며, (iii) 상호작용의 판에 박은
경로와 뉴스 취재의 기준에 따라 구성되고, 회사 조직의 공개적인 매체
에서 발간된다는 점의 특징을 지닌다.

이 장에서 논의되는 거의 모든 인식론적인 현상에서 본질적인 것은
소통과 상호작용에서 지식의 역동적인 관리에 대한 기본적인 원리들
이 순차적이고 담화의 형태로 나타난다는 것이다. 즉 어떻게 새롭거나
다른 방식으로 두드러진 지식이 인식론적 공동체의 구성원이거나 소
통 상황에서 참여자들인 수신자들의 이전의 지식 혹은 해당되는 지식
과 관련되는가 하는 것이다.

따라서 의미 연결, 함축, 함의, 전제, 주제 - 초점, 공동 배경과 같은
담화 구조 그 자체의 다수가 문법적인 관점이나 언어학적인 관점에서

배타적으로 형식화될 수 없지만, 지식 표상이나 정신 모형에 대한 인지적 관점, 혹은 추상적인 '정보'의 형식화를 필요로 한다. 이와 마찬가지로 모든 담화 갈래의 분석에는 담화적 접근, 인지적 접근과 사회적 접근을 필요로 한다.[176)]

7.2.1. 언어와 담화의 기본적인 소통 기능

담화는 조정, 협력, 우호관계affiliation, 유대감, 패권, 저항 등과 같은 많은 인지적 기능과 사회적 기능을 지니고 있다(다른 많은 책들 가운데 Käkkäinen, 2003; Levinson, 1983; Mayr, 2008; Mey, 1993[177)]; Stivers et. al., 2011a; Van Dijk, 2008a; Wodak et. al., 2011을 참고할 것). 그럼에도 불구하고 이 책에서, 특히 이 장에서는, 모든 입말과 글말의 기능, 즉 지식이나 정보의 소통에서 기본적인 기능에 초점을 맞춘다. 언어의 소통 기능은 진화론적으로 다른 기능들을 넘어서는 혜택이 있다. 다른 종들과 마찬가지로 사람들은 어디에서 먹거리를 찾고, 약탈자나 다른 위험을 경고하고, 감정 등을 전달하기 위해 같은 종들끼리 소통할 수 있다. 그러나 오직 인간만이 여기와 지금을 넘어서 과거의 경험을 이야기할 수 있고, 그것을 설명하고 미래에 대한 자세한 계획을 소통하고 논쟁에 참여할 수 있는 비지시적 담화를 지니고 있다(Bickerton, 2009; Knight et. al., 2000). 따라서 사람들이 새로운 지식을 전달하고 그것을 이전의 지식을 전달하고 이전의 지식과 연결할 수 있는 정교한 언어적 수단과 담화의 수단을 발전시켜 왔다는 것은 놀랍지 않다. 이런 소통 능력은 결국 언어 사용자들로 하여금 수신자가 분명하게 혹은 짐작으로 아는 것이 무엇인지 알게 해주는 (여러 갈래의 마음 이론처럼) 인지적 능력과 공동

---

176) 최근에야 인지적 관점이 중요하게 부각되고 있지만, 이와 같은 태도는 어떤 학문 분야에서든 인간을 대상으로 하는 학문(≒인문학)에서 반드시 취해야 한다. 그런 점에서 모든 인문학의 일차적인 자료가 입말과 글말 즉 담화일 것이다.

177) 이 책은 『화용론』(이성범 역(1996), 한신문화사)으로 출간되었다.

배경에 대한 명시적인 이론을 필요로 하는 어떤 능력을 전제로 한다.

7.2.2. 지식의 유형

언어와 담화, 대화에 대한 인지적 접근에서 '정보'178)와 '지식'이라
는 개념은 다소 흐릿하고 일반적인 의미로 사용된다. 그러나 이 장에서
는 특별히 명시적인 개념을 필요로 하고 〈표 7.2〉에서 요약된 것처럼
이 책에서 한 것과 같이 지식의 여러 유형들에 대한 구분이 필요하다.
이 표는 어떻게 그리고 어디에서 이런 지식이 정신적으로 표상되고
어떤 소통 상황에서 어떻게 공유되는지를 보여준다.

〈표 7.2〉 지식의 유형, 표상의 방식과 사회적 토대

지식의 유형	표상의 방식	사회적 토대
• 일반적 지식	• 의미 기억: 개념, 원형, 개념틀 등	• 대체로 사회적으로 공유되고 인식론 적으로 공동체에서 전제됨.
• 공적인 사건에 대한 지식	• 의미 기억:179) 공개된 모형들	• 부분적으로 사회적으로 공유되고 인 식론적 공동체에서 전제됨.
• 사건에 대한 사람들 사이의 지식	• 구체적 사건 기억: 일반적인 모형들	• 여러 상황에 걸쳐 개인들 사이(가족, 친구, 동료… 등)에서 부분적으로 공 유됨.
• 사람들 사이의 경험들	• 구체적 사건 기억: 경험 모형들	• 한 상황에서 개인들 사이에서 유일하 고 부분적으로 공유됨.
• 소통 경험	• 구체적 사건 기억: 맥락 모형들	• 상호작용이나 소통 참여자들 사이에 유일하고, 부분적으로 공유됨
• 개인적인 지식	• 구체적 사건 기억: 일반적인 모형들	• 여러 상황에 걸쳐 내재적임.
• 개인적인 경험	• 구체적 사건 기억: 특정의 모형들	• 한 상황에서 내재적이고 사적이며 유 일함.
• 기본적인 개인 경험	• 구체적 사건 기억: 정신 모형의 조각들	• 한 상황에서 내재적이고, 사적이며 유 일하지만 보편적인 토대를 지님.

---

178) 이 책에서 다루고 있는 담화의 갈래가 넓지 않고, 주로 지식의 측면에 초점을 맞추고
있기 때문에 좀 더 일상적인 담화의 갈래들에 눈길을 주고 있지 않다. 그렇지만 머카씨
(MaCarthy, 1998/2010)에서는 친교 목적의 상호작용에서 제시되는 정보(≒지식)는 흐
릿하고 간접적으로 표현하는 경우가 압도적임을 입말 말뭉치 자료 분석을 통해 실증하
고 있다. 그에 따라 이런 목적으로 이뤄지는 담화에서는 '손으로 가리키는 표현, 공유
지식과 허사들의 사용이 많으며, 실사들이 적음'을 지적하고 있다.

179) 원문에는 'semantic memory(?) Public model'로 되어 있는데 가운데 (?)을 :으로 바꾸었다.

위에서 한 인지적 구분은 다양한 갈래의 경험과 인지심리학적 이론화에만 근거를 두고 있지는 않다. 진화론에서 발달과 기능의 관점에서 다룰 때에도 그와 같은 구분은 사회적 지각, 사회적 상호작용, 특히 언어 사용과 담화에 의해 동기가 부여된다. 따라서 앞에서 제안한 것처럼 서로 다른 담화 갈래들은 서로 다른 정신 표상에 대응한다. 개인적인 이야기는 대화에서 일반적으로 (복잡한) 개인적 경험에 대한 정신 모형을 표현하는 반면, 매체에서 뉴스는 공개적인 사건이나 뉴스 행위 주체들의 경험에 대한 공개적인 모형을 표현한다. 이렇게 개인적인 모형과 사회적으로 공유되는 모형들은 결국 개인적인 지식과 사회적인 일반 지식에 토대를 두고 있는데, 이들은 (새로운) 이야기에서 전제된 채 남아 있지만 때때로, 특히 그것이 새로운 일반적인 지식일 경우 명시적으로 형식화되기도 하는데 일반적으로 설명을 하는 담화 갈래에서 표현된다.

담화 갈래와 이들의 구조는 그러나 기저에 있는 다양한 지식 구조로 자리매김될 뿐만 아니라 3장에서 본 것처럼 참여자들이 지니고 있는 맥락 모형에서 주관적으로 표상되는 것으로서 소통 상황의 구조에 의해서 자리매김된다. 화자가 이미 알고 있는 것이 아니라 수신자가 지니고 있는 맥락 모형의 지식 — 장치Knowledge-device에서 표상되는 것으로서 수신자가 지니고 있는 지식이라고 화자가 믿거나 아는 것이 문장의 주제 — 초점topic-focus의 구조, 지시표현에 대한 지표180) 구조와 전제를 통제한다. 이와 비슷하게 뉴스 보도는 최근의 사건에 대한 기자의 상황 모형에 근거하고 있을 뿐만 아니라, 선술집에서 친구에게 이야기하는 것과는 매우 다르게, 신문에 그리고 일반적인 대중을 대상으로 하는 글을 쓰는 데 필요한 맥락 모형에 근본적으로 근거를 두고 있다. 맥락 모형은, 이를테면 지식의 중요한 세 가지 원천 중 하나로, 이전에 들었

---

180) 말하자면 세계에 대한 지식과 참여자, 시공간적 특성 등이 지표 구조를 구성하고 지표를 부여하는 데 활용된다.

거나 읽은 것을 다른 사람에게 알릴 때 나날의 대화뿐만 아니라 이 책에서 보여주는 것과 같은 학술 담화에서 증거대기를 위한 토대로서 또한 중요하다. 이는 또한 덩잇글다움의 다른 속성이나 맥락 속성에 더하여 증거를 대는 표현에 의해서 표시되는 원천의 유형들이, 이를테면 나날의 대화나 학술 논문, 뉴스 보도나 법정에서 목격자의 증언들을 구분하기 위한 갈래의 속성으로 여길 수 있음을 암시한다(Ainsworth, 1998; Loftus and Doyle, 1987; Walton, 2002, 2008을 참고할 것). 따라서 여러 차례 되풀이하지만 담화에서 담화 구조와 인지 구조, 사회 구조의 밀접한 통합을 발견하고 있다.

7.2.3. K-장치

3장에서 본 것처럼 이 장에서 중요하게 관련되어 있는 것은 맥락 모형에 있는 지식 장치K-device이다. 이 모형은 담화와 상호작용에서 복잡한 지식의 관리, 이를테면 수신자가 이미 알 가능성이 높은 지식은 무엇인가, 잊어버린 지식은 무엇인가, 아직 모르는 지식은 무엇인가, 알기를 원하는 지식은 무엇인가, 앞서 소통된 지식은 무엇인가 등을 통제한다. 이 장에서 입말과 글말의 인식론적 모든 속성들은 이 기본적인 장치에 의해 통제되는데 좀 더 일반적으로 모든 상호작용을 통제하기도 한다.

- 갈래들: 지식의 유형에 의해 자리매김됨(〈표 7.2〉를 참고할 것).
- 담화 주제들: 참여자들이 지속적으로 관련이 있다고 찾아내게 되는, 대하여 이야기되는 주제나 의미론적인 거시 구조에 대한 역동적인 통제
- 어휘부: 부모와 아이의 대화나 대중화된 담화 등에서 그러한 것처럼 언어 사용자들이 지속적으로 그리고 순차적으로 담화를 수신자들의 어휘 능력에 맞추어 나감.
- 절들의 정보 구조: 각각의 절들에 대하여 지식 장치는 참여자들의 공동

배경CG: Common Ground의 현재 상태를 추적하고 그에 따라 절과 문장의 주제와 초점을 통제함.

- 인식론적인 입장: 지식의 표현이 화자의 확신 정도에 따라 조정됨.
- 증거대기: 지식의 중요한 세 가지 원천, 즉 다양한 갈래의 경험, 담화와 추론 가운데 하나를 표시함.
- 함의implication: 명시적인 명제로부터 도출 가능한 새로운 명제＋일반적인 지식
- 전제presupposition: 참여자들의 공동 배경 부분의 일부인 '이전의' 명제
- 의미 연결coherence: 지엽적 의미 연결과 전국적 의미 연결은 명제들의 연쇄 사이에 관계를 수립하는 일반적인 지식과 상황 모형의 활성화를 전제로 함.

따라서 지식−장치는 입말 참여자들과 글말 참여자들의 밑바탕에 있는 공동 배경과 담화의 다른 구조를 통제하는 기제이다. 좀 더 일반적으로 담화에서 지식 관리의 일반적인 원리 바로 그것을 구체화하고 그에 따라 다음을 지속적으로 그리고 역동적으로 통제할 필요가 있다.

- 지식의 갈래: 담화 갈래에서 허용된 지식 혹은 필요로 하는 지식으로서 내가 무엇을 아는가(이를테면 개인적인 경험, 공개적인 사건, 일반적인 지식 등)?
- 지식의 원천(혹은 지식에 대한 접속): 어떻게 아는가, 혹은 알게 되었는가?
- 지식의 품질(확실성, 자신감): 어느 정도로 잘 아는가?
- 지식의 목적: 이제 그/그녀/그들이 무엇을 아는가(알기를 바라는가, 혹은 알아야 하는가)?
- 지식에 대한 권한: 나에게 이 순간에 수신자에게 지식을 표현하고, 전달하며 퍼뜨릴 자격이 있는가? 인식론적 관계는 무엇인가?

7.2.4. 사회적 맥락과 상호작용

담화에 대한 삼각적인 접근법은 분명히 인지적 요소의 표상과 지식과 그 소통에 대한 조정이 관련될 뿐만 아니라, 어떤 사회적 구성요소, 상호작용적 구성요소도 관련된다. 실제로 어느 누구에게 어떤 곳에서 어떤 지식만 소통되지는 않는다. 대화에 대한 지금의 연구에 대해서 알게 되듯이 화자들은 그들이 알고 있는 것과 다른 사람에게 전달할 수 있는 것, 그렇지 않은 것과 관련하여 서로 다른 접속을 하며, 권위를 지니고 권한을 가지며, 권리, 의무, 금지, 책임감이나 책무성을 지닐 수 있다.

5장에서 본 것처럼 언어 사용자들은 참여자들의 맥락 모형에서 주관적으로 표상된 것으로서 수많은 개인적 상황, 이를테면 교실, 뉴스 편집실newsrooms이나 법정과 같은 기관에 참여하는 상황에서 지식을 표현하거나 전달하는 일이 허용되거나 의무적으로 그렇게 해야 한다. 같은 매체에서 소통 상황의 복잡한 참여자 구조는 기자, 응답자, 정보 제공자, 편집자, 종합 사회자anchor 등을 중심으로 할 수 있는데 이들은 모두 이들이 지니고 있으리라 기대하거나 소통해야 하는 지식과 전문지식의 갈래에 따라 자리매김된다는 것을 보았다.

따라서 모든 입말과 글말의 인식론적 토대는 맥락 모형의 이러한 사회적 수준들에 의해 지속적으로 제약을 받는다. 우리가 알아야 하는 것은 다른 누군가가 아니라 친구에게 말하거나 말해야 하며, 다른 누군가가 아니라 어머니나 성직자에게 말하거나 말해야 하며, 선생님이나 판사에게 그렇게 말할 수 있거나 말해야 한다는 점이다. 그리고 각각의 소통 상황에서는 또한 그렇게 할 수 있는 방법이나 해야 하는 방법을 필요로 한다. 따라서 우리가 알고 있는 사람들에 대해 훨씬 더 많은 지식을 함축하고 전제로 삼는 경향이 있으며 오래된 정보는 다른 사람들에 대해서보다 어떤 사람들에게는 더 많이 상기되어야 한다. 증언이나 학술 논문들과 같은 몇몇 담화 유형들은 다양한 갈래의 증거대기에서 지식의 원천을 늘어놓을 때 다른 갈래들보다 훨씬 더 엄격하다.

따라서 앞에서 그리고 아래에서 언급하는 모든 구조들은 맥락 모형이라는 사회적 수준들에 의해 체계적으로 통제된다. 그런 맥락 모형의 수준들에는 배경, 정체성, 참여자들의 역할과 관계, 소통하는 일에서의 목표들이 있다.

대화 분석에서 인식론에 대한 현재의 연구와는 반대로 저자가 내세우는 이론적 접근은 이런 사회적 차원(접속·권위·권한 등)을 입말의 분석에서 직접적으로 통합하지 않지만 참여자들의 주관적 맥락 모형의 관점에서 그렇게 할 것이다. 대화나 심문interrogation에서 특정의 지식을 전달할 수 있는 객관적인 권한을 화자가 지녔는지 여부는 중요하지 않다. 그러나 특정의 발화에서 그리고 현재의 소통 상황에서 그러한 권한을 주관적이고 역동적으로 표상하는지(자각하는지) 여부와 어떻게 그와 같은 표상에 따라 행위로 나타나는가 하는 점은 중요하다. 왜 그리고 어떻게 참여자들이 인식론적으로 적합하지 않은 입말과 글말을 산출할 수 있는가를 설명해 주는 것은 담화의 사회적 조건을 인지적으로 중재하는 이런 주관적인 특성이다.

7.3. 덩잇말과 대화의 인식론적 구조

지금까지 구성한 인지적 얼개와 사회적 얼개와 함께 이제 다양한 수준에서 담화 구조가 지식 장치에 의해 통제되는지 아니면 혹은 참여자들의 지식과 다른 방식으로 연관되어 있는지 좀 더 자세하게 집중할 준비가 되었다. 아래에서 입말과 글말에서 인식론적 구조와 전략을 설명하는 데 필요한 사회적 얼개와 상호작용의 얼개를 발전시켜 나가려 한다.

주제, 초점, 전제와 증거대기, 인식론적 입장과 같은 현상에 대한 방대한 연구문헌을 전제로 할 때, 여기서는 이들 구조에 대하여 짤막하게 제시할 수 있을 뿐이다. 오히려 언어학에서 덜 연구되어 온 영역, 특히 담화 수준에서 인식론적 구조에 초점을 맞춘다. 이는 정확하게 전통적인 문법의 문장 경계를 넘어서는 분석을 필요로 하기 때문이다.

화자에 대해서는 담화 산출의 전략들에서 그러한 것처럼 상호작용에서 입말의 인식론적 관리로부터 시작하고 그 다음에 담화의 의미에 대해 전체 갈래와 담화 주제와 같은 더 높은 수준의 담화 구조로부터 문장의 (더 잘 알려진) 지엽적인 구조로 초점을 맞출 것이다.

담화에 대하여 이 장에서 논의하는 인식론적 구조와 전략들 각각은 좀 더 넓은 담화 사례들과 그에 대한 분석을 필요로 하겠지만 어떤 분석은 이 책에서 이미 이뤄진 상당한 분량의 분석과 분명히 겹칠 것이다. 이는 이 장이 어느 정도 이론적이라는 점과 다른 연구를 참고하여 몇 가지 사례들만을 제시할 뿐임을 의미한다.

7.3.1. 대화와 상호작용에 대한 인식론

입말과 글말에서 인식론적 구조에 대한 사회 인지적 접근은 분명히 그와 같은 구조에 대한 인지적 토대를 가진 이론에만 국한될 수 없으며 사회적 토대와 상호작용의 토대를 필요로 한다는 점을 앞에서 논의하여 왔다. 아마도 사소해 보이겠지만 중요한 것은 다루고 있는 것이 마음과 지식뿐만 아니라 다른 사람과 상호작용하며 생각하고 쓰며, 알고 대화하는 사회구성원들과 사람들이라는 점이다. 또한 해당되는 소통 상황에서 누가 무엇을 누구에게 말할 수 있는가, 누가 지식을 표현하고 전달하는 권한을 지니고 있는가, 어떻게 어떤 갈래의 수신자들이 그와 정보에 반작용할 수 있는가 하는 점이다.

인식론적 소통에 대해 한 걸음 더 나아간 사회적 조건들은 지식이 상호작용을 통해 표현되고 전달되며 평가되는 적절한 사회적 상황에 대한 분석을 필요로 한다. 맥락에 대한 이전의 연구에서 보여준 것처럼 사회 구조는 담화에 대하여 직접적인 영향을 미치지 않지만, 위에서 그리고 앞 장에서 기술된 것처럼 맥락 모형에서 표상될 때 참여자들에 의해 소통 상황이 주관적으로 자리매김됨으로써 담화에 영향을 미친다. 그와 같은 맥락 모형의 지식 구성 요소(지식-장치)에 대해서 앞에서 초점을 맞추었지만 이제는 참여자들에 의해 계속해서 구성되거나 활성화되는 다양한 정체성과 참여자들의 역할과 관계와 같은 참여자 구조 혹은 소통 상황의 토대에 대해 좀 더 구체적인 내용들을 필요로 한다(Erickson, 1988; Goffman, 1981; Levinson, 1988[181])을 참고할 것).

물론 기관 맥락의 담화에서 이런 점은, 이를테면 전문가와 초보자가 지니고 있는 것과 같은 인식론적 역할뿐만 아니라 이들의 관계에 관련되는 인식론적 차별이나 권력과 관련이 있을 수 있다. 다른 방식으로 이는 나날의 대화에서도 나타날 수 있다. 말하자면 개인적인 경험에 대한 이야기 전달에서 화자는 일반적으로 수신자들보다 어떤 사건에 대해 더 많이 안다. 실제로 이는 언어의 기본적인 소통 기능이 대하여 있는 사항의 전부다.

담화와 지식, 사회에 대한 5장의 논의에서, 이를테면 뉴스 보도와 같은 담화 갈래에 대하여 정보와 소통에 관련되는 거시적 측면 몇 가지를 살펴보았다. 이제 이와 같은 더 넓은 거시적 맥락 안에서, 입말과 글말에서 지식 소통과 관련되는 사회적 차원의 미시적 맥락과 상호작용 차원의 미시적 맥락에 초점을 맞출 필요가 있다. 어떤 기준이 되는 규칙과 도덕 규칙, 규범이 그와 같은 인식론적 맥락에서 적용되는지 알아야 할 필요가 있다. 실제로 누가 어떤 이에게 어떻게 알릴 수 있거나 알려야 하는가 하는 문제가 있다(Stivers et. al., 2011a; 좀 더 자세한 참고문헌은 아래를 참고할 것).

---

181) Goffman(1981)을 발전시킨 논의가 Levinson(1988)이라고 할 수 있는데, 이 문맥에서 언급하는 상호작용의 모습뿐만 아니라 이념의 문제와 관련하여 중요한 '숨은 의도'를 강조하고 있다. 이 책에서 다루고 있는 데이비드 캐머른의 연설에서도 이런 의도와 관련하여 언급하고 있지만(7.3.4.10 참고), 저자는 그것을 정치적 의도로 해석하고 있다.

7.3.1.1. 인식론적 우위, 권한부여와 책임감
: 누가 말할 수 있거나 누가 말해야 하는가?

누구나 청중에게 알려주기 위해 언론사나 텔레비전에 접속하는 것은 아니다. 그런 일을 하는 사람들은 방송사에 고용되거나 신문 잡지에 관련되는 학위와 같은 전문적인 자격증을 가지는 것, 기자, 특파원, 종합 진행자의 역할을 지니는 것과 같은 기관에서 요구하는 많은 조건들뿐만 아니라 청중들이 아직 알지 못하는 무엇인가를 알아야 하는 것과 같은 인식론적 조건들을 만족시켜야 한다(Friedson, 1986; Fröhlich and Holtz-Bacha, 2003; Gaunt, 1992를 참고할 것).

일찍이 뉴스라고 부르는, 그와 같은 새로운 지식에 접속하기 위해 뉴스 제보자들과 면담하기, 기자회견에 지원하기, 언론을 대상으로 하는 공식 발표(성명)와 다른 매체 읽기, (간헐적이긴 하겠지만) 담화로 되어 있지 않은 뉴스거리가 될 만한 사건을 스스로 눈앞에서 보기와 같이 기자들이 따라야 할 일상적인 경로가 무엇인지 살펴보았다(Tuchman, 1978). 흥미롭게도 대부분의 이런 전략들은 그 자체로 담화적이다. 대부분의 뉴스 담화의 원천은 그 자체가 담화이다. 뉴스 보도는 선택과 요약, 부연, 비평, 해석 등과 같은 특별한 형태의 '덩잇글 처리'의 결과이다(Van Dijk, 1988a).

나날의 대화에서 누가 수신자들이 아직껏 모르는 혹은 덜 알고 있는 상황과 사건, 행위나 사람에 대하여 이야기하거나 알려줄 수 있는가에 대해서도 비슷한 인식론적 제약이 있다. 따라서 공동체의 인식론적 기준에 의해 그 사람이 믿을 만한 정보의 원천일 때에만, 이를테면 개인적인 경험을 통하거나 혹은 (믿을 만한) 정보원으로부터 얻는 것과 같이 그와 지식에 직접적이거나 간접적으로 접속한다면 다른 사람들에 대하여 지식의 제보자로서 역할을 할 수 있다. 경험이나 정보원을 통해서 정보를 얻는 이 두 가지가 사람들이 지식을 얻고 정당화하는 방법들이다. 따라서 화자들은 (다른 사람이 그것에 대해 말한 내용이 아니

라) 자신의 개인적인 경험이나 다른 사람이 말한 것을 정확하게 인용한 것을 설명할 수 있을 뿐이다(Pomerantz, 1984). 아래에서 보게 되듯이 개인적인 경험에 대한 비교적 자세한 이야기가 있고 난 뒤에 그 다음에 화자들은 이야기된 것과 관련하여 다양한 갈래의 공감적인 참여나 거리감을 보여줄 필요가 있다. 이야기의 일반성이나 구체성(정도성)에 따라 비슷한 경험을 하였는지 이야기할 수 있다(Heritage, 2011).

인식론적 접속을 하는 사람들은 그와 같은 지식과 관련하여 그리고 아무런 접속을 하지 않거나 부분적인 접속을 하는 사람들과의 관계에서 인식론적 권위자라는 역할을 지닌다. 인식론적 권위자는 화자로 하여금 그와 같은 지식을 다른 사람들에게 말할 수 있는 권한을 부여한다. 그와 같은 권위를 표시하는 방법들 중 하나는, 이를테면 증거대기이다(Enfield, 2011; Fox, 2001; Heritage and Raymond, 2005).

좀 더 일반적으로 대화는 화자의 지식과 관련하여 책임과 권한의 집합으로 규정되는데, 참여자들의 상대적인 인식론적인 지위로 구성된다(Enfield, 2011). 지위는 또한 억양이나 형태통사론에 관계없이, 어떤 발화가 정보 요청이나 정보 전달로 들릴지를 통제하거나 혹은 발화를 통해 어떤 행위가 이뤄질지를 통제한다(Heritage, 2012a). 따라서 맥락 모형의 핵심적인 특징으로서 지식-장치에 대해 여기서 상정한 방법과는 다르지만, 관련되는 방식으로 헤리티지(Heritage, 2012b)는 대화에서 화자들이 지니고 있는 (공동의) 지식을 관리하는 '인식론적 발동기관epistemic engine'이라고 하였다.

사람들 사이의 앞선 경험이나 다른 사건에 대한 대화는 그와 같은 경험에 모두 접속하는 여러 참여자들과 관련될 수 있다. 만약 그와 같은 접속이 동등하다면 원칙적으로 모든 화자들이 그와 같이 공유되는 지식에 대해서는 권위자들이다. 그럼에도 불구하고, 이를테면 그들이 처음으로 알거나 그 사건들에 대해서 더 많이 알고 있는 전문가들이기 때문에 몇몇 참여자들이 그와 같은 지식의 접속에서 우선권을 지닐 수 있다. 예컨대 부모나 조부모들은 자신들의 (손)자녀들에 대하여 더 많이 알고 있으리라 가정하므로 사회적 정체성의 영역에서, 그리고 인식론적 소유의식이나 책무성과 같은 특정 영역에도 관련되어 있다 (Heritage, 2011, 2012a; Raymond and Heritage, 2006). 일반적으로 지식에 대하여 먼저 접속할 수 있는 사람들은 그와 같은 지식에 대하여 말할 수 있는 대화에서 우선권도 지닌다. 어떤 상황에 대하여 지식을 덜 가진 화자(K-)가 때때로 더 많은 지식을 지닌 화자(K+)의 앞에서 첫 번째로 평가하는 경우 그와 같은 평가는 다음 말할 차례에서 도전을 받거나 그 지위가 낮춰진다(Heritage, 2011, 2012a, 2012b; Heritage and Raymond, 2005).

대화에서 지식에 대한 다양한 접근법들은 대화에서 인식론에 관련 되는 더 폭넓고 학제적인 얼개 안에서 연구되었는데 상호작용과 협력 에서 우호관계와 조정과 같은 도덕성이라는 개념도 다루어졌다(Stivers et. al., 2011a). 조정은 전제를 받아들이고 말할 차례의 선호도 설계에 부합하도록 하는 것과 같이 대화의 구조적 특성인 반면 우호관계에 관련되는 반응은 좀 더 감정적이고 사회 친화적이며 화자의 평가에 나타난 입장에 맞추거나 앞선 행동에 대한 공감을 표현한다(Stivers et. al., 2011b; Enfield, 2011. 그리고 아래의 참고문헌도 참고할 것).182)

대화에서 지식의 상태와 인식론적 부조화discrepancy는 고정되지 않고 역동적으로 변하며, 타개되거나 경신되고 품질이 떨어질 수 있다. 따라 서 전제된 지식에 대한 반향으로서 전문가에 의해 애초에 나타나는 무시의 표현은, 전문가가 청중의 지식과 무지에 대해 한 앞선 가정을 바꾸어 주기 위해 정보를 찾는 사람들을 필요로 할 수 있다(Mondada, 2011. 또한 '모르고 있음'에 대해서는 Keevallik, 2011을 참고할 것).

여기서 내세운 이론적 얼개에 따르면, 이런 모든 사회적 구조와 상호 작용 구조, 처리는 다른 참여자들이 지니고 있는 일반적인 지식과 특정

---

182) 구조가 어색한데, 이 문장을 'A는 B인 반면에 C는 D이다'의 구조로 보면, 이 문장의 서술어도 동사가 아니라 명사로 끝맺어야 한다. 그렇지만 원문에는 '표현한다'로 동사 형태로 끝나고 있다.

의 지식에 대하여 화자가 알고 있을 때, 즉 맥락 모형의 일부로서 화자들이, 그와 같은 지식에 대한 다른 참여자들의 접속뿐만 아니라 그들과 그들의 지식에 대하여 표상할 때 가능하다. 인식론적 우위를 지닌다는 것은 대화에서 그와 같은 우선권을 통제하는 것이 아니라 화자가 맥락 모형에서 우선권을 주관적으로 구성하는 데 있다. 그런 맥락 모형들은 잘못될 수 있기 때문에 지식의 원천이자 타당성의 토대인 그와 같은 우선권은 참여자들에 의해 도전을 받을 수 있다. 대화는 사회적 사실에 의해서 영향을 받는 것이 아니라 사회적 사실에 대한 주관적인 규정이나 구성, 즉 모형들에 의해 영향을 받는다.

때때로 맥락 모형들은 수신자들이 아는 것을 정확하게 모른다는 의미에서 불완전하다. 새로운 지식에 대하여 다른 사람에게 말하기에 앞서 화자들은 일반적으로 그와 같은 지식을 뽑아내기 위해 예비적인 단계에 관여할 것이다. 그리고 그에 따라 맥락 모형을 경신할 뿐만 아니라, 이를테면 "…에 대하여 이야기하였던가요?"와 같은 질문으로 어떤 이야기를 말할 수 있는 발언권을 얻기도 한다(Jefferson, 1978).

선언을 하는 발화 행위에 대한 기술을 더 발전시켜 나가면서 보게 되듯이, 적합성의 가장 기본적인 조건으로서 화자들은 수신자들이 아직 그와 같은 지식을 지니고 있지 않다고 믿는다면 자신들의 지식을 표현하고 전달할 수 있다. 그러나 상호작용에는 협력과 공손성과 같은 더 많은 제약과 원리들이 있다. 따라서 새로운 지식의 소통이 화자/나와 수신자들을 해치거나 최상의 이익(체면, 명성, 건강, 감정 등)에 맞선다면 새로운 지식의 선언은 상호작용의 관점에서나 도덕적으로 부적절할 것이다. 따라서 인식론적으로 권위자들은 말할 권리를 지닐 수 있지만 만약 사회적 협력의 기본적인 원리들이 수신자들을 해치지 않는다는 함의를 지닌다면, 높은 수준의 사회적 규범(이나 판단 등)에서 어떤 식으로든 말하기를 요구하지 않는다면 언제나 말할 의무는 없고 때에 따라 말하지 않을 수 있는 도덕적 의무를 지닐 수 있다.

지식은 책임을 부과하는 자원이며 자산이다(Enfield, 2011). 기관에 따라, 이를테면 시험에서 학생들, 법정에서 피의자나 증인, 매체에서 기자나 특파원, 강의나 논문 작성에서 교수의 경우 등에서 그러하듯이 어떤 상황에서 지니고 있는 지식을 소통하기를 예상하며 소통할 의무가 있다. 나날의 상호작용에서 가족들이나 가까운 친구들은 두드러진 경험, 느낌이나 앞선 대화, 혹은 공개적인 전달 내용에 대해 이야기해 주기를 기대한다.[183]

7.3.1.2. 상호작용에서 지식을 수용하기

대화에서 지식의 수신자들에게는 무엇보다 서로 다른 참여자 역할들이 있을 수 있다. 그들은 유일하든 그렇지 않든, 혹은 집단적인 수신인들의 구성원으로서 대화나 편지, 그리고 전자편지의 명시적인(우선적인 발언권을 지닌) 수신인일 수 있다. 또한 의도하든 그렇지 않든, 대화를 엿듣는 사람이거나 우연히 마주치는 덩잇글의 독자일 수 있다.[184] 그리고 그에 따라 그들은 자신들에게 언급되지 않는 지식을 얻게 된다 (Goffman. 1981).

앞에서 본 것처럼 대화 분석에서 인식에 대한 연구는 이런 경우, 이를테면 다음 화자로서 수신인이 어떻게 앞의 화자와 자신들을 조정하고 우호관계를 맺는가를 살핌으로써 대화에서 우선적인 발언권을 통해 지식을 수신하는 주체의 (다음) 행위에 초점을 맞춘다. 여기서 제시한 학제적인 얼개 안에서 그러한 상호작용의 사슬이 행위나 말할 차례 얻기에 대하여 질서가 잡혀 있는 사슬일 뿐만 아니라 여러 가지 방식으로 사고와 관련되어 있다는 점도 강조해야 한다. 따라서 본질적

---

183) 교육적 맥락에서 담화의 갈래를 나누는 기준이 제대로 서 있지 않다. 현실에 존재하는 갈래를 따라 분류하고 필요에 따라 취사선택할 수 있지만, 원리나 기준이 서지 않아 겹치거나 빠지는 갈래들이 있게 된다. 허선익(2013: 40~46)에서는 이런 점을 염두에 두고 절차, 권위, 정보 성격에 따라 담화의 갈래를 세우는 기초적인 논의를 하였다.
184) 참여자들의 여러 지위에 대해서는 각주 12)를 참고하기 바란다.

으로 현재의 화자가 말하는 것에 영향을 미치고 조건을 부여하거나 통제하는 것은 앞의 화자가 실제로 말한 것이 (아닐 뿐만) 아니라 말해진 것에 대한 주관적인 표상, 즉 앞의 발화에 대한 정신 표상이며 그와 같은 대화에서 있을 수 있는 추론이다. 따라서 만약 입말에서 말할 차례를 따르는 대화 행위들을 살펴본다면 언제나 다음 말할 차례는 앞에서 말해진 것에 대한 수신자들의 해석, 구성이나 자리매김에 의해 조건화됨을 염두에 두어야 한다.

대화 혹은 다른 형태의 상호작용과 소통에서 새로운 지식의 수신자들은 많은 일을 할 수 있다. 그들은 유일하게 믿을 만한 원천으로서 화자들이 표상하는 맥락 모형에 의해서 소통 상황이 통제된다면 그와 같은 새로운 지식을 일상적으로 받아들일 수 있다. 만약 지식이 부분적으로 공유된다면 지위와 우선권, 책임에 관련되는 복잡한 질문거리들이 앞선 발화들이 어떻게 수정되고, 받아들여지거나 도전을 받는가에 영향을 미칠 수 있다.

인지적으로 받아들이는 일은 최근에 일어난 사건에 대한 이야기의 경우 새로운 상황 모형을 만들어내거나 이전의 상황 모형을 경신하는 일과 밀접하게 관련되어 있다. 혹은 설명 담화나 교육 담화의 경우에는 일반적인 지식의 경신이나 변화와 밀접하게 관련되어 있다.

상호작용에 따라서 그와 같은 수용은 다음 대화에서 전제로 지식을 사용하는 것과 같이 암묵적인 용인으로 표현되기도 한다. 명시적인 용인은 '아', 혹은 '예', '그래요'와 같이 혹은 좀 더 명시적으로 '(그거) 잘 몰라요'와 같이 말함으로써 여러 가지 방식으로 표현될 수 있다. 대화의 이어짐을 좋아하는 그런 표현은 참여자들이 앞의 화자(의 목표)와 자신들을 맞추어 나가는 여러 방법들 중 하나인데, 대화에서 여러 가지 유형 가운데 하나이다(Enfield, 2011; Stivers et. al., 2011b).

그러나 수신자들은 새로운 정보의 수용과 용인 이상의 일을 할 수 있다. 그리고 좀 더 명시적으로 혹은 더 넓게 앞선 화자와 우호관계에 있을 수 있다. 자신들의 이미지나 관계 그 자체를 나아지게 하려는 궁극적인 목적을 가지고 그런 새로운 지식에 대하여 긍정적인 평가를 하거나 세부 내용을 요구하거나 관련되는 새로운 지식에 이바지함 등으로 그렇게 할 수 있다.

7.3.1.2.1. 스토리텔링[185]에서 공동의 지식과 확산된 지식

우호관계는, 앞 장에서 캘리포니아 출신의 주거침입자 이야기에서 본 것처럼, 일반적으로 두 참여자들이 공유하는 개인적 경험을 지니고 있고 그에 따라 그것에 대한 이야기 전달에서 힘을 모으는 경우에 나타난다. 이를테면 다음의 면담 조각에서 두 명의 나이든 시민은 남자와 여자, 남편과 아내로 이웃집에서 눈으로 본 주거침입자에 대한 이야기를 하고 있다.

(1) (A-TD-Ia, b)(Van Dijk, 1987:75)

01 남: 그들은 불법 체류자로, 멕시코 사람입니다.

02 여: 그들은 버스로 왔지요. 그렇지 않아요?

03 남: 버스로 왔고 물건 사는 가방도 있었어요. 그리고 어 가지고 있었는데 어 저는 얼마나 많

04   은 가방들을 덤불 속에 숨겨두었는지 몰라요.

05 여: 그들은 덤불에 스무 개의 가방을 숨겨두었지요.

06 남: 스무 개였다고?

07 여: 스물.

여기서 흥미로운 점은 면담하는 사람과 상호작용뿐만 아니라 이야기를 전달하는 사람들 사이의 상호작용에서 그들은 이웃의 무단침입

---

185) 스토리텔링은 우리말에서 오해되고 있고, 그 차원에서 부분적으로만 이해되어 오용되거나 남용되고 있다. 스토리텔링은 줄거리(사건)의 형성을 통해 의미를 부여하고, 그것을 소통하는 행위이라고 할 수 있다(최시한(2015), 『스토리텔링, 어떻게 할 것인가』, 문학과지성사 참고).

자에 대해 공유된 지식의 서로 다른 측면들을 제공하고 확인한다는 점이다. 이 조각에서 남자는 먼저 (1행에서) 멕시코에서 온 외국인인 도둑들의 체포에 관한 그의 지식으로부터 결론을 내린다. 그리고 동시에 입국이민자들에 대한 자신의 세부 내용을 제공하는데 부가 의문문을 이용해서 그렇게 한다. 부가 의문문은 그 지식을 남편으로 하여금 확인하게 하고 이야기를 계속하도록 하는 신호[186])로서의 기능을 한다. 이는 아마도 그녀의 남편이 그 정보에 접속하는 우선권을 지니고 있기 때문일 것이다. 그러나 그와 같은 접속은 개인적인 관찰이 아니라 무단 침입자들이 어떻게 이웃에 왔다거나 덤불 속에 물건 사는 가방을 숨겨 두었다는 (같은 이야기에서 다른 곳을 참조해 볼 때 경찰로부터 나왔을 가능성이 높은) 소문 때문이다. 3행에서 그는 먼저 그의 아내가 망설이며 표현한 지식을 짧게 확인해 주고는 곧장 물건 사는 가방에 대한 정보를 덧붙인다. 그러나 그가 부족한 지식을 지니고 있음을 보여주는 것은 그의 말할 차례인데 말하자면 물건 사는 가방의 개수로 다음 말할 차례 (5행)에서 그의 아내에 의해 곧바로 보완된다. 그러나 이는 남자에 의해 의문이 제기되고 (7행에서) 그의 아내에 의해 확인된다. 분명히 그 여자는 가방의 개수에 대한 직접적인 증거를 갖고 있지 않지만 일찍이 그녀나 그녀의 남편에게 경찰이 말했음 직한 것에 대해 더 나은 기억을 보여준다. 이 경우에 남편에게, 경찰이 그에게 한 말에 대해 접속의 우선권이 있지만 그 뒤에 그의 아내에게 소통한 그 정보는 그 뒤에

---

186) 여기서는 비언어적 요소를 통해 신호를 보내는 방법에 대해서는 거의 언급하지 않는데, 클락(Clark, 1996/2009)에서는 비언어적으로 신호를 보내는 방법을 다음과 같이 정리하였다. 이들은 언어적 방법과 결합으로만 작동한다(286~287쪽). 그 책에서 뒤친이는 문장敍章으로 'emblem'을 번역하였는데 여기서는 무늬로 옮겼다.

신체도구	상징유형으로 서술하기	가리키기	예시하기
목소리	낱말, 문장, 목소리 무늬 표상	'I, here, now'를 말하며 목소리로 위치 정해주기	억양, 음색, 상징어 (의성어와 의태어)
손, 팔	무늬 표상, 신체접촉	손으로 가리키기, 박자	시각적으로 본뜬 손짓, 시늉
얼굴	얼굴 표상	얼굴을 바로 보기	얼굴 표정, 웃음
눈	윙크, 눈동자 돌리기	눈 마주침, 눈길 줌(응시)	눈을 끄게 뜸
온몸	신체접촉	온몸을 가리킴	시각적으로 본뜬 몸짓, 시늉

그가 잊어버릴 수도 있는 세부 내용에 대해 여자가 더 잘 기억하고 있는 것이다. 따라서 대화를 통한 이야기 전달에서 인식론적 우선권은 경험이나 소문뿐만 아니라 더 나은 기억이라는 문제 때문에 정보에 대한 직접적인 접속의 문제에만 그치지 않는다.

물론 이 경우, 남편에 의해 표현된 것으로서 개수에 대한 의문은 화법에서 나타날 수 있는 조처이며 기억에서 우선권을 아내에게 돌리고, 앞에서 그러했던 것처럼, 이야기 전달에서 다음 말할 차례를 넘기려는 상호작용에 따른 조처일 수 있다. 따라서 이런 경우 사실에 대한 접속의 우선권에 관련되는 분명한 증거는 없으며, 나타난 아무런 권한도 없지만 사실들에 대한 지식의 실제적인 차이나 나타난 차이가 있는 공동의 이야기 전달에서 협력의 상호작용 형태와 협력을 위한 화법에 따른 조처는 있게 된다.

앞에서 인용한 조각 다음에 이야기는 다음과 같이 이어진다.

(2) (A-TD-Ia, b)(Van Dijk, 1987:75)
01 남: 교회 땅에는, 교회 근처에는, 뒤에 덤불이 있어요. 그들이 부수고
02   들어가 곳이 얼마나 되었지요?
03 여: 저는 기억 못해요.
04 남: 그들이 40곳이라 말했다고 생각해요. 언덕 위와 대학 구역에서, 어
05   여기 아랫길까지, 그리고 그들은 이리로 내려오면서 작업을 하고
      있었어요.
06 여: 당신은 믿지 않았을 거예요.

여기서도 남자는 아내에게 정보를 보충해 주기를 요청하는 안긴 의문문embedded question으로 지식의 부족을 알려주지만 3행에서 그녀는 기억나지 않는다고 말한다. 남자는 다음 말할 차례에서 이 정보를 어떤 식으로든 지니고 있는 것처럼 보여준다. 따라서 앞의 말할 차례에서와 같이 자신이 없는 지식을 말했을 수도 있지만 아내가 보충하도록 끌어

들이기를 더 좋아한다. 따라서 여기서도 공동의 이야기 전달에서 화자들은 공유된 지식을 보여줌으로써 협력할 수 있으며 다양한 접속과 기억을 보여주기도 하는데 이는 실제로 알거나 모르는 것과는 다를 가능성이 높다. 이와 마찬가지로 여기서도 화법상에서 1~2행에서 무단침입자에 대해 남자에 의해 (시엽적인) 정보가 제공된 뒤에 그 여자는 무지를 보이거나 더 많은 정보를 제공하지는 않고 6행에서 화법에서 나타나는 전형적인 평가를 통해 촌평을 하고 있다. 이는 방금 알려진 (40개의 집에 대한) 사실에 대한 흥미를 끌어올리며 그에 따라 사건에 대한 (비)신뢰도라는 인식론적 품질의 관점에 그들의 이야기 전달 능력도 끌어올린다.

이 이야기에서 무단침입자에 대하여 (아마도 경찰이나 다른 이웃들일 가능성이 높은데) 한걸음 더 나아간 정보는 언급되지 않는다. 이 이야기의 시작 부분에서 남자는 그 자신이 눈으로 본 것만을 강조한다. 직접적인 지식의 원천으로서 시각에 근거를 둔 그의 경험과 그에 따른 이야기 진술에서 신용도는 한 명의 도둑에 대한 묘사에서 "잘 표현하고 있다."고 그가 되풀이함으로써 더 높아진다.

7.3.1.2.2. 부정합misalignment과 절연disaffiliation

말할 차례에서 다음 화자들은, 예컨대 믿지 않거나, 수용하지 않거나 비판함으로써 혹은 앞의 말할 차례에서 표현된 지식을 용인하는 데 실패함으로써 앞의 화자와 부정합을 이루거나 절연될 수 있다. 어떤 화자는 사실에 접속할 기회를 공유할 수 있고 여러 가지 방법으로, 이를테면 수정이나 세부 내용 더하기, 서로 다른 해석이나 사실에 대한 평가를 제공함으로써 이전의 화자에 의해서 이뤄진 것을 믿지 않을 수도 있다(Enfield, 2011; Stivers et. al., 2011b).

선언187)에서 필요로 하는 일반적인 화용론적 규범, 즉 새로운 정보

---

187) 선언의 적합성 조건은 7.3.1.1에서 자세하게 다루고 있다.

만이 전달되어야 한다는 점을 전제로 할 때 이전의 화자와의 부정합이 이뤄지는 일반적인 방식은, 이를테면 공유된 개인적인 경험이나, 같은 지식의 원천, 이전의 대화를 언급함으로써 그 정보가 새롭지 않음을 보이거나 표현하는 것이다.

이와 마찬가지로 이전 화자가 지니고 있는 지식의 원천도 여러 가지 방식으로 불신될 수 있는데 기본적으로 그들의 신뢰도에 의문을 제기함으로써 이뤄진다. 비판 그 자체는 개인적인 경험(이를테면 이전에 있었던 어떤 지식 원천의 믿을 수 없는 행위들) 그 자체로 강화될 수 있다.

이 짤막한 설명으로부터 나날의 상호작용에 대한 인식론에는 지식에 대한 충분한 표현, 소통이나 수용을 위한 미묘한 많은 규범들과 제약들을 지니고 있음을 볼 수 있다. 참여자들에게는 기관에서 서로 다른 정체성(이를테면 기자), 상호작용에서 역할(전문가), 소통에서 역할(수신인, 독자)과 관계(교수와 학생 등)가 있다. 그들은 지식을 표현하거나 소통을 할 권한이 주어질 수 있는데 그들이 접속(의 우선권을 지닐)할 수 있으며, 법정뿐만 아니라 친구들 사이의 대화에서 그러한 것처럼 법적으로나 도덕적으로 지식을 제공해야 할 의무가 있기 때문이다. 참여자들은 이전의 화자와 (부)정합하거나 (비)우호적인 관계에 있을 수 있는데, 그들의 지식을 (비)수용함으로써, 혹은 그와 같은 지식을 다듬거나 비판함으로써, 혹은 지식의 원천을 믿지 않음으로써, 그에 따라 이전의 화자들을 불신함으로써 그럴 수 있다. 따라서 앞선 말할 차례에서 표현된 지식에 대하여 상호작용을 위한 어떤 갈래의 '조작 operation'도 수용과 완전한 거부, 고침, 다듬음, 요약하기 촌평이나 다른 형태의 도전과 같은 다음 단계의 조처일 수 있다. 좀 더 일반적으로 대화 분석은 또한 입말에서 지식의 표현에서 연속성이라는 중요한 특성, 즉 처음이나 두 번째로 누가 어떤 정보를 표현할 수 있거나 표현하여야 하는지 그리고 그와 같은 지식에 대한 이전의 표현이 뒤의 표현에 어떤 영향을 미치는지 보여준다(이런 차원에 대한 언어학적 실행에 대해서는 Clift, 2012를 참고할 것).

7.3.1.3. 기관맥락의 상호작용에서 인식론적 권리와 의무

인식론적 상호작용에서 이와 같은 형태와 전략은 격식을 갖추지 않는 나날의 대화뿐만 아니라 교실이나 법정에서 상호작용, 의사-환자의 상호작용, 면담과 설문지와 다른 많은 갈래들과 마찬가지로 기관맥락의 상호작용에서도 관찰될 수 있다. 이런 유형들에 더하여 그와 같은 상황에서 표현되는 지식의 원천과 품질은 앞에서 논의한 것처럼 배경, 기관의 정체성, 발화 참여자들의 역할과 관계, 기관의 목표, 규칙과 규범, 법률이 그와 같은 대화를 통제하는 맥락 모형을 자리매김할 수 있다(Peräkylä and Vehviläinen, 2003을 참고할 것).

기관에서 일어나는 많은 상황에서 지식('진실')에 대한 정당화 기준은 더 엄격할 수 있다. 이는 결국, 이를테면 피해자, 증인이나 전문가와 같은 다양한 역할에서 참여자들의 책임과 신뢰도에 대한 특별한 제약을 함의한다. 법정에서 증인은 진실만을 말해야 하는데 목격자로서 '사실'에 대한 접속에 그들의 우선권을 가정하기 때문이다. 반면에 전문가들은 진실을 말해야 하는데 그것인 일반적인 인식론적 권위(전문성)나 (믿을 만한 방법으로) 현재에 나타나는 새로운 발견 사실 때문이다(Apter, 1996; Carroll and Seng, 2003; Culter, 2009; Loftus and Doyle, 1987; Stygall, 2001; Winieki, 2008).

기관에서 이뤄지는 상호작용에서 법정에서 판사, 강의실에서 교수, 취조실에서 경찰관이 하는 것처럼 수신자들은 그들의 정체성과 화자 혹은 필자와의 관계나 역할에 달려 있지만 화자들은 그들이 알고 있는 것을 말해주기를 기대하거나 요구한다. 따라서 비격식적 대화에서처럼 수신자들은 앞선 진술을 받아들이거나 동의하거나 확인함으로써 화자의 말을 (부)조정하거나 화자와 (비)우호적인 관계에 있을 수 있다. 그러나 선언이나 진술, 혹은 이야기에 도전을 할 수 있고 제공되어야 하는 (더 나은) 증거를 요구할 수 있으며 앞선 진술을 다듬거나 반박하며 의심할 수 있다(Heydon, 2005; Komter, 1995; Magnussen et. al., 2010;

Maynard and Marlaire, 1992; Rabon, 1992; Shuy, 1998; Stokoe and Edwards, 2006; Thornborrow, 2002를 참고할 것).

대부분의 기관에서 이뤄지는 이러한 상호작용에서 권력과 권위의 관계는 권력을 덜 가진 참여자와 더 많이 가진 참여자들 사이의 조정과 우호관계에 의해 규정되고 굳건해진다. 반면에 잘 들어맞지 않고 비우호적인 관계는 힘을 덜 가진 화자의 진술에 대해 더 많은 힘을 가진 화자의 반응이라는 특징을 지닐 수 있다(Haworth, 2006; Wodak, 1984).

7.3.2. 담화 복합체와 서로 얽힌 덩잇글 속성

몇 십 년 전에 담화 문법을 옹호하는 중요 논의는 실제 언어 사용에서 문장들이 거의 혼자 나타나지 않고 앞의 문장과 뒤따르는 문장과의 관계와 관련하여 기술되어야 하며 연쇄들과 전체 담화의 부분으로서 기술되어야 한다는 것이었다(Petöfi and Riester, 1973; Van Dijk, 1972). 따라서 형식을 중심으로 하는 담화 연구에서 같은 논의들이 더 높은 수준에서 거의 되풀이되지 않는 것은 이상하다. 담화도 거의 혼자 나타날 수 없으며, 이를테면 여러 덩잇글이 엮인 속성intertextuality의 관점에서 문학과 소통 연구에서 일반적으로 기술되듯 담화도 다중적이며 서로 겹치는 관계를 통해 복잡한 묶음을 이룬다(여러 연구들 가운데 Meinhof and Smith, 2000; Plett, 1991을 참고할 것).

가족 구성원들이나 친구, 동료들과 이뤄지는 대화는 이전의 대화를 전제하고 지속하는 경향이 있는데 언론사의 뉴스 보도, 정치적 토론이나 학술적인 토론 등에서도 그러하다. '이전의' 정보와 '새로운' 정보라는 바로 그 개념이 정보 구조의 연구에서 자주 사용되는데, 앞에서 말한 것에 주제나 초점의 기능이 의존되어 있음을 전제로 한다. 이는 일반적으로 글말이나 입말 안에 있는 문장들이나 말할 차례에 유효하지만 이와 비슷한 방식으로 그리고 좀 더 높은 수준에서 전체 담화들과의 관계에서도 마찬가지인데 서로 얽힌 덩잇글 속성의 관점에서 연구된다.

다른 말로 한다면, 모든 수준에서 담화에 전제되거나 표현되는 특정의 지식은 무엇보다도 관련되는 소통 상황에 있는 같은 참여자들이나 관련되는 참여자들의 이전 담화에 의해 전달되는 특정의 지식에 달려 있을 것이다. 따라서 뉴스 보도는 앞서 보도되었던 뉴스의 부분을 되풀이할 수 있고 '앞서 우리가 보도했던 것처럼'이라는 형식으로 시작하거나, 정관사 혹은 내포절의 사용과 같이 전제를 나타내는 구조로 시작할 수 있다. 여러 덩잇글에 걸친 속성에 따라 이런 '이전의' 정보는 전체적인 주제의 기능을 배당받을 수 있고, 현재 담화에서 새로운 정보는 전체적인 초점의 기능을 배당받을 수 있다. 그러나 이런 기능에 따른 구분은 지엽적인 주제-초점 관계에서 그러한 것처럼 전체 입말과 글말에 걸쳐 분포되어 있는 절이나 문장들을 구조화하지는 않는다. 말하자면 전국적인 초점 기능은 모든 정보에 할당되지만 수신자들에게 아직껏 제시되지 않거나 수신자들이 안다고 가정되지 않은 그런 것이다. 다른 말로 한다면 공동 배경도 여러 덩잇글에 걸쳐 있는 정보를 필요로 한다.

그와 같은 구분을 보는 한 가지 방법은, 이를테면 어떤 뉴스 보도에서 "오바마는 여성들 사이에 지원체계를 세우기 위해 많은 노력을 하려고 한다OBAMA PLANS BIG EFFORT TO BUILD SUPPORT AMONG WOMEN"(『뉴욕타임즈New York Times』, 2012년 3월 10일)와 같이 담화에서 중요한 거시명제를 표현하는 제목이나 표제에 있다. 여기서 처음에 나오는 명사구 오바마는 표제 문장에서 지엽적인 주제인데 첫 번째 자리에 있을 뿐만 아니라 그는 널리 알려져 있고 이전의 새로운 이야기들의 중요한 뉴스의 행위자이기 때문이다. 그리고 이 특정의 기사는 오바마의 2012년 재선거 유세 과정에 있는 연속 기사의 하나이기 때문이다. 요약하는 거시 기능을 표제가 지니고 있음을 전제로 할 때(Van Dijk, 1998a), 그리고 일련의 『뉴욕타임즈New York Times』(그리고 다른 매체의) 기사를 전제로 할 때 오바마는 이 뉴스 보도에서 중요한 행위주일 가능성이 높다. '오바마' 는 또한 이 전체 뉴스 보도의 전국적인 주제이기도 하다. 그러나 이 경우, (전국적인) 주제 기능은 오바마에만 국한되지 않고 뉴스 보도를 이해하는 데 관련되는, 이를테면 그의 재선이 반복되고 그에 따라 먼저 『뉴욕타임즈』의 독자들에게 떠오르는 정보로서 이 보도의 주제를 이끄는 문장과 같이 '이전의' 정보를 포함한다.

(3) 워싱턴: 오바마 대통령의 재선 유세가 이번 주에 여성들 사이에 지지를 얻기 위해, 그리고 산아 제한과 낙태 금지에 대한 국지적인 충돌로부터 혜택을 받고 있는 것으로 보이는 새로운 건강 관리법의 호소력을 드높이기 위해 그것에 대한 토론을 이용하면서 강도 높게 시작한다. (『뉴욕타임즈New York Times』, 2012년 3월 10일)

따라서 여성들 사이의 지지를 얻기 위한 오바마의 계획에 대해 **새롭고 전체적인 초점 정보**를 이해하기 위해서 독자들은, 토론이 (이끄는 문장에서 명시적으로 언급되고 있는) 산아 제한과 낙태 금지에 대해 이어지고 있는 토론뿐만 아니라 새로운 건강 관리법도 떠올린다. 따라서 주제의 전국적인 기능은 명사구도 따로 떨어져 있는 개념도, 심지어 새로운 행위주도, 명세 묶음도 아니며 현재의 담화에 이르기까지 정신 모형에 쌓아온 것으로서 복잡한 정보 구조이다. 그와 같은 복잡한 정보 구조는, 비록 이 기사에서 완전한 공동 배경은 좀 더 복잡하고 (재)선거 유세, 미국의 대통령, 여성, 낙태 금지, 출산율 등에 대한 일반적인 지식을 중심으로 하겠지만, 기자와 『뉴욕타임즈』의 독자들이 지니고 있는 공동 배경이다. 이 이끄는 문장에서 나타나지 않지만 함축적이고 전제된 것은 일반적으로 여성들이 산아 제한이나 낙태 금지에 대한 오바마의 (혹은 민주적인) 생각을 지지할 것 같다는 점이다.

따라서 만약 기자와 독자들이 오바마의 2012 재선 유세의 **복잡한 (거시 수준의) 정신 상황 모형**을 구성한다면 그 정신 모형은 이 기사의 **전국적인 주제를 자리매김**할 것이다. 이 모형은 결국 정치나 선거 등에 대한 상당한 분량의 특정의 (역사적) 지식과 일반적인 지식에 바탕을 두고 있다. 이 기사에서 그 모형에 보태어지는 모든 정보는 전국적인 초점의 기능을 지닌다.

담화 주제라는 기능에 관련되는 전문적인 개념이 의미 명제를 표상하는 것으로서 어떤 담화에서 가장 중요한 정보이고 이전의 정보와 새로운 정보를 대표할 뿐만 아니라 의미론적인 거시명제를 표현하는 표제 문장에서도 뚜렷한 것을 뜻하는(Van Dijk, 1980), '주제'라는 비격식적인 개념과 혼동되어서는 안 된다는 점은 강조해 두어야 한다.

두 개념 사이에 있을 수 있는 혼동을 피하기 위해 여기서는 현재의 뉴스 보도가 경신된 (거시) 사건에 대한 이전의 정신 모형으로 표상되는 것으로서 전문적인 표현인 **전국적인 기능**을 하는 주제global functional topic라는 용어를 어떤 담화에서 제시되거나 이전의 정보를 가리키기 위해 쓸 것이다. 그리고 담화 주제discourse topic는 의미론적 거시명제를 가리키기 위해 비격식적인 용어로 계속해서 쓸 것이다. 둘 다 기능에 따른 개념이고 그 범위는 전체 담화이지만 중요한 것은 전국적인 기능을 하는 주제는 기능에 따른 개념으로서 입말과 글말에서 모든 정보를 표상하는 상호보완적 개념, 즉 전국적인 기능을 하는 초점이라는 개념과 관련될 때에만 자리매김된다는 점이다.

7.3.3. 인식론적 화용론

맥락 모형에 대한 이론들은 담화화용론의 사회 인지적 토대를 이루는데 정의에 따라 입말과 글말의 적합성에 관련되는 모든 특징을 주요 대상으로 삼기 때문이다(Van Dijk, 2008a, 2009a). 이는 원칙적으로 화용론이라는 넓은 분야에서 연구되어 온 현상들, 즉 화행과 공손성, 대화에서 가정 등이 맥락 모형에 기대어 설명되어야 함을 의미한다.

이 책과 이 장에서는 화용론의 인식론적 측면에만 초점을 맞춘다. 즉 담화에서 지식의 적절한 사용을 조정하는 지식 장치에 근거한 그런 조건들에만 초점을 맞춘다. 따라서 참여자들의 권력이나 지위, 친족관계와 같은 소통 상황의 다른 속성을 끌어들이는 화용적 현상, 예컨대 이들 속성이 공손성 표현이나 대우법에 미친 영향이나 혹은 명령과 같은 화행은 무시한다. 위에서 대화에서 상호작용에 대하여 살펴본 것처럼 한편으로는 여기서는 참여자들의 사회적 속성, 이를테면 인식론적으로 전문가·권위·권리·우선권·책임감 등은 지식과 관련되기 때문에 고려해야 한다.

7.3.3.1. 인식론적 화행

직접적이든 간접적이든 발화에 따른 행위를 하는 어떤 기능이 화행에 있는지 여부와는 상관없이 화자들은 주로 수신자들이 모르는 어떤 것을 알기를 바라며, 그들 스스로 모르는 무엇을 묻기를 바란다는 의미에서 인식론적 화행은 그 적합성이 인식론적 조건에 달려 있는 화행이다(화행과 화용론에 대한 방대한 연구문헌 가운데 Austin, 1962; Levinson, 1983; Searle, 1969를 참고할 것). 따라서 위협하기에서 화자들은 수신자들이 무엇인가를 알기를 바라지만 발화에 따르는 속뜻을 깔아놓는 행위 illocutionary acts의 중요한 기능으로서 말하자면 수신자들이 화자가 바라는 대로 행동해야 한다. 이와 비슷하게 약속하기에서는 미래 행위에서 상호작용에 대한 지식을 화자는 전달하기도 하지만 다가올 행위의 실행을 위한 조건으로서 지식을 전달해야 한다. 이런 측면들은 다른 연구에서 널리 다루었기 때문에 여기서는 몇 가지 인식론적 조건과 이런 화행의 적절한 사용에서 관련되는 속성 몇 가지를 간략히 요약하기로 한다.

7.3.3.1.1. 선언

기본적인 화행과 기본적인 인식 행위는 선언이다(Stalnaker, 1978). 선언하는 화행에 대하여 표준적인 적합성 조건은 전통적으로 다음과 같이 형식화되었다(Searle, 1969).

(i) 화자가 p를 안다.

(ii) 화자는 수신자들이 p를 모른다는 것을 믿는다.

(iii) 화자는 수신자들이 p를 알기를 원한다.

(iv) 화자는 수신자들이 p를 알기를 원하거나 알 필요가 있음을 믿는다.

(ii)에서 믿음은 입말이나 글말에서 현재의 공동 배경에 바탕을 두고 있는데 공동 배경은 화자에게 수신자들이 어떤 지식을 공유하는가에 대해 알려줄 뿐만 아니라, 추론에 의해 그들이 아직껏 모르는 것이 무엇인지 알려준다. 조건 (ii)에 대한 다른 원천은, 화자는 수신자들에게 (a) 개인적인 경험, (b) 수신자들이 (아직껏) 접속할 수 없는 사건에 대한 지식의 원천으로서 최근의 담화에 대해 정보를 제공하는 것이다. 조건 (iv)는 대화의 질문－응답 인접쌍에서 이전의 질문으로부터 혹은 좀 더 일반적으로 이전의 입말과 글말에서 함의, 즉 수신자들이 모른다는 사실로부터 추론될 수 있다.

추상적이고, 규범적인 화행 이론은 실제 입말과 글말에서 선언이 좀 더 자세하고 규범적이며 좀 더 사회적인 조건의 지배를 받는다는 점을 무시하였다. 이들 중 몇몇은 대화에 대한 인식론적 분석에서 다뤄지지만 거기에는 그 이상의 것이 있다.

무엇보다도 조건 (i)은 만약 화자들이 p를 모르거나 p가 아닌 것을 안다면 p라고 선언하면 안 된다는 '정상적인 조건'이 필요하므로 명세화가 더 필요하다. 이런 경우 그 선언은 부적절하기 때문이다. 그리고 실제로는 지식이 없는 곳에서 지식이 있는 체하는, 즉 거짓말을 하고 있다. 게다가 화자가 p를 안다는 바로 그 조건이 믿을 만한 이전의 경험이나 지식의 원천에 대한 보통의 인식론적 조건들을 전제로 할 뿐만 아니라 명백하게 어느 정도의 추론을 전제로 한다. 다른 말로 한다면 선언을 하는 화자들은 그들의 지식이 타당할 때, 이를테면 지식에 접속할 수 있기 때문에 그와 같은 선언을 할 수 있는 권한을 지닌다. 이는 믿을 만한 정보원에 접속할 수 있는 기자들이나 앞에서 인용한 다음의 무단침입자 사례처럼 사적인 경험에 대하여 이야기할 때에도 마찬가지이다.

(4) (2) (A-TD-Ia, b)(Van Dijk, 1987:75)

면담자: 그리고 누가 누가 당신이 생각하기에 여기서 밤에 무단침입을 한다고 생각해요? 어떤 사람들이 그런 사람들인가요?

여: 글쎄요, 어느 날 … 그래요 그 남자에 대하여

남: 멕시코 사람들이 많아요. 어느 날 저는 집에 있었고, 감기에 걸렸는데 그리고 어 커피를 마시기 위해 주방으로 나왔고, 파자마 차림으로. 그리고 창문으로 우연히 밖을 쳐다보게 되었지요. 그리고 그들이 집으로 들어가기 위해 이웃 집 문을 부수고 있는 걸 봤어요.

앞에서와 마찬가지로 여기서도 공동의 이야기 전달에서 여자는 질문에 대한 응답으로 전형적인 배경 범주(어느 날)로 이야기를 전달하기 시작하고 난 뒤 남자에게 발언권을 양보한다. 이 경우 그녀의 남편이 그 사건에 처음으로 접속하였기 때문이며 그가 그것을 목격했기 때문이다. 따라서 그 남자는 무단침입자의 정체성에 대한 면담자의 질문에 첫 번째 답변으로 이야기를 계속하고 좀 더 구체적인 배경 정보로 이야기를 다시 시작한다. 따라서 앞에서 대화를 통한 상호작용의 경우에서 본 것처럼, 선언은 이차적인 정보(사람들이 신문에서 읽거나 혹은 경찰로부터 들은 것)에 국한되지 않지만 개인적인 경험과 관찰에 근거를 둘 때 선언은 특히 믿을 만하다. 다른 경우였다면 관련이 없는 세부 내용들(감기에 걸렸고, 차를 마시며 파자마 차림이었음)은 이야기를 좀 더 흥미롭고 좀 더 믿을 만하게 하는 화법상의 기능뿐만 아니라 인식론적 기능을 지니게 되었을 것이다. 인지적으로 그와 같은 세부 내용들은 전형적으로 개인적인 경험에 바탕을 둔 (다시) 전달하기에서 기억할 만한 사건에 대한 상황 모형을 구체화함을 보여준다. 따라서 선언에 대한 기본적인 화용론적 조건, 즉 수신자들이 무엇인가를 모르고 있음을 화자가 안다는 것은 따라서 어떻게 그것을 알고 왜 그와 같은 지식이 믿을 만한지를 화자가 설명하는 방식에 의해 분명해지고 적절해진다는 것이다. 지식의 원천(직접적인 관찰)은 대화에서 좀 더 믿을 만하게 될 수 있다. 따라서 그 남편이 그날 집에 있었다는 사실은 그가 감기에 걸렸고 파자마를 입고 있었다는 점을 설명함으로써 좀 더 믿을 만하게 되었다. 그리고 무단침입자를 볼 수 있었다는 점이 그가 부엌에 있게 된 이유라는 점에서 더 믿을 수 있게 해준다. 따라서 나날의 대화에서 이야기 전달자는 그와 같은 지식을 어떻게 얻게 되었는가에 대한 일차 수준과 이차 수준의 증거를 제공함으로써 그들의 지식을 좀 더 미덥게 하는 일에 폭넓게 간여한다.

일반화된 전문적인 지식을 끌어들일 때 그러한 전환은, 이를테면 학술 담화나 법칙 담화의 소통에서 그러한 것처럼 인식론적 전문성에 바탕을 두고 있다. 좀 더 일반적으로, 이를테면 우선적인 접속이 특혜를 받은 접속에 바탕을 두는 경우처럼 어떤 담화 갈래에서 인식론적 우월성은 지식에 대한 권위를 함축할 수 있고 따라서 지식은 '점유되며' 자발적으로 수신자들과 공유된다.

그러나 적절한 선언의 조건들이 서로 다른 상황이 있다. 예컨대 화자가 그들의 지식을 공유하도록, 이를테면 일상적인 질문에서 요청을 받을 때, 좀 더 구체적으로 심문에서 지식을 폭로하도록 하는 경우가 있다. 이런 경우, 이를테면 수신자들이 기관맥락에서 화자보다 더 강력한 경우나 경찰이나 법정 심문의 경우처럼 법률이나 수신자가 화자나 알고 있는 사람knower에게 특정의 지식을 폭로하도록 하는 경우 참여자의 역할과 같이 맥락 구성에서 다른 요소들[188]이 작용한다(Kidwell, 2009; Komter, 1995, 1998).

끝으로 그 이상의 사회·문화적 제약이 있는데 화자의 맥락 모형에서

---

188) 이 맥락에서 다른 요소들이란 권력이나 화자-수신자의 관계나 역할이다. 특히 수신자들(녹국민들)의 알 권리는 양심선언과 같은 상황에서 중요한 요소가 되기도 한다.

주관적으로 표상된 것으로서 (그리고 그에 따라 잘못될 가능성이 있는) 참여자들의 속성을 전제로 하고 있다. 이를테면 만약 수신자들이 일반적으로 화자보다 더 많이 안다면, 특히 해당 지식 영역에서 그러하다면 수신자들이 p를 모른다고 가정한 조건 (ⅱ)와 수신자들이 p를 알기를 원한다고 가정한 조건 (ⅳ)는 충족되지 않을 수 있다. 그리고 (ⅱ)와/나 (ⅳ)가 충족되는 경우에도 p를 선언하는 것이 수신자들의 체면을 위협할 수 있고 그에 따라 여러 상황이나 문화에서 부적절할 수 있거나 무례할 수조차 있다. 그럴 경우, 이를테면 "물론 …을 당신도 알다시피"나 "…을 아시듯이"와 같은 표현을 그와 같은 선언에 앞세움으로써 특별한 담화를 통한 조처나 전략들이 사회적 체면(명성, 영예, 권위 등)에서 있을 수 있는 손상을 줄이기 위해 실제 발화의 형식화에서 필요할 수 있다.

특히 지식의 소통이 어떻게든 화자와/나 수신자들을 해친다면 선언에 대한 다른 특별한 조건이 있을 수 있다. 여기서 전형적인 경우는 환자들의 질병(의 세부적인 내용)에 대해 때때로 알려주지 않는 의사의 경우나 수신자들에 대한 의견 요청을 부정적인 평가로 억누르는 경우가 있다.

선언과 같은 인식론적 화행의 다양한 조건을 전제로 할 때, 협력에 대한 일반적인 화용론적 조건은, 이를테면 화자에 대한 인식론적 권한이나 권위, 참여자들의 인식론적 지위와 관계, 수신자들의 알 권리, 원하지 않는 지식을 막을 권리와 같이 인식론적 협력epistemic cooperation이라는 관점에서 좀 더 특별하게 형식화하여야 함을 알 수 있다.

다른 말로 한다면 어떤 상황에서 누구에게 누가 무엇을 선언할 수 있는가와 같은 화용적인 상위 질문에 답하기 위해서는 화행의 고전적인 적합성 조건을 넘어서 분석하는 노력이 필요하다. 이런 조건에 대해서 좀 더 세부적인 내용이 필요할 뿐만 아니라, 소통되고 표현될 수 있는 갈래에 대한 특정의 인지적 조건과 선언에 대한 규범적인 측면과 도덕적인 측면, 사회적 지위와 참여자들의 관계에 대해 맥락 모형에 표상되는 것으로서 사회적 조건이 필요하다.

7.3.3.1.2. 질문

질문에 대한 일반적인 설명은 당연히 선언에 대한 설명과 매우 밀접하게 관련되어 있다. 질문에 담긴 함의는 선언에 대한 조건일 수 있기 때문이다. 질문은 수신자에 의해 보충되도록 요청하는 화자의 지식 부족을 함의한다(Chisholm, 1984; Searle, 1969; Tsui, 1992를 참고할 것).

(ⅰ) 화자가 p를 모른다.
(ⅱ) 화자는 수신자들이 p를 안다고 믿는다.
(ⅲ) 화자는 p(인지)를 알고자 한다.
(ⅳ) 화자는 수신자가 p(인지)를 말해 주기를 원한다.

선언과 달리 질문은 요청과 마찬가지로 직접적인 특성을 지니고 있다. 즉 화자들은 수신자들이 무엇인가를 해주기를, 즉 그들이 모르는 무엇인가를 그들에게 말해 주기를 원한다. 여기서도 조건 (ⅱ)는 화자가 수신자들의 지식에 대하여, 이를테면 어떤 지식 영역에서 앞서 보여준 전문성 때문에 혹은 좀 더 일상적으로 화자가, 잘 모르는 지식의 원천(경험, 소문 등)에 수신자가 접속하였다고 믿기 때문에 정당화될 때 충족된다. 분명히 그 조건은 시험이나 심문과 같이 특별한 기관과 관련된 상황을 제외할 때, 일반적으로 어떤 질문이 화자가 만약 이미 알고 있는 무엇인가를 묻는다면 부적절함을 의미한다.

여기서도 그 이상의 규범적인 조건과 도덕적인 조건이 적용된다. 어떤 상황에서 무엇인가를 알고 있다고 가정하는 어떤 누군가로부터 무엇인가를 물어보지 않을 수 있다. 정치가들은 강연을 하거나 기자회견을 할 수 있고 기자들로부터 질문을 허용하지 않거나 면담에서 질문에 대한 답을 거절하거나 피할 수 있다(Clayman and Heritage, 2002). 교수들은 수업을 하거나 강연을 할 수 있고 질문을 받지 않거나 강연이 끝난 뒤에만 질문을 허용할 수 있다(Carlsen, 1997; Edwards and Davis, 1997).

물어볼 수 있는 것에 대한 수많은 사회·문화적 제약이 있다. 건강 조건, 느낌, 성적인 행태, 재정 상태 등과 개인사에 대한 정보의 경우에서 그러한 것처럼 만약 지식이 사적인 소유물이라면 알고자 하는 어떤 사람에게 언제나 자발적으로 공유되지는 않는다(Borge, 2007).

소통될 수 있는 정신 모형에 대한 맥락에 따른 제약과는 별도로 맥락 모형에 표상된 것으로서 참여자들에 대한 다른 사회적 제약을 동시에 발견한다. 따라서 가까운 친구는 이방인들보다 더 많은 (그리고 더 사적인) 정보를 물을 수 있다. 전문적인 면담과 심문에 대한 방대한 참고문헌으로부터 알고 있듯이, 경찰관, 판사, 변호사나 의사와 같은 특정의 역할에서 참여자들은 심지어 수신자들이 그와 같은 정보를 공유하기를 원하지 않는 경우에도 다른 사람이 물어보지 않을 수도 있는 것들을 물어볼 권리가 있다(Boden and Zimmerman, 1991; Drwe and Heritage, 1992; Kidwell, 2009; Millar et. al., 1992; Thornborrow, 2002. 또한 윗부분도 참고할 것).

끝으로 질문하기에는 체면과 공손성, 대우와 권력과 같은 다른 사회적 관계와 관련되는 문제가 있을 수 있다(Goody, 1978). 질문하기는 무지를 함의할 수 있고 어떤 상황에서, 이를테면 그들이 권위자들이나 지식의 원천에 접속하는 데서 인식론적 우선권을 지닌 경우 모든 화자들이 누군가에게 그와 같은 부지를 보여주고 싶어 하지는 않는다. 그런 경우 질문하기는 수신자의 앞에서 체면이나 권위를 잃음을 함의할 수 있다. 한편으로 만약 전문가가 초보자에게 사소하지 않은 것을 묻는다면 그런 질문은 수신자의 전문지식을 확인하는 것으로 해석될 수 있다.

다른 한편으로 상호작용에서 질문은 지식을 전제로 한다. 따라서 키드웰(Kidwell, 2009)은 어떤 사고 현장에서 경찰관의 표준적인 질문은 "무슨 일이 일어났습니까?"일 수 있는데 이는 이미 먼저 거기에 사고가 있었음을 전제로 하고 수신인은 이미 그 답을 안다고 전제하고 있음을 보여준다.

따라서 여기서도 맥락 모형은 어떤 갈래의 화자들이 어떤 유형의 정보를 어떤 유형의 수신자들로부터 그리고 어떤 유형의 사회적 상황/기관에 따른 상황에서 물을지 명세화함으로써 질문에 대한 인식론적 적합성을 통제함을 볼 수 있다.

질문—응답 인접쌍은 위에서 본 것처럼 대화나 매체, 교실수업에서 이뤄지고 있는 토론에서 좀 더 미세하고 더 많은 상호작용의 특징을 지니고 있다. 아래에서 이 문제로 돌아올 것이다. 참여자들은 앞선 화자들에 동의하거나 동의하지 않을 수 있고 선언이나 질문에 맞추어 조정하거나, 질문에 답하지 않거나 앞선 화자의 선언을 무시함으로써 자신들을 지켜낼 수 있다. 그들은 앞에서 (질문하기에서) 살펴본 것처럼 자신의 전문성과 권한, 권위, 사생활 등에 대하여 수신자들이 확실하게 알도록 혹은 (선언에서처럼) 알지 못하도록 정교한 예비적인 조처를 취하는 데 간여할 수 있다. 따라서 교실에서 상호작용에 대한 연구에서 썰(Sert, 2013)은 교사들이 (이를테면 "몰라요?", "모르는가요?") 질문을 던지고 학생들이 그 답을 모른다는 몸짓을 보일 때 '인식론적 지위 점검'을 시작하는 교사들을 보여주었다. 따라서 여기서도 화행의 실제적인 수행에서 언어 사용자들은 맥락 모형의 지식—장치를 사용하고 경신함을 알 수 있다.

7.3.4. 인식론적 담화의미론

7.3.4.1. 의미론적 거시 구조

앞에서 두 갈래의 '담화 주제', 즉 한편으로, 담화에서 이전의 정보가 무엇인지를 자리매김하는 전국적 기능의 주제와, 다른 한편으로 입말과 글말에서 가장 중요한 정보를 전달하고 지엽적인 명제, 즉 낱말과 절, 문장의 지엽적인 의미를 통제하는 전국적인 의미 혹은 주제를 구별해야 함을 보았다.

전통적으로 많은 형식적인 언어학과 몇몇 담화 분석적 접근조차도 의미 거시 구조는 입말과 글말의 전체적인 의미를 표상한다는 점을 이상하게도 무시하여 왔는데 주제·화제·요약·요지라고 비격식적으로 언급되어 왔다(Asher, 2004; Goutsos, 1997; Van Dijk, 1972, 1977, 1990).

이런 계층 구조[189]는 담화에서 전체적이고 전국적인 의미 연결을 자리매김한다. 그들은 (유일하지는 않지만) 담화 산출에서 일반적으로 그러한 것처럼 담화에서 표현되는 대로 명제들의 지엽적인 의미 연결과 순서에 따른 의미 연결을 하향식으로 통제한다. 이들은 담화 이해에서 일반적으로 그러한 것처럼, 지엽적인 명제들의 연쇄로부터 귀납적으로 도출되며, 일반적으로 담화의 재산출에서 가장 잘 회상된다(Louwerse and Graesser, 2006; Van Dijk and Kintsch, 1983).

어떤 의미이든 그러하듯이 의미 거시 구조는 담화에서 오로지 암묵적일 수 있다. 그러나 산출과, 특히 이해를 촉진하기 위해 많은 담화 표지와 전환moves, 전략이나 일반성의 다양한 수준에서 거시명제를 표현하는 특정 갈래의 범주들이 있다. 표제와 제목, 첫머리를 이끄는 문장heads, 요약, 시작하는 주제 문장과 끝맺는 마지막 문장들이나 단락들이 그것이다. 이런 거시 의미 표지들은 대체로 처음에 나타나고, 이를테면 서체를 통해 강조된다(아래를 참고할 것). 따라서 이들이 표현하는 거시명제들은 지엽적인 낱말과 문장을 해석하고, 입말과 글말에서 지엽적이고 순차적인 의미 연결을 구성하는 데 이용될 수 있다. 때때로 끝에 가서 수신자가 좀 더 자세하고 지엽적인 정보 뒤에 일반적인 요지를 잃어버리지 않도록 한다. 예컨대 1장에서 제시한 뉴스 보도의 이중 표제를 보기로 한다.

(5) 납세자들은 망명 신청에 실패한 사람들을 위해 하루에 100,000파운드를 대고 있음

납세자들은, 이 나라에서 살 권리를 갖고 있지 않으면서 망명 신청에 실패한

---

189) 저자가 명시적으로 언급하지 않았지만 거시 구조를 염두에 두고 있다.

사람들의 주거를 위해 하루에 100,000파운드 이상을 허비하고 있다.

　무엇보다도 이 표제들은 차례를 따르면서 독립적이다. 좀 더 구체적인 두 번째 표제는 단순히 좀 더 자세하게 중심 표제를 되풀이할 뿐이나. 이런 사정은 좀 더 높은 수준의 정보가 더 낮은 수준에 있는 정보를 요약하는 계층적인 거시 구조의 경우도 마찬가지일 것이다. 거시명제들은 주관적인데 기자가 이야기에서 재미있다거나 독자들에게 좀 더 적합하다고 찾아낸 이야기의 측면을 표현하거나 알려줄 수 있다는 점에서 그러하다. 이런 사정은 여기서도 마찬가지이다. 망명 신청자들을 위한 재정에 대한 내무부의 건조한 보도는, 만약 얼마나 망명 신청자들이 재정을 허비하는지 강조하게 된다면 (납세자로서) 독자들을 위해 좀 더 적절하고 기억할 만하게 될 것이다. 인지적으로 이는 먼저 기자가 내무부의 정보에 대해 한쪽으로 치우친 모형을 세우고 있거나 혹은 뉴스 기사에 나타난 대로 그와 같은 정신 모형이 대중을 위해 무엇이 가장 적절한가를 강조함에 따라 계속해서 구성됨을 뜻한다. 첫 번째 사례190)의 경우, 표제는 주로 의미론적 기능을 지니고 있으며(알려진 것을 요약함), 두 번째 사례의 경우는 독자와 독자들이 관심을 갖고 있으리라 가정하는 것에 맞춤으로써 화용적 기능을 지니고 있다.
　거시명제들은 구체적 사건 기억에서 (의미) 상황 모형에 대한 정보로 해석되는데 더 자세하게 지엽적인 정보의 있을 수 있는 복합한 묶음들을 위계 구조에 따라 이끌어나간다. 언어 사용자들은 담화나 그것을 해석하는 정신 모형의 세부 내용에 더 이상 접속하지 않을 경우에도 여전히 중심 주제를 기억한다. 중심 주제는 많은 세부 내용들과 관련되어 있기 때문이다. 그리고 생각이나 입말을 통해서 강화된다(3장을 참고할 것).

---

190) 여기서 저자는 거시명제의 두 가지 기능을 설명하고 있다. 하나는 요약의 기능으로 (5)에서 처음 표제에서 도드라진다. 다른 하나는 화용적 기능으로서 (5)에서 두 번째 표제에서 도드라진다.

정신 모형과 담화에서 거시명제는 언제나 일치할 필요는 없다. 실제로 여러 정치 담화와 매체 담화에서 그러한데 힘이 있는 화자들은, 이를테면 표제와 반복과 다른 장치들을 통해 여러 가지 방식으로 덜 중요한 정보를 강조하거나 공개적인 담화에서 중요한 정보의 품질을 떨어뜨리거나 감춤으로써 사건이나 상황에 대해 그들이 지니고 있는 모형에서 표상된 것으로서 실질적으로 중요한 정보를 숨기고자 할 수 있다.

그럼에도 불구하고 적어도 일반적인 의미에서 담화의 의미론적 거시명제들은 어떤 사건에 대한 정신 모형에서 가장 높은 수준에서 표상되기 때문에 화자에게 어떤 담화에서 가장 중요한 정보인 것에 대응한다. 거시명제는 담화에 표현된 어떤 지식이 그리고 어느 정도로 중요하거나 흥미로우며 적절할 수 있는지 규정하며 그에 따라 소통에서 정보를 강조하거나 깎아내리기 위해 다양한 전략들을 쓸 수 있도록 한다. 모든 참여자들이 담화에서 자신의 상황 모형을 지니고 있기 때문에 다른 해석을 할 수 있고 그에 따라 다른 모형뿐만 아니라 다른 거시 구조(주제)를 지닌다. 화자나 필자에 의해 사용되는 구조가 무엇이든 그들의 정신 모형과 거시 구조가 어떤 것인지를 강하게 암시한다. 수신자들은 그와 같은 담화 표지들을 무시하고 자신들의 고유한 거시 구조를 구성할 수 있는데, 이를테면 이전의 경험(정신 모형)이나 서로 다른 일반 지식과 이념 때문이다.

거시 구조들은 담화에서 지식의 표현에 대한 중요한 수단일 뿐만 아니라 담화에서 최고 수준의 정신 모형을 (귀납적으로 구성하거나) 표현하고 본질적으로 일반적인 지식과 관련이 있다. 언어 사용자들에게는 좀 더 일반적이고 추상적이며 전국적인 의미의 관점에서 다수의 불완전하거나 일관되지 않을 수도 있는 지엽적인 명제들의 연쇄를 '요약할' 수 있기 위해서 세계에 대해 자세하고도 일반적인 지식이 필요하다. 그에 따라 역이나 공항, 수하물에 대해 읽을 때 여행이라는 각본을 활성화할 수 있고 반대로 담화 산출에서는 일반적인 주제가 의미 기억이나 구체적 사건 기억에서 그것을 이끌어가는 일반적인 개념이나 거시명제에 의해 자세한 정보를 점화하거나 활성화할 것이다. 이런 측면에서 거시 구조가 계층을 이루고 있는 특성은 경험과 사건에 대한 특정의 정신 모형에 대한 위계 구조뿐만 아니라 일반 지식의 위계 구조를 반영한다(Mani and Maybury, 1999; Marcu, 2000; Seidhofer, 1995; Van Dijk, 1980).

담화 이해에서 언어 사용자들은 입말과 글말 혹은 맥락에 있는 정보로부터 가능한 한 빨리 거시명제를 전략적으로 추론하거나 구성하는 경향이 있다. 일반적으로 표제나 제목과 같은 애초의 담화 표지의 도움으로 그렇게 하는데 대화로 하는 이야기 전달에서 다양한 첫머리("…에 대해 이야기했던가요?"),191) TV 뉴스 보도에서 항목에 대한 안내 등에서도 그러하다. 수신자들이 납득할 만한 거시 구조를 지니게 되자마자, 이 주제는 지엽적인 의미 연결을 형성하고 적절한 정신 모형이나 모형 조각들을 구성하거나 (재)활성화하며, 일반적인 지식을 활성화하도록 할 것이다. 그리고 충분한 이해를 위해서 일반적인 수준에서 관련되는 모든 지식을 활성화하고 통합할 것이다.

애초의 거시명제(이를테면 제목이나 표지)가 없는 흐릿한 담화는 이해에 어려울 수 있음을 경험적 증거들은 보여준다(Bransford and Johnson, 1972; Kozminky, 1977). 이와 비슷하게 거시명제의 구성이 없는 담화는 지엽적으로만 처리되는 동안 좀 더 일반적으로 봐서 이해하거나 산출하며 회상하거나 저장하기에 어렵다. 거시 구조는 전국적인 의미 연결을 규정하기 때문에 이들이 없다면 전체적인 '방향'을 찾지 못하는 동안 지엽적으로 의미 연결된 산출과 이해를 어렵게 하며 궤도를 벗어나게 한다.

---

191) 오늘날 교육현장에서 학생들에 대한 교사의 대우법 쓰임이 매우 어지럽다. 학생 개개인에게 주체높임을 쓰기도 하고, 여러 학생들을 대상으로 하는 수업에서 상대높임이 제대로 쓰이지 않는다. 학생들에게 선생님들께 아주높임을 쓰라고 강요할 수 없지만, 예사높임이 쓰이고 있다는 점도 고려해 볼 필요가 있다.

이 장과 관련되는 것은, 특히 담화에서 거시명제가 없는 경우 특정 사건에 대한 정신 모형에서 표상되는 지식이 또한 조직화되지 않고 그에 따라 뒤따르는 상황에서 이용하기 어렵다. 일반적인 지식의 소통을 위해 설명문에서 그러한 것처럼 거시명제의 결핍이 계층, 예컨대 개념틀이나 각본에 따라 그러한 지식이 구성되지 않도록 하는 원인이 되거나 그런 점을 보여주는 표지가 된다.

일반적으로 담화에서 의미론적 거시 구조는 적어도 상황 모형에서 최고 수준에 있는 부분들이기 때문에 이런 모형에 의해 규정되는 것으로서 특정 사건에 대한 개인적인 지식은 자세하고 지엽적인 구조에 국한되지 않을 뿐만 아니라 좀 더 전국적이고 일반적일 수 있다. 이는 담화로부터 가장 잘 회상되는 정보의 경우도 마찬가지이기 때문에 입말과 글말로부터 얻은 지식은 자주 담화에서 축자적으로 표현된 지식의 갈래가 아니라 수신자들에 의해 구성된 것으로서 암묵적인 요지, 요약이거나 주제이고 그에 따라 수신자들에 따라 한쪽으로 치우칠 수 있는 정보로서 상황 모형에서 상위 수준에 있는 정보이다. 이것이 사회에서 지식의 재생산에서 중요한 측면이다. 나날의 대화에서 그러한 것처럼 다음에 살펴볼 수 있도록 기록되지 않는 입말 담화에서 그리고 수신자들이 담화의 사실에 충실한 내용에 접속하려 하지 않거나 접속하지 않는 대부분의 소통 형식에 관련되는 실제 실천사례에서, 특히 이런 점이 관련되어 있다.

이것이 담화와 지식 사이의 관계에서 기본적인 사회 인지적 측면이며 입말 담화에서 지식의 소통에 대한 모든 연구에서 고려되어야 한다. 오랜 시간이 지난 뒤 구체적 사건 기억의 한계 때문에 그에 따라 더 긴 대화에서 수신자들은 더 이상 앞에서 표현된 지식의 세부 내용에 온전하게 접속할 수 없고 일반적으로 오직 현재의 담화 주제에 더하여 관련되는 (이를테면 감정적인) 세부 내용만을 기억할 것이기 때문이다.

7.3.4.2. 지엽적이고 순서를 따르는 의미 연결

좀 더 널리 그리고 언어학에서 연구된 것은 입말과 글말에서 명제들, 절들, 문장들이나 말할 차례들 사이의 통사결속과 의미 연결 관계이다 (많은 책들 가운데 Bublitz et. al., 1999; Gernsbacher and Givón, 1995; Halliday and Hasan, 1976; Tolmin, 1987; Van Dijk, 1977을 참고할 것). 이 책에서 지금 제시하는 이론적 얼개 안에서 이는 의미론적 거시 구조의 통제 아래에서 그리고 그에 따라 상황 모형의 최고 수준에서 지엽적인 문장들은 지엽적으로, 순서에 따라 통사결속이 이뤄지도록 담화와 연결되어야 하는 명제를 표현함을 의미한다(Van Dijk and Kintsch, 1983). 유감스럽게도 거시 구조 수준을 고려하지 않는 문장 문법의 한계를 전제로할 때, 담화 주제와, 이들과 순차적인 혹은 문장 수준에서 주제와의 관계뿐만 아니라 의미 연결에 대한 전통 문법의 설명은 어쩔 수 없이 불완전하다. 전통 문법에서는 전체 담화의 '대하여다움aboutness'을 자리 매김할 아무런 방법이 없기 때문이다(이런 생각은 Kehler, 2004를 참고할 것).

지엽적인 의미 연결에는 두 가지 유형이 있다. 기능에 따른 지엽적인 의미 연결과 지시적인 지엽적인 의미 연결이 그것이다. 기능에 따른 지엽적 의미 연결functional local coherence은 일반화·명세화·정교화·예시·설명 등과 같이 담화에서 표현된 명제들 사이의 직접적인 관계의 관점에서 자리매김된다. 이들 관계 중 몇몇은 수사적 구조 이론(Mann and Thompson, 1987, 1991)에서 '수사적 관계'라는 관점에서 연구되어 왔는데 그 이론에서는 기능에 따른 지엽적 의미 연결 관계와 아래에서 언급하고 있는 지시적인 지엽적인 의미 연결을 구분하고 있지 않으며 담화에서 계층 구조를 이루는 거시 구조와 순서를 따르는 미시 구조를 구분하지 않는다.

담화에서 (지엽적) 기능에 따른 관계들의 전형적인 사례는 뉴스 보도에서 발견할 수 있다. 이들은 덩잇글의 시작 부분, 이를테면 표제와 이끄는 문장에서 일반적으로 표현되는 것으로서 이전의 일반적인 명제에 대하여 명세화 수준을 높임으로써 조직되는 경향이 있다(Van Dijk, 1988a). 예컨대 1장에서 인용하고 위에서 촌평을 덧붙인 뉴스 보도의 처음 부분을 보기로 한다.

(6) 내무부는 지난해에 대략 4천만 파운드를 이른바 '불운한 사람들', 즉 요청이 거절되었지만 이런저런 이유로 떠날 수 없는 사람들을 위해 썼다. 대개는 그들의 고국에서 불안한 조건 혹은 질병 때문이거나 위헌법률 심사에 들어가 있기 때문이다.

두 번째 문장(대개는 …)은 앞 문장(이러저런 이유로 떠날 수 없는)에서 매우 일반적이고 흐릿한 정보에 대한 명세화가 이뤄진다. 이와 비슷하게 5장에서 분석한 데이비드 캐머른도 『선Sun』지 기사에서 비슷한 일반적인 상황 묘사와 함께 평가에 관련되는 명세화를 하고 있다.

(7) 『선Sun』지의 독자들은 입국 이민이 노동당의 통제를 벗어났음을 알고 있습니다.
    솔직히 말해서 이 나라는 만만해져 갑니다. 나가는 사람보다 이백이십만 명 이상의 사람들이 더 들어옵니다.

행위의 원인이나 이유에 대해 나중에 이뤄지는 명세화는 종종 설명의 기능을 한다. 그와 같은 기능적 관계들은 실제로 이차적인 관계들인데 이들은 두 번째 사실과 앞서 언급한 사실들 사이의 인과관계를 상정하기 때문이다(이를테면 '고국에서 불완전한 조건이 망명 신청자들이 그곳으로 돌아가지 않는 원인입니다'). 뉴스 기사에서 전형적으로 명세화와 설명의 관계를 보게 되지만, 학술 논문에서 마무리는 덩잇글의 '본론'에서 좀 더 구체적인 세부 내용으로 알려주었던 것을 일반화할 수 있다(Oldenburg, 1992; Swales,

2004; Teufel, 2010).

지시적인 지엽적 의미 연결referential local coherence은 반면에 간접적이고 담화에서 언급한 사실들과 담화에 대한 상황 모형에서 주관적으로 표상된 사실들 사이의 관계에 바탕을 두고 있다. 이런 경우 사건들 사이의 관계에 대하여 언급하게 된다. 이를테면 시간성과 인과성, 전체와 부분, 추상적인 가까움과 물리적인 가까움near and close 등이 있다. 따라서 『선Sun』지에서 데이비드 캐머른은 그의 입법 정책과 서유럽으로부터 오는 입국이민자들을 인과적으로 연결한다.

(8) 정부로서 우리는 사람들이 여기에 정당한 이유로 오도록 분명히 해주어야 합니다.
그것이 제가 오늘 입국 이민에 대한 새로운 기준을 발표하는 이유입니다.

따라서 지엽적인 의미 연결은 참여자들의 상황 모형에 기대어 규정된다. 그리고 그에 따라 참여자에 따라 상대적이다. 따라서 담화는 서로 다른 참여자들에 대하여 혹은 화자들과 참여자들에 따라 정도의 차이가 있게 의미 연결된다(Albrecht and O'Brien, 1993; Goldman et. al., 1999; Lorch and O'Brien, 1995; Van Dijk, 1997; Van Dijk and Kintsch, 1983).

여기서도 담화의 중요한 측면, 즉 의미 연결이 명제들 사이의 개념 관계나 의미 관계에 따라 규정될 뿐만 아니라 참여자들의 기저에 있는 주관적이고 간주관적인 정신 모형에 따라 규정되어야 함을 볼 수 있다. 따라서 1장의 망명자에 대한 이야기에서 이 담화의 첫 번째 부분에 대한 요약, 즉 망명 신청자들이 고국으로 돌아갈 수 없는 것은 안전하지 않은 조건 때문이라는 요약은 첫 번째 문장과 두 번째 문장을 의미 연결하고 있는데 『텔리그랍』지의 독자들에게 특별히 관련되는 것으로 생각되는 결과에 대한 상세화를 뒤따르고 있다. 그에 따라 이 보수적인 신문의 입국이민에 반대하는 태도를 알려준다.

(9) 그러나 그러는 동안에 납세자들은 주거비와 생계비를 들여야 한다.

이 또한 담화에서 뉴스에서 언급하는 사건에 대한 결과와 중요한 조건의 선택에 대한 객관적인 기술이나 요약을 발견할 수 있을 뿐만 아니라, 동부유럽으로부터 입국한 이민자들의 도착과 입법 조치를 관련짓는 데이비드 캐머른의 구성에서 분명히 드러나듯이, 이 신문의 독자들에게 특별히 관련되는 것으로서 구성된 결과에 대해 이념적으로 통제된 선택을 찾아낼 수 있다. 실제로 망명 신청자들에게 들이는 비용을 정부나 국가에 귀속시키는 대신 이들[192]은, 특히 납세자들에게 귀속시키고 있는데 이는 독자들에게 이 뉴스 보도가 화용적으로 더 관련이 있도록 해준다. 독자들의 두려움에 호소하는 그와 같은 전략은 매체나 정치가들에게 인기 있는 전형적인 조종manipulation 기법이다(Van Dijk, 2006a).

일반적으로 담화는 앞에서 언급한 화용론적 이유로 불완전하다. 화자들은 공동 배경, 즉 수신자들, 이를테면 덩잇글이나 맥락으로부터 혹은 이전의 담화나 공동체의 일반적인 지식으로부터 쉽게 추론할 수 있는 정보에서 공유된 지식을 표현하지 않는다(표현할 필요가 없고, 표현해서도 안 된다). 따라서 지엽적인 의미 연결을 하기 위해서 수신자들은 무엇보다 그 담화에 대한 실행 가능한 정신 모형을 구성해야 하고 이 정신 모형의 구성에는 특정의 사건에 대한 개인적인 모형의 세부 내용 구성에서 사례화(적용)될 상당한 분량의 일반적인 지식을 활성화할 필요가 있다.

요약하자면 담화에서 지엽적인 의미 연결과 전국적인 의미 연결은 참여자들이 지니고 있는 주관적인 상황 모형의 구조뿐만 아니라 이들 모형의 구성에 사용된 일반 지식에 근본적으로 기대고 있다.

좀 더 자세한 인지 분석을 위해 관련되는 것은 일반적으로 담화에

---

192) 영국 수상인 데이비드 캐머른과 『데일리 텔리그랍』지를 비롯한 보수 언론을 가리킨다.

의해 언급된 사건에 대한 상황 모형의 구성을 활성화하는 데 얼마나 많은 일반 지식이 필요한가 하는 질문이다. 더 많은(그리고 더 깊고 더 구체적인) 지식이 활성화되고 구체적인 사례화가 이뤄질수록 정신 모형은 상세화된다. 그러나 3장에서 본 것처럼 그와 같은 활성화는 맥락에 따라 가변적이며 참여자들(그리고 그들의 전문성)에 달려 있고 각각의 문장들을 읽거나 들어야 하는 시간, 목표나 과제(이해가 전체적인가. 혹은 조금 지엽적인가, 상세한가) 등에 달려 있다. 즉 아래에서 보게 되듯이 참여자들은 소통 상황에 대하여 정신 모형의 상세화 수준과 상세화의 분량을 전략적으로 맞추어 나간다.

이 장과 관련되는 것은 담화의 근본적인 특성, 즉 그 의미론적 연결이 입말과 글말에 표현된 일련의 명제 사이의 관계를 수립하는 것에 국한될 수 없고 본질적인 면에서 한편으로 정신 모형에 구성된 것으로서 좀 더 완결된 특정의 지식과 함께, 다른 한편으로 정신 모형에서 그와 같은 상황에 대한 일반적인 지식으로부터 도출된 것으로서 추론이 관련된다는 통찰이다. 실제로 낱말과 절, 문장의 의미에 대한 이해를 위한 지식의 활성화에 더하여 담화에서 의미 연결에 대한 이해와 산출의 인식론적 토대는 틀림없이 지식과 담화 사이의 관계에 대한 연구에서 가장 알맞은 부분이다.

7.3.4.3. 순서 따르기와 순서대로 늘어놓기

지엽적인 의미 연결에 더하여 명제들의 차례도 정신 모형 그리고 지각과 상호작용에 관련되는 좀 더 기본적인 속성, 예컨대 문장에서 낱말의 순서보다는 덜 연구된, 담화의 어떤 속성과 관련된 순서화 제약들ordering constraints을 지니고 있다. 따라서 사건과 행위에 대한 설명에서 명제(그리고 그것을 표현하는 절들)의 정상적인 순서는 화자의 상황 모형에서 표상된 대로 언급되는 사건의 시공간적 차례와 인과적 차례에 의해 조건화된다. 이를테면 원인이나 조건에 앞서 사건의 결과를 표현함으로써 그 순서가 뒤집히자마자, 앞에서 망명 신청자들의 뉴스 보도에서 보았던 것처럼, 더 이상 정신 모형에서 자리매김된 대로의 정상적인 어순이 아니라 설명을 위한 기능적 관계가 있게 된다. 공간적인 순서에 따라 담화의 차례를 지을 경우에도 비슷한 제약이 있다(Briner et. al., 2012; Levlt, 1982; Morrow, 1986).

상황에 대한 묘사와 같이 다른 순서화의 경우에도 지각과 관점의 기본적인 속성들에 바탕을 둔 차례 짓기가 있다. 따라서 일반적으로 작은 물체에 앞서 더 큰 물체가, 부분에 앞서 전체가, 원경보다 근경이, 지엽적인 것보다 전국적인 것이, 속성에 앞서 개체(사람, 동물, 물체 등)가 기술되거나 밝혀지기를 예상하지 않는다. 영화나 이야기에서 먼저 어떤 도시나 이웃, 경관이 먼저 제시됨을 발견하고 그 다음에 거리나 집, 집에서, 방, 방에서 큰 내용물(이를테면 탁자)이, 끝으로 더 작은 대상의 부분(탁자 위의 책, 그 다음에 책의 지면 등등)의 장면을 보게 된다.

설명과 상세화, 일반화나 사례들에 대한 기능적 의미 연결 관계도, 1장에서 망명 신청자에 대한 『텔리그랍』지에 실린 뉴스 항목의 다음 사례(21~25행)에서 그러한 것처럼, 정상적인 순서에 대한 다양한 체계를 보여준다.

(10) 4구역 지원으로 알려진 제도 아래서 은신처 요구소송을 하여 거절되었지만 고국으로 지금은 돌아갈 수 없는 망명 신청자들에게는 숙박 시설과 생계비 지원이 주어진다. 2011년 9월까지 12개월 동안 전체 4,430명의 사람들에게 그와 같은 지원이 있었는데 하루에 12명에 이른다.

따라서 망명 신청자들이 생계비를 받는다는 명제는 첫 번째 문장에 표현되어 있는데 해당 기간 동안 망명 신청자들이 얼마나 많은 생계비를 받는지를 분명히 한 결과 두 번째 문장에서 상세화된다. 분명히 제시하는 차례는 일반적으로 고정되어 있다. 이 경우 지난 해 얼마나 많은 사람들이 생계비를 받았는지 먼저 이야기하고, 그 다음에 이 사람들이 망명 신청자들이라고 말한다면 이상할 것이다. 실제로 '망명 신청자'들은 담화 주제와 문장의 주제로 도입되었기 때문에 그들의 속성, 행위, 이를테면 양이나 기간과 같은 다른 요소들을 통해 행위에서 역할에 대한 좀 더 자세한 기술을 하는 것이, 어떤 뉴스 항목에 대한 일반적인 순서이다.

상황 모형이 복잡한 양상을 띠기 때문에 그리고 그에 따라 경험의 많은 유형들을 표상하기 때문에 사건, 장면, 행위, 사람과 물체, 그리고 그들의 관계와 속성에 대하여 마음에서 이런 갈래의 시각화는 입말과 글말에서 차례 짓기의 특별한 제약에 따라 표현될 수 있다. 그와 같이 '정상적인' 차례에서 벗어남은 일반적으로 강조나 두드러짐 등의 특별하고 전략적인 해석을 필요로 함을 의미한다.

게다가 정신 모형들은 주관적이고, 사건들이 제시되고, 규정되며 평가되는 것과 관련하여 자기를 중심으로 한다. 이는 상황, 사건과 행위를 평가하거나 관찰하는 시각적 (혹은 믿음에 관련되는) 관점을 허용한다. 나날의 이야기 전달에서와 마찬가지로 자기-중심적인 담화는 화자-자신이 본 사건을 자리매김하고 순서를 매긴다. 그러나 다양한 형식의 허구적 담화와 때때로 대화에서도 서사 문학과 영화에서 관점이나 시점에 대한 고전적인 많은 연구로부터 알고 있듯이 행위자, 주인공이나 심지어는 수신자를 관점의 중심에 놓기도 한다(Bal, 1985, 2004; Branigan, 1984; Canisius, 1987; Genette, 1980; Lanser, 1981).

7.3.4.4. 기술

차례를 따르는 담화 의미에 대해서는 거의 연구되지 않았지만 중요한 측면이 있는데, 이를테면 상황, 사건, 행위자, 물건, 경관, 장소 등에 대해 기술의 속성과 관련이 있다(Dale, 1992; Ehrich and Koster, 1983; Johnson-Laird and Garnham, 1980; Levelt, 1996; Tenbrink et. al., 2011).

두 개의 영향력 있는 연구에서 판 리우웬(Van Leeuwen, 1995, 1996)은 담화에서 사회적 행위자와 행위, 그리고 그것의 다양한 기능을 기술하기 위한 얼개를 제시하였다. 이를테면 사회적 행위 주체들은 개인으로 혹은 사회 집단의 구성원으로 기술될 수 있고 이름이 붙여지거나 그렇지 않을 수 있고 뉴스나 이야기에서 포함되거나 배제될(억제되거나 배경으로 머물) 수 있으며, 능동태나 수동태로 표현되고, 역할이나 기능에 따라 정체가 밝혀지고 자격이 주어지거나 그렇지 않을 수 있다.

개체를 서로 다른 수준에서 기술할 수 있다. 그 수준은 더 자세하거나 덜 자세하며, 다소 정확하거나 흐릿할 수 있고, 서로 다른 관점 등을 지니고 있다(아래를 참고할 것). 개체들은 서로 다른 속성들을 할당받을 수 있는데 그것은 그 유형에 달려 있다. 그에 따라 사건들과 행위들은, 물체에서 그러한 것처럼 크기와 색깔이 아니라, 인과성과 시간에 따라 기술되며 사람의 경우에 그러한 것처럼 의도의 관점에 따라 기술될 수 없다. 담화 분석과 대화 분석에 관련이 있는 것은 앞에서 본 것처럼, 여기서도 뒤따르는 문장이나 말할 차례에 따라 표현되기 때문에 명제들의 차례에 관련되는 순서이다.

이들과 기술에 관련되는 다른 많은 속성들은, 담화의미론에서 설명되어야 하는데, 임의적이지 않고 여기서도 세계와 그 상황에 대한 일반적인 지식과 개인적 경험에 대한 정신 모형의 잘 알려진 구조에 달려 있다. 예컨대 사건이 행위들 사이의 시간적 관계와 인과적 관계에 대해 인간이 지니고 있는 지식 때문에 사건이나 행위의 사슬을 시간적이고 '자연 발생적인' 순서로 기술하는 경향이 있다. 그리고 위에서 본 것처럼 결과로 시작한 다음 원인이 되는 첫머리로 되돌아가지 않는다.

따라서 3장에서 인용한 적이 있는 위키피디아Wikipedia 항목에서 인종주의에 대한 일반적인 학술 지식이 전체 항목의 관점에서 어떻게 담화에서 표현되는가에 대한 특징적인 사례를 발견할 수 있다. 이 항목은 다음과 같은 첫머리에 오는 자리매김으로 시작하고 있다.

(11) 인종주의는 일반적으로 사람이 인종이라고 부르는 생물학적 집단으로

나누어질 수 있다는 믿음을 반영하는 관점과 관례, 행위로 자리매김된다. 그리고 어떤 인종의 구성원들은 그 집단을 전체적으로 덜 바람직하게 하는 혹은 더 바람직하게 하는 속성, 열등이나 우성의 어떤 속성을 공유한다고 자리매김한다.

따라서 사회적인 현상이나 문제로서 인종주의는 특정한 갈래의 '관점', '실천관례'나 '행위'와 같은 좀 더 일반적인 관점에 따라 자리매김된다. 즉 (인종들이 있고 이들 인종 중 몇몇은 부정적인 속성을 지니고 있다는) 특정한 믿음을 보여주는 현상이나 문제이다. '인종'이라는 개념은 그 자체로 특정의 생물학적 집단의 관점에서 자리매김되고 그 자체는 '인간다움'이라는 개념의 부분으로 규정된다. 따라서 (이를테면 '실천관례', '집단들', '시각들'과 같이 복수형으로 표현되는) 일반적인 용어와 규정에서 표현되는 일반적인 지식은 특정한 차례로 제시된다. 즉 처음의 주제에 관련되는 표현(인종주의)에 의해 그리고 뒤따르는 일반적으로 이뤄진 규정과 일반적으로 '···로 규정된다', '···라고 부른다', '···로 나뉜다'와 같은 표현에 의해서 나타나는 명백한 표지가 있다.

다른 말로 한다면 여기서 설명해야 하는 것은, 어떤 관례를 따르는 담화 규범, 예컨대 이야기에서 개인의 경험에 대한 표현 모형이나, 설명문에서 일반적인 지식의 구조가 사용되는가 하는 점이다. 이 문제에 대하여 자세하고 통합된 이론적 연구와 경험적 연구가 거의 없기 때문에, 기저에 있는 인지 구조에 의해 통제되는 것으로서 기술의 속성 몇 가지를 단순히 늘어놓기로 한다.

7.3.4.4.1. 기술의 수준

앞에서 의미론적 거시 구조에 대한 개념의 경우에서 본 것처럼, 사건, 행위, 사람이나 물체와 마찬가지로, 상황은 다양한 수준에서 기술될 수 있다(Van Dijk, 1977, 1980). 뉴스 보도에서 이끄는 문장이나 표제에서 일반적으로 그러한 것처럼 매우 일반적인 용어로 혹은 훨씬 더 자세한 수준에서 어떤 사건을 기술할 수 있다. 따라서 화자나 필자의 상황 모형에 대한 계층 구조가 표현된다. 총기 강도, 자동차 사고나 폭력주의자의 공격과 같은 행위들이나 사건에 대해 일반적인 용어로 높은 수준에서 이야기할 수 있다. 또한 같은 사건을 사건의 자세한 원인들, 그와 같은 행위의 준비, 참여자들, 참여자들의 속성 등과 같이 좀 더 구체적인 수준에서 기술할 수 있다.

담화 안에서 그와 같은 기술의 수준은 매우 다양할 수 있다. 뉴스 보도에서 일반적으로 표제와 이끄는 문장 다음에 점점 더 뉴스가 되는 사건에 대한 구체적인 정보를 기대한다(Van Dijk, 1988a, 1988b). 이야기 에서 어느 정도 전국적인 행위나 사건들은 한 문장에 기술되는 반면, 다른 사항들이나 매우 한정된 행위들은 여러 문장으로 기술되는데 그 런 행위들의 중요성을 알려준다. 행위자나 물건, 경관에 대한 기술의 경우도 마찬가지이다. 따라서 『선Sun』지의 기사에서 캐머른은 매우 일 반적인 용어로 그의 새로운 입국이민정책을 먼저 기술하고 그 다음에 세부 내용을 제시하는데 시간에 따라 이전의 (노동당) 정책과 새로운 미래 (보수당의) 정책을 비교한다.

(12) 그것이 제가 오늘 입국 이민에 대한 새로운 기준을 발표하는 이유입 니다.

현재로서는 얼마나 오랫동안 유럽 경제 지역 국가들이 일자리를 구하는 동안 수당을 신청할 수 있는가에 대한 제한이 없습니다.

이제부터는 만약 여섯 달 이후에 일자리를 잡지 않는다면, 만약 일자리를 찾을 진심어린 기회를 갖지 않는다면 수당은 끝납니다.

이와 비슷하게 기술의 수준에서 변이 형태는 담화의 갈래와 그에 따른 맥락에 달려 있다. 이를테면 집에 든 도둑과 같은 개인적인 경험 을 대화에서 친구에게 이야기로 전달할 때, 경찰의 심문을 받을 때나 법정에서 증인으로 전달할 때에는 다른 방식으로 기술할 수 있다. 따라서 친구에게는 좀 더 구체적인 수준에서 감정을 기술하지만 경찰에게 는 그렇게 하지 않는 경향이 있다. 반면에 경찰에게 이야기하거나 법정에서 이야기할 때의 초점은 범인의 탐색이나 도둑에 대한 판결로 이어질 수 있는 세부 내용에 초점을 맞출 수 있다.

기저의 정신 모형이라는 관점에서 기술에 대한 인지적 설명에 더하여 기술 수준의 변이 형태라는 관점에서 특정 담화에 대한 설명을 해야 하는데, 이를테면 어떻게 언어 사용자들은 정신 모형에 표상된 것으로 서 사건의 특정한 측면이 지니는 관련성이나 중요성을 전달하고 표현하는가, 사건의 특정한 측면이 어떻게 서로 다른 담화 갈래와 소통 상황에서 덜 혹은 더 흥미롭거나 관련되는 정도가 다른가 하는 점을 설명할 필요가 있다.

일반적으로 담화에 대한 맥락에 따른 제약을 전제로 할 때, 그리고 특히 기술의 수준에 대한 제약을 전제로 할 때, 그리고 이런 기술 수준의 변이가 상호작용이나 소통에서 지닐 수 있는 서로 다른 기능을 전제로 할 때, 여기서는 이미 세 번째 중요한 차원, 즉 사회 규범과 사회 구조라는 차원도 이런 가변적인 담화 구조를 통제한다는 것을 보았다. 따라서 친구에게 하는 이야기 전달에서 어떤 도둑에 대한 개인적인 세부 내용들은 참여자들을 위해 감정적으로 그리고 화법상으로 좀 더 흥미롭게 만드는 데 초점을 둘 수 있다. 그러나 경찰과의 상호작용이나 법정에서는 무엇에 대해 이야기해야 하고 무엇에 대해서 이야기해서 는 안 되는가에 대한 사회적 제약이 있으며 상세화 수준, 즉 기관에 따른 맥락의 처리와 법적 처리의 기능적 부분으로서 제약이 있다.

여기서도 이런 관찰에서 핵심은 기술의 다양한 수준과 같이 인식론적 담화 구조가 어떤 것이 좀 더 구체적이라거나 좀 더 일반적이라고 규정하는 상황 모형의 계층 구조와 같은 인지적 토대를 지닌다는 점이다. 그러나 이런 기저에 있는 구조는 상황의 특정한 속성에서 두드러짐이나 중요성과 같은, 다른 상호작용 기능과 소통 기능을 표현하고 전달하기 위해 담화에서 조정될 수 있다. 동시에 갈래와 소통 상황을 표상하는 맥락 모형은, 이를테면 기관에서 행위자의 목표와 기관에서 처리의 일부로서 기저에 있는 상황 모형이 부과하는 담화에서 조정과 관련하여 특정의 사회적 제약을 적용할 것이다.

여기서도 담화 구조와 사회 구조 사이의 직접적인 연결은 없다. 후자는 참여자들에 의해 맥락 모형에 표상된 것으로서 소통 상황에 대한 참여자들의 주관적인 자리매김을 통해서 담화에 영향을 미칠 뿐이다. 요약하자면 여기서는 세 차원, 즉 인지적 차원과 담화적 차원, 사회 구조 차원을 다루었지만 적절한 사회적 행위와 상호작용으로서 실제 입말과 글말에 대한 통제 구조들은 인지적이다. 즉 상황 모형들과 맥락 모형들인 것이다.

7.3.4.4.2. 세분성granularity

앞에서 본 것처럼 담화는 기술의 수준에서 다양할 수 있지만 각 수준에서 세부 내용의 양은 다양할 수 있다. 즉, 세분성을 지닌다(Marcu, 1999; Schegaloff, 2000). 세부 내용들이 많다면, 컴퓨터 화면이나 TV 화면에서 화소의 수로부터 알 수 있듯이, 어떤 사건, 사람이나 물체에 대한 '이미지'가 더 분명해진다. 어떤 이야기나 경찰에 대한 최초 진술서에서 어떤 여자에 대해 간단하게 언급할 수 있지만 두 경우에서, 이를테면 겉모습이나 다른 특성들에 대하여 세부 내용들을 제공해 주기를 기대할 수 있다. 실제로 긍정적으로 자기를 제시하는 형식으로서 사고가 일어난 뒤에 경찰관이 "무슨 일이 일어났습니까?"라는 물음에 대해 응답할 때 '관심'을 갖게 하려는 시도에서, 이를테면 이야기의 윤색을 위해 '의외의 일을 하고자' 할 수 있다(Kidwell, 2009).

여기서도 세부 내용에 대한 그런 묘사와 그 변이 형태는 임의적이지 않고 상황과 사건, 행위, 행위자나 대상들에 대한 일반적인 지식 구조와 정신 구조에 뿌리를 두고 있다. 그와 같이 물체나 사람들의 정체를 밝힐 수 있기 위해 크기, 형태, 색깔, 부분 등과 같이 개념틀에 따라 정체성에 관련하여 짜여 있는 제한된 범위의 특징에 주의를 기울일 수(필요)가 있다. 사람의 머리와 사지, 몸통을 구분하고 머리는 얼굴, 귀, 눈, 머리카락 등으로 구분한다. 그와 같이 많은 사물들에 대하여 부분 부분에 따라 그렇게 언어의 어휘부에 등재되어 있다. 따라서 코는 사람의 몸 틀의 일부분인 얼굴 틀의 부분일 수 있지만, 반은 코이고 반은 사람의 앞에 있는, 이종 결합된 '개체'는 아니다. 따라서 사람에 대한 개념틀과 차이에 대한 개념틀을 사람들은 지니고 있는데, 이런 개념틀은 심리학에서 고전적인 개념틀 이론으로부터 알려진 것처럼, 지각과 상호작용에서 기본적인 역할을 지니고 있다(Anderson, 1980; Arbib et. al., 1987; Mandler, 1984; Markus and Smith, 1981).

이러한 인지적 개념틀 범주들과 지각과 기억에 대한 신경학적 토대를 지니고 있는 구조를 가정할 때, 이를테면 머리카락의 색깔이나 심문의 맥락에서 의심의 눈초리를 기술할 수 (기술할 필요가 있고 기술할 능력이 있을 수) 있지만 밀리미터 단위로 코의 크기나 머리카락의 수에 따라 머리의 꼭대기의 크기를 그렇게 할 가능성은 없다.

기술의 수준에서와 마찬가지로 세분성도 담화 안뿐만 아니라 여러 소통 상황에 걸쳐 다양할 수 있다. 기술이 자세하면 할수록 화자와/나 수신자들에게 기술되는 것이 더 중요하다(Marcu, 1999). 몇몇 담화 갈래와 상황들은 자연과학 담화나 법률 담화에서 그러한 것처럼 매우 자세한 기술을 필요로 하는 반면, 신문 보도나 나날의 대화와 같은 다른 담화 갈래에서는 매우 덜 자세한 세부 내용이 허용될 수 있다. 여기서도 세분성의 다양한 정도에서 기저에 있는 상황 모형의 징후도 맥락 모형에서 표상된 것으로서 담화에 대한 제약과 그 기능에 달려 있음을 본다.

한편으로 신문 보도에서와 같이 대중적인 갈래에서 세부 내용이 제시될 때, 입국이민자들에 대한 뉴스 보도에서 잘 알려진 '숫자 놀음'의 경우에서 그러한 것처럼, 특별한 기능을 지닐 수 있는데, 이를테면 1장에서 논의한 『텔리그랩』지 기사가 있다.

(13) 4구역 지원으로 알려진 제도 아래서 은신처 요구소송을 하여 거절되었

지만 고국으로 지금은 돌아갈 수 없는 망명 신청자들에게는 숙박 시설과 생계비 지원이 주어진다. 2011년 9월까지 12개월 동안 전체 4,430명의 사람들에게 그와 같은 지원이 있었는데 하루에 12명에 이른다.

뉴스 보도에서는 그와 같은 양적인 정확성을 소통하는 수사적 기능을 지니고 있고 그에 따라 뉴스 기사가 정확성을 지니게 된다. 동시에 전체 기사에서 그러한 것처럼 '얼마나 많이' 입국이민에 쓰이고 있는지를 함의하고 그에 따라 입국이민자들에게 얼마나 많이 '납세자들'이 지불해야 하는지를 함의한다. 보수적인 언론사와 정부의 전략에서 낯익은 숫자 놀음은 (아래를 참고할 것) 부정적인 방식으로 입국이민과 입국이민자들을 제시하기 위한 조처이다.

지식의 표현에서 다른 곳에서 그러한 것처럼, 자연과학이나 법의학의 맥락에서 화자의 전문지식과 같은 경우 기술의 세분성이나 수준이 맥락 모형에 있는 사회에 대한 정보를 전제로 할 수 있다. 여기서도 도덕적인 문제가 끼어들 수 있는데, 이를테면 입말이나 글말의 매우 자세한 내용이 사회적 체면을 깎고 수신자들을 다치게 할 수 있다. 이를테면 자동차 사고의 세부 내용이나 신체적 손상의 세부 내용과 같은 지식을 사랑하는 존재와 소통할 때 필요한 '섬세한 행동'이 여기서도 필요할 수 있다.

7.3.4.4.3. 정확성과 흐릿함, 울타리치기[193]

기술의 수준과 세분성의 정도와 밀접하게 관련된 것은 기술되는 상황, 사건, 행위, 사람이나 물건에 대한 다양한 정확성precision이다(Ballmer and Pinkal, 1983; Bhatia, 2005; Drew, 2003; Gruber, 1993; Jackson, 2002; Jucker et. al., 2003; Myers, 1996; Shapiro, 2008; Van Deemter, 2010).

---

193) 'hedge'는 여러 가지 번역어들이 제안되었는데, 클락(Clark, 1996/2009, 앞의 책)에서는 '추궁대비 표현'이라는 용어를 제안하였다.

여러 갈래의 흐릿함이 있다. 흐릿함의 한 가지 유형은 어휘와 용어에서 비롯되는데, 이를테면 크기·색깔·온도와 같은 속성의 기술에서 나타나는 상대성에서 비롯된다. 작은 코끼리는 분명히 큰 쥐보다 더 크고 섭씨 40도는 몸의 온도나 기온에 관련되는 경우 매우 높지만 끓고 있는 물이나 별의 온도에 관련될 때에는 낮다. 또한 범주에 대한 이름은 어떤 묶음의 경계를 정하는 경우 원칙적으로 흐릿하다. 여러 갈래의 컵이 있는데 유리 잔과 비커, 손잡이가 있는 큰 컵과 경계를 이룬다. 로쉬(Rosch, 1975, 1978)에 의해 형식화된 제안에는 원형prototypes이라는 용어로 그와 같은 개념들에 대한 지식을 자리매김하였다(이제는 원형에 대한 방대해진 연구문헌 가운데 Cantor and Mischel, 1979; Kleiber, 1990; Taylor, 1989; Tsohatizdis, 1990을 참고할 것).

범주에 대한 '흐릿한' 지식을 넘어서 그러한 흐릿함이 정신 모형에 표상된 것으로서 전체 사건이나 상황의 수준에서도 있을 수 있다(Cantor, 1980; Smith, 1989). 한편으로 사람은 비교적 정확한 정신 모형을 지니고 있지만, 이를테면 수신자들의 감정을 다치지 않게 하기 위해 혹은 강한 사람들에게 공손하기 위해 혹은 죄에 빠지지 않기 위해 기술에서 상당할 정도로 흐릿함을 선택할 수 있다. 따라서 정치적 담화나 매체를 통한 담화는 인종주의자의 편견에 대한 기술을 피하고자 하며 흐릿한 용어인 '대중적인 불만'을 사용할 수 있다. 이런 용어 선택은 내집단의 부정적인 기술을 피하기 위해 이념을 담고 있는 입말과 글말의 대표적인 속성이다.

다른 말로 한다면, 언어적이거나 담화 속성에서 흐릿함과 인식론적 흐릿함을 구분하여야 한다. 특정의 소통 상황에서(이를테면 컵이나 의자 유형에 대해 다소 덜 적합한, 낮은 수준의 구분을 이용할 때 특정의 이 컵이나 이 의자를 가리키기 위해) 비록 어떤 모형에서 대상이나 상황에 대한 표상이 매우 정확할지라도 낱말의 선택에서 매우 흐릿할 수 있다. 이를테면 뉴스 보도에서 어떤 사건에 대한 기술도 마찬가지이다. 어떤 전쟁, 시민전쟁이나 혁명, 시민의 저항, 인종 갈등 등을 구체적으로 가리키더라도 특정의 사회적 갈등이나 정치적 갈등을 흐릿한 용어인 '갈등'으로 기술할 수 있다. 이는 때로 담화에서 이념적 배경의 부담을 덜어준다(Van Dijk, 1998).

이는 낱말과 담화의 의미 그리고 그와 연관된 상황 모형이 맥락에 따라 다양할 수 있음을 함의하다. 말하자면 서로 다른 시공간적 배경에서 그리고 서로 다른 목적을 위해 사용될 경우 그리고 서로 다른 화자가 있거나 서로 다른 독자가 있는 경우에도 맥락 모형에 의해 통제된다(Van Dijk, 2008a, 2009a). 일반적으로 차별이나 인종주의와 같은 용어로 흑인 여성이 사건들을 기술할 때 백인 참여자들이나 관찰자들은 그와 같은 용어로 절대로 기술하지 않을 수 있다(Essed, 1991). 이와 비슷하게 입국이민자들이나 소수자들에 대한 저자의 조사 연구에서 인종주의가 일반적으로 부정되거나 완화되며(Van Dijk, 1992), 인종주의라는 용어는 극단적인 우익과 비주류, 그리고 좀 더 교묘한 인종주의를 기술할 때에만 사용되도록 보류되고 있음을 발견하였다(Van Dijk, 1984a, 1987, 1991, 1993).

망명 신청자에 대해 1장에서 사례로 사용한 기사의 다음 부제를 살펴보기로 한다.

(14) 납세자들은, 이 나라에서 살 권리를 갖고 있지 않으면서 망명 신청에 실패한 사람들의 주거를 위해 하루에 100,000파운드 이상을 허비하고 있다.

이 뉴스 보도에서 양적 표현, 즉 하루에 십만 파운드 이상이 표제와 부제에서 두 번 나타남으로써 강조되는데 매우 정확한 듯하며 입국이민자들을 다룰 때 언론사의 숫자 놀음과 함께 보조를 맞추는 듯하지만(Van Dijk, 1991), (부)표제의 나머지 부분은 눈에 띌 정도로 흐릿하다. 총괄적 표현인 납세자the taxpayer의 사용은 모든 납세자들을 가리키지만 각각의 납세자가 하루에 10만 파운드를 지불하는 듯하며, 납세자로서 각각의 독자들에게 언급하는 방법은 망명 신청자들을 위해 나라에서 연간 4천만 파운드를 들인다고 말하는 방법과 다르다. 이와 비슷하게 망명 신청에 실패한 사람들failed asylum seekers라는 표현은 그들의 주장이 거절되었다는 사실을 흐릿하게 언급할 뿐만 아니라(수동태로, 즉 이런 주장을 거부한 사람이 누구인지를 생략하고 기사에 언급됨) 그들이 무엇인가를 잘못했다거나 마뜩하지 않음을 주장하고 있는 듯하다. 끝으로 이 나라에서 살 권리를 가지지 않은 사람이라는 표현은 불법성이라는 형태로 그들의 주장이 거절되었음을 기술하는, 한쪽으로 치우쳐 있고 흐릿한 방법이다. 결국, 인도주의적인 이유나 그들에 대한 법률적 검토가 끝나지 않았기 때문에 그들을 돌려보낼 수 없을 때에 국제법에 의해 그들에게는 그러한 권리가 있다. 흐릿함을 통해 외집단에 대한 부정적 속성을 귀속시키려 하거나 외집단의 희생자로 (납세자와 같은) 내집단에 제시하기 위해 사용될 수 있음을 볼 수 있다.

담화에서 그와 관련되는 의미론적 현상으로서 대화와 학술 담화에서 울타리치기hedging가, 화자나 필자가 연루됨을 제한하기 위해서 혹은 여기서도 개인적인 비판에서 체면 위협을 피하기 위한 조처로 널리 연구되어 왔다. 학술 담화에서 논문 결과에 대한 불확실성을 표현하기 위한 표준적인 수단일 뿐만 아니라 실수로 인해 있을 수 있는 부정적인 결과들을 제한하기 위한 수단이다. 그리고 그에 따라서 위험을 통제하는 전략으로서의 기능을 지닌다(Hyland, 1998; Markkanen and Schröder, 1997). 담화에서 울타리치기에 대한 설명이 여기서도 관련되는데 입말과 글말에서 지식에 대한 전략의 담화적 표현을 보여주기 때문이다. 믿음과 지식, 의견이 매우 분명한 경우에도 전문직업과 상호작용에 관련되는 규범과 제약이 여러 가지 방식, 이를테면 양상 표현(may, might)과 부사(아마도, 종종), 경감시키는 표현194)의 사용을 통해 울타리

---

194) 영어에서 'booklet'에서 '-let'와 같이 작음을 나타내는 표현이 있다. 우리말에서도 지금은 사라져 가고 있는 표현으로 자그마한 정성을 뜻하는 '촌지寸志'가 있는데, 여기서 '촌-'은 여기에서 이야기하고 있는 표현이다. 이런 표현의 사용은 우리말에서 일반적이다. 자신이나 자신과 관련된 일을 낮춤으로써 상대방을 배려하는 태도가 조상들의 언어

친 표현을 쓰도록 요구할 수 있다.

7.3.4.5. 증거대기의 특성evidentiality195)

언어학자들에 의해 초점과 주제에 대한 연구가 있고 난 뒤, 아마도
가장 많이 연구가 된 지식과 언어의 인식론적 속성은 증거대기|evidentials
이다. 어떤 언어에서 바로 문법에서 특별한 형태소나 접어clitics에 의해
서 이들이 언어로 실현되기 때문이다(방대한 참고문헌 가운데 Aikhenvald,
2004; Chafe and Nichols, 1986; Diewald and Smirnova, 2010; Kamio, 1997;
Mushin, 2001을 참고할 것). 이 주제에 대한 방대한 이전의 연구를 생각할
때 가장 관련성이 높은 연구들에 대한 촌평은커녕 검토하는 것도 가능
하지 않을 것이므로 이 책에서 제시하는 이론의 얼개 안에서 이 주제를
언급하기로 한다.

증거대기는 화자가 한 선언에 대하여 감각 지각(시각 등), 소문이나
추론과 같은 지식의 원천이 자기에게 있음을 지시하는 언어적 표현이
다. 증거대기를 표시하는 형태소를 지니고 있는 언어들에 대하여 연구
가 이뤄졌는데 여기에는 아메리카 인디언의 말, 몇몇 남동부 유럽의
말, 중동의 말과 아시아 말과 호주의 말 등이 있다. 1장에서 망명 신청
자들에게 대한 사례에서 본 것처럼 나날의 대화나 뉴스 보도에서 일반
적으로 그러하듯이 서유럽의 말들은 지식의 원천을 좀 더 명시적으로
어휘를 통해(이를테면 '들리는 바에 의하면 …'), 특별히 증거를 보여주는
절을 통해(이를테면 '나는 …을 보았다', '메어리가 나에게 …라고 말했다',
'나는 …이라고 논문에서 읽었다', '나는 …이라고 결론을 내린다'.) 표현한다.

실천관례에 반영되어 있는데, 김수업(1992)(『배달문학의 갈래와 속살』, 지식산업사)에
서도 지적하고 있듯이 만필이나 잡기 등은 낱말 뜻 그대로 너절하거나 잡스러운 글이
아닌 것이다.
195) 뒤친이는 이 책에서 이 표현을 처음 만났는데, 증거를 바치는 여러 가지 표현의 사용이
라 해석하여 이렇게 뒤치도록 한다.

(15) 영국 이주민 감시단 단장인 앤드류 그린 경은 "이것은 영국에 사람들이 머무르게 될 기한에 대한 눈금이다.

"그러나 결국 그들의 소송이 실패한다면 떠나야 하거나 제도 전체의 신뢰도가 완전히 무너진다."라고 말했다.

따라서 뉴스 기사의 기자는 분명하게 의견을 특정의 원천으로 돌리고 있다(앤드류 그린 경). 그는 신분(영국의 이민감시단 단장)이 밝혀졌고 그에 따라 이민 전문가인데 이런 사실들은 그 의견이 믿을 만한 출처와 증거에 근거를 두고 있음을 넌지시 비추고 있다. 물론 기자는 독자들에게 영국의 이주민 감시단이 보수 단체라는 점을 말하지 않았지만, 그곳의 누리집(www.migration.org)에 있는 표제에는 "영국에서 이민의 현재 기준에 신경을 쓰지만", 이는 "독자적이며, 자발적이고, 비정치적"이라고 말하고 있다. 흥미롭게도 전체 기사는 어떤 원천에도 귀속되지 않지만, 마치 기자(표제 밑에 있는 필자명에는 톰 화이트헤드 내무부 관련 편집자로 확인됨)가 사실의 중요한 원천인 것처럼 사건을 보도한다. 그렇지만 내무부 관련 회견 자료나 언론사 대상 요약자료에 근거를 두고 있을 가능성이 높다. 이 사례는 (명시적인) 증거대기가 입말과 글말의 원천을 확인할 뿐만 아니라 정보 제공자의 신용도196)와 그 정보의 신뢰도를 전달할 수 (실패할 수) 있고 그에 따라 화자(이런 경우 신문 기자)의 신용도와 뉴스 보도의 신뢰도를 전달할 수 (실패할 수) 있다.

증거대기는 종종 인식론적 입장이나 양상과 밀접한 관계 속에서 (때로는 혼동되어) 연구된다. 이들은, 이를테면 영어에서 조동사와 양상을 나타내는 부사(may, must, perhaps, maybe 등)로 표현되는데 그런 입장은 개인의 지식이나 믿음의 원천에 대하여 감지하고 있는 신뢰도에 영향을 미칠 수 있기 때문이다(Cornillie, 2009). 그러나 인식론적 증거대기와

---

196) 우리말에서 신용도는 주로 돈과 관련되어 쓰이기 때문에 오해의 여지가 있지만, 단어의 뜻 '그대로 믿고 쓸 수 있는 정도'를 가리킨다. 신뢰도와는 구별하기 위해 이 용어를 쓰기로 한다.

영상들이 담화에 독립적인 현상이기 때문에 이들을 따로 다루기로 한다. 아래에서 인식론적 의미에서 양상이라는 주제로 돌아올 것이다.

이 장과 이 책에서 관련되는 것은 앞에서 되살핀 세 가지 기본요소, 즉 사회적 구성요소와 인지적 구성요소, 담화적 구성요소를 결합하는 증거대기의 이론이다. 증거대기에 대한 사회적 차원은 앞에서 언급한 측면 몇 가지와 관련되어 있으며 대화의 인식론적 차원은 아래에서 언급하게 되는 권위나 책임감, 권한뿐만 아니라 화자의 신용도와 같이 대화와 관련이 있다. 지식을 얻고 믿음을 가지게 되는 방법으로 알맞기는 하지만, 인지적 차원은 일반적으로 증거대기에 대한 연구로서 매우 제한되어 있다. 그에 따라 저자는 여기에 초점을 모을 것이다. 끝으로 그 이론의 언어적 차원과 담화적 차원은 한편으로 다양한 언어의 문법에서 증거대기 표현을 다루었고 다른 한편으로 어수이나 순서를 따를 성질과 같은, 대화 구조에서 증거대기 표현을 다루었다.

7.3.4.5.1. 증거대기에 대한 인지적 조건: 정신 모형

앞에서 언급한 대부분의 연구들은 (시각이나 다른 감각 정보와 같은) 직접 정보와 (소문이나 추론과 같은) 간접 정보라는 용어를 통해 표지에 따라 표시된 정보의 원천을 범주화하거나 요약한다(Plungian, 2001을 참고할 것). 그러나 정보의 원천에 대한 그와 같은 범주화는 화자의 정신 모형의 관점에서 좀 더 명시적인 분석을 필요로 한다. 만약 정신 모형에서 표상을 했다면 구별할 수 있고 그에 따라 서로 다른 정보 원천을 다르게 표현하거나 표시할 수 있다.

따라서 우선적으로 증거대기와 관련되는 표현을 가능하게 해주는 바로 그 조건을 이해하기 위해서 그 인지적 토대를 간단하게 상기해 볼 필요가 있다. 현재의 사건이나 과거의 사건에 대한 선언을 할 수 있기 위해서 언어 사용자들은 어떤 정신 모형을 지니고 있어야 한다. 이 정신 모형은 행위주, 피동주, 관찰자[197]나 다른 역할로 자신들을 표상하는 자전적 기억 안에 저장되어 있다.

감각 지각(시각 등)의 다양한 방식과 같이 지식이나 믿음의 원천에 대한 명시적인 지시표현은 3장에서 기술된 것처럼 경험에 대한 다중 방식의 모형에 바탕을 두어야 한다. 따라서 지난 사건을 기술하고 그런 사건의 양상에 대하여 어떻게 알게 되었는가에 대한 설명을 제공하기 위해 화자는 먼저 이전의 지각 사건에서 습득한 그와 같은 정신 모형에 있는 관련되는 다중 정보를 활성화하여야 한다. 화자가 지니고 있는 이러한 지식의 좀 더 복잡한 토대를 강조하는 것이 중요하다. 연구문헌에서 증거대기의 표현을 지니고 별개의 사례들의 형태로 제시되는 사례들은 그러저러한 화자들에게 그와 같은 개별적인 정보들이 이용 가능함을 암시한다.

따라서 (이런 갈래의 연구에서 표준이 되는 사례로서) 밖에 비가 내리고 있다는, 시각적으로 습득된 정보는 자기Self를 중심으로 하며 (집이나 거리에 있는) 관찰자로서 나의 역할과 젖은 도로, 하늘 등이 있는 경험에서 나온 좀 더 복합한 모형의 일부이다.

그렇다면 만약 내가 거리가 완전히 젖어 있음을 발견한다면, 즉 비와 젖은 길을 관련짓는 일반적인 지식에 바탕을 둔 추론을 통해 닮은꼴의 정신 모형은 '지난 밤에 비가 왔다'는 정보를 제공한다. 연구문헌에서 그와 같은 추론들은 지식 습득의 두 번째 '원천'으로 언급되지만 먼저 이들이 어떻게, 즉 어떤 갈래의 지식으로부터 추론되는가를 보여주는 것이 중요하다. 그와 같은 추론은 정신 모형이 형성되는 순간이나 혹은 그 뒤 계속 이어지는 소통 행위가 이뤄지는 동안, 이를테면 현재의 목적을 위해 그런 정보를 필요로 하는 때에 도출된다(3장에서 검토된 인식론적 추론에 대한 심리학적 연구문헌을 참고할 것). 따라서 구름 낀 하늘로부터 비가 떨어짐, 길거리가 젖고 사람들이 젖기 시작하는 원인

---

197) 앞의 두 개념은 이른바 논항 구조 이론에서 의미론적 관점을 끌어들인 의미역 이론에서 나온 개념이다. 관찰자는 그보다 상위의 개념인 듯한데, 이런 개념들이 뒤섞이고 있다는 것은 아직까지 정신 모형에 대한 이론들이 성글게 정립되어 있음을 뜻하는 것은 아닌지 의심이 든다.

등으로부터 비 내림에 대한 그와 같은 추론은 정신 모형에서 표상된 것으로서 그리고 특정의 상황, 즉 특정의 정신 모형에 적용되는 비에 대한 일반적인 지식에서 표상된 것으로서 어떤 사건과 관련된 결과, 부분, 조짐198) 혹은 다른 속성들에 근거를 두고 있다.

우연히 일반적으로 사용되는 지식의 '원천'이라는 개념은 다중적인 지각과 추론을 언급할 때는 거의 적절하지 않다. 오히려 좀 더 일반적으로 지식의 '토대basis'(Bednarek, 2006)로서 혹은 정보를 얻는 다양한 방법이라고 언급해야 한다.199)

세 번째로 지식은 전통적으로 '소문'이라고 부르는 것으로부터 도출될 수 있는데 좀 더 적절하게 한다면 간단하게 담화나 글말, 입말로 불러야 한다. 여기서도 그와 같은 지식은, 먼저 의미론적 상황 모형(그와 같은 담화에서 표현되는 정보)과 화용론적 맥락 모형(소통 사건에 대한 구체적 표상)에서 표상된다. 날씨 보도나 어떤 친구의 전화 통화와 같이 다른 원천/방법으로부터 습득되는 정보의 표현으로서 어떤 진술을 현재에 맞게 표시하기 위한 토대를 이루는 것은 이 두 갈래의 정신 모형에 대해 이렇게 좀 더 복잡한 정보이다.

이런 탐색에 관련되는 자세한 과정을 이 장에서 무시한 이유는 각각의 이들 모형이 독립적으로 접속 가능하다고 하는 것이 적절하기 때문이다. 따라서 여기서는 담화의 '중재'(Plungian, 2001)를 통해 어떤 사건에 대해 읽거나 들은 것을 기억할 수 있지만 그와 같은 정보를 언제, 어떻게 그리고 누구로부터 얻었는지 잊어버릴 수도 있다. 혹은 그 반대로 논문을 읽었다거나 어떤 친구와의 대화를 기억할 수 있지만, 즉 구체적 사건 기억에서 관련되는 맥락 모형에 접속할 수 있지만 그 만남에 대해

---

198) 기호의 일부로서 필연성을 띠는 경우가 많다. 이를테면 비의 조짐은 마파람이 분다거나 하는 현상이 있다.

199) 특히 추론의 결과로 지식이 나오기 때문에 이 과정에서 어떤 정보와 정보가 합쳐지거나 줄이거나 삭제하기 때문에 이런 주장을 하게 되는 것이다. 자세한 설명을 좋아하는 저자가 왜 이 부분에서는 상세한 내용을 바치지 않는지 모르겠다.

상황 모형에서 표상되는 (의미론적) 정보가 더 이상 없을 수 있다. 말하자면 오늘 아침에 그 신문에 무엇이 있었는지 혹은 지난 주에 친구와 무엇을 이야기하였는지 더 이상 떠오르지 않을 수 있다. 지각에 바탕을 둔 경험 모형의 경우와 마찬가지로 여기서도 (이 둘을 함께 부를 수 있는) 이런 소통 모형은 관련되는 추론의 토대가 될 수 있다.

요약하자면 실질적으로 담화나 추론, 지각에 의해 습득되는 것으로 알려진 모든 지식이나 믿음은 활성화된 '이전의' 정신 모형으로부터 도출된다는 것이다. 어떤 (드문) 상황에서 언어 사용자들은 현재의 소통 상황에서 방금 습득하고 있는, 즉 이제 구성되고 있는 화용론적 정신 모형과 의미론적 정신 모형에서 표상된 것으로서, 이를테면 (라디오나 텔레비전에서 운동 중계와 같이) 실시간 촌평과 같은 지식을 표현하고 표지를 붙일 수 있다. 좀 더 일반적으로 명시적인 상위 촌평(제가 말하는 거 이해하고 있으신가요?)이나 담화 표지(아시다피시), 혹은 계속 이어지는 환경에 대한 촌평('셔츠 입고 있는 거 압니다'나 납득할 만한 추론, 즉 '새 셔츠 샀다는 거 알아요')이 여기에 해당될 수 있다.

현재의 정신 모형에 바탕을 두고 그와 같이 계속 이어지는 촌평에도 불구하고 대부분의 증거대기는 이전의 (소통 혹은 다른) 사건에 대한 더 이전의 정신 모형에 바탕을 두고 있다. 설명과 이야기에서 이전의 사건들이 일반적으로 표현되는 것이 놀랍지 않다(Mushin, 2001을 참고할 것).

이와 같은 이전의 모형에 대한 적절한 분석은 또한 증거대기에 관련되는 속성의 표현에 관련되는 정보를 제공해 준다. 무엇보다도 이전의 모형에서 자기Self로서 현재 화자의 역할을 보여주는데 경험주, 행위주, 피동주나 단순한 사건의 관찰자와 같은 다른 역할이 가능하다. 두 번째 이 모형은 다른 참여자들이 있는지 여부를 보여준다. 여기서도 참여자들은 서로 다른 역할을 지닐 수 있으며 '같은' 정보에 누가 접속하였는가에 대한 추론을 가능하게 하며(비록 사건에 대한 각각의 개인적인 모형에서 서로 다르게 표상되겠지만), 그 정보가 순전히 주관적인지 혹은 간주관적인지에 대한 추론을 가능하게 한다. 따라서 사람들은 다른 참여자들을 특정의 행위에 관련되어 있을 뿐만 아니라 사건이나 담화의 있을 수 있는 지각 주체로 목격할 수 있다. 그리고 그에 따라 그 사건에 대한 지식의 공동 원천으로 간주할 수 있다('우리가 … 보았다', '존이 … 보았다' 혹은 '당신은 우리가 … 보았다는 걸 기억하십니까' …). 간주관성에 따라 공유된 지식은 일반적으로 좀 더 믿을 만한 것으로 간주되고 경험이나 소통 모형과 같은 속성을 표시하는 것이 중요할 수 있다.

정신 모형에서 사건에 대한 표상은 분명히 상황들에 걸쳐 사건을 비판하고 일반화하며, 추상화하고 현재의 경험이 정상적인지 아니면 이상한지를 확고하게 하는 좀 더 분명한 방법을 제공한다. 말하자면 사건 그 자체가 일상에서 벗어났다는 관점에서 단순하게 기술하기보다는 그와 같은 경험이나 판단을 현재의 화자와 관련지을 필요가 있고 그리고 그에 따라 화자에 의해서 구성된 정신 모형에서 표상된다. 다른 경험에 대한 다른 정신 모형과의 비교를 가능하게 하거나, 그와 같은 사건에 대한 일반 지식으로부터 추론을 통해 도출되는 것으로서 정신 모형에 대한 예측을 가능하게 하는 것도 이런 정신 모형이다. 여기서도 사건에 대한 모든 형태의 이해 그리고 그에 따른 모든 갈래의 증거대기 속성들에 대한 조건들이 반드시 정신 모형에 근거를 두고 있다.

이와 비슷하게 사람들은 이전의 소통 모형에 기댈 뿐만 아니라 미래의 사건이나 행위의 계획에도 기댈 수 있는데 이들은 현재 화자의 소망, 바람이나 희망의 관점에서 '증거를 대는 속성으로' 표시되거나 기술될 수 있다.

끝으로 증거대기에 대한 실제 표현은 계속 이어지는 소통 사건의 맥락 모형에 의해 통제되는데 화자뿐만 아니라 수신자들의 현재 지식, 즉 역동적으로 바뀌는 공동 배경이 중요한 역할을 한다. 계속 이어지는 맥락 모형에 대한 이런 정보와 다른 정보들은 현재 지식의 원천이나 방법에 대한 어떤 갈래의 정보가 일반적인 의미에서 그리고 수신자들에게, 소통에 적합한 것으로 표지되어야 하는지를 조정한다. 신뢰도와 신용도, 설득을 위한 다른 조건과 같은 증거대기 표지로서 바로 그 기능을 명세화하는 것은 이런 현재의 맥락 모형인데 수신자가 선호하는 정신 모형, 즉 말하는 것을 믿고, 말하는 사람들이 믿을 만한 원천이라고 생각하는 것 등에 알맞도록 맞추어진다(Marín-Arress, 2009, 2011a, 2011b).

맥락 모형은 또한 소통의 관점, 즉 어떤 이야기나 뉴스 보도에 대한 이전의 모형에서 지금 찾아내어야 하는 것이 무엇인지를, 그리고 정보와 타당도와 화자의 신용도를 끌어올리기 위해 인식론적으로, 그와 같은 정보가 어떻게 표지되어야 하는지를 명세화한다. 따라서 신문에서 그것에 대해 나(도) 들었거나 읽었음을 보여주는 것보다 '내 눈'으로 어떤 사건을 목격하였음을 보여주는 것이 좀 더 적합할 것이다. 이와 비슷하게 어떤 사건을 목격한 다른 참여자들이 있었다고 말하는 것이 좀 더 적합하고 좀 더 믿을 만하다. 그리고 그에 따라 누군가로부터 그것을 들었다고 표현하기보다는 '우리가 그것을 보았다', '내가 그것을 봤다.', '내가 전문가의 글을 읽었다.'로 표현하는 것이 그러하다.

요약하자면 맥락 모형은, 먼저 (현재의 지식에 대한 믿음과 수신자들의 관심에 근거하여) 지금 어떤 정보가 소통되는데 적합한가를 분명하게 설정함으로써, 두 번째로 이전의 상황 모형과 맥락 모형에서 적합한 정보를 탐색함으로써, 세 번째로 지식의 원천과 방법에 대한 신뢰도와 그렇게 얻은 정보의 타당성을 표지하기 위해 지식이 어떻게 습득되는가를 표지함으로써, 끝으로 현재 화자의 신용도를 표지함으로써 결국 지식의 원천으로서 화자의 신뢰도를 표지함으로써 증거대기 속성을 통제한다.

유럽 남동부와 중동의 언어에서 증거대기의 문법화를 연구한 레젓드(Lazard, 2001: 362)는 비유적으로 화자를 '두 개로 분리된' 것으로 언급한다. 즉 하나는 지금 말하고 있는 화자이며 다른 하나는 이전에 보았거나 들었던 화자이다. 이 책에서 제시하는 얼개 안에서 화자는 현재의 화자를 가리키는데 그들의 입말이나 글말은, 진행되고 있는 소통 상황을 표상하는 현재의 맥락 모형에 의해 활성화되고 적합하게 맞추어진 (이전의) 경험이나 맥락 모형에 의해 통제된다.

증거대기에 대한 정신 모형은 서로 다른 언어에서 서로 다른 담화 갈래와 맥락에 따라 증거대기 표현의 활동에 대해 수행될 필요가 있는 새로운 경험적 연구를 설명하여야 한다. 일반적으로 경험에 대한 구체적 사건 모형, 좀 더 구체적으로는 소통 경험에 대한 구체적 사건 모형은 지연이 길어질수록 부분적으로만 접속이 가능한 경향이 있다(참고 문헌에 대해서는 3장을 참고할 것). 며칠 뒤 혹은 몇 주 뒤, 특히 몇 달 뒤에는, 대부분의 우리의 경험을 기억할 수 없으며 관련되는 몇몇 세부 내용들 가운데 두드러진 경험 가운데 몇 가지만을(이를테면 거시 구조) 기억할 뿐이다. 대부분의 앞선 소통 내용들은 잊히고, 그것으로부터 '배운' 것 몇몇 요소들만 기억한다(상황 모형). 이는 증거대기의 표현으로 이용 가능한 정보의 대부분이 어느 정도 지연이 있고 난 뒤 더 이상 접속이 불가능하거나 혹은 흐릿하게 그렇게 할 수 있을 뿐임을 의미한다. 따라서 이야기 전달과 그 인지적 토대에서 일반적으로 그러하듯이, 증거대기 표현의 사용은 진행되거나 최근의 일 혹은 두드러진 과거의 사건에 대한 묘사로 제한될 가능성이 높다(Chafe, 1980; DeConcini, 1990; Herman, 2003; King, 2000; Mushin, 2001; Neisser and Fivushi, 1994를 참고할 것).

서로 다른 갈래의 정신 모형에 기대어 담화 처리에 대하여 조금 자세한 인지 분석이 증거대기의 관리에 대한 좀 더 일관된 이론을 제공함을 보았다. 증거대기에 관한 연구문헌에서 이런 처리와 표상은 일반적으로 무시되었거나 당연시되었지만, 먼저 증거대기 속성이 어떻게 관련되고 왜 관련되는지에 대한 설명은 중요하다. 동시에 그와 같은 이론은 증거대기 문법에 대한 굳건한 의미론적 토대와 화용론적 토대를 제공한다.

형태론적 구조, 어휘적 구조나 다른 담화 구조로서 정보 습득의 원천이나 방법에 대한 정신 모형 이론은 더 발전된 이론적 분석과 관찰, 언어 유형학을 위해 매우 풍부한 얼개를 만들어낸다.

- 그것[정신 모형 이론: 뒤친이]은 지식의 습득에서 지각의 원천 좀 더 정확하게 말하면 방법들이 어떻게 고립된 시각(청각, 감각, 후각 등)의 개별

사례들일 뿐만 아니라 정신 모형에 표상된 것으로서 더 복잡한 다중 양상을 지닌 사건의 일부분임을 보여준다.

- 이와 같은 좀 더 복잡한 사건은 어떤 사건의 잘 알려지지 않은 (지각되지 않은) 측면에 대한 추론을 끌어내기 위한 자료를 제공한다.
- 이 모형은 다른 참여자들이나 관찰자들의 존재와 같이 입말이나 글말에서 드러내기 위해 필요할 수도 있는 다른 풍부한 일련의 증거들을 제공하고 그에 따라 공유된 접속과 간주관성의 유형에 대한 설명을 제공한다.
- 소통에서 이전의 의미론적 모형과 화용론적 모형은 둘 다 다른 원천('소문')으로 돌릴 수 있는 증거들을 제공한다. 그와 같은 (듣거나 읽은 사건에 대한) 담화의 상황 모형은 인간의 경험에 대한 고유의 정신 모형과 비슷할 수 있으며 그에 따라 인간이 지닌 모형들과 비교될 수 있고 개연성에 대하여 그리고 그에 따라 타당성을 판단할 수 있다.
- 이전의 상황 모형과 맥락 모형에 표상된 이런 정보는 그 자체로 현재의 담화 상황 모형을 통제하고 그에 따라 증거대기 표현을 통제하는, 활성화되고 선택되며 계속 이어지는 역동적인 맥락 모형을 적합하게 한다.
- 계속 이어지는 맥락 모형의 일부, 즉 참여자들의 권위, 전문성, 우선성 등의 사회인식론적 관계에 대한 표상은 앞에서 본 것처럼 또한 대화에서 어떤 정보를 언제 누구에게 표현할 수 있는지 혹은 표현하여야 하는지를 통제한다. 다른 말로 한다면 증거대기에 대한 정신 모형 이론은 동시에 일반적인 의미에서 대화와 상호작용에 대한 인식론의 인지적 토대를 바친다.

이런 일반적인 원리들을 염두에 두지만 여기서는 맥락 모형에서 어떻게 정확하게 증거대기가 관리되고 있는지 설명할 필요가 있다. 지금까지 상호작용이나 대화의 지식을 관리하는, 예컨대 어떤 (새로운) 지식이 지금 소통될 수 있는지 혹은 소통되어야 하는지 결정할 수 있도록 있을 수 있는 복잡한 공동 배경의 상세화에 간여하는, 지식 장치를 주로 중심으로 내세우면서 비교적 간단한 맥락 모형만 있었다. 증거대기에 대한 인지 모형에 기반을 둔 이론적 분석은 현재의 담화에서 지금 소통되고 있는 '새로운' 정보가 어디서 왔는가에 대해 언어 사용자의 (암묵적일 수도 있는) 자각을 낱낱이 밝힘으로써 이런 지식 장치가 좀 더 풍부해져야 함을 제안한다.

이는 맥락 모형에서 지식 장치들이 (이전의 맥락 모형을 포함하여) 경험에 대한 모형을 알려주는 신호pointer가 있어야 함을 의미한다. 이런 신호는 그와 같은 새로운 정보가 저장되는 구체적 사건 기억에 저장되어 있으며 보이거나 혹은 직접적으로 지각된 것이거나 모형에 다른 정보로부터 추론된 것 혹은 이전의 입말이나 글말에서 소통된 것으로 표상된다. 맥락 모형의 화용적 기능을 위해서 필요한 정보를 제공하는 것은 해당 정신 모형에서 표상된 지식에 대한 이런 의미론적 기반이다.

그와 같은 맥락 모형은 누가 어떤 정체성을 지니고 어떤 역할(전문성, 권위)을 하는지 어떤 갈래의 지식을 표현할 수 있으며 상호작용이나 담화의 어떤 부분에서 그러하지를 통제할 뿐만 아니라, 이를테면 가장 믿을 만한 방법을 통하여 습득될 때, 경험의 해당 모형에서 어떤 갈래의 정보가 가장 적합하고 설득력 있는 정보로서 선택되어야 하는지를 통제한다. 비록 그런 방법들이 때로 적절하지 않거나 담화나 맥락으로부터 분명하지 않지만 그리고 암묵적인 상태에 머물러 있을 수 있지만 화자가 어떻게 알고 있는지, 지식 습득의 방법이나 원천이 믿을 만한지, 그리고 특히 현재의 수신자와 현재의 소통 상황에서 어떻게 이들이 적절하게 되었는지를 보여주기 위해 분명한 증거대기로 그것들을 명확하게 기술하는 것이 사리에 맞다.

다음으로 화자가 너무 강하거나 약한 주장을 하고 있지 않은지를 확실하게 하기 위해 그리고 제시된 증거로부터 수신자들이 잘못된 결론을 이끌어내지 않도록 하기 위해 인식론적 방법들은 다소 믿을 만하고 다소 타당한 믿음을 산출하고 이런 점을 표현할 필요가 있다. 연구자들이 학술 담화에서 울타리치기 표현에 대한 연구로부터 알고 있듯이(앞을 참고할 것), 어떤 발견 내용을 발견하고 증명하며 주장하거나 단순히 제안한다고 말하는 것에 차이가 있으며 나날의 대화(내가 보았다거나 읽었다 혹은 단순히 무엇인가를 생각한다거나 추측한다)에서도 그와 같은 차이들이 있다. 따라서 일반적으로 화자가 방법이나 원천에 대한 신뢰도를 평가하는 방법의 수준에서 강함, 중간임, 약함 사이를 구별할 수 있다(Marín-Arrese, 2011a). 이런 수준들을 통해 도식으로 나타낸 〈그림 7.1〉에 표시된 것처럼, 현재의 소통에서 지식의 관리를 통제하는 지식 장치에서 표상된 것으로서 정보의 원천에 대한 구조를 읽어낼 수 있다.

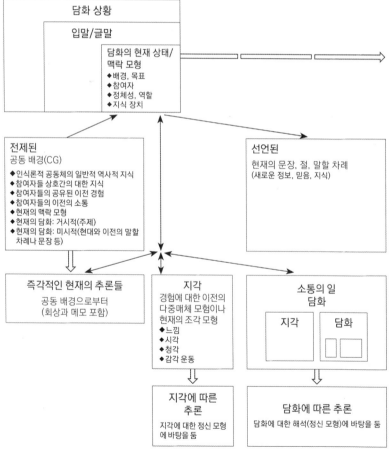

〈그림 7.1〉 현재의 소통에서 지식의 관리를 통제하는 정보 원천의 구조에 대한 도식

이 도식(그림 7.1)에 나타난 기본적인 생각은 지식의 습득에는 기본적으로 세 가지 방법, 즉 추론과, 지식, 담화나 소통밖에 없다는 것이다. 이들 각각의 방법은 그러나 순환적이다. 따라서 지각뿐만 아니라 담화는 추론에 의해 도달한 새로운 지식을 위한 입력물이 될 수 있고 담화는 다시 화자들이나 어떤 담화에서 인용된 담화를 위해 증거를 대는 방법이 될 수 있다. 이 도식에서 더 높은 수준에 그리고 더 왼쪽에 있을수록 지식 습득의 원천이나 방법으로서 좀 더 직접적이다. 이는 또한 추론이 언제나 간접적이지는 않으며 지각이나 다른 담화에 근거를 둘 때에만 직접적임을 보여준다. 해당되는 공동의 배경 지식으로부터 직접적으로 도출된 정보는 곧장 이용 가능하지만 우선적으로 외부적인 지식의 습득(지각이나 담화)을 필요로 하지는 않는다. 그것은 실제로 공유된 공동의 배경 지식(일반적인 지식이나 역사적인 지식, 이전의 공동 경험, 이전에 마주친 것이나 담화, 현재 상황이나 방금 말해진 것)으로부터 먼저 수신자들이 스스로 끌어낼 수 있는 정보이다.

토대로서 증거대기의 일반적인 정신 모형 이론을 지니게 됨에 따라 증거대기와 담화, 사회에 대한 좀 더 일반적이고 학제적인 이론으로 나아갈 수 있고 그 이론을 특정의 갈래와 상황에 적용할 수 있다.

따라서 소문은 일반적으로 법정에서는 증거로 인정되지 않지만 (Kurzon, 1988; Shuy, 1998), 추론은 '단순한 추측'이기 때문에 거부되고, 오직 직접적인 지각(이를테면 시각)의 형태만이 인정될 수 있다(Cutler, 2002, 2009). 게다가 그와 같은 증거에 대한 회의적인 반박은 목격이 '정상적인' 시력(약시, 충분한 조명, 전망, 근접성 등)으로 방해를 받지 않았다는 의미에서 '모든 정상적인 조건들'이 가능함을 강조함으로써 차단되지 않아야 한다. 이런 관례들은 증거대기에 대한 사회적인 기반을 가진 이론이 어떤 갈래의 정신 모형과 그런 모형의 어떤 속성들이 타당한 정보로서 요구되는가에 대해 한 걸음 더 나아간 제약이 필요함을 보여준다.

분명히 자연과학 담론은 증거에 대한 자체의 규범이 있으며 관찰과 기구의 사용, 실험과 논증에 대한 일반적인 방법과 누구의 출간물과 어떤 발간물이 특정의 학문이나 주제에서 권위를 지니고 있는가에 대한 규범이 있다.

증거대기에 대한 참고문헌에서 지식의 직접적인 원천과 간접적인 원천 사이를 구별하는 것이 관례적이다. 적어도 현재의 입말이나 글말이 대하여 있는 사태의 상태와 관련하여 지각은 일반적으로 직접적인 것으로 그리고 담화(소문이나 증언)와 추론은 간접적인 것으로 범주화된다. 매체에서 화자의 축자적인 인용에서 그러한 것처럼 어떤 사태의 상태가 그 자체로 어떤 담화일지라도 다른 사람이 말한 것이나 쓴 것에 대한 주장은 직접적일 수 있다는 점에 유의해야 한다.

또한 아래에서 보게 되듯이 직접적인 증거와 간접적인 증거가 언제나 서로 다른 신뢰의 정도에 대응하는 것은 아니다. 어떤 초보자의 직접적인 지각은 전문가의 보도에 있는 지각보다 덜 중요하게 간주되며 서로 다른 환경에서 시각적인 지각은 완벽한 추론에 바탕을 두고 있는 설득 논증보다 덜 믿을 만한 것으로 확인될 수 있다.

아래에서 보게 되듯이, 좀 더 일반적으로, 서로 다른 유형의 인식론적 원천이나 방법이, 화자나 수신자에게 귀속되는 것으로서 신뢰도나 타당도에 대응하는 것도 아니며, 이를테면 인식론적 양태로 표현되는 사태에 대한 확실성에도 대응하지 않는다. 증거대기 속성과 양상의 속성에 대한 모든 관찰에서 그러하듯이, 현재의 입말과 글말이나/과[200] 맥락과 관련하여 관찰이 이뤄져야 한다.

7.3.4.5.2. 증거로서 담화

이 책과 이 장에 특별히 관련이 있는 것은 증언이나 소문의 역할, 즉 믿음의 토대나 방법으로서 담화의 역할이다. 앞에서 자주 되풀이되

---

200) 우리말에서 나타나지 않는 접속으로 이 책에서는 여러 차례 나타나는데, 둘 다 혹은 하나를 선택할 수 있다. 즉 증거대기 속성, 양상의 속성이 입말+글말+맥락, 입말+글말 혹은 맥락과 관련하여 관찰이 이뤄져야 함을 나타낸다.

었듯이, 삶에서 마주치는 대부분의 맥락에서 학령의 첫 해부터 그 다음에 전문직(화이트칼라)에 이르기까지 입말과 글말은 믿음과 지식의 중요한 원천임을 의심할 수 없다. 일반적으로 증거대기에 대한 분석에 따르면, 담화에서 나온 증거들은 '간접적'이라는 특징을 지니며 그에 따라 직접적인 관찰보다 덜 미덥다. 자신의 개인적인 경험과 비교해 볼 때 다른 사람의 개인적 경험에 대한 담화에서만 그러하다. 그런 경우는, 이를테면 이야기 전달에서도 다른 화자들의 신용도에 달려 있다. 다른 많은 상황에서 거의 대부분의 학술 담화와 많은 정치적인 담화, 교육적인 담화에서 그러한 것처럼 유일한 원천은 담화이다. 저자의 유식함, 제시된 원천, 사용 방법의 신뢰도, 담화에 표상된 신뢰도에 의존하고 있기 때문에 담화 증거는 유일한 원천일 뿐만 아니라 매우 신용할 만한 원천일 수 있다.

데이비스(Davis, 2002)는 좀 더 철학적인 연구에서 어떤 측면에서 대화가 지식의 믿을 만한 원천을 다룰 수 있는지 검토하였다. 그라이스 Grice의 대화 규범에 따라 사람들은 진실을 말한다는 가정을 전제로 할 때 그들이 우리에게 말한 바를 믿을 수 있는 일차적인 증거가 있다. 그러나 세계에 대해서 우리가 알고 있는 대부분은 틀림없이 입말이나 글말로부터 일단 배운 것이고(구체적 사건 기억에 대해 심리학으로부터 알고 있는 것처럼) 언제, 어디서 그리고 누구로부터 배웠는지 더 이상 기억하지 않는다. 데이비스는 그와 같은 사실이 그와 같은 믿음을 확립되지 않은 것으로 거절할 이유는 아니라고 주장한다. 실제로 만약 사람들이 그 정도로 회의적이라면 어떤 공동체와 사회에서 공유된 지식의 대부분이 거부되어야 할 것이다.

이 책과 이장에서 다룬 담화와 지식에 대하여 사회를 중심으로 하는 이 연구와 다른 연구들로부터 저자는 지식이 인식론적일 뿐만 아니라 진실을 말할 것이라 가정하며, 그렇지 않으리라고 믿을 만한 충분한 이유가 있지 않는 한에서 일반적으로 다른 사람들이 말하는 것을 믿는다는 의미에서 도덕적이라는 점을 보게 된다. 다른 말로 한다면 참된 담화가 기본이며 그에 따라 믿을 만한 증거의 원천이다. 논증이나 합리화와 설득의 일부로서 믿음과 지식에 대한 방법이나 원천, 대화에 좀 더 체계적인 연구에서는 그와 같은 일반적인 규칙에 대한 형식화가 필요하다(Goldman, 1999를 참고할 것).

7.3.4.5.3. 증거대기의 상호작용에서 기능과 사회적 기능

담화에서 증거대기 속성의 활용 그 자체에 대한 조건은, 믿음과 지식에 대하여 관련되고 계속 이어지는 상태를 주관적으로 표상하는 것으로서 맥락 모형과 상황 모형의 관점에서 형식화될 필요가 있음을 보았다. 또 다른 문제는 어떤 상호작용 기능과 소통 기능들이 지식 습득의 원천이나 방법을 명시적으로 나타내거나 지시하는 유표적인 표현으로 나타나게 하는가 하는 점이다. 즉 언어 사용자들은 왜 증거대기에 기대는가, 왜 그것이 대화에서 혹은 담화에서 그들이 주장하는 바를 어떻게 알게 되었음을 보여주는 데 적합한가 하는 문제가 있다.

지식의 '간접적인' 원천 중 하나는 입말과 글말임을 보았다. 이 조건이 바로 재귀적으로 현재의 담화 그 자체에 적용된다. 이는 수신자에 대하여 믿을 만한 원천으로서 기능을 할 수 있도록 하기 위해 화자는 그들의 담화가 지식 습득에서 믿을 만한 원천, 방법에 근거를 두고 있음을 분명히 하고 그런 점이 수신자들이 납득할 만하게 분명하게 되어야 함을 의미한다.

매린-어리스(Marín-Arrese, 2011a: 790)는 앞에서 망명 신청자들에 대한 뉴스 보도의 사례에서 보았던 것처럼 지각된 타당성 정보와 원천의 신용도, 행위와 선언의 합리화를 끌어올리기 위해 증거대기의 설득적 기능을 강조한다. 그녀는 인식론적 모형에서 '힘의 역동성'이라는 차원의 관점에 기대어 더 넓은 얼개 안에서 설득적 기능을 강조하고 있는데 이런 모형에서 논리와 증거, 상식의 처리가 수신자들로 하여금 믿게 하는 힘일 수 있다(Langacker, 2009; Sweester, 1990; Talmy, 1985를 참고할 것).

화자나 필자는 증거대기와 입말과 글말에서 다른 구조의 특성 활용과 같은 일련의 신용도를 높이는 조처와 전략에 기댈 필요가 있다. 따라서 그들은 자신들이 지니고 있는 지식에 대한 시각적 경험, 담화나 추론을 언급할 수 있을 뿐만 아니라 그들의 시력이나 청력이 왜 흠잡을 데 없다든가, 왜 특정의 담화 정보원이 식견이 있다거나, 그들의 논증이나 이유가 왜 타당한가에 대한 자세한 논증에 몰두할 수 있다. 다른 말로 한다면 증거대기는 언제나 홀로 나타나지 않으며 (비)격식적 증거나 복잡한 증거의 일부일 수 있다.

이를테면 지각의 신용도를 높이는 한 가지 방법은 나날의 이야기 전달뿐만 아니라 뉴스 보도, 법정에서의 증언이나 학교의 담화에서 나타나는 것처럼, 만들어낼 수 없는 사건의 많은 세부 내용들을 언급하는 것이다(Van Dijk, 1984a, 1988a, 1988b).

어떤 원천으로서 다른 담화를 이용할 때 그와 같은 원천을 있는 그대로 인용함으로써 이를[신용도를 높이는 다른 방법: 뒤친이] 보여줄 수 있다. 그렇게 함으로써 현재 화자나 필자의 신용도를 끌어올 뿐만 아니라, 정보원의 의견과 전달자의 의견이 다를 경우, 혹은 뉴스 보도(Van Dijk, 1988a, 1991)에서 일상적으로 나타나는 것처럼 신뢰도나 정보원으로부터 허용된 의견에 의심이 들 때 혹은 자신의 이전 담화와 관련하여 거리가 있음 표시하기 위해(Lazard, 2001: 362) 정보원으로부터 거리를 둘 수 있다.

그렇다면 좀 더 일반적으로, 다른 갈래의 증거대기뿐만 아니라 다른 인지적 전략들이, 화자들의 신용도와 지식의 원천으로서 그리고 이전에 접속하였던 믿을 만한 원천이나 보도된 사건에 접속하거나 접속하였던 권위를 지닌 사람으로서 신뢰도를 확립하거나 확실하게 하고, 신뢰도를 끌어올리기 위해 사용된다.

해벌런드(Haviland, 1987)는 증거대기의 많은 기능 가운데 참여자들이 대화에서 진실의 문제로 말싸움을 하는 경우 '말싸움의 낱말'201)로 상호작용에서 사용될 수 있음을 강조하였다. 그리고 화자들이나 수신자들이 어떻게 그것을 아는가를 언어로 표현할 수 있을 뿐만 아니라 도덕적으로 무엇을 알아야 하는가를 언어로 표현할 수 있음을 강조하였다.

정신 모형은 먼저 증거대기 표현과 전략에 관여하기 위해 그리고 어떻게 그렇게 하는가에 필요한 정보를 제공하지만, 소통의 유형과 갈래는 왜 화자들이 그런 전략들에 의지하고 있는가를 설명해 준다. 화행 분석과 대화 분석에서 보았고, 앞에서 보게 되는 것처럼 신용도, 책임감, 권위와 권한과 같은 개념들은 입말과 글말의 인식론적 구조에서 어떤 역할을 한다(Fox, 2001; Stivers et. al., 2011a).

좀 더 일반적으로 그와 같은 기준들은 입말과 글말에서 증거대기와 그 전략에 대한 연구의 필요성을 강조하는데 고립된 본보기[202] 문장에서 표현된 것이 아니라 증거대기에 대한 많은 언어학적 연구의 중심적인 사례에서 그러한 것처럼 지식의 원천에 대한 개별 표현뿐만 아니라, 역동적인 상호작용의 부분으로서 그리고 소통 상황의 일부로서 연구할 필요가 있다(Clift, 2006; Hill and Irvine, 1993; 위에서 언급된, 지식에 관련된 대화 분석 연구의 참고문헌도 참고할 것).

따라서 폭스(Fox, 2001)는 증거대기 속성에 대한 상호작용적 접근의 필요성을 검토하고 강조하는 연구에서, 같은 화자가 같은 진술 내용을 서로 다른 수신자들에게 서로 다른 증거대기 전략을 사용할 수 있음을 보여준다. 한 곳에서는 ('분명히'와 같은 부사와 함께) 소문으로 표시하고, 다른 맥락에서는 자신의 지식으로 표현한다. 즉 증거대기로 표시하지 않거나 (다른 원천으로부터 추론된 지식처럼) 영−증거대기로 표현한다. 여기서 제시한 이론적 얼개 안에서 화자는 정보의 원천을 표상하는

---

201) 인지언어학자인 레이코프(Lakoff)가 여러 저작을 통해 강조하였던 '프레임frame'이나 토마스 쿤(T. Kuhn)이 내세운 '패러다임paradigm: 보는 틀'들도 넓은 범위에서 말싸움의 낱말이 될 수 있다(여기에 대해서는 허선익(2019ㄱ), 58~215쪽을 참고).

202) 신현정(2011), 『개념과 범주적 사고』(학지사, 45쪽)에서는 사례와 본보기를 구분하였다. 즉 사례는 실제 세상에 있는 개별 대상이나 사건을 가리키고, 본보기는 우리의 기억에 표상된 사례를 가리킨다고 하였다.

(이전과) 같은 맥락 모형을 활성화하지만 그것은 현재의 맥락 모형에 달려 있음을 의미하며 그에 따라 그런 정보가 수신자의 고유한 지식이나 다른 원천으로부터 도출된 지식으로 제시되든 그렇지 않든 수신자에 대한 표상과 그에 따라 수신자들이 지니고 있을 수 있는 관심사나 기준에 달려 있음을 의미한다. 다른 말로 한다면 증거를 대는 표현의 사용은 수신자, 그리고 특히 현재의 담화나 담화 조각이 수신자들에게 어떤 인상을 주게 되는가를 포함하여 소통 상황에 대한 적절한 기준을 지니고 있는 화자에 의해서 이뤄지는 상세한 평가에 달려 있다.

증거대기에 대한 해석을 위해서 대화에서 상황 맥락과 입장의 적합성은 다양한 연구자들의 주목을 받았다(Heritage and Raymond, 2005). 따라서 클리프트(Clift, 2006)에서는 어떤 화자의 이전 담화를 가리키는 표현(내가 …라고 말했지)은 이전 화자의 평가에 대한 동의를 보여줄 수 있을 뿐만 아니라 이전의 문제에 대해 촌평을 하고 분명하게 이야기하였음을 보여줌으로써 평가에서 우위성을 주장하는 평가 상황에서 나타날 수 있음을 보여주었다. 다른 말로 한다면 대화에서 자신의 발화를 되풀이하는 일은 증거의 한 형태로서 기능을 할 수 있으며, 그에 따라 화자의 권위를 세우거나 주장하는 상호작용을 위한 증거대기로서의 기능을 한다(Clift, 2006: 583).

덧붙여 말하자면 클리프트(Clift, 2006)에서 인용된 내용으로, 대화에서 이전 행위의 역할을 강조하면서 대화에서 발언권 교체의 원천으로서 화자들의 의도를 부정하는 스케칼로프(Schegaloff, 2003)의 주장과는 반대로, 대화에서 이전 행위는 오로지 다음 화자의 행위를 간접적으로, 즉 해석이 이뤄지고 난 뒤에 조건화할 수 있다는 점을 기억해야 한다. 입말과 글말을 상호작용으로 환원시키는 일은 다음의 화자가 이전의 말할 차례와 행위를 이해하고 해석하며 표상하는 많은 방법들을 어떻게 지니게 되었는가, 그리고 그에 따라 다음의 화자들은 이전의 행위 그 자체가 아니라(이를테면, 약속인가 위협인가에 따라 수립되는)[203] 계속 이어지는 정신 모형에서 행위들을 표상하는 서로 다른 많은 방법에 따라 어떻게 '반작용'을 할 수 있는지를 설명할 수 없다. 언제나 세 층위의 분석이 필요하다. (i) 매개하는 인지적 토대 층위, (ii) 사회적 맥락과 소통의 층위, (iii) 입말과 글말의 순차적인 구성에서 역동성 층위에 대한 분석이 필요한 것이다.

폭스(Fox, 2001)는 증거대기가 주장에 대한 화자들의 신용도와 책임 감을 전달하는 것에 그치지 않을 수 있다는 점을 강조한다. 앞에서 제안하였던 것처럼 증거대기 표현들은 어떤 정보에 대한 책임으로서 [전달 내용의: 뒤친이] 구성이나 원천으로부터 화자와의 거리를 두는 데 쓰일 수 있다. 폭스 자신의 논문에서 다른 논문을 인용하는 경우에 서 그러하고, 실제로 학술 논문에서 일반적으로 그러한 것처럼, 한편으 로 누가 전문가로 인식되는지 혹은 어떤 연구 패러다임에 속하는지를 보여주는 방법이 있다. 다른 한편으로 비판적으로 인용하는 경우 다른 사람들의 의견으로부터 거리를 표시하는 기능을 한다. 같은 논문에서 그녀는 증거대기 표지 '나는 알아요'의 사용은 어떤 가정에 대한 방문 자로서 어떤 화자가, 아이의 부정적인 행위에 대하여 촌평을 할 때 그 아이의 어머니가 지닐지도 모르는 책임감이나 권한을 그 화자가 가지고 싶지 않은 상황에서의 적합함을 보여주었다.

캐미오(Kamio, 1977)는 일본어의 문법 표지에 대한 연구에서 증거대 기 표현의 다른 사회적 측면, 즉 어떤 진술이 딸려 있는 '정보의 영역'이 라는 측면을 강조한다. 그에 따르면 참여자나 전문가로서 어떤 영역에 낯설거나 접속할 수 없는 화자는 일반적으로 자신의 지식으로서가 아 니라 다른 식견 있는 화자들로부터 나온 것으로 그 영역에 대한 어떤 진술을 할 것이라 예상한다.

---

203) 아무런 맥락이 없을 때 '이걸 던져 버릴 거야.'는 약속인지 협박인지 해석이 불가능하다. 오직 맥락이 있을 때에만, 그리고 그에 따른 수신자의 해석과 행위를 통해 그것을 확인 할 수 있다. 그리고 입말과 글말을 상호작용으로 환원시키기 어려운 점도 화자나 수신자 가 지니고 있는 복잡한 정신 모형과 맥락 모형 때문에 발생한다. 이는 좁은 의미의 '대화 분석'에 대한 비판이 담겨 있다고 생각한다. 전체적으로 이 단락은 증거대기와 직접적으로 관련이 없기 때문에 제시하는 내용 자체가 맥락에 맞지 않고 어색하다.

학술 담화에서 증거대기 표현은 이전의 연구들을 참조할 때 생각이나 진술의 원천(들)을 설명하기 위한 필수적인 조처로 많은 방법들을 사용한다. 그러한 증거대기 표현은 여러 가지 기능을 한다. 먼저 참고 문헌 등은 독창성을 인정하고 그에 따라 다른 학자들의 인식론적 우위를 인정한다. 두 번째로 그와 같은 참고문헌은 (믿을 만한) 정보원을 제공함으로써 어떤 연구의 신용도를 강조한다. 동시에 세 번째로 다른 학자들에게로 귀속되는 생각으로부터 자신의 연구를 어느 정도 거리를 두게 할 수 있다. 그러한 참고문헌이 매우 흐릿하게 제시된, 인종주의에 대한 『위키피디아』 항목을 앞에서 보았다.

(16) 인종주의에 대한 『위키피디아』 항목

(i) 인종주의는 일반적으로 (…) 관점으로 자리매김된다.

(ii) 인종주의에 대한 정확한 자리매김은 (…) 다툼의 여지가 있다.

(iii) (…)에 대하여 학술적인 일치가 거의 없다.

(iv) 비판가들은 (…)라고 주장한다.

(v) 어떤 자리매김에서는 (…)라는 어떤 가정을 따르고 있다.

(vi) 다른 자리매김에서는 (…)를 포함할 뿐이다.

(vii) 어떻게 (…)를 자리매김할 것인가 하는 문제들 가운데

(viii) 인종주의와 인종 차별은 종종 (…)라는 차별을 기술하기 위해 이용된다.

(ix) 국제 연합의 규정에 따르면 (…)

(x) 정치학에서 인종주의는 일반적으로 우익의 극단에 (…) 자리하고 있다.

(xi) 인종주의의 이념과 관례들은 국제 연합의 인권 선언에서 포괄적으로 비난을 받는다.

비록 이 항목의 끝에 참고문헌을 제시하기는 하지만, 이 글의 범위 안에 귀속될 수 있는 시각들은 흐릿하게 '일반적인'이나 '보편적인' 자리매김에 귀속된다. 오직 국제 연합만이 이 글에서 특정한 원천으로 언급되고 있다.

7.3.4.5.4. 증거대기의 언어적 표현

소통 상황에서 증거대기의 일반적인 조건뿐만 아니라 사회적 기능, 용법과 함께 증거대기는 서로 다른 언어의 입말과 글말에서 다양하게 표지되고 표현될 수 있다. 따라서 앞서 지적한 것처럼 대부분의 언어학적 연구는 특정의 언어(이를테면 아메리카 인디언의 말)에서 증거대기를 위한 구체적이고 명시적인 형태소에 초점을 맞추고 그것을 비교한다. 일반적으로 동사와 관련이 있는 그와 같은 형태론적인 구조는 어떤 문장 안에서 지식이 시각이나 청각 혹은 다른 감각 정보를 통해 직접적으로 표현되거나 이전의 담화('소문')와 추론에 의해 간접적으로 표현된다는 것을 나타낼 수 있다. 서구의 언어들에서는 증거대기를 위한 형태론적 표지들이 없지만, 어휘적인 수단이나 전체 절을 통해 지식 습득의 방법이나 원천을 표현한다(이를테면 '…라는 것을 보았다.', '…라고 읽었다.', '메리가 …라고 말했다.' 등등)(일반적인 소개와 조사 연구에 대해서는, 특히 Aikhenvald, 2004; Chafe and Nichols, 1986; Diewald and Smirnova, 2010; Givón, 1989; Mushi, 2001을 참고할 것).

모든 언어학자들이 증거대기를 기술하는 방식에 동의하지는 않는다. 그에 따라 보이와 하더(Boye and Harder, 2009)는 연구자들을 다음과 같이 구분한다. (i) (Aikhenvald, 2004에서처럼) 정보의 출처에 대한 문법적인 표지로 기술하는 입장인데 이런 표지들은 언어마다 서로 다르다. (ii) (Chafe and Nichols, 1986과 같이) 좀 더 넓게 다른 많은 문법적인 구조 이상에서 표현될 수 있는 의미론적 현상이나 인식론적 양상으로 기술하는 입장이다. (iii) 문법 구조나 (연구자들 스스로 표상하는) 다른 언어 구조에 독립해서 인지적 기능이나 소통 기능 혹은 화용론적 현상으로 기술하는 입장이다. 인지언어학에서 내세운 보는 틀paradigm 안에서 시간이나 상, 양상이나 인칭과 같이 언어의 '실체가 있는 영역'으로 기술하는데 이는 서로 다른 언어에서 여러 가지 방식으로 부호화될 수 있다.

지금까지 증거대기에 대한 담화론적 접근과 상호작용적 접근이 낱말이나 문장 형태의 증거대기 표지에 대한 연구에 국한되지 않고 좀 더 넓게 소통 상황에서 지식과 믿음의 습득을 위한 방법이나 원천을 가리키는 기능과 표현들을 검토하였다. 또한 지식의 원천과 관련하여 (Fox, 2001) 혹은 전체 지식 영역(Kamio, 1977)과 관련하여 권위나 우호적인 관계 혹은 거리두기와 같은 경우에 대하여 이와 같은 표현의 사용과 사용하지 않음에서 사회적 의미도 검토하였다.

그러나 많은 언어학적 연구들은 증거대기의 형식적인 속성만을 검토하였다. 그에 따라 여러 연구들은, 이를테면 (영어에서 '틀림없다must' 나 '분명하다it is obvious'에서 그러한 것처럼) 같은 표현이 한편으로는 추론에 따른 강한 증거대기를 나타내거나 다른 한편으로 화자의 확신 정도를 나타낼 수 있다는 의미에서 증거대기와 인식론적 양상 사이의 밀접한 관계를 발견하였다(Aijmer, 2009; Cornillie, 2009). 아래에서 증거대기와 관련하여 인식론적 양상이란 주제로 돌아올 것이다.

사이먼스(Simons, 2007)는 내포 동사 뒤에 나오는 전제와 증거대기의 관계에 대한 연구에서 (존이 해고되었다고 메리가 말했다/믿는다/암시한다 said/believe/suggest와 같은) 동사들은 (소문을) 매개하는 증거대기를 표시할 뿐만 아니라 동시에 원천의 신뢰도를 표시하고 있음을 보여준다. 특히 그녀는 그와 같은 동사의 내포절은 종종 발화에서 '중요한 내용'을 표현하는 반면 안은문장(주절)은 안긴문장(내포절)에 표현된 정보의 출처를 표시하는 것과 같은 담화 기능을 지닌다는 점을 강조한다. '중요한 내용'이란 개념을 자리매김하기는 쉽지 않지만 상호작용을 통해, 이를테면 어떤 의문문에서 묻는 내용과 같이, 수신자가 알기를 원하는 정보의 갈래로 자리매김할 수 있다(이를테면 위 예문에서 존에게 일어난 일). 물론 같은 예문에서 질문은 (이를테면 그녀의 어떤 남자 형제에서와 같이) 메어리에 대하여 있을 수 있는데 안은문장이 그 주요 내용을 표현한다.

맥크레이디와 오가타(McCready and Ogata, 2007)는 일본 말에서, 이를테면 조건을 나타내는 표현에 그리고 양상에 관련되는 다른 연산자나 조응 표현과의 관계에 안겨 있는 경우 일정한 범위 안에서 그들의 행태 行態를 전제로 할 때 증거대기가 인식론적 양상과 명제의 일부로 분석 되어야 함을 보여주었다. 좀 더 일반적으로 추론에 바탕을 둔 증거대기 는 가능성에 대한 평가를 중요한 특징으로 하고 그에 따라 양상 속성을 주도한다(Chafe and Nichols, 1986).

증거대기와 인식론적 양상의 속성 사이에 밀접한 관계가 있음에도 불구하고, 대부분의 연구자들은 언어의 이런 서로 다른 차원을 구별해 야 한다고 강조한다. 증거를 대는 표현은 믿음이나 정보 습득의 방법이 나 원천을 표시할 뿐이지만 양상 속성은 어떤 원천으로 나온 것이든 정보가 타당한 방법으로 평가되는 방법과 사태의 상태에 대한 진술이 나 화자의 확신에 대한 화자의 이러저런 간여에 대한 논거로서 평가되 는 방법을 지시한다는 것이다(Aikhenvald, 2004; Faller, 2006을 참고할 것).

뉴스 담화에서 증거대기에 대해 덩잇글에 기반을 둔 더 폭넓은 연구 에서 베나렉(Bednarek, 2006)은 그녀가 인식론적 자리매김이라 부르는 것에 기대어 입장이나 인식론적 양상 속성과 증거대기에 대한 분석을 결합하였다. 그녀는 한편으로 엄밀한 의미에서 정보의 출처(일반적으 로 자기Self 때로는 다른 이Other가 있는데, Squartini, 2008을 참고할 것)들을 구별하고, 다른 한편으로 지각, 일반 지식, 증거, 흐릿함, 불특정성, 소문이나 '수군거림mindsay'204)(다른 사람에게 귀속되는 생각들)과 같은 지 식의 내적 토대나 외적 토대(이를 스콰르티니가 방식modes이라 부르고 이

---

204) 이 단어는 영어 사전에 등재되어 있지 않다. 일찍이 국어교육에서 빗방울 김수업 선생 님이 '속말하기'라는 용어를 쓴 적이 있는데, 일종의 사고 과정으로서 소리 내어 말하기 에 앞서 마음으로 말할 내용을 미리 살피는 일을 그렇게 불렀다. 처음에 뒤친이 생각에 는 그런 의미로 받아들였지만, 뒤에 나오는 ( ) 안의 내용을 살피고 앞에 있는 접속사 'or'를 고려하면서 수군거림이 더 적절하다고 생각하여 이렇게 뒤친다. 네이버 국어사전 에서 '수군거림'은 "남이 알아듣지 못하도록 낮은 목소리로 자꾸 가만가만 이야기하다." 의 뜻으로 풀이되어 있다. '수군거림'은 국외자가 듣기에는 말하는 내용이 분명하지 않으나, 대부분 말하는 주체 혹은 그 수군거림에 참여하는 사람들은 그 내용이 어떠하다 는 것을 짐작하고 있고, 그런 의미에서 증거대기에서는 흐릿한 정도로 정보의 원천을 남에게 돌릴 수 있다고 생각한다.

책의 앞에서는 방법method205)이라고 부름) 혹은 여러 갈래의 증거들을 구별한다. 베나렉은 영국 언론사의 뉴스 보도에서 복합 문장의 안긴 절과 안은 절을 대상으로 하여 개념틀의 관점에 따라 자신의 얼개를 적용하였다. 그에 따라 뉴스 보도에서 어떤 문장은 어떤 원천(어떤 다른 사람)에 의한 (토대로서) 소문에 바탕을 둘 수 있으며 그와 같은 정보는 다시 지각의 관점에서 규정된 사건들을 중심으로 할 수 있다. 여기서 각각의 정보 단위들은 참여자들이 지니고 있는 강한 확인이나 약한 확신으로 표시될 수 있다. 따라서 증거대기 속성과 양상이 묶인다. 또한 추론들은 (이를테면 '이는 …을 뜻한다.'로 표현되는 것처럼) 일반적인 지식과의 관계나 혹은 논증적인 뒷받침argumentative backing으로 좀 더 분명하게 표현된다. 뉴스에서 매우 복잡한 문장에 대한 이러한 자세한 경험적 연구에서 중요한 것은 어떻게 복잡한 인식론적 자리매김(증거대기 속성과 양상 속성)이 얽혀 있는가 하는 점뿐만 아니라 복합 구문에서 어떻게 조건을 나타내는 표현들이 순환적일 수 있는가 하는 점이다. 따라서 여기서도 어떤 덩잇글에서 증거대기와 양상에 대하여 유효한 것은 그런 덩잇글에서 인용된 덩잇글에도 적용될 수 있다(만약 인용된 덩잇글이 필자의 믿을 만한 지각, 믿을 만한 추론과 믿을 만하고 신용이 있는 필자, 이를테면 전문가의 인용에 바탕을 두고 있다면 좀 더 믿을 만하고 신용이 있게 된다).

이런 몇 가지 촌평을 통해 증거대기의 속성에 대하여 좀 더 넓은 사회 인지적 관점을 취하는 것이 의미가 있으며 정보의 출처와 관련된 연구에서 형태론적 표지에 대한 비교 유형론적 연구에 국한되지 않음

---

205) 국립국어원의 표준어사전을 싣고 있는 네이버 국어사전에는 이 둘의 차이가 구별되지 않는다. 즉 방법은 '어떤 일을 해 나가거나 목적을 이루기 위하여 취하는 수단이나 방식'이고, 방식은 '일정한 방법이나 형식늑법식'으로 되어 있다. 이 두 낱말을 동의어로 보고 있는데, 뒤친이는 유의어로 풀이하는 것이 옳다고 생각한다. '방법'은 문제를 해결하기 위해 시도하는 여러 가지 절차나 절차에 따른 솜씨를 가리키며 '방식'은 여기에 그러한 절차나 솜씨의 사용 모습이나 양태가 더 들어가 있다고 볼 수 있을 듯하다. 그에 따라 '방법'에 대해서는 좋다/나쁘다와 같은 평가가 가능하지만, '방식'에 대해서는 다양한 잣대에 따라 평가가 가능하다(좋다/나쁘다, 버릇이 있다/없다, 얌전하다/건방지다 등등).

을 본다. 오히려 서로 다른 언어는 언어 사용자들이 선언 맥락에서 담화에 대한 증거로 제공된 지식을 어떻게 습득하였는가를 보여주는 다른 방법들을 지니고 있다.

지식의 원천이나 방법에 대한 어휘적 표현이나 절을 통한 표현은 좀 더 넓은 담화 분석의 얼개와 대화 분석의 얼개 안에서 연구되어야 한다. 증거대기 속성은 따라서 정보의 타당성과 화자의 신뢰성을 보여주는 논증이나 논거, 원천이나 방법을 설득력 있게 보여주는 좀 더 정교한 전략과 상호작용 전략의 일부로 연구되어야 한다.

게다가 좀 더 대화에 집중하고 있는 접근에서는 담화에서 지식과 입장의 표현, 그리고 그러한 지식의 표현에 대해 반응하거나 지식을 표현하는 참여자들의 권한, 우위성, 접속(가능성)의 표현을 위해 증거대기가 어떻게 좀 더 넓은 상호작용 관리의 일부인지 보여준다.

여기서는 관련되는 문제의 복잡성을 전제로 하여 정신 모형, 상호작용과 사회적 의미와 제약, 복잡한 담화 구조를 고려하면서 지식의 원천이나 방법을 분명하게 하는 이론적 얼개를 옹호하여 왔다.

7.3.4.6. 인식론적 양상: 확실성의 정도

증거대기와 밀접하게 관련된 것으로, 그리고 인식론적 배경을 지닌 언어학적인 결과라는 의미에서, 이제 인식론적 입장과 양상에 간단하게 초점을 맞추어 볼 필요가 있다. 다시 말하자면 영어에서 일반적으로 양상 동사(···인 듯하다 seem, appear), 양상 조동사(may, might, could, must 등), 부사(아마도, ···일 것이다 perhaps, likely)로 표현되고 있는 사태의 상태, 지각된 개연성, 화자가 대하여 있는 (불)확실성의 표현에 초점을 맞추어 볼 필요가 있다(Bybee and Fleischmann, 1995; Egan, 2007; Kärkäinen, 2003; Marín-Arrese, 2006, 2011a; Nuyts, 2001a, 2001b; Simon-Vandenbergen, 2008을 참고할 것).

먼저 담화의 인식론적 구조의 갈래에 붙이는 이름에 대해 언급하기로 한다. 학문을 위한 영어에서 비록 널리 사용되고 있지만, 다른 유럽 언어에서 입장과 분명히 동치를 보이는 표현이 없다. 그래서 네덜란드 말에서는 'hounding', 독일 말에서는 'Haltung', 스페인 말에서는 'actitud'나 'postura' 등과 같이 일반적으로 태도의 의미에 좀 더 가까운 개념들로 번역된다. 4장에서 태도를 입국이민이나 낙태에 대한 태도와 같이 특정 대상에 매여 있고 이념에 바탕을 두며 사회적으로 공유된 정신적 표상으로 자리매김하였다. 이러한 이유로 인식론적 양상의 표현으로 언급할 것이며, 개인적인 '태도'로서 입장에 대하여 언급하지 않을 것이다.

게다가 몇몇 연구자들은 인식론적 자리매김이라는 개념을 증거대기 속성과 양상 속성을 결합하기 위해 사용하는데, 이들은 지식의 습득에서 원천이나 방법의 표현, 그리고 이런 원천이나 방법에 대한 평가뿐만 아니라 그것들로부터 도출된 정보에 대한 평가에 관련되는 차원이다 (Bednarek, 2006; Hart, 2011; Marín-Arrese, 2011a를 참고할 것).

또한 증거대기와 양상에 대한 문헌에서 때로 발견되는 다른 용어로 인한 혼동을 피하는 것이 온당하다. 따라서 여기서는 다음의 차원과 관련되는 속성들을 구별하기로 한다.

- 원천(언어 사용자들, 사회적 행위 주체들): 알 수 있음
- 방법들(지각, 소통): 신뢰성
- 믿음, 지식, 정보: 타당성
- 정보나 믿음에 대한 개인적 평가: (불)확실성
- 평가에 대한 사회적 결과: 관여함

잘 알 수 있는 원천들은 좀 더 믿을 만한 방법을 사용한다고 가정되며, 이런 방법들을 사용하여 갖게 된 믿음의 타당성을 높여준다. 이는 결국 현재의 화자에게서 좀 더 높은 확실성을 갖는 일을 (비록 필요하지는 않지만) 사리에 맞게 만들고, 이를 토대로 사회적 상황과 상호작용에

서 그와 같은 믿음에 사회적으로 관여한다고 느낄 수 있다는 의미에서 분명히 이런 차원들은 서로 관련되어 있다.

7.3.4.6.1. 인식론적 양상의 정신 모형 이론

증거대기에 대하여 앞에서 제시한 정신 모형의 이론적 얼개를 가정할 때, 인식론적 양상에 대한 이론은 적어도 부분적으로 그와 같은 얼개 안에서 형식화되어야 함이 분명하다. 양상 속성은 일반적으로 사태의 상태나 명제에 대하여 언어 사용자들의 (불)확실성 표현으로 해석되기 때문에(정신 모형에 대한 이론에 기대고 있음) 정신 상태에 대한 그와 같은 사례들을 모형화하는 것이 사리에 맞다. (불)확실성을 명시적으로 표현하거나 표시하는 화자들은, 자기 지식의 철학(2장을 참고할 것)에서 연구되고, 상위 인지에 대한 심리학 연구(3장을 참고할 것)에서 그러한 것처럼, 자신의 내적 상태에 대해 어느 정도 자각하고 있는 것으로 간주할 수 있다. 말하자면 화자들은 상황 모형뿐만 아니라, 이를테면 경험 모형과 맥락 모형에서 화자로서 그리고 생각의 주체로서 자신들에 대한 모형에 더하여 자신들 사이의 관계(와 믿음들)과 실재와의 관계, 말하자면 관계에 바탕을 둔 상위 모형relational meta-models에 기대어 대하여 이야기하는 사건의 상태를 표상한다.

이러한 상위 모형들은, 앞에서 설명한 것처럼, 예컨대 사건에 대해 증거를 대는 표현이나 원천이나 방법, 즉 지각, 담화, 추론으로부터 어렵지 않게 추론되는 주관적 개언성에 기대어 어떤 믿음의 확실성 정도를 표상한다. 따라서 지적한 것처럼 더 잘 알 수 있는 정보 원천과 좀 더 믿을 만한 방법(의 사용)은 원칙적으로 다른 근거나 감정(이를테면 욕망이나 두려움)이 끼어들지 않는다면 좀 더 타당한 믿음을 가지고 언어 사용자들로 하여금 좀 더 확신하게 하는 것으로 볼 수 있다. 이는 모두 인지적으로 일어나며 그에 따라 지식의 습득과 평가의 서로 다른 수준과 단계가 어떻게 좀 더 명시적일 수 있는가에 대한 (좀 더 자세한) 인지 이론을 필요로 한다.

7.3.4.6.2. 주관성과 간주관성, 객관성

라이언스(Lyons, 1977)는 이미 주관적 양상 속성과 객관적 양상 속성을 구별하였다. 그에 따라 (하늘을 바라보며 등) 비가 곧 올 것이라는 주관적 인상이나 믿음을 표현하거나 이를 날씨 예보와 같은 외부의 전문적인 증거에 바탕을 두고 객관적으로 예측한다. 그리고 그 경우 표현은 흐릿한 양상 속성을 나타내는 '…일 것이다may'를 써서 '나중에 오늘 비가 올 것이다it may rain later today'로 표현된다. 이들 각각은 어느 정도 확실성의 토대로 사용되는데, 이를테면 '분명하게certainly', '단언하건대definitely', '확실히surely', '틀림없이no doubt'로 표현된다. 따라서 주관적인 양상 속성과 객관적인 양상 속성의 등급이 매겨진다.

이런 양상 속성들 사이의 차이에 대해 설명하는 한 가지 방법은 주관적인 양상 속성은 개인의 마음 상태, 즉 언어 사용자들의 (불)확실성에 기대어 자리매김하고, 객관적 양상 속성은 화자와 독립적으로 그리고 통계에서 나온 확률이나 과학적 조사 연구 등에 바탕을 둔 개연성(의 정도)에 기대어 규정하는 것이다. 이 책에서 제시한 대로 표현하면 주관적인 인식론적 양상 속성subjective epistemic modality은 사건과 관련하여 언어 사용자들의 마음 상태에 대하여 지니고 있는 개인적인 상위 모형에 의해 표상될 것이다. 반면에 객관적인 진리 양상 속성objective alethic modality(개연성과 필연성)은 실체로서 사건에 직접적으로 귀속되며 개인적인 평가에 의존되어 있지 않다. 즉 일차적인 사건 모형과 그 자체의 일부로 표상된다.

뉴츠(Nuyts, 2001b)는 독일 말과 네덜란드 말의 개연성 표현에 대한 연구에서 주관적인 양상 속성과 객관적인 양상 속성의 구별을 좀 더 자세하게 검토하고 객관성이 증거대기의 간주관성으로 구성될 수 있음을 보여준다(Nuyts, 2012도 참고할 것). 따라서 주관성은 증거가 약할 수 있지만, 특히 오직 화자만이 접속할 수 있는 (개인적인) 사건에 관련되어 있음을 의미하는 반면 객관성은 다른 사람들(이를테면 과학 공동체)이 접속할 수 있는 사실들로 구성될 수 있다. 그에 따라 그는 (간)주관성이 인식론적 영역이 아니라 증거대기 영역에(지식이 어떻게 습득되는가) 있다고 제안하였다. 비록 이런 영역들이 상호작용하지만 말이다. 코널레(Cornillie, 2007)도 원천에 대한 증거대기 속성과 (간)주관성을 구별하였다.

샌더스와 스포런(Snaders and Spooren, 1996)은 네덜란드 말의 인식론적 수식어(moeten 'must'와 blijken 'obviously be')에 대한 실험적 연구에서 화자가 지니고 있는 확신성의 정도에 따라 이들과 다른 인식론적 수식어를 먼저 자리매김하였다(Marín-Arrese, 2011a도 참고할 것). 그런 확신성은 이런저런 증거의 사실성에 근거하지 않고 화자가 (불)확신하는 사건에 대한 초점 사건과의 인과적 관계에 바탕을 두고 있다. 이런 확신성에 더하여 그들은 인식론적 수식어들이 주관성의 정도를 표현할 수 있음을 보여주었는데, 이는 증거가 관찰에 기반을 두는지 혹은 지식에 기반을 두는가(추론적임)에 달려 있다. 그에 따라 비주관적인 수식어들은 증거로서 제시된 정보의 타당성이 대부분의 관찰된 증거(…처럼 보인다it looks like 등)에서 그러한 것처럼 화자와 수신자(그리고 다른 사람들)에 의해 공유될 수 있음을 표현한다. may와 must와 같은 다른 수식어들은 반半주관적semi-subjective이라고 부르는데 화자의 추리reasoning에 달려 있기 때문이다(수신자들에 의해 반드시 수용되지는 않음). 주관적인 수식어들은 '…라고 생각한다'거나 '…라고 믿는다'와 같이 절로 표현되는데, 지식에 기반을 둔 증거의 토대로 사용되는 경향이 있다.

이런 발견 사실은 여기서도 인식론적 양상 표현의 사용은, 순전히 인식론적 관점에서 설명하여야 할 뿐만 아니라 증거대기에 대해 앞서 요약한 것처럼, 긍정적인 자기 표상(지나친 확신은 부정적인 이미지를 만드는 듯함), 다른 참여자들과의 있을 수 있는 경쟁에서 특정 지식에 대한 권위나 우위성을 확립하거나 분명하게 하는 것과 같은 참여자들의 정체성과 역할, 관계와 관련되는 사회적 관점과 상호작용의 관점에서 설명해야 함을 보여준다.

학술 담화에서 쓰이고 있는 다양한 갈래의 울타리치기 표현hedging의
사용에서도 이와 마찬가지이다. 여기에서는 신중함이 잘못으로 밝혀
질 경우 전문직업에 부정적인 결과를 가져올 수도 있는 촌평은 피한다
(위를 참고할 것). 이와 비슷하게 뉴스 보도와 다른 기관 맥락의 덩잇글
에서 보도된 사건에 대한 확신성의 정도를 표시하는 방법에서 일련의
복잡한 묶음들이 있다(Jarwoski et. al., 2003; Ribin, 2010). 언어 사용자들
이 정신 모형에서 사회적 정체성과 관계, 역할을 표상한다면 그와 같은
대화 전략들을 끌어들일 수 있을 뿐이라는 점을 되풀이할 필요는 없을
듯하다.

인식론적 양상 속성에 대한 여러 연구에서 사용되는 주관성과 간주
관성, 비주관성이라는 개념은 정신 모형 이론의 관점에서 좀 더 분명하
게 형식화될 수 있다. 일반적으로 간주관성이 방법의 신뢰성과 믿음의
타당도, 화자의 확실성을 높여주는 것이 관찰되었다. 이를테면 '우리는
…을 주목하였다', '…는 결론을 내린다', '…라고 읽었다(해석된다)'와
같은 표현은 '내가 그렇게 하였다'거나 '내가 …한다'라는 말보다 일반
적으로 증거로서 더 강점이 있다. 그러나 간주관성에는 언어 사용자들
의 마음에 더 복잡한 근거들이 있다.

무엇보다도 학술 담화나 기관 맥락의 담화에서 일반적으로 그러한
것처럼 어떤 담화에 여러 명의 필자가 있을 경우 간주관성은 담화 표상
의 가장 높은 수준, 즉 소통 상황에 대한 맥락 모형에서 표상될 수
있다. 복수의 필자를 나타내는 우리we라는 대명사는 이런 경우 다양한
필자들을 암시할 뿐만 아니라 식견이 있고 신뢰할 만한 방법을 적용하
며 서로를 통제할 수 있는 등의 다양한 전문가들을 암시한다. 이런
필자들에게 공유되는 맥락 모형은 따라서 담화의 산출과 준비에 관련
되는 모든 수준에서 협업을 통제한다. 틀림없이 그와 같은 담화는 집단
적으로 나쁜 평판을 지닌 조직이나 동아리가 아니라면, 담화를 좀 더
신용 있게 만드는 전문적인 조건이나 관련되는 조건과는 별도로, 인식
론적으로 가장 권위가 있는데 그것은 정확하게 이런 이유 때문이다.

증거대기와 양상 속성에서 언제나 그러한 것처럼 모든 것은 맥락에 달려 있다.

한편으로 한 명의 저자로 된 입말과 글말에서 우리we라는 대명사는 주관적이라는 인상을 줄이기 위해 학술적인 의미에서 혹은 정치적인 의미에서 사용될 수 있다. 맥락 모형에서 표상된 것처럼 오직 한 명의 필자만이 그 담화에 책임이 있다(Harwood, 2005, 2007). 그럼에도 화자들과 필자들은 소통의 역할뿐만 아니라, 이를테면 교수나 전문가로서 그리고 그에 따라 사회적 정체성과 역할을 맥락 모형에서 표상한다. 따라서 혼자서 말을 하거나 글을 쓸 경우에도 더 큰 집단이나 더 높은 수준의 간주관성을 지닌 것으로 경신되고 그에 따라 신용도를 높인다.

인식론적으로 이는 필자들이 흔히 말하는 바처럼 식견을 지닌 자원들일 뿐만 아니라 그들이 알려주는 경험에서 더 많이 알 수 있는 여러 참여자들임을 의미한다. 그들은 담화의 지각 배경으로서 좀 더 믿을 만한 관찰 방법 혹은 해당되는 일반(이를테면 학술적인) 지식과 관찰된 사건들이나 (그 자체로 권위를 지닐 수 있는) 다른 담화로부터 좀 더 믿을 만한 형태의 추론을 쓰는 참여자들이다.

다른 말로 한다면 그들은, 소통과 그 주장에 관련되는 모든 수준에서 그리고 다른 사람들의 담화나 경험의 기저에 있는 정신 모형에서 그리고 그것들로부터 도출되는 추론의 과정에서 식견을 지니거나 전문적인 주체로서 자신들의 주장에 대해 지각된 타당도에 이바지한다.

7.3.4.6.3. 문법적인 복잡성

비록 대부분의 연구에서 인식론적 양상 속성이 증거대기와 독립적이라고 주장하지만, 그들은 동시에 양상 표현의 사용이 증거의 유형과 언어 사용자들이 신뢰도의 원천이나 방법, 사태의 상태에 대한 개연성이나 명제의 타당도를 평가하는 방법과 밀접하게 관련되어 있음을 보여준다. 일본 말에서 증거대기를 연구한 맥크레이디와 오가타(McCready and Ogata, 2007)와 같이 몇몇 형식 연구들은 사실상 증거대기를 양상 속성의 관점에서 자리매김한다. 그들은 증거대기와 양상이 조건을 나타내는 표현과 양상에 안겨 있을 수 있다는 사실을 전제로 하여 "그 작용역scope206) 안에서 명제에 대한 확신의 정도"를 표현한다고 하였다 (McCready and Ogata, 2007:180).

이 연구와 다른 연구들은 서로 다른 문법적 맥락에서 그 기능에 기대어 인식론적 표현의 특성을 살핀다. 종종 조건을 나타내는 표현과 의문문에서 비문법성 때문에 부정되는, 인식론적 양상의 진리 조건을 다루고 있는 패퍼프라고우(Papafragou, 2006)는 발화의 명제 내용으로부터 주관적 양상 표현을 배제하는 데 비판적이다. 다른 연구와 함께 그녀는 발화의 시점에서 ("내가 아는 모든 것에 대하여…"라는 표현에서도) 현재 화자의 대화 배경에서 가능 세계에 있다는 의미에서 주관적 양상 속성은 수행문과 문맥 지시어indexical와 같지만, 반면에 객관적 양상 표현들은 어떤 공동체에서 일반적으로 알려진 것, 즉 '공개적으로 이용 가능한 증거'로 알려진 것과 관련이 있다는 점에 동의한다(Papafragou, 2006: 1695). 그에 따라 그녀는 발화 맥락의 중요성을 강조하는데 그것은 화자와 공동체의 지식이라는 관점에서 자리매김된다.

인식론적 양상 표현들의 미세한 차이도 문법적으로 서로 다른 연어 관계에 있는 <u>확실하게</u>certainly와 <u>분명히</u>definitely207)의 차이를 검토한 싸이먼-밴던버겐(Simon-Vandengergen, 2008)에서 다루어졌다. 그 주장에 따르면 두 낱말이 확실성을 표현하지만 토박이 화자를 대상으로 한 실험에서 'almost certainly'보다 'most certainly'가 좀 더 일반적이라고 주장한다. 그녀가 발견한 많은 화용론적 차이(이를테면 격식적인 발화와 비격식적인 발화에서 용법의 차이, 나이의 차이, 강도의 표지로서 용법의 차이 등)와 다른 차이들 중 'certainly'가 총체성을 나타내는 낱말로 쓰이고,

---

206) 조성식 외(1990), 『영어학사전』(신아사)에서 뒤친 용어이다.
207) 한국어 화자로서 이와 같은 영어 낱말에 대하여 어감의 차이를 짚어내기를 쉽지 않다. 'certainly'는 조금 주관적인 측면을 나타내며 화자의 뜻이나 주장에 동의할 때 쓰이고, 'definitely'는 조금은 객관적인 측면을 강조할 때 쓰이는 듯하다.

'almost certainly'는 조심스러운 학술적 평가의 표지로 사용되지만, 'definitely'는 단계적이고 'most definitely'는 화자가 매우 높은 수준에서 끼어들고 있음을 표현한다.

여기서도 양상 표현들 사이의 의미에서 차이의 변화가 미세하지만, 화자의 확신성을 표현하는 경우에도(화자들의 정체성과 역할, 참여자들 사이의 관계, 소통 상황의 갈래와 담화 갈래와 같은) 다양한 맥락 속성과 화용론적 개념의 관점에서 기술을 필요로 한다는 점을 보게 된다. 실제로 인식론적 양상을 자리매김할 때 화자가 같은 정신 상태를 가리키기 위해 확실성certainty과 개입involvement이 사용되더라도 이들은 다른 개념처럼 보이지만 관여commitment의 경우에서 그러한 것처럼 이들은 모두 인식론적 양상에 의해 표현되는 정신 상태를 기술하기 위해 사용된다.

위에서 본 것처럼, 코닐레(Cornillie, 2009)도 '밀접한 관계'를 강조하지만 증거대기와 인식론적 양상 표현 사이의 겹치지 않는 차이를 강조하였다. 즉 "증거대기 표현은 어떤 명제로 이어지는 추리의 과정을 가리키고 인식론적 양상 표현은 그 명제가 참일 가능성을 평가한다"(Cornillie, 2009: 47). 그는 화자의 관여가 정보의 가치나 방식에 달려 있지 않고 오히려 정보의 원천에 대한 화자들의 해석에 달려 있음을 강조한다. 그리고 그와 같은 원천의 신뢰도에 대한 화자들의 평가는 반드시 특정의 관여를 함의할 필요는 없다고 하였다. 강한 증거(이를테면 관찰)는 인식론적인 관여의 정도를 낮출 수 있다.

확실성, 확신, 입장, 태도, 개입, 관여와 다른 개념들은 양상 표현에 대한 연구에서 그러한 것처럼 인지적으로 매우 흐릿하고 경계가 분명하지 않다. 게다가 이런 '마음의 상태'에 대해 의도하는 대상들의 경우도 마찬가지이다. 화자들이 말한 것(간여한 것, 생각한 것, 느낀 것 등)(어떤 표현, 어떤 발화, 어떤 담화)은 (불)확실한가, 그들의 담화나 발화가 표현하는 것은 무엇(어떤 의미, 어떤 명제)인가, 정신 표상(어떤 사태의 상태에 대한 정신 모형), 세계에서 어떤 일의 상태, 그와 같은 일의 상태에 대해 그들이 지니고 있는 증거, 혹은 그와 같은 증거를 확립하는 방법이나 원천에 대한 신뢰도는 무엇인가?

7.3.4.7. 함의implication208)

담화의 인식론적 측면 가장 직접적인 것 가운데 하나는 함의와 내포
의 중요한 속성이다(Bertuccelli-Papi, 2000; Sticha, 1996). 의미론적 현상으
로 널리 알려져 있지만, 언어학에서는 거의 연구되지 않았는데, 함의가
그 자체로 표현되지 않고 '암묵적'으로 남아 있기 때문이다. 담화에
대한 비인지적 접근법의 경우 이는 심각한 문제인데 정확하게 말하면
직접적으로 '관찰가능하지' 않기 때문이다. 이들은 대화에서 다음 화자
가 이전의 말할 차례에 담긴 함의를 언급할 때 오직 간접적으로 추론
가능할 뿐이다. 담화 의미와 기저의 정신 모형 사이의 차이가 나는
지점으로서 이는 참여자들이 명시적인 표현에 대해서 의미를 배당할
뿐만 아니라 명시적으로 말해진 것으로부터 추론을 끌어냄을 보여준
다(Caeser and Bower, 1990; Rickheit and Stroner, 1985; Van de Velde, 1984).
　암묵적인 담화 의미는 때로 암묵적인 지식의 관점에서 연구된다.
그에 따라 재퍼비그나(Zappavigna, 2013)는 표현 가능하지 않은 많은

---

208) 다음에 나오는 'implicature'와 구별이 쉽지 않은 용어이다. 우리말에서 함의와 함축
도 쉽게 구별되지 않는데, 고작 함의를 함축된 의미 정도로 풀어볼 수 있을 것이다.
그라이스(Grice, 1975)의 논의가 국내에 널리 소개되면서 화용론에서 'implicature'가
널리 알려지면서 함축이란 용어로 자리잡았다. 그리고 의미론 혹은 형식논리학의 영
향을 받아 이전에 알려졌던 함의entailment, 넓은 의미에서 그라이스(Grice, 1975)에서
관습적 함축에 가까운 함언implication과 구별된다. 이 절의 제목은 'implication'으로 되
어 있고, 뒷절의 제목은 'implicature'이다. 형식논리학에서는 더러 함언을 다루었지만
국어학에서는 그렇게 주목을 받지 못하였고 주로 함의와 함축을 언급하고 있다(김태
자(2010), 『국어문학』 48, 23~39쪽 참고). 이 책에서는 함언을 함의(사실적 함의)와 비
슷한 의미로 쓰고 있다. 즉 문장구조에 의한 함의와 사실적 지식을 바탕으로 한 함의
인 것이다. 말하자면 화자의 정신 모형에 있는 요소들, 이를테면 세계 지식을 고려하
여 도출될 수 있는 의미 혹은 명제들인 것이다. 이 점을 고려하여 여기서는 관례에
따라 'implication'에 대하여 함언이라고 뒤치지 않고 함의라고 뒤친다. 'implicature'는
김지홍(2019), 앞의 논문에서 한 제안에 따라 그라이스(Grice, 1975)의 대화에 깃든 속
뜻을 염두에 두면서 속뜻으로 뒤친다. 한편 이 책에서 함의와 속뜻의 관계는 속뜻=
함의+맥락 모형으로 정리할 수 있다.

지식으로서 '암묵적인' 지식에 대한 플래(Polanyi, 1966)의 생각에 영감을 받아 체계 기능 문법의 얼개209) 안에서 연구하면서 명사화의 일반화, 행위주와 양상 표현에서 의미의 '과소 표시'를 '해제'하는 컴퓨터 전문가와 면담에서 문법 구조를 연구하였다. 경험주의적 체계 기능의 얼개에서는 명시적인 인지적 차원들이 없기 때문에(Van Dijk, 2008a), 영어에서 허용되는 <u>의미</u> '바로가기'meaning short-cut의 관점에서 분석이 제시되었지만 심리학이나 철학에서 일반적으로 다루는 것과 같은 방식으로 암묵적인 지식이나 함의를 담고 있는 지식의 관점이 아니었다는 점을 기억하기 바란다(앞의 장들을 볼 것).

이 책에서 제시하는 이론의 얼개 안에서 함의에 대해 간단하고 보기 좋은 자리매김이 가능하다. 즉 함의는 담화에서 상황 모형의 일부인 어떤 정보이지만 담화 자체에서는 표현되지 않은 정보이다. 이해에서 그와 같은 함의는 담화에서 명시적으로 표현된 의미(명제 등)로부터 추론되는데 어떤 상황이나 상황의 속성 혹은 어떤 사건에 대한 정신 모형에 있는 다른 정보에 대한 지식에 바탕을 둔 추론이다. 좀 더 형식적인 용어로, 긍정 논법modus ponens이나 혹은 좀 더 연역적인 추론의 갈래(어떤 사람이 높이 높은 건물에서 떨어진 뒤에는 죽는다고 추론함)에서 그러한 것처럼, 이를테면 명시적으로 표현되는 명제 p가 주어지고, 그리고 p가 q를 내포한다는 일반적인 지식이 주어질 때 이뤄지는 함의 명제 q의 추론과 관련되어 있다. 담화의 의미 연결 개념에 대해 앞에서 살펴본 것처럼 이는 실제로 지엽적인 의미 연결이 이뤄지는 방법인데 화자는 수신자들의 지식으로부터 수신자들이 '빠진' 정보를 추론할

---

209) 2014년에 핼리데이의 체계 기능 문법을 소개하는 개론서로 『Halliday's Introduction to Functional Grammar』(Routledge)의 네 번째 판이 출간되었다. 판을 거듭하면서 처음의 저자는 M. A. K. Halliday이지만 세 번째 판부터 그의 제자인 홍콩 공과대학 교수인 M. I. M. Matthiessen이 작업에 참여하여 개정을 해오는 참이다. 우리나라에는 아직 그(핼리데이)의 책이 우리말로 옮겨져 출간되지는 않았고 연구자들이 부분적으로 인용하고 있을 뿐이다. 비판적 담화 분석에서도 그 뿌리를 그의 체계 기능문법에 두고 있다. 그런 맥락에서 핼리데이의 연구에 대한 간략한 소개는 허선익(2019ㄱ)을 참고하기 바란다.

수 있음을 알기 때문이다.

추론에 대한 논리적인 접근이나 형식의미론적 접근과는 대조적으로 함의는, 관련되어 있지 않기 때문에 어떤 화자가 내포하지 않고 어떤 수신자들이 도출해 낼 수 없는, 있을 수 있는 방대한 함의들이 포함된 다른 명제에 의해 함의되는 다른 명제들에 지나지 않는다. 따라서 담화 적인 함의는, 이를테면 담화의 다른 부분을 더 잘 이해하기 위해서 혹은 상호작용이나 소통을 위해 관련되기 때문에 어떤 담화를 해석하 는 사람들의 상황 모형에서 화자와/나 수신자들이 구성하는 그런 명제 들일 뿐이다.

이는 또한 함의들이 명제들로부터 도출되는 명제로 규정되어서는 안 되며 이해가 이뤄지는 동안 담화의 현재 상태로부터 도출되는 정신 적 표상으로 규정되어야 함을 의미한다. 담화에서 일련의 담화가 주어 질 때 그 담화에 대한 상황 모형의 일부를 실현하면서 언어 사용자들은 관련되고 사회적으로 공유된 일반 지식을 단순히 적용함으로써 그와 같은 모형을 더 '발전시켜' 나갈 수 있다.

따라서 만약 어떤 식당에서 누군가가 저녁을 먹는 이야기를 듣는다 면 저녁 식사와 식당에 대한 각본(Schank and Abelson, 1997)이 활성화될 수 있고 그와 같은 정보를 화자가 분명하게 해주지 않더라도 정신 모형 을 완결하기 위해서 사용될 수 있는 사례화된 지식으로 일반 지식을 변형할 수 있다(Van Dijk and Kintsch, 1983). 실제로 아래에서 보게 되듯 이 그런 암묵적인 지식은 뒤에 담화에서는 전제될 수 있다. 이를테면 이전에 여자 종업원이나 차림표와 같은 각본에 있는 요소들을 명시적 으로 소개하지 않더라도 그 여자 종업원the waitress이나 그 차림표the menu를 가리킬 수 있다.

함의는 그 자체로 이런 요소들이 일부를 이루는 정신 모형의 경우와 마찬가지로 주관적이다. 이는 화자의 정신 모형 일부일 수 있지만 수신 자에 의해 이러저러하게 이뤄지지 않고, 그 반대의 경우도 마찬가지 다.210) 비록 주관적이기는 하지만 담화에 담긴 함의에 대한 추론은 임의적이지는 않고 납득할 만한 추론과 예측을 조정하는 사회 인지적 규범에 의해 제약을 받는다. 배가 고프고 먹기 위해 식당에 가고 있는 여자에 대한 이야기에서, 이를테면 납득할 만한 예측은 식탁에 앉고, 먹거리를 주문하고, 그것을 먹으며 돈을 치르고 떠난다는 것이다. 그러나 이들 함의들 가운데 참이 아니라면 화자는 명시적으로 그것을 부인할 것이고, "그러나 그녀는 아무 것도 먹지 않았는데 주방이 닫혀 있었기 때문이다."와 같이 무엇인가를 말할 것이다(혹은 "종업원들이 파업 중이었다."거나 "그녀가 아팠고 결국 아무 것도 먹지 않았다." 등등).

다른 말로 한다면 세계에 대해 사람들이 지니고 있는 일반적인 지식이 정신 모형의 특정 구조에 대한 규범뿐만 아니라 사람들이 경험에 대하여 이야기하는 방식이나 뉴스에 나오는 사건에 대하여 알려주는 방식을 제공한다. 실제로 그와 같은 지식이 우선적으로 일반화를 통해 도출되는 것은 그와 같은 정신 모형에서 비롯된다.

이런 점은 세계에 대한 경험적 지식의 이런 갈래뿐만 아니라 지식의 개념 구조에 대해서 훨씬 더 강력한 이유가 된다. 이는 기차를 타고 있다고 기술할 때 언어 사용자들로 하여금 대중교통 수단을 이용한다는 추론을 하도록 해준다. 그와 같은 개념적 함축은 어떤 담화의 다음 문장에서 전제될 수 있다.

함의는 단일의 명제나 문장들에 국한되지 않음을 주목하기 바란다. 문장 기반 의미론과는 반대로 당연히 담화의미론은 어떤 상황에 대해 더 긴 기술에 기반을 두면서 함의가 도출되고 그에 따라 어떤 모형으로 구성됨을 허용한다. 소설에서 독자들은 주인공이 한 일과 말한 많은 것들에 대하여 읽을 수 있고 그 많은 페이지를 읽고 난 뒤 그가 기가 꺾였다거나 공격적이라거나 혹은 보수적이라거나 혹은 그가 은행을 털고 있다는 전국적인 의미를 그 연쇄에서 기술한다고 추론할 수 있다.

---

210) 이 문장에서 뒷부분은 수신자가 구성하는 정신 모형도 화자가 구성하는 함의나 정신 모형과 같지 않다는 뜻이다.

물론 그런 추론들은, 담화에 대한 전략적인 처리에서 모두 그러하듯이, 어느 정도 납득할 만한 가설로 다뤄질 수 있지만 그러나 이런 추론들이 전제의 하나로 뒤에서 확인될 수 있다(Goldman et. al., 1999; Trabasso, 2005; Van den Broek et. al., 1997; Van Dijk and Kintsch, 1983을 참고할 것).

내포(아래를 참고할 것)와 함께 그런 함의가 화자의 당파적인 정신 모형을 전제로 함으로써 이념적인 기반을 지닐 수 있다는 점은 많은 정치 담화에서 분명하다. 그에 따라 『선Sun』지의 기사에서 데이비드 캐머른의 주장은 노동당 정권 아래에서는 입국이민이 "통제를 벗어났다"고 선언한 뒤 입국이민정책에 대하여 다음과 같이 주장한다.

(15) 보수당이 정권을 잡은 뒤로 우리는 더 많이 관리가 가능하도록 하려고 고군분투하였습니다.
그리고 그것이 작동하고 있습니다. 순수 이민이 지난 선거 이래 3분의 1로 줄었습니다.

자신의 이민정책에 대하여 '작동하고 있는 것'으로 진술함으로써 캐머른은 그의 정책 덕분에 '순수 이민이 3분의 1로 줄었음'을 함의하고 있다. 말 그대 입국이민이 선거 이후 3분의 1로 줄었다는 것은 옳을 수 있다. 비록 그런 변화에 많은 다른 원인들이 있을 수 있지만 말이다. 함의가 부인 가능성이라는 중요한 정치적 기능을 지니고 있음을 본다. 만약 도전을 받는다면 비록 모든 독자들이 그런 추론을 할지라도, 캐머른은 입국이민이 그의 정책 덕분에 줄었다고 결코 말한 적이 없다고 언제나 주장할 수 있다. 오늘날 정당의 인종주의자 선전활동에서는 축자적인, 인종주의자다운 진술을 하기보다는 종종 그와 같은 함의를 이용한다(Daniels, 2009; Jäger, 1989; Wodak et. al., 2013; Van Dijk, 1993).

7.3.4.8. 속뜻implicature

그라이스(Grice, 1975, 1989)에서 가장 주목할 만하게 소개된 것처럼 속뜻은 일반적으로 화용적인 내포로 자리매김된다(Atlas, 2000; Davis, 1998; Gazdar, 1977; Potts, 2005). (의미론적) 함의의 경우에서 그러한 것처럼, 이들은 참여자들의 세계에 대한 지식뿐만 아니라 참여자들에 의해 표상된 것으로서 소통 상황에 대한 지식, 즉 맥락 모형으로부터 도출된다. 따라서 만약 2003년도 영국의 의회 연설에서 토니 블레어가 사담 후세인을 폭군으로 기술하였다면 영국에서 사담 후세인을 제거하여야 하고 참전해야 함을 함축하는데, 이는 의회 토론의 화용적 속성과 정치적 속성에 관련되는 세부적인 내용에 달려 있다(Van Dijk, 2008a, 2009a). 이와 비슷한 방식으로 주제의 갑작스런 변화는 화자가 싫증이 나거나 다른 이유로 대화의 지금 주제에 대해 말하고 싶지 않음 혹은 의미 있는 무엇이 빠졌음을 언급한다는 속뜻을 지닐 수 있다. 그리고 수신자를 비난하는 속뜻이 있다.

이 사례들이 속뜻의 특징들이지만 그에 대한 자세한 이론적 설명은 간단하지 않다. 만약 이들이 함의의 갈래라면, 즉 입말이나 글말로 함의가 도출된다면 이들은 어느 곳에서든 표상되어야 하는데 일반적으로 정신 모형에서 표상된다. 그러나 관련되는 추론이 간단하게 세계에 대한 지식으로부터 도출되지는 않는다. 실제로 대통령을 폭군으로 기술하는 일이 일반적으로 어떤 나라가 그에 맞서 전쟁에 참여함(혹은 나아가야 함)을 함의하지 않는다. 그러나 사담 후세인이 토니 블레어에 의해 그와 같이 기술될 때 그리고 의회에서 방어를 위한 조치의 일부일 때 그리고 2003년 현재의 국제 정치 상황을 고려할 때, 그와 같은 정치적 속뜻을 그의 연설로부터 끌어낼 수 있다. 그리고 의원들이 그의 연설을 이해하는 것도, 토론에서 그들의 간섭에서 분명하게 드러나듯이, 정확하게 이런 방식이다. 만약 사정이 이러하다면 그와 같은 의미는 그 자신뿐만 아니라 수신자들에 의해 구성된 것으로서 블레어의 연설에 대한 상황 모형에서 표상되어야 한다. 이런 점에서 속뜻은 다른 (의미론적) 함의와 아무런 차이가 없다.

그렇다면 무엇이 함의를 화용론적 속뜻이 되게 하는가? 여기서 제시한 얼개를, 즉 화용론이 맥락 모형에 근거를 두고 있음을 전제로 할 때, 분명한 대답은 함의는 현재의 소통 상황에서 그리고 오직 그 상황에서만 소통된다는 것이다. 실제로 토니 블레어와 다른 지도자들은 다른 기회에서 사담 후세인을 부정적으로 기술하였고, 그에 맞서 싸움에 나가고자 하는 어떤 바람을 함의하지 않았다. 따라서 지금의 시점에서 속뜻은, 한편으로는, 이를테면 전쟁에 대한 논쟁이나 일반적인 원인과 같은, 세계에 대한 일반적인 지식에 근거를 두어야 하며 다른 한편으로 현재의 소통 상황에 대한 세부 내용에 근거를 두어야 한다. 실제로 전쟁에 나선다는 결정은 정부에 의해 받아들여질 수 있고 의회의 지원을 받고, 수상으로서 토니 블레어가 이제 의회에서 연설을 하고 있다. 그리고 그의 연설에서 의도는 호전적인 그의 정책이 의회의 지지를 받는 것이다. 그와 같은 상황에서 후세인이 대량 파괴 무기를 지니고 있으며 그에 따라 세계 평화에 대한 대표적인 위협이 되고 있다고 언급하는 것은 전쟁의 빌미가 될 것이며 그것이 지니고 있는 정치적 함의는 분명하다. 비록 그러한 속뜻이 블레어와 부시, 아즈나르와 다른 사람들에 분명하겠지만 전쟁에 반대하는 모든 사람들에게는 분명하지 않으며 그에 따라 참전하는 조처로서 충분하거나 충분히 믿을 만한 이유로 제시되었다고 간주하지 않는다.

다른 말로 한다면 의미론적 함의의 경우에서 그러한 것처럼 속뜻은 맥락에 기반을 둔 함의로서 명시적인 담화뿐만 아니라 포괄적인 세계 지식으로부터 나온 추론이 더해진 상황 모형의 구성을 필요로 한다. 게다가 그 자리매김이 내포하는 바에 따라 참여자들의 맥락 모형에 대한 분석, 이를테면 블레어의 연설에 대하여 방금 기술한 것처럼 현재의 시간, 장소, 화자의 정체성, 역할과 관계, 담화에 의해 수행되는 현재의 사회적 행위나 정치적 행위, 이런 행위들의 목적과 의도, 참여자들에게 지금 관련되는 지식의 분석에 바탕을 둔 미세한 추론도 때때로 필요하다. 함의와 속뜻은 그에 따라 대체로 입말이나 글말에서 '관찰 가능한' 수준의 '아래', 즉 참여자들의 마음에서 일어나는데 여기에는 다른 참여자들의 생각에 대하여 그들이 생각하는 것을 포함한다(덩잇글에 기반을 둔 속뜻의 본바탕에 대하여는 Van Dijk, 2008a, 2009a를 참고할 것).

이는 앞서 검토하였던 『선Sun』지에 있는 데이비드 캐머른의 입국이민에 대한 기사에도 마찬가지이다. 그 기사에 대하여 지식을 기반을 둔 의미론적 함의에 더하여(앞부분을 참고할 것), 정치적 속뜻들은 훨씬 더 중요하며, 수상으로서 자기 자신에 대한 표상과, 『선Sun』지의 독자로서 수신자에 대하여 캐머른이 표상하는 맥락 모형에 기대어 설명이 된다. 그에 따라 그의 목표는 그의 새롭고 제한적인 입국이민정책을 합법화하는 것이다. 따라서 입국이민으로 영국에 막대한 이익을 주었으며 그 나라[영국: 뒤친이]가 개방적이고 다채로우며 환대한다는 것으로 시작할 때, 그는 화용론적인 속뜻을 이용하고 있으며 이를 덧붙임으로써 이것에 자부심을 느끼고 입국이민에 대해 긍정적임을 강조한다. 이는 다시 그와 그가 속한 정당이 입국이민에 반대하거나 외국인 혐오로 인해 비난받을 수 없다는 정치적인 속뜻도 지닌다. 성명서의 두 번째 부분을 시작하는 긍정적으로 자기를 표상하는 조처로 나타난다. 실제로 다음과 같이 이어진다. "그러나 우리가 지각 있는 토론을 하지 않는다면 이 나라의 위대한 역사에 아무런 노력을 하지 않는 것입니다."

7.3.4.9. 전제|presupposition

함의가 언어학과 담화 분석에서 거의 연구되지 않는 반면 전제는 언어철학과 언어학 연구의 중요한 자리에 있었다. 아마도 언어학적 전제가 종종 입말과 글말에서 '관찰 가능한' 표현, 이를테면 한정적인 표현과 절 위치, 주제-초점의 배치, 사실을 나타내는 동사, 특별한 동사와 전제를 점화하는triggers 다른 표현들이 있기 때문에 그러할 것이다(Beaver, 2001; Cooperm 1974; Deemter and Kibble, 2002; Gazdar, 1979; Kempson, 1975; Petöfi and Franck, 1973; Van der Auwera, 1975).

그와 같은 표현은, 전제의 흔적이나 유발표현에 대한 체계적인 관찰이 입말과 글말의 연구에서 흔한 주제이지만 전제를 자리매김하는 이론적 얼개는 종종 혼란스럽다.

가장 분명한 것은 다른 명제와 그 부정으로 내포되는 어떤 명제에 기대어 전제에 대한 고전적이고 논리적인 자리매김이다. 따라서 "프랑스 사람들은 이라크에 맞서 참전하고자 하는 그의 계획을 지지하지 않는다."는 명제는 '블레어가 프랑스 사람들이 이라크에 맞서 참전하고자 하는 그의 계획을 지지하지 않아 유감스러워했다'뿐만 아니라 그 부정어인 '블레어는 …을 유감스러워하지 않았다'는 부정문의 전제이기도 하다. 사실을 나타내는 동사 '유감스러워하다to regret' 때문이다.

그와 같은 형식적인 자리매김은 그 전제의 밑바탕에 깔려 있는 인지구조나 담화에서 가변적인 표현에 대하여 많은 것을 알려주지 않는다. 아마도 이런 형식적인 자리매김은 (유감스러워하다to regret, 멈추다to stop, 계속하다to continue 등과 같은) 사실성 동사의 종속절에서 표현되는 명제들에 적용되지만 다른 전제 유발표현에서는 그렇지 않다. 이를테면 표현의 작용역에 달려 있다. 예컨대 '프랑스마저 그 전쟁을 지지하였다'는 문장은 프랑스가 그 전쟁을 지지하리라 예상하지 않았음을 전제로 하지만 '프랑스마저 그 전쟁을 지지하지 않았다'는 부정 문장에서 이런 전제가 내포되지는 않는다. 그 반대로 프랑스가 전쟁을 지지할 것으로 예상되었다가 전제로 내포되어 있다. 이와 비슷하게, 또한also으로 시작하는 같은 문장은 다른 나라가 그 전쟁을 지지함(지지하지 않음)을 전제로 한다. 결국 더 정교한 설명이 필요하다.

또 다른 좀 더 사회심리적 설명은 어떤 소통 상황에서 참여자들의 공동 배경의 일부로서 공유 지식의 관점에서 전제를 자리매김하는 것이다. 이는 비교적 간단하지만 여전히 매우 흐릿하다. 왜냐 하면 어디서 그리고 어떻게 그와 같은 '공유된 지식'이 표상되는가에 대해 많은 것을 알려주지 않기 때문이다. 여기서 제시한 이론의 얼개 안에서 그와 같은 설명은 맥락 모형에 의해 통제되는 것으로서 공유된 상황 모형에 따라 형식화될 것이다.

그러나 그와 같은 것이 전제에 대한 설명을 위해 정확하고 일반적인 토대가 될 수 있지만, 여전히 구체성이 충분하지 않다. 담화에서 어떤 문장에 대한 이해는 지금까지 구성되어 온 상황 모형뿐만 아니라 현재의 상태에서 맥락 모형에 표상된 것으로서 소통 상황에 대한 다른 지식과 관련되어 일어난다는 것이 정확하다. 그러나 여기에는 너무나 많은 지식이 있고, 낱말이나 문장들에 대한 전제들은 이런 많은 지식들 가운데 좀 더 구체적인 의미(명제 등)들이다. 이라크에 맞선 전쟁에 대하여 프랑스가 지지하지 않음을 두고 토니 블레어의 유감 표현 문장을 이해하기 위해 블레어, 수상, 전쟁, 정치학, 프랑스 사람 등에 대한 상당한 분량의 지식이 필요하다. 블레어의 문장은 유의미하며 이런 일반적인 지식과 특정의 지식을 적어도 어느 정도 있어야 이해될 수 있다. 일반적인 의미에서 그런 지식은 이 문장에서 혹은 이 문장이 나타나는 담화에서 '전제되어 있다'고 말할 수 있다. 그러나 이 경우 '전제'는 어느 정도 '해석을 위한 조건'의 의미를 지닌다.

앞에서 언급한 특정의 문장에서 문장의 언어학적 전제는 안겨 있는 명제일 뿐이다. 왜냐 하면 전제된 명제는 종속절에서 표현된 그 명제이기 때문이다. 따라서 한정적인 기술인 그 전쟁the war의 사용은 화자가 수신자는 어떤 전쟁을 가리키는지 안다고 전제함을 함의한다. 현재의 상황 모형과 맥락 모형에 표상된 것으로서 전체 담화와 소통 상황에 의해 규정된 공동 배경의 일부이기 때문이다.

이와 같은 설명은 언어에 대한 담화-기반 접근에서는 매우 분명하다. 그런 경우 앞에서 선언되고 자동적으로 뒤따르는 문장에 의해 함의된 어떤 명제이든 전제가 되기 때문이다. 이는 적어도 만들어낸 앞선 문장이나 질문으로 '앞선' 담화를 설명할 뿐인 문장—기반 접근보다 발전하였다.

전제에 대한 이전의 처리에서는 용인accommodation이라 부르는 것을 다루어 왔다. 이는 수신자들에게 공유되는 지식을 함의하지 않는 전제로서 화자에 의해 이전에 표현되지도 않았다. 전형적인 사례는 "내 누이는 수학을 가르친다"일 것인데 대화에서 화자에게 누이가 있다고 결코 언급되지 않았다. 이런 방식으로 수신자는 화자에게 누이가 있지만 그런 정보는 선언되지 않았고 의례적으로 전제되어 있다고 추론할 수 있다. 실제로 이런 경우에 흐릿하거나 간접적인 선언의 형태로 말할 수 있다.

여기서도 인지적인 기반을 둔 담화 접근에서는 이 경우에 대하여 특별한 무엇이 없다. 이들은 지식에 기반을 두고 전제를 하는 일반적인 방식으로, 앞에서 언급하지 않고 식당 이야기를 하면서 그 종업원을 가리키는 경우와 다르지 않기 때문이다(용인이라는 개념에 대한 비판적인 설명은 Werth, 1993을 참고할 것). 어떤 사람의 남녀 형제, 부모, 아내 혹은 심지어 자동차와 자전거, 몸의 일부분을, 그런 개체들에 대해 먼저 소개하지 않고 언급하는 일은 우리 사회에서 인간으로서 화자에 대한 일반적인 지식으로부터 도출되는, 추론에 바탕을 두고 있는 '전제'의 일반적인 형태이다. 이는 특정의 다른 제약 아래에서 공동 배경이 일반적인 사회·문화적 지식과 덩잇글 모형, 상황 모형과 맥락 모형에 의해 형성될 뿐만 아니라 가장 납득할 만한 추론이나 접속 가능한 추론에 의해 형성됨을 의미한다(이를테면 사람들에게는 어버이가 있으며, 때로 남녀 형제들이 있으며 식당에는 종업원이 있다는 등등). 그렇다면 그런 추론이 전제로 간주되느냐 혹은 간접적인 선언이나 속뜻을 담고 있는 선언의 일부로 간주하는가 하는 자리매김의 문제가 남아 있다.

그와 같은 개념들은 이전의, 사회·문화적으로 '주어진' 정보로서 수신자들의 정신 모형에 끼어들어 있으며 동시에 그와 같은 문장에서 '새로운' 정보로 끼어드는 개념 지식을 활성화한다. 그런 전제가 오직 공동으로 공유되는 지식에만 유효하다는 것은 런던의 평지에 살고 있는 화자는 자신을 잘 모르는 누군가에게 자신에게 애완동물이 있음을 먼저 이야기하지 않고 그에게 '내 악어'에 대해 이야기하기가 거의 가능하지 않다는 사실에서 드러난다.

이 사례와 다른 전제들 사이의 유일한 차이는 이런 갈래에서 '용인된' 정보는 앞선 담화의 명시적인 부분이 아니며 그에 따라 현재의 상황 모형에 삽입되지 않았다는 것이다. 그러나 그것은 어떤 의미에서 공동 배경의 일부이고, 맥락 정보는 언제나 공동 배경에 보태어지기 때문에 그에 따라 많은 화자들에게 여자 형제가 있다는 점과 더불어 화자에 대한 일반적인 지식이 이용 가능하다("아, 저는 당신에게 여자 형제가 있는지 몰랐어요!"에서처럼). 이런 정보가 대화에서 당연시되지 않는다면, 비록 그런 지식이 "저에게는 …한 여자 형제가 있습니다."에서처럼 정상적인 선언문과 같이 초점이 맞춰지지는 않지만, 수신자는 공동 배경에 있는 추측을 거부하고 그것은 선언의 간접 형태 즉, 새로운 정보로 해석한다.

전제와 지식, 담화의 역할에 대한 매우 간결한 설명으로부터 언어학과 철학에서 전제에 대한 전통적인 참고문헌의 상당 부분이, 자연스럽게 발생하는 담화 대신에 고립되고 고안된 문장에 기대어 언어 사용에 대한 매우 줄어든 개념을 전제로 하고 있으며 담화 이해와 산출에서 어떤 역할을 하고 있는 인지적 정신 모형을 무시하고 있다고 결론을 내릴 수 있다.

따라서 여기에서 제시한 이론의 얼개는 전제에 대한 다양한 갈래의 개념을 허용한다. 먼저 매우 일반적인 관점에서 만약 공동 배경이 앞에서와 같이 규정된다면 담화 D에 있는 어떤 문장 S의 전제는 S에 내포되는 공동 배경의 전제 p이다. 그런 의미에서 p는 S에 대한 의미 있음의 조건이다. 다른 말로 한다면 담화에서 공동 배경과 어떤 문장 사이에 공유되는 전제의 관점에서 이 규정은 참여자들에게 이미 알려진 것과 담화에서 새로운 문장 사이의 의미론적 '겹침'을 만들어낸다. (문장들에서 표현된 명제들의 측면이 아니라) 참여자들이 (공유한) 지식이라는 측면에서 공동 배경을 자리매김하였기 때문에 만약 S에 의해 표현된 명제가 화자에 의해 알려진다고, 즉 화자의 상황 모형의 일부분이라고 가정한다면 이 자리매김은 의미론적이라기보다는 화용론적이다.

따라서 화자가 지니고 있는 상황 모형의 현재 상태가 참여자들에 의해 공유된 공동 배경과 겹친다는 점에서 이렇게 일반적인 의미에서 명제를 자리매김하는 것이 좀 더 정확할 수 있다. 이렇게 하는 것은, 또한 모형의 구조들이 명제의 측면에서 자리매김될 수 있는지 여부에 대하여 열린 질문으로 남겨둔다. 이를테면 현재의 상황 모형에서는 (수신자가 알고 있는 사람에 대하여 말하기처럼) 공동 배경을 담화 참여자들이 공유하는 것일 수 있다. 여기서는 지식에 기반을 둔 화용론적 전제와 같은 이런 갈래에 대해서는 간단하게 담화에서 어떤 문장에 대한 인식론적 전제라고 부를 수 있다(물론 전제에 대한 이런 개념은 공동 배경에 대하여 논의하고 있는 스타니이커(Stalnaker, 1974, 2002)에서 제공하는 화용론적 자리매김에 가깝다).

그럼에도 불구하고 언어학적 전제는 (발견하다discover, 유감스러워하다regret 등과 같은) 사실성 동사, 정관사, 시작하는 that-절, 분열문 구조, (even, also와 같은) 몇몇 부사 등에서 그러한 것처럼 일반적으로 담화 D에서 문장 S의 특정 문법 구조에 의해 '점화되어야' 한다는 의미에서 좀 더 엄격하게 규정된다. 그렇지만 '점화함'이라는 개념적 은유에서 정확한 의미가 분명하지 않다. '점화하는 표현'은 한편으로, 이를테면 표현과 의미론적 함의와 같은 특정의 (명제적) 의미 관계일 수 있고 다른 한편으로 공동 배경에 있는 특정의 지식 요소(대상, 사람, 사건, 행위 등)를 알려주는 신호이거나 지시하는 표현일 수 있다.

문법적 표현에서 전제를 통한 함의가 맥락과 담화에 달려 있기 때문에 (추상적인) 의미나 명제에 기대기보다는 좀 더 화용론적-인식론적 방법에서 이들을 구성하는 것이 더 온당한 듯하다. 실제로 학술지 논문의 필자에 대한 편집위원회의 결정으로 당신의 논문이 출간될 수 없어서 유감입니다 regret that your article cannot be published라는 글의 예문에서 볼 수 있듯이 that 종속절은 분명히 수신자와 (아직껏) 공유되지 않은 어떤 명제를 표현하고 그에 따라 공동 배경의 일부가 없다. 그리고 그에 따라 사실성 동사 to regret를 쓰고 있음에도 불구하고, 이 문장의 전제가 아니다. 이런 경우 유감스럽게 regrettably의 사용에서 그러한 것처럼 감정을 나타내는 양상 연산자가 더 적절해 보인다. 좀 더 일반적으로, 이를테면 신문의 담화에서 그러한 것처럼 종속적인 that-절은 전제를 유발하는 듯하지만 실제로는 새로운 정보를 표현한다(Abbott, 2008을 참고할 것). 화용론적 전제와 공동 배경에 대한 근본적인 특성을 바꾸는 대신 전제를 유발하는 표현으로서 that-절, 특히 마지막 (초점) 자리에 나타날 때에 이에 대한 언어학적 가정을 바꾸고자 한다. 싸이먼스(Simons, 2007)는 안겨 있는 that-절은 사실에 바탕을 둔 증거대기의 '중요 내용'이며(이를테면 '메어리는 …을 발견하였다 Mary discovered that …'). 그에 따라 공동 배경의 일부분이 아닌 새로운 정보를 전달한다.

좀 더 일반적으로 명제에 대하여 공동 배경에 바탕을 둔 자리매김은 많은 맥락에서 화자나 필자들이 완전히 '새로운' 정보를 선언해야 함을 함의하지는 않는다. 때로 스스로 되풀이하는 사람들은 공동 맥락(이를테면 '좋은 날') 등(Abbott, 2008)에 대하여 많은 사람들이 알거나 평가하는 것을 선언할 수 있다. 여기서도 특정의 수사적 맥락과 제약이 주어져 있다고 할 때 전제에 대한 일반적인 자리매김을 바꾸는 대신 선언의 조건(그리고 그라이스의 대화 규범)을 고치는 편이, 그리고 나날의 대화나 교육석 상황에서 그렇게 하는 것처럼, 화자가 알려져 있거나 주어진 정보를 선언하도록(되풀이하거나 강조하기 등) 허용하는 것이, 더 알맞을 듯하다(실제로 만약 어떤 신문 기사가 같은 문장들이 다수로 구성되어 있다고 할 때 그것을 적절하다고 생각하지 않을 것이다).

비슷하게 정관사나 소유 형용사(그 종업원과 내 누이에서처럼) 전제를 점화하는 표현이 '용인되는' 사용에 대해서 그러한 것처럼 이들은 아직껏 공동 배경의 명시적인 부분이 아닌 지식을 알려줄 수 있지만 암묵적이거나 간접적인 선언에서 그러한 것처럼 일반적인 지식으로부터 도출되는 추론을 바탕으로 공동 배경에 이제 추가되어야 한다(스타니이커(Stalnaker, 1974, 2002)에서는 공동 배경의 확장에 대한 '역동적인' 설명이 제안되기도 하였다. 그와 같은 '역동적인' 접근에 대한 비판적인 논의는 Schlenker, 2008을 참고할 것). 실제로 참여자들이 그들이 알고 있는 것에 대한 논리적 내포나 경험적 내포의 모두를 명시적으로 '알지만' 그러나 특정의 표현으로 '유발된' 것으로서 추론의 명시적인 처리에는 분명하게 가담해야 한다는 의미에서 공동 배경이 '닫혀 있지' 않음을 제안한다. 내 악어라는 반대 사례는 여기서도 몇몇 표현들은 담화 지시 표현들이 명시적으로 앞에서 소개될 때에만 해석이 가능하다는 점에서 그와 같이 '유발하는' 표현에 대한 해석이 담화와 맥락에 달려 있음을 보여주며 그에 따라 선언을 하기에 앞서 공동 배경의 명시적인 부분이 됨을 보여준다.

요약하자면 문법적인 구조들은 해석을 위해 표시하는 표현들을 형식화하거나 '등재하는' 것으로 볼 수 있지만 전제된 지식에 대한 추론을 포함하여 실제 해석은 담화와 공동 맥락에 달려 있고 그에 따라 담화를 통한 상호작용에서, 정신 모형에 의해 자리매김되는, 공동 배경의 역동적인 전개에 딸려 있다. 여기서는 아래에서 이뤄지는 주제와 초점에 대한 논의에서 전제의 문제로 돌아올 것이다.

관련되는 이념적 전제와 정치적 전제의 특징을 보여주는 몇 가지 사례로서 『선Sun』지에 있는 캐머른의 기사를 살펴보면 국가주의자로서 자부심과 우리(우리의 보수당)의 긍정적인 측면과 그들(노동당)의 부정적인 측면을 강조하는 잘 알려진 양극단의 이념을 보여준다.

(18)

• 그러나 우리가 지각 있는 토론을 하지 않는다면 이 나라의 위대한 역사에 아무런 노력을 하지 않는 것입니다.

#우리나라는 (입국이민에 대한) 위대한 역사를 지니고 있다.

#(입국이민에 대하여) 이전에는 지각 있는 토론을 하지 않았다.

• 『선Sun』지의 독자들은 입국이민이 노동당의 통제를 벗어났음을 압니다.

#입국이민이 노동당의 통제를 벗어났다.

• 보수당이 정권을 잡은 뒤로 우리는 더 많이 관리가 가능하도록 하려고 고군분투하였습니다.

#형편(입국이민)이 (노동당의 집권 아래에서) 이전에는 관리가능하지 않았다.

7.3.4.10. 정교화elaboration211)

본질적으로 담화는, 초점과 주제(아래를 참고할 것)의 경우에서 그러한 것처럼 문장 구조의 수준뿐만 아니라 전체 입말이나 글말의 차원에서, 새로운 정보가 이전의 정보나 주어진 정보와 어떤 관계에 있는지 표현한다. 이미 가정하였던 것처럼 전국적인 수준에서 담화에서 이전의 모든 정보가 전국적인 주제의 기능을 지니고 있지만 모든 새로운 정보는 전국적인 초점의 기능을 지니고 있다.

지엽적인 수준 그리고 차례를 따르는 수준에서 어떻게 담화에서 새로운 정보들이 절이나 문장의 초점 부분을 넘어서 소개되는가에 대한 세부 내용들을 검토할 필요가 있다. 문장의 주제나 담화 주제를 전제로 할 때 담화에서 새로운 정보를 더하는 것은 확장, 발전, 확대나 정교화로 부를 수 있다. 임시적으로 맨 뒤의 용어를 쓰게 되는데 그것이 때로 비격식적으로 담화의 어떤 속성을 기술하는 데 쓰이기 때문이다.

정교화와 관련된 개념은 수사 구조 이론Rhetorical Structure Theory212)에서

---

211) 학교 문법에서는 부연이라고 부른다.

212) 이 이론을 활용하여 나라 안에서 이뤄진 논의로 다음을 참고할 수 있다.
박재현 외(2017), 「수사구조이론을 활용한 의미 구성 능력 진단 도구의 형식 탐색」, 『국어교육학연구』 52(1), 279~315쪽; 박종훈 외(2018), 「수사구조이론 기반의 내용 조직 능력 진단 도구의 채점 방안 탐색」, 『국어교육연구』 41, 155~197쪽; 최영미(2018), 「수사구조이론을 활용한 고등학교 쓰기 부진 학생들의 쓰기 양상 분석」, 『청람

사용된 용어인데(Mann and Thompson, 1988), 담화의 명제들 사이의 기능적 관계 중 하나이다. 여기서 쓰는 개념은 분석되지 않은 명제들 사이의 관계나 문장들 사이의 수사적 관계가 아니라 더 발전된 이론적 분석과 경험적 분석이 필요한, 좀 더 일반화된 담화 전략이라는 점에서 다르다(Knott et. al., 2001을 참고할 것).

합스(Hobbs, 1985)에서는 함의에 기대어 정교화에 대한 형식적인 자리매김을 하였다. 즉 담화에서 뒤따르는 명제와 이전의 문장들이 공동으로 앞에 있는 문장을 함의하는 경우 뒤따르는 명제들은 앞선 명제의 정교화라는 것이다. 이는 또한 거시명제(Van Dijk, 1980)를 자리매김하는 방법 중 하나이다. 즉 거시명제는 담화의 모든 명제들에 내포되어 있다. 예컨대 휴가에 대한 세부 내용들을 지니고 있는 어떤 이야기의 모든 명제들은 '나는 휴가 중이었다.'라는 주제를 나타내는 문장의 정교화이다.

언뜻 보기에 앞에서 본 것처럼 이야기의 이어짐continuation이 지엽적으로 의미 연결되고, 전국적으로 의미 연결되어 있는 한, 알맞은 정교화나 의미 있는 정교화에 대한 전략이나 규칙이 없어 보인다. 이는 무엇보다도 정교화가 전체적인 담화 주제에 의해 통제될 필요가 있음을 의미한다. 혹은 주제의 변화를 끌어들일 필요가 있음을 의미한다. 두 번째로 각각의 문장은, 위에서 논의한 지엽적 의미 연결을 위한 기능적 조건과 지시적 조건을 따르면서 지엽적으로 의미 연결되어야 한다.

그러나 지엽적인 의미 연결과 전국적인 의미 연결에 대한 일반적인 제약들은 여전히 화자에게 자유를 많이 남겨두고 있고, 어떤 또 다른

어문교육』, 67, 323~348쪽; 이선영(2015), 「수사구조이론을 활용한 논증 텍스트 분석 방안」, 『작문연구』 25, 101~126쪽; 이선영(2018), 「수사구조이론을 활용한 학습자 텍스 분석의 문제점과 해결방안」, 『화법연구』 39, 65~88쪽.
그리고 이 이론이 국내에 적용된 논의들에 대한 개괄적인 정리는 정여훈(2013), 「수사구조이론과 한국어 텍스트 분석의 실제」, 『언어사실과 관점』 32, 261~288쪽을 참고하기 바란다.

제약들이 있는지 살펴볼 거리를 남겨 두었다. 따라서 정교화가 지엽적인 의미 연결이나 전국적인 의미 연결을 이루고 있는 한에서 만약 주제 문장으로서 토니 블레어에 대해 쓴다면 그리고 담화의 주제로서 이라크에 대한 공격이 현재의 결정이라면 순차적으로 블레어의 어떤 측면이나 이런 결정의 어떤 측면을 선택할 수 있는가? 만약 그렇다면 의미 있거나 적절한 정교화를 위한 다른 규범이나 규칙은 없는가? 이와 마찬가지로 만약 수상으로서 캐머른이 더 강경한 입국이민정책을 발표함으로써 『선Sun』지의 독자들에게 연설한다면 그와 같은 정책에 대해서 공정하게 무엇인가를 말할 수 있는가?

앞에서 언급한 제약들 중 몇몇은 순차화linearization와 배열하기|sequencing를 따른다. 그에 따라서 일반적으로 기술에서 순차화에 따른 '자연적인 차례'로 기술하는 경향이 있다. 예컨대 시간 속성(시작-끝), 인과 속성(원인-결과), 크기(큼-작음), 포함(바깥쪽-안쪽), 특성(실재-속성) 등이 있다. 이를 속성 몇몇은 담화에 대한 해석을 규정하는 상황 모형의 '자연스러운' 구조로부터 도출되는데, 이를테면 이런 상황 모형에서 사건의 원인들은 일반적으로 이들 사건에 앞서는 것으로 표상된다. 그러나 어떤 모형에서 어떤 상황에 대한 계층적 표상은 사건, 행위, 행위 주체나 장면의 어떤 측면이 먼저 언급되어야 하는가, 그리고 어떤 순서로 언급되어야 하는가를 명세화하지 않는다. 따라서 담화에서 순차화 규칙은 정신 모형이 입말과 글말에 투영되는 데 제약을 제공한다. 따라서 정교화는 전국적으로 그리고 지엽적으로 의미 연결되어야 할 뿐만 아니라 배열의 순서를 따라야 하는데 이는 지각과 행위에 대한 설계에 관련되는 기본적인 인지 원리에 부분적으로 기반을 두고 있을 것이다.

배열하기의 규칙이 무엇이든, 담화는 매우 탄력적이며 다른 기능을 실현하기 위해 규칙을 깨뜨릴 수 있는 전략들이 있다. 이를테면 인과적 순서는 뒤집어질 수 있고 설명을 하기 위해 사건 뒤에 원인이 언급될 수 있다. 의미 연결의 기능과 관련되는 관계 중 하나이다. 예컨대 행위 주체들의 주체성은 고전적인 탐정 소설(추리 소설)에서 그러한 것처럼 긴장을 불러일으키기 위해 담화의 훨씬 뒤에 나타날 수 있다. 예를 들면 탐사 뒤에 어떤 이야기나 뉴스 보도에서 보도되는 것처럼, 어떤 대상이나 사물에 특별히 초점을 맞춘다면 어떤 작은 물체나 사람을 언급하고 다음에 환경(장소 등)을 언급할 수 있다. 이를테면 "잃어버린 아이가 결국 …에서 발견되었습니다."가 있다. 끝으로 뉴스 보도는 대부분의 이야기들과 달리 사건이 일어난 시간이나 인과성의 차례를 따르지 않고 중요성, 적합성이나 최신성에 따라 계층적으로 그리고 순차적으로 나아간다. 즉 가장 중요한 정보가 표제나 부제에 먼저 오고 세부 내용들은 종결부로 나아간다(Van Dijk, 1998a).

정신 모형뿐만 아니라 이들을 표현하는 담화에서 자연스러운 차례 짓기는 일반적인 지식, 예컨대 시간, 인과성, 사건의 구조, 행위, 사람, 물체, 경관에 대한 지식에 부분적으로 근거를 두고 있다. 영화를 보러 가거나 식당에서 먹기의 경우에서 그러한 것처럼 고정적인 사건과 행위에 대한 모형은 일반적으로 포괄적인 각본들의 구체적인 사례들이다. 이야기에서 행위 주체들은 관련되는 정체성(성별, 나이, 겉모습 등)에 기대어 먼저 기술되는 경향이 있으며, 오직 그 다음에 그들의 행위나 속성들이 기술된다. 긴 나들이옷을 입고 있는 여자로서 정체성이 밝혀지지 않은 사람을 먼저 언급하지는 않는다. 오직 그녀가 여자인지 소녀인지 밝힌 다음에 이야기된다. 많은 담화 갈래들에 대하여 더 발전된 연구들이 담화를 통한 정교화의 규범들을 찾아내기 위해 필요할 것이다.

정교화는 지엽적인 의미 연결과 전국적인 의미 연결을 전제로 하기 때문에 주제 바꾸기는 정교화의 부족과 관련된다. 호르비츠 외(Horowitz et. al., 1993)는 심리 치료 면담의 기술에서 고통스러운 주제를 이어나가기를 회피하는 환자나 앞에서 말한 것을 부정하거나 고치고자 하는 사람들의 전략이나 조처로서 역정교화dyselaboration라는 개념을 소개한다. 키드웰과 말티네스(Kidwell and Martinez, 2010)는 심문에서 법을 집행하는 관리는 정교화의 방법으로 '부드러운 비난'을 할 수 있는데 '자신에 대한 긴 이야기'를 원활하게 지속하게 함으로써 실험 참여자들의 말, 범죄 행위의 자백과 관리의 말할 차례를 맞추어 나가는 발언권의 확대를 할 수 있다. 이 장과 관련하여 흥미로운 것은 이 경우 실험 참여자가 아니라 심문하는 사람이 폭로의 우선권을 지니고 있다는 점이다. 좀 더 일반적으로 대화에서 힘을 지닌 참여자들의 끼어듦이나 긴 말할 차례가 비격식적 상황이든, 기관에 관련되는 상황이든 공동 참여자들의 정교화를 막거나 방해하는 많은 상호작용 수단들이라는 점이다.

끝으로 지엽적인 의미 연결과 전국적인 의미 연결을 전제로 할 때, 배열을 통한 정교화는 갈래에 따른 맥락적 제약과 그와 같은 갈래에서 전달되는 정보의 유형을 따라야 한다. 따라서 토니 블레어와 이라크 전쟁에 대한 뉴스 보도는 영국과 토니 블레어, 정책, 이라크, 전쟁 등에 관련되는 인식론적 영역 안에 있는 것으로 가정한다. 따라서 그의 아내와의 싸움이나 감기에 걸린 것과 같은 좀 더 개인적인 갈래의 정보는 대부분의 신문에서는 지엽적으로 그리고 전국적으로 의미 연결되어 있는 경우에도 지엽적인 정교화가 아닐 것이다. 작은 판 신문(타블로이드)은 그와 같은 관례를 깨뜨릴 수도 있다. 왜냐 하면 그런 신문에서는 서로 다른 맥락을 규정하기 때문이다.

이와 비슷하게 데이비드 캐머른이 입국이민에 대한 새로운 정책에 대해 글을 쓸 때, 맥락에 의해 신문에 출간되는 정치 연설이라는 이종 결합 갈래라는 제약만을 받는 것은 아니다. 이는 지면의 제약과 특별히 『선Sun』지의 독자들에게 전달되는 제약을 받음을 내포한다. 만약 그가 입국이민정책을 정교화한다면 입국이민자들을 위한 연금이 제한되는 등으로 근거는 없지만 보수당의 정책 때문에 입국이민이 줄었다는 것과 같은 정교화를 통해 시민으로서 그리고 유권자로서 『선Sun』지의 독자들에게 흥미를 끌어야 한다. 이는 노동당의 정권 아래에서는 그렇지 않았음을 강조한다. 다른 말로 한다면 정교화는 현재의 입국이민 상황과 현재의 입국이민 상황에 대해 캐머른이 지니고 있는 정신 모형의 상세화에 의해 통제를 받을 뿐만 아니라 독자들에게 흥미롭고 적합한 것을 표상하는 맥락 모형에 의해서 통제를 받는다. 동시에 정치적으로 이는 자신의 정당에 대해서는 좋음을, 노동당에 대해서는 나쁨을 내포한다.

7.3.4.11. 자리매김definition

두드러진 자리매김, 특히 자연과학 담화나 설명 담화, 교육목적의 담화에서 자리매김은 기저에 있는 일반적인 지식의 표현과 순차화된 표현으로 보일 수 있다. 그러나 참여자들에 의해 구성되는 것으로서 소통 상황에 언제나 맞추어져 있다. 전통적으로 자리매김은 상위의 종(이를테면 '차는 수송수단의 일종')과 상위 집단의 다른 구성원들과 다른 특징의 상세화의(이를테면 '네 개의 바퀴가 있는') 관점에서 특징을 나타낸다(이를테면 수송수단에 대해서는 Cormack, 1998을 참고할 것).213)

이와 같은 자리매김에서 인지적 전제는 수신자들이 상위 범주를 알고 특정의 차이에 대한 기술을 이해한다는 것이다. 그럼에도 종종 ('차'의 경우와 같이) 특정의 중간 범주들이 더 잘 알려져 있고, ('수송 수단'과 같이 Rosch, 1978) 좀 더 추상적이고 상위 수준의 범주보다 더 자주 쓰인다. 따라서 교육적 담화에서 쓸모 있는 자리매김은 특정의 하위 수준에 있는 범주를 자리매김하기 위해 차의 유형으로서 베르리나[세단의 일종: 뒤친이]와 같이 중간 수준의 범주들을 전제로 할 필요가 있다.

3장에서 봤던 것처럼, 개념들은 그와 같은 '정적인 자리매김'에 의해 규정되지 않고 오히려 맥락 의존적인 표상을 필요로 한다(Barsalou-

---

213) 아리스토텔레스가 제시한 정의의 형식으로서 정의(종개념)＝유개념＋종차로 이뤄져 있다. 본문에 제시된 차의 경우 이 형식에 맞춰 표현하면 "네 개의 바퀴가 있는(종차) 수송수단의 일종이다". 이런 정의의 형식을 통해 모순율, 동일률 등과 같은 개념의 관계들을 명확하게 밝히는 데 이바지하였다.

Medin, 1986). 그러나 여기에 대해서는 개인적 경험에 대한 정신 모형에 기대어 설명할 것이다.

인지적으로 설명 담화나 교육적 담화는, 일반적으로 후자의 사례가 일반적으로 이용되지만, 기저에 있는 나날의 이야기와 뉴스 보도와 같이 정신 모형보다는, 일반적인 지식 구조와 개념적 지식 구조에 따라 구성된다. 그와 같은 일반적인 지식 구조는 계층을 이루고 그에 따라 의미론적으로 이어진 사슬에 따라 순차화될 필요가 있다. 그리고 덩잇 말 무늬에 따라 (어휘적으로, 통사적으로 등) 특정의 맥락 모형에 대학생 이나 어린이와 같이 특별히 정해진 참여자들에 맞춰진다. 인식론적 제약은 자리매김에서 표현된 지식이 수신자들에게 알려진 것에 의해 형식화된다. 일반적인 지식이 상당히 추상적일 수 있기 때문에 은유가 좀 더 구체적인 경험과 연상이 이뤄질 수 있는 자리매김의 방법 중 하나이다(아래를 참고할 것).

인지와 담화 둘 다에서 흥미로운 것은 전부는 아닐지라도 많은 자리 매김에서, 어떤 물질적 대상에 대하여 크기, 무게, 형식, 겉모습, 구성, 밀도와 기능과 같은 (대략 일곱 개의) 제한된 기준을 중심으로 한다는 점이다. 아마도 이는 그런 대상에 대한 다양한 방식의 경험과 관련되는 중요한 신경학적 측면과 관련되어 있을 것이다. 이와 비슷하게 사건 유형들은 소통과 관련된 경우에서와 마찬가지로 구성되는데 그에 따 라 배경(시간, 공간), 참여자들(정체성과 관계, 역할), 행위/사건, 목표와 원인, 참여자들에 대한 지식이나 대상의 행동유도성affordances의 관점에 서 규정된다(Van Dijk, 2008a, 2009a; Zacks er al., 2001). 그렇다면 문제는 담화에서 서로 다른 소통 상황과 갈래에 대하여 그와 같은 차원들이 어떻게 차례에 맞춰 배열되는가 하는 점이다.

여기서의 논의와 관련하여 흥미로운 점은 담화의 인식론적 구조뿐 만 아니라 인지적 토대와 사회적 토대이다. 따라서 사회적 관점에서 이야기한다면 자리매김은 소통 맥락에 따라, 특히 다양하고 좀 더 구체 적으로 말한다면 참여자들의 정체성과 관계(교수와 학생, 어머니와 아들), 행위의 목적(설명, 가르침 등), 참여자들과 기관에 따른 환경(교실, 가정 등) 사이에서 나타나는 지식의 차이에 따라 다양하다. 때때로 자리 매김은 '혼인'(McConnell-Ginet, 2006), '성별 차이'(Fagot et. al., 1997), '정신분열증'(First and Pincus, 1999)의 개념에 대한 서로 다른 자리매김에서 그러하듯이, 사회적 표상에 대한 이념적 기반의 요약을 구체화하고 사회적 권력 다툼이나 권력 남용을 표현한다.

여기서는 자리매김이, 특정의 수신자를 의도로 하는 화자나 필자의 일반적인 지식에 대한 맥락 가변적인 표현들을 제공하는 담화의 의미론적 속성이라는 결론을 내린다. 한편으로 자리매김은 설명이나 가르침과 같은 소통 목적이나 상호작용 목적을 지니고 있을 뿐만 아니라, 사회 구조나 주도적인 개념들을 옹호하거나 논쟁하려는 목적을 지니고 있다. 그런 의미에서 기저의 지식 구조를 가장 직접적으로 담화에 투영하며 때로 기저의 이념과 밀접하게 관련되지만 언제나 참여자들에 의해 표상되는 것으로서 맥락의 제약에 의해 통제를 받는다.

7.3.4.12. 은유

지식의 표현으로서 은유는 문학에서 폭넓은 관심을 받아 왔기 때문에 여기서 이런 발견 사실들을 세부적으로 밝힐 필요는 없다. 은유에 대한 새로운 연구는 은유가 중요한 수사적 비유라거나 담화에서 수사적 장식이라기보다는 조금 추상적인 개념을 좀 더 구체적이고 경험적인 개념과 관련을 짓는 것처럼 사고의 기본적인 방식이라는 점을 강조한다(이를테면 방대한 책들 가운데 Kövecses, 2005[214]); Lakoff, 1987; Lakoff and Johnson, 1980,[215]) 1999; Musolff and Zinken, 2008; Stern, 2000을 참고할 것).

---

214) 커베췌쉬의 은유에 관한 책 가운데 졸탄(Zoltan)과 공저(2003), 『*Metaphor and Emotion*』 (Cambridge University Press)이 김동환·최영호 역(2009), 『은유와 감정』(동문선)으로 출간되었고, 이정화 외 역(2003), 『은유: 실용 입문서』(한국문화사)도 출간되었다.
215) 이 책은 『삶으로서의 은유』(노양진·나익주 역(2006), 박이정)로 출간되었다.

이런 접근법은 지식의 복합적 특징과 근거를 강조하는 심리학에서 지식의 연구와 묶이는데(Barsalou, 2008), 이 책에서는 주로 경험이 표상된 것으로서 정신 모형과 관련을 지어 왔다.

이미 이 간략한 요약은 은유가 담화의 중요한 측면들 중 하나로 인지적 토대를 지니고 있으며 아마도 신경학적 토대를 지니고 있음을 보여 준다. 이 장과 관련되는 것은 은유가 추상적인 지식 구조와 경험에 대한 구체적인 모형과 일반 지식 사이의 관계를 보여주는 사고의 형태일 뿐만 아니라 또한 담화의 의미를 구성한다는 점이다. 예컨대 유전체의 유전적 정보DNA를 기술하기 위해 사용되는 '부호code'에 대해 잘 알려진 은유는 일반적으로 담화의 큰 조각들에서 이어지며 상세화된다. 그에 따라 복잡한 기술과 설명에서 (아미노산과 '전사'에 대한 '낱글자들'과 같이) 다른 은유들로 사용된다(Calsamigla and Van Dijk, 2004; Condit, 1999; Knudsen, 2005; Pramling and Saljö, 2007).

지식의 표현에 대한 모든 담화에서 그러하듯이, 그리고 자리매김에 대하여 방금 강조한 바에 따라 은유-지식의 접합점은 맥락-의존적이다. 서로 다른 화자들은 서로 다른 은유를 서로 다른 수신자들에게 서로 다른 상황과 맥락에서 사용하며 서로 다른 사회적 행위에 참여하고 참여자들 사이에 서로 다른 지식과 이념을 전제로 한다(Ashton, 1994; Bosch, 1984; Camp, 2006; Gibbs and Gerigg, 1989; Givón, 2005; Kövecse, 2009; Shinjo and Myers, 1987; Stern, 2000).[216] 분명히 여기서 제시한 얼개 안에서 은유의 산출과 이해를 규정하는 것은 사회적 맥락 그 자체가 아니라 참여자들의 맥락 모형에서 이런 맥락 매개변위들을 자리매김하는 방법이다(Van Dijk, 2008a).

---

216) 이 책에서는 수사학적 전통은 거의 비판하고 있지 않은데 수사학이 오랜 전통을 지니고 있음에도 불구하고 맥락을 아예 고려하지 않을 뿐만 아니라 인지적 측면도 고려하지 않기 때문일 것이다. 수사학에 관련된 책이 나라 안에서 1980년대 중반 이후에 간간이 소개되기도 하였는데 자크 뒤부아 외(용경식 옮김), 『일반수사학』(한길사, 1989)과 Plett (양태종 옮김), 『수사학과 텍스트 분석』(동인, 2002)이 있다.

7.3.4.13. 정보 구조: 주제와 초점

(관련되는 구분과 함께) '이전'의 정보와 '새로운' 정보 사이의 구별은 앞에서 살펴본 많은 의미론적 담화 구조의 특징을 드러낸다. 이는 또한 담화의 지엽적인 수준에서 절과 문장들의 의미론적, 통사론적, 음운론적 구조를 구성한다. 여기서도 이런 고전적인 구분에 대해 매우 간단하게 살필 것인데 지난 15년 이상 정보 구조에 대해 방대한 문헌에서 다루어 왔기 때문이다(Chafe, 1974, 1994; Dahl, 1974; Erteschik-Shir, 2007; Geluykens, 1984; Hajičcová et. al., 1996; Kniffka, 2008; Lambrecht, 1994; Partee and Sgall et. al., 1973; Steube, 2004; Van Dijk, 1977).

정보 구조에 대한 대부분의 연구들이 문장 문법에 국한되어 있으며 그에 따라 담화뿐만 아니라 기저에 있는 정신 모형에 대한 기본적인 담화 의존성을 무시한다는 점을 기억하기 바란다. 그러므로 여기서는 덩잇글 모형과 상황 모형, 맥락 모형의 관점에 기대어 규정된 지식이나 정보의 확산을 고려하여 주제-초점의 명료화가 다뤄질 수 있는 방법에 대한 논의로 국한한다. 문장 문법가들은 일반적으로 (구성되어 있는) 이전의 문장이나 명제의 관점에서 정보 구조를 논의하고 그에 따라 정보 구조가 지니고 있는 기본적인 담화 속성을 간접적으로 인식한다. 즉 담화 구조(전체 담화, 연쇄, 문장, 절, 구, 낱말, 형태소)의 서로 다른 수준과 범위에 걸쳐 다양한 지식 갈래(이전의 지식, 새로운 지식)들의 분포로 인식한다.

비인지적 문장 문법가들에게 '정보 구조'라는 개념이 비교적 흐릿할 수 있는데 표상에 기대거나 서로 독립적인 수준에서 문법적으로(통사적, 음운론적이거나 의미론적으로) 자리매김이 가능하지 않기 때문에 흐릿하다(Fanselow, 2008; Vallduvi, 1992). 공동 배경CG(Common Ground)의 지식 ―장치K-device를 자리매김하는 것처럼 한편으로 담화와 소통에 대한 훨씬 폭넓은 사회 인지 이론은 좀 더 자연스럽게 문장 구조와 담화 구조의 결합, 기저에 있는 덩잇글 기반 모형과 상황 모형, 맥락 모형의 관계에 기대어 (주제, 초점, 전제와 같은) 관련되는 개념들을 자리매김할 수 있다.

줄여 잡아 말하면 영어와 다른 많은 언어에서, 문장에서 강세가 주어지지 않는 (대체로 처음) 부분은 일반적으로 주제topic(혹은 theme) 기능을 지닌 정보를 표현하고 강세를 받는 (대체로 끝) 부분은 초점comment 혹은 rheme 기능을 하는 정보를 표현한다. 이 경우 주제는 종종 이전의 정보나 주어진 정보에 대응하며 초점은 새로운 정보나 두드러진 정보에 대응한다. 이전의 정보와 새로운 정보는 참여자들의 공동 배경과 관련하여 자리매김된다(Karttunen, 1974; Stalnaker, 1974를 참고. 배경 – 전제와 같이 관련되는 개념들은 Geurts and Van der Sandt, 2004를 참고할 것).

공동 배경은, 맥락 모형에 있는 앞에서 말한 것처럼 어떤 문장이나 말할 차례의 처음에 활성화되는 지식 – 장치의 복잡한 인식론적 기능이기 때문에 지식의 갈래(들)에 따라 분석되어야 한다.

(i) 인식론적 공동체에서 관련되는 이전의 일반 지식
(ii) 앞선 공유 경험들(공유된 이전의 경험 모델들)
(iii) 현재의 소통 상황에 대한 지식(맥락 모형)
(iv) 지금까지 담화에서 실제로 언급된 것으로서, 이를테면 현재의 담화 주제(조각조각의 덩잇글 모형)
(v) 현대 담화의 이전 부분으로부터 도출된 정보, 즉 지금까지 구성된 상황 모형의 부분
(vi) 이전의 문장이나 말할 차례에서 표현된 정보뿐만 아니라 그것의 기능(배열된 주제나 초점, 문장의 주제나 초점)

담화의 인식론적 구조에 대하여 일반적으로 좀 더 명시적인 사회 인지 이론에서 좀 더 구체적으로 문장들의 정보 구조(주제, 초점 등)에 대한 이론에서 '이전의' 혹은 '새로운'과 같은 개념들이 너무 흐릿하다. 예컨대 참여자들과 그들의 정체성과 관계의 같이 맥락 모형에 표상되

는, 현재의 소통 상황에 대한 구성요소들은 '이전의' 정보라기보다는 현재 곧바로 접속 가능한 정보이다.

따라서 ('I'나 'me'로 표현되는) 현재 화자의 역할과 관련하여 참여자들을 가리키는 표현들이나 (대명사 'you'로 표현되는) 현재 수신자의 역할은 (이를테면 "그녀가 그 책을 나에게 주고 내 동생에게는 주지 않았다She gave the book to ME217), and not to my brother"와 같이), 즉 초점 강세로 표현되는 경우처럼 맥락 모형이나 상황 모형에서 다른 참여자들과의 대조나 구별을 표시하는 경우를 제외한다면 일반적으로 주제로서 기능을 한다. 이는 또한 현재의 담화에서 언급되었고 그에 따라 현재의 상황 모형에서 참여자로 끌어들인 지시대상을 언급할 때에도 일반적으로 그러하다. 음식점 이야기서 그 종업원the waiter이나 가족 이야기에서 우리 아버지my father와 같이 그 모형에 적용된 일반적인 지식과 함께 현재의 상황 모형으로부터 추론되었던 존재에 대한 지시표현의 경우에도 마찬가지이다. 이는 앞에서 본 것처럼 전통적으로 용인된 전제로 다루어 왔다.

초점 요소와 마찬가지로 주제들은 "존과 메어리는 영화를 보러 가려고 한다. 존은 히치콕의 영화를 보러 가고자 하지만 메어리는 빌리 와일더의 영화를 보러 가고자 한다John and Mary were planning to go to the movies. JOHN wanted to go to Hichcock movie, but MARY preferred Billie Wilder."에서처럼 언급된 집단의 다른 요소들과 관련하여, 이를테면 대조의 경우처럼 강세를 받을 수 있다.

비록 시작에서 한정적인 명사구NP(Noun Phrase)는 자주 맥락으로 혹은 담화에서 제시되었거나 담화로부터 추론된 지시대상을 알려주고 그에 따라 주제 기능이 할당되지만 그와 같이 문장의 머리에 있는 명사구들이 이전에 언급되지 않았거나 추론되지 않는 '새로운 주제들'의 사례들이 있는데 전형적으로 뉴스 보도에서 그러하지만(이를테면 그 수상, 영

---

217) 이 예문에서 대문자로 된 낱말들은 입말에서 강세를 받음을 나타낸다. 이는 아래에서도 마찬가지이다.

국에서, 오늘The Prime Minister, in London, today) 그러한 사례들은 유일함(오직 한 명의 수상만 있음)에 기대어 혹은 맥락 의존적인 표현(오늘의 경우에서 그러한 것처럼 우리나라의 수상)에 기대어 설명될 수 있다. 이런 예시에서 만약 새롭거나 알려지지 않은 정보가 초점의 기능을 배당받는다면, 전체 문장은 초점 기능을 배당받아야 한다. 한편으로 주제 기능이 대하여 있음에 기대어 규정된다면 그리고 그 문장이 분명히 (유일한 사람이나 거의 알려져 있는 우리의 사람으로) 수상에 대하여 있다면 주제와 촌평comment의 구분은 분명히 문제가 있어 보임을 알 수 있다. 왜냐하면 그 수상The Prime Minister이라는 표현은 대하여 있음이라는 기준에 의해 주제 기능을 배당받고 담화에서 새롭게 끌어들인 지시표현을 가리키므로 초점 기능을 배당받기 때문이다.

수상에 대한 문장에서 현재 혹은 그녀가 한 일에 대한 것이기 때문에 대하여 있음aboutness이라는 개념이 매우 흐릿하다고 결론을 내릴 수밖에 없다. 이는 대하여 있음이라는 기준을 무너뜨리고 어떤 상황의 어떤 속성에 대한 지시표현이나 정신적 상황 모형에서 주관적인 표상이 소실된다(Van Dijk, 1977).[218] 문장의 첫머리에 오는 명사구들이 전국적인 담화 지시대상이나 배열된 담화 지시대상을 공동으로 가리키고, 그에 따라 문장이나 이야기가 앞서 끌어들인 담화의 행위 주체로서 존이나 나에 대하여 있다면 주제 기능이 배당되는 그런 담화에서, 표준적인 문장 구조에 대해 직관적인 기준으로서 대하여 있음은 종종 타당한 면이 있다. 대하여 있음의 주제 속성은 (일반적으로 왼쪽으로 벗어나 있는) 새로운 담화 지시대상을 끌어들이는 비한정적인 표현으로 규정될 것이다(Endriss and Hinterwimmwer, 2008; Reinhart, 1981을 참고할 것).

공동 배경의 관련되는 개념들이 그 자체로 앞에서 본 것처럼 상황 모형에서 이미 소개되어 각각의 문장이나 말할 차례의 (혹은 전체 담화나 대화의 부분으로서) 앞에서 '제시되거나' '알려진' 정보나 지식으로

---

218) 이 책의 원문에서 4장 114쪽 아래에 이와 관련되는 논의들이 베풀어지고 있다.

다양한 자원들이 결합되어 있기 때문에 좀 더 일반적으로 (문장의) 주제라는 개념은 매우 부정확한데 단기 기억STM에 있든 아니든, 혹은 담화 등에서 실제로 이전에 언급되었든 어쨌든 '이전의', '주어진', '이용 가능한', '활성화된' 정보라는 개념(Prince, 1981)이 흐릿하기 때문이다.

7.3.4.13.1. 주제

('이전의', '새로운', '예측 가능성', '복구 가능성', '두드러짐'과 '공유된 지식'이라는 개념으로 표현된) 앞선 주장들을 검토하고 난 뒤 프린스(Prince, 1981)는 담화 모형에서 담화 지시대상의 가정된 친숙성assumed familiarity 이라는 개념을 선호하였다. 그에 따라 그녀는 '새로운(닻을 내림/닻 내림 없음, 새로운 것/새로운 것 없음)', '추론 가능(포함되어 있음/포함되어 있지 않음)', '환기된(맥락으로나 상황으로)'에 이르는 계층으로 이뤄진 친숙성 개념틀을 구성하였다. 그리고 환기되는 것에서 새로운 것에 이르는 친숙성 눈금familiarity scale을 규정하였다. 주제와 초점에 대한 모든 개념의 경우에서 그러한 것처럼, 여기서 이뤄진 구별과 다른 구별에서 화자가 지니고 있는 지식이 아니라 수신자들에 대한 (가정된) 지식에 대한 화자의 믿음(Chafe, 1976)과 관련되어 있다. 이는 이 책에서 쓴 용어로 한다면 맥락 모형에 있는 지식 장치로 자리매김된다.

이는 수신자들이 덩잇글 모형과 상황 모형, 맥락 모형(Van Dijk and Kintsch, 1983)에서 담화 지시대상이나 문장 지시대상을 확인하기 위해 빠르고 실제적이지만 불완전한 전략을 적용해야 함을 의미한다. 따라서 많은 언어에서 최근의 언급, 강세를 받지 않는 문두에 오는 명사구, 배열에서 주제 속성과 어떤 담화에서 동지시되는 지시대상의 정체성뿐만 아니라 소통 상황에서 현재 화자에 대한 정체성이 어떤 명사구에 주제 기능을 임시로 배당하는 어떤 전략에 의해 공동으로 사용될 수 있다.

비록 이 짤막한 절에서 더 긴 담화의 주제 구조에 대하여 완전한 기능적 분석이 불가능하지만 데이비드 캐머른의 『선Sun』지 기사로부터 몇몇 예문들은 그와 같은 분석의 복잡성과 새로운 얼개의 필요성을 보여줄 수 있다. 그에 따라 이 기사의 맨 처음 문장을 가져오기로 한다.

(19) 입국이민은 영국에 커다란 혜택을 주었습니다. 폴란드의 영웅 말입니다. 그는 그 뒤에 재건을 도와준 서부의 인디언과 맞서 전쟁 동안 우리를 위해 싸워 주었습니다.

표제를 제외하면 앞에 어떤 문장도 없기 때문에 담화에서 주제다움을 자리매김할 아무런 명시적인 이전의 정보 혹은 주어진 정보가 없다. 실제로 바로 그 담화 주제, 즉 '입국이민'은 새롭고 그에 따라 이 경우 이 문장의 첫 번째 명사구가 그 문장의 나머지 부분에 대해서 주제로서의 기능을 하기보다는 초점을 기능을 지니는 것처럼 보인다. 맥락으로 그리고 그에 따라 화용론적으로 '알려진' 것은 물론 영국의 수상이 그것에 대해 이야기할 때의 영국에 대한 정보이다. 실제로 어떤 의미에서 '영국'은 이 경우에 수상에 대하여 말하는 것 그리고 『선Sun』지의 독자들에 관련된다는 것에서 '이전'이나 '주어진' 어떤 것일 테다. 실제로 이 문장 구조에 대한 일반적인 재형식화는 "영국이 입국이민으로부터 커다란 혜택을 입었다."와 같을 것이다. 이 문장에서 '입국이민'의 첫 번째 위치는 비록 '새로운' 정보를 표현하고 그에 따라 초점의 기능을 지니고 있지만, 동시에 처음의 '주제 표현적' 문장에서 종종 그러한 것처럼, 이 전체 기사의 담화 주제(에 관련되는 최소한의 부분)를 끌어들인다.

이 문장의 두 번째 부분은 기능에서 첫 번째 부분에서 커다란 혜택에 대한 정보를 상세화한다. 여기서도 대부분은 아니지만 많은 독자들에 대해 이는 모든 새로운 정보이며 그에 따라 초점의 기능이 배당되어야 한다. 복잡한 전치사 구절(from … to)은 일반적으로 그와 같은 초점 정보를 표시한다. 그럼에도 불구하고 여기서도 이 구절들 안에서 '알려진' 혹은 '주어진' 정보들이 있다. 그에 따라 다시 맥락에 의해, 그리고 화용론적으로 두 번씩이나 나타나는 u̲s̲라는 표현이 수상에 의해 표현되었기 때문에 분명히 영국에 있는 우리들을 가리키고 그에 따라『선Sun』지의 독자들인 수신자들에 의해 알려진 집단 속성 혹은 이전의 집단 속성을 가리키는데 이런 새로운 정보는 다른 사람들(폴란드의 영웅과 서부 인디언들)이 우리들을 위해 해준 것에 대한 표현에서 구체화된다. 그에 따라 만약 그와 같이 화용론적으로 '주어진' 정보가 주제의 기능을 지닌다면 어떤 문장에 깊이 안겨 있을 수 있고 처음의 명사구에 반드시 나타날 필요가 없음을 보게 된다. 이는 초점 정보에 대해서도 마찬가지이다. 이 정보는 담화에서 새로운 정보가 문두의 명사구에서, 특히 입말이나 글말의 처음에 나타날 수 있을 때 담화 주제(의 일부분)를 끌어들인다.

흥미롭게 이 기사의 5~6행은 다음과 같다.

(20)『선Sun』지의 독자들은 입국이민이 노동당의 통제를 벗어났음을 알고 있습니다.

이 문장은 분명히 주제 기능을 하는 명사구로 시작하는 듯하다. 이는『선Sun』지의 독자들에게 대하여 있을 뿐만 아니라 실제로 그들에게 전달하고 있고 (수상의 맥락 모형에서 표상된 것처럼) 이는 소통 상황과 관련되는 측면들을 언급하고 있기 때문에 그에 따라 상황 중심의 지시 표현이다.『선Sun』지의 독자들에 대한 정보는 맥락으로 '주어져 있거나', '이전에 있는', 혹은 '두드러진' 정보이다. 그러나 이는 엄밀히 말해 문장의 나머지 부분에 대해서도 마찬가지이다. 이런 점은 알다know라는 사실을 나타내는 동사에 대한 전제라는 관점에서 이미 분석하였던 바이다. 따라서 만약 캐머른이『선Sun』지의 독자들이 알고 있는 것을 알고 있다면 그와 같은 정보는 분명히『선Sun』지의 독자들 자신이 알고 있는 사실로서 그들에게 알려져 있을 것이다. 따라서 만약 전체 문장에서 표현된 정보가 참여자들에게 알려져 있고 그에 따라 공동 배경의 일부분이라면 주제 기능을 배당해야 하다. 실제로 독자들이 모르는 어떤 것도 그들에게 이야기하지 않았다. 물론 화용론적 관점과 소통의 관점으로부터 볼 때 이는 아무런 문제도 아니다. 이 담화에서 그러한 것처럼 언어 사용자들은 종종 수신자들이 이미 알고 있는 것을 되풀이하거나 수신자들에게 상기시켜 주기도 한다. 따라서 상황 모형과 맥락 모형에서 자리매김된 것처럼 '이전의' 정보와 '새로운 정보'라는 관점에서 그런 자리매김이 문장의 구조적 짜임과 서로 맞지 않음을 보게 된다. 이 문장에서 통사적으로 첫 번째 명사구 '『선Sun』지의 독자들'은 분명히 이 문장에서 주제 기능을 지니고 있으며(이 문장은 또한 그들에 대하여 있음), 비록 알려진 대로라면 이미 그들에게 귀속되어 있는 것을 이미 알고 있지만 그 문장의 나머지 부분은 초점 정보, 즉 독자들에게 귀속되는 무엇인가를 표현한다. 한편으로 수신자들에게 귀속되는 이런 지식은 전혀 상식일 수 없는 지식을 전제로 깔기 위한 전략적인 조처이지만 실제로 이는, 캐머런이 노동당을 비난하고자 하는 경우에서 그러한 것처럼 당파적인 의견에 대한 간접적인 선언이다. 그리고 이런 의미에서, 그 문장의 끝 부분에 나타나는 정보는 새로운 정보이고, 화용론적으로 노동당에 대한 비난이다.

기사에 있는 두 문장의 사례에서 주제 기능의 배당은 초점이라는 개념에 대해서 아래에서 보게 되는 것처럼 간단하지 않으며 통사적 문장 구조(어순 등), 의미 구조, 화용적 정보(누가 어떤 목표와 어떤 화행으로 누구에게 말하고 있는가), 상황 모형과 맥락 모형에 있는 정보에 대해 (단지) 검토하는지 여부에 달려 있음을 알 수 있다. 따라서 전체에서 첫 번째 문장은 인식론적인 초점 정보를 지니고 있으며 뒤의 문장들은 의미론적으로 오직 주제 정보만을 표현할 수 있는 듯하다. 비록 그 구조들이 이를 반영하지는 않지만, 그러나 어쨌든 그 정보가 '새롭다'는 화용론적 토대에서 그러하다(말하자면 캐머런이 전제에 준하게 가정하고 그에 따라 노동을 에둘러 비난할 때). 오직 이들 서로 다른 담화 수준과 차원을 명시적으로 구분함으로써 문장에서 주제 속성의 특징을 다룰 수 있을 뿐이다.

7.3.4.13.2. 초점

초점focus이라는 개념은 더 정확하지 않다. 가장 손쉬운 방법은 문장에서 공동 배경으로 이전에 사례로 들지 않았고 활성화되지 않은 어떤 '새로운' 정보로 자리매김하는 것일 터이다. 그에 따라 공동 배경으로부터 추론 가능하지 않고 상황 모형이나 맥락 모형에서 새로운 것이다.

초점에 있는 문장 요소들은 일반적으로 상대적인 강세를 받으며 영어에서 '…한 사람은 바로 존이다It is JOHN who …'219)나 '스케이트 타기가 그들이 … 한 것이다SKATING is what they did …'에서처럼 문장이나 절의 끝부분으로 몰려 있거나 강세를 받는 분열문 형식으로 처음에 몰려 있다. 이와 같은 점은, 이를테면 "메어리가 시험을 망친 게 아니라 존이 망쳤다MARRY didn't flunk the exam, JOHN did."에서처럼 강세를 받아야 하거나 언급되고 있는 것 혹은 앞서 언급된 것과의 관계에서 대조를 이루는 표현의 부분에서도 마찬가지이다. 여기서는 '누군가 시험을 망쳤다.'는 것이 알려지고 전제된 지식이며 그에 따라 주제이다. 그리고 시험을 망쳤거나 그렇지 않은 사람의 정체는 새로운 정보이다. 이는 "이 상품은 수출용이지 수입용이 아닙니다This merchandise is for EXport, not for IMport."에서처럼 낱말의 조각에도 적용될 수 있다. 이는 니프카(Kniffka, 2008)에서 지시 초점denotation focus과 구별하여 표현 초점expression focus이라고 자리매김하였다. 이런 초점은 담화가 대하여 있는 요소들에 대하여 있는 요소들에 기대어 자리매김하였는데 여기서는 맥락 모형과 상황 모형에 기대어 자리매김하였다(대조적인 초점에 대해서는 Zimmerman, 2008을 참고할 것).

다른 말로 한다면 만약 어떤 명제의 기능이 (공동의) 담화로부터 알려져 있다면, 예컨대 '(누군가가) 우체부를 죽였다.'면 비어 있는 칸에서 논항220)을 확인하는 일은 그와 같은 표현이 초점 기능을 하도록 해준

---

219) 영어 예시 문장에서 대명사로 된 낱말들이 강세를 받는 명사이다.

다. 이는 또한 전통적인 문장 문법적인 접근을 통해 공동의 배경에 추가되는 어떤 명제(누군가가 우체부를 죽였다)를 전제로 삼아 함의를 담고 있는 질문(이를테면, 누가 우체부를 죽였지요?)에 기대어 (이전의) 담화 혹은 공동의 담화를 구성한다는 점을 의미한다. 그에 따라 그에 대한 응답이 초점 기능을 지닌 새로운 정보를 규정한다(Van Kuppevelt, 1995). 담화 이론 안에서는 그와 같이 형식적이고 인위적인 구성물을 필요로 하지 않을 것이다. 왜냐 하면 공동 배경을 자리매김하는 것은 이전의 덩잇글 모형이나 맥락 모형이고 그에 따라 수신자들이 이미 지니고 있는 정보이며 경험하고 있을 수도 있고 또한 (만들어지거나 실제적인) 질문이 없어도 되기 때문이다.

니프카(Kniffka, 2008)에서는 초점을 화용적인 것으로 질문에 대한 답과 대조 등에 기대어 자리매김한 반면 주로 화자의 소통 목표에 따라 그리고 only와 even과 같이 초점에 민감한 표현을 의미론적으로 자리매김하여 구분하였다. 여기에는 (비록 화용론적 용법에 근거를 두었을 가능성이 높지만) 대안들로부터의 선택이 관련되어 있다. 실제로, 참여자들이 지니고 있는 계속적으로 바뀌는 지식에 대해 역동적으로 맞추어 나가는 화자의 믿음221)에 기대어, 즉 맥락의 차원에 기대어 초점을 자리매김한다면 그 자리매김은 화용적일 것이다.

초점을 설명하는 또 다른 (형식적인) 방법은 어떤 문장에서 초점을 받는 요소는 다른 요소들이 '거짓'인 대안의 선택 내용 중 하나라는 것과 같은 대안선택의미론Alternatives Semantics(Rooth, 1992, 2008)에 기대는 것이나. 이는 대조 초점이나 선택 초점에 대한 납득할 만한 해석인

---

220) 서술어를 중심으로 문장의 구조를 파악하려는 일원론적 관점에서 서술어가 필요로 하는 문장 성분들을 논항이라고 한다. 여기에는 서술어가 반드시 필요로 하는 필수적인 논항과 때에 따라 필요로 하는 수의적인 논항을 구분하고 있는데, 주어·목적어·보어 등이 앞에 속한다. 학교 문법에서는 서술어 자릿수로서 서술어가 필요로 하는 문장 성분의 개수를 나타내었다.

221) 믿음, 참(진실) 등은 화자가 입말과 글말에서 담화를 이어가고 의미를 구성하는 과정에 전제되어 있다. 믿음이라는 낱말이 이 맥락에서는 그런 점에서 참이라고 받아들이고 수용하는 사실들을 믿음이라고 할 수 있다.

듯하다. 그러나 다른 선택 내용을 배제하였다는 함의 없이 새로운 담화 지시대상이나 그들의 속성을 단순히 표지하는 다른 많은 형태에 대한 해석에서는 그렇지 않다('오늘 아침에 내가 그 우체부를 이야기했고 그리고 …'에서처럼).

드라이어(Dryer, 1996)는 주제와 초점, 전제에 대한 상세한 논의에서 정보(담화의 지시대상뿐만 아니라 전체 명제에 담긴 정보)의 활성화 정도에 따라 이전의 정보−새로운 정보라는 양극화에 대해 좀 더 인지적인 자리매김을 제안하였다. 그는 모든 (비)표상 명제나 (비)활성화된 명제 가 실제로 믿음의 대상이 되는 것은 아님을 적절하게 강조하였다. 그 결과 공동 배경과 (참된, 믿는, 공유된) 전제에 기댄 자리매김이 알맞지 않을 것이다. 그에 따라 그는 세 갈래의 서로 다른 명제 유형들을 구분 하였다. 즉 믿으며 활성화되는 명제, 믿지만 활성화되지 않는 명제, 활성화되지만 믿지 않는 명제가 있다.

매우 간단하지만, 언어에서 지식 관리, 즉 문장에서 정보 구조의 표현에 대한 고전적인 개념들 중 하나를 불완전하게 처리한다는 점으로부터, 주제와 초점 사이의 구별에 관련되는 모든 측면들은 기저에 있는 상황 모형과 맥락 모형(지식의 인지적 차원)뿐만 아니라 전체 담화, 문장들과 문장들의 연쇄에서 표현에 기대어, 이들 각각에 대한 형식화 가 필요함을 보게 된다. 핵심적인 쟁점은 어떻게 방금 구성되고 있는 상황 모형이 그 모형이나 이전의 담화에서 제시되지 않는 초점 정보를 담고 있으며, 상황 모형과 덩잇글 모형의 현재 상태와 새로운 정보를 연결하는 주제 정보를 지니고 있는 각각의 문장들에 의해 확장되는가 하는 점이다.

자연 언어에 의해 결정되기 때문에 문장 구성요소들의 이러한 서로 다른 인식론적 기능은 어순(문두, 문미), 특별한 구성(분열문), (일본 말에 서 wa와 ga가 각각 주제와 초점을 알려주는 것처럼) 첨사, 형태소와 정관사 와 부정관사, 음운론적 탁립도의 다양한 형태(고저 악센트, 경계 억양)에 의해 그리고 이들이 결합하여 다양하게 표현되고 알려질 수 있다. 여기서는 주제와 초점에 대한 문법적(통사론적 그리고 음운론적) 측면을 다루지는 않을 것인데 새로운 정보를 지니고 있는 현재의 모형 확장을 위한 문장 수준의 수단으로서 오직 간접적으로 주제와 초점의 화용론적 기능에 관련되기 때문이다. 초점 기능이 일반적으로 문장의 뒷부분과/이나 강세를 받는 부분에 대하여 계획되어 있지만 앞의 예문들 몇몇에서 보여준 것처럼 대조, 수정, 재활성화, 선택, 주의끌기와 같은 인식론적 기능 이외의 것들을 표현할 뿐만 아니라 상황 모형이나 맥락 모형, 덩잇글 모형에서 알려지거나 제시된 혹은 현재의 지식과 관련하여 여기서 새롭게 규정하고 있는 새롭고, 두드러지거나 대조된 혹은 서로 다른, 지식을 표현함으로써 그와 같은 구조는 두 가지 뜻으로 해석될 수 있다. 그에 따라 영어에서 문장의 처음과 같이 초점 요소에 대한 특별한 (분열문에서) 어순이 있고, 그렇다면 특별한 음운론적 강조를 통해 표시될 필요가 있다(그와 같은 문법적인 분석은 Fanselow, 2008; Gussenhoven, 2008을 참고할 것).

여기서 논의의 핵심은 기술한 것과 같은 언어 사용자들의 정신 모형을 전제로 할 때 그들은 정보 구조(주제와 초점)에 대한 이런 양극화된 담화 표현, 이를테면 한편으로 이전의, 주어진, 활성화된, 현재의, 이전에 표현된, 전제된 정보를 다른 한편으로 새롭고 다시 활성화된, 선언되거나 흥미로운 정보와 같이 인식론적 기능의 서로 다른 유형을 표현하고, 소통하고 이해하기 위해 사용할 수 있다. 앞에서 자주 되풀이하였듯이, 분명히 고립된 문장의 분석은 몇몇 전제나 풍부한 배경 지식으로 풍부해졌더라도 사변스러운 입말과 글말에서 지식 확산이나 정보 구조의 복잡한 표현을 설명할 수 없다(Jacobs, 2004를 참고할 것).

이 책과 이 장에 관련되는 것은 문장이나 절의 '정보 구조'를 표상하는 주제와 초점 사이의 복잡한 구별이 수신자들이 지식을 관리하고 근본적으로 어느 정도 '주어져 있는'(이전의, 추론 가능한 등) 지식과 어느 정도 '새로운' 지식 사이의 복잡하고 때로는 점진적인 관계를 수립하는 방식에, 전략적으로 영향을 미치는 언어 표현에 기대어 다양하게 자리매김되는 경향이 있다는 점이다. 여기서 제안한 것처럼 화자나 수신자들의 지식에 대하여 있지 않고 오히려 화자의 맥락 모형에서 지식 장치에 표상되는 것으로서 수신자들에 대하여 역동적으로 변하는 지식에 대한 (잘못될 수도 있고 그에 따라 상호작용을 통해 수정되는) 화자의 믿음에 대하여 있다. 전제의 경우와 마찬가지로 그와 같은 분석은 참여자들의 공동 배경을 명시적으로 만드는 데 관련되어 있는데 여기서는 정신 모형의 다양한 갈래에 속하는 요소들(참여자들, 사건 등)에 의해 자리매김하였다. 참여자들이 지니고 있는 이런 모형들이나 모형 조각은 다음과 같을 것이라고 가정한다. 즉 화자에 의해

(i) 배경, 참여자들과 이어지는 소통 상황의 목표를 규정하는 맥락 모형의 경우 혹은 현재의 담화 주제와 이전에 끌어들인 담화 지시대상을 규정하는 맥락 모형과 마찬가지로 활성화됨(그에 따라 단기 기억이나 통제된 기억의 일부분임)
(ii) 이를테면 다양한 갈래의 추론에 의해 활성화됨
(iii) 활성화된 덩잇글, 상황 모형이나 덩잇글 모형과 관련하여 구성됨

좀 더 인지적인 접근에서는 '이전의'나 '주어진' 정보보다는 정보의 활성화 등급에 기대고 있는 이런 형식화를 더 선호하는 경향이 있다 (Dryer, 1996을 참고할 것).

다른 말로 한다면 '이전의' 지식과 '새로운' 지식으로서 이와 같은 정보의 기능을 표현한 많은 언어학적 가능성의 복잡함을 무릅쓰고, 담화의 많은 다른 속성들에서 그러한 것처럼 일반적인 '소통' 기능이 어떻게 수신자들의 지식을 지속적이고 역동적으로 드넓히거나 바꾸어 나갈 것인가에 대한 전략적이고 언어적인 실마리를 제공한다.

7.3.4.14. 인식론적 담화의미론에 대한 요약

담화를 전제하거나 표현하는 담화 구조에 대한 짤막한 요약을 전제로 하여 〈표 7.3〉에서, 지금까지 이뤄진 분석에 한 걸음 더 나아가 구성할 수 있을 것이다.

〈표 7.3〉 담화 의미론의 인식론적 구조들

의미 구조	인식론적 토대	인식론적 처리	촌평/설명
전국적 기능의 주제와 촌평	이전 담화의 맥락 모형과 상황 모형: 얽힌 텍스트의 공동배경	얽힌 텍스트의 이전-새로운 정보에 대한 전국적인 비교	복잡한 담화(이를테면 토론)에서 이전 담화(공동 배경의 일부)와 공유되는 전국적인 정보는 전국적인 기능을 하는 주제이고 현재 담화에서 새로운 전국적인 정보는 전국적인 기능을 하는 초점이다.
거시 구조 (담화 주제)	상황 모형: 상위 수준	일반적인 지식으로부터 추론	적합성은 맥락 모형에 의해 제약을 받음(오직 사회·문화적으로 적합한 주제만이 선택됨).
전국적 의미 연결 (확장적/ 지시표현적) 지엽적/배열에 따른 의미 연결	상황 모형	'없는 연결' 명제에 대해 일반적인 지식에 바탕을 둔 추론	맥락 모형의 제약 때문에 화자들은 일반적인 지식에 토대를 둔 상황 모형으로부터 수신자들이 명제들을 추론할 수 있다면 (지시표현적인) 지엽적인 의미연결을 수립하도록 하는 명제들을 표현하지 않음.
배열하기와 순서대로 늘어놓기	상황 모형 일반적인 차례	위계 구조를 이루는 상황 모형을 담화 명제들의 순차적 배열에 투영	담화에서 명제 배열을 일반적이고 지각과 경험에 바탕을 두며 구현되는 원리와 다른 인지 원리에 의해 '정상적으로' 순서화된다. 여기에는 전국적 > 지엽적, 전체 > 부분, 원인 > 결과, 이전 > 이후, 대상 > 속성 등등의 차례가 있음. 여기서 벗어나면 특별한 기능을 지님.
정교화	상황 모형 일반 지식	선택과 상세화	사람에 대하여 사람 > 속성 등등과 같이 일반적인 지식을 토대로 하는 상황 모형의 전개
기술	일반 지식	선택	이를테면 행위나 행위 주체를 기술하기 위한 개념적 선택내용(개인별, 집단 구성원, 이름이 밝혀지거나 익명, 정체성 역할 등등)
기술의 수준	상황 모형: 하향식	일반화 내 상세화	담화의 의미 구조는 (거시구조에서처럼) 매우 일반적인 것에서 매우 상세한 것에 이르기까지 다양할 수 있음. 좀 더 상세한 구조는 특별한 주목을 받음.
자리매김	일반 지식	상세화	상위 범주와 차별적인 속성들 사이의 개념적 관계. 예컨대 차는 … 운송수단이다.
세분성: 세분의 정도	상황 모형: 각각의 수준이 있음	선택	각각의 모형 수준에서 더 자세하거나 덜 자세한 세분화의 실현을 위해서 선택될 수 있다. 이는 적합성이나 중요성 등등에 달려 있다.

의미 구조	인식론적 토대	인식론적 처리	촌평/설명
정확성	상황 모형 맥락 모형	초점	상황의 속성들은 어느 정도 정확하거나 흐릿한 용어로 기술될 수 있다(이를테면 어느 정도 날카로운 초점). 이는 맥락의 제약(예컨대 공손성)에 달려 있다.
확신성/입장	상황 모형	상위 모형	상황 모형은 언어 사용자들의 믿음(나는 …을 안다, 믿는다, 추측한다, 바란다 등등)을 표상하는 상위 모형의 일부일 수 있다.
개연성/필연성	상황 모형	모형에 있는 모든 사건에 대한 진리론적 평가	사건들의 표상/모형에 대한 인식론적 입장과는 달리 이들은 거의 가능하지 않음에서 필연성에 이르는 다양한 수준의 개연성을 지닐 수 있다 (*might, may, probably, must, necessarily*)
함의	상황 모형 일반 지식	추론	명시적인(담화에서 표현된) 명제. 상황 모형의 일부이지만 담화에 표현되지 않은 명제에 의해 암시된 명제들은 배경 지식에 근거해 추론된다.
함축	상황 모형 맥락 모형	추론	맥락 모형의 정보에 기반을 두고, 명시적인 명제들에 의해 암시된 명제.
전제	현재의 상태: 상황 모형, (공동) 덩잇글 모형(공동 배경)	추론	공동 배경(배경 지식, 상황 모형과 덩잇글 모형, 맥락 모형 등등의 현재 상태)의 일부인 어떤 명시적인 명제에 의해 암시된 명제. 이어지는 입말과 글말 등에서 순간순간 공유되는 이전의 정보.
은유	상황 모형 일반 지식	구체화	좀 더 추상적인 개념에 대하여 좀 더 몸으로 겪은(감각적, 감정적) 경험으로 구체화함. 이를테면 입국이민=파도.
증거대기	상황 모형 맥락 모형 일반 지식	활성화	지식의 원천 (i) 개인의 경험(=이전의 상황 모형), (ii) 담화(소문, 증언)(이전의 맥락 모형, (iii) 배경 지식 그리고 이들을 모두 더한 추론들
주제와 초점	현재의 상태: 상황 모형, (공동) 덩잇글 모형(공동 배경)	선택	주제: 명제의 '이전'(부분)+추론(이를테면 우리 아버지…) 그리고 초점 (i) 공동 배경이 아니라 명제의 '새로운' 부분, (ii) 다른 '이전'의 정보와 대조되거나 선택된 명제의 '이전'(부분) (*JOHN didn't do it, MARY did.*에서 처럼)

이 책에서 제시한 이론적 얼개를 따르면 담화에 대한 모든 인식론적 구조는 상황 모형, 맥락 모형과 일반 지식에 토대를 두고 있으며 상세화나 선택, 추론과 같은 몇 가지 인지 전략이 관련되어 있다. 담화를 통한 소통에 널리 퍼져 있고 기본이 되는 전략은 어떻게 '새로운' 지식이 '이전의 지식과 관련되어 있는가 하는 점이다. 여기서 이전의 지식은

담화의 모든 수준에서 현재의 담화, 현재의 맥락과 이전의 맥락, 이전의 상황 모형과 같은 다양한 공동 배경의 자원뿐만 아니라 모든 일반적인 지식과 지식에 납득할 만하고 적합한 추론에 의해 자리매김된다.

비록 많은 의미론적 구조들을 앞에서 간단하게 다루었지만 틀림없이 인식론적 분석을 요구하는 담화 의미의 다른 측면들이 있다. 게다가 간단하게 다루어 온 그런 의미들은 특별한 경우와 표면 구조 표현, 서로 다른 언어에서의 변이 형태 등에 대하여 한 권 분량의 논의를 필요로 (하였고) 할 것이다.

따라서 담화에서 사람, 물건, 장소나 다른 속성들, 예컨대 고유명사(성姓이나/과 이름), 지역적으로 독특한 인물에 대한 한정된 기술, 집단이나 범주의 구성원다움 등에 의해 기술될 수 있는 많은 다른 방법들이 있는데 맥락에 달려 있고 그에 따라 갈래, 목표, 덩잇말 무늬 등에 달려 있다.

지엽적인 의미 연결과 전국적인 의미 연결에 대한 제약에도 불구하고 행위, 인물의 겉모습, 생각, 행위 결과 등의 세부 내용들에 초점을 맞춤으로써 다듬어질 수 있는 많은 방법들이 있다. 기술의 차례나 수준, 세분성과 같은 방법들 몇몇은 앞에서 언급하였다. 다른 많은 것들에 대해서는 틀림없이 더 발전된 탐구가 필요하다. 열 개 남짓 담화 구조에 적용된 것으로서 제안된 이론적 얼개를 고려할 때, 일반적인 지식으로부터 나온 추론과 함께 담화 의미와 지시표현을 정신 모형이 통제하는 방법과 같은 관점에서 이런 다른 많은 의미구조들이 설명될 수 있다고 하는 것이 납득할 만하다.

7.3.5. 인식에 대한 표면 구조 실현

담화에서 인식론적 구조가 '표면 구조'에서 실현되는 일이 언어학에서 많은 관심을 끌었기 때문에 여기서는 그러한 것들에 대해 많이 언급하지 않을 것이다. 그리고 이들 중 몇몇은 앞서 언급하였다. 따라서 모형에 기반을 둔 지엽적인 의미 연결은 정관사, 대명사, 어휘 반복

등과 같은 다양한 의미 연결 표지들에 의해 알려질 수 있다. 몇몇 언어들에서 증거대기는 특별한 동사 형태소나 특별한 접어로 표현되고 다른 대부분의 (서구) 언어들은 지식의 담화적 원천과 경험에 대해 명시적인 지시표현을 사용한다. 지식에 대한 다른 태도나 확실성을 표현하는 인식론적 입장에서 may, might와 같은 양상 표현, maybe, perhaps와 같은 부사에 의해 다른 언어에서는 (가정법이나 비사실적임을 나타내는) 동사 형태소에 의해 표현된다. 이전의/주어진 정보와 새로운 정보를 주제와 초점과 같은 문장 기능에 사상하는 정보 구조는 어순, 강세나 특별한 문법적 조작(주제화 등)으로 표현될 수 있다.

담화에서 이런 다양한 문법 구조의 중요한 소통 기능은 수신자들에게 담화와 담화 조각들, 맥락을 해석하는 정신 모형을 위한 입력물로서 의미 있고 지엽적으로 의미 연결되며 전국적으로 의미 연결된 의미론적 표상을 구성하기 위해 이용될 수 있는 전략적 표지를 제공한다. 기저에 있는 의미론적 구조와 인식론적 구조에 대한 이런 표면 구조로의 표현이 담화 이해를 위해 필수적이지도 충분하지도 않다는 점은 주목해야 한다.

대부분의 인지적 '작용'은 담화의 화용론과 의미론에 의해 이뤄지는데 이는 상황 모형과 맥락 모형의 구성에서 중요하다.

그리고 그와 반대로 담화 의미는 대하여 말하거나 쓰고 있는 사건의 상황 모형 구성에서 사회적으로 공유된 지식과 그 적용을 토대로 하여 전략적으로 구성된다.

이런 모형 안에서 정보는 입말과 글말이나 문장 구조에서 실제로 표현된 정보보다 훨씬 더 상세화된다. 수신자들은 자신들의 기저에 있는 모형을 구성할 수 있도록 적은 문법 구조와 오직 조각으로 된 의미 정보만을 필요로 하다. 일반적으로 대화에서 주어지는 지식이나 이전의 지식은 암묵적이고 전제되어 있으며 (대명사의 경우처럼) 축소되어 있고 (문두의 문장 주제에서 그러한 것처럼) 강세를 받지 않는다. 수신자들의 가정적인 해석을 자리매김하는 현재의 상황 모형의 구성에서 담화에 의해 전달되는 새로운 정보의 상당 부분조차 표현될 필요가 없이 일반적인 지식이나 이전의 정신 모형으로부터 추론될 수 있다.

따라서 담화에서 지식에 대하여 '볼 수 있'거나 '들을' 수 있는 문법 표현의 다소 제한된 역할을 기술하기 위해 빙산이라는 은유를 매우 손쉽게 이용할 수 있다. 대부분의 이전의 지식과 새로운 지식조차 입말과 글말에서 볼 수 없고 암묵적인 채로 있다. 담화의 산출과 이해는 매우 복잡한 정신적 처리이다. 거기에서 기저에 있는, 새로운 지식을 이전의 지식과 관련을 짓는 인식론적 처리가 기본적인 차원이다. 이는 결국 언어와 담화의 상호작용 기능과 사회적 기능을 위한 조건이 된다.

7.4. 마무리

담화의 인식론적 속성으로 이 장에서 언급한 다수가 많은 책들과 논문들에서 (더 많은) 세세한 주목을 받아 왔다. 분명히 언어 사용과 담화의 그렇게 많은 측면들에 대해 새로운 통찰을 바치는 것은 한 장의 과제가 될 수는 없다. 그럼에도 불구하고 바로 이와 같은 전문성 그리고 어느 정도 매우 높은 수준의 전문성 때문에 이들 많은 연구들이 저자가 한 것과 같이 하나의 큰 얼개 속으로 거의 통합되지 않았다. 즉 이들을 지식이 덩잇말과 대화에서 표현되고, 전제되며 다듬어지고 사용되는 일반적인 방법의 사례로서 다루어지지 않았다.

따라시 지지는 먼저 담화의 모든 인식론적 현상들이 참여자들이 쓰거나 말한 사건뿐만 아니라 그들이 참여하고 있는 소통의 상황에 대하여 그들의 지식을 구체화하는, 기저에 있는 맥락 모형과 상황 모형의 관점에서 인지적 토대가 필요하다는 것을 보여주었다. 담화의 기본적인 기능이 정보를 전달하는 것이라면 그리고 그것이 언어 사용의 다른 많은 기능의 토대라면 먼저 새로운 지식과 이전의 지식이 명시적으로 기술될 수 있는 이론적 얼개를 분명히 필요로 할 것이다.

비슷하게 지식에 대한 이런 표현과 소통은 상호작용과 정체성과 참여자들 사이의 관계와 목표로 규정되는 다른 사회적 제약에 의해 제약을 받는다. 규범에 따른 규칙과 도덕률은, 누가 말할 수 있고 (통보할 수 있고) 무엇을 누구에게 언제 그리고 어떻게 말할 것인가를 제약하는데 접속과 평가expertise, 권한부여entitlement와 참여자들의 다른 인식론적 속성들에 의해 자리매김된다.

여러 텍스트에 걸쳐 있는 구조와 전국적 정보 구조, 관계들로 시작하는 이런 넓은 이론적 얼개 안에서, 각각의 일련의 담화가 그리고 시작에서부터 끝에 이르는 담화 안에서 그리고 문장이나 발언권에서 다음에 이르기까지, 이전의 혹은 다른 방식으로 주어진 지식이 새로운 지식의 구성을 위한 토대로 어떻게 바탕에 깔려 있는지 (전제되어 있는지) 요약하였다. 그 내용은 다음에 걸쳐 있다.

- 전체 담화 안에서
- 새로운 화제나 의미론적 거시 구조로서
- 문장들에서 초점 정보로서
- 이전의 개념들을 통해 새로운 개념들에 대한 자리매김으로서
- 주어진 지식에 대한 정교화로서

저자는 또한 여기서도 맥락과 자연 언어에 의해 결정되는데 이와 같은 일이 여러 가지 다양한 방법으로 일어날 수 있음을 보았다. 다소 명시적이거나 암묵적인 담화를 통해서 자세하거나 덜 자세한 세부 내용을 통해서 그리고 서로 다른 수준에서 공손성과 전략과 같은 많은 사회적 제약의 반영을 통해서 권위나 권력의 기관 맥락 제약 아래에서 일어날 수 있다.

담화에서 지식의 표현과 바탕에 깔아놓기와 그 조건들은 공동 배경으로 요약되는데 이에 대한 세부 내용들은 많이 알려져 있다. 특히 주제와 초점, 인식론적 양상, 증거대기와 바탕에 깔아놓기(전제)가 있

다. 그럼에도 불구하고 대화와 담화에 대해 통합되고 사회 인지적 인식론 안에서 설명될 필요가 있는 의미론 측면과 화용론적 측면, 문체론적 설명이 많이 있다.

이 분야에서 대부분의 연구들은 문장 문법에 한정된 언어학적 이론 안에서 일어났고 덩잇말과 대화의 복잡한 구조, 계층구조, 연속 구조에 대한 연구에서 인식론적 구조에 대한 연구가 분명하게 필요하다는 것을 무시하여 왔다. 실제로 공동 배경뿐만 아니라 이전의 지식이나 바탕에 깔린 지식은 고립된 사례들과 이전의 문장이나 명제들을 가정하고 연구되어서는 안 된다. 담화 구조 분석과 이론의 본질적인 부분으로서 연구되어야 한다. 여기서 새로운 지식과 관련되는 지식으로 '이전의' 지식이나 '주어진' 지식은 덩잇말과 대화의 구조 바로 그 안에서 가장 자연스럽게 보여줄 수 있다.

따라서 이렇게 조사 연구에서 잘 알려진 주제들은 (ⅰ) 인지적 분석은, 이를테면 정신 모형에 기대어, (ⅱ) 상호작용과 소통 상황에 대한 사회적 분석은, 이를테면 목표나 인식론적 권위와 참여자들에 대한 권한 부여에 기대어, (ⅲ) 모든 수준과 범위에서 덩잇말과 대화의 복잡한 구조에 대한 담화 분석을 결합하는 일관된 이론적 얼개 안에서 재형식화되고 통합될 필요가 있다.

게다가 고립된 문장 문법으로 설명될 수 없기 때문에 언어학에서 다소 덜 관심을 받았던 담화의 다른 많은 속성들에 초점을 맞출 필요가 있다. 그에 따라 지식이 어떻게 전개되는가 하는 것에 좀 더 상세한 통찰이 필요하다. 필요한 것은 단지 지엽적으로 문장 안에 확산되어 있는 것이 아니라 전체 담화에 걸쳐 어떻게 표현되고 전제되어 있으며 배분되어 있는가에 대한 통찰이다. 개인적이거나 공개적인 모형 혹은 일반적인 지식 구조와 같이 서로 다른 갈래의 지식이 일상적인 대화로 표현되는 이야기나 신문 보도, 교육 맥락에서 설명 담화와 같은 서로 다른 갈래에 의해 어떻게 표현되고 구성되는지 알아야 할 필요가 있다. 이런 의미에서 담화에서 지식에 대한 연구는 아직 걸음마 단계에 있다.

제8장 결론

이 학제적인 연구는 인문학과 사회학의 두 개의 기본적인 개념, 즉 지식과 담화 사이의 복잡한 관계를 살핀다. 담화를 산출하고 이해하기 위해서 언어 사용자들은 세상에 대한 방대한 양의 지식을 필요로 하며 이런 지식의 대부분이 정확하게 담화에 의해 습득된다는 일반적인 통찰에 대하여 자세하게 설명한다.

담화와 지식 사이의 이와 같은 공생 관계symbiotic relation는 인문학과 사회학의 거의 모든 분야의 학문에서 부분적으로 연구되었지만 지금까지 담화−지식의 접합면을 다루는 일반적이고 통합적인 실행은 부족하였다. 이 책은 인식론, 인지심리학, 사회심리학, 사회학, 인류학, 언어학에서 연구되어 왔던 그대로 지식과 담화에 대해 관련되는 수많은 측면들을 살펴봄으로써 체계적으로 통합적인 접근법을 처음으로 제공한다.

이런 측면들의 자세한 내용들에 대해 지식에 대한 수천의 연구들이 고대 이래로 설명하여 왔고, 수천에 이르지는 않더라도 1960년대 이후 담화와 언어에 대한 수백 권의 책(그리고 그보다 더 많은 논문)이 출간되었다. 이 책에서 이런 앞선 시기의 책에 대한 전문적이고 세부적인 내용들을 꼼꼼하게 접근하기는 가능하지 않았지만 앞서 이뤄진 연구들에서 부족한 폭넓은 관점, 학제적 관점을 정확하게 제공하려는 목적을 지니고 있다. 이 마지막 장에서 저자는 일반적이고 통합적인 접근에서 일반적인 발견 사실들 몇 가지를 요약한다.

8.1. 인식론: 지식의 본질

심리학과 사회학에서 지식에 대한 경험적 연구들은 인식론에서 연구된 것으로서 지식의 본질에 관련되는 좀 더 추상적인 성찰을 무시하는데, 이는 인식론에서 (전부는 아닐지라도) 다수의 경험적 조사 연구에서 나온 결과들을 결과적으로 무시한 경향이 있는 것과 비슷하다. 비록 이 책은 지식과, 그것과 담화와의 관계에 대한 경험적 접근을 널리 지향하고 있지만 출발에서부터 지식의 본질을 반영할 필요가 있었다. 적어도 짧게나마 현대의 인식론에서 다루고 있는 기본적인 개념들을 소개하고 촌평을 할 필요가 있었다.

특히 이 책이 의미 있는 것은 인식론에서 처음으로 지식에 대한 비판적인 관찰, 즉 거의 대부분은 아닐지라도 인간의 지식의 많은 부분이 담화와 소통에 의해 습득된다는 기본적인 사실에 대한 깨달음의 부족에 대해 비판하였다는 점이다. 지식은 일반적으로 세 가지 방식에 의해 습득된다고 말한다. 즉 경험과 관찰, 그리고 담화와 소통, 논증reasoning과 추론이다. 그럼에도 불구하고 인식론에서 지식의 습득과 관련된 중요한 담화적 관점이, 지식의 습득이 모든 인간 사회라는 토대를 대신해서 법정에서 주로 증거의 문제이라기도 한 것처럼, '증거'나, '소문'에서 (부족한) 신뢰성의 문제로 귀결되는 경향이 있다. 이런 의미에서 지식의 습득과 재생산 그리고 확산에서 담화의 역할에 대한 인식론이 도대체 태어나기라도 했다면 여전히 걸음마 상태에 있다.

두 번째로 그 철학적인 본성 때문에 인식론은 실제 인간의 실제 지식, 실제 사회의 행위 주체와 실재하는 인식론적 공동체의 실제 지식이 아니라 추상적이고 개념적인 용어로 지식을 연구하는 경향이 있다. 학문적 과제의 일반적인 배분이 허용되는 경우조차도 그리고 그에 따라 '자연스러운' 지식에 대한 연구의 상당 부분이 심리학과 사회과학에 남겨지게 된 경우에도 인식론조차 지난 수십 년 동안 좀 더 인지적이고 사회적인 성향으로부터 혜택을 입어 왔다.

따라서 믿음이 지식으로서 전제되고 고려되며 취급되거나 사용되는 방법은 서로 다른 인식론적 공동체가 지니고 있는 기준이나, 사회와 문화에 따른 인식론적 표준의 가변성에 달려 있음이 분명하게 되었다. 인식론적 상대주의는, 그러나 인식론에서 그렇게 인기가 있지는 않다. 인식론에서는 참이 정당화된 참된 믿음으로서 지식에 대한 전통적인 자리매김을 고려할 때 이미 주어져 있기 때문이다. 문제는 인간 사회의 일상적인 삶에서 그와 같은 어떤 절대적인 지식도 실제적이고 현실적인 기준이 아니라는 점이다.

언어학에서 20세기에 더 작은 단위(음소, 낱말, 문장)로 연구를 시작하는 경향이 있었고 덩잇글과 대화와 같은 더 크고 복잡한 분석의 단위로 연구해 나갔다. 이와 비슷하게 이른 시기의 연구들은 일반적으로 좀 더 형식적이었고 맥락에서 벗어났지만, 그 뒤의 연구들은 실제 상호작용과 의사소통에서 실제 언어 사용자들의 자연스럽고 실제적인 담화에 초점을 맞추었다.

이와 비슷하게 인식론에서는 한편으로 인지적 표상으로서, 다른 한편으로 사회적 상황에 따른 것으로서 지식에 대하여 자연주의적이며, 상대주의적이고 맥락 중심의 설명으로 나아갔다. 사람들은 모든 실제적 목적을 위하여 공동체 안에서 (역사적으로 변하는) 이용 가능한 인식론적 기준에 따라 좀 더 부드럽게 자연스러운 지식을 자리매김한다. 실제로 공동체 안에서라는 것은 지식과 진리가 모든 인간의 인식과 상호작용, 담화의 토대로서 완벽하게 결합되어 있음을 의미한다. 당연히 그래야 하는 것처럼 상대주의는 그 자체로 상대적이다. 인식론적 공동체 안에서 지식은 실제로 참인 믿음으로 규정된다. 그러나 어떤 공동체에서 지식과 참은 다른 공동체의 관점에서 잘못된 신념이나 오류, 미신이다. 자연 지식에 대한 이론이 설명해야 하는 것은 어떻게 지식과 지식에 대한 기준들이 인식론적 공동체 안에서 수립되고, 습득되며, 변하고, 전제되는가 하는 것이다.

자연과학과 정치 혹은 일상의 맥락에서 지식과 담화가 그러한 것처럼 같은 공동체 안에서도 그와 같은 변이는 서로 다른 맥락에 걸쳐 관찰될 수 있다. 실제로 자연과학적 증거, 법률적인 증거, 신문이나 일상적인 이야기 전달에서 엄격한 기준으로 볼 때 미국의 법정에서 증인으로서 맹세한 문구에서 요구되는 것과 같이 말하지는 않는다. 변이 가능성과 맥락화가 모든 자연과학에서 인식론을 넘어 널리 적용되는 일반적인 현상인 것과 마찬가지로 경험적으로 정당화되는 일반화에 대한 수정이 필요하다. 따라서 실제 지식과 경험적 진리는 단일하지 않고 상대적이고 가변적이며 맥락을 따른다.

지식에 대한 이와 같은 자연주의적 접근 안에서 상대주의나 맥락 중심 관점을 벗어난 경우에도 지식에 대한 자리매김에서는 인지심리학과 사회심리학적 기준을 결합하게 되는데 근본적으로 어떤 공동체의 인식론적 기준에 의해 정당화되는 신념으로 (비록 담화에 대해서는 진실이라는 개념을 유보하고 신념에 대해서는 '옳음correctness'이라는 용어를 사용하기를 더 좋아하지만 공동체 안에서 '참'인 신념으로) 지식을 받아들인다. 중요하지는 않지만 좀 더 구체적으로 그와 같은 접근에서 사회적 지식은 그와 같은 신념들이 공동체 안에서 공유되며 그에 따라 그 구성원들에 의해 개인적이고 새로운 신념의 습득과 발전을 위한 토대로 작용하여야 한다. 저자가 내세운 분석적 관점으로부터 이는 순간순간마다 공동체의 공개된 담화에서 일반적으로 전제되는 믿음으로서 (사회적인, 일반적인 등) 지식을 규정할 수 있도록 해준다. 이제 처음으로 담화와 지식 사이의 기본적인 관계를 이해하게 되었다.

다음으로 일반적인 '단위' 지식 혹은 '내용' 지식, 즉 명제proposition의 충분성에 이의를 제기하며 정신 모형이라는 좀 더 명확한 개념으로 대체하였다. 이는 현재의 인지심리학으로부터 빌려 왔는데 어떤 실제적 사태 혹은 가상의 사태에 대한 정확하거나 부정확한 표상이다. 바람이나 희망과 같은 명제에 대한 태도는 이런 경우 주로 정신 상태에 관한 것이며 오직 이차적으로 사태에 대한 상태이다. 따라서 정신 모형과 사태의 상태 사이의 관계를 표상하는 높은 수준의 정신 모형(자기Self를 중심으로 함)으로 표상될 수 있다.

(개인적) 지식에서 가장 직접적인 원천으로서 지각과 경험의 역할을 가정할 때 그리고 유기체와 생물학적 종의 자연 환경과 사회 환경에 대한 적응의 원시적인 조건을 가정할 때 경험 모형experience models과 이 모형의 기본적인 구조는 모든 정신 모형의 원형들이라고 가정하였다. 이들은 배경Setting(시간, 장소) 참여자들(그리고 이들의 정체성, 역할과 관계), 행위/사건과 목표들이 중심이 된다. 계층적으로 구성된 경험 모형들은 다양한 수준에서 거시적 사건과 미시적 사건으로 계속해서 일상을 분할하고 모든 인식과 상호작용을 다스린다. 구체적인 유형의 경험 모형은 맥락 모형context models으로 주관적으로 소통의 상황을 표상하고 화용적 적합성과 지표를 통한 나타내기 속성indexicality을 규정하는 반면 상황 모형situation models은 이야기와 같은 담화가 무엇에 관한 것인지 그에 따라 그 유의미성과 의미 연결 등을 표상한다. 다른 말로 한다면 정신 모형에 바탕을 둔 추론을 포함하여 모든 지식과 지식의 원천은 정신 모형 이론으로 통합된다.

사람에게 더 고유한 종적인 특징과, 다른 영장류에 비해 명백한 비교 우위에 있는 특징으로 삼을 수 있는 것은 자신들의 환경에 대해 충분한 정신 모형을 형성할 수 있을 뿐만 아니라 자연 언어로 그것들에 대해 소통할 수 있다는 점이다. 좀 더 구체적으로 말한다면 환경에 대하여 동물들의 소통을 넘어서 그와 같은 자연 언어는 담화의 형식으로 과거의 경험을 소통하고 이야기를 할 수 있으며 계획으로서 미래의 사건에 대해 이야기할 뿐만 아니라 선택이 가능한 사건이나 가능한 사건 혹은 반反사실적이거나 가상의 사건에 대해서 대화할 수 있다(Byrne 2002; Gerrig and Prentice, 1991; Roese, 1997). 따라서 정신 모형에서 효과적이고 적절하게 표상되는 경험과 표상으로서 지식의 단순한 개념뿐만 아니라 직접적이고 실험이나 관찰에 따라 얻은 경험을 넘어서 지식의 기본적인 원천으로서 담화와 지식의 관계를 처음으로 이해하게 되었다.

다음으로 개인적 경험에 대한 정신 모형을 넘어서 그리고 이야기 소통을 넘어서 사람은 또한 경험에 대한 정신 모형으로부터 일반화하고 추상화하며 맥락에서 벗어나게 하는 기제를 발달시켜 왔다. 그리고 세상에 대하여, 새로운 모형의 형성이나 적용된 모형의 형성에서 '반대되는' 사례나 적용을 통해 상호작용과 미래의 사건에 효과적으로 적용될 수 있는 일반적인 지식 구조를 발달시켜 왔다.

더 나아가서 그와 같은 일반 지식은 개인별로 그리고 개인적인 경험을 토대로 하여 발달될 뿐만 아니라 어린 학습자들과 공동체의 신참자들을 위한 교육적인 담화나 설명 담화의 여러 형태에서 표현되고 소통될 수 있다. 따라서 우선적으로 지식으로서 믿음을 규정하는 사회·문화적 기준에서 그러한 것처럼 구체적인 지식과 일반 지식은 사람들 사이에서 공유되고 공동체서 재생산된다. 실제로 적합한 지식은 맥락에서 독립적일 뿐만 아니라 사회적으로 공유된다.

글말과 대화, 즉 담화와 지식의 관계에 구체적으로 적용되는 지식에 대한 철학을 발전시켜 나가는 데 필요한 것은 이처럼 매우 단순하지만 기본적인 개념의 범위 안에 있다. 실제로 정신 모형이라는 개념 바로 그것이 그리고 정신 모형의 일반적인 토대는 이미 환경에 대한 올바론(참인) 표상뿐만 아니라 이야기 전달이나 다른 '설명'에 대한 인지적 토대를 설명하여 주었다. 그리고 동시에 이들[이야기 전달이나 설명: 뒤친이]은 다른 사람이 지니고 있는 지식에 대하여 이차적이지만 본질적인 원천으로서 기능을 한다.

그리고 소통의 상황 자체는 인간의 사회적 환경의 중요한 부분이기 때문에 담화는 이런 상황과 관련하여 적합하고 효과적이다. 따라서 언어 사용자들도 또한 특별한 정신 모형, 즉 그와 같은 상황에 대한 맥락 모형을 구성한다. 따라서 사람들은 담화의 의미론과 화용론에 대한 인지적 토대를 지니고 있다.

인지론에 대한 다수의 많은 기본적인 개념들이 그와 같은 얼개 안에서 제자리를 찾아가고 있다. 따라서 만약 믿음이 지식에 대한 기본적인 인지 구성의 기본 단위block라면, 즉 있을 수 있는 상황이나 사건들의 실제에 대한 표상이라면 지식의 원천으로서 믿을 만한 관찰, 믿을 만한 담화와 추론과 같이 인식론적 공동체의 정당화 기준을 만족할 경우 지식으로 간주된다. 만약 사회적으로 가변적이며 문화적으로 가변적인 기준에 의해 실제와 그 표상이 '대응할' 때 지식이 '참'이라는 것은 이런 의미에서이다.

경험적으로 각각의 공동체에 대하여 그와 같은 정당화 기준은, 예컨대 논쟁이나 설명에서 정당화에 대한 자연과학적 담화와 일상적인 담화라는 바로 그 형식으로부터 추론될 수 있다. 여기서도 저자는 지식에 대해 전통적인 인식론보다 더 자연스러운 접근법에서는 담화와 지식 사이에 좀 더 명시적인 관계를 지속적으로 요구할 것으로 본다. 담화는 지식의 본질적인 원천 이상이다. 담화는 구조에 대한 통찰을 제공하며 사회에서 지식으로서 믿음을 수용하는 바로 그 기준과 사회적 본성에 대한 통찰을 제공한다.

8.2. 지식과 담화, 인지

앞서 되돌아본 것처럼 인지심리학과 인지과학은 좀 더 일반적으로 지난 사십 년 동안 지식과 담화 사이의 관계에 대한 연구에서 가장 앞에 있었다. 그 개념들의 다수가, 특히 정신 모형의 개념들 다수가 지금 연구의 인식론적 토대를 형식화하는 데 제공되었다.

일반적으로 인식론이 무시되면서 무엇보다 인지과학이 의미 기억에서 표상되는 것, 예컨대 개념 관계, 원형, 본보기, 개념틀과 다양한 갈래의 각본들로서 일반 지식의 구조와 정신에 관련되는 특성에 대한 통찰에 이바지하였다. 지식의 표상에 대한 몇 십 년의 인지적 접근에도 불구하고 이런 제안들은 마음/정신과 두뇌에 있는 방대하고 복잡한 지식 체계의 세부적인 기술에 이르러서는 거의 발전을 이루었다고 보기 힘들다. 역사적 사건과 자연 세계, 사회의 구조와 일반적인 속성에 대하여 평균적인 어른이 얼마나 많이 알고 있는지 알지 못한다.

좀 더 최근에 특정 두뇌 영역의 특성화에 대한 통찰과 신경심리학의 진전으로 영감을 받아 지식에 대한 규정도 좀 더 구체화된 변이 형태를 띠게 되었다. 저자의 관점에서 볼 때 그와 같은 다양한 지식은, 일반 지식보다는 개인적인 경험 모형들을 규정한다. 서로 다른 개인적 경험을 지닌 사람들 사이에 소통하고 상호작용하고 그에 따라 인식론적 공동체에서 지식을 공유하는 데 정신 모형으로서 적용되고 실체화될 수 있도록 일반적인 지식은 어쩔 수 없이 좀 더 추상적이고 맥락에서 벗어나 있다.

인지심리학과 인공지능AI이 두 번째로 중요하게 기여한 바는 담화 산출과 이해에 관련되어 있는 표상과 처리에 대한 모의실험과 경험적 연구이다. 출발에서부터, 특히 AI는 간단한 이야기에 대한 이해를 위한 경우조차 세상에 대해 막대한 지식이 그와 같은 과정에 필요하다는 것을 강조하였다. 화용론적 이유로 담화는 구조적으로 불완전하다. 화자/필자들은 수용자들이 좀 더 일반적인 지식으로부터, 예컨대 담화의 지엽적 의미 연결과 전국적 의미 연결을 구성하기 위해 속뜻으로 안에 있는 명제들을 추론할 수 있다고 가정하기 때문이다. 따라서 일반 지식이 관련되는 부분들은 계속해서 활성화되고 실체화되며 담화의 지엽적 의미와 전국적 의미를 구성할 수 있도록 추론을 이끌어낸다.

1980년대 초반에 이르러서야 담화의 처리가 의미를 표상하는 명제의 일관된 연쇄를 구성하는 것에 한정되지 않고 구체적 사건 기억에 저장되어 있으며 담화가 대상으로 하는 것, 즉 참고의 토대가 되는 사건이나 상황을 표상하는 주관적인 정신 모형에 바탕을 두어야 한다고 제안되었다. 실제로 담화에서 의미 연결의 상당 부분이 사건들 사이에 있는 임시적이며, 인과적인 관계가 그러한 것처럼 (내재적) 의미 기반에 있지 않고, (외재적) 참고 대상에 기반을 두고 있다. 그와 같은 주관적인 정신 모형은 사태의 상태나 사건뿐만 아니라 그와 같은 사건에 대한 개인적인 의견이나 감정을 표상한다. 실제로 언어 사용자들은 각자 고유하게 그 의미와 담화의 해석(모형)을 지니고 있다. 정신 모형은 여러 양상을 띠는데 참여자들에게 가능하고 구체화된 경험, 즉 시각·청각·운동감각·감정 등이 끼어들기 때문이다.

좀 더 뒤에 저자는 담화 처리에 대한 그와 같은 인지 이론은 여전히 불완전한데 의사소통 상황을 표상하고 담화의 적절성을 설명하여 주는, 비슷하게 주관적인 맥락 모형에 의해 규정되는 화용론적인 요소들이 부족하기 때문이라고 제안하였다. 앞서 그와 같은 맥락 모형들은 우리의 일상생활에서 행위와 사건을 조정하는 (통제하고, 규정하며, 계획하고, 회상하는) 좀 더 일반적인 경험 모형의 특별한 유형임을 지적하여 왔다.

따라서 담화 산출은 역동적인 맥락 모형의 통제 아래에 있는 ('의미론적') 상황 모형의 부분적이고 전략적인 표현이다. 맥락 모형은 (이를테면 어떤 경험, 사건에 대한) 상황 모형의 어떤 정보가 순간마다 적절한지 어떤 정보가 수용자들이 이미 알고 있는지 혹은 쉽게 추론될 수 있는지, 굳이 표현될 필요는 없지만 어떤 정보가 흥미로운지, 공손한지 등을 계속해서 조정해 나간다. 이는 또한 어떤 담화의 명시적인 의미가 화자와 수용자들의 상황 모형 기저에 있는 것보다 왜 덜 다듬어지는지 설명해 준다. 동시에 암묵적인 정보에 대해 품위가 있는 규정을 하게 된다. 말하자면 그것은 담화에서 표현되지 않았지만 상황 모형에 있는 (그에 따라 의도되었거나 이해되는) 모든 정보이다.

불행하게도 맥락 모형에 대한 경험적인 본성을 보여주는 실험적인 연구들이 여전히 부족한데 그런 연구들조차 담화 처리에 대해 널리 퍼져 있는 이론들에서 아직껏 받아들여지지 않기 때문이다. 분명한 것은 실험들이 표준적인 실험 맥락에서 수행되고 실험실 밖에서 실제 소통 상황에서 이뤄지지 않기 때문이다.

맥락 모형은 참여자들의 인식 상태를 계속해서 점검하는 지식 장치 K-device의 핵심적이고 중요한 특징을 드러내야 한다. 공동 배경에 기댄 연구에서 그러한 것처럼 화자들은 언제나 수용 주체들이 알고 있는 것을 믿거나 알아야 하며 담화에 그와 같이 (가정된) 지식을 적용하여야 한다. 따라서 공동 배경이라는 개념은, 당연히 그래야 하듯이, (맥락 모형) 이론의 화용론적 구성요소로 완전히 통합되었다. 왜냐 하면 그것은 참여자들뿐만 아니라 인식론적 관계의 인식론적 속성에 대하여 있기 때문이다.

담화 처리의 새롭고 좀 더 완전한 이론적 얼개 안에서 저자는 간단한 정신 모형을 표현하는 문장과 절들의 복잡한 연쇄 차원뿐만 아니라 (개념틀의 형식이나 초구조와 같은) 다른 구조와, 문장들의 복잡한 연쇄와 이들의 지엽적 의미 연결과 전국적 의미 연결 차원에서 담화 처리에서 지식의 역할에 대한 실험적인 연구들을 검토하였다. 이 책에 관련되는 경험적 연구의 한 가지 중요한 영역은 담화의 이해에서 앞선 지식의 역할이다. 예상할 수 있듯이, 특히 상위 지식을 활성화하는 암묵적인 덩잇말과 높은 수준의 덩잇말에서 좀 더 자세한 앞선 지식이나 전문지식이 일반적으로 담화 이해와 회상에 이롭다고 지적하였다. 그러나 더 많이 알고 있는 실험 참여자들이 노력을 덜 하거나 주의를 덜 기울임으로써 어떤 덩잇말을 더 자세하게 읽은 실험 참여자보다 때로 (자세한 내용들을) 덜 회상을 할 수 있다. 이 패러다임 안에서 서로 다른 많은 연구들이 부정확한 앞선 지식의 수정에서 담화의 역할에 초점을 모을 수 있다.

담화와 지식 사이의 관계에 대한 인지 이론에서 핵심적인 것은 담화 산출과 이해에서 수립되어 있는 일반 지식이나 구체 지식의 역할에 대한 연구뿐만 아니라 어떻게 새로운 지식이 담화에 의해 습득되거나 바뀌는가 하는 것이다. 이것이 학습에 대한 모든 것이다. 교육심리학과 교실수업 실험이라는 넓은 분야에서 포괄적인 연구들이 있음에도 불구하고 이런 인식론적 과정에 따른 인식론적 세부 내용들은 덜 알려져 있다.

실험 연구들은 안정적이고 장기적인 지식 형성과 상호작용보다는 단기적인 경향이 있고, 그에 따라 실험실에서 연구하기에 좀 더 힘든, 담화 회상에 초점을 모았다. 따라서 대부분의 연구들은 읽기와 공부 시간, 서로 다른 학습자들(나이와 성별, 앞선 지식과 목표, 흥미와 동기, 읽기 능력 등)과 같은 덩잇말 처리에 대한 가변적이고 실험적인 맥락 조건과 회상에서 그 효과에 초점을 맞추었다.

특별한 관심이 담화 처리와 학습에 대한 실험적인 활동의 여러 유형과 전략들의 여러 유형들에 쏟아졌다. 여기에는 설명, 추정extrapolation, 청자와 주제 생성하기, 문제 해결이 있다.

수십 년 동안 실험에 관련되는 참고문헌은 '덩잇말로부터 배우기'에서 그림이나 개념틀의 제시, 입말이나 글말 형태의 보여주기, 통사구조와 어휘에서 변이형, 지엽적인 의미 연결과 전국적인 의미 연결, 다소 덜 명시적이거나 덜 다듬어진 덩잇글, 계층적인 구조, 은유와 그밖에 다른 것들과 같은 여러 덩잇글 속성들이 미치는 영향을 보고하여 왔다. 예상할 수 있는 것처럼 변화 가능한 구조, 특히 정신 모형 수립이나 개념적인 구성을 촉진하는 그와 같은 구조들은 지식의 습득에 긍정적인 영향을 미쳤다. 특히 덜 알고 있는 피험자들 사이에서, 특히 이해와 그에 따라 학습을 위해 가외의 덩잇글 구조가 필요하였다.

덩잇글 처리와 지식 습득은 의미 기억과 그 개념적인 구조뿐만 아니라 작업 기억과 서로 다른 과제와 능력의 역할, 상황과 맥락에 대해 구체적 사건 기억과 그것의 자기 중심적인Self-centered 여러 측면과 관련된 정신 모형의 역할과 같이 기억의 여러 갈래들에 대한 논의의 얼개에 자리 잡고 있다. 음운론적, 형태론적, 통사적이거나 의미론적인 구조의 구성이 아니라 덩잇글 처리, 즉 세계에 대한 정신 모형이나 소통 상황의 구성에 대한 관점이 규정되는 것도 바로 이 얼개 안에서 이뤄진다. 따라서 어떻게 덩잇글의 세부 내용에 대한 단기 기억 처리가 구체적 사건 기억에서 정신 모형의 구성이나 의미 기억에서 개념 지식의 구성에 관련되는가를 자세하게 설명하는 작업 기억에 대한 이론을 다듬어 나가는 것이 중요하다.

이 책에서 핵심적인 것은 자전적/구체적 사건 기억에서 표상되는 것으로서 사람이나 사건들에 대한 개인적인 지식과 기억을 구별할 수 있을지 그리고 어떻게 구별해야 하는가 하는 것이다. 특히 매우 두드러지는 경우(이를테면 정신적으로 외상을 받거나 감정적으로 괴로움)를 제외하면 정보 처리를 통제하는 경험과 맥락 모형이 곧바로 대부분 망각되는 경우 그러하다. 이와 비슷하게 어떻게 구체 지식과 일반 지식이 구별될 수 있을지, 특히 기억할 만한 공개적인 사건처럼 사회적으로 공유되는 지식이 정신 모형의 구조를 지니고 있으며 담화와 상호작용에 전제되어 있는 공유된 개념 지식이라는 기능을 할 경우에 그런 점이 아직껏 분명하지 않다.

1970년대 이래 담화에 대한 오늘날에는 인지심리학의 인상적인 성공 덕분에 일반 지식과 정신 모형의 역할뿐만 아니라 덩잇글 처리의 세부적인 내용에 대하여 상당히 자세한 들여다보았다. 그럼에도 불구하고 마음-두뇌222) 안에서 지식 체계의 전국적인 구조와 지엽적인 구조에 대한 세부 내용 바로 그것으로부터 시작하여 여전히 희미한 채로 많은 쟁점과 문젯거리가 남아 있다.

여전히 정신 모형이 구성되는 장소로서 구체적 사건 기억의 내석 구조에 대해 거의 알지 못하며 개인적인 지식과 특정의 자전적 기억의

---

222) 이 책에서 여러 차례 두뇌-마음이 병렬적으로 쓰이고 있는데, 두뇌는 뇌과학 쪽을 가리키고 마음은 정신 모형과 같은 정신적 처리 그 자체를 가리킨다. 이렇게 병렬적으로 늘어놓는 것은 아직껏 마음에서 일어나는 일 혹은 마음의 작용에 대해 두뇌에서 일어나는 기제나 처리 영역을 제대로 붙들지 못하기 때문일 것이다.

차이에 대해서도 그러하다.

작업 기억은 제한되어 있으며, 그에 따라 입말과 글말의 매우 복잡한 산출과 이해에서 다음과 관련하여 어디에서, 모든 통제가 표상되고 작동되는지 분명하지 않다.

- 언어 사용자들은 문법적으로 말해야 하므로 모든 순간에 활동적으로 작용하는 문법과 어휘를 지니고 있어야 한다.
- 언어 사용자들이 의미 연결되게 말할 수 있으려면 의미 있게 말하여야 하므로 그들이 말하는 사건이나 상황에 대한 정신 모형을 지니고 있어야 한다.
- 문장의 의미 이해와 상황과 사건에 대한 정신 모형의 구성을 위하여 언어 사용자들은 방대한 일반 지식과 역사 지식을 계속해서 활성화하거나 비활성화한다.
- 그러나 동시에 개별 담화 상황에서 적절하게 말해야 하므로 맥락 모형을 역동적으로 구성하고 경신해야 한다.
- 좀 더 구체적으로 말해서 그리고 이 책에 가장 관련이 있는 것은 각각의 낱말과 문장에 대하여 그리고 담화의 모든 수준에서 언어 사용자들은 수용자가 현재 지니고 있는 믿음과 지식을, 결과적으로는 공동 배경을 고려하여야 한다.
- 좀 더 구체적으로 말해서 담화나 이야기, 신문 보도, 자연과학 논문이나 의회에서 연설과 같은 어떤 담화의 맥락적 제약이나 담화적 제약을 참작하여야 한다.
- 자신의 말이나 덩잇글에 주의를 기울이고 통제하여야 할 뿐만 아니라 상호작용을 할 때 대화에서 다른 사람들이 방금 말한 것에 주의를 기울이고, 이해하며, 표상하고 반응하여야 한다.
- 언어 사용자들은 하나 또는 그 이상의 이념적 집단의 구성원으로 말할 수 있다. 그에 따라 구체적인 정신적 상황과 맥락 모형의 구성을 구성하기 위하여 일반적인 지식뿐만 아니라 기저에 있는 태도와 그 집단의 이념

(들)을 활성화하여야 한다.

이 모든 것들이 그리고 더 많은 것들이 동시에 때로는 순식간에 일어난다. 이런 모든 처리가 어떻게 작업 기억에서 통제되는지, 혹은 작업 기억의 즉각적이고 좁은 범위의 처리를 통하여 구체적 사건 기억과 장기 기억의 여러 측면들 사이의 관계를 구성하는 중개적인 통제 기억에서 어떻게 처리되는가에 대한 설명과는 여전히 너무나 동떨어져 있다.

우리는 여전히 덩잇글이나 대화의 이해와 산출의 각 시점에서 어떤 종류의 지식이 얼마나 많은 지식이 언제 그리고 어떻게 활성화되는지 (그리고 비활성화되는지) 정확하게 알아야 할 필요가 있다. 이는 이 책에서도 논의된 문제이기도 하다. 따라서 이 분야의 발전에도 불구하고, 몇 가지 근본적인 문제들은 여전히 거의 알려져 있지 않다.

8.3. 담화와 지식, 사회적 인지

저자의 이른 시기의 연구에서 주목하였던 것처럼 담화와 지식 사이의 관계에 대한 연구를 위한 이상적인 학제적 분야는 사회심리학이다. 따라서 이 학문에서, 정확하게, 한편으로 '행위'를, 다른 한편으로 '태도', '귀인', '정체성'을 무시하거나 다소 덜 집중했다는 것이 인상적이다.

실제로 사회심리학에서 (일상적인) 상식에 대한 접근이 많지 않은데 그 가운데 사회적 표상에 대한 모스코비치Moscovici와 다른 연구자들의 연구들이 가장 착실하지만 인지와 기억, 담화 처리에 대한 국제적인 연구문헌들이 거의 통합되지 않았다. 또한 사회적 표상의 내적 구조나 구성에 대한 이론이 중심 지식과 주변 지식에 대하여 다소 모호한 제안의 수준을 벗어나지 않는다. 이 책에서 중요한 것은 담화로부터 그와 같은 표상을 얻는 자세한 인지적 방법들 혹은 담화가 이 표상들의 토대

위에서 어떻게 산출되는가에 대해 통찰할 수 없다는 것이다. 흥미롭게도 사회적으로 공유되고 규범이나 가치에 바탕을 둔 의견에 관련되는 이민, 가난과 낙태에 대한 사회적 표상에서 그러한 것처럼 사회적 표상은 전통적인 연구문헌에서 태도라고 불렸던 것과 겹치는 듯 보인다.

인식론적 공동체 좀 더 넓게 말해 사회에서 지식의 습득과 확산에서 담화의 역할과 지식의 일반적인 이론이 사회심리학에서 부족함에도 불구하고 다양한 갈래의 사회적 신념에 대해서 그리고 어떤 사회·문화적 지식이 (사회적 인지의 구성에 대한 본질에 따라) 중심적이거나 기본적인가에 대한 통합적인 설명을 필요로 하고 허용하는 유일한 학문으로 남아 있다.

사회심리학 안에서 지식과의 관계가 설명되어야 하는 것으로 사회적으로 공유되는 믿음들 중 하나는 이념이다. 사회 집단의 기본적인 자기-개념틀이며 집단의 관심과 다른 집단들과의 관계로 자리매김된다. (이를테면 보수 대 진보와 같은) 이념에 대한 연구는 인성에 기대고 있는 좀 더 개인적인 접근과 대조적으로 경쟁이나 권력, 그리고 집단 구성원들 사이에 공유되는 인지적 표상과 같이 집단의 관계에 기대어 좀 더 넓은 사회적 접근을 제시한다. 이념은 구체적인 이념적 실천으로 표현되며, 특히 담화로 표현된다. 이들은 대체로 입말과 글말로 습득된다. 개인들은 여러 이념적 집단의 구성원들이므로 그들의 실천관례와 그에 따른 그들의 담화들은 서로 다르거나 심지어 모순되는 목표나 규범이나 가치를 복잡하게 표현할 수 있다. 따라서 여성운동가로서 혹은 무정부주의자로서 어떤 여성이 진보적일 수 있지만 경제 문제에서는 신자유주의자로 좀 더 보수적인 가치에 얽매일 수 있다.

이념은 담화로부터 유도되며 일반적인 의미에서 사회적으로 공유되는 특정의 태도나, 좀 더 구체적으로 양극화된 방식으로 짜여 있는 편견(우리와 그들)을 통제한다. 이는 구체적인 사건에 대한 정신 모형에서 표상되는 것으로서 개인적인 의견과 혼동하지 말아야 한다. 비록 이념이 사회적으로 공유된 의견뿐만 아니라 사회적으로 관련된 문제들에 대한 상식을 구체화하지만 사회적 표상에 대한 저자의 자세한 논의에서는 태도와 근본적으로 다르지 않다는 것이다. 이념이 사회적으로 집단 안에 뿌리를 내리고 있지만, 언어가 언어 공동체에 대한 자리매김이듯이 지식은 (인식론적) 공동체에 대한 자리매김이다.

일반적인 의미에서 담화와 상호작용에 대해 근본적인 것은 지식이 다양한 방식으로, 즉 공동 배경으로서 참여자들에 의해 공유된다는 것이다. 공동 배경은 어떤 공동체에서 사회·문화적으로 공유된 지식과 현재 소통 상황에 대한 구체적인 지식, 같은 담화에서 앞선 부분으로부터 유도되는 지식으로 구성되어 있을 수 있다. 7장에서 저자는 공동 배경의 언어적인 측면과 담화적인 측면을 다루었다. 이론적으로 저자가 내세운 얼개 안에서 공동 배경은 상호작용을 다스리는 맥락 모형의 지식－장치K-device에 의해 역동적이고 지속적으로 구성된다.

지식에 대한 사회심리학에서는 사회적 믿음들이 개인들 사이에서, 집단 안에서나 인식론적 공동체 안의 여러 집단에 걸쳐 소통되고 공유되는 방법을 다루었다. 다른 무엇보다도 경험적 조사 연구는 어떤 갈래의 소통 상황에서 참여자들에 의해(이를테면 현재의 상황이나, 욕구, 문젯거리, 참여자들의 바람이나 계획과 관련하여) 이야기되고 있는 주제의 갈래에 초점을 맞추고 대화 내용의 거의 절반 이상을 예측할 수 있다는 것을 발견하였다. 따라서 주제는 참여자들의 성별이나 나이, 직접에 따라 다양하고 언제나 맥락에도 달려 있다. 기관 맥락에서 이뤄지는 대화나 덩잇말과 주제, 지식의 분포는 참여자들의 정체성과 역할, 관계와 현재 그들의 사회적 행위와 목표와 같은 맥락의 일상적인 범주에 따라 다양하다.

대중매체는 중요한 기관이며 사건 지식을 확산하는 원천인데 저널리즘적 상황 모형에 바탕을 두고 있다. 그리고 정신 모형의 추상화와 일반화를 통해 세계에 대한 일반 지식을 일상적으로 배우는 기관이다. (교실 상호작용과 교재를 통하여) 학교는 일반적인 세계 지식의 직접적인 습득이 이뤄지는 일차적인 곳이다. 이런 일반적인 세계 지식은, 이를테면 지리, 역사, 사회와 자연과학인데 대부분의 그와 같은 일반 지식이 뒤에 망각된다 하더라도 [학교를 제외한다면: 뒤친이] 다수의 시민들로 이뤄지는 다른 공동체에서는 거의 얻기 힘들다.

8.4. 담화와 지식, 사회

마르크스와 엥겔스 이후 지식에 대한 고전적인 사회학은 사회의 '토대'로서 경제적 하부구조와 사회의 '초구조'로서 '관념' 사이의 결정론적 관계에 초점을 맞추었지만 현대의 접근법은 지식과 자연과학의 일상적인 산출, 예컨대 실험실의 일상적인 실천관례를 경험적으로 그리고 민족지학적으로 연구한다. 이 후자의 관점 안에서, 일반적인 학제적 얼개를 규정하는 담화와 인지, 사회학 사이의 삼각관계를 완성하기 위하여 지식의 산출에 대해 상호작용과 담화를 좀 더 염두에 둔 개념들이 자연스러운 맥락을 찾아내었다.

그러나 지식에 대한 고전적인 사회학과 현대적인 사회학에서 놓쳐 버린 것은 사회 구조와 개인 경험, 상호작용과 담화 사이의 인지적 접합점cognitive interface이다. 따라서 앞 장에서 얼개를 잡은 이론적 얼개를 계속해서 언급하사면 일상적인 경험과 상호작용, 집단이나 공동체, 기관의 구성원으로서 개인들 사이의 상호작용을 구조화하는 정신 모형의 핵심적인 역할을 강조하게 된다. 따라서 정신 모형은 당분간 개인과 사회를 연결하는 그래서 담화와 사회를 연결하는 이론적 구성물이다. 집단과 공동체, 기관은 지식과 이념, 규범과 가치와 같은 사회적 표상을 공유한다면 그때에만 작동할 수 있다. 그와 같은 사회적 인지는 한편으로 정신 모형에서 표상된 것처럼 구성원들의 일상적인 경험으로부터 '상향식'으로 나타나며 다른 한편으로 정신 모형으로서 그와 같은 일상적인 경험에 대한 '하향식'으로 의미를 형성하게 된다. 계급 의식과 같은 전통적인 개념을 설명하는 것은 이와 같은 복잡한 사회 인지적 이론의 얼개이다. 그리고 이는 인식론적 공동체나 이념적인 집단의 구성원이 공유하고 있는 표상의 형식에도 똑같이 적용된다.

지식에 대한 고전적인 사회학과 현대 사회학의 또 다른 기본적인 특질은 지식 습득에서 주도적인 담화의 본질과 사회에서 지식의 확산에 대한 무시이다. 대중매체와 학교, 대학교, 실험실과 사업체와 같은 사회의 핵심적인 인식론적 기관은 동시에 담화 기관discursive institutions이다. 새로운 지식이 관찰과 실험에 근거를 두는 경우조차 그리고 기술과 산출에서 실행되는 경우 지식의 발전과 재생산은 주로 그 구성원들 사이의 상호작용이며 담화적이다. 담화는 동시에 자연과학자들 개인이나 지식 노동자들이 자연과학자 공동체에서 그리고 더 넓게는 사회에서 지식이 습득될 수 있는 유일한 방법이며 그에 따라 집단 지식으로서 확산되고 검증되며 수용될 수 있는 유일한 방법이다.

대중매체와 대학, 실험실, 학술지, 자연과학 연구기관은 분명히 기구와 구성원 자격이나 권력과 같은 차원으로 다루어야 하지만 지식의 사회학은, 좀 더 구체적으로, 사회 인지적 토대와 담화 토대를 둘 다 필요로 한다.

앞 장에서 공유된 지식으로서 전제되어 있지만 자세하지 않았던 인식론적 공동체라는 개념은 지식의 사회학에서 핵심적인 개념 중 하나이다. 언어 공동체나 실천관행으로 묶인 공동체와 마찬가지로 인식론적 공동체도 먼저 그 기능으로서, 즉 소통과 구성원들의 상호작용을 위해 필요한 지식의 조직적인 습득과 확산을 허용하는 사회 구조로서 특징을 밝힐 수 있다.

인식론적 공동체도 그 구성원들과 접속에 의해 자리매김된다. 그럼에도 불구하고 집단에서 공유된 지식은 본질적으로 흐릿하다는 것을 보았는데 이는 인식론적으로 유창한 구성원들은 지식의 양과 유형에서 다양하기 때문이다. 아이나 이민자, 혹은 신참자들의 경우와 마찬가지로 전문가와 평범한 사람들 사이에 차이가 있다. 실제로 얼마나 많이 학교에 다녔는지 학위 과정을 거쳤는지 혹은 이와 같은 인식론적 공동체의 구성원으로 인준을 받기 위해 개별 사회 안에서 어떤 능력(신문 읽기, 편지 쓰기 등)이 필요한가 하는 점이 있다. 그 차이와 인식론적 공동체라는 개념의 흐릿함이 무엇이든 공개적인 담화에서 수동적인 참여뿐만 아니라 일터에서 동료나 친구들, 가족들과 대화에 참여할 수 있는 능력은 공동체의 인식론적 토대로 간주할 만한 일정한 유형의 '일반 지식'을 필요로 하고 전제로 한다. 즉 주식 거래소, 프랑스어 제2언어학교, 브라질 정글의 토착 마을에서 이들은 분명히 다르지만 각각의 구성원들은 그와 같은 공동체에서 일상의 평범한 실천관례에서 그와 같은 지식을 공유한다고 가정하거나 가정될 수 있다.

이와 같은 '상식'뿐만 아니라, 각각의 공동체에는 전문화된 담화와 기관, 실천관례에서 표현되고 습득되는 있을 수 있는 많은 다양한 전문화된 지식이 있다. 이 책의 다른 장들에서 나오는 것처럼 지식에 대한 사회학적 중심 기준 중 하나는 일상의 지식과 전문지식 사이의 구별이다. 이는 기본적인 인지적 차이일 뿐만 아니라 전문화된 교육이나. 기관, 역할, 직업, 매체, 권력 관계, 정통성legitimacy 등과 같은 인식론적 공동체의 많은 다른 사회적 기준과 연관되어 있다. 실제로 현대 사회의 많은 기관과 실천관례들의 상당 부분이 인식론적 토대를 지니고 있다.

담화는 맥락에 있는 입말과 글말(언어 사용 등)로 간결하게 자리매김된다. 참여자들에 의해 역동적으로 구성되는 것으로서 소통 상황에 대한 정신 모형을 규정할 때 물론 그와 같은 맥락이라는 매개변인은 갈래라고 부르는 서로 다른 실천관례들로서, 사회적 토대를 지니고 있다. 따라서 참여자들이 공유하는 지식뿐만 아니라 시공간적 배경, 사회정체성, 역할과 참여자들 사이의 관계, 현재 성취되고 있는 사회적 행위와 그 목표들은, 모두 각각의 상황에서 대화와 글말의 화용론적 적합성이라는 조건으로서, 전형적인 사회적 조건이다. 따라서 소통 상황에 대한 사회적 기준과 담화 구조 사이의 접합면을 제공하는 것은 정신 모형에서 사회 인지적 표상이다.

이런 일반적인 얼개 안에서 출간된 뉴스를, 지식의 중요한 원천이 사회에서 지니는 인식론적 측면을 검토하였다. 이전 연구의 토대 위에서 한편으로 뉴스 생산과 기자의 상황 모형과 맥락 모형의 요소들을, 다른 한편으로 뉴스의 표면 구조를 관련짓는 복잡한 이론적 얼개를 요약하였다. 실제로 뉴스 생산에 관련되는 모든 사회적 측면들은 따라서 인식론적 조건과 결과들을 지니고 있는 듯하다. 세상의 공개적인 지식 생산에 관련되는 인지적 측면과 상호작용적 측면에 대한 통찰을 얻게 되었다.

8.5. 담화와 지식, 문화

이 책에서 자리매김된 바에 따르면 지식은 상대적이다. 인식론적 기준이 공동체에 따라 다양하기 때문이다. 그와 같은 상대성은 어떤 문화적 관점, 즉 다른 사회들에서 믿음을 조사할 때 각별히 분명해진다. 전통적으로 그와 같은 변이는 모든 이념에 대하여 일반적인 양극화 방법으로 서구의 민족지학 연구에서 개념화되었다. 즉 우리가 가진 것은 지식이고 그들이 가진 것은 단순히 믿음이거나 심지어는 미신일 뿐이다. 이와 같은 양극화된 방법은 민족주의나 인종주의, 유럽중심주의를 표현하면서 이를 규정한다.

오늘날 민족지학 연구는 다양한 기준으로 세상에서 지식들의 다양성을 인식하고 있다. 그리고 다양한 갈래의 신념에 대한 가변적인 태도도 인식하고 있다. 실제로 전통적인 사회뿐만 아니라 '현대' 사회도 전통적인 방법과 개념들로 공식적이거나 자연과학적인 지식을 뒤섞는 경향이 있다. 따라서 모든 지식은 지엽적이며 '민간folk' 지식이라고 외친다.

지식에 대한 인류학적 접근법의 적합성은 따라서 인식론적 용어, 즉 개인들은 어떤 사회의 유능한 구성원으로서 적절하게 기능을 할 수 있도록 지니고 있어야 하는 지식에 기대어 규정되었다. 실제로 이것이 인식론적 공동체에 대한 규정의 하나이다. 그럼에도 문화는 사회적 실천관례와 행위, 상호작용으로 귀결되거나 규정될 수 없는 것과 마찬가지로 인지로 귀속될 수 없다는 점도 강조되었다. 따라서 이 장에서 저자가 내세운 접근법은 통합된 사회 인지적 접근이다.

지식에 대한 민족지학적 접근법에 적합한 것은 한편으로 개인적 지식(공동체 지식에 대한 개인적 변이 형태)과 공유된 사회·문화적 지식 사이의 차이이며 다른 한편으로 보통의 지식과 전문적인 지식 사이의 차이이다. 이런 차이에 대한 방법론적인 결론은 어느 정도 정보를 지닌 사람들과의 면담이 언제나 공유된 사회·문화적 지식에 대한 믿을 만한 증거가 아니며 그와 같은 지식에 대한 개인적인 변이 형태일 수도 있다는 점이다. 실제로 정보를 지닌 사람들의 담화가 지식에 대한(개인적이든 사회적이든) 직접적인 방법으로서 인식론적으로 투명하지 않으며 소통 상황의 주관적인 해석을 표상하는(면담의 목적이나 정체성, 참여자들의 관계나 역할과 같은) 맥락 모형에 의해 언제나 통제를 받는다.

인지적 인류학 연구는 따라서 친족 용어와 동물과 식물에 대한 인종의미론에 대한 성분 분석에서부터 무엇보다도 혼인과 같은 좀 더 복잡한 사회·문화적 현상에 대한 인지적 개념틀에 이르기까지 지식과 신념의 다양한 구조에 초점을 맞춘다. 이러한 조사 연구로부터 나온 흥미로운 결론은 일상적인 경험과 환경의 차원에서 지식(이를테면 식물과 동물에 대한 지식)은 문화 사이에서, 즉 '서구'(현대) 지식과 '토속' 지식이 근본적으로 다르지 않다는 것이다. 친족과 같은 사회 구조, 특히 신과 정령, 조상과 같은 은유적 존재에 대한 지식과 같은 중간 수준에서 차이가 나타난다. 모든 문화권의 사람이 일상의 사건에 대한 설명을 찾고 있는 것은 더 높은 차원에도 있었다. 또한 현대의 서구사회들에서 이 세 차원에서 한편으로 자연이나 환경에 대해 비교적 논쟁이 덜 한 지식을, 다른 한편으로 사회 구조(이를테면 이혼)와 행위와 종교적 신념에 대해 이념적이거나 규범에 따른 차이가 나타났다. 인류학적 여러 연구들이 서로 다른 지식 체계 사이의 (좀 더 추상적인) 차이보다는 유사성(그에 따른 인간의 인지적 단일성)을 강조한다는 점은 놀랍지 않다.

인류학에서 담화 연구는 보통 인식론적 특징보다는 오히려 형식적 속성이나 사회적 기능에 초점을 맞추었지만, 예컨대 스토리텔링에서 행위에 대한 설명의 일부로서 분명히 서로 다른 지식은 또한 적어도 내용의 수준에서 서로 다른 담화 구조에 영향을 미친다. 따라서 어휘부의 기본적인 수준에서도 낱말의 '축자적' 의미와 '주술적' 의미 사이의 형태론적 차이들을 발견할 수 있다.

영화나 이미지에 대해 다시 말하기 혹은 해석을 곁들인, 여러 문화에 걸친 실험은 서로 다른 실험 참여자들이 다시 말하기에서 어떤 영화에서 구별되는 측면에 초점을 모을 수 있지만 일반적으로 영화에 대한 이해는, 즉 상황 모형과 그와 같은 해석이 근거를 두고 있는 사회·문화적 지식과 근본적으로 다르지 않다는 점을 보여준다. 실험 상황에서 실험 참여자들에게 필요하다고 생각하는 것은 서로 다른 문화나 다른 나이에 있는 실험 참여자들에게 가변적인 맥락 모형이다.

담화와 문화, 지식과 관련되는 민족지학적 연구에서 흥미로운 결론은 언어 사용자가 누구에게 어떤 주제에 대하여 그리고 언제 선언을 하고 누구에게 질문을 하거나 거짓말을 하는 것이 (부)적절한가 하는 서로 다른 조건들이다. 어떤 문화에서는 다른 사람들의 의도나 ('사적인') 생각에 대해 선언하는 것은 적절하지 않고 오직 축자적인 대화만 알려줄 수 있다. 이는 도덕적인 기준이 (경험적인 관찰이 추론보다 나은 곳에서) 증거들에 대한 서로 다른 기준을 보여준다는 것과는 다르다. 이와 비슷하게 신화와 비슷한 담화 갈래에서는 인식론적 기준이 일상적인 대화와 다를 수 있는 특별한 (종교적) 맥락을 필요로 한다. 다른 말로 한다면 대부분의 문화에서는 사실과 허구 사이를 구별하고 있는 듯하다.

끝으로 서로 다른 문화로부터 나온 담화의 몇 가지 구체적인 사례에 대한 짧은 분석으로부터 개인적이고 공유되는 지식이 어떻게 스토리텔링이나 입국이민자에 대한 인종주의 논쟁거리로 혹은 문화적 차이에 대한 설명거리로 사용될 수 있는지를 암시하여 준다. 이 분석은 또한 스토리텔링에서 지식과 의견 사이의 차이를 구별하기 힘듦을 보여준다. 실제로 이 둘은 상황이나 사건에 대해 같은 정신 모형 안에 함축되어 있다. 이와 비슷하게 이런 사례들은 또한 많은 문화권에서 담화에서, 예컨대 건강의 영역에서 전통적이고 지엽적인 신념과 '현대'의 비지엽적인(주도적인 혹은 서구적인) 신념의 혼성물에 바탕을 두고 있음을 보여준다.

8.6. 언어, 담화와 지식

지식에 대한 인식론적·인지적·사회심리적·사회학적·인류학적 연구들과 담화와 관련된 이들의 관계에 바탕을 두고 7장에서는, 마지막으로, 지식이 표현되고, 전제되거나 다양한 수준에서 담화 구조에 의해 서로 다르게 표지되는 방식에 대하여 체계적인 기술을 제공한다.

주제와 초점, 증거대기, 인식론적 양상과 전제에 대한 고전적인 연구들은 모두 지식의 표현에서 주어진, 이전의 혹은 두드러지지 않거나 활성화되지 않은 지식과 새롭고 두드러지거나 활성화된 정보 사이에 어떻게 체계적인 양극화 구별이 있었는지 보여준다. 따라서 음운론 차원에서 더 새롭거나 두드러진 정보가 강세를 받는 경향이 있는 반면 통사론적 차원에서는 더 뒤에 나타난다. 분명히 이런 구별은 언어 사용의 소통 기능, 즉 수용자들의 새로운 지식에 이바지하려는 기능을 반영한다. 이는 명시적인 정보와 암묵적인 정보, 선언된 정보와 전제된 정보 사이에서 그리고 화행 조건들에 사이의 구별에서도 마찬가지이다.

두 번째로 증거대기에 대한 연구에서 보여준 것처럼 담화는 (영어에서 그러하듯이) 어휘적으로 혹은 형태론적으로 지식의 출처(에 대한 신뢰성)를 알려준다. 그에 따라 알려진 정보의 타당성과 화자의 신뢰도를 알려준다. 지식 습득(시각, 소문, 추론 등)에서 출처에 대한 정보와 '방법'

의 신뢰도는 믿음[≒ 지식: 뒤친이]에 대한 인식론적 평가의 토대로 사용되고 습득될 수 있다. 그에 따라 많은 양상 표현에서 표현되는 것처럼 어떤 사건이 참인지, 거짓인지 혹은 개연성이 높은지 등에 대한 추론으로 사용될 수 있다.

언어와 언어 사용에 대한 그와 같은 인식론적 접근은, 서로 다른 언어에서 문법이 어떻게 지식의 성질과(이전의 대 새로운, 두드러진 대 두드러지지 않은) 그 타당성을 좀 더 인지적인 접근법의 얼개를 통해 공동 배경, 즉 참여자들 사이에 공유되는 지식의 다양한 갈래로서, 인식론적 공동체의 사회·문화적 지식, 이전 담화, 같은 담화 안에서 앞부분, 현재의 소통 상황에 대한 정보 등을 구조적으로 표지할 수 있는지를 보여준다. 그와 같은 접근은 저자가 내세운 이론적 얼개 안에서 정신적 상황과 맥락 모형에 기대어 좀 더 분명해진다.

끝으로 입말과 글말에 대한 인식론적 토대는 인식론적으로 관련되는 표현 중에 음운론적 두드러짐, 대명사, 정관사, 어순, 인식론적 양상 표현과 증거를 대는 표현에 국한되지 않고 모든 수준의 담화에 퍼져 있음을 보여주었다.

따라서 최근의 대화 분석에서는 알려진 사건에 대한 대화의 접속과 권한 부여, 우선권이 대화의 많은 측면들을 어떻게 구성하는지 그리고 그것에도 도덕적인 기준이 있음을 보여준다. 화행 분석은 참여자들 사이에 (공유되든 그렇지 않든) 지식의 특성에 관련되는 조건들을 검토함으로써 좀 더 구체적인 인식론적 관점 안에서 수행될 수 있다.

주제와 초점, 증거대기 표현과 양상에 대한 연구에서 정보나 지식에 대해 잘 알려진 설명뿐만 아니라 담화 구조를 무시하는 문장 문법 얼개 안에서 여전히 대화와 덩잇말에 대해 많은 다른 현상들이 있다. 따라서 지엽적인 의미 연결과 전국적인 의미 연결이 어떻게 문장들 사이의 일상적인 추론이나 '빠진 부분 연결하기'를 보충하는 정신 상황 모형에 본질적으로 바탕을 두고 있는지, 그리고 그와 같은 정신 모형이 그 자체로 공유된 사회·문화적 지식에 바탕을 두고 구성되는지를 3장에서 보았다. 따라서 정신 모형은 어떻게 그리고 언제, 어떤 조건에서 담화의 암묵적인 정보들이 표상되어야 하는지 설명해 준다.

이와 비슷하게 배경이나 물체, 사람, 행위 혹은 사건들이 다양한 수준에서, 즉 일반성의 수준이나 특수성 수준에서, '더 자세하게'나 '덜 자세하게', 혹은, '정확하게'나 '점진적으로' 기술될 수 있다. 따라서 지식이 정신 모형 안에서 혹은 일반적인 지식 체계 안에서 표상될 때 어떻게 담화에서 드러나는지를 보여주는, 담화의 여러 다른 의미론적 속성들이 있다. 처음부터 저자는 상황과 사건, 자연스러운 환경과 사회적 환경의 작용에 대한 지식 표상의 기본 개념으로서 인지적 정신 모형 이론을 받아들였다. 역동적이고 상황에 따라 가변적인 맥락 모형에 의해 이들을 수정함으로써 그와 같은 모형의 구조 그리고 세상에 대한 지식의 구조는 여러 면에서 대화, 이를테면 스토리텔링, 논증, 설명 담화의 산출과 이해, 기술의 수준과 구체화, 은유 등 더 많은 것들에 영향을 미친다. 입말과 글말이 비록 협력과 우호관계를 포함하여 많은 사회적 기능을 지니고 있지만 기본적인 기능은 새로운 지식의 소통이다. 따라서 담화의 모든 수준에서, 즉 억양에서부터 주제와 초점에 따른 어순에 대한 기능적 조음에서, 증거대기, 양상 표현과 앞서 언급한 많은 다른 의미론적 현상에서 말하자면 어떻게 새로운 정보나 지식이 수용자들의 앞선 지식과 결합하는지 인식론적 처리에 대한 기본적인 표현들을 발견한다.

담화 구조에 대해 이들과 다른 많은 구조들이, 특히 정신 모형에 표상될 때 화자의 구체적인 지식이나 일반적인 지식에서 얼마나 많은 측면들이 입말과 글말의 다양한 수준에서 다양하게 표현되거나 전제 혹은 표지될 수 있는지 보여준다. 그러나 강조되어야 할 것은 담화에 대한 그와 같은 '의미론적' 토대, 즉 언급하고 있는 상황의 다양한 측면들에 대한 표현은 담화의 기본적인 조건 중 하나일 뿐이라는 점이다. '맥락 모형'에서 분명하게 하였듯이 또한 필요한 것은 다변화된 환경과 참여자들의 정체성, 역할과 관계, 성취되는 사회적 행위뿐만 아니라 화자와 필자의 목표와 의도에 의해 수정될 수 있는지를 보여주는 담화의 '화용론적' 토대이다.

참여자들의 (가정된) 지식을 담화에서 어떻게 적절하게 표현하거나 다른 방식으로 알려줄 것인가를 역동적으로 통제하는 지식 장치의 자리를 정해 줄 필요가 있는 것도 이 맥락 모형 안에서이다.

8.7. 마무리

연구한 문젯거리의 '표면만을 긁었을' 뿐이라고 저자가 겸손하게 혹은 정직하게 주장하는 부분은 두터운 단행의 끝 부분에서 관례적이다. 이 연구도 예외이지 않다. 담화에 대한 여러 학문들의 관계뿐만 아니라 여러 학문들에서 지식에 관련되는 연구문헌들을 상당 부분 탐구하고 난 뒤에 담화인식론이라고 부르는 학제적 분야의 영역에 닻을 내린 것 이상이 아니라는 인상이 남아 있다.

저자는 서로 다른 학문의 학자들이 서로를 무시하는 인식론의 여러 영역들이 있음을 발견하였다. 전체 영역들은 상호작용에 대한 많은 연구들에서 반인지주의적 접근에서 그러한 것처럼 이념적인 이유로 배제되었는데 대화 분석과 담화심리학을 예로 들 수 있다. 그와 같은 사정은 인지과학에서 많은 부분들이 탈사회적이고 탈정치적인 접근이나 제한된 실험 방법을 쓴 연구에서도 마찬가지이다.

실제로 인식론은 지식과 신념에 대한 깊은 성찰로 정교하게 될 수 있지만 최근에서야 좀 더 인지적인 경험 연구나 사회 경험적 연구를 포함하게 되었다. 그렇지만 담화에 의해 대부분의 지식들이 습득되고 타당하게 된다는 것은 여전히 무시한다.

한편으로 인지심리학은 담화에서 지식과 지식 표상과 이들의 역할에 대해 폭넓게 다루었지만 지식의 확산이나 지식 집단 혹은 기관에 대한 사회적인 조사 연구, 지식에 대한 인식론적 연구를 거의 찾아보지 않고 인용하지 않았다. 사회심리학은 담화와 지식에 대한 연구의 핵심을 제공해야 하지만 그 주도적인 패러다임은 이 둘을 무시하여 왔다.

마르크스주의의 오랜 역사에도 불구하고 지식사회학은 사회에서 지식의 재생산에 대한 인지적 측면과 담화적 측면을 무시하여 왔다. 인류학은 현대 담화 분석의 요람이 되어 왔고 서로 다른 문화에서 신념과 지식에 대해 폭넓게 연구도 하여 왔지만 이 둘 사이의 연결은 거의 이루어지지 않았다. 그리고 끝으로 언어학은 주제-화제, 대명사, 증거대기 표현, 양상과 전제, 대표적인 고립 문장과 같은 지식의 문법적 표현 몇몇에 초점을 맞추었지만 공동 배경을 규정하는 인지적 얼개의 기저뿐만 아니라 인식론적 분석을 필요로 하는 많은 의미론적 담화 구조를 대체로 무시하여 왔다.

이들 각각의 학문과 접근법, 그리고 연구된 각각의 현상들에 대해서는, 가끔 출간되기도 하였지만, 자세한 단행본이 필요하다. 현상의 복잡성 때문에 이들 연구들은 각각의 학문 안에서 제한된 이론과 방법, 관점으로 수행되어 왔다. 이 단행본에서 저자는 어쩔 수 없이 더 높고 피상적인 수준에서, 지식에 대한 연구들이 앞에서 보여주었던 것처럼 담화에 대한 연구를 위해 최근 수십 년 동안 매우 통합적인 방식으로 이뤄졌음을 보았다. 마음, 상호작용과 사회에 관련되는 두 개의 기본적인 현상들이 함께 연구되어야 하며 모든 학문에서 연구되어야 함을 보여주었다. 입말과 글말은 자세하고 명시적인 인식론적 분석 없이는 이해될 수 없다. 지식은 담화에 의해 어떻게 표현되고 전제되며, 지표가 붙고 습득되며 재생산되고 확정되며 도전을 받는가를 체계적으로 분석하지 않는다면 부분적으로만 명시적으로 검토될 수 있을 뿐이다. 저자는 학제적 연구와 사회 인지적 접근이 담화와 지식 둘 다에 대한, 특히 이들의 근본적인 관계에 대한 통합적인 통찰을 제공할 수 있음을 보여주었다.

원전 참고문헌

Abbott, B. (2008). Presuppositions and common ground. *Linguistics and Philosophy*, 31(5), 523–538.

Abel, E. (ed.) (1981). *What's news: the media in American society*. San Francisco, CA: Institute for Contemporary Studies.

Abel, R. R., and Kulhavy, R. W. (1986). Maps, mode of text presentation, and children's prose learning. *American Educational Research Journal*, 23(2), 263–274.

Abelson, R. P. (1973). The structure of belief systems. In R. C. Schank, and K. M. Colby (eds.), *Computer models of thought and language* (pp. 287–340). San Francisco: Freeman.

—— (1976). Script processing in attitude formation and decision making. In J. S. Carroll, and J. W. Payne (eds.), *Cognition and social behavior* (pp. 33–46). Hillsdale, NJ: Erlbaum.

—— (1994). A personal perspective on social cognition. In P. G. Devine, D. L. Hamilton, and T. M. Ostrom (eds.), *Social cognition: impact on social psychology* (pp. 15–37). San Diego, CA: Academic Press.

Abercrombie, N. (1980). *Class, structure, and knowledge: problems in the sociology of knowledge*. New York University Press.

Abercrombie, N., Hill, S., and Turner, B. S. (eds.) (1990). *Dominant ideologies*. London/Boston: Unwin/Hyman.

Aboud, F. E. (1988). *Children and prejudice*. Oxford: Blackwell.

Abrams, D., and Hogg, M. A. (eds.) (1990). *Social identity theory: constructive and critical advances*. New York: Harvester-Wheatsheaf.

Abrams, D., and Hogg, M. A. (1999). *Social identity and social cognition*. Oxford: Blackwell.

Abric, J. C. (1994). *Pratiques sociales et représentation*. Paris: Presses universitaires de France.

Abu-Akel, A. (2002). The psychological and social dynamics of topic performance in family dinnertime conversation. *Journal of Pragmatics*, 34(12), 1787–1806.

Ackermann, D., and Tauber, M. J. (eds.) (1990). *Mental models and human-computer interaction*, vol. 1. Amsterdam/New York: North-Holland.

Adler, J. E. (1996). Transmitting knowledge. *Nous*, 30(1), 99–111.

Adorno, T. W. (1950). *The authoritarian personality*. New York: Harper.

Aebischer, V., Deconchy, J. P., and Lipiansky, E. M. (1992). *Idéologies et représentations sociales*. Fribourg: Delval.

Agar, M. (2005). Local discourse and global research: the role of local knowledge. *Language in Society*, 34(1), 1–22.

Agar, M., and Hobbs, J. R. (1982). Interpreting discourse: coherence and the analysis of ethnographic interviews. *Discourse Processes*, 5(1), 1–32.

Agnone, J. (2007). Amplifying public opinion: the policy impact of the US environmental movement. *Social Forces*, 85(4), 1593–1620.

Aijmer, K. (2009). Seem and evidentiality. *Functions of Language*, 16(1), 63–88.

Aikhenvald, A. Y. (2004). *Evidentiality*. Oxford University Press.

Ainsworth, P. B. (1998). *Psychology, law, and eyewitness testimony*. Chichester/New York: Wiley.

Ainsworth, S., and Burcham, S. (2007). The impact of text coherence on learning by self-explanation. *Learning and Instruction*, 17(3), 286–303.

Ainsworth, S., and Loizou, A. T. (2003). The effects of self-explaining when learning with text or diagrams. *Cognitive Science: A Multidisciplinary Journal*, 27(4), 669–681.

Aksu-Koc, A. (1996). Frames of mind through narrative discourse. In D. I. Slobin, J. Gerhardt, A. Kyratzis, and J. Guo (eds.), *Social interaction, social context, and language: essays in honor of Susan Ervin-Tripp* (pp. 309–328). Hillsdale, NJ: Lawrence Erlbaum.

Alali, A. O., and Eke, K. K. (1991). *Media coverage of terrorism: methods of diffusion*. Newbury Park, CA: Sage.

Albert, E. (1986). Culture patterning of speech behavior in Burundi. In J. Gumperz, and D. Hymes (eds.), *Directions in sociolinguistics: the ethnography of communication* (pp. 72–105). New York: Blackwell.

Albrecht, J. E., and O'Brien, E. J. (1993). Updating a mental model: maintaining both local and global coherence. *Journal of Experimental Psychology: Learning, Memory, and Cognition*, 19(5), 1061–1070.

Alexander, P. A., and Jetton, T. L. (2003). Learning from traditional and alternative texts: New conceptualizations for the information age. In Graesser, Gernsbacher, and Goldman (eds.), (pp. 199–241).

Alexander, Y., and Latter, R. (eds.) (1990). *Terrorism and the media: dilemmas for government, journalists and the public*. Washington, DC: Brassey's (US).

Allan, S. (ed.) (2010). *The Routledge companion to news and journalism*. New York: Routledge.

Allen, C., and Bekoff, M. (1997). *Species of mind: the philosophy and biology of cognitive ethology*. Cambridge, MA: MIT Press.

Allen, G. L., Kirasic, K. C., and Spilich, G. J. (1997). Children's political knowledge and memory for political news stories. *Child Study Journal*, 27(3), 163–177.

Alston, W. P. (1993). *The reliability of sense perception*. Ithaca, NY: Cornell University Press.

(1996). *A realist conception of truth*. Ithaca, NY: Cornell University Press.

(2005). *Beyond "justification": dimensions of epistemic evaluation*. Ithaca, NY: Cornell University Press.

Altschull, J. H. (1984). *Agents of power: the role of the news media in human affairs*. New York: Longman.

Alvermann, D. E., and Hague, S. A. (1989). Comprehension of counterintuitive science text: effects of prior knowledge and text structure. *Journal of Educational Research*, 82(4), 197–202.

Alvermann, D. E., and Hynd, C. R. (1989). Effects of prior knowledge activation modes and text structure on nonscience majors' comprehension of physics. *Journal of Educational Research*, 83(2), 97–102.

Alvermann, D. E., Hynd, C. E., and Qian, G. (1995). Effects of interactive discussion and text type on learning counterintuitive science concepts. *Journal of Educational Research*, 88(3), 146–154.

Ammon, U., Dittmar, N., Mattheier, K., and Trudgill, P. (2006). *Sociolinguistics: an international handbook of the science of language and society*, 2nd edn. Berlin/ New York: de Gruyter.

Anderson, C. A., and Owens, J. (eds.) (1990). *Propositional attitudes: the role of content in logic, language, and mind*. Stanford, CA: Center for the Study of Language and Information.

Anderson, J. R. (1980). *Concepts, propositions, and schemata: what are the cognitive units?* Nebraska Symposium on Motivation. Lincoln, NE: University of Nebraska Press.

Anderson, R. C. (1973). Learning principles from text. *Journal of Educational Psychology*, 64(1), 26–30.

Anderson, R. C., Spiro, R. J., and Montague, W. E. (eds.) (1977). *Schooling and the acquisition of knowledge*. Hillsdale, NJ: Lawrence Erlbaum.

Anmarkrud, Ø., and Bråten, I. (2009). Motivation for reading comprehension. *Learning and Individual Differences*, 19(2), 252–256.

Antonietti, A., Liverta Sempio, O., and Marchetti, A. (eds.) (2006). *Theory of mind and language in developmental contexts*. New York: Springer.

Antos, G., Ventola, E., and Weber, T. (eds.) (2008). *Handbook of interpersonal communication*. Berlin: De Gruyter Mouton.

Apfelbaum, E. P., Pauker, K., Ambady, N., Sommers, S. R., and Norton, M. I. (2008). Learning (not) to talk about race: when older children underperform in social categorization. *Developmental Psychology*, 44(5), 1513–1518.

Apffel-Marglin, F., and Marglin, S. A. (eds.) (1996). *Decolonizing knowledge: from development to dialogue*. Oxford/New York: Clarendon Press/Oxford University Press.

Apker, J., and Eggly, S. (2004). Communicating professional identity in medical socialization: considering the ideological discourse of morning report. *Qualitative Health Research*, 14(3), 411–429.

Apple, M. W. (1979). *Ideology and curriculum*. Boston, MA: Routledge & Kegan Paul.

(1982). *Education and power*. Boston, MA: Routledge & Kegan Paul.

(1986). *Teachers and texts: a political economy of class and gender relations in education*. New York: Routledge & Kegan Paul.

(1993). *Official knowledge: democratic education in a conservative age*. London: Routledge.

(2012). *Knowledge, power, and education: the selected works of Michael W. Apple*. New York: Routledge.

Apter, T. (1996). Expert witness: who controls the psychologist's narrative? In R. Josselson (ed.), *Ethics and process in the narrative study of lives* (pp. 22–44). Thousand Oaks, CA: Sage.

Arbib, M. A. (ed.) (2006). *Action to language via the mirror neuron system*. Cambridge University Press.

Arbib, M. A., Conklin, E. J., and Hill, J. A. C. (1987). *From schema theory to language*. New York: Oxford University Press.

Argyle, M., Trimboli, L., and Forgas, J. (1988). The bank manager/doctor effect: disclosure profiles in different relationships. *The Journal of Social Psychology*, 128 (1), 117–124.

Aries, E. J., and Johnson, F. L. (1983). Close friendship in adulthood: conversational content between same-sex friends. *Sex Roles*, 9(12), 1183–1196.

Aries, E. J., and Seider, M. (2007). The role of social class in the formation of identity: a study of public and elite private college students. *Journal of Social Psychology*, 147(2), 137–157.

Armand, F. (2001). Learning from expository texts: effects of the interaction of prior knowledge and text structure on responses to different question types. *European Journal of Psychology of Education*, 16(1), 67–86.

Armbruster, B. B., Anderson, T. H., and Ostertag, J. (1987). Does text structure/summarization instruction facilitate learning from expository text? *Reading Research Quarterly*. 1987, Sum, 22(3), 331–346.

Arminen, I. (2005). *Institutional interaction: studies of talk at work*. Aldershot, Hants/ Burlington, VT: Ashgate.

Armstrong, D. M. (1973). *Belief, truth and knowledge*. Cambridge University Press.

(1997). *A world of states of affairs*. Cambridge University Press.

(2004). *Truth and truthmakers*. Cambridge University Press.

Aronowitz, S. (1988). *Science as power: discourse and ideology in modern society*. Minneapolis, MN: University of Minnesota Press.

Arvaja, M., Häkkinen, P., Eteläpelto, A., and Rasku-Puttonen, H. (2000). Collaborative processes during report writing of science learning project: the nature of discourse as a function of task requirements. *European Journal of Psychology of Education*, 15(4), 455–466.

Asad, T. (ed.) (1973). *Anthropology and the colonial encounter*. New York: Humanities Press.

Asad, T. (1979). Anthropology and the analysis of ideology. *Man*, 14(4), 624–627.

Asher, N. (2004). Discourse topic. *Theoretical Linguistics*, 30(2–3), 163–201.

Ashton, E. (1994). Metaphor in context: an examination of the significance of metaphor for reflection and communication. *Educational Studies*, 20(3), 357–366.

Asp, E. D., and de Villiers, J. (2010). *When language breaks down: analysing discourse in clinical contexts*. New York: Cambridge University Press.

Astington, J. W., and Olson, D. R. (1990). Metacognitive and metalinguistic language: learning to talk about thought. *Applied Psychology*, 39(1), 77–87.

Atkinson, J. M. (1992). A comparative analysis of formal and informal courtroom interaction. In Drew, and Heritage (eds.).

Atlas, J. D. (2000). *Logic, meaning, and conversation: semantical underdeterminacy, implicature, and the semantics/pragmatics interface*. New York: Oxford University Press.

Atran, S. (1993). *Cognitive foundations of natural history: towards an anthropology of science*. Cambridge University Press, Éditions de la Maison des Sciences de l'Homme.

(1996). Modes of thinking of living kinds. In D. R. Olson, and N. Torrance (eds.), *Modes of thought: explorations in culture and cognition* (pp. 216–260). Cambridge University Press.

(1998). Folk biology and the anthropology of science: cognitive universals and cultural particulars. *Behavioral and Brain Sciences*, 21, 547–609.

Atran, S., Medin, D. L., and Ross, N. O. (2005). The cultural mind: environmental decision making and cultural modeling within and across populations. *Psychological Review*, 112(4), 744–776.

Audi, R. (1997). The place of testimony in the fabric of knowledge and justification. *American Philosophical Quarterly*, 34(4), 405–422.

(2010). *Epistemology: a contemporary introduction to the theory of knowledge*, 3rd edn. New York: Routledge.

Auer, P., Couper-Kuhlen, E., and Müller, F. (1999). *Language in time. The rhythm and tempo of spoken interaction*. New York: Oxford University Press.

Augoustinos, M. (1995). Social representations and ideology: towards the study of ideological representations. In U. Flick, and S. Moscovici (eds.), *The psychology of the social: language and social knowledge in social psychology* (pp. 200–217). Reinbek: Ro.

Augoustinos, M., and Every, D. (2007). The language of "race" and prejudice: a discourse of denial, reason, and liberal-practical politics. *Journal of Language and Social Psychology*, 26(2), 123–141.

Augoustinos, M., and Reynolds, K. J. (eds.) (2001). *Understanding prejudice, racism, and social conflict*. Thousand Oaks, CA: Sage.

Augoustinos, M., LeCouteur, A., and Soyland, J. (2002). Self-sufficient arguments in political rhetoric: constructing reconciliation and apologizing to the Stolen Generations. *Discourse and Society*, 13(1), 105–142.

Augoustinos, N., Walker, I., and Donaghue, N. (2006). *Social cognition: an integrated introduction*, 2nd edn. London: Sage.

Austin, J. L. (1950). Truth. *Aristotelian Society*, Suppl. vol. 24, 111–129.

(1962). *How to do things with words*. Cambridge, MA: Harvard University Press.

Ayantunde, A., Briejer, M., Hiernaux, P., Udo, H., and Tabo, R. (2008). Botanical knowledge and its differentiation by age, gender and ethnicity in Southwestern Niger. *Human Ecology*, 36(6), 881–889.

Azevedo, R., and Jacobson, M. J. (2008). Advances in scaffolding learning with hypertext and hypermedia: a summary and critical analysis. *Educational Technology Research and Development*, 56(1), 93–100.

Back, A. (ed.) (2005). *Getting real about knowledge networks: unlocking corporate knowledge assets*. New York: Palgrave Macmillan.

Baddeley, A. D. (1986). *Working memory*. Oxford/New York: Clarendon Press/Oxford University Press.

(1994). The magical number 7: still magic after all these years. *Psychological Review*, 101(2), 353–356.

(2007). *Working memory, thought, and action*. Oxford University Press.

Baddeley, A. D., and Hitch, G. J. (1974). Working memory. In G. H. Bower (ed.), *The psychology of learning and motivation*, vol. 8 (pp. 47–89). New York: Academic Press.

Baddeley, A. D., Conway, M., and Aggleton, J. (eds.) (2002). *Episodic memory: new directions in research*. Oxford University Press.

Baert, P., and Rubio, F. D. (eds.) (2012). *The politics of knowledge*. London/New York: Routledge.

Bahrick, H. P. (1984). Semantic memory content in permastore: fifty years of memory for Spanish learned in school. *Journal of Experimental Psychology: General*, 113, 1–29.

Bahrick, H. P., and Hall, L. K. (1991). Lifetime maintenance of high-school mathematics content. *Journal of Experimental Psychology: General*, 120(1), 20–33.

Baker, L. D. (1998). *From savage to Negro: anthropology and the construction of race, 1896–1954*. Berkeley, CA: University of California Press.

Bal, M. (1985). *Narratology: introduction to the theory of narrative*. University of Toronto Press.

Bal, M. (ed.) (2004). *Narrative theory: critical concepts in literary and cultural studies*. London/New York: Routledge.

Bala, A., and Joseph, G. G. (2007). Indigenous knowledge and western science: the possibility of dialogue. *Race and Class*, 49(1), 39–61.

Ballmer, T. T., and Pinkal, M. (eds.) (1983). *Approaching vagueness*. Amsterdam/New York: North-Holland.

Barclay, C. R. (1993). Remembering ourselves. In G. M. Davies, and R. H. Logie (eds.), *Memory in everyday life*. Advances in Psychology, vol. 100 (pp. 285–309). Amsterdam: North Holland.

Barendt, E. M. (1997). *Libel and the media: the chilling effect*. Oxford/New York: Clarendon Press/Oxford University Press.

Barkan, E. (1992). *Retreat of scientific racism: changing concepts of race in Britain and the United States between the world wars*. Cambridge University Press.

Barnard, F. M. (2006). *Reason and self-enactment in history and politics: themes and voices of modernity*. Montreal/Ithaca, NY: McGill-Queen's University Press.

Barnett, R. (1994). *The limits of competence: knowledge, higher education, and society*. Buckingham: Open University Press.

Barsalou, L. W. (2003). Abstraction in perceptual symbol systems. *Philosophical Transactions of the Royal Society of London: Biological Sciences*, 358, 1177–1187.

(2008). Grounded cognition. *Annual Review of Psychology*, 59, 617–645.

Barsalou, L. W., and Medin, D. L. (1986). Concepts: static definitions or context-dependent representations? *Cahiers de Psychologie Cognitive*, 6, 187–202.

Bar-Tal, D., Graumann, C. F., Kruglanski, A. W., & Stroebe, W. (Eds.). (1989). *Stereotyping and prejudice: changing conceptions*. New York: Springer.

Bar-Tal, D. (1990). *Group beliefs: a conception for analyzing group structure, processes and behavior*. New York: Springer-Verlag.

(1998). Group beliefs as an expression of social identity. In S. Worchel, J. F. Morales, D. Paez, and J. C. Deschamps (eds.), *Social identity: international perspectives* (pp. 93–113). Thousand Oaks, CA: Sage.

(2000). *Shared beliefs in a society: social psychological analysis*. Thousand Oaks, CA: Sage.

Bar-Tal, D., and Kruglanski, A. (eds.) (1988). *The social psychology of knowledge*. Cambridge University Press.

Bartels-Tobin, L. R., and Hinckley, J. J. (2005). Cognition and discourse production in right hemisphere disorder. *Journal of Neurolinguistics*, 18(6), 461–477.

Bartholomé, T., and Bromme, R. (2009). Coherence formation when learning from text and pictures: what kind of support for whom? *Journal of Educational Psychology*, 101(2), 282–293.

Bartlett, F. (1932). *Remembering*. Cambridge University Press.

Barwise, J., and Perry, J. (1999). *Situations and attitudes*. Stanford, CA: CSLI Publications.

Bateson, G. (1972). *Steps to an ecology of mind: collected essays in anthropology, psychiatry, evolution, and epistemology*. San Francisco, CA: Chandler Co.

Bauer, P. J. (2007). *Remembering the times of our lives: memory in infancy and beyond.* Mahwah, NJ: Lawrence Erlbaum.

Baum, M. (2003). *Soft news goes to war: public opinion and American foreign policy in the new media age.* Princeton University Press.

Bazerman, C. (1988). *Shaping written knowledge: the genre and activity of the experimental article in science.* Madison, WI: University of Wisconsin Press.

Beacco, J. C. (1999). *L'astronomie dans les médias: analyses linguistiques de discours de vulgarisation.* Paris: Presses de la Sorbonne Nouvelle.

Beaver, D. I. (2001). *Presupposition and assertion in dynamic semantics.* Stanford, CA. CSLI Publications.

Bechky, B. A. (2003). Sharing meaning across occupational communities: the transformation of understanding on a production floor. *Organization Science,* 14(3), 312–330.

Beck, I. L., McKeown, M. G., and Gromoll, E. W. (1989). Learning from social studies texts. *Cognition and Instruction,* 6(2), 99–158.

Bednarek, N. (2006). Epistemological positioning and evidentiality in English news discourse: a text-driven approach. *Text and Talk,* 26(6), 635–660.

Beeman, M., and Chiarello, C. E. (eds.) (1997). *Right hemisphere language comprehension: perspectives from cognitive neuroscience.* Mahwah, NJ: Lawrence Erlbaum.

Beghtol, C. (1998). Knowledge domains: multidisciplinarity and bibliographic classification systems. *Knowledge Organization,* 25(1–2), 1–12.

Beinhauer, M. (2004). *Knowledge communities.* Lohmar: Eul.

Bell, A. (1991). *The language of news media.* Oxford/Cambridge, MA: Blackwell.

Bell, A., and Garrett, P. (eds.) (1997). *Approaches to media discourse.* Oxford/Malden, MA: Blackwell.

Bell, A. R., Davies, A. R., and Mellor, F. (2008). *Science and its publics.* Cambridge University Press.

Bendix, R. (1988). *Embattled reason: essays on social knowledge.* New Brunswick: Transaction Books.

Benedict, R. (1935). *Patterns of culture.* London: Routledge.

Bennett, J., Hogarth, S., Lubben, F., Campbell, B., and Robinson, A. (2010). Talking science: the research evidence on the use of small group discussions in science teaching. *International Journal of Science Education,* 32(1), 69–95.

Benoit, W. L., and Benoit, P. J. (2008). *Persuasive messages: the process of influence.* Malden, MA: Blackwell.

Benson, S., and Standing, C. (2001). Effective knowledge management: knowledge, thinking and the personal–corporate knowledge nexus problem. *Information Systems Frontiers,* 3(2), 227–238.

Berkenkotter, C., and Huckin, T. N. (1995). *Genre knowledge in disciplinary communication.* Hillsdale, NJ: Lawrence Erlbaum.

Berkes, F. (1999). *Sacred ecology.* New York: Routledge.

Berlin, B. (1992). *Ethnobiological classification: principles of categorization of plants and animals in traditional societies.* Princeton University Press.

Bernecker, S., and Dretske, F. I. (eds.) (2000). *Knowledge: readings in contemporary epistemology.* Oxford University Press.

Bernstein, B. B. (1996). *Pedagogy, symbolic control, and identity: theory, research, critique.* London/Washington, DC: Taylor & Francis.

Berntsen, D., and Jacobsen, A. S. (2008). Involuntary (spontaneous) mental time travel into the past and future. *Consciousness and Cognition*, 17(4), 1093–1104.

Bertuccelli-Papi, M. (2000). *Implicitness in text and discourse*. Pisa: ETS.

Bezuidenhout, A., and Cutting, J. C. (2002). Literal meaning, minimal propositions, and pragmatic processing. *Journal of Pragmatics*, 34(4), 433–456.

Bhatia, V. K. (1993). *Analyzing genre: language use in professional settings*. London: Longman.

—— (2005). *Vagueness in normative texts*. Bern/New York: P. Lang.

Bicchieri, C., and Dalla Chiara, M. L. (eds.) (1992). *Knowledge, belief, and strategic interaction*. Cambridge University Press.

Bicker, A., Sillitoe, P., and Pottier, J. (eds.) (2004). *Development and local knowledge: new approaches to issues in natural resources management, conservation and agriculture*. London/New York: Routledge.

Bickerton, D. (1995). *Language and human behavior*. Seattle: University of Washington Press.

—— (2009). *Adam's tongue: how humans made language, how language made humans*. New York: Hill & Wang.

Bickham, T. O. (2005). *Savages within the empire: representations of American Indians in eighteenth-century Britain*. Oxford University Press.

Bietenholz, P. G. (1994). *Historia and fabula: myths and legends in historical thought from antiquity to the modern age*. Leiden: Brill.

Billig, M. (1982). *Ideology and social psychology: extremism, moderation, and contradiction*. New York: St. Martin's Press.

—— (1989). *Arguing and thinking: a rhetorical approach to social psychology*. Paris: Éditions de la Maison des Sciences de l'Homme.

—— (ed.) (1976). *Social psychology and intergroup relations*. London: Academic Press.

Billig, M., Condor, S., Edwards, D., Gane, M., Middleton, D., and Radley, A.R. (1988). *Ideological dilemmas: a social psychology of everyday thinking*. London: Sage.

Bischoping, K. (1993). Gender differences in conversation topics, 1922–1990. *Sex Roles*, 28(1–2), 1–18.

Black, A. (1996). *Evolution and politics: how can the history of political thought educate us?* University of Dundee, Dept. of Political Science and Social Policy.

Black, E. (1992). *Rhetorical questions: studies of public discourse*. University of Chicago Press.

Blackburn, P., van Benthem, J., and Wolter, F. (eds.) (2006), *Handbook of modal logic*. Amsterdam: North-Holland.

Blackburn, S. (1985). *Knowledge, truth and reliability*. Oxford University Press.

Blackburn, S., and Simmons, K. (eds.) (1999). *Truth*. Oxford University Press.

Blanc, N., Kendeou, P., van den Broek, P., and Brouillet, D. (2008). Updating situation models during reading of news articles: evidence from empirical data and simulations. *Discourse Processes*, 45, 103–121.

Bloch, M. (1998). *How we think they think: anthropological approaches to cognition, memory, and literacy*. Boulder, CO: Westview Press.

Blome-Tillmann, M. (2008). The indexicality of 'knowledge.' *Philosophical Studies*, 138(1), 29–53.

Bluck, S. (ed.) (2003). *Autobiographical memory: exploring its functions in everyday life*. Hove: Psychology Press.

Boas, F. (1911). *The mind of primitive man.* New York: Macmillan.

Boden, D. (1994). *The business of talk: organizations in action.* London/Cambridge, MA: Polity Press.

——— (1997). Temporal frames: time and talk in organizations. *Time and Society,* 6(1), 5–33.

Boden, D., and Bielby, D. D. (1986). The way it was: topical organization in elderly conversation. *Language and Communication,* 6(1–2), 73–89.

Boden, D., and Zimmerman, D. H. (eds.) (1991). *Talk and social structure: studies in ethnomethodology and conversation analysis.* Berkeley, CA: University of California Press.

Bodner, G. E., and Lindsay, D. S. (2003). Remembering and knowing in context. *Journal of Memory and Language,* 48(3), 563–580.

Boggs, J. P. (2002). Anthropological knowledge and native American cultural practice in the liberal polity. *American Anthropologist,* 104(2), 599–610.

Bohère, G. (1984). *Profession, journalist: a study on the working conditions of journalists.* Geneva: International Labour Office.

Boisvert, D., and Ludwig, K. (2006). Semantics for nondeclaratives. In Lepore, E., and Smith, B. C. (eds.), *The Oxford handbook of philosophy of language* (pp. 864–892). Oxford University Press.

Boltz, M. G. (2005). Temporal dimensions of conversational interaction: the role of response latencies and pauses in social impression formation. *Journal of Language and Social Psychology,* 24(2), 103–138.

Bordia, P., Irmer, B. E., and Abusah, D. (2006). Differences in sharing knowledge interpersonally and via databases: the role of evaluation apprehension and perceived benefits. *European Journal of Work and Organizational Psychology,* 15(3), 262–280.

Borge, S. (2007). Unwarranted questions and conversation. *Journal of Pragmatics,* 39(10), 1689–1701.

Bosch, P. (1984). *Lexical learning, context dependence, and metaphor.* Bloomington, IN: Indiana University Linguistics Club.

Boscolo, P., and Mason, L. (2003). Topic knowledge, text coherence, and interest: how they interact in learning from instructional texts. *Journal of Experimental Education,* 71(2), 126–148.

Boster, J. S., Johnson, J. C., and Weller, S. C. (1987). Social position and shared knowledge: actors' perceptions of status, role, and social structure. *Social Networks,* 9(4), 375–387.

Botzung, A., Denkova, E., and Manning, L. (2008). Experiencing past and future personal events: functional neuroimaging evidence on the neural bases of mental time travel. *Brain and Cognition,* 66(2), 202–212.

Bourdieu, P. (1977). *Outline of a theory of practice.* Cambridge University Press.

Bourdieu, P., Passeron, J. C., and Saint-Martin, M. (1994). *Academic discourse: linguistic misunderstanding and professorial power.* Cambridge: Polity Press.

Bowler, P. J. (2009). *Science for all: the popularization of science in early twentieth-century Britain.* University of Chicago Press.

Boyd, F. B., and Thompson, M. K. (2008). Multimodality and literacy learning: using multiple texts to enhance content-area learning. In K. A. Hinchman, and H. K. Sheridan-Thomas (eds.), *Best practices in adolescent literacy instruction* (pp. 151–163). New York: Guilford.

Boyd-Barrett, O., and Braham, P. (eds.) (1987). *Media, knowledge, and power: a reader*. London/Wolfeboro, NH: Croom Helm in association with the Open University.

Boye, K., and Harder, P. (2009). Evidentiality: linguistic categories and grammaticalization. *Functions of Language*, 16(1), 9–43.

Brandom, R. B. (1994). *Making it explicit: reasoning, representing, and discursive commitment*. Cambridge, MA: Harvard University Press.

Branigan, E. (1984). *Point of view in the cinema: a theory of narration and subjectivity in classical film*. Berlin/New York: Mouton.

Bransford, J. D., and Johnson, M. K. (1972). Contextual prerequisites for understanding: some investigations of comprehension and recall. *Journal of Verbal Learning and Verbal Behavior*, 11, 717–726.

Bråten, I. (2008). Personal epistemology, understanding of multiple texts, and learning within internet technologies. In Khine (ed.), (pp. 351–376).

Bråten, I., Amundsen, A., and Samuelstuen, M. S. (2010). Poor readers – good learners: a study of dyslexic readers learning with and without text. *Reading and Writing Quarterly: Overcoming Learning Difficulties*, 26(2), 166–187.

Breakwell, G. M., and Canter, D. V. (eds.) (1993). *Empirical approaches to social representations*. Oxford/New York: Clarendon Press/Oxford University Press.

Brewer, M. B. (2003). *Intergroup relations*. Philadelphia, PA: Open University Press.

Brewer, M. B., and Hewstone, M. (eds.) (2003). *Self and social identity*. Malden, MA: Blackwell.

Briggs, R. (1989). *Communities of belief: cultural and social tension in early modern France*. Oxford: Clarendon Press.

Briley, D. A., and Aaker, J. L. (2006). When does culture matter? Effects of personal knowledge on the correction of culture-based judgments. *Journal of Marketing Research*, 43(3), 395–408.

Briner, S. W., Virtue, S., and Kurby, C. A. (2012). Processing causality in narrative events: temporal order matters. *Discourse Processes*, 49(1), 61–77.

Brinks, J. H., Timms, E., and Rock, S. (eds.) (2006). *Nationalist myths and modern media: contested identities in the age of globalization*. London/New York: Tauris Academic Studies.

Britt, M. A., Perfetti, C. A., Sandak, R., and Rouet, J. F. (1999). Content integration and source separation in learning from multiple texts. In Goldman, Graesser, and van den Broek (eds.) (pp. 209–233).

Britt, M. A., Rouet, J. F., Georgi, M. C., and Perfetti, C. A. (1994). Learning from history texts: from causal analysis to argument models. In G. Leinhardt, I. L. Beck, and C. Stainton (eds.), *Teaching and learning in history* (pp. 47–84). Hillsdale, NJ: Lawrence Erlbaum.

Britton, B. K. (ed.) (1984). *Understanding expository text: a theoretical and practical handbook for analyzing explanatory text*. Hillsdale, NJ: Lawrence Erlbaum.

Britton, B. K., and Black, J. B. (eds.) (1985). *Understanding expository text: a theoretical and practical handbook for analyzing explanatory text*. Hillsdale, NJ: Lawrence Erlbaum.

Britton, B. K., Woodward, A., and Binkley, M. R. (eds.) (1993). *Learning from textbooks: theory and practice*. Hillsdale, NJ: Lawrence Erlbaum.

Britton, B. K., Stimson, M., Stennett, B., and Gülgöz, S. (1998). Learning from instructional text: test of an individual-differences model. *Journal of Educational Psychology*, 90(3), 476–491.

Brøgger, J. (1986). *Belief and experience among the Sidano: a case study towards an anthropology of knowledge*. Oslo: Norwegian University Press.

Brokensha, D., Warren, D. M., and Werner, O. (eds.) (1980). *Indigenous knowledge systems and development*. Washington, DC: University Press of America.

Brothers, L. (1997). *Friday's footprint: how society shapes the human mind*. New York: Oxford University Press.

Brown, J., and Gerken, M. (eds.) (2012). *Knowledge ascriptions*. Oxford University Press.

Brown, J. W. (1991). *Self and process: brain states and the conscious present*. New York: Springer-Verlag.

Brown, R. (ed.) (2001). *Intergroup processes*. Malden, MA: Blackwell.

Brown, R., and Gilman, A. (1960). The pronouns of power and solidarity. In T. A. Sebeok (ed.), *Style in language* (pp. 253–277). Cambridge, MA: MIT Press.

Brownell, H., and Friedman, O. (2001). Discourse ability in patients with unilateral left and right hemisphere brain damage. In R. S. Berndt (ed.), *Handbook of neuropsychology*, 2nd edn., vol. 3: Language and aphasia (pp. 189–203). Amsterdam: Elsevier Science Publishers.

Brownell, H., and Joanette, Y. (1990). *Discourse ability and brain damage: theoretical and empirical perspectives*. New York: Springer-Verlag.

Brueckner, A., and Ebbs, G. (2012). *Debating self-knowledge*. New York: Cambridge University Press.

Bruner, J. (2002). *Making stories: law, literature, life*. New York: Farrar, Straus and Giroux.

Bublitz, W., Lenk, U., and Ventola, E. (1999). *Coherence in spoken and written discourse: how to create it and how to describe it*, selected papers from the International Workshop on Coherence, Augsburg, April 24–27, 1997. Amsterdam: John Benjamins.

Bucchi, M., and Trench, B. (eds.) (2008). *Handbook of public communication of science and technology*. New York: Routledge.

Bucholtz, M. (ed.) (1994). *Cultural performances*. Proceedings of the third Berkeley Women and Language Conference, April 8, 9, and 10, 1994. Berkeley, CA: Berkeley Women and Language Group.

Bukobza, G. (2008). The development of knowledge structures in adulthood. In A. M. Columbus (ed.), *Advances in psychology research*, vol. 54 (pp. 199–228). Hauppauge, NY: Nova Science Publishers.

Bultman, D. C., and Svarstad, B. L. (2000). Effects of physician communication style on client medication beliefs and adherence with antidepressant treatment. *Patient Education and Counseling*, 40(2), 173–185.

Burke, T. E. (1995). *Questions of belief*. Aldershot: Avebury.

Burnstein, E., and Sentis, K. (1981). Attitude polarization in groups, In R. E. Petty, T. M. Ostrom, and T. C. Brock (eds.), *Cognitive responses in persuasion*. Hillsdale, NJ: Lawrence Erlbaum.

Buskes, C. (1998). *The genealogy of knowledge: a Darwinian approach to epistemology and philosophy of science*. Tilburg University Press.

Butcher, K. R. (2006). Learning from text with diagrams: promoting mental model development and inference generation. *Journal of Educational Psychology*, 98(1), 182–197.

Butcher, K. R., and Kintsch, W. (2003). Text comprehension and discourse processing. In A. F. Healy, and R. W. Proctor (eds.), *Handbook of psychology: experimental psychology*, vol. 4 (pp. 575–595). Hoboken, NJ: John Wiley and Sons.

Butt, D., Bywater, J., and Paul, N. (eds.) (2008). *Place: local knowledge and new media practice*. Newcastle, UK: Cambridge Scholars.

Buus, N. (2008). Negotiating clinical knowledge: a field study of psychiatric nurses' everyday communication. *Nursing Inquiry*, 15(3), 189–198.

Bybee, J., and Fleischman, S. (eds.) (1995). *Modality in grammar and discourse*. Amsterdam: John Benjamins.

Byrne, R. M. J. (2002). Mental models and counterfactual thoughts about what might have been. *Trends in Cognitive Sciences*, 6(10), 426–431.

Caillies, S., and Tapiero, I. (1997). Text structures and prior knowledge. *L'Année Psychologique*, 97(4), 611–639.

Caillies, S., Denhière, G., and Kintsch, W. (2002). The effect of prior knowledge on understanding from text: evidence from primed recognition. *European Journal of Cognitive Psychology*, 14(2), 267–286.

Calisir, F., and Gurel, Z. (2003). Influence of text structure and prior knowledge of the learner on reading-comprehension, browsing and perceived control. *Computers in Human Behavior*, 19(2), 135–145.

Calisir, F., Eryazici, M., and Lehto, M. R. (2008). The effects of text structure and prior knowledge of the learner on computer-based learning. *Computers in Human Behavior*, 24(2), 439–450.

Callahan, D., and Drum, P. A. (1984). Reading ability and prior knowledge as predictors of eleven and twelve year olds' text comprehension. *Reading Psychology*, 5(1–2), 145–154.

Callebaut, W., and Pinxten, R. (eds.) (1987). *Evolutionary epistemology: a multiparadigm program*. Dordrecht: D. Reidel.

Calsamiglia, H., and van Dijk, T. A. (2004). Popularization discourse and knowledge about the genome. *Discourse and Society*, 15(4), 369–389.

Cameron, D. (1997). Performing gender identity: young men's talk and the construction of heterosexual masculinity. In S. A. Johnson, and U. H. Meinhof (eds.), *Masculinity and language* (pp. 47–64). Oxford: Blackwell.

Camp, E. (2006). Contextualism, metaphor, and what is said. *Mind and Language*, 21(3), 280–309.

Canary, H. E., and McPhee, R. (eds.) (2010). *Communication and organizational knowledge: contemporary issues for theory and practice*. New York: Routledge.

Canisius, P. (1987). *Perspektivität in Sprache und Text*. Bochum: N. Brockmeyer.

Cantor, N. (1980). Perceptions of situations: situation prototypes and person-situation prototypes. In D. Magnusson (ed.), *The situation: an interactional perspective*. Hillsdale, NJ: Lawrence Erlbaum.

Cantor, N., and Mischel, W. (1979). Prototypes in person perception. *Advances in Experimental Social Psychology*, 12, 4–47.

Capozza, D., and Brown, R. (eds.) (2000). *Social identity processes: trends in theory and research*. Thousand Oaks, CA: Sage.

Cappelen, H., and Lepore, E. (2005). *Insensitive semantics: a defense of semantic minimalism and speech act pluralism*. Malden, MA: Blackwell.

Caramazza, A., and Mahon, B. Z. (2003). The organization of conceptual knowledge: the evidence from category-specific semantic deficits. *Trends in Cognitive Sciences*, 7(8), 354–361.

Carayannis, E. G., and Alexander, J. M. (2005). *Global and local knowledge: glocal transatlantic public–private partnerships for research and technological development*. New York: Palgrave Macmillan.

Carayannis, E. G., and Campbell, D. F. J. (eds.) (2006). *Knowledge creation, diffusion, and use in innovation networks and knowledge clusters: a comparative systems approach across the United States, Europe, and Asia*. Westport, CT: Praeger.

Carey, S. (1996). Cognitive domains as modes of thought. In D. R. Olson, and N. Torrance (eds.), *Modes of thought: explorations in culture and cognition* (pp. 187–215). Cambridge University Press.

Carlsen, W. S. (1997). Never ask a question if you don't know the answer: the tension in teaching between modeling scientific argument and maintaining law and order. *Journal of Classroom Interaction*, 32(2), 14–23.

Carnap, R. (1956). *Meaning and necessity: a study in semantics and modal logic*. University of Chicago Press.

Carney, R. N., and Levin, J. R. (2002). Pictorial illustrations still improve students' learning from text. *Educational Psychology Review*, 14(1), 5–26.

Carpendale, J. I. M. E., and Müller, U. E. (2004). *Social interaction and the development of knowledge*. Mahwah, NJ: Lawrence Erlbaum.

Carr, M., Mizelle, N. B., and Charak, D. (1998). Motivation to read and learn from text. In Steven A. Stahl, and Cynthia R. Hynd, (eds.), *Learning from text across conceptual domains* (pp. 45–70). Mahwah, NJ: Lawrence Erlbaum.

Carroll, W., and Seng, M. (2003). *Eyewitness testimony: strategies and tactics*. Eagan, MN: Thomson West.

Carruthers, P. (2009). How do we know our own minds: the relationship between mindreading and metacognition. *Behavioral and Brain Sciences*, 32, 121–182.

Carston, R., and Uchida, S. (eds.) (1998). *Relevance theory: applications and implications*. Amsterdam: John Benjamins.

Caspari, I., and Parkinson, S. R. (2000). Effects of memory impairment on discourse. *Journal of Neurolinguistics*, 13(1), 15–36.

Cassell, E. J. (1985). *Talking with patients*. Cambridge, MA: MIT Press.

Cassirer, E. (1955). *Mythical thought*. New Haven, NY: Yale University Press.

Castañeda, S., Lopez, M., and Romero, M. (1987). The role of five induced-learning strategies in scientific text comprehension. *Journal of Experimental Education*, 55(3), 125–130.

Catt, I. E., and Eicher-Catt, D. (eds.) (2010). *Communicology: the new science of embodied discourse*. Madison, NJ: Fairleight Dickinson University Press.

Caughlin, J. P., and Afifi, T. D. (2004). When is topic avoidance unsatisfying? Examining moderators of the association between avoidance and dissatisfaction. *Human Communication Research*, 30(4), 479–513.

Caughlin, J. P., and Golish, T. D. (2002). An analysis of the association between topic avoidance and dissatisfaction: comparing perceptual and interpersonal explanations. *Communication Monographs*, 69(4), 275–295.

Caughlin, J. P., and Petronio, S. (2004). Privacy in families. In A. L. Vangelisti (ed.), *Handbook of family communication* (pp. 379–412). Mahwah, NJ: Lawrence Erlbaum.

Chafe, W. L. (1972). Discourse structure and human knowledge. In R. O. Freedle, and J. B. Carroll (eds.), *Language comprehension and the acquisition of knowledge* (pp. 41–70). New York: Winston.

(1974). Language and consciousness. *Language* 50, 111–133.

(1976). Givenness, contrastiveness, definiteness, subjects, topics and point of view. In C. Li (ed.), *Subject and topic* (pp. 27–55). New York: Academic Press.

Chafe, W. L. (ed.) (1980). *The Pear Stories: cognitive, cultural, and linguistic aspects of narrative production.* Norwood, NJ: Ablex.

Chafe, W. L. (1994). *Discourse, consciousness, and time: the flow and displacement of conscious experience in speaking and writing.* University of Chicago Press.

Chafe, W. L., and Nichols, J. (eds.) (1986). *Evidentiality: the linguistic coding of epistemology.* Norwood, NJ: Ablex Corp.

Chambers, S. K., and André, T. (1997). Gender, prior knowledge, interest, and experience in electricity and conceptual change text manipulations in learning about direct-current. *Journal of Research in Science Teaching,* 34(2), 107–123.

Champagne, R. A. (1992). *The structuralists on myth: an introduction.* New York: Garland.

Chan, C. K. (2001). Peer collaboration and discourse patterns in learning from incompatible information. *Instructional Science,* 29(6), 443–479.

Chan, C. K., Burtis, P. J., Scardamalia, M., and Bereiter, C. (1992). Constructive activity in learning from text. *American Educational Research Journal,* 29(1), 97–118.

Chang, C. C., and Keisler, H. J. (1973). *Model theory.* Amsterdam/New York: North-Holland/American Elsevier.

Chapman, S. B., Highley, A. P., and Thompson, J. L. (1998). Discourse in fluent aphasia and Alzheimer's disease: linguistic and pragmatic considerations. *Journal of Neurolinguistics,* 11(1–2), 55–78.

Chávez, L. R., McMullin, J. M., Mishra, S. I., and Hubbell, F. A. (2001). Beliefs matter: cultural beliefs and the use of cervical cancer-screening tests. *American Anthropologist,* 103(4), 1114–1129.

Chemero, A. (2009). *Radical embodied cognitive science.* Cambridge, MA: MIT Press.

Chen, W. L., and Looi, C. K. (2007). Incorporating online discussion in face to face classroom learning: a new blended learning approach. *Australasian Journal of Educational Technology,* 23(3), 307–326.

Chenail, R. J., and Morris, G. H. (eds.) (1995). *The talk of the clinic: explorations in the analysis of medical and therapeutic discourse.* Hillsdale, NJ: Lawrence Erlbaum.

Chinn, C. A., O'Donnell, A. M., and Jinks, T. S. (2000). The structure of discourse in collaborative learning. *Journal of Experimental Education,* 69(1), 77–97.

Chisholm, W. (ed.) (1984). *Interrogativity: a colloquium on the grammar, typology, and pragmatics of questions in seven diverse languages,* Cleveland, Ohio, October 5th, 1981-May 3rd, 1982. Amsterdam: Benjamins.

Chomsky, N. (1987). *On power and ideology: the Managua lectures.* Boston, MA: South End Press.

Christiansen, M. H., and Kirby, S. (eds.) (2003). *Language evolution.* Oxford University Press.

Chua, L., High, C., and Lau, T. (eds.) (2008). *How do we know? Evidence, ethnography, and the making of anthropological knowledge.* Newcastle: Cambridge Scholars.

Cicourel, A. V. (1981). Notes on the Integration of micro- and macro-levels of analysis. In K. Knorr Cetina, and A. V. Cicourel (eds.) *Advances in social theory and methodology* (pp. 51–80). Boston, MA: Routledge & Kegan Paul.

Clancey, W. J. (1997). *Situated cognition: on human knowledge and computer representations.* Cambridge University Press.

Clariana, R. B., and Marker, A. W. (2007). Generating topic headings during reading of screen-based text facilitates learning of structural knowledge and impairs learning of lower-level knowledge. *Journal of Educational Computing Research,* 37(2), 173–191.

Clark, C. (ed.) (1988). *Social interaction: readings in sociology.* New York: St. Martin's Press.

Clark, H. H. (1996). *Using language.* Cambridge University Press.

Clark, H. H., and Marshall, C. R. (1981). Definite reference and mutual knowledge. In A. K. Joshi, B. Webber, and I. Sag (eds.), *Elements of discourse understanding* (pp. 10–63). Cambridge University Press.

Clayman, S. E., and Heritage, J. (2002). Questioning presidents: journalistic deference and adversarialness in the press-conferences of US presidents Eisenhower and Reagan. *Journal of Communication,* 52(4), 749–775.

Clift, R. (2006). Indexing stance: reported speech as an interactional evidential. *Journal of Sociolinguistics,* 10(5), 569–595.

(2012). Who Knew? A view from linguistics. *Research on Language and Social Interaction,* 45(1), 69–95.

Coady, C. A. J. (1992). *Testimony: a philosophical study.* Oxford/New York: Clarendon Press/Oxford University Press.

Coburn, D., and Willis, E. (2000). The medical profession: knowledge, power, and autonomy. In G. L. Albrecht, R. Fitzpatrick, and S. C. Scrimshaw (eds.), *The handbook of social studies in health and medicine* (pp. 377–393). Thousand Oaks, CA: Sage.

Coffe, H., and Geys, B. (2006). Community heterogeneity: a burden for the creation of social capital? *Social Science Quarterly,* 87(5), 1053–1072.

Cohen, E. (2010). Anthropology of knowledge. In Marchand (ed.) (pp. 183–192).

Cohen, E. D. (ed.) (2005). *News incorporated: corporate media ownership and its threat to democracy.* Amherst, NY: Prometheus Books.

Cohen, L. J. (1992). *An essay on belief and acceptance.* Oxford: Clarendon Press.

Cohen, R. S., and Wartofsky, M. W. (eds.) (1983). *Epistemology, methodology, and the social sciences.* Dordrecht: Reidel.

Cohen, S. (1987). Knowledge, context, and social standards. *Synthese,* 73, 3–26.

Coleman, E. B., Brown, A. L., and Rivkin, I. D. (1997). The effect of instructional explanations on learning from scientific texts. *Journal of the Learning Sciences,* 6(4), 347–365.

Coleman, L., and Kay, P. (1981). Prototype semantics: the English verb 'lie.' *Language,* 57(1), 26–44.

Coliva, A. (ed.) (2012). *The self and self-knowledge.* Oxford University Press.

Collins, A. M., and Quillian, M. R. (1972). Experiments on semantic memory and language comprehension. In L. W. Gregg (ed.), *Cognition in learning and memory.* New York: Wiley.

Colson, E. (1953). *The Makah Indians: a study of an Indian tribe in modern American society.* Minneapolis, MN: University of Minnesota Press.

Condit, C. M. (1999). How the public understands genetics: nondeterministic and non-discriminatory interpretations of the blueprint metaphor. *Public Understanding of Science*, 8(3), 169–180.

Conklin, H. C. (1962). Lexicographical treatment of folk taxonomies. In F. W. Household, and S. Saporta (eds.), *Problems in Lexicography*. Bloomington, IN: Indiana University Research Center in Anthropology, Folklore, and Linguistics.

Connelly, F. M., and Clandinin, D. J. (1999). *Shaping a professional identity: stories of educational practice*. New York: Teachers College Press.

Converse, P. E. (1964). The nature of belief systems in mass publics. In D. E. Apter (ed.), *Ideology and discontent* (pp. 206–261). New York: Free Press.

Conway, A. R. A. (ed.) (2007). *Variation in working memory*. Oxford University Press.

Conway, M. A. (1990). *Autobiographical memory: an introduction*. Buckingham: Open University Press.

Conway, M. A. (ed.) (1997). *Cognitive models of memory*. Cambridge, MA: MIT Press.

Conway, M. A., Cohen, G., and Stanhope, N. (1992). Very long-term memory for knowledge acquired at school and university. *Applied Cognitive Psychology*, 6(6), 467–482.

Cook, T. E. (1989). *Making laws and making news: media strategies in the US House of Representatives*. Washington, DC: Brookings Institution.

Cooper, C. A., and Johnson, M. (2009). Representative reporters? Examining journalists' ideology in context. *Social Science Quarterly*, 90(2), 387–406.

Cooper, D. E. (1974). *Presupposition*. The Hague: Mouton.

Copney, C. V. (1998). *Jamaican culture and international folklore, superstitions, beliefs, dreams, proverbs, and remedies*. Raleigh, NC: Pentland Press.

Corlett, J. A. (1996). *Analyzing social knowledge*. Lanham, MD: Rowman & Littlefield.

Cormack, A. (1998). *Definitions: implications for syntax, semantics, and the language of thought*. New York: Garland.

Cornillie, B. (2007). *Evidentiality and epistemic modality in Spanish (semi-) auxiliaries: a cognitive-functional approach*. Berlin: De Gruyter Mouton.

(2009). Evidentiality and epistemic modality: on the close relationship between two different categories. *Functions of Language*, 16(1), 44–62.

Cortese, G., and Duszak, A. (2005). *Identity, community, discourse: English in intercultural settings*. Bern/New York: Peter Lang.

Coulmas, F. (1998). *The handbook of sociolinguistics*. Oxford, UK/Cambridge, MA: Blackwell.

Cowie, H. (ed.) (2000). *Social interaction in learning and instruction the meaning of discourse for the construction of knowledge*. Oxford/New York: Pergamon.

Cowie, H., and van der Aalsvoort, G. (eds.) (2000). *Social interaction in learning and instruction: the meaning of discourse for the construction of knowledge*. Amsterdam: Pergamon/Elsevier Science.

Cox, O. C. (1970). *Caste, class, and race: a study in social dynamics*. New York/London: Monthly Review Press.

Crane, T. (2009). Intentionalism. In B. P. McLaughlin, A. Beckermann, S. Walter (eds.), *The Oxford handbook of philosophy of mind* (pp. 474–493). Oxford/New York: Clarendon Press/Oxford University Press.

Cranefield, J., and Yoong, P. (2009). Crossings: embedding personal professional knowledge in a complex online community environment. *Online Information Review*, 33(2), 257–275.

Cresswell, M. J. (1985). *Structured meanings: the semantics of propositional attitudes*. Cambridge, MA: MIT Press.

Crick, M. R. (1982). Anthropology of knowledge. *Annual Review of Anthropology*, 11, 287–313.

Crimmins, M. (1992). *Talk about beliefs*. Cambridge, MA: MIT Press.

Cross, R., Parker, A., Prusak, A., and Borgatti, S. P. (2001). Knowing what we know: supporting knowledge creation and sharing in social networks. *Organizational Dynamics*, 30(2), 100–120.

Cunningham, A., and Andrews, B. (1997). *Western medicine as contested knowledge*. New York: Manchester University Press, distributed exclusively in the USA by St. Martin's Press.

Curtis, J. E., and Petras, J. W. (eds.) (1970). *The sociology of knowledge: a reader*. London: Duckworth.

Custers, E. J. F. M. (2010). Long-term retention of basic science knowledge: a review study. *Advances in Health Sciences Education*, 15(1), 109–128.

Cutica, I., and Bucciarelli, M. (2008). The deep versus the shallow: effects of co-speech gestures in learning from discourse. *Cognitive Science*, 32(5), 921–935.

Cutler, B. L. (2002). *Eyewitness testimony: challenging your opponent's witness*. Notre Dame: National Institute for Trial Advocacy, Notre Dame Law School.

Cutler, B. L. (ed.) (2009). *Expert testimony on the psychology of eyewitness identification*. New York: Oxford University Press.

Cutting, J. (2000). *Analysing the language of discourse communities*. Amsterdam: Elsevier.

D'Andrade, R. G. (1995). *The development of cognitive anthropology*. Cambridge University Press.

Da Costa, A. L. (1980). *News values and principles of cross-cultural communication*. Paris: Unesco.

Dahl, Ö. (1974). *Topic and comment, contextual boundness and focus*. Hamburg: Buske.

Dahlberg, A. C., and Trygger, S. B. (2009). Indigenous medicine and primary health care: the importance of lay knowledge and use of medicinal plants in rural South Africa. *Human Ecology*, 37(1), 79–94.

Dailey, R. M., and Palomares, N. A. (2004). Strategic topic avoidance: an investigation of topic avoidance frequency, strategies used, and relational correlates. *Communication Monographs*, 71(4), 471–496.

Dale, R. (1992). *Generating referring expressions: constructing descriptions in a domain of objects and processes*. Cambridge, MA: MIT Press.

Daniels, J. (2009). Cloaked websites: propaganda, cyber-racism and epistemology in the digital era. *New Media and Society*, 11(5), 659–683.

Davidson, B. (2002). A model for the construction of conversational common ground in interpreted discourse. *Journal of Pragmatics*, 34(9), 1273–1300.

Davidson, D. (1984). *Inquiries into truth and interpretation*. Oxford University Press (Clarendon).

(1996). The folly of trying to define truth. *Journal of Philosophy*, 93(6), 263–278.

(2005), *Truth and predication*. Cambridge, MA: Belknap Press.

Davis, A., and Wagner, J. R. (2003). Who knows? On the importance of identifying "experts" when researching local ecological knowledge. *Human Ecology*, 31(3), 463–489.

Davis, O. L. J., Hicks, L. C., and Bowers, N. D. (1966). The usefulness of time lines in learning chronological relationships in text materials. *Journal of Experimental Education*, 34(3), 22–25.

Davis, S. (2002). Conversation, epistemology and norms. *Mind and Language*, 17(5), 513–537.

Davis, S., and Gillon, B. S. (eds.) (2004). *Semantics: a reader*. Oxford University Press.

Davis, W. A. (1998). *Implicature: intention, convention, and principle in the failure of Gricean theory*. Cambridge University Press.

(2004). Are knowledge claims indexical? (David Lewis, Stewart Cohen, and Keith DeRose). *Erkenntnis*, 61(2–3), 257–281.

Dawson, M. A. (1937). Children's preferences for conversational topics. *The Elementary School Journal*, 37, 429–437.

De Beaugrande, R. (1984). *Text production: toward a science of composition*. Norwood, NJ: Ablex.

De Condillac, B. (1746). *Essai sur l'origine des connoissances humaines. Ouvrage où l'on réduit a un seul principe tout ce qui concerne l'entendement human: première partie*. Amsterdam: Chez Pierre Mortier.

De Mente, B. (2009). *The Chinese mind: understanding traditional Chinese beliefs and their influence on contemporary culture*. North Clarendon, VT: Tuttle.

De Vries, R. E., Bakker-Pieper, A., and Oostenveld, W. (2010). Leadership = communication? The relations of leaders' communication styles with leadership styles, knowledge sharing and leadership outcomes. *Journal of Business and Psychology*, 25(3), 367–380.

De Vries, R. E., van den Hooff, B., and de Ridder, J. A. (2006). Explaining knowledge sharing: the role of team communication styles, job satisfaction, and performance beliefs. *Communication Research*, 33(2), 115–135.

Deacon, T. W. (1997). *The symbolic species: the co-evolution of language and the brain*. New York: Norton.

Deaux, K., and Philogène, G. (eds.) (2001). *Representations of the social: bridging theoretical traditions*. Oxford: Blackwell.

DeConcini, B. (1990). *Narrative remembering*. Lanham, MD: University Press of America.

Dee-Lucas, D., and di Vesta, F. J. (1980). Learner-generated organizational aids: effects on learning from text. *Journal of Educational Psychology*, 72(3), 304–311.

Dee-Lucas, D., and Larkin, J. II. (1995). Learning from electronic texts: effects of interactive overviews for information access. *Cognition and Instruction*, 13(3), 431–468.

Deemter, K., and Kibble, R. (2002). *Information sharing: reference and presupposition in language generation and interpretation*. Stanford, CA: CSLI.

DeGenaro, W. (ed.) (2007). *Who says? Working-class rhetoric, class consciousness, and community*. University of Pittsburgh Press.

Dennett, D. C. (1987). *The intentional stance*. Cambridge, MA: MIT Press.

Denzin, N. K. (2003). *Performance ethnography: critical pedagogy and the politics of culture*. Thousand Oaks, CA: Sage.

DeRose, K. (2009). *The case for contextualism*. Oxford University Press.

Deuze, M. (2005). Popular journalism and professional ideology: tabloid reporters and editors speak out. *Media Culture and Society*, 27(6), 861–882.

Devine, P. G. (1989). Stereotypes and prejudice: their automatic and controlled components. *Journal of Personality and Social Psychology*, 56(1), 5–18.

Devine, D. J. (1999). Effects of cognitive ability, task knowledge, information sharing, and conflict on group decision-making effectiveness. *Small Group Research*, 30(5), 608–634.

Di Leonardo, M. (ed.) (1991). *Gender at the crossroads of knowledge: feminist anthropology in the postmodern era*. Berkeley, CA: University of California Press.

Diakidoy, I. A. N., Kendeou, P., and Ioannides, C. (2003). Reading about energy: the effects of text structure in science learning and conceptual change. *Contemporary Educational Psychology*, 28(3), 335–356.

Diewald, G., and Smirnova, E. (2010). *Linguistic realization of evidentiality in European languages*. Berlin: De Gruyter Mouton.

Dijkstra, K., Bourgeois, M. S., Allen, R. S., and Burgio, L. D. (2004). Conversational coherence: discourse analysis of older adults with and without dementia. *Journal of Neurolinguistics*, 17(4), 263–283.

Douglas, M. (1973). *Rules and meaning: the anthropology of everyday knowledge*. London: Penguin.

Dovidio, J. F., and Gaertner, S. L. (eds.) (1986). *Prejudice, discrimination, and racism*. New York: Academic Press.

Dovidio, J. F., Glick, P., and Rudman, L. A. (eds). (2005). *On the nature of prejudice: fifty years after Allport*. Malden, MA: Blackwell.

Downing, J. D. H., and Husband, C. (2005). *Representing race: racisms, ethnicities and media*. London: Sage.

Dretske, F. I. (1981). *Knowledge and the flow of information*. Cambridge, MA: MIT Press.

(2000). *Perception, knowledge, and belief. Selected essays*. Cambridge University Press.

Drew, P. (2003). Precision and exaggeration in interaction. *American Sociological Review*, 68(6), 917–938.

Drew, P., and Heritage, J. (eds.) (1992), *Talk at work: interaction in institutional settings*. Cambridge University Press.

Druckman, D. (2003). Linking micro and macro-level processes: interaction analysis in context. *International Journal of Conflict Management*, 14(3), 177–190.

Dryer, M. S. (1996). Focus, pragmatic presupposition, and activated propositions. *Journal of Pragmatics*, 26(4), 475–523.

Duek, J. E. (2000). Whose group is it anyway? Equity of student discourse in problem-based learning (PBL). In C. E. Hmelo, and D. H. Evensen, *Problem-based learning, a research perspective on learning interactions* (pp. 75–107). London: Lawrence Erlbaum.

Duell, O. K. (1984). The effects of test expectations based upon goals on the free recall of learning from text. *Contemporary Educational Psychology*, 9(2), 162–170.

Duff, M. C., Hengst, J. A., Tranel, D., and Cohen, N. J. (2008). Collaborative discourse facilitates efficient communication and new learning in amnesia. *Brain and Language*, 106(1), 41–54.

Dummett, M. A. E. (1978). *Truth and other enigmas.* Cambridge, MA: Harvard University Press.

Dumont, L. (1986). *Essays on individualism: modern ideology in anthropological perspective.* University of Chicago Press.

Dunbar, R. I. M., Marriott, A., and Duncan, N. D. C. (1997). Human conversational behavior. *Human Nature,* 8(3), 231–246.

Duranti, A. (1997). *Linguistic anthropology.* Cambridge University Press.

(2001a). Properties of greetings. In A. Duranti (ed.), *Linguistic anthropology: a reader* (pp. 208–238). Malden, MA: Blackwell.

Duranti, A. (ed.) (2001b). *Key terms in language and culture.* Malden, MA: Blackwell.

Duranti, A. (ed.) (2004). *A companion to linguistic anthropology.* Oxford: Blackwell.

Durkheim, E. (1915). *The elementary forms of religious life.* London: George Allen & Unwin.

(2002[2010]). *Le problème sociologique de la connaissance.* Chicoutimi: J.-M. Tremblay.

Dutke, S. (1996). Generic and generative knowledge: memory schemata in the construction of mental models. In W. Battmann, and S. Dutke (eds.), *Processes of the molar regulation of behavior* (pp. 35–54). Lengerich, Germany: Pabst Science Publishers.

Dyer, C. L., and McGoodwin, J. R. (1994). *Folk management in the world's fisheries: lessons for modern fisheries management.* Niwiot, CO: University Press of Colorado.

Dymock, S. J. (1999). Learning about text structure. In G. B. Thompson, and T. Nicholson (eds.), *Learning to read: beyond phonics and whole language* (pp. 174–192). Newark, DE: International Reading Association.

Eagleton, T. (1991). *Ideology: an introduction.* London: Verso.

Eagly, A. H., and Chaiken, S. (1993). *The psychology of attitudes.* Fort Worth, TX: Harcourt Brace Jovanovich.

Easterby-Smith, M., and Lyles, M. A. (eds.) (2011). *Handbook of organizational learning and knowledge management.* Chichester, West Sussex/Hoboken, NJ: Wiley.

Ecarma, R. E. (2003). *Beyond ideology: a case of egalitarian bias in the news?* Lanham, MD: University Press of America.

Echterhoff, G., Higgins, E. T., and Levine, J. M. (2009). Shared reality: experiencing commonality with other's inner states about the world. *Perspective on Psychological Science,* 4(5), 496–521.

Edgerton, G. R,, and Rollins, P. C. (eds.) (2001). *Television histories: shaping collective memory in the media age.* Lexington, KY: University Press of Kentucky.

Edson, G. (2009). *Shamanism: a cross-cultural study of beliefs and practices.* Jefferson, NC: McFarland and Co.

Edwards, B., and Davis, B. (1997). Learning from classroom questions and answers: teachers' uncertainties about children's language. *Journal of Literacy Research,* 29(4), 471–505.

Edwards, D., and Potter, J. (1992). *Discursive psychology.* London: Sage.

Egan, A. (2007). Epistemic modals, relativism and assertion. *Philosophical Studies,* 133(1), 1–22.

Eggins, S., and Slade, D. (1997). *Analysing casual conversation*. London/New York: Cassell.

Ehrich, V., and Koster, C. (1983). Discourse organization and sentence form: the structure of room descriptions in Dutch. *Discourse Processes*, 6(2), 169–195.

Ehrlich, M. F., Tardieu, H., and Cavazza, M. (1993). *Les modèles mentaux: approche cognitive de représentations*. Paris: Masson.

Eiser, J. R., Claessen, M. J. A., and Loose, J. J. (1998). Attitudes, beliefs, and other minds: shared representations in self-organizing systems. In Stephen J. Read, and Lynn C. Miller (eds.), *Connectionist models of social reasoning and social behavior*. Mahwah, NJ: Lawrence Erlbaum.

Eliade, M. (1961). *The sacred and the profane: the nature of religion*. New York: Harper & Row (Harper Torchbooks/The Cloister Library).

Ellen, R. (2011). "Indigenous knowledge" and the understanding of cultural cognition: the contribution of studies of environmental knowledge systems. In Kronenfeld, Bennardo, de Munck, and Fischer (eds.) (pp. 290–313).

Ellen, R., Parkes, P., and Bicker, A. (eds.) (2000). *Indigenous environmental knowledge and its transformations*. Amsterdam: Harwood Academic Publishers.

Ellis, C. (1989). *Expert knowledge and explanation: the knowledge–language interface*. Chichester, UK/New York: E. Horwood/Halsted Press.

Ellis, D. G. (1999). Research on social-interaction and the micro–macro issue. *Research on Language and Social Interaction*, 32(1–2), 31–40.

Endriss, C., and Hinterwimmer, S. (2008). Direct and indirect aboutness topics. *Acta Linguistica Hungarica*, 55(3–4), 297–307.

Enfield, N. J. (2011). Sources of asymmetry in human interaction: enchrony, status, knowledge and agency. In Stivers, Mondada, and Steensig (eds.) (2011b) (pp. 285–312).

Engelke, M. E. (ed.) (2009). *The objects of evidence: anthropological approaches to the production of knowledge*. Chichester, UK/Malden, MA: Wiley-Blackwell.

Engelstad, E., and Gerrard, S. (2005). *Challenging situatedness: gender, culture and the production of knowledge*. Delft: Eburon.

Englander, D. (ed.) (1990). *Culture and belief in Europe, 1450–1600: an anthology of sources*. Oxford: Blackwell.

Englebretsen, G. (2006). *Bare facts and truth: an essay on the correspondence theory of truth*. Aldershot: Ashgate.

Eraut, M. (1994). *Developing professional knowledge and competence*. London/Washington, DC: Falmer Press.

Erickson, F. (1988). Discourse coherence, participation structure, and personal display in a family dinner table conversation. *Working Papers in Educational Linguistics*, 4, 1–26.

Ericson, R. V., Baranek, P. M., and Chan, J. B. L. (1989). *Negotiating control: a study of news sources*. University of Toronto Press.

Ericsson, K. A., and Kintsch, W. (1995). Long-term working memory. *Psychological Review*, 102, 211–245.

Erman, B. (2001). Pragmatic markers revisited with a focus on *you know* in adult and adolescent talk. *Journal of Pragmatics*, 33(9), 1337–1359.

Erteschik-Shir, N. (2007). *Information structure: the syntax-discourse interface*. Oxford University Press.

Escobar, A. (1997). Anthropology and development. *International Social Science Journal*, 49(4), 497–515.

——— (2007). Worlds and knowledges otherwise: the Latin American modernity/coloniality research program. *Cultural Studies*, 21(2–3), 179–210.

Essed, P. (1991). *Understanding everyday racism: an interdisciplinary theory*. Newbury Park, CA: Sage.

Eveland, W. R., Marton, K., and Seo, M. Y. (2004). Moving beyond "just the facts": the influence of online news on the content and structure of public affairs knowledge. *Communication Research*, 31(1), 82–108.

Fagot, B. I., Leinbach, M. D., Hort, B. E., and Strayer, J. (1997). Qualities underlying the definitions of gender. *Sex Roles*, 37(1–2), 1–18.

Faller, M. (2006). *Evidentiality and epistemic modality at the semantics/pragmatics interface*. Paper presented at the 2006 Workshop on Philosophy and Linguistics, University of Michigan.

Fals-Borda, O. (1991). *Knowledge and social movements*. Santa Cruz, CA: Merrill.

Fanselow, G. (2008). In need of mediation: the relation between syntax and information structure. *Acta Linguistica Hungarica*, 55(3–4), 397–413.

Fardon, R. (1985). *Power and knowledge: anthropological and sociological approaches*. Proceedings of a conference held at the University of St. Andrews in December 1982. Edinburgh: Scottish Academic Press.

Fardon, R. (ed.) (1995). *Counterworks: managing the diversity of knowledge*. London/New York: Routledge.

Farr, R. M., and Moscovici, S. (eds.) (1984). *Social representations*. Cambridge University Press.

Farrell, L. (2006). *Making knowledge common: literacy and knowledge at work*. New York: Peter Lang.

Feltham, C. (1996). Beyond denial, myth and superstition in the counselling profession. In R. Bayne, and I. Horton (eds.), *New directions in counselling* (pp. 297–308). London: Routledge.

Ferguson, H. J., and Sanford, A. J. (2008). Anomalies in real and counterfactual worlds: an eye-movement investigation. *Journal of Memory and Language*, 58(3), 609–626.

Festinger, L. (1957). *A theory of cognitive dissonance*. Stanford University Press.

Fetzer, J. S. (2000). *Public attitudes toward immigration in the United States, France, and Germany*. Cambridge University Press.

Fillmore, C. J. (1968). The case for case. In E. Bach, and R. T. Harms (eds.), *Universals in linguistic theory* (pp. 1–88). New York: Holt, Rinehart and Winston.

Fincher-Kiefer, R (1992). The role of prior knowledge in inferential processing. *Journal of Research in Reading*, 15(1), 12–27.

Fine, E. C., and Speer, J. H. (eds.) (1992). *Performance, culture, and identity*. New York: Praeger.

Finucane, R. C. (1995). *Miracles and pilgrims: popular beliefs in medieval England*. New York: St. Martin's Press.

First, M. B., and Pincus, H. A. (1999). Definitions of schizophrenia. *British Journal of Psychiatry*, 174, 273.

Fisher, S., and Todd, A. (eds.) (1983). *The social organization of doctor–patient communication*. Washington, DC: Center for Applied Linguistics. Distributed by Ablex Publishing Corporation, Norwood, NJ.

Fiske, S. T., and Taylor, S. E. (2007). *Social cognition: from brain to culture*, 3rd edn. New York: McGraw-Hill.

Fivush, R., and Hudson, J. A. (eds.) (1990). *Knowing and remembering in young children*. Cambridge University Press.

Flick, U. (1998). Everyday knowledge in social psychology. In U. Flick (ed.), *The psychology of the social* (pp. 41–59). New York: Cambridge University Press.

Flowerdew, J., and Leong, S. (2010). Presumed knowledge in the discursive construction of socio-political and cultural identity. *Journal of Pragmatics*, 42(8), 2240–2252.

Foucault, M. (1972). *The archeology of knowledge*. London: Tavistock.

Fowler, R. (1991). *Language in the news: discourse and ideology in the press*. London/New York: Routledge.

Fox, B. A. (2001). Evidentiality: authority, responsibility, and entitlement in English conversation. *Journal of Linguistic Anthropology*, 11(2), 167–192.

Fox, E. (2009). The role of reader characteristics in processing and learning from informational text. *Review of Educational Research*, 79(1), 197–261.

Fox Tree, J. E., and Schrock, J. C. (2002). Basic meanings of *you know* and *I mean*. *Journal of Pragmatics* 34, 727–747.

Frandji, D., and Vitale, P. (eds.) (2010). *Knowledge, pedagogy, and society: international perspectives on Basil Bernstein's sociology of education*. Abingdon, Oxon/New York: Routledge.

Franks, J. J., Vye, N. J., Auble, P. M., Mezynski, K. J., Perfetto, G. A., Bransford, J. D., Stein, B. S., and Littlefield, J. (1982). Learning from explicit versus implicit texts. *Journal of Experimental Psychology: General*, 111(4), 414–422.

Fraser, C., and Gaskell, G. (eds.) (1990). *The social psychological study of widespread beliefs*. Oxford/New York: Clarendon Press/Oxford University Press.

Frazer, J. G. (1910). *Questions on the customs, beliefs, and languages of savages*. Cambridge University Press.

Frechie, S., Halbert, H. W., and McCormick, C. (2005). *The newspaper reader*. New Jersey: Pearson–Prentice Hall.

Frederiksen, C. H. (1999). Learning to reason through discourse in a problem-based learning group. *Discourse Processes*, 27(2), 135–160.

Freeden, M. (1996). *Ideologies and political theory: a conceptual approach*. Oxford/New York: Clarendon Press/Oxford University Press.

Freeden, M. (ed.) (2013). *The Oxford handbook of political ideologies*. Oxford University Press.

Freedle, R. O. (1977). *Discourse production and comprehension*. Norwood, NJ: Ablex.

Freidson, E. (1986). *Professional powers: a study of the institutionalization of formal knowledge*. University of Chicago Press.

Fricker, E. (2006). Second-hand knowledge. *Philosophy and Phenomenological Research*, 73(3), 592–618.

Friedman, W. J. (2007). The role of reminding in long-term memory for temporal order. *Memory and Cognition*, 35(1), 66–72.

Fröhlich, R., and Holtz-Bacha, C. (eds.) (2003). *Journalism education in Europe and North America: an international comparison*. Cresskill, NJ: Hampton Press.

Fuller, J. (1996). *News values: ideas for an information age*. University of Chicago Press.

Fuller, S. (1988). *Social epistemology*. Bloomington IN: Indiana University Press.

(2002). *Social epistemology*, 2nd edn. Bloomington, IN: Indiana University Press.

Furnham, A., and Chamorro-Premuzic, T. (2006). Personality, intelligence and general knowledge. *Learning and Individual Differences*, 16(1), 79–90.

Furnham, A., Christopher, A. N., Garwood, J., and Martin, G. N. (2007). Approaches to learning and the acquisition of general knowledge. *Personality and Individual Differences*, 43(6), 1563–1571.

Gabbard, D. (ed.) (2000). *Knowledge and power in the global economy: politics and the rhetoric of school reform*. Mahwah, NJ: Lawrence Erlbaum.

Gagné, E. D., and Rothkopf, E. Z. (1975). Text organization and learning goals. *Journal of Educational Psychology*, 67(3), 445–450.

Galli, I., and Nigro, G. (1990). Les représentations sociales: la question de la genèse. *Revue Internationale de Psychologie Sociale*, 3(3), 429–450.

Gallini, J. K., Seaman, M. A., and Terry, S. (1995). Metaphors and learning new text. *Journal of Reading Behavior*, 27(2), 187–199.

Gallini, J. K., Spires, H. A., Terry, S., and Gleaton, J. (1993). The influence of macro and micro-level cognitive strategies training on text learning. *Journal of Research and Development in Education*, 26(3), 164–178.

Gallistel, C. R. (ed.) (1992). *Animal cognition*. Cambridge, MA: MIT Press.

Galtung, J., and Ruge, M. H. (1965). The structure of foreign news. *Journal of Peace Research* 2, 64–91.

Gans, H. J. (1979). *Deciding what's news: a study of CBS evening news, NBC nightly news, Newsweek, and Time*. New York: Pantheon Books.

García-Carpintero, M., and Kölbel, M. (eds.) (2008). *Relative truth*. Oxford University Press.

Garfinkel, H. (1962). Common sense knowledge of social structures: the documentary method of lay/professional fact finding. In J. M. Scher (ed.), *Theories of the mind* (pp. 689–712). New York: Free Press.

Garner, R., Gillingham, M. G., and White, C. S. (1989). Effects of "seductive details" on macroprocessing and microprocessing in adults and children. *Cognition and Instruction*, 6(1), 41–57.

Garnham, A. (1987). *Mental models as representations of discourse and text*. Chichester, West Sussex, England/New York: E. Horwood Halsted Press.

Gaskell, G., and Fraser, C. (1990). The social psychological study of widespread beliefs. In C. Fraser, and G. Gaskell (eds.), *The social psychological study of widespread beliefs* (pp. 3–24). Oxford: Clarendon Press.

Gaunt, P. (1992). *Making the newsmakers: international handbook on journalism training*. Westport, CT: Greenwood Press.

Gavin, H. (1998). *The essence of cognitive psychology*. London: Prentice Hall.

Gazdar, G. (1977). *Implicature, presupposition and logical form*. Bloomington, IN: Indiana University Linguistics Club.

(1979). *Pragmatics: implicature, presupposition and logical form*. New York: Academic Press.

Gazzaniga, M. S. (1998). *The mind's past*. Berkeley, CA: University of California Press.

Geary, D. C. (2005). Folk knowledge and academic learning. In B. J. Ellis, and D. F. Bjorklund (eds.), *Origins of the social mind: evolutionary psychology and child development* (pp. 493–519). New York: Guilford Press.

Gee, J. P., and Handford, M. (eds.) (2012). *The Routledge handbook of discourse analysis*. London: Routledge.

Geertz, C. (1973). *The interpretation of cultures: selected essays*. New York: Basic Books.

——— (1983). *Local knowledge: further essays in interpretative anthropology*. New York: Basic Books.

Geluykens, R. (1984). *Focus phenomena in English: an empirical investigation into cleft and pseudo-cleft sentences*. Wilrijk, Belgium: Universitaire Instelling Antwerpen, Departement Germaanse, Afdeling Lingüistiek.

Genette, G. (1980). *Narrative discourse: an essay in method*. Ithaca, NY: Cornell University Press.

Gentner, D., and Stevens, A. L. (eds.) (1983). *Mental models*. Hillsdale, NJ: Lawrence Erlbaum.

Gerbner, G. (1988). *Violence and terror in the mass media*. Paris, France/Lanham, MD: Unesco/UNIPUB.

Gernsbacher, M. A., and Givón, T. (eds.) (1995). *Coherence in spontaneous text*. Amsterdam: John Benjamins.

Gernsbacher, M. A., and Robertson, D. A. (2005). Watching the brain comprehend discourse. In A. F. Healy (ed.), *Experimental cognitive psychology and its applications* (pp. 157–167). Washington, DC: American Psychological Association.

Gerrig, R. J. (1987). Relevance theory, mutual knowledge, and accidental irrelevance. *Behavioral and Brain Sciences*, 10(4), 717–718.

Gerrig, R. J., and Prentice, D. A. (1991). The representation of fictional information. *Psychological Science*, 2, 336–340.

Gertler, B. (ed.) (2003). *Privileged access: philosophical accounts of self-knowledge*. Aldershot: Ashgate.

Geurts, B., and van der Sandt, R. (2004). Interpreting focus. *Theoretical Linguistics*, 30(1), 1–44.

Gibbs, R. W. (1987). Mutual knowledge and the psychology of conversational inference. *Journal of Pragmatics*, 11(5), 561–588.

Gibbs, R. W., and Gerrig, R. J. (1989). How context makes metaphor comprehension seem "special." Special Issue: Context and metaphor comprehension. *Metaphor and Symbolic Activity*, 4(3), 145–158.

Gibson, J. J. (1986). The theory of affordances. In J. J. Gibson (ed.), *The ecological approach to visual perception* (pp. 127–143). Hillsdale, NJ: Lawrence Erlbaum.

Gibson, J., Huemer, W., and Pocci, L. (eds.) (2007). *Fiction, narrative, and knowledge: a sense of world*. London/New York: Routledge.

Giddens, A. (1986). *The constitution of society: outline of the theory of structuration*. Berkeley, CA: University of California Press.

Gigone, D., and Hastie, R. (1993). The common knowledge effect: information sharing and group judgment. *Journal of Personality and Social Psychology*, 65(5), 959–974.

Gilles, V. E., and Lucey, H. E. (2008). *Power, knowledge and the academy: the institutional is political*. New York: Palgrave Macmillan.

Gillett, G. (2003). Form and content: the role of discourse in mental disorder. In K. W. M. B. Fulford, K. Morris, J. Z. Sadler, and G. Stanghellini (eds.), *Nature and narrative: an introduction to the new philosophy of psychiatry* (pp. 139–153). New York: Oxford University Press.

Givón, T. (1989). *Mind, code, and context: essays in Pragmatics*. Hillsdale, NJ: Lawrence Erlbaum.

(2005). *Context as other minds: the pragmatics of sociality, cognition and communication*. Amsterdam: John Benjamins.

Givry, D., and Roth, W. M. (2006). Toward a new conception of conceptions: interplay of talk, gestures, and structures in the setting. *Journal of Research in Science Teaching*, 43(10), 1086–1109.

Glasgow University Media Group (1976). *Bad news*. London: Routledge & Kegan Paul.

(1980). *More bad news*. London: Routledge & Kegan Paul.

(1982). *Really bad news*. London: Writers & Readers.

(1985). *War and peace news*. Milton Keynes: Open University Press.

Glasser, C. J. (ed.) (2009). *International libel and privacy handbook: a global reference for journalists, publishers, webmasters, and lawyers*. New York: Bloomberg Press.

Glenberg, A. (1999). Why mental models must be embodied. In Rickheit, and Habel (eds.) (pp. 77–90).

Gluckman, M. (1963). Gossip and scandal. *Current Anthropology*, 4(3), 307–316.

Glynn, S. M., and Takahashi, T. (1998). Learning from analogy-enhanced science text. *Journal of Research in Science Teaching*, 35(10), 1129–1149.

Goffman, E. (1981). *Forms of talk*. University of Pennsylvania Press.

Goldenweiser, A. A. (1915). The knowledge of primitive man. *American Anthropologist*, New Series, 17(2), 240–244.

Goldman, A. I. (1986). *Epistemology and cognition*. Cambridge, MA: Harvard University Press.

(1992). *Liaisons: philosophy meets the cognitive and social sciences*. Cambridge, MA: MIT Press.

(1993). *Philosophical applications of cognitive science*. Boulder, CO: Westview Press.

(1999). *Knowledge in a social world*. Oxford, UK/New York: Clarendon Press/Oxford University Press.

(2002). *Pathways to knowledge: private and public*. Oxford University Press.

(2006). *Simulating minds: the philosophy, psychology, and neuroscience of mindreading*. Oxford University Press.

Goldman, S. R. (1997). Learning from text: reflections on the past and suggestions for the future. *Discourse Processes*, 23(3), 357–398.

Goldman, S. R., and Bisanz, G. L. (2002). Toward a functional analysis of scientific genres: implications for understanding and learning processes. In Jose A. Leon, and Jose Otero (eds.), *The psychology of science text comprehension* (pp. 19–50). Mahwah, NJ: Lawrence Erlbaum.

Goldman, S. R., and Rakestraw, J. A. J. (2000). Structural aspects of constructing meaning from text. In Michael L. Kamil, and Peter B. Mosenthal (eds.), *Handbook of reading research*, vol. 3 (pp. 311–335). Mahwah, NJ: Lawrence Erlbaum.

Goldman, S. R., and Varma, S. (1995). CAPping the construction-integration model of discourse comprehension. In C. Weaver, S. Mannes, and C. Fletcher (eds.), *Discourse comprehension: essays in honor of Walter Kintsch* (pp. 337–358). Hillsdale, NJ: Lawrence Erlbaum.

Goldman, S. R., Graesser, A. C., and van den Broek, P. (eds.) (1999). *Narrative comprehension, causality, and coherence: essays in honor of Tom Trabasso*. Mahwah, NJ: Lawrence Erlbaum.

Good, B. (1994). *Medicine, rationality, and experience: an anthropological perspective*. Cambridge University Press.

Goodenough, W. H. (1964). Cultural anthropology and linguistics. In D. Hymes (ed.), *Reader in Linguistics and Anthropology* (pp. 36–39). New York: Harper & Row.

Goody, E. N. (ed.) (1978). *Questions and politeness: strategies in social interaction*. Cambridge University Press.

Goodyear, P., and Zenios, M. (2007). Discussion, collaborative knowledge work and epistemic fluency. *British Journal of Educational Studies*, 55(4), 351–368.

Goutsos, D. (1997). *Modeling discourse topic: sequential relations and strategies in expository text*. Norwood, NJ: Ablex.

Graber, D. A. (1984). *Processing the news: how people tame the information tide*. New York: Longman.

(2001). *Processing politics: learning from television in the Internet age*. University of Chicago Press.

Graesser, A. C., and Bower, G. H. (eds.) (1990). *Inferences and text comprehension: the psychology of learning and motivation*, vol. 25. New York: Academic Press.

Graesser, A. C., Gernsbacher, M. A., and Goldman, S. R. (eds.) (2003). *Handbook of discourse processes*. Mahwah, NJ: Lawrence Erlbaum.

Graetz, B. (1986). Social structure and class consciousness: facts, fictions and fantasies. *Australian and New Zealand Journal of Sociology*, 22(1), 46–64.

Graham, P. J. (2000). Transferring knowledge. *Nous*, 34(1), 131–152.

Greco, J. (2010). *Achieving knowledge: a virtue-theoretic account of epistemic normativity*. New York: Cambridge University Press.

Greco, J., and Sosa, E. (eds.) (1999). *The Blackwell guide to epistemology*. Malden, MA: Blackwell.

Greenberg, G., and Tobach, E. (eds.) (1990). *Theories of the evolution of knowing*. Hillsdale, NJ: Lawrence Erlbaum.

Greene, J. O., and Cappella, J. N. (1986). Cognition and talk: the relationship of semantic units to temporal patterns of fluency in spontaneous speech. *Language and Speech*, 29(2), 141–157.

Greenwood, S. (2009). *The anthropology of magic*. Oxford/New York: Berg.

Gregory, J., and Miller, S. (1998). *Science in public: communication, culture and credibility*. New York: Plenum.

Grice, H. P. (1975). Logic and conversation. In P. Cole, and J. Morgan (eds.), *Syntax and semantics*, vol. 3: Speech acts (pp. 68–134). New York: Academic Press.

(1989). *Studies in the way of words*. Cambridge, MA: Harvard University Press.

Groenendijk, J. A. G., de Jongh, D., and Stokhof, M. B. J. (1987). *Studies in discourse representation theory and the theory of generalized quantifiers*. Dordrecht: Foris.

Grosfoguel, R. (2007). The epistemic decolonial turn: beyond political-economy paradigms. *Cultural Studies*, 21(2–3), 211–223.

Gruber, H. (1993). Political language and textual vagueness. *Pragmatics*, 3(1), 1–29.

Gubrium, J. F., and Holstein, J. A. (2009). *Analyzing narrative reality*. Thousand Oaks, CA: Sage.

Guéraud, S., Harmon, M. E., and Peracchi, K. A. (2005). Updating situation models: the memory-based contribution. *Discourse Processes*, 39(2–3), 243–263.

Guilhon, B. (ed.) (2001). *Technology and markets for knowledge: knowledge creation, diffusion, and exchange within a growing economy*. Boston, MA: Kluwer Academic.

Gumperz, J. J. (1962). Types of linguistic community. *Anthropological Linguistics* 4, 28–40.

(1982a). *Discourse strategies*. Cambridge University Press.

Gumperz, J. J. (ed.) (1982b). *Language and social identity*. Cambridge University Press.

Gumperz, J. J., and Hymes, D. (eds.) (1972). *Directions in sociolinguistics: the ethnography of communication*. New York: Holt, Rinehart and Winston.

Gumperz, J. J., and Levinson, S. C. (eds.) (1994). *Rethinking linguistic relativity*. Cambridge University Press.

Guri-Rozenblit, S. (1988). The interrelations between diagrammatic representations and verbal explanations in learning from social science texts. *Instructional Science*, 17(3), 219–234.

Gussenhoven, C. (2008). Notions and subnotions in information structure. *Acta Linguistica Hungarica*, 55(3–4), 381–395.

Guzzetti, B. J. (2001). Texts and talk: the role of gender in learning physics. In E. B. Moje, and D. G. O'Brien (eds.), *Constructions of literacy: studies of teaching and learning in and out of secondary schools* (pp. 125–146). Mahwah, NJ: Lawrence Erlbaum.

Haarmann, H. (2007). *Foundations of culture: knowledge-construction, belief systems and worldview in their dynamic interplay*. Frankfurt am Main: Peter Lang.

Haas, A., and Sherman, M. A. (1982). Conversational topic as a function of role and gender. *Psychological Reports*, 51(2), 453–454.

Haas, P. (1992). Introduction: epistemic communities and international policy coordination. *International Organization*, 46(1), 1–35.

Hachten, W. A., and Scotton, J. F. (2002). *The world news prism: global media in an era of terrorism*. Ames, IA: Iowa State Press.

Haddock, A., Millar, A., and Pritchard, D. (eds.) (2010). *Social epistemology*. Oxford University Press.

Haenggi, D., and Perfetti, C. A. (1992). Individual differences in reprocessing of text. *Journal of Educational Psychology*, 84(2), 182–192.

Hagemann, T. A., and Grinstein, J. (1997). The mythology of aggregate corporate knowledge: a deconstruction. *George Washington Law Review*, 65(2), 210–247.

Haghighat, C. (1988). *Le racisme "scientifique": offensive contre l'égalité sociale*. Paris: L'Harmattan.

Hahlweg, K., and Hooker, C. A. (eds.) (1989). *Issues in evolutionary epistemology*. Albany, NY: State University of New York Press.

Hajičová, E., Partee, B. H., and Sgall, P. (eds.) (1996). *Discourse and meaning. Papers in honor of Eva Hajičová*. Amsterdam: John Benjamins.

Halliday, M. A. K., and Hasan, R. (1976). *Cohesion in English*. London: Longman.

Halualani, R. T., and Nakayama, T. K. (2010). Critical intercultural communication studies: at a crossroads. In Nakayama and Halualani (eds.), (pp. 1–16).

Hambrick, D. Z., Meinz, E. J., and Oswald, F. L. (2007). Individual differences in current events knowledge: contributions of ability, personality, and interests. *Memory and Cognition*, 35(2), 304–316.

Hames, R. (2007). The ecologically noble savage debate. *Annual Review of Anthropology*, 36, 177–190.

Hamilton, P. (1974). *Knowledge and social structure: an introduction to the classical argument in the sociology of knowledge.* London: Routledge & Kegan Paul.

Hamilton, R. J. (1997). Effects of three types of elaboration on learning concepts from text. *Contemporary Educational Psychology,* 22(3), 299–318.

Hanks, P. (2011). Structured propositions as types. *Mind,* 120, 11–52.

Hanks, W. F. (1989). Text and textuality. *Annual Review of Anthropology,* 18, 95–127.

Hanson, F. A. (1979). Does God have a body? Truth, reality and cultural relativism. *Man,* 14(3), 515–529.

Hargreaves, D. H. (1984). Teachers' questions: open, closed and half-open. *Educational Research,* 26(1), 46–51.

Harindranath, R. (2009). *Audience–citizens: the media, public knowledge and interpretive practice.* Thousand Oaks, CA: Sage.

Harp, S. F., and Mayer, R. E. (1997). The role of interest in learning from scientific text and illustrations: on the distinction between emotional interest and cognitive interest. *Journal of Educational Psychology,* 89(1), 92–102.

Harris, M. (ed.) (2007). *Ways of knowing: anthropological approaches to crafting experience and knowledge.* New York: Berghahn Books.

Hart, C. (2011). Legitimizing assertions and the logico-rhetorical module: evidence and epistemic vigilance in media discourse on immigration. *Discourse Studies,* 13(6), 751–769.

Hartmann, P. G., and Husband, C. (1974). *Racism and the mass media: a study of the role of the mass media in the formation of white beliefs and attitudes in Britain.* Totowa, NJ: Rowman & Littlefield.

Harwood, N. (2005). 'We do not seem to have a theory... The theory I present here attempts to fill this gap': inclusive and exclusive pronouns in academic writing. *Applied Linguistics,* 26(3), 343–375.

(2007). Political scientists on the functions of personal pronouns in their writing: an interview-based study of 'I' and 'we.' *Text and Talk,* 27(1), 27–54.

Hastie, R., Park, B., and Weber, R. (1984). Social memory. In Wyer, and Srull (eds.), vol. 2 (pp. 151–212).

Haugeland, J. (1998). *Having thought: essays in the metaphysics of mind.* Cambridge, MA: Harvard University Press.

Havens, N., and Ashida, T. (1994). *Folk beliefs in modern Japan.* Tokyo: Institute for Japanese Culture and Classics, Kokugakuin University.

Haviland, J. (1987). *Fighting words: evidential particles, affect and argument.* Proceedings of the Thirteenth Annual Meeting of the Berkeley Linguistics Society. Berkeley, CA: Berkeley Linguistics Society.

Haworth, K. (2006). The dynamics of power and resistance in police interview discourse. *Discourse and Society,* 17(6), 739–759.

Hazlehurst, B. (2011). The distributed cognition model of mind. In Kronenfeld, Bennardo, de Munck, and Fischer (eds.) (pp. 471–488).

Hazlett, A. (2009). Knowledge and conversation. *Philosophy and Phenomenological Research,* 78(3), 591–620.

Heider, F. (1946). Attitudes and cognitive organization. *Journal of Psychology,* 21, 107–112.

(1958). *The psychology of interpersonal relations.* New York: Wiley.

Hekman, S. J. (1986). *Hermeneutics and the sociology of knowledge.* University of Notre Dame Press.

Heldner, M., and Edlund, J. (2010). Pauses, gaps and overlaps in conversations. *Journal of Phonetics*, 38(4), 555–568.

Heritage, J. (2011). Territories of knowledge, territories of experience: empathic moments in interaction. In Stivers, Mondada and Steensig (eds.) (2011b) (pp. 42–68).

(2012a). Epistemics in action: action formation and territories of knowledge. *Research on Language and Social Interaction*, 45(1), 1–29.

(2012b). The epistemic engine: sequence organization and territories of knowledge. *Research on Language and Social Interaction*, 45(1), 30–52.

Heritage, J., and Raymond, G. (2005). The terms of agreement: indexing epistemic authority and subordination in assessment sequences. *Social Psychology Quarterly*, 68(1), 15–38.

Herman, D. (ed.) (2003). *Narrative theory and the cognitive sciences*. Stanford, CA: CSLI.

Hewstone, M., Stroebe, W., and Jonas, K. (eds.) (2008). *Introduction to social psychology*. Malden, MA: Blackwell.

Heydon, G. (2005). *The language of police interviewing: a critical analysis*. Houndsmill: Palgrave.

Hidi, S. E. (1995). A reexamination of the role of attention in learning from text. *Educational Psychology Review*, 7(4), 323–350.

Hijzen, D., Boekaerts, M., and Vedder, P. (2006). The relationship between the quality of cooperative learning, students' goal preferences, and perceptions of contextual factors in the classroom. *Scandinavian Journal of Psychology*, 47(1), 9–21.

Hill, J. H., and Irvine, J. T. (eds.) (1993). *Responsibility and evidence in oral discourse*. Cambridge University Press.

Hill, J. H., and Mannheim, B. (1992). Language and world view. *Annual Review of Anthropology* 21, 381–406.

Himmelweit, H. T. (1990). Societal psychology: implications and scope. In Himmelweit, and Gaskell (eds.) (pp. 17–45).

Himmelweit, H. T., and Gaskell, G. (eds.) (1990). *Societal psychology*. London: Sage.

Hobbs, J. R. (1985). *On the coherence and structure of discourse*. Report No. CSLI-85-37, Center for the Study of Language and Information, Stanford University.

Hofer, B. K., and Pintrich, P. R. (eds.) (2002). *Personal epistemology: the psychology of beliefs about knowledge and knowing*. Mahwah, NJ: Lawrence Erlbaum.

Hoffmann, G. A. (2007). The semantic theory of truth: Field's incompleteness objection. *Philosophia*, 35(2), 161–170.

Hogg, M. A., and Abrams, D. (eds.) (2001). *Intergroup relations: essential readings*. Philadelphia, PA: Psychology Press.

Holland, D., and Quinn, N. (eds.) (1987). *Cultural models in language and thought*. New York: Cambridge University Press.

Holmes, J. (1995). *Women, men and politeness*. New York: Longman.

Holstein, J. A., and Gubrium, J. F. (1995). *The active interview*. Thousand Oaks, CA: Sage.

Holyoak, K. J., and Gordon, P. C. (1984). Information processing and social cognition. In Wyer, and Srull (eds.), vol. 1.

Holyoak, K. J., and Thagard, P. (1995). *Mental leaps: analogy in creative thought*. Cambridge, MA: MIT Press.

Hood, B. M., and Santos, L. (eds.) (2009). *The origins of object knowledge*. Oxford University Press.

Hopper, R. (ed.) (1991). Ethnography and conversation analysis after Talking Culture. *Research on Language and Social Interaction* 24, 161–387.

Horowitz, M. H., Milbrath, C., Reidbord, S., and Stinson, C. (1993). Elaboration and dyselaboration: measures of expression and defense in discourse. *Psychotherapy Research*, 3(4), 278–293.

Horton, W. S., and Gerrig, R. J. (2005). The impact of memory demands on audience design during language production. *Cognition*, 96(2), 127–142.

Horton, W. S., and Keysar, B. (1996). When do speakers take into account common ground? *Cognition*, 59(1), 91–117.

Horvath, J. A., and Sternberg, R. J. (eds.) (1999). *Tacit knowledge in professional practice: researcher and practitioner perspectives*. Mahwah, NJ: Lawrence Erlbaum.

Horwich, P. (1990). *Truth*. Oxford University Press.

Hosseini, S. A. H. (2010). *Alternative globalizations: an integrative approach to studying dissident knowledge in the global justice movement*. London: Routledge.

Hotter, M., and Tancred, P. (eds.) (1993). *Engendering knowledge: the impact of feminism on the academy*. Montreal: McGill Centre for Research and Teaching on Women.

Hudson, J. A., and Nelson, K. (1986). Repeated encounters of a similar kind – effects of familiarity on children's autobiographical memory. *Cognitive Development*, 3, 253–271.

Hughes, C., and Dunn, J. (1998). Understanding mind and emotion: longitudinal associations with mental-state talk between young friends. *Developmental Psychology*, 34(5), 1026–1037.

Hughes, G., and Cresswell, M. (1968). *An introduction to modal logic*. London: Methuen.

Hulteng, J. L. (1979). *The news media: what makes them tick?*. Englewood Cliffs, NJ: Prentice Hall.

Hultman, G., and Horberg, C. R. (1998). Knowledge competition and personal ambition: a theoretical framework for knowledge utilization and action in context. *Science Communication*, 19(4), 328–348.

Hume, D. (1750). Philosophical essays concerning human understanding. London: A. Millar.

Hutchins, E. (1995). *Cognition in the wild*. Cambridge, MA: MIT Press.

Hyland, K. (1998). *Hedging in scientific research articles*. Amsterdam: John Benjamins.

Hymes, D. (1962). The ethnography of speaking. In T. Gladwin, and W. C. Sturtevant (eds.), *Anthropology and Human Behavior* (pp. 13–53). Washington, DC: Anthropological Society of Washington.

Hymes, D. (ed.) (1972). *Reinventing anthropology*. New York: Vintage Books.

Hymes, D. (1974). Ways of speaking. In R. Bauman, and J. Sherzer (eds.), *Explorations in the ethnography of speaking* (pp. 433–451). Cambridge University Press.

 (1996). *Ethnography, Linguistics, narrative inequality: toward an understanding of voice*. London: Taylor & Francis.

Ichikawa, J., and Jarvis, B. (2012). Rational imagination and modal knowledge. *Nous*, 46(1), 127–158.

Iding, M. K. (1997). How analogies foster learning from science texts. *Instructional Science*, 25(4), 233–253.

Ilie, C. (1994). *What else can I tell you? A pragmatic study of English rhetorical questions as discursive and argumentative acts*. Stockholm: Almqvist and Wiksell.

Ismael, J. T. (2007). *The situated self*. Oxford University Press.

Jackendoff, R. (2003). *Foundations of language: brain, meaning, grammar, evolution*. Oxford University Press.

Jackson, F. (2002). Language, thought and the epistemic theory of vagueness. *Language and Communication*, 22(3), 269–279.

Jacobi, D. (1986). *Diffusion et vulgarisation: Itinéraires du texte scientifique*. Paris: Les Belles Lettres.

Jacobs, J. (2004). Focus, presuppositions, and discourse restrictions. *Theoretical Linguistics*, 30(1), 99–110.

Jacobson, N. (2007). Social epistemology: theory for the "Fourth wave" of knowledge transfer and exchange research. *Science Communication*, 29(1), 116–127.

Jäger, S. (1989). Rechtsextreme Propaganda heute. In K. Ehlich (ed.), *Sprache im Faschismus* (pp. 289–322). Frankfurt: Suhrkamp.

Jäger, S., and Link, J. (1993). *Die vierte Gewalt. Rassismus und die Medien*. (The Fourth Power. Racism and the Media). Duisburg: DISS.

Jahoda, G. (1998). *Images of savages: ancient roots of modern prejudice in Western culture*. London/New York: Routledge.

Jansen, S. C. (2002). *Critical communication theory new media, science, technology, and gender*. Lanham, MD: Rowman & Littlefield.

Jaspars, J. M. F., and Fraser, C. (1984). Attitudes and social representations. In Farr, and Moscovici (eds.) (pp. 101–124).

Jaworski, A., Fitzgerald, R., and Morris, D. (2003). Certainty and speculation in news reporting of the future: the execution of Timothy McVeigh. *Discourse Studies*, 5(1), 33–49.

Jefferson, G. (1978). Sequential aspects of storytelling in conversation. In J. Schenkein (ed.), *Studies in the organization of conversational interaction* (pp. 219–248). New York: Academic Press.

Jeong, A., and Lee, J. M. (2008). The effects of active versus reflective learning style on the processes of critical discourse in computer-supported collaborative argumentation. *British Journal of Educational Technology*, 39(4), 651–665.

Jeong, H., and Chi, M. T. H. (1997). Construction of shared knowledge during collaborative learning. In Rogers Hall, Naomi Miyake & Noel Enyedy (eds), *Proceedings of the 2nd International Conference on Computer Support for Collaborative Learning*. International Society of the Learning Sciences.

(2007). Knowledge convergence and collaborative learning. *Instructional Science*, 35(4), 287–315.

Jodelet, D. (ed.) (1989). *Les représentations sociales*. Paris: Presses Universitaires de France.

Jodelet, D. (2008). Social representations: the beautiful invention. *Journal for the Theory of Social Behaviour*, 38(4), 411–430.

Johnson, J. C., and Griffith, D. C. (1996). Pollution, food safety, and the distribution of knowledge. *Human Ecology*, 24(1), 87–108.

Johnson, M. K. (2007). Memory and reality. *American Psychologist*, November, 760–771.

Johnson, M. K., and Raye, C. L. (2000). Cognitive and brain mechanisms of false memories and beliefs. In Schacter, and Scarry (eds.) (pp. 35–86).

Johnson, S. (2012). *Indigenous knowledge.* Cambridge, UK: White Horse Press.

Johnson-Laird, P. N. (1983). *Mental models: towards a cognitive science of language, inference, and consciousness.* Cambridge, MA: Harvard University Press.

Johnson-Laird, P. N., and Garnham, A. (1980). Descriptions and discourse models. *Linguistics and Philosophy,* 3(3), 371–393.

Johnson-Laird, P. N., Oakhill, J., and Garnham, A. (eds.) (1996). *Mental models in cognitive science. Essays in honour of Phil Johnson-Laird.* Hove: Psychology Press.

Jones, B., and Miller, B. (2007). *Innovation diffusion in the new economy: the tacit component.* New York: Routledge.

Joshi, S. T. (ed.) (2006). *In her place: a documentary history of prejudice against women.* Amherst, NY: Prometheus Books.

Jost, J. T. (2006). The end of the end of ideology. *American Psychologist,* 61(7), 651–670.

(2009). "Elective affinities": on the psychological bases of left-right differences. *Psychological Inquiry,* 20(2–3), 129–141.

Jost, J. T., and Banaji, M. R. (1994). The role of stereotyping in system-justification and the production of false consciousness. Special Issue: Stereotypes: Structure, function and process. *British Journal of Social Psychology,* 33(1), 1–27.

Jost, J. T., and Major, B. (eds.) (2001). *The psychology of legitimacy: emerging perspectives on ideology, justice, and intergroup relations.* New York: Cambridge University Press.

Jost, J. T., Nosek, B. A., and Gosling, S. D. (2008). Ideology: its resurgence in social, personality, and political psychology. *Perspectives on Psychological Science,* 3(2), 126–136.

Jovchelovitch, S. (2007). *Knowledge in context: representations, community and culture.* New York: Routledge/Taylor & Francis Group.

Jucker, A. H., Smith, S. W., and Ludge, T. (2003). Interactive aspects of vagueness in conversation. *Journal of Pragmatics,* 35(12), 1737–1769.

Kadmon, N. (2001). *Formal pragmatics: semantics, pragmatics, presupposition, and focus.* Oxford: Blackwell.

Kalyuga, S., Chandler, P., and Sweller, J. (2004). When redundant on-screen text in multimedia technical instruction clan interfere with learning. *Human Factors,* 46(3), 567–581.

Kamalski, J., Sanders, T., and Lentz, L. (2008). Coherence marking, prior knowledge, and comprehension of informative and persuasive texts: sorting things out. *Discourse Processes,* 45(4–5), 323–345.

Kamio, A. (1997). *Territory of information.* Amsterdam: John Benjamins.

Kamp, H., and Partee, B. H. (eds.) (2004). *Context-dependence in the analysis of linguistic meaning.* Amsterdam/Boston: Elsevier.

Kamp, H., and Reyle, U. (1993). *From discourse to logic: introduction to model-theoretic semantics of natural language, formal logic and discourse representation theory.* Dordrecht: Kluwer Academic.

Kanuka, H. (2005). An exploration into facilitating higher levels of learning in a text-based internet learning environment using diverse instructional strategies. *Journal of Computer-Mediated Communication,* 10(3), online.

Kapoor, D., and Shizha, E. (eds.) (2010). *Indigenous knowledge and learning in Asia/ Pacific and Africa: perspectives on development, education, and culture.* New York: Palgrave Macmillan.

Kärkkäinen, E. (2003). *Epistemic stance in English conversation: a description of its interactional functions, with a focus on I think.* Amsterdam: John Benjamins.

Karseth, B., and Nerland, M. (2007). Building professionalism in a knowledge society: examining discourses of knowledge in four professional associations. *Journal of Education and Work*, 20(4), 335–355.

Karttunen, L. (1974). Presuppositions and linguistic context. *Theoretical Linguistics,* 1, 181–194.

Kaše, R., Paauwe, J., and Zupan, N. (2009). HR practices, interpersonal relations, and intrafirm knowledge transfer in knowledge-intensive firms: a social network perspective. *Human Resource Management*, 48(4), 615–639.

Kausler, D. H., and Hakami, M. K. (1983). Memory for topics of conversation: adult age differences and intentionality. *Experimental Aging Research*, 9(3), 153–157.

Keesing, R. M. (1979). Linguistic knowledge and cultural knowledge: some doubts and speculations. *American Anthropologist*, 81(1), 14–36.

(1987). Models, "folk" and "cultural": paradigms regained? In Holland, and Quinn (eds.) (pp. 369–393).

(1992). *Custom and confrontation: the Kwaio struggle for cultural autonomy.* University of Chicago Press.

Keevallik, L. (2011). The terms of not knowing. In Stivers, Mondada and Steensig (eds.) (2011b) (pp. 184–206).

Kehler, A. (2004). Discourse topics, sentence topics, and coherence. *Theoretical Linguistics*, 30(2–3), 227–240.

Keil, F. C. (1979). *Semantic and conceptual development: an ontological perspective.* Cambridge, MA: Harvard University Press.

(1998). Cognitive science and the origins of thought and knowledge. In W. Damon, and R. M. Lerner (eds.), *Handbook of child psychology*, vol. 1: Theorectical models of human development, 5th edn., (pp. 341–413). Hoboken, NJ: John Wiley & Sons.

Keller, R. (2005). *Die diskursive Konstruktion von Wirklichkeit. Zum Verhältnis von Wissenssoziologie und Diskursforschung.* Konstanz: UVK.

Kellermann, K. (1987). Information exchange in social interaction. In M. E. Roloff, and G. R. Miller (eds.), *Interpersonal processes: new directions in communication research. Sage annual reviews of communication research*, vol. 14 (pp. 188–219). Newbury Park, CA: Sage.

Kellermann, K., and Palomares, N. A. (2004). Topical profiling: emergent, co-occurring, and relationally defining topics in talk. *Journal of Language and Social Psychology*, 23(3), 308–337.

Kelsh, D., Hill, D., and Macrine, S. L. (eds.) (2010). *Class in education: knowledge, pedagogy, subjectivity.* New York: Routledge.

Kempson, R. M. (1975). *Presupposition and the delimitation of semantics.* Cambridge University Press.

Kendeou, P., and van den Broek, P. (2007). The effects of prior knowledge and text structure on comprehension processes during reading of scientific texts. *Memory and Cognition*, 35(7), 1567–1577.

Kennedy, M. L., and Smith, H. M. (1994). *Reading and writing in the academic community*. Englewood Cliffs, NJ: Prentice Hall.

Kerlinger, F. N. (1984). *Liberalism and conservatism: the nature and structure of social attitudes*. Hillsdale, NJ: Lawrence Erlbaum.

Keysar, B. (1997). Unconfounding common ground. *Discourse Processes*, 24(2–3), 253–270.

Keysar, B., and Horton, S. W. (1998). Speaking with common ground: from principles to processes in pragmatics. A reply to Polichak and Gerrig. *Cognition*, 66, 191–198.

Keysar, B., Barr, D. J., Balin, J. A., and Brauner, J. S. (2000). Taking perspective in conversation: the role of mutual knowledge in comprehension. *Psychological Sciences*, 11, 32–38.

Keysar, B., Barr, D. J., Balin, J. A., and Paek, T. S. (1998). Definite reference and mutual knowledge: process models of common ground in comprehension. *Journal of Memory and Language*, 39(1), 1–20.

Khine, M. S. E. (2008). *Knowing, knowledge and beliefs: epistemological studies across diverse cultures*. New York: Springer Science + Business Media.

Kidwell, M. (2009). What happened? An epistemics of before and after in at-the-scene police questioning. *Research on Language and Social Interaction*, 42(1), 20–41.

Kidwell, M., and Martinez, E. G. (2010). 'Let me tell you about myself': a method for suppressing subject talk in a 'soft accusation' interrogation. *Discourse Studies*, 12(1), 65–89.

Kikoski, C. K., and Kikoski, J. F. (2004). *The inquiring organization: tacit knowledge, conversation, and knowledge creation: skills for 21st-century organizations*. Westport, CT: Praeger.

Kim, S. I., and van Dusen, L. M. (1998). The role of prior knowledge and elaboration in text comprehension and memory: a comparison of self-generated elaboration and text-provided elaboration. *The American Journal of Psychology*, 111(3), 353–378.

King, D. J. (1973). Influence of exposure interval and interitem interval on the learning of connected discourse. *Journal of Experimental Psychology*, 97(2), 258–260.

King, J. C. (2007). *The nature and structure of content*. Oxford University Press.

King, N. A. (2000). *Memory, narrative, identity: remembering the self*. Edinburgh University Press.

Kintsch, W. (1974). *The representation of meaning in memory*. Hillsdale, NJ: Lawrence Erlbaum.

———(1980). Learning from a text, levels of comprehension, or: why anyone would read a story anyway. *Poetics*, 9, 87–98.

———(1988). The role of knowledge in discourse comprehension: a construction–integration model. *Psychological Review*, 95(2), 163–182.

———(1994). The psychology of discourse processing. In M. A. Gernsbacher (ed.), *Handbook of psycholinguistics* (pp. 721–739). San Diego, CA: Academic Press.

———(1998). *Comprehension: a paradigm for cognition*. New York: Cambridge University Press.

Kintsch, W., and Franzke, M. (1995). The role of background knowledge in the recall of a news story. In Lorch, and O'Brien (eds.) (pp. 321–333).

Kintsch, W., and van Dijk, T. A. (1978). Toward a model of text comprehension and production. *Psychological Review*, 85(5), 363–394.

Kintsch, W., McNamara, D. S., Dennis, S., and Landauer, T. K. (2007). LSA and meaning: in theory and application. In T. Landauer, D. S. McNamara, S. Dennis, and W. Kintsch (eds.), *Handbook of latent semantic analysis* (pp. 467–479). Mahwah, NJ: Lawrence Erlbaum.

Kirk, R. (1999). *Relativism and reality: a contemporary introduction*. London: Routledge.

Kirkham, R. L. (1992). *Theories of truth: a critical introduction*. Cambridge, MA: MIT Press.

Kirwen, M. C. (ed.) (2005). *African cultural knowledge: themes and embedded beliefs*. Nairobi: MIAS Books.

Klandermans, B. (1997). *The social psychology of protest*. Oxford: Blackwell.

Kleiber, G. (1990). *La sémantique du prototype: catégories et sens lexical*. Paris: Presses universitaires de France.

Kniffka, H. (2008). Basic notions of information structure. *Acta Linguistica Hungarica*. 55(3–4), 243–276.

Knight, C., Studdert-Kennedy, M., and Hurford, J. R. (eds.) (2000). *The evolutionary emergence of language: social function and the origins of linguistic form*. Cambridge University Press.

Knorr Cetina, K. (1999). *Epistemic cultures: how the sciences make knowledge*. Cambridge, MA: Harvard University Press.

Knotek, S., Sauer-Lee, A., and Lowe-Greenlee, B. (2009). Consultee-centered consultation as a vehicle for knowledge diffusion and utilization. In S. Rosenfield, and V. Berninger (eds.), *Implementing evidence-based academic interventions in school settings* (pp. 233–252). New York: Oxford University Press.

Knott, A., Oberlander, J., O'Donnell, M., and Mellish, C. (2001). Beyond elaboration: the interaction of relations and focus in coherent text. In T. Sanders, J. Schilperoord, and W. Spooren (eds.), *Text representation: linguistic and psycholinguistic aspects* (pp. 181–196). Amsterdam: John Benjamins.

Knowlton, B. J. (1998). The relationship between remembering and knowing: a cognitive neuroscience perspective. *Acta Psychologica*, 98(2–3), 253–265.

Knudsen, S. (2005). Communicating novel and conventional scientific metaphors: a study of the development of the metaphor of genetic code. *Public Understanding of Science*, 14(4), 373–392.

Kobayashi, K. (2009). The influence of topic knowledge, external strategy use, and college experience on students' comprehension of controversial texts. *Learning and Individual Differences*, 19(1), 130–134.

Kockelman, P. (2006). Representations of the world: memories, perceptions, beliefs, intentions and plans. *Semiotica*, 162(1/4), 73–125.

Kompus, K., Olsson, C. J., Larsson, A., and Nyberg, L. (2009). Dynamic switching between semantic and episodic memory systems. *Neuropsychologia*, 47, 2252–2260.

Komter, M. L. (1995). The distribution of knowledge in courtroom interaction. In P. Ten Have, and G. Psathas (eds), *Situated order: studies in the social organization of talk and embodied activities* (pp. 107–128). Washington, DC: University Press of America.

(1998). *Dilemmas in the courtroom: a study of trials of violent crime in the Netherlands*. Mahwah, NJ: Lawrence Erlbaum.

Kopperman, R. (1972). *Model theory and its applications*. Boston, MA: Allyn & Bacon.

Koriat, A., and Goldsmith, M. (1994). Memory in naturalistic and laboratory contexts: distinguishing the accuracy-oriented and quantity-oriented approaches to memory assessment. *Journal of Experimental Psychology: General*, 123(3), 297–315.

Kornblith, H. (1993). *Inductive inference and its natural ground: an essay in naturalistic epistemology*. Cambridge, MA: MIT Press.

Kornblith, H. (ed.) (1994). *Naturalizing epistemology*. Cambridge, MA: MIT Press.

Kornblith, H. (2002). *Knowledge and its place in nature*. Oxford/Toronto: Clarendon Press/Oxford University Press.

Koshik, I. (2005). *Beyond rhetorical questions: assertive questions in everyday interaction*. Amsterdam: John Benjamins.

Kövecses, Z. (2005). *Metaphor in culture: universality and variation*. Cambridge University Press.

(2009). The effect of context on the use of metaphor in discourse. *Iberica*, 17, 11–23.

Koven, M. (2009). Managing relationships and identities through forms of address: what French–Portuguese bilinguals call their parents in each language. *Language and Communication*, 29(4), 343–365.

Kozminsky, E. (1977). Altering comprehension: the effect of biasing titles on text comprehension. *Memory and Cognition*, 5(4), 482–490.

Kraus, S. (ed.) (1990). *Mass communication and political information processing*. Hillsdale, NJ: Lawrence Erlbaum.

Krauss, R. M., and Fussell, S. R. (1990). Mutual knowledge and communicative effectiveness. In J. Galegher, R. E. Kraut, and C. Egido (eds.), *Intellectual teamwork: social and technological foundations of cooperative work* (pp. 111–145). Hillsdale, NJ: Lawrence Erlbaum.

Kraut, R. E., and Higgins, E. T. (1984). Communication and social cognition. In Wyer, and Srull (eds.) vol. 3.

Kroeber, A. L., and Kluckhohn, C. (1952). *Culture: a critical review of concepts and definitions*. Cambridge, MA: Papers of the Peabody Museum, Harvard University, vol. 47, no. 1.

Kronenfeld, D. B., Bennardo, G., de Munck, V. C., and Fischer, M. D. (eds.) (2011). *A companion to cognitive anthropology*. Chichester: Wiley.

Kruglanski, A. W. (1989). *Lay epistemics and human knowledge: cognitive and motivational bases*. New York: Plenum Press.

Kuhn, D. (1996). Is good thinking scientific thinking? In D. R. Olson, and N. Torrance (eds.), *Modes of thought: explorations in culture and cognition* (pp. 261–281). Cambridge University Press.

Kuper, A. (1999). *Culture: the anthropologists' account*. Cambridge, MA: Harvard University Press.

(2003). The return of the native. *Current Anthropology*, 44(3), 389–402.

Kurtz-Costes, B., Rowley, S. J., Harris-Britt, A., and Woods, T. A. (2008). Gender stereotypes about mathematics and science and self-perceptions of ability in late childhood and early adolescence. *Merrill-Palmer Quarterly: Journal of Developmental Psychology*, 54, 386–410.

Kurzon, D. (1988). Prolegomena to a speech act approach to hearsay evidence. *International Journal for the Semiotics of Law/Revue Internationale de Semiotique Juridique*, 1(3), 263–273.

Labov, W. (1972a). *Language in the inner city: studies in the Black English Vernacular*. University of Pennsylvania Press.

(1972b). *Sociolinguistic patterns*. University of Pennsylvania Press.

Labov, W., and Waletzky, J. (1967). Narrative analysis: oral versions of personal experience. In J. Helm (ed.), *Essays on the verbal and visual arts* (pp. 12–44). University of Washington Press.

Lackey, J. (1999). Testimonial knowledge and transmission (considerations on the epistemology of testimony and cognition). *Philosophical Quarterly*, 49(197), 471–490.

LaFollette, M. C. (2008). *Science on the air: popularizers and personalities on radio and early television*. University of Chicago Press.

Lakoff, G. (1987). *Women, fire and dangerous things: what categories reveal about the mind*. University of Chicago Press.

(2004). *Don't think of an elephant! Know your values and frame the debate: the essential guide for progressives*. White River Junction, VT: Chelsea Green.

(2008). *The political mind: why you can't understand 21st-century politics with an 18th-century brain*. New York: Viking.

Lakoff, G., and Johnson, M. (1980). *Metaphors we live by*. University of Chicago Press.

(1999). *Philosophy in the flesh: the embodied mind and its challenge to Western thought*. New York: Basic Books.

Lambrecht, K. (1994). *Information structure and sentence form: topic, focus and the mental representations of discourse referents*. Cambridge University Press.

Langacker, R. W. (2009). *Investigations in cognitive grammar*. Berlin: De Gruyter Mouton.

Lanser, S. S. (1981). *The narrative act: point of view in prose fiction*. Princeton University Press.

Larraín, J. (1979). *The concept of ideology*. Athens: University of Georgia Press.

Larsen, S. F. (1981). *Knowledge updating: three papers on news memory, background knowledge, and text processing*. Aarhus, Denmark: Institute of Psychology, University of Aarhus.

Latour, B. (1987). *Science in action. how to follow scientists and engineers through society*. Cambridge, MA: Harvard University Press.

(1993). *We have never been modern*. London: Harvester-Wheatsheaf.

Latour, B., and Woolgar, S. (1986). *Laboratory life: the construction of scientific facts*. Princeton University Press.

Lau, R. R., and Sears, D. O. (eds.) (1986). *Political cognition*. Hillsdale, NJ: Lawrence Erlbaum.

Lauer, M., and Aswani, S. (2009). Indigenous ecological knowledge as situated practices: understanding fishers' knowledge in the Western Solomon Islands. *American Anthropologist*, 111(3), 317–329.

Lave, J. (1988). *Cognition in practice: mind, mathematics and culture in everyday life.* Cambridge University Press.

Lave, J., and Wenger, E. (1991). *Situated learning: legitimate peripheral participation.* Cambridge University Press.

Lazard, G. (2001). On the grammaticalization of evidentiality. *Journal of Pragmatics,* 33(3), 359–367.

Lee, B. P. H. (2001). Mutual knowledge, background knowledge and shared beliefs: their roles in establishing common ground. *Journal of Pragmatics,* 33(1), 21–44.

Lee, C. W. (2007). Is there a place for private conversation in public dialogue? Comparing stakeholder assessments of informal communication in collaborative regional planning. *American Journal of Sociology,* 113(1), 41–96.

Lee, I. (2008). Student reactions to teacher feedback in two Hong Kong secondary classrooms. *Journal of Second Language Writing,* 17(3), 144–164.

Lee, J. H. (2009). News values, media coverage, and audience attention: an analysis of direct and mediated causal relationships. *Journalism and Mass Communication Quarterly,* 86(1), 175–190.

Lehrer, K. (1990). *Theory of knowledge.* Boulder, CO: Westview Press.

(2000). Discursive knowledge. *Philosophy and Phenomenological Research,* 60(3), 637–653.

Leonard, B., de Partz, M. P., Grandin, C., and Pillon, A. (2009). Domain-specific reorganization of semantic processing after extensive damage to the left temporal lobe. *Neuroimage,* 45(2), 572–586.

Lerner, D. (1960). *Evidence and inference.* Chicago, IL: Free Press of Glencoe.

Levelt, W. J. M. (1982). Linearization in describing spatial networks. In S. Peters, and E. Saarinen, (eds.) *Processes, beliefs and questions.* Dordrecht: Reidel.

(1989). *Speaking: from intention to articulation.* Cambridge, MA: MIT Press.

(1996). Perspective taking and ellipsis in spatial descriptions. In P. Bloom, and M. A. Peterson (eds.), *Language and space* (pp. 77–107). Cambridge, MA: MIT Press.

Levelt, W. J. M., and Barnas, A. (2008). *Formal grammars in linguistics and psycholinguistics.* Amsterdam/Philadelphia: John Benjamins.

Levinson, S. C. (1983). *Pragmatics.* Cambridge University Press.

(1988). Putting linguistics on a proper footing: explorations in Goffman's concepts of participation. In P. Drew, and A. Wootton (eds.), *Erving Goffman: exploring the interaction order* (pp. 161–227). Boston, MA: Northeastern University Press.

Lévi-Strauss, C. (1958). *Anthropologie structurale.* Paris: Plon.

(1962). *La pensée sauvage.* Paris: Plon.

(1974). *Tristes tropiques.* New York: Atheneum.

Lewis, K., Belliveau, M., Herndon, B., and Keller, J. (2007). Group cognition, membership change, and performance: investigating the benefits and detriments of collective knowledge. *Organizational Behavior and Human Decision Processes,* 103(2), 159–178.

Leydesdorff, L. A. (2001). *A sociological theory of communication: the self-organization of the knowledge-based society.* New York: Universal Publishers.

Li, L., Cao, H. J., Wu, Z. Y., Wu, S., and Xiao, L. (2007). Diffusion of positive AIDS care messages among service providers in China. *Aids Education and Prevention,* 19(6), 511–518.

Lieberman, P. (1987). *On the origins of language: an introduction to the evolution of human speech*. Washington, DC: University Press of America.

Liebowitz, J. (ed.) (2012). *Knowledge management handbook: collaboration and social networking*. Boca Raton, FL: CRC Press.

Lin, T. J., and Anderson, R. C. (2008). Reflections on collaborative discourse, argumentation, and learning. *Contemporary Educational Psychology*, 33(3), 443–448.

Lindenbaum, S., and Lock, M. M. (eds.) (1993). *Knowledge, power, and practice: the anthropolgy of medicine and everyday life*. Berkeley, CA: University of California Press.

Lindström, L. (1990). *Knowledge and power in a South Pacific society*. Washington, DC: Smithsonian Institution Press.

Lipson, M. Y. (1982). Learning new information from text: the role of prior knowledge and reading ability. *Journal of Reading Behavior*, 14(3), 243–261.

Little, R., and Smith, S. M. (eds.) (1988). *Belief systems and international relations*. Oxford: Blackwell.

Lloyd, C. V. (1990). The elaboration of concepts in three biology textbooks: facilitating student learning. *Journal of Research in Science Teaching*, 27(10), 1019–1032.

Locke, J. (1690). *An essay concerning humane understanding: In 4 books*. London: Printed by E. Holt, for T. Basset.

Loewen, G. V. (2006). *How can we explain the persistence of irrational beliefs? Essays in social anthropology*. Lewiston, NY: Edwin Mellen Press.

Loftus, E. F. (1996). *Eyewitness testimony*. Cambridge, MA: Harvard University Press.

Loftus, E. F., and Doyle, J. M. (1987). *Eyewitness testimony: civil and criminal*. New York: Kluwer Law.

Lorch, R. F. (1989). Text signaling devices and their effects on reading and memory processes. In *Educational psychology review*, 1, 209–234. NY: Plenum.

Lorch, R. F., and O'Brien, E. J. E. (eds.) (1995). *Sources of coherence in reading*. Hillsdale, NJ: Lawrence Erlbaum.

Lounsbury, F. G. (1969). The structural analysis of kinship semantics. In S. A. Tyler (ed.), *Cognitive anthropology* (pp. 193–212). New York: Holt, Rinehart and Winston.

Louwerse, M. M., and Graesser, A. C. (2006). Macrostructure. In K. Brown (ed.), *Encyclopedia of language and linguistics*, 2nd edn. Oxford: Elsevier.

Louwerse, M., and van Peer, W. (eds.) (2002). *Thematics: interdisciplinary studies*. Amsterdam: John Benjamins.

Lu, H. J., Su, Y. J., and Wang, Q. (2008). Talking about others facilitates theory of mind in Chinese preschoolers. *Developmental Psychology*, 44(6), 1726–1736.

Lucy, J. A. (1992). *Language diversity and cognitive development: a reformulation of the linguistic relativity hypothesis*. Cambridge University Press.

Luke, A. (1988). *Literacy, textbooks, and ideology: postwar literacy instruction and the mythology of Dick and Jane*. London/New York: Falmer Press.

Lynch, A. (1996). *Thought contagion: how belief spreads through society*. New York: Basic Books.

Lyons, J. (1977). *Semantics* (2 vols). Cambridge University Press.

Macaulay, R. K. S. (2004). *Talk that counts: age, gender, and social class differences in discourse*. New York: Oxford University Press.

(2005). *Extremely common eloquence: constructing Scottish identity through narrative*. Amsterdam/New York: Rodopi.

Machin, D., and Niblock, S. (2006). *News production: theory and practice*. Abingdon, England: Routledge.

Mackie, D. M., and Cooper, J. (1983). Attitude polarization: effects of group membership. *Journal of Personality and Social Psychology* 46, 575–585.

MacKuen, M., and Coombs, S. L. (1981). *More than news: media power in public affairs*. Beverly Hills, CA: Sage.

Magnussen, S., Melinder, A., Stridbeck, U., and Raja, A. Q. (2010). Beliefs about factors affecting the reliability of eyewitness testimony: a comparison of judges, jurors and the general public. *Applied Cognitive Psychology*, 24(1), 122–133.

Malinowski, B. (1922). *Argonauts of the Western Pacific*. London: Routledge.

(1926). *Crime and custom in savage society*. London: Kegan Paul, Trench, Trubner.

(1939). The group and the individual in functional analysis. *The American Journal of Sociology*, 44(6), 948–962.

(1954). *Magic, science and religion: and other essays*, with an introduction by R. Redfield. Garden City, NY: Doubleday.

Mandler, J. M. (1984). *Stories, scripts, and scenes: aspects of schema theory*. Hillsdale, NJ: Lawrence Erlbaum.

(2007). On the origins of the conceptual system. *American Psychologist*, 62(8), 741–751.

Manfredi, P. A. (1993). Tacit beliefs and other doxastic attitudes. *Philosophia*, 22(1–2), 95–117.

Mani, I., and Maybury, M. T. (eds.) (1999). *Advances in automatic text summarization*. Cambridge, MA: MIT Press.

Mann, W. C., and Thompson, S. A. (1987). *Rhetorical structure theory: a theory of text organization*. Marina del Rey, CA: Information Sciences Institute, University of Southern California.

(1988). Rhetorical structure theory: towards a functional theory of text organization. *Text*, 8, 243–281.

(1991). *Discourse description*. Amsterdam: John Benjamins.

Mannes, S., and St. George, M. (1996). Effects of prior knowledge on text comprehension: a simple modeling approach. In B. K. Britton and A. C. Graesser (eds.), *Models of understanding text* (pp. 115–139). Hillsdale, NJ: Lawrence Erlbaum.

Mannheim, K. (1936). *Ideology and utopia: an introduction to the sociology of knowledge*. London/New York: Kegan. Paul, Trench, Trubner & Co./Harcourt, Brace & Co.

(1972). *Essays on the sociology of knowledge*, edited by Paul Kecskemeti. London: Routledge & Kegan Paul.

Manning, P. (2001). *News and news sources: a critical introduction*. Thousand Oaks, CA: Sage.

Marchand, T. H. J. (ed.) (2010). *Making knowledge: explorations of the indissoluble relation between mind, body and environment*. Malden, MA: Wiley-Blackwell.

Marcu, D. (1999). Discourse trees are good indicators of importance in text. In Mani, and Maybury (pp. 123–135).

(2000). *The theory and practice of discourse parsing and summarization*. Cambridge, MA: MIT Press.

Marcus, G. E., and Fischer, M. M. J. (1986). *Anthropology as cultural critique: an experimental moment in the human sciences*. University of Chicago Press.

Maria, K., and MacGinitie, W. (1987). Learning from texts that refute the reader's prior knowledge. *Reading Research and Instruction*, 26(4), 222–238.

Marín-Arrese, J. I. (2006). Epistemic stance and commitment in the discourse of fact and opinion in English and Spanish: a comparable corpus study. In A. M. Hornero, M. J. Luzón, and S. Murillo (eds.), *Corpus linguistics: applications for the study of English* (pp. 141–157). Berlin: Peter Lang.

(2009). Effective vs. epistemic stance, and subjectivity/intersubjectivity in political discourse: a case study. In A. Tsangalidis, and R Facchinetti (eds.), *Studies on English Modality. In Honour of Frank R. Palmer* (pp. 23–52). Berlin: Peter Lang.

(2011a). Effective vs. epistemic stance, and subjectivity in political discourse: legitimising strategies and mystification of responsibility. In C. Hart (ed.), *Critical discourse studies in context and cognition* (pp. 193–223). Amsterdam: John Benjamins.

(2011b). Epistemic legitimizing strategies, commitment and accountability in discourse. *Discourse Studies*, 13(6), 789–797.

Markkanen, R., and Schröder, H. (eds.) (1997). *Hedging and discourse: approaches to the analysis of a pragmatic phenomenon in academic texts*. Berlin/New York: Walter de Gruyter.

Markman, A. B. (1999). *Knowledge representation*. Mahwah, NJ: Lawrence Erlbaum.

Markus, H., and Smith, J. (1981). The influence of self-schemata on the perception of others. In N. Cantor, and J. Kihlstrom (eds.), *Personality, cognition, and social interaction* (pp. 233–262). Hillsdale, NJ: Lawrence Erlbaum.

Martin, J. R., and White, P. R. R. (2005). *The language of evaluation: appraisal in English*. New York: Palgrave Macmillan.

Martin, L. M. W. (ed.) (1995). *Sociocultural psychology theory and practice of doing and knowing*. Cambridge University Press.

Martín Rojo, L., and Gómez Esteban, C. (2005). The gender of power: the female style of labour organizations. In M. M. Lazar (ed.), *Feminist critical discourse analysis: gender, power, and ideology in discourse* (pp. 61–89). Houndmills/New York: Palgrave Macmillan.

Marx, K., and Engels, F. (1846/1947). *The German ideology*. New York: International Publishers.

Mason, R. A., and Just, M. A. (2004). How the brain processes causal inferences in text: a theoretical account of generation and integration component processes utilizing both cerebral hemispheres. *Psychological Science*, 15(1), 1–7.

Matilal, B. K., and Chakrabarti, A. (eds.) (1994). *Knowing from words: Western and Indian philosophical analysis of understanding and testimony*. Dordrecht: Kluwer Academic.

Mauss, M. (1972). *A general theory of magic*. New York: W. W. Norton (Norton Library).

Mawhinney, L. (2010). Let's lunch and learn: professional knowledge sharing in teachers' lounges and other congregational spaces. *Teaching and Teacher Education*, 26(4), 972–978.

Mayer, R. E. (2002). Using illustrations to promote constructivist learning from science text. In Otero, León, and Graesser (eds.) (pp. 333–356).

Mayes, P. (2005). Linking micro and macro social structure through genre analysis. *Research on Language and Social Interaction*, 38(3), 331–370.

Maynard, D. W. (1989). On the ethnography and the analysis of talk in institutional settings. In J. Holstein, and G. Miller (eds.), *New perspectives on social problems* (pp. 127–164). Greenwich, CT: JAI Press.

Maynard, D. W., and Marlaire, C. L. (1992). Good reasons for bad testing performance: the interactional substrate of educational exams. *Qualitative Sociology*, 15, 177–202.

Mayr, A. (2008). *Language and power: an introduction to institutional discourse*. London/New York: Continuum.

McConnell-Ginet, S. (2006). Why defining is seldom "just semantics": marriage and "marriage." In B. J. Birner, and G. L. Ward (eds.), *Drawing the boundaries of meaning: neo-Gricean studies in pragmatics and semantics in honor of Lawrence R. Horn* (pp. 217–240). Amsterdam: John Benjamins

McCready, E., and Ogata, N. (2007). Evidentiality, modality and probability. *Linguistics and Philosophy*, 30(2), 147–206.

McCrudden, M. T., and Schraw, G. (2007). Relevance and goal-focusing in text processing. *Educational Psychology Review*, 19(2), 113–139.

McCrudden, M. T., Schraw, G., Lehman, S., and Poliquin, A. (2007). The effect of causal diagrams on text learning. *Contemporary Educational Psychology*, 32(3), 367–388.

McElroy, J. C., Morrow, P. C., and Wall, L. C. (1983). Generalizing impact of object language to other audiences: peer response to office design. *Psychological Reports*, 53, 315–322.

McGinn, C. (2009). Imagination. In B. P. McLaughlin, A. Beckermann, and S. Walter (eds.). *The Oxford handbook of philosophy of mind* (pp. 595–606). Oxford/New York: Clarendon Press/Oxford University Press.

McGuire, W. J. (1986). The vicissitudes of attitudes and similar representations in twentieth century psychology. *European Journal of Social Psychology*, 16(2), 89–130.

_____ (1989). The structure of individual attitudes and attitude systems. In A. R. Pratkanis, S. J. Breckler, and A. G. Greenwald (eds.), *Attitude structure and function* (pp. 37–70). Hillsdale, NJ: Lawrence Erlbaum.

McHoul, A. W. (ed.) (2001). *How to analyse talk in institutional settings: a casebook of methods*. New York: Continuum.

McHugh, P. (1968). *Defining the situation: the organization of meaning in social interaction*. Indianapolis, IN: Bobbs-Merrill.

McNamara, D. S. (2001). Reading both high and low coherence texts: effects of text sequence and prior knowledge. *Canadian Journal of Experimental Psychology*, 55, 51–62.

McNamara, D. S., and Kintsch, W. (1996). Learning from text: effects of prior knowledge and text coherence. *Discourse Processes*, 22, 247–287.

McNamara, D. S., and Magliano, J. (2009). Toward a comprehensive model of comprehension. *Psychology of Learning and Motivation*, 51, 297–384.

McNamara, D. S., and O'Reilly, T. (2002). Learning: knowledge acquisition, representation, and organization. In J. W. Guthrie et al. (eds.), *The encyclopedia of education*. New York: Macmillan Reference.

McNamara, D. S., Kintsch, E., Songer, N. B., and Kintsch, W. (1996). Are good texts always better? Text coherence, background knowledge, and levels of understanding in learning from text. *Cognition and Instruction*, 14, 1–43.

Mead, M. (ed.) (1937). *Cooperation and competition among primitive peoples*. New York: McGraw-Hill.

Mehan, H. (1978). Structuring school structure. *Harvard Educational Review*, 48(1), 32–64.

Meinhof, U. H., and Smith, J. (eds.) (2000). *Intertextuality and the media: from genre to everyday life*. Manchester University Press.

Menon, V., Boyett-Anderson, J. M., Schatzberg, A. F., and Reiss, A. L. (2002). Relating semantic and episodic memory systems. *Cognitive Brain Research*, 13(2), 261–265.

Mény, Y., and Lavau, G. E. (1991). *Idéologies, partis politiques et groupes sociaux*. Paris: Presses de la Fondation nationale des sciences politiques.

Mercer, N. (ed.) (1987). *Common knowledge: the development of understanding in the classroom*. London/New York: Methuen.

Merton, R. K. (eds.) (1983). *The sociology of science: theoretical and empirical investigations*. University of Chicago Press.

Mertz, E. (1992). Steps toward a social semiotic of selves (article review of the contributions to semiotics-self-and-society). *Semiotica*, 90(3–4), 295–309.

Metusalem, R., Kutas, M., Urbach, T. P., Hare, M., McRae, K., and Elman, J. L. (2012). Generalized event knowledge activation during online sentence comprehension. *Journal of Memory and Language*, 66(4), 545–567.

Mey, J. L. (1993). *Pragmatics: an introduction*. Oxford: Blackwell.

Meyer, B. J. F. (1975). *The organization of prose and its effects on memory*. Amsterdam: North-Holland.

Meyerhoff, M., and Schleef, E. (2010). *The Routledge sociolinguistics reader*. London: Routledge.

Meyers, M. (1992). Reporters and beats: the making of oppositional news. *Critical Studies in Mass Communication*, 9(1), 75–90.

Michalove, P. A., Georg, S., and Ramer, A. M. (1998). Current issues in linguistic taxonomy. *Annual Review of Anthropology*, 27, 451–472.

Mignolo, W. (1999). *Local histories/global designs: coloniality, subaltern knowledges, and border thinking*. Princeton University Press.

Millar, R., Crute, V., and Hargie, O. (1992). *Professional interviewing*. London/New York: Routledge.

Miller, D. L., and Karakowsky, L. (2005). Gender influences as an impediment to knowledge sharing: when men and women fail to seek peer feedback. *Journal of Psychology*, 139(2), 101–118.

Miller, G. A. (1956). The magical number seven, plus or minus two: some limits on our capacity for processing information. *Psychological Review*, 63, 81–97.

Miller, H. T., and Fox, C. J. (2001). The epistemic community. *Administration and Society*, 32(6), 668–685.

Minsky, M. (1975). A framework for representing knowledge. In P. Winston (ed.), *The psychology of computer vision*. New York: McGraw-Hill.

Miyake, A., and Shah, P. (eds.) (1999). *Models of working memory: mechanisms of active maintenance and executive control*. Cambridge University Press.

Moerman, M. (1987). *Talking culture: ethnographic and conversational analysis.* University of Pennsylvania Press.

Mondada, L. (2011). Management of knowledge discrepancies. In Stivers, Mondada, and Steensig (eds.) (2011b) (pp. 27–57).

Monroe, J. (ed.) (2003). *Local knowledges, local practices: writing in the disciplines at Cornell.* University of Pittsburgh Press.

Montgomery, M. (2007). *The discourse of broadcast news.* New York: Routledge.

Moore, H. L., and Sanders, T. (eds.) (2006). *Anthropology in theory: issues in epistemology.* Malden, MA: Blackwell.

Morgan, M. (2004). Speech community. In Duranti (ed.), (pp. 3–22).

Morris, B. (1991). *Western conceptions of the individual.* New York: Berg.

Morrow, D. G. (1986). Places as referents in discourse. *Journal of Memory and Language,* 25(6), 676–690.

Morrow, D. G., Bower, G. H., and Greenspan, S. L. (1989). Updating situation models during narrative comprehension. *Journal of Memory and Language,* 28(3), 292–312.

Morrow, P. C., and McElroy, J. C. (1981). Interior office design and visitor response. *Journal of Applied Psychology,* 66, 630–646.

Moscovici, S. (1961). *La Psychoanalyse, son image et son public.* Paris: Presses Universitaires de France.

——— (1981). On social representations. In J. P. Forgas (ed.), *Social cognition* (pp. 181–209). London: Academic Press.

——— (2000). *Social representations: studies in social psychology.* Cambridge: Polity Press.

Moscovici, S., Mucchi-Faina, A., and Maass, A. (eds.) (1994). *Minority influence.* Chicago, IL: Nelson-Hall.

Mumby, D. K. (1988). *Communication and power in organizations: discourse, ideology, and domination.* Norwood, NJ: Ablex.

Munz, P. (1993). *Philosophical Darwinism: on the origin of knowledge by means of natural selection.* London/New York: Routledge.

Musgrave, A. (1993). *Common sense, science, and scepticism: a historical introduction to the theory of knowledge.* Cambridge University Press.

Mushin, I. (2001). *Evidentiality and epistemological stance: narrative retelling.* Amsterdam: John Benjamins.

Musolff, A., and Zinken, J. (eds.) (2008). *Metaphor and discourse.* New York: Palgrave Macmillan.

Myers, G. (1990). *Writing biology: texts in the social construction of scientific knowledge.* Madison, WI: University of Wisconsin Press.

——— (1996). Strategic vagueness in academic writing. In E. Ventola, and A. Mauranen (eds.), *Academic writing: intercultural and textual issues* (pp. 3–18). Amsterdam: John Benjamins.

——— (2003). Discourse studies of scientific popularization: questioning the boundaries. *Discourse Studies,* 5(2), 265–279.

Naceur, A., and Schiefele, U. (2005). Motivation and learning – the role of interest in construction of representation of text and longterm retention: inter- and intraindividual analyses. *European Journal of Psychology of Education,* 20(2), 155–170.

Nagel, N. G. (1996). *Learning through real-world problem solving: the power of integrative teaching*. Thousand Oaks, CA: Corwin Press.

Nakayama, T. K., and Halualani, R. T. (eds.) (2010). *The handbook of critical intercultural communication*. Malden, MA: Wiley-Blackwell.

Nash, C., and Kirby, B. (1989). *Whose news? Ownership and control of the news media (with simulation game)*. Manchester Development Education Project.

Natti, S., Halinen, A., and Hanttu, N. (2006). Customer knowledge transfer and key account management in professional service organizations. *International Journal of Service Industry Management*, 17(3–4), 304–319.

Naveh-Benjamin, M., Lavi, H., McKeachie, W. J., and Lin, Y. G. (1997). Individual-differences in students' retention of knowledge and conceptual structures learned in university and high-school courses: the case of test anxiety. *Applied Cognitive Psychology*, 11, 507–526.

Nazarea, V. D. (1999). *Ethnoecology: situated knowledge/local lives*. Tucson, AZ: University of Arizona Press.

Needham, R. (1972). *Belief, language and experience*. Oxford: Blackwell.

Neisser, U. (1978). Memory: what are the important questions? In M. M. Gruneberg, P. E. Morris, and R. N. Sykes (eds.), *Practical aspects of memory* (pp. 3–24). London: Academic Press.

Neisser, U. (ed.) (1982). *Memory observed: remembering in natural contexts*. San Francisco: Freeman.

(1993). *The perceived self: ecological and interpersonal sources of self-knowledge*. Cambridge University Press.

(1997). *The conceptual self in context culture, experience, self-understanding*. New York: Cambridge University Press.

Neisser, U., and Fivush, R. (eds.) (1994). *The remembering self: construction and accuracy in the self-narrative*. Cambridge University Press.

Neisser, U., and Hyman, I. E. (2000). *Memory observed: remembering in natural contexts*. New York: Worth Publishers.

Nevile, M. (2007). Action in time: ensuring timeliness for collaborative work in the airline cockpit. *Language in Society*, 36(2), 233–257.

Newtson, D. A., and Engquist, G. (1976). The perceptual organization of ongoing behavior. *Journal of Experimental Social Psychology*, 12, 436–450.

Nichols, S., and Stich, S. P. (2003). *Mindreading: an integrated account of pretence, self-awareness, and understanding other minds*. Oxford/New York: Clarendon/Oxford University Press.

Niemeier, S., and Dirven, R. (eds.) (1997). *The language of emotions: conceptualization, expression, and theoretical foundation*. Amsterdam: John Benjamins.

Nieuwland, M. S. (2013). "If a lion could speak…": online sensitivity to propositional truth-value of unrealistic counterfactual sentences. *Journal of Memory and Language*, 68(1), 54–67.

Nieuwland, M. S., and Martin, A. E. (2012). If the real world were irrelevant, so to speak: the role of propositional truth-value in counterfactual sentence comprehension. *Cognition*, 122(1), 102–109.

Nippold, M. A., and Scott, C. M. (eds.) (2010). *Expository discourse in children, adolescents, and adults: development and disorders*. New York: Psychology Press.

Normand, R. (2008). School effectiveness or the horizon of the world as a laboratory. *British Journal of Sociology of Education*, 29(6), 665–676.

Nuchelmans, G. (1973). *Theories of the proposition: ancient and medieval conceptions of the bearers of truth and falsity*. Amsterdam: North-Holland.

Nuckolls, J. B. (1993). The semantics of certainty in Quechua and its implications for a cultural epistemology. *Language in Society*, 22(2), 235–255.

Nussbaum, E. M. (2008). Collaborative discourse, argumentation, and learning: preface and literature review. *Contemporary Educational Psychology*, 33(3), 345–359.

Nuyts, J. (2001a). *Epistemic modality, language, and conceptualization: a cognitive-pragmatic perspective*. Amsterdam: John Benjamins.

(2001b). Subjectivity as an evidential dimension in epistemic modal expressions. *Journal of Pragmatics*, 33(3), 383–400.

(2012). Notions of (inter)subjectivity. *English Text Construction*, 5(1), 53–76.

Nye, J. L., and Brower, A. M. (eds.) (1996). *What's social about social cognition? Research on socially shared cognition in small groups*. Thousand Oaks, CA: Sage.

Nygren, A. (1999). Local knowledge in the environment–development: discourse from dichotomies to situated knowledges. *Critique of Anthropology*, 19(3), 267–288.

O'Keefe, D. J. (2002). *Persuasion: theory and research*. Thousand Oaks, CA: Sage.

O'Reilly, T., and McNamara, D. S. (2007). Reversing the reverse cohesion effect: good texts can be better for strategic, high-knowledge readers. *Discourse Processes*, 43(2), 121–152.

Oakhill, J., and Garnham, A. (eds.) (1996). *Mental models in cognitive science: essays in honour of Phil Johnson-Laird*. Hove: Psychology Press.

Oberschall, A. (1993). *Social movements: ideologies, interests, and identities*. New Brunswick, NJ: Transaction.

Ochs Keenan, E. (1976). The universality of conversational implicatures. *Language in Society*, 5, 67–80.

Ochs, E. (1982). Talking to children in Western Samoa. *Language in Society* 11: 77–104.

(1987). The impact of stratification and socialization on men's and women's speech in Western Samoa. In S. Steele, and S. U. Philips (eds.), *Language, gender, and sex in comparative perspective* (pp. 50–70). New York: Cambridge University Press.

Ochs, E., and Capps, L. (1996). Narrating the self. *Annual Review of Anthropology*, 25, 19–43.

(2001). *Living narrative: creating lives in everyday storytelling*. Cambridge, MA: Harvard University Press.

Ochs, E., and Schieffelin, B.B. (2001). Language acquisition and socialization. In A. Duranti (ed.), *Linguistic anthropology: a reader* (pp. 263–301). Oxford: Blackwell.

Oldenburg, H. (1992). *Angewandte Fachtextlinguistik: "conclusions" und Zusammenfassungen*. Tübingen: Gunter Narr.

Operario, D., and Fiske, S. T. (1999). Integrating social identity and social cognition: a framework for bridging diverse perspectives. In Abrams, and Hogg (eds.), (pp. 26–54).

Ortner, S. B. (1984). Theory in anthropology since the sixties. *Comparative Studies in Society and History*, 26, 126–166.

Ostrom, T. M., Skowronski, J. J., and Nowak, A. (1994). The cognitive foundation of attitudes: it's a wonderful construct. In P. G. Devine, D. L Hamilton, and T. M. Ostrom (eds.), *Social cognition: impact on social psychology* (pp. 195–258) San Diego, CA: Academic Press.

Otero, J., León, J. A., and Graesser, A. C. (eds.) (2002). *The psychology of science text comprehension*. Mahwah, NJ: Lawrence Erlbaum.

Ozuru, Y., Dempsey, K., and McNamara, D. S. (2009). Prior knowledge, reading skill, and text cohesion in the comprehension of science texts. *Learning and Instruction*, 19(3), 228–242.

Paechter, C. F. (eds.) (2001). *Knowledge, power, and learning*. Thousand Oaks, CA: Sage.

Paletz, D. L. (ed.) (1992). *Terrorism and the media*. Newbury Park, CA: Sage.

Palmer, C. T., and Wadley, R. L. (2007). Local environmental knowledge, talk, and skepticism: using 'LES' to distinguish 'LEK' from 'LET' in Newfoundland. *Human Ecology*, 35(6), 749–760.

Panda, N., and Mohanty, A. K. (1981). Effects of adjunct questions on learning from connected discourse. *Psychological Studies*, 26(2), 117–123.

Papafragou, A. (2006). Epistemic modality and truth conditions. *Lingua*, 116(10), 1688–1702.

Papousek, H., Papousek, M., and Koester, L. S. (1986). Sharing emotionality and sharing knowledge: a microanalytic approach to parent–infant communication. In P. B. Read, and Carroll E. Izard (eds.), *Measuring emotions in infants and children*, vol. 2 (pp. 93–123). New York: Cambridge University Press.

Park, C. Y. (2001). News media exposure and self-perceived knowledge: the illusion of knowing. *International Journal of Public Opinion Research*, 13(4), 419–425.

Partee, B. H., and Sgall, P. (eds.) (1996). *Discourse and meaning: Papers in Honor of Eva Hajičová*. Amsterdam: John Benjamins.

Paulson, S. (2011). The use of ethnography and narrative interviews in a study of 'cultures of dance.' *Journal of Health Psychology*, 16(1), 148–157.

Peeck, J. (1993). Increasing picture effects in learning from illustrated text. *Learning and Instruction*, 3(3), 227–238.

Pelto, P. J., and Pelto, G. H. (1997). Studying knowledge, culture, and behavior in applied medical anthropology. *Medical Anthropology Quarterly*, 11(2), 147–163.

Peräkylä, A., and Vehviläinen, S. (2003). Conversation analysis and the professional stocks of interactional knowledge. *Discourse and Society*, 14(6), 727–750.

Perloff, R. M. (2003). *The dynamics of persuasion: communication and attitudes in the 21st century*. Mahwah, NJ: Lawrence Erlbaum.

Perner, J. (1991). *Understanding the representational mind*. Cambridge, MA: MIT Press.

Perry, D. K. (1990). News reading, knowledge about, and attitudes toward foreign-countries. *Journalism Quarterly*, 67(2), 353–358.

Perry, J. (1993). *The problem of the essential indexical and other essays*. Oxford University Press.

Petöfi, J. S., and Franck, D. M. L. (eds.) (1973). *Presuppositions in linguistics and philosophy*. Frankfurt: Athenaeum.

Petöfi, J. S., and Rieser, H. (eds.) (1973). *Studies in text grammar*. Dordrecht: Reidel.

Petty, R. E., and Cacioppo, J. T. (1981). *Attitudes and persuasion: classic and contemporary approaches*. Dubuque, IA: W.C. Brown.

(1986). *Communication and persuasion: central and peripheral routes to attitude change*. New York: Springer-Verlag.

Pfister, H. R., and Oehl, M. (2009). The impact of goal focus, task type and group size on synchronous net-based collaborative learning discourses. *Journal of Computer Assisted Learning*, 25(2), 161–176.

Phye, G. D. (1997). Learning and remembering: the basis for personal knowledge construction. In G. D. Phye (ed.), *Handbook of academic learning: construction of knowledge* (pp. 47–64). San Diego, CA: Academic Press.

Pickering, M. (2001). *Stereotyping: the politics of representation*. Houndmills: Palgrave.

Pike, K. L. (1993). *Talk, thought, and thing: the emic road toward conscious knowledge*. Dallas, TX: Summer Institute of Linguistics.

Pishwa, H. (ed.) (2006). *Language and memory: aspects of knowledge representation*. Berlin/New York: De Gruyter Mouton.

Planalp, S., and Garvin-Doxas, K. (1994). Using mutual knowledge in conversation: friends as experts on each other. In S. Duck (ed.), *Dynamics of relationships* (pp. 1–26). Thousand Oaks, CA: Sage.

Platchias, D. (2011). *Phenomenal consciousness: understanding the relation between experience and neural processes in the brain*. Durham, UK: Acumen.

Plett, H. F. (ed.) (1991). *Intertextuality*. Berlin/New York: W. de Gruyter.

Plotkin, H. C. (1993). *Darwin machines and the nature of knowledge*. Cambridge, MA: Harvard University Press.

(1997). *Evolution in mind: an introduction to evolutionary psychology*. London: Penguin.

(2007). *Necessary knowledge*. Oxford University Press.

Plungian, V. A. (2001). The place of evidentiality within the universal grammatical space. *Journal of Pragmatics*, 33(3), 349–357.

Polanyi, L. (1981). Telling the same story twice. *Text*, 1(4), 315–336.

Polanyi, M. (1966). *The tacit dimension*. Garden City, NY: Doubleday.

Pomerantz, A. (1984). Agreeing and disagreeing with assessments: some features of preferred/dispreferred turn shapes. In J. M. Atkinson, and J. Heritage (eds.), *Structures of social action* (pp. 57–101). Cambridge University Press.

Pontecorvo, C. (1987). Discussing for reasoning: the role of argument in knowledge construction. In Erik de Corte, Hans Lodewijks, and Roger Parmentier (eds.), *Learning and instruction: European research in an international context*, vol. 1 (pp. 71–82). Elmsford, NY: Pergamon Press.

Popper, K. R. (1972). *Objective knowledge: an evolutionary approach*. Oxford: Clarendon Press.

Porter, J. E. (1992). *Audience and rhetoric: an archaeological composition of the discourse community*. Englewood Cliffs, NJ: Prentice Hall.

Potter, J. (1996). *Representing reality: discourse, rhetoric and social construction*. London/Thousand Oaks, CA: Sage.

Pottier, J., Bicker, A., and Sillitoe, P. (eds.) (2003). *Negotiating local knowledge: power and identity in development*. London: Pluto Press.

Potts, C. (2005). *The logic of conventional implicatures*. Oxford University Press.

Pramling, N., and Saljö, R. (2007). Scientific knowledge, popularisation, and the use of metaphors: modern genetics in popular science magazines. *Scandinavian Journal of Educational Research*, 51(3), 275–295.

Pratkanis, A. R., Breckler, S. J., and Greenwald, A. G. (eds.) (1989). *Attitude structure and function*. Hillsdale, NJ: Lawrence Erlbaum.

Preyer, G., and Peter, G. (eds.) (2005). *Contextualism in philosophy: knowledge, meaning, and truth*. Oxford/New York: Clarendon Press/Oxford University Press.

(2007). *Context-sensitivity and semantic minimalism: new essays on semantics and pragmatics*. Oxford University Press.

Price, H. H. (1969). *Belief*. London: Allen & Unwin.

Price, V., and Tewksbury, D. (1997). News values and public opinion: a theoretical account of media priming and framing. In G. Barnett, and F. J. Foster (eds.), *Progress in communication sciences* (pp. 173–212). Greenwich, CT: Ablex.

Priest, S. H. (ed.) (2010). *Encyclopedia of science and technology communication*. Thousand Oaks, CA: Sage.

Prince, E. F. (1981). Toward a taxonomy of given/new information. In P. Cole, (ed.), *Radical pragmatics* (pp. 223–256). New York: Academic Press.

Propp, V. (1968). *The morphology of the folktale*, 2nd edn. (trans. T. Scott). Austin, TX: University of Texas Press.

Prosser, H., and Walley, T. (2006). New drug prescribing by hospital doctors: the nature and meaning of knowledge. *Social Science and Medicine*, 62(7), 1565–1578.

Purkhardt, S. C. (1993). *Transforming social representations: a social psychology of common sense and science*. London/New York: Routledge.

Putnam, H. (1975). *Mind, language and reality*. Cambridge University Press.

Quine, W. V. O. (1960). *Word and object*. Cambridge, MA: MIT Press.

(1969). Epistemology naturalized. In *Ontological relativity and other essays* (pp. 69–90). New York: Columbia University Press.

Quinn, N. (1987). Convergent evidence for a cultural model of American marriage. In Holland, and Quinn (eds.), (pp. 173–192).

Quinn, N. (ed.) (2005). *Finding culture in talk: a collection of methods*. New York: Palgrave Macmillan.

Quinn, N. (2011). The history of the Cultural Models school reconsidered: a paradigm shift in cognitive anthropology. In Kronenfeld, Bennardo, de Munck, and Fischer (eds.), (pp. 30–46).

Quintana, S. M., and McKown, C. (eds.) (2008). *Handbook of race, racism, and the developing child*. Hoboken, NJ: John Wiley & Sons.

Rabon, D. (1992). *Interviewing and interrogation*. Durham, NC: Carolina Academic Press.

Radin, P. (1927). *Primitive man as philosopher*. New York: Appleton.

Radnitzky, G., and Bartley, W. W. I. (eds.) (1987). *Evolutionary epistemology, rationality, and the sociology of knowledge*. LaSalle, IL: Open Court Press.

Radvansky, G. A., and Zacks, J. M. (2011). Event perception. *Wiley Interdisciplinary Reviews: Cognitive Science*, 2(6), 608–620.

Raftopoulos, A. (2009). *Cognition and perception*. Cambridge: MA: MIT Press.

Rajaram, S. (1993). Remembering and knowing: two means of access to the personal past. *Memory and Cognition*, 21(1), 89–102.

Raymond, G., and Heritage, J. (2006). The epistemics of social relations: owning grandchildren. *Language in Society*, 35, 677–705.

Razmerita, L., Kirchner, K., and Sudzina, F. (2009). Personal knowledge management: the role of Web 2.0 tools for managing knowledge at individual and organisational levels. *Online Information Review*, 33(6), 1021–1039.

Reay, D. (2005). Beyond consciousness? The psychic landscape of social class. *Sociology: The Journal of the British Sociological Association*, 39(5), 911–928.

Reid, D. J., and Beveridge, M. (1986). Effects of text illustration on children's learning of a school science topic. *British Journal of Educational Psychology*, 56(3), 294–303.

Reinhart, T. (1981). Pragmatics and linguistics: an analysis of sentence topics. *Philosophica* 27, 53–94.

Renninger, K. A., Hidi, S., and Krapp, A. (eds.) (1992). *The role of interest in learning and development*. Hillsdale, NJ: Lawrence Erlbaum.

Rescher, N. (ed.) (1990). *Evolution, cognition, and realism: studies in evolutionary epistemology*. Lanham, MD: University Press of America.

Resnick, L. B., Levine, J. M., and Teasley, S. D. (eds.) (1991). *Perspectives on socially shared cognition*. Washington, DC: American Psychological Association.

Reychav, I., and Te'eni, D. (2009). Knowledge exchange in the shrines of knowledge: the "how's" and "where's" of knowledge sharing processes. *Computers and Education*, 53(4), 1266–1277.

Reynolds, S. L. (2002). Testimony, knowledge, and epistemic goals. *Philosophical Studies*, 110(2), 139–161.

Richard, M. (1990). *Propositional attitudes: an essay on thoughts and how we ascribe them*. Cambridge University Press.

Richardson, J. E. (2007). *Analysing newspapers: an approach from critical discourse analysis*. New York: Palgrave Macmillan.

Rickheit, G., and Habel, C. (eds.) (1999). *Mental models in discourse processing and reasoning*. Amsterdam/New York: North-Holland.

Rickheit, G., and Strohner, H. (eds.) (1985). *Inferences in text processing*. Amsterdam: Elsevier.

Riley, S. C. E. (2003). The management of the traditional male-role: a discourse analysis of the constructions and functions of provision. *Journal of Gender Studies*, 12(2), 99–113.

Rinck, M., and Bower, G. H. (2004). Goal-based accessibility of entities within situation models. In B. H. Ross (ed.), *The psychology of learning and motivation: advances in research and theory*, vol. 44 (pp. 1–33). New York: Elsevier Science.

Ritzer, G. (1994). *Sociological beginnings: on the origins of key ideas in sociology*. New York: McGraw-Hill.

Robbins, P. (2003). Beyond ground truth: GIS and the environmental knowledge of herders, professional foresters, and other traditional communities. *Human Ecology*, 31(2), 233–253.

Robinson, J. P., and Levy, M. R. (1986). *The main source: learning from television news*. Beverly Hills, CA: Sage.

Rodin, J., and Steinberg, S. P. (eds.) (2003). *Public discourse in America: conversation and community in the twenty-first century*. Philadelphia, PA: University of Pennsylvania Press.

Roese, N. J. (1997). Counterfactual thinking. *Psychological Bulletin*, 121, 133–148.

Rolin, K. (2008). Science as collective knowledge. *Cognitive Systems Research*, 9(1–2), 115–124.

Romaine, S. (ed.) (1982). *Sociolinguistic variation in speech communities*. London: Edward Arnold.

Romney, A. K., Batchelder, W. H., and Weller, S. C. (1986). Culture as consensus: a theory of culture and informant accuracy. *American Anthropologist*, 88(2), 313–338.

Rooney, D., Hearn, G., and Kastelle, T. (eds.) (2012). *Handbook on the knowledge economy*. Cheltenham: Edward Elgar.

Rooth, M. (1992). A theory of focus interpretation. *Natural Language Semantics*, 1, 75–116.

(2008). Notions of focus anaphoricity. *Acta Linguistica Hungarica*, 55(3–4), 277–285.

Rorty, R. (1991). *Objectivity, relativism, and truth*. Cambridge University Press.

Rosch, E. (1975). *Basic objects in natural categories*. Berkeley, CA: University of California, Language Behavior Research Laboratory.

(1978). Principles of categorization. In Rosch, and Lloyd (eds.).

Rosch, E., and Lloyd, B. B. (eds.) (1978). *Cognition and categorization*. Hillsdale, NJ: Lawrence Erlbaum (pp. 27–48).

Rosenberg, M. J., and Hovland, C. I. (1960). Cognitive, affective, and behavioral components of attitudes. In C. I. Hovland, and M. J. Rosenberg (eds.), *Attitude organization and change* (pp. 1–14). New Haven, CT: Yale University Press.

Rosenblum, M. (1981). *Coups and earthquakes: reporting the world to America*. New York: Harper & Row.

Roskos, K., Boehlen, S., and Walker, B. J. (2000). Learning the art of instructional conversation: the influence of self-assessment on teachers' instructional discourse in a reading clinic. *The Elementary School Journal*, 100(3), 229–252.

Ross, N., and Medin, D. L. (2011). Culture and cognition: the role of cognitive anthropology in anthropology and the cognitive sciences. In Kronenfeld, Bennardo, de Munck, and Fischer (eds.) (pp. 357–375).

Roth, C., and Bourgine, P. (2005). Epistemic communities: description and hierarchic categorization. *Mathematical population studies*, 12(2), 107–130.

Roth, W. M. (2005). *Talking science: language and learning in science classrooms*. Lanham, MD: Rowman & Littlefield.

Rouchota, V., and Jucker, A. H. (eds.) (1998). *Current issues in relevance theory*. Amsterdam: John Benjamins.

Rouet, J. F., Levonen, J. J., Dillon, A., and Spiro, R. J. (eds.) (1996). *Hypertext and cognition*. Mahwah, NJ: Lawrence Erlbaum.

Rubin, D. S. (ed.) (1986). *Autobiographical memory*. New York: Cambridge University Press.

Rubin, V. L. (2010). Epistemic modality: from uncertainty to certainty in the context of information seeking as interactions with texts. *Information Processing and Management*, 46(5), 533–540.

Rüschemeyer, D., and Skocpol, T. (eds.) (1996). *States, social knowledge, and the origins of modern social policies*. Princeton University Press Russell Sage Foundation.

Ruse, M. (1986). *Taking Darwin seriously: a naturalistic approach to philosophy*. Oxford: Blackwell.

Ryan, M. L. (1991). *Possible worlds, artificial intelligence, and narrative theory.* Bloomington, IN: Indiana University Press.

Ryle, G. (1949). *The concept of mind.* London: Hutchinson.

(1971). *Collected papers,* vol. II: Collected essays, 1929–1968. London: Hutchinson.

Sadoski, M. (2001). Resolving the effects of concreteness on interest, comprehension, and learning important ideas from text. *Educational Psychology Review,* 13(3), 263–281.

Salili, F., Chiu, C., and Hong, Y. (eds.) (2001). *Student motivation: the culture and context of learning.* Dordrecht: Kluwer Academic.

Salmon, N. U., and Soames, S. (eds.) (1988). *Propositions and attitudes.* Oxford University Press.

Salomon, G. (ed.) (1993). *Distributed cognitions: psychological and educational considerations.* Cambridge University Press.

Salomon, G. (1997). Of mind and media: how culture's symbolic forms affect learning and thinking. *Phi Delta Kappan,* 78(5), 375–380.

Samuelstuen, M. S., and Bråten, I. (2005). Decoding, knowledge, and strategies in comprehension of expository text. *Scandinavian Journal of Psychology,* 46(2), 107–117.

Sanders, J., and Spooren, W. (1996). Subjectivity and certainty in epistemic modality: a study of Dutch epistemic modifiers. *Cognitive Linguistics,* 7(3), 241–264.

Sarangi, S., and Roberts, C. (eds.) (1999). *Talk, work, and institutional order: discourse in medical, mediation, and management settings.* Berlin/New York: De Gruyter Mouton.

Saville-Troike, M. (1982). *The ethnography of communication: an introduction.* Oxford: Blackwell.

Sayre, K. M. (1997). *Belief and knowledge: mapping the cognitive landscape.* Lanham, MD: Rowman & Littlefield.

Scarbrough, E. (1984). *Political ideology and voting: an exploratory study.* Oxford/ New York: Clarendon Press/Oxford University Press.

(1990). Attitudes, social representations, and ideology. In Fraser, and Gaskell (eds.), (pp. 99–117).

Scevak, J. J., and Moore, P. J. (1998). Levels of processing effects on learning from texts with maps. *Educational Psychology,* 18(2), 133–155.

Schacter, D. L. (ed.) (1999). *The cognitive neuropsychology of false memories.* Hove: Psychology Press.

Schacter, D. L., and Scarry, E. E. (2000). *Memory, brain, and belief.* Cambridge, MA: Harvard University Press.

Schacter, D. L., Addis, D. R., and Buckner, R. L. (2007). Remembering the past to imagine the future: the prospective brain. *Nature Reviews – Neuroscience,* 8, 657–661.

Schank, R. C., and Abelson, R. P. (1977). *Scripts, plans, goals and understandings: an inquiry into human knowledge structures.* Hillsdale, NJ: Lawrence Erlbaum.

(1995). Knowledge and memory: the real story. In Wyer (ed.), vol. 8 (pp. 1–85).

Schegloff, E. A. (1992). On talk and its institutional occasions. In Drew, and Heritage (eds.), (pp. 101–34).

(2000). On granularity. *Annual Review of Sociology* 26, 715–720.

(2003). On conversation analysis: an interview with Emanuel E. Schegloff with Svetla Cmejrková and Carlo L. Prevignano. In C. L. Prevignano, and P. J. Thibault (eds.), *Discussing conversation analysis, the work of Emmanuel E. Schegloff.* (pp. 11–55). Amsterdam: John Benjamins.

Schegloff, E. A., and Sacks, H. (1973). Opening up closings. *Semiotica* 8, 289–327.

Scheler, M. (1980). *Problems of a sociology of knowledge.* London: Routledge & Kegan Paul.

Schiefele, U. (1999). Interest and learning from text. *Scientific Studies of Reading*, 3(3), 257–279.

Schieffelin, B. B. (2008). Speaking only your own mind: reflections on talk, gossip and intentionality in Bosavi (PNG). *Anthropological Quarterly*, 81(2), 431–441.

Schiffrin, D., Tannen, D., and Hamilton, H. E. (eds.) (2013). *The handbook of discourse analysis*, 2nd edn. Malden, MA.: Blackwell.

Schlenker, P. (2008). Be articulate: a pragmatic theory of presupposition projection. *Theoretical Linguistics*, 34(3), 157–212.

Schlesinger, P., Murdock, G., and Elliott, P. (1983). *Televising 'terrorism': political violence in popular culture.* London: Comedia.

Schmid, A. P., and de Graaf, J. (1982). *Violence as communication: insurgent terrorism and the Western news media.* Beverly Hills: Sage.

Schmitt, F. F. (ed.) (1994). *Socializing epistemology: the social dimensions of knowledge.* Lanham, MD: Rowman & Littlefield.

Schnotz, W. (1993). Adaptive construction of mental representations in understanding expository texts. *Contemporary Educational Psychology*, 18(1), 114–120.

(2002). Towards an integrated view of learning from text and visual displays. *Educational Psychology Review*, 14, 101–120.

Schutz, A. (1962). *Collected papers.* The Hague: M. Nijhoff.

Schwartz, D. G., and Te'eni, D. (2011). *Encyclopedia of knowledge management.* Hershey, PA: Information Science Reference.

Schwarz, M. N. K., and Flammer, A. (1981). Text structure and title-effects on comprehension and recall. *Journal of Verbal Learning and Verbal Behavior*, 20, 61–66.

Schwoch, J., White, M., and Reilly, S. (1992). *Media knowledge: readings in popular culture, pedagogy and critical citizenship.* Albany, NY: SUNY Press.

Searle, J. R. (1969). *Speech acts: an essay in the philosophy of language.* Cambridge University Press.

(1971). *The philosophy of language.* Oxford University Press.

(1983). *Intentionality: an essay in the philosophy of mind.* Cambridge University Press.

(1992). *The rediscovery of the mind.* Cambridge, MA· MIT Press.

(1993). The problem of consciousness. *Social Research*, 60(1), 3–16.

(1995). *The construction of social reality.* New York: Free Press.

(1998). *Mind, language, and society: philosophy in the real world.* New York: Basic Books.

(2002). *Consciousness and language.* Cambridge University Press.

Seidlhofer, B. (1995). *Approaches to summarization: discourse analysis and language education.* Tübingen: G. Narr.

Semb, G. B., Ellis, J. A., and Araujo, J. (1993). Long-term-memory for knowledge learned in school. *Journal of Educational Psychology*, 85(2), 305–316.

Semin, G. R. (1989). Prototypes and social representations. In Jodelet (ed.), (pp. 239–251).

Semin, G. R., and Smith, E. R. (2008). *Embodied grounding: social, cognitive, affective, and neuroscientific approaches*. Cambridge University Press.

Sert, O. (2013). 'Epistemic status check' as an interactional phenomenon in instructed learning settings. *Journal of Pragmatics*, 45(1), 13–28.

Sgall, P., Hajičová, E., and Benešová, E. (1973). *Topic, focus and generative semantics*. Kronberg: Taunus.

Shanafelt, R. (2002). Idols of our tribes? Relativism, truth and falsity in ethnographic fieldwork and cross-cultural interaction. *Critique of Anthropology*, 22(1), 7–29.

Shapiro, L. A. (2010). *Embodied cognition*. New York: Routledge.

Shapiro, S. (2008). *Vagueness in context*. Oxford/New York: Clarendon Press/Oxford University Press.

Sharp, R. (1980). *Knowledge, ideology and the politics of schooling*. London: Routledge & Kegan Paul.

Shears, C., Hawkins, A., Varner, A., Lewis, L., Heatley, J., and Twachtmann, L. (2008). Knowledge-based inferences across the hemispheres: domain makes a difference. *Neuropsychologia*, 46(10), 2563–2568.

Shelley, C., and Thagard, P. (1996). Mythology and analogy. In D. R. Olson, and N. Torrance (eds.), *Modes of thought: explorations in culture and cognition* (pp. 152–183). Cambridge University Press.

Sherratt, S. (2007). Right brain damage and the verbal expression of emotion: a preliminary investigation. *Aphasiology*, 21(3–4), 320–339.

Sherzer, J. (1977). The ethnography of speaking: a critical appraisal. In M. Saville-Troike (ed.), *Linguistics and Anthropology* (pp. 43–58). Washington, DC: Georgetown University Press.

  (1987). A discourse-centered approach to language and culture. *American Anthropologist*, 89(2), 295–309.

Shinjo, M., and Myers, J. L. (1987). The role of context in metaphor comprehension. *Journal of Memory and Language*, 26(2), 226–241.

Shinn, T., and Whitley, R. (eds.) (1985). *Expository science: forms and functions of popularisation*. Dordrecht/Boston, MA.: Reidel.

Shipley, T. F., and Zacks, J. M. (eds.) (2008). *Understanding events: from perception to action*. Oxford University Press.

Shore, B. (1996). *Culture in mind: cognition, culture, and the problem of meaning*. New York: Oxford University Press.

Short, K. (1992). Researching intertextuality within classroom learning environments. *Linguistics and Education*, 4(3–4), 313–334.

Shuy, R. W. (1998). *The language of confession, interrogation, and deception*. Thousand Oaks, CA: Sage.

Sidanius, J., and Pratto, F. (1999). *Social dominance: an intergroup theory of social hierarchy and oppression*. New York: Cambridge University Press.

Sillitoe, P. (ed.) (2007). *Local science vs. global science: approaches to indigenous knowledge in international development*. New York: Berghahn Books.

Sillitoe, P. (2010). Trust in development: some implications of knowing in indigenous knowledge. *Journal of the Royal Anthropological Institute*, 16(1), 12–30.

Silverstein, M. (1993). Metapragmatic discourse and metapragmatic function. In J. Lucy (ed.), *Reflexive Language: Reported Speech and Metapragmatics* (pp. 33–58). Cambridge University Press.

Simons, M. (2007). Observations on embedding verbs, evidentiality and presupposition. *Lingua*, 117, 1034–1056.

Simon-Vandenbergen, A. M. (2008). Almost certainly and most definitely: degree modifiers and epistemic stance. *Journal of Pragmatics*, 40(9), 1521–1542.

Slaughter, V., Peterson, C. C., and Carpenter, M. (2008). Maternal talk about mental states and the emergence of joint visual attention. *Infancy*, 13(6), 640–659.

Slobin, D. I. (1990). The development from child speaker to native speaker. In J. W. Stigler, R. A. Shweder, and G. Herdt (eds.), *Cultural psychology: essays on comparative human development* (pp. 233–256). New York: Cambridge University Press.

(1991). Learning to think for speaking: native language, cognition, and rhetorical style. *Pragmatics*, 1, 7–26.

Slotte, V., Lonka, K., and Lindblom-Ylänne, S. (2001). Study-strategy use in learning from text: does gender make any difference. *Instructional Science*, 29(3), 255–272.

Smith, E. R., and Queller, S. (2004). Mental representations. In M. B. Brewer, and M. Hewstone (eds.), *Social cognition* (pp. 5–27). Oxford: Blackwell.

Smith, N. V. (1982). *Mutual knowledge*. London/New York: Academic Press.

Soames, S. (2010). *What is meaning?* Oxford University Press.

Soler, S. (2004). *Discurso y género en historias de vida. Una investigación de relatos de hombres y mujeres en Bogotá*. Bogota: Caro y Cuervo.

Soley, L. C. (1992). *The news shapers: the sources who explain the news*. New York: Praeger.

Sörlin, S., and Vessuri, H. M. C. (eds.) (2006). *Knowledge society vs. knowledge economy: knowledge, power, and politics*. New York: Palgrave Macmillan.

Sosa, E. (ed.) (1994). *Knowledge and justification*. Aldershot, England/Brookfield, VT: Dartmouth.

Sosa, E., Kim, J., Fantl, J., and McGrath, M. (eds.) (2008). *Epistemology: an anthology*, 2nd edn. Oxford: Blackwell.

Sowa, J. F. (2000). *Knowledge representation: logical, philosophical, and computational foundations*. Pacific Grove, CA: Brooks/Cole.

Spelke, E. S., Breinlinger, K., Macomber, J., and Jacobson, K. (1992). Origins of knowledge. *Psychological Review*, 99(4), 605–632.

Sperber, D. (1990). The epidemiology of beliefs. In Fraser, and Gaskell (eds.), (pp. 25–44).

Sperber, D., and Wilson, D. (1990). Spontaneous deduction and mutual knowledge. *Behavioral and Brain Sciences*, 13(1), 179–184.

(1995). *Relevance: communication and cognition*. Cambridge, MA: Blackwell Publishers.

Spires, H. A., and Donley, J. (1998). Prior knowledge activation: inducing engagement with informational texts. *Journal of Educational Psychology*, 90(2), 249–260.

Spradley, J. P. (1972). *Culture and cognition: rules, maps, and plans*. San Francisco, CA: Chandler.

Squartini, M. (2008). Lexical vs. grammatical evidentiality in French and Italian. *Linguistics*, 46(5), 917–947.

Stahl, S. A., Hynd, C. R., Glynn, S. M., and Carr, M. (1996). Beyond reading to learn: developing content and disciplinary knowledge through texts. In L. Baker, P. Afflerbach, and D. Reinking (eds.), *Developing engaged readers in school and home communities* (pp. 136–146). Mahwah, NJ: Lawrence Erlbaum.

Stalnaker, R. C. (1974). Pragmatic presuppositions. In M. Munitz, and P. Unger (eds.), *Semantics and philosophy* (pp. 197–214). New York University Press.

(1978). Assertion. In P. Cole (ed.), *Syntax and semantics*, vol. 9: Pragmatics (pp. 315–332). New York: Academic Press.

(1999). *Context and content: essays on intentionality in speech and thought.* Oxford University Press.

(2002). Common ground. *Linguistics and Philosophy*, 25(5–6), 701–721.

(2008). *Our knowledge of the internal world.* Oxford: Clarendon Press.

Stark, W. (1958). *The sociology of knowledge: an essay in aid of a deeper understanding of the history of ideas.* London: Routledge & Kegan Paul.

Stehr, N., and Meja, V. (eds.) (2005). *Society and knowledge: contemporary perspectives in the sociology of knowledge and science.* New Brunswick, NJ: Transaction.

Stein, R. L., and Stein, P. L. (2005). *The anthropology of religion, magic, and witchcraft.* Boston: Pearson – Allyn & Bacon.

Stemmer, B. (1999). Discourse studies in neurologically impaired populations: a quest for action. *Brain and Language*, 68(3), 402–418.

Stephan, W. G., and Stephan, C. W. (1996). *Intergroup relations.* Dubuque, IA: Brown & Benchmark.

Stern, J. (2000). *Metaphor in context.* Cambridge, MA: MIT Press.

Steube, A. (ed.) (2004). *Information structure: theoretical and empirical aspects.* Berlin: Walter de Gruyter.

Steup, M. (ed.) (2001). *Knowledge, truth, and duty: essays on epistemic justification, responsibility, and virtue.* Oxford University Press.

Steup, M., and Sosa, E. (eds.) (2005). *Contemporary debates in epistemology.* Malden, MA: Blackwell.

Sticha, F. (1996). On implicitness in language and discourse: a contrastive view. In E. Hajičová, O. Leska, P. Sgall, and Z. Skoumalova (eds.), *Prague Linguistic Circle Papers*, vol. 2 (pp. 331–346). Amsterdam: John Benjamins.

Stivers, T., Mondada, M., and Steensig, J. (2011a). Knowledge, morality and affiliation in social interaction. In Stivers, Mondada, and Steensig (eds), (pp. 3–24).

Stivers, T., Mondada, M., and Steensig, J. (eds.) (2011b). *The morality of knowledge in conversation.* Cambridge University Press.

Stokoe, E., and Edwards, D. (2006). Story formulations in talk-in-interaction. *Narrative Inquiry*, 16(1), 56–65.

Strauss, C., and Quinn, N. (1997). *A cognitive theory of cultural meaning.* Cambridge University Press.

Strawson, P. F. (1950). Truth. *Aristotelian Society*, suppl, vol. 24, 139–156.

Strentz, H. (1989). *News reporters and news sources: accomplices in shaping and mis-shaping the news.* Ames, IA: Iowa State University Press.

Stroebe, W., Kruglanski, A., Bar-Tal, D., and Hewstone, M. (eds) (1988). *The social psychology of intergroup conflict.* New York: Springer-Verlag.

Strømsø, H. I., Bråten, I., and Samuelstuen, M. S. (2008). Dimensions of topic-specific epistemological beliefs as predictors of multiple text understanding. *Learning and Instruction*, 18(6), 513–527.

Sturtevant, W. C. (1964). Studies in ethnoscience. *American Anthropologist*, 66(2), 99–131.

Stygall, G. (2001). A different class of witnesses: experts in the courtroom. *Discourse Studies*, 3(3), 327–349.

Sunderlin, W. D. (2002). *Ideology, social theory, and the environment*. Lanham, MD: Rowman & Littlefield.

Swales, J. (2004). *Research genres: explorations and applications*. New York: Cambridge University Press.

Swan, J., Scarbrough, H., and Robertson, M. (2003). Linking knowledge, networking and innovation processes: a conceptual model. In L. V. Shavinina (ed.), *The international handbook on innovation* (pp. 680–694). New York: Elsevier Science.

Sweetser, E. (1987). The definition of LIE. In Holland and Quinn (eds.) (pp. 43–66).

(1990). *From etymology to pragmatics: metaphorical and cultural aspects of semantic stucture*. Cambridge University Press.

Tajfel, H. (ed.) (1978). *Differentiation between social groups: studies in the social psychology of intergroup relations*. London: Academic Press.

Tajfel, H. (1981). *Human groups and social categories: studies in social psychology*. Cambridge University Press.

Tajfel, H. (ed.) (1982). *Social identity and intergroup relations*. Cambridge University Press.

Talmy, L. (1985). Force dynamics in language and thought. *Papers of the Chicago Linguistic Society*, 21(1), 293–337.

Tanesini, A. (1999). *An introduction to feminist epistemologies*. Malden, MA: Blackwell.

Tannen, D. (1994a). *Gender and discourse*. New York: Oxford University Press.

(1994b). *Talking from 9 to 5: how women's and men's conversational styles affect who gets heard, who gets credit, and what gets done at work*. New York: Morrow.

Tannen, D., Kendall, S., and Gordon, C. (eds.) (2007). *Family talk: discourse and identity in four American families*. Oxford University Press.

Taylor, E. L. (1989). Language and the study of shared cultural knowledge. In D. T. Helm, W. T. Anderson, A. J. Meehan, and A. W. Rawls (eds.) *The interactional order: new directions in the study of social order* (pp. 215–230). New York: Irvington.

Tedeschi, J. T. (ed.) (1981). *Impression management theory and social psychological research*. New York: Academic Press.

Telfer, W. R., and Garde, M. J. (2006). Indigenous knowledge of rock kangaroo ecology in western Arnhem Land, Australia. *Human Ecology*, 34(3), 379–406.

Ten Have, P. (2007). *Doing conversation analysis: a practical guide*, 2nd edn. London: Sage.

Tenbrink, T., Coventry, K. R., and Andonova, E. (2011). Spatial strategies in the description of complex configurations. *Discourse Processes*, 48(4), 237–266.

Tetlock, P. E. (1989). Structure and function in political belief systems. In Pratkanis, Breckler, and Greenwald (eds.), (pp. 129–151).

Teufel, S. (2010). *The structure of scientific articles: applications to citation indexing and summarization*. Stanford, CA: Center for the Study of Language and Information.

Tewksbury, D. (2003). What do Americans really want to know? Tracking the behavior of news readers on the internet. *Journal of Communication*, 53(4), 694–710.

Thiede, K. W., Anderson, M. C. M., and Therriault, D. (2003). Accuracy of metacognitive monitoring affects learning of texts. *Journal of Educational Psychology*, 95(1), 66–73.

Thomas, L. (2011). Sociality in cognitive and sociocultural anthropologies: the relationships aren't just additive. In Kronenfeld, Bennardo, de Munck, and Fischer (eds.), (pp. 413–429).

Thomas, W. I. (1928/1966). Situational analysis: the behavior pattern and the situation. (1928). In M. Janovitz (ed.), *W. I. Thomas on social organization and social personality*. University of Chicago Press.

Thompson, C. P. (ed.) (1998a). *Autobiographical memory: theoretical and applied perspectives*. Mahwah, NJ: Lawrence Erlbaum.

(1998b). *Eyewitness memory: theoretical and applied perspectives*. Mahwah, NJ: Lawrence Erlbaum.

Thompson, J. B. (1984). *Studies in the theory of ideology*. Berkeley, CA: University of California Press.

Thompson, L. L., Levine, J. M., and Messick, D. M. (eds.) (1999). *Shared cognition in organizations: the management of knowledge*. Mahwah, NJ: Lawrence Erlbaum.

Thornborrow, J. (2002). *Power talk: language ad interaction in institutional discourse*. London: Longman.

Thorndyke, P. W. (1979). Knowledge acquisition from newspaper stories. *Discourse Processes*, 2(2), 95–112.

Thornton, R. (2009). The transmission of knowledge in South African traditional healing. *Africa*, 79(1), 17–34.

Tichenor, H. M. (1921). *Primitive beliefs*. Girard, KS: Haldeman-Julius.

Tillema, H., and Orland-Barak, L. (2006). Constructing knowledge in professional conversations: the role of beliefs on knowledge and knowing. *Learning and Instruction*, 16(6), 592–608.

Tomasello, M. (1998). *The new psychology of language: cognitive and functional approaches to language structure*. Mahwah, NJ: Lawrence Erlbaum.

(2008). *Origins of human communication*. Cambridge: MA: MIT Press.

Tomasello, M., and Carpenter, M. (2007). Shared intentionality. *Developmental Science*, 10(1), 121–125.

Tomlin, R. S. (ed.) (1987). *Coherence and grounding in discourse: outcome of a symposium, Eugene, Oregon, June 1984*. Amsterdam: John Benjamins.

Tönnies, F. (1957). *Community and society (Gemeinschaft und Gesellschaft)*. East Lansing, MI: Michigan State University Press.

Tormala, Z. L., and Clarkson, J. J. (2008). Source trustworthiness and information processing in multiple message situations: a contextual analysis. *Social Cognition*, 26(3), 357–367.

Trabasso, T. (2005). Goal plans of action and inferences during comprehension of narratives. *Discourse Processes*, 39(2–3), 129–164.

Trabasso, T., and van den Broek, P. (1985). Causal thinking and the representation of narrative events. *Journal of Memory and Language*, 24(5), 612–630.

Triandis, H. C. (1995). *Individualism and collectivism*. Boulder, CO: Westview Press.

Tsohatzidis, S. L. (ed.) (1990). *Meanings and prototypes: studies in linguistic categorization*. London/New York: Routledge.

Tsui, A. B. M. (1992). A functional description of questions. In M. Coulthard (ed.), *Advances in spoken discourse analysis* (pp. 89–110). London: Routledge.

Tuchman, G. (1978). *Making news: a study in the construction of reality*. New York: Free Press.

Tulving, E. (1972). Episodic and semantic memory. In E. T. Tulving, and W. Donaldson (eds.), *Organization of memory*. New York: Academic Press.

_____ (1983). *Elements of episodic memory*. Oxford/New York: Clarendon Press/Oxford University Press.

_____ (2002). Episodic memory: from mind to brain. *Annual Review of Psychology*, 53(1), 1–25.

Turner, J. C., and Giles, H. (eds.) (1981). *Intergroup behaviour*. Oxford: Blackwell.

Turow, J. (1984). *Media industries: the production of news and entertainment*. New York: Longman.

Tversky, B., Zacks, J. M., Hard, B. M. (2008). The structure of experience. In Shipley, and Zacks (eds.), (pp. 436–464).

Unesco (1980). *Many voices, one world*. Report by the International Commission for the Study of Communication Problems (chaired by Sean Mac Bride). Paris: Unesco/London: Kogan Page.

Valencia, S. W., and Stallman, A. C. (1989). Multiple measures of prior knowledge: comparative predictive validity. *National Reading Conference Yearbook*, 38, 427–436.

Vallduvi, E. (1992). *The informational component*. New York: Garland.

Van Ausdale, D., and Feagin, J. R. (2001). *The first R: how children learn race and racism*. Lanham, MD: Rowman & Littlefield.

Van Benthem, J. F. A. K. (2011). *Logical dynamics of information and interaction*. Cambridge University Press.

Van de Velde, R. G. (1984). *Prolegomena to inferential discourse processing*. Amsterdam: John Benjamins.

Van Deemter, K. (2010). *Not exactly: in praise of vagueness*. Oxford University Press.

Van den Broek, P. W., Bauer, P. J., and Bourg, T. (eds.) (1997). *Developmental spans in event comprehension and representation: bridging fictional and actual events*. Mahwah, NJ: Lawrence Erlbaum.

Van der Auwera, J. (1975). *Semantic and pragmatic presupposition*. Wilrijk: Universiteit Antwerpen.

Van Dijk, T. A. (1972). *Some aspects of text grammars: a study in theoretical linguistics and poetics*. The Hague: Mouton.

_____ (1977). *Text and context: explorations in the semantics and pragmatics of discourse*. London/New York: Longman.

_____ (1980). *Macrostructures: an interdisciplinary study of global structures in discourse, interaction, and cognition*. Hillsdale, NJ: Lawrence Erlbaum.

_____ (1984a). *Prejudice in discourse: an analysis of ethnic prejudice in cognition and conversation*. Amsterdam: John Benjamins.

_____ (1984b). *Structures of international news*. Report to UNESCO. University of Amsterdam, Dept. of General Literary Studies, Section of Discourse Studies, Unpublished ms. (summarized in Van Dijk, 1988b).

Van Dijk, T. A. (ed.) (1985). *Handbook of discourse analysis*, 4 vols. London: Academic Press.

Van Dijk, T. A. (1987). *Communicating racism: ethnic prejudice in thought and talk*. Newbury Park, CA: Sage.

(1988a). *News analysis: case studies of international and national news in the press*. Hillsdale, NJ: Lawrence Erlbaum.

(1988b). *News as discourse*. Hillsdale, NJ: Lawrence Erlbaum.

(1989). Race, riots and the press: an analysis of editorials in the British press about the 1985 disorders. *Gazette*, 43, 229–253.

(1991). *Racism and the press*. London/New York: Routledge.

(1992). Discourse and the denial of racism. *Discourse and Society*, 3(1), 87–118.

(1993). *Elite discourse and racism*. Thousand Oaks, CA: Sage.

(1998). *Ideology: a multidisciplinary approach*. London: Sage.

(2000). Parliamentary debates. In Wodak, and van Dijk (eds.), (pp. 45–78).

(2003). Knowledge in parliamentary debates. *Journal of Language and Politics*, 2(1), 93–129.

(2004a). Discourse, knowledge and ideology. In M. Pütz, J. Neff, and T. A. van Dijk (eds.), *Communicating ideologies: multidisciplinary perspectives on language, discourse and social practice* (pp. 5–38). Frankfurt am Main: Peter Lang.

(2004b). Knowledge and news. *Revista Canaria e Estudios Ingleses* 49, 71–86.

(2004c). Text and context of parliamentary debates. In P. Bayley (ed.), *Cross-cultural perspectives on parliamentary discourse* (pp. 339–372). Amsterdam: John Benjamins.

(2005a). Contextual knowledge management in discourse production. A CDA perspective. In R. Wodak and P. Chilton (eds.), *A New Agenda in (Critical) Discourse Analysis* (pp. 71–100) Amsterdam: John Benjamins.

(2005b). War rhetoric of a little ally: political implicatures of Aznar's legitimization of the war in Iraq. *Journal of Language and Politics*, 4(1), 65–92.

(2006a). Discourse and manipulation. *Discourse and Society*, 17(3), 359–383.

Van Dijk, T. A. (ed.) (2006b). Discourse, interaction and cognition. Special issue of *Discourse Studies* 8(1), 5–7.

(2007). *Discourse studies*, 5 vols. Sage Benchmarks in Discourse Studies. London: Sage.

Van Dijk, T. A. (2008a). *Discourse and context: a socio-cognitive approach*. Cambridge University Press.

(2008b). *Discourse and power*. Houndmills: Palgrave Macmillan.

(2009a). *Society and discourse: how social contexts influence text and talk*. Cambridge University Press.

(2009b). *Racism and discourse in Latin America*. Lanham, MD: Lexington Books.

Van Dijk, T. A. (2011a). Discourse, knowledge, power and politics. Towards Critical Epistemic Discourse Analysis. In C. Hart (ed.), *Critical Discourse Studies in Context and Cognition* (pp. 27–63). Amsterdam: John Benjamins.

Van Dijk, T. A. (ed.) (2011b). *Discourse studies: a multidisciplinary introduction*, one-volume edition. London: Sage.

Van Dijk, T. A. (2012). Knowledge, discourse and domination. In M. Meeuwis and J.-O. Östman (eds.), *Pragmaticizing understanding: studies for Jef Verschueren* (pp. 151–196). Amsterdam: John Benjamins.

Van Dijk, T. A., and Kintsch, W. (1983). *Strategies of discourse comprehension*. New York/Toronto: Academic Press.

Van Harmelen, F., Lifschitz, V., and Porter, B. (eds.) (2008). *Handbook of knowledge representation*. Amsterdam: Elsevier.

Van Hout, T., and Jacobs, G. (2008). News production theory and practice: fieldwork notes on power, interaction and agency. *Pragmatics*, 18(1), 59–85.

Van Kuppevelt, J. (1995). Discourse structure, topicality and questioning. *Journal of Linguistics*, 31(1), 109–147.

Van Leeuwen, T. J. (1995). Representing social action. *Discourse and Society*, 6(1), 81–106.

(1996). The representation of social actors. In C.R. Caldas-Coulthard, and M. Coulthard (eds.), *Texts and practices: readings in critical discourse analysis* (pp. 32–70). London: Routledge.

(2005). *Introducing social semiotics*. London: Routledge.

Van Oostendorp, H. (1996). Updating situation models derived from newspaper articles. *Zeitschrift für Medienpsychologie*, 8(1), 21–33.

Van Oostendorp, H., and Goldman, S. R. (eds.) (1999). *The construction of mental representations during reading*. Mahwah, NJ: Lawrence Erlbaum.

Van Oostendorp, H., and Zwaan, R. A. (eds.) (1994). *Naturalistic text comprehension*. Advances in Discourse Processing, vol. LIII. Norwood, NJ: Ablex.

Van Voorst, J. (1988). *Event structure*. Amsterdam: John Benjamins.

VanPool, C. S., and VanPool, T. L. (2009). The semantics of local knowledge: using ethnosemantics to study folk taxonomies represented in the archaeological record. *Journal of Anthropological Research*, 65(4), 529–554.

Varela, F. J., Thompson, E., and Rosch, E. (1991). *The embodied mind: cognitive science and human experience*. Cambridge, MA: MIT Press.

Velmans, M., and Schneider, S. (eds.) (2007). *The Blackwell companion to consciousness*. Oxford: Blackwell.

Ventola, E. (2000). *Discourse and community: doing functional linguistics*. Tübingen: Narr.

Verdi, M. P., and Kulhavy, R. (2002). Learning with maps and texts: an overview. *Educational Psychology Review*, 14(1), 27–46.

Veroff, J., Douvan, E., and Kulka, R. A. (1981). *The inner American*. New York: Basic Books.

Verschueren, J., Östman, J. O., and Blommaert, J. (1994). *Handbook of pragmatics*. Amsterdam: John Benjamins.

Vezin, L. (1980). Text organisation: supplied or constructed during learning, and acquired skills. *International Journal of Psycholinguistics*, 7(3), 63–80.

Vine, B. (2004). *Getting things done at work: the discourse of power in workplace interaction*. Amsterdam: John Benjamins.

Voithofer, R. (2006). Studying intertextuality, discourse and narratives to conceptualize and contextualize online learning environments. *International Journal of Qualitative Studies in Education*, 19(2), 201–219.

Von Cranach, M., Doise, W., and Mugny, G. (1992). *Social representations and the social bases of knowledge*. Lewiston, NY: Hogrefe & Huber.

Wade, S. E. (1992). How interest affects learning from text. In Renninger, Hidi, and A. Krapp (eds.), (pp. 255–277).

Wade, S., and Schramm, W. (1969). The mass media as sources of public affairs, science and health knowledge. *Public Opinion Quarterly* 33, 197–209.

Waern, Y. (1977). On the relationship between knowledge of the world and comprehension of texts: assimilation and accommodation effects related to belief structure. *Scandinavian Journal of Psychology*, 18(2), 130–139.

Wagner, W., Kronberger, N., and Seifert, F. (2002). Collective symbolic coping with new technology: knowledge, images, and public discourse. *British Journal of Social Psychology*, 41, 323–343.

Wake, D. G. (2009). Teaching expository text structures: using digital storytelling techniques to make learning explicit. In F. Falk-Ross, S. Szabo, M. B. Sampson, and M. M. Foote (eds.), *Literacy issues during changing times: a call to action* (pp. 164–188). Pittsburg, KS: College Reading Association.

Walton, D. N. (2002). *Legal argumentation and evidence*. Pennsylvania State University Press.

(2008). *Witness testimony evidence: argumentation, artificial intelligence, and law*. Cambridge University Press.

Wang, Q. (2001). Did you have fun: American and Chinese mother–child conversations about shared emotional experiences. *Cognitive Development*, 16(2), 693–715.

(2003). Emotion situation knowledge in American and Chinese preschool-children and adults. *Cognition and Emotion*, 17(5), 725–746.

Wegener, D. T., and Petty, R. E. (1998). The naive scientist revisited: naive theories and social judgment. *Social Cognition*, 16(1), 1–7.

Wegner, D. M., and Vallacher, R. R. (1981). Common-sense psychology. In J. Forgas (ed.), *Social cognition: perspectives on everyday understanding*. New York: Academic Press.

Welch, A. R., and Freebody, P. (eds.) (1993). *Knowledge, culture, and power: international perspectives on literacy as policy and practice*. London/Washington, DC: Falmer Press.

Wellman, J. L. (2013). *Organizational learning: how companies and institutions manage and apply knowledge*. Basingstoke: Palgrave Macmillan.

Wenger, E. (1998). *Communities of practice: learning, meaning and identity*. Cambridge University Press.

Werth, P. (1993). Accommodation and the myth of presupposition: the view from discourse. *Lingua*, 89(1), 39–95.

West, C. (1984). *Routine complications: troubles with talk between doctors and patients*. Bloomington, IN: Indiana University Press.

White, P. R. R. (2006). Evaluative semantics and ideological positioning in journalistic discourse: a new framework for analysis. In I. Lassen, J. Strunck, and T. Vestergaard (eds.), *Mediating ideology in text and image: ten critical studies* (pp. 37–67). Amsterdam: John Benjamins.

Wilen, W. W. (ed.) (1990). *Teaching and learning through discussion: the theory, research and practice of the discussion method*. Springfield, IL: Charles C Thomas.

Wilkinson, A., Papaioannou, D., Keen, C., and Booth, A. (2009). The role of the information specialist in supporting knowledge transfer: a public health information case study. *Health Information and Libraries Journal*, 26(2), 118–125.

Wilkinson, N. (2009). *Secrecy and the media: the official history of the United Kingdom's D-notice system*. London/New York: Routledge.

Williams, H. L., Conway, M. A., and Cohen, G. (2008). Autobiographical memory. In G. Cohen, and M. A. Conway (eds.), *Memory in the real world*, 3rd edn. (pp. 21–90). Hove and New York: Psychology Press.

Williams, J. P. (1991). Comprehension by learning-disabled and nondisabled adolescents of personal/social problems presented in text. *The American Journal of Psychology*, 104(4), 563–586.

Williams, N. M., and Baines, G. (eds.) (1993). *Traditional ecological knowledge: wisdom for sustainable development*. Canberra: Centre for Resource and Environmental Studies, Australian National University.

Williams, T. (2000). *Knowledge and its limits*. Oxford University Press.

Wilson, C. C., Gutiérrez, F., and Chao, L. M. (2003). *Racism, sexism, and the media: the rise of class communication in multicultural America*. Thousand Oaks, CA: Sage.

Winiecki, D. (2008). The expert witnesses and courtroom discourse: applying micro and macro forms of discourse analysis to study process and the 'doings of doings' for individuals and for society. *Discourse and Society*, 19(6), 765–781.

Wirth, U. (2002). *Performanz. Zwischen Sprachphilosophie und Kulturwissenschaft*. Frankfurt: Suhrkamp.

Wodak, R. (1984). Determination of guilt: discourses in the courtroom. In C. Kramarae, M. Schulz, and W. M. O'Barr (eds.), *Language and power* (pp. 89–100). Beverly Hills, CA: Sage.

(1989a). *Sprache und Macht – Sprache und Politik*. Vienna: Österreichischer Bundesverlag.

Wodak, R. (ed.) (1989b). *Language, power, and ideology: studies in political discourse*. Amsterdam: John Benjamins.

Wodak, R., and van Dijk, T. A. (eds.) (2000). *Racism at the top: parliamentary discourses on ethnic issues in six European states*. Klagenfurt, Austria: Drava Verlag.

Wodak, R., Johnstone, B., and Kerswill, P. (eds.) (2011). *The Sage handbook of sociolinguistics*. London: Sage.

Wodak, R., Khosravinik, M., and Mral, B. (eds.) (2013). *Right-wing populism in Europe*. London: Bloomsbury.

Wolfe, M. B. W., and Mienko, J. A. (2007). Learning and memory of factual content from narrative and expository text. *British Journal of Educational Psychology*, 77(3), 541–564.

Wolff, M. (2008). *The man who owns the news: inside the secret world of Rupert Murdoch*. New York: Broadway Books.

Wosnitza, M., and Volet, S. (2009). A framework for personal goals in collaborative learning contexts. In M. Wosnitza, S. A. Karabenick, A. Efklides, and P. Nenniger (eds.), *Contemporary motivation research: from global to local perspectives* (pp. 49–67). Ashland, OH: Hogrefe and Huber.

Wright, A. L., Bauer, M., Clark, C., Morgan, F., and Begishe, K. (1993). Cultural interpretations and intracultural variability in Navajo beliefs about breast-feeding. *American Ethnologist*, 20(4), 781–796.

Wright, C. (1993). *Realism, meaning, and truth*. Oxford, UK/Cambridge, MA: Blackwell.

Wuketits, F. M. (1990). *Evolutionary epistemology and its implications for humankind.* State University of New York Press.

Wuthnow, R. (1989). *Communities of discourse: ideology and social structure in the Reformation, the Enlightenment, and European socialism.* Cambridge, MA: Harvard University Press.

Wyer, R. S. (ed.) (1995). *Knowledge and memory: the real story.* Hillsdale, NJ: Lawrence Erlbaum.

(1996). *Ruminative thoughts.* Mahwah, NJ: Lawrence Erlbaum.

Wyer, R. S. (2004). The cognitive organization and use of general knowledge. In J. T. Jost, M. R. Banaji, and D. A. Prentice (eds.), *Perspectivism in social psychology: the yin and yang of scientific progress* (pp. 97–112). Washington, DC: American Psychological Association.

Wyer, R. S., and Srull, T. K. (eds.) (1984). *Handbook of social cognition.* Hillsdale, NJ: Lawrence Erlbaum.

Yaros, R. A. (2006). Is it the medium or the message? Structuring complex news to enhance engagement and situational understanding by nonexperts. *Communication Research*, 33(4), 285–309.

Yearley, S. (1992). Green ambivalence about science: legal-rational authority and the scientific legitimation of a social movement. *British Journal of Sociology*, 43(4), 511–532.

Yoon, S. A. (2008). An evolutionary approach to harnessing complex systems thinking in the science and technology classroom. *International Journal of Science Education*, 30(1), 1–32.

Young, M. F. D. (ed.) (1971). *Knowledge and control: new directions for the sociology of education.* London: Collier-Macmillan.

Zacks, J. M., and Sargent, J. Q. (2009). Event perception: a theory and its application to clinical neuroscience. In B. H. Ross (ed.), *Psychology of learning and motivation*, vol. 53 (pp. 253–299). Burlington: Elsevier.

Zacks, J. M., and Swallow, K. M. (2007). Event segmentation. *Current Directions in Psychological Science*, 16(2), 80–84.

Zacks, J. M., Tversky, B., and Iyer, G. (2001). Perceiving, remembering, and communicating structure in events. *Journal of Experimental Psychology: General*, 130(1), 29–58.

Zagzebski, L. T. (1996). *Virtues of the mind: an inquiry into the nature of virtue and the ethical foundations of knowledge.* Cambridge University Press.

Zammuner, V. L. (1981). *Speech production: strategies in discourse planning: a theoretical and empirical enquiry.* Hamburg: H. Buske.

Zanna, M. P., and Olson, J. M. (eds.) (1994). *The psychology of prejudice: the Ontario Symposium*, vol. 7. Hillsdale, NJ: Lawrence Erlbaum.

Zappavigna, M. (2013). *Tacit knowledge and spoken discourse.* London/New York: Bloomsbury Academic.

Zelezny, J. D. (1993). *Cases in communications law.* Belmont, CA: Wadsworth.

Ziman, J. M. (1991). *Reliable knowledge: an exploration of the grounds for belief in science.* Cambridge University Press.

Zimmermann, M. (2008). Contrastive focus and emphasis. *Acta Linguistica Hungarica*, 55(3–4), 347–360.

Zwaan, R. A. (1994). Effect of genre expectations on text comprehension. *Journal of Experimental Psychology: Learning, Memory, and Cognition*, 20, 920–933.

(1999). Situation models: the mental leap into imagined worlds. *Current Directions in Psychological Science*, 8(1), 15–18.

(2009). Mental simulation in language comprehension and social cognition. *European Journal of Social Psychology*, 39(7), 1142–1150.

Zwaan, R. A., and Radvansky, G. A. (1998). Situation models in language comprehension and memory. *Psychological Bulletin*, 123(2), 162–185.

Zwaan, R. A., and Taylor, L. J. (2006). Seeing, acting, understanding: motor resonance in language comprehension. *Journal of Experimental Psychology: General*, 135(1), 1–11.

부록

※ 각 장에서 저자가 인용한 글들의 원문을 인용한 차례에 맞추어 소개하기로
한다.

[부록1] 1장의 따옴글

1   Taxpayers funding £100,000 a day for failed asylum seekers

2   The taxpayer is spending more than £100,000 a day to house

3   failed asylum seekers who have no right to be in the country.

4   By Tom Whitehead, Home Affairs Editor

5   8:00 AM GMT 26 Dec 2011

6   The Home Office spent almost £40 million last year supporting

7   so-called "hard cases"-asylum seekers who have had their claims rejected

8   but cannot leave for one reason or another.

9   It is usually because of unsafe conditions in their home country, a

10   medical condition or they have launched a judicial review on a legal

11   point in their case.

12   But in the meantimes the taxpayer must fund their accommodation

13   and living allowances.

14   And the cost of the asylum seekers is growing after separate figures

15   showed the number of asylum seekers who are still awaiting a decision

16   and need accommodation increased in 2011.

17   Since Andrew Green, chairman of Migration Watch UK, said: "This

18   is a measure of the lengths to which people will go to stay in Britain.

19   "But in the end, if their cases fail they must leave or the credibility

20   of the whole system is completely undermined."

21   Under what is known as Section 4 support, asylum seekers who have

22   had their claim for shelter rejected but cannot currently return home

23   are given accommodation and living support. In the 12 months up to

24   September 2011, a total of 4,430 people were awarded such support

25   – the equivalent of 12 a day.

26   Some of those will have since left the country but others may be here

27   indefinitely if their particular circumstances do not change.

28   Over the period, the Home Office spent £38.2 million on Section

29   4 support or £104,658 a day.

30   To be eligible for such support, a failed asylum seeker must be destitute

31 and satisfy one of the following requirements.
32 They [are] taking all reasonable steps to leave the UK, cannot leave
33 because of a physical impediment to travel or for some other medical
34 reason, cannot leave the UK beause, in the Secretary of State's opinion,
35 no viable route of return is currently available or have applied for a
36 judicial review of their asylum application and been geiven permission
37 to proceed with it.
38 As well as accommodation, recipients are given a payment card, with
39 £ 35.39 per person a week, which is used to buy food and essential
40 toiletries.
41 However, they cannot use the payment card to obtain cash from a
42 cash point or card fuel.
43 It emerged in May that the public are paying more than £ 1 million
44 a month to "bribe" illegal immigration and failed asylum seekers to go
45 home.
46 Up to £ 74 million has been spent in the past five years on a voluntary
47 return scheme for those who have no right to remain in the UK. The
48 programme offers package worth up to £ 2,000 of "in kind" support,
49 such as help setting up home or a business, in return for them not fighting
50 removal.
51 Destitute asylum seekers whose cases are still being considered and
52 who are not detained are also given support.
53 Some 2,406 applicants were given such support in the first nine moths
54 of 2011 suggesting the annual total will be higher than the 2,551 awarded
55 it throughout the whole of 2010.

[부록2] 2장의 따옴글

(1) support(s) the decision of Her Majesty's Government that the United Kindom should use all means necessary to ensure the disarmament of Iraq's weapons of mass destruction; offers wholehearted support to the men and women of Her Majesty's Armed Forces now on duty in the Middle East.

(2) It is that, with history. we know what happened. We can look back and say. "There's the time; that was the moment' that' when we should have acted."

(3) Let me tell the House what I know. I know that these are some countries, or groups within countries, that are proliferating and trading in weapons of mass destruction — especially nuclear weapons technology. I know that there are companies, who are selling their equipment or expertise. I know that there are several countries — mostly dictatorships with highly repressive regimes — that are desperately trying to acquire chemical weapons, biological weapons or, in particualr, nuclear weapons capability. Some of those countries are now a short time away from having a serviceable nuclear weapons. This activity is not diminishing. It is increasing.

We all know that there are terrorist groups now operating in most major countries. Just in the past two years, around twenty different nations have suffered serious terrorist outrages. Thousands of people — quite apart from 11 September — have died in them. The purpose of that terrorism is not just in the violent act; it is in producing terror. It sets out to inflame, to divide, and to produce consequences of a calamitous nature. Roun the world, it now poisons the chances of political progress—in the Middle East, in Kashmir, in Chechnya and in Africa. The removal of the Taliban—yes—dealt it a blow. But it has not gone away.

(4) We have firsthand descriptions of biological weapons factories on wheels and on rails. We know that the fermenters look like. We know what the tanks, pumps, compressors and other parts look like.

(5) Because the outcome of this issue will now determine more than the fate of the Iraqui people who have been brutalised by Saddam for so long, important though those issues are. It will determine the way in which Britain and the world confront the central security threat of the 21st century, the development of the United Nations, the relationship between Europ and the United States, the relations within the European Union and the way in which the United States engages with the rest of the world. So it could hardly be more important. It will determine the pattern of international politics for the next generation.

(6) The inspectors probed.

(7) So we constructed this framework: that Saddam should be given a specified time to fulfil all six tests to show full cooperation; and that, if he did so, the inspectors could then set out a forward work programme that would extend over a period of time to make sure that disarmament happened.

[부록3] 3장의 따옴글

1   Racism is usually defined as views, practices and actions reflecting the
2   belief that humanity is divided into distinct biological groups called
3   races and that members of a certain race share certain attributes which
4   make that group as a whole lee desirable, more desirable, inferior and
5   superior.
6   The exact definition of racism is controversial both because there
7   is little scholarly agreement about the meaning of the concept "race,"
8   and because there is little agreement about what does and doesn't
9   constitute discrimination. Critics argue that the term is applied
10   differentially, with a focus on such prejudices by whites, and defining
11   mere observation of racial differences as racism. Some definitions
12   would have it that any assumption that a person's behavior would
13   be influenced by their racial categorization is racist, regardless of
14   whether the action is intentionally harmful or pejorative. Other
15   definitions only include consciously malignant forms of discrimination.
16   Among the questions about how to define racism are the question of
17   whether to include forms of discrimination that are unintentional, such
18   as making assumptions about preferences or abilities of others based
19   on racial stereotypes, whether to include symbolic or institutionalized
20   forms of discrimination such as the circulation of ethnic stereotypes
21   through the media, and whether to include the sociopolitical dynamics
22   of social stratification that sometimes have a racial component. Some
23   definitions of racism also include discriminatory behaviors and beliefs
24   based on cultural, national, ethnic, caste, or religious stereotypes.
25   Racism and racial discrimination are often used to describe
26   discrimination on an ethnic or cultural basis, independent of whether
27   these differences are described as racial. According to the United
28   Nations convention, there is no distinction between the terms racial
29   discrimination and ethnic discrimination, and superiority based on
30   racial differentiation is scientifically false, morally condemnable,

31 socially unjust and dangerous, and that there is no justification for
32 racial discrimination, in theory or in practice, anywhere.
33   In politics, racism is commonly located on the far right, along with
34 nativism and xenophobia. In history, racism has been a major part
35 of the political and ideological underpinning of genocides such as The
36 Holocaust, but also in colonial contexts such as the rubber booms
37 in South America and the Congo, and in the European conquest od
38 the Americas and colonization of Africa, Asia and Australia. It was
39 also a driving force behind the transatlantic slave trade, and behind
40 states based on racial segregation such as the USA in the nineteenth
41 and early twentieth centuries and South Africa under apartheid.
42 Practices and ideologies of racism are universally condemned by the
43 United Nations in the Declaration of Human Rights.

[부록4] 4장의 따옴글

1   The White House Jions the Fight

2   President Obama made good on the promise of his second Inaugural

3   Address on Thursday by joining the fight to overturn California's ban

4   on same-sex marriage. Having declared that marriage equality is part

5   of the road "through Seneca Fall and Selma and Stonewall," we can't

6   imagine how he could have sat this one out.

7   The administration's brief to the Supreme Court was a legally

8   and symbolically important repudiation of Proposition 8, the 2008

9   voter referendum that amended California's Constitution to forbid

10   bestowing the title of marriage on a union between two people of

11   the same sex—a right the California Supreme Court had found to

12   be fundamental under the State Constitution.

13   Like the arguments made by the lawyers for those who seek to

14   overturn Proposition 8, and by a group of prominent Republicans

15   earlier this week, the government's brief says any law attending to

16   ban same—sex marriage must be subjected to heightened scrutiny

17   because it singles out a class of Americans, historically subject to

18   discrimination, for unequal treatment.

19   The brief said California's civil unions law provides the rights and

20   protections of marriage, so Proposition 8's denial of the designation

21   of marriage "does not substantially further any important

22   governmental interest."

23   The government made mincemeat of the argument that same—sex

24   couples threaten "traditional" marriage. "Petitioners' central argument

25   is that Proposition 8 advances an interest in responsible procreation

26   and child—rearing because only heterosexual couples can produce

27   'unintended pregnance' and because the 'overriding purpose' of

28   marriage is to address that reality by affording a stable institution

29   for procreation and child—rearing," the brief said, "But, as this court

30   has recognized, marriage is far more than a social means of dealing

31   with unintended pregnancies."

32   Proposition 8, it said, neither promotes opposite-sex parenting nor
33   prevents same-sex marriage. In any case, "the overwhelming expert
34   consensus is that children raised by gay and lesbian parents are as
35   likely to be well adjusted as children raise by heterosexual parents."

36   The legal analysis advanced by the Obama administration leads
37   inexorably to the conclusion that all attempts to ban same-sex
38   marriage are inherently unconstitutional. But the administration
39   stopped short of declaring that truth, recognized earlier this week even
40   by the Republicans' brief. In fact, the administration said the court
41   need not consider the constitutionality of marriage bans beyond the
42   context of this particular scheme.

43   We don't know why the administration did not take the step.
44   Perhaps it was to allow Mr. Obama to go on asserting that the issue
45   of same-sex marriage shoud generally be left up to the states. We
46   hope the justice recognize the broader truth that Constitution does
47   not tolerate denying gay people the right to wed in any state*(New
48   York Times(NYT)*, Feberuary 28, 2013).

1	IMMIGRATION has brought huge benefits to Britain: from
2	polish heroes who fought for us during the war to West Indians
3	who helped us rebuild afterwards.
4	That's our island story—open, diverse and welcoming. I'm
5	immensely proud of it.
6	But we do this country's great history no favors unless we have
7	a sensible debate.
8	Sun readers know that immigration got out of control under
9	Labour.
10	Frankly, this country became a soft touch: 2.2 million more
11	people came in than went out.
12	Since Conservatives took office, we've worked hard to get things
13	more manageable.
14	And it's working: net migration is down by a third since the
15	last election.
16	But it's not just about numbers on a graph. It's also about making
17	sure that everyone who comes here pays their way and gives
18	something back.
19	Under Labour's immigration system, for example, it was legal
20	for those who overstayed visas to claim certain benefits.
21	That's not fair to people who already live here.
22	There's been a lot said about Bulgarians and Romanians coming
23	over next year.
24	We benefit from new countries joining the EU: they'll buy more
25	things from us and jobs will be created.
26	But as a government we have to make sure people come here
27	for the right reasons.
28	That's why today I'm announcing a number of new measures
29	on immigration.
30	Currently there is no limit to how long European Economic Area

31   nationals can claim benefits while looking for a job.

32   From now on, if they don't have a job after six months their

33   benefits will end unless they have a genuine chance of finding work.

34   We're also going to sort out council housing. Right now, some

35   new migrants expect taxpayers to pay for them to have somewhat

36   to live.

37   We're going to bring new rules in. People shouldn't qualify for

38   a council house unless they've lived here for at leat two years and

39   can show they're giving something back.

40   Currently, people from the EU can get free treatment on the NHS.

41   Under our plans, if you use our hospitals but don't pay our taxes

42   we will go after the costs in your home country.

43   Since I became Prime Minister, I've said that my Government will

44   back everyone who wants to get on in life.

45   And that's true whether your family have lived here for centuries

46   or you came last week.

[부록6] 6장의 따옴글

(1) 6.4 지엽적인 지식(들)

[W]e find something akin to IK everywhere, whether in the New Guinea Highlands, the floodplains of Bangladesh, or the Durham dales of England. It is equivalent to assuming that all humans have subsistence regimes, technology, language, that they manoeuvre for power, acknowledge kinship relations, entertain supernatural ideas, and so on—namely the assumption of certain universal attributes, which also long underpinned any ethnographic inquiry. (Sillitoe, 2010: 13)

(2) 6.4.1 문화와 지식과 권력

[W]e like to support our emotional attitude toward the so—called inferior races by reasoning. The superiority of our inventions, the extent of our scientific knowledge, the complexity of our social institutions, our attempt to promote the welfare of all members of the social body, create the impression that we, the civilized people, have advanced far beyond the stages on which other groups linger, and the assumption has arisen of an innate superiority of the European nations and of their descendants. The basis of our reasoning is obvious: the higher a civilization, the higher must be the aptitude for civilization; and as aptitude presumably depends upon the perfection of the mechanism of body and mind, we infer that White race represents the highest type. The tacit assumption is made that achievement depends solely, or at least primarily, upon innate racial ability. Since the intellectual development of the White race is the highest, it is assumed that its intellectuality is supreme and that its mind has the most subtle organization. (Boas, 1911/1938: 4~5)

(3) 6.6.5.1 아프리카에서 나온 사례

(1) The origin of emanduzau is from Maputo [Mozambique]. You will
find thar a Maputo man will come and settle in Swaziland[or South
Africa]. Because of our Swazi tradition, a person is welcome. Maybe
he eventually marries on of the daughters. Once they are integrated
into the community, once he dies here, he is integrated into the
community. Now the spirits of mandzawe, they connect to the spirit
··· to the family that he has been living with. This spirit is a go—
between, as he is a spirit that has come to settle because he is not
from this area; he comes from Maputo, and Beira [northern
Mozambique]. (Thornton, 2009: 27)

(4) 6.6.5.2 캘리포니아에 사는 라틴계 미국 거주 여성의 사례

(2) What I believe is that the delicate nature of the women inside is
also a cause. I heard a story in El Salvador about a woman who
··· when she went for her exam they told her she had cancer. People
said it was because her husband ··· was not careful when he had
[sexual] relations with her. He was very brusque with her, and he
scratched her a lot. And so it grew worse and she died. (California,
45-year-old Salvadorian immigrant, Chávez, et. al., 2001: 1118)

(3) When men have relations with other women and come and do it
with their wives, they are going to cause them to have a disease.
Men give their wives diseases, but they do not analyze what they
do, and unfortunately in this country we are in there is more
prostitution. There are women who do it for nothing more than to
pay the rent, that's all. But now even when the man does not fool
around, now also the woman goes out with men other than her
husband and they get infected and then they have children.

(33-year-old Mexican immigrant, Chávez, et. al., 2001: 1118)

(5) 6.6.5.3 미국 원주민으로부터 나온 사례

(4) [The elderly said] that breastfeeding was good. And [children] didn't get sick if you breastfed them too. They didn't really catch a cold or anything. After I got them off [the breast] it seemed like they all came down with colds and got sick all the time. (Wright et. al., 1993: 786)

(5) If the nursing came from the mother then there was no identity problem. The young child would automatically feel that that's the mother and there is that closeness. The child is more secure and also the child is stronger mentally for it, because of the attachment and the identification and the self-esteem for the child. [We] always felt that putting a child on a bottle was rather alien, not natural and we felt like you were rejecting your child by alienating it, by giving the child a bottle. There was no human comfort or the human stroking which was very beneficial to children. (Wright et. al., 1993: 786)

(6) Maybe it's the family environment Over there [where she had grown up] a family is a family. The environment was all right. May be that's what got me into doing it. Like over here, the family not a family. Mostly broken families over here. Over there the families stay together and all that. (Wright et. al., 1993: 786)

(7) For me, breastfeeding was the time to sit and be with my babies, just talk to them and hold them. That was about the only time I really got the chance to be with my babies. So that was very important for me, that time to get really close to them and just be with them. For me, bottle feeding is like you're holding them way over there

and ⋯ that's not really being close ⋯ I feel that you're showing them you love them when you're nursing them. (Wright et. al., 1993: 787)

(8) You see, if a baby is breastfed and partakes of the mother's bodily fluid, the child will be teachable. You see, when a baby doesn't partake of the mother's bodily fluid, it will have discipline problems. Babies that are bottle-fed have been fed the fluid of something other than the mother and [are] affected in this way. (Wright et. al., 1993: 787)

(9) I for one have spoken against it; this custom [bottlefeeding] was never given to be part of the Navajo way of life [doo shíí nihaa deet' áada biniinaa at'é]. You see, we as Navajo have done wrong by accepting this custom. Because of it our children have been affected, and [it has] disrupted their way of life. (Wright et. al., 1993: 787)

(10) My sister used to prop up the bottle against the pillow and into baby's mouth. She'll be doing other things like working and cooking, and the baby starts crying. She just puts the bottle into the baby's mouth. She doesn't pay attention, she just goes outside and milk she just leaking. (Wright et. al., 1993: 788)

(11) The present generation are now bottle-fed, and it is not beneficial. You see, their teeth are affected and they are weakened by bottle-feeding ⋯ This custom was never given to be part of the Navajo way of life. (Wright et. al., 1993: 788)

(12) My sister, she just stuck the bottle into her kids' mouth. But then her kids, they got constipated they got sick a lot; they got ear infections. Almost the very time I saw them they had a cold. Something always sick. It seems like every little bit of draft got them sick. (Wright et. al., 1993: 788)

(13) At the time I was very young and embarrassed to let anybody see it [her breast]. It seemed like I was shy at that time, and I was embarrassed I didn't want my husband to see it although he already knew, but it seems like he was going to make fun of me. (Wright et. al., 1993: 788)

(6) 6.6.6.1 네덜란드 사람 이야기

1   (14) (Van Dijk, 1984a: 86~97)

2   M: Since you are talking about that, it is a funny thing, well then I'll tell

3   you something funny. You know that sheep slaughtering. It's one of those

4   sad things. Well then, alright, and there live around the corner, there lived

5   a family, a Turk, and they always had a pretty daughter. But one day, that

6   lady who lives downstairs comes over to me and says "Do you know where

7   G. is?" And G., that was my mate, he was the building supervisor [of a

8   house across the road]. I said "Well, he is in the shed." "Well," she says,

9   "I've gotta talk to him for a minute." I say, "Ok, come with me," and we

10   go over there together. I say: "G, eh," I say, "The neighbor got to talk to

11   you." And he says: "Well, what is it?" And then she says: "It stinks in the

12   staircase." I say: "Well, let's go have a look." "And the drain is clogged too,

13   of the sink." [imitates voice of neighbor] Well, also look at that. But by then

     we'd already seen a sheep skin stashed away, hanging on the balcony.

14   ITER: Oh Gee!

15   M: You understand, they had slaughtered a sheep secretly in the shower.

16   W: Yes, 't was Ramadan.

17   M: You see, Ramadan. And everything that they couldn't get rid of, of that

18   animal, they had stuffed down that little pipe, you know

19   ITER: Of the drain

20   M: Of the drain

21   W: And that is the only story.

22   M: That whole thing was clogged. Opened up the thing. Police were there.

23   Look, who would DO a thing like that!

24   ITER: What, who, did those people ask the police? To interfere, or what,

25　what happened?

26　M: Yes, the police came.

27　W: You are not alLOWED to slaughter sheep at home, don't you KNOW that!

28　M: And what it also means is, who is going to pay for it.

29　W: 'f course!

30　ITER: Yes

31　M: Because, you can't do anything against that.

32　W: well, that's the only contact, that we once

33　M: And the funniest thing was, that was, so to speak not ⋯ Who would do a

34　thing like that? You wouldn't slaughter a chicken in your room, would you, and

35　ITER: No, they do it a lot in the slaughterhouse now.

36　M: But that is the only thing.

(7) 6.6.6.2 캘리포니아 사람 이야기

1

2　　(15) (A-TD-la, b) (Van Dijk, 1987: 75)

3

4　I: And the people who, who, do you have an idea about the people who

5　do the burglaries here. I mean, what kind of people would they do?

6　W: Well, one day ⋯ Yeah tell him about

7　M: A lot are Mexicans. I was home one time I had the flu, and uh I

8　came out to the kitchen to get myself a cup of tea, just in my pajamas,

9　and I happen to look out of the window, and I see them breaking in into

10　the house next door. At first I thought they were doing some work, that

11　he had hired somebody to wo가 at the windows and then I realized they

12　are breaking in. So I came to the garage door here, and I got a real good

13　description. I was terribly sick at the time, and I got a real good description,

　　at least one of them.

14　I: There were two?

15　M: There were three altogether.

16　I: Three!

17　M: And uh, people were in the yard there, and one was out here, and

18　I got a good description of him. He must have heard me, cause he took

19　off, and I thought well, uh I can grab that one, so I went out of the door,

20   but he was so fast, he was gone, he was down about there by the time
21   I get out of the door, and he ran around the block, and over the church
22   right behind us. And uh, so anyway, I called the police and gave them
23   a description, and it wasn't ten minutes, they had a car in the area
      apparently, he picked them up.
24   I: Really?
25   M: They were illegal aliens, Mexican.
26   W: They came over on the bus, didn't they?
27   M: Came over on the bus, and they had shopping bags, and they had
28   uh I don't know how many shopping bags stashed in the bushes.
29   W: They had twenty shopping bags stashed in the bushes.
30   M: Was it twenty?
31   W: Twenty.
32   M: In the church lot, near the church, behind the bushes. They had broken
33   into how many places was it?
34   W: I don't remember.
35   M: I think they said forty homes, up the hill and in the college area, uh
36   the way down to here, and they were working their way down here.
37   W: You wouldn't believe it.
38   M: And so they brought them back, and I identified them, this one feller,
39   and uh the police took him away, took him to jail and I was contacted
40   by the police department, by the attorney uh
41   W: prosecutor
42   M: prosecuting attorney, and he said that they were holding him for a
43   trial, and they would be, trial coming up such and such a date. Anyway,
44   uh it wasn't long after that, we got a letter, forget all about it, we sent
      him back to Mexico.
45   I: They wouldn't go through the hassle of doing, of trying him and uh
46   W: No
47   M: No
48   I: They just sent him back?
49   M: They just sent him back. Trying to (???) to the people, and just send
50   them back [laughs]. So this is what's done, they slap their wrist, and then
51   "naughty, naughty," and "go home now."

(16) Debate Argentic Senate(Van Dijk, 2009b: 27) (from Corina Courtis, María Inés Pacecca, Diana Lenton, Carlos Belvedere, Sergio Caggiano, (Corina Courtis, María Inés Pacecca, Diana Lenton, Carlos Belvedere, Sergio Caggiano, Diego Casaravilla, Gerardo Halpern, "Racism and Discourse: A Portrait of the Argentina Situation" (Van Dijk, 2009b: 13~55).

I would like to ask you, madam, not to get angry when we ask questions. We have been very patient, we have had all the patience in the world, and we still do. I ask you to listen because we have given you our full attention, It seems as if we were a state within another state, but the leading state does not try to study, to understand, or even to listen when we have the opportunity to express ourselves. You are doing things your way, from your culture, attempting to help us. We want you to work together with us. The first thing we should achieve, between the native and the Western peoples, is precisely that you understand everything that we are. We are not what the cencus will say, which was not done properly. The way we asked it to be done was not respected either. What we are requesting is that, above all, when we raise doubts or pur forward concrete demands, you consider us as directly interested parties, which is exactly what we are. And it would be very important for you, as leaders who have not been able to get rid of hunger in Argentina, where a hundred children die every day because of hunger and malnutrition, and many women in hospitals because there is no food, to hear what we, the native people, suggest. That is, that you listen to us and give us the possibility to have territories in which we can distribute the wealth we produce and apply the culture that we have. We ask no more than that; that is, to help you, as a Western people, to keep children from dying of hunger.

(17) (Van Dijk, 2009b: 34)

(from Corina Courtis, María Inés Pacecca, Diana Lenton, Carlos Belvedere, Sergio Caggiano, (Corina Courtis, María Inés Pacecca, Diana Lenton, Carlos Belvedere, Sergio Caggiano, Diego Casaravilla, Gerardo Halpern, "Racism and Discourse: A Portrait of the Argentina Situation" (Van Dijk, 2009b: 13~55).

The problems with these people is that they come to Buenos Aires and end up piled up in a shantytown. It would be better for them to stay in their village, for them to prosper here. We have to creat the conditions for them not to have to come. There they can make their little country house, keep chickens. They won't go hungry. However, here they don't have jobs, they don't know what to do and they become criminals. And they don't have jobs, because they want to earn too much. If not, anyone would take them to work in houses or to do odd jobs, but they are too pretentious. Those little black people, like Uncle Antonio's little maid, are too pretentious. And those are the people that Petrón brought, who are never satisfied.

(18) (Van Dijk, 2003)

Mr. Scioli: Mr. President, I want to emphasize the point that Mr. Deputy Pichetto is making, because the characteristics of the immigrants that today are arriving in out country, and especially in the large cities, have nothing to do with those of the Italian and Spanish immigrants who have made our country great, when they came to work and to found industries.

This is clearly reflected in the concrete case of the many crimes that are plaguing the city of Buenos Aires, with organized groups of criminals coming from other countries, and crowds of sick people filling our hospitals, with criminals occupying our houses and practicing prostitution.

Argentina now lives the other way round: we are exporting engineers and scientists, and we are importing criminals. This does not mean that I am against immigration. We have to take examples from other countries, like Spain, which takes the protection of its own seriously.

[부록7] 7장의 따옴글

(1) 7.3.2 담화 복합체와 서로 얽힌 덩잇글 속성

(3) WASHINGTON—President Obama's reelection campaign is beginning and intensified effort this week to build support among women, using the debate over the new health care law to amplify an appeal that already appears to be benefiting from partisan clashes over birth control and abortion. (*New York Times*, March 10, 2012)

이 책에는 저자의 서문이 없다. 각 장의 끝 부분과 마지막 8장에서 전체적인 논의들을 마무리하고 결론을 내리기 때문에 책의 내용을 별도로 요약할 필요 없으리라 생각한다. 여기서는 저자가 주장하고 있는 핵심적인 내용을 길잡이 삼아 정리하고 간략히 이 책의 의의를 살펴보기로 한다. 그 다음에 이 책에서 문제 삼고 있는 담화와 지식의 문제를 언급하기로 한다.

반 데이크의 모국어는 네덜란드 말인데, 이 책을 비롯하여 영어로 여러 권의 책을 출간하였다. 학자로서 그의 첫 출발은 텍스트 문법이었다 (1972년 암스테르담 대학의 학위논문 제목이 'Some Aspects of text grammars'였고, 뒤에 무턴(Mouton) 출판사에서 출간됨). 캘리포니아 버컬리 대학에서 박사후 과정을 마치고 암스테르담 대학에서 강사를 거쳐 1980년에서부터 2004년까지 그곳에서 교수로 봉직하였다. 은퇴 이후에 유럽의 여러 대학에서 방문교수를 거쳤다. 그의 학문 이력은 주로 담화 연구에 관련되어 있다. 1998년 이후 영어로 출간된 저서들은 이념과 권력, 인종주의와 같이 비판적 담화 분석의 대상이 되는 개념들을 다루고 있다. 실제로 1991년에 5명으로 된 비판적 담화 분석 연구 공동체가 꾸려질 때 페어클럽(Fairclough), 밴 리우벤(Van Leeuwen) 등과 함께 하였다.

이 책은 담화가 지식을 전승하고 널리 퍼뜨리며 재생산하는 데 중요한 역할을 하고 있다는 생각을 바탕으로 하고 있다. 이 책에서 주로 살피고 있는 대상들은 각 장의 제목에서 알 수 있듯이 담화와 지식을 인지(3장, 4장)와 사회(4장, 5장), 문화(6장)와 관계 그물 안에서 살핀다.

방대한 연구 문헌들을 살피고 검토하면서 담화와 지식의 관계를 다루는 논의들이 세 가지 요소 즉 인지와 사회, 문화를 연결하여 살피고 있지 않음을 비판하였다. 특히 지식은 믿음의 문제이며 믿음이 어떤 과정을 통해 지식으로 인정되는지를 밝히는 데 초점을 모으고 있다.

오늘날의 학문적 풍토에 비춰 본다면 인간의 삶과 관련되는 모든 연구들이 여러 학문에 걸쳐 있을 수밖에 없다는 생각을 갖게 된다. 이 책에서 다루고 있는 담화도 마찬가지이다. 즉 여러 학문에 걸친 연구들이 필요하다. 무엇보다 인간이 사회적 존재로서 종 고유의 특성을 보여준다는 점에서 그러하다. 그렇기 때문에 인지 이론, 뇌 과학, 심리학, 지식사회학과 같은 인접 학문의 도움이 필요할 뿐만 아니라 언어학에서도 형태론에서 음운론과 현대적 의미의 담화화용론 등이 필요하다. 특히 이 책에서 저자는 지식과 담화를 연구하는 방법으로 삼각 연구, 즉 사회학, 인지과학, 언어학의 협업이 필요하다고 강조한다. 그런 점에서 저자가 줄곧 비판하였던 학문적 풍토 즉 담화와 지식을 인지와 사회, 문화와 관련하여 살펴야 하는 당위성을 인정할 만하다.

다음은 담화와 지식에 대하여 뒤친이가 가진 생각들을 덧붙이기로 한다.[1]

1. 담화에서 지식의 성격과 역할

담화와 지식의 문제를 다루고 있는 논의는 많지 않다. 사회심리학(social psychology)이 생겨난 이래 성향이나 태도, 편견, 사회적 정체성과 집단들 사이의 관계 등의 주제를 탐구하는 동안 관심사가 아니었으며, 최근에 이르기까지 담화를 통한 지식의 재생산(discursive reproduction

---

[1] 이 자료는 허선익(2019ㄱ), 『비판적 담화분석과 국어교육』(경진출판)에서 다루었던 내용의 일부를 참고하였음을 밝혀둔다.

of knowledge)이라는 문제는 사회학이나 사회심리학의 중심 연구거리가 아니었다(Van Dijk 2014: 92). 그런 흐름은 1960년대 행동주의 몰락과 함께 심리학에서 인지적 관점이 부상하면서 미국에서 사회 인지적 관점을 통해 담화에서 사회정체성 이론이나 집단들 사이의 관계를 다루었고, 영국에서는 사회적 표상(social representation)에 대한 연구가 일어나면서 담화 공동체에서 공유되고, 정당화되며 일반적으로 받아들여지는 사회적 신념으로 자리매김된 지식의 역할과 본질에 관심을 갖게 되었다. 특히 이 책[Van Dijk(2014)]에서는 이들 문제뿐만 아니라 인식론적 공동체와 사회 전반에서 담화에서 나타나는 지식의 재생산에 관련되는 문제를 살피고 있다. 아울러 사회심리학, 언어심리학, 인지심리학과 인식론, 사회학, 인류학, 의사소통 연구, 신경심리학, 대화 분석, 비판적 담화 분석 등 여러 학문들이 어우러진 학제적 연구의 필요성을 강조하였다.

전통적으로 지식은 인식론의 범위 안에서 논의되어 왔다. 이 책에서 관심을 두고 있는 지식은 철학적인 관점(≒인식론적 관점)이거나 존재론적 관점이 아니라 담화적 관점이다. 좀 더 정확히 말하면 담화–지식의 접점을 이루는 측면에 있다. 이 관점에서 지식은 담화를 통한 상호작용의 공동 배경(common ground)이다. 대화가 부드럽게 진행되기 위해 필요한 경우를 생각해보면 분명히 드러나듯이, 여기에는 세상의 일에 대한 일반적인 지식과 특정의 경험에 매인 구체적인 지식이 필요하다. 일반적인 지식은 지금까지 언어심리학이나 인지심리학에서 가정하여 왔던 개념틀이나 각본 등이 있다. 구체적인 지식은 개인적인 경험을 통해 얻게 된 지식으로 상황에 매여 있는 속성이 강하다. 이와 같은 공동 배경으로서 지식은 개인적인 차원뿐만 아니라 사회적인 차원에서 쉼 없이 경신된다. 그런데 문제는 이와 같은 일반 지식과 구체 지식이 담화에서 어떻게 작용하는가 하는 것인데 이를 위해서 Van Dijk(2014)에서는 정신 모형(mental model)이라는 개념을 제안한다. 또한 일반적인 지식과 구체적인 지식은 어떻게 구별되는가

하는 문제도 제기될 수 있다. 여기는 신경심리학과 인지심리학에 의해 어느 정도 알려진 기억의 구분, 즉 의미 기억(semantic memory)과 구체적 사건 기억(episodic memory)으로의 구분을 통해 설명이 가능하다. 공적이고 사회적인 일반화된 지식은 Van Dijk(2014, 1장 5절)에 따르면 인식론적 공동체를 이루는 구성원들의 의미 기억에서 배분되고 공유되며 표상된다. 그에 비해 구체 지식은 개인의 정체성을 구성하는 중요한 부분이면서 개인적 경험이라는 사건을 통해 습득된다. 이는 구체적 경험 기억에서 정신 모형으로 표상된다. 한편 개인적인 경험들에 대한 주관적인 표상들이 정신 모형으로 저장될 때 환경에 관련된 상황은 더 이상 접속 가능하지 않지만 중요한 사건들과 생애 기간에 일어난 다른 사건들과 높은 수준의 모형으로 결합될 때 추상화되고 일반화된다(Conway, 2007; Van Dijk, 2014에서 재인용).

지식의 역할과 관련되는 두 번째 측면에서 강조하고자 하는 것은 Van Dijk(2014)에서 제시하고 있는 인식론적 공동체이다. 공동의 배경을 바탕으로 하는 담화 공동체라는 개념보다는 지식과 관련하여서는 인식론적 공동체를 염두에 둘 필요가 있으리라 생각한다. 인식론적 공동체는 어떤 사태에 대한 지식과 진리가 그 안에 있는 모든 인간의 인식과 상호작용, 담화의 토대로서 완벽하게 결합되어 있는 공동체를 의미한다. 즉 구성원들이 지식과 지식에 대한 기준들을 담화를 통해 수립하고 습득하며 변화시키고, 전제로 한다는 의미에서 공동체이다. 인식론적 공동체를 가정하는 Van Dijk(2014)는 지식의 상대성, 즉 공동체마다 지식에 대한 기준이 다르며, 그 공동체 안에서만 올바르고 정당화될 수 있음을 전제로 하고 있는 듯하다. 다른 말로 한다면 인식론적 공동체의 범위 안에서 진리라고 보장을 받은 지식이 다른 공동체에서는 부정되거나 사이비 과학, 심지어는 미신으로 해석될 수 있다는 의미이다.

지식이 인식론적 공동체의 담화를 통해 형성되고 재생산되며, 변하고 경신된다는 점을 바탕으로 하여 인식론적 공동체를 상정함으로써 지식의 형성과 변이에서 균질적이지 않는 공동체 안의 계층(≒계급) 관계와 그 역할을 고려해 볼 수 있게 되었다. 이는 비판적 담화 분석이라는 접근을 통해서 담화와 지식의 문제에 접근할 수 있는 가능성을 열어두었다. 아울러 서로 다른 인식론적 공동체가 충돌할 때 주도권을 쥐고 있는 어느 공동체가 지식의 기준을 정하고 참과 거짓을 결정할 가능성도 볼 수 있게 되었다. 다음에 나오는 '3'항에서 그런 인식론적 공동체의 다양한 범위, 즉 국가나 계급, 종교 등 다양한 차원에서 권력이 지식을 다스리는 범주를 확인해 볼 수 있다.

2. 지식으로서 낱말의 의미와 사용

담화에서 사용되는 낱말은 지식의 한 측면을 지닌다. 언어교육의 관점에 따라 어휘교육의 중요성에 대한 입장이 논란거리가 되기도 하였지만, 최근에는 어휘 교육의 중요성을 주장하는 입장이 우세를 보이고 있다. 낱말들은 세상에 대한 지식을 표상하는 데 중요한 수단이라는 근거를 뒷받침하는 사례들이 이와 같은 주장을 뒷받침하였다. 비판적 담화 분석에서는 낱말이 사용되는 방식에 대한 분석은 중요하다. 그것은 낱말의 의미가 고정되어 있지 않을 뿐만 아니라 그 사용에서 다양한 의미관계를 이루기 때문이다.

김병건(2017: 40)에 따르면 국내에서 이뤄진 담화 분석의 방법으로 가장 많이 이용되었다. 그 이유를 선택과 배제가 가능한 어휘 사용의 속성에서 비롯된다고 지적하였는데, 어휘 사용의 경향성과도 밀접한 관련이 있을 듯하다. 그에 따라 어휘에 대한 계량적 분석도 비판적 담화 분석의 한 축이 될 수 있으리라 생각한다.

먼저 비판적 담화 분석에서 유의 관계에 있는 낱말의 선택에 초점을 모을 수 있다. 이를테면 사람의 무리를 집단과 군중으로 일컬을 수 있다. 그렇지만 집단은 어떤 목적이나 의도를 갖고 모여 있는 사람들의 무리를 가리키지만, 군중은 우연히 같은 장소에 모여 있는 사람들의 무리를 가리킨다는 점에서 구별된다. 그에 따라 군중은 우발적인 돌출 행동이 나타날 수 있는 무리들이 된다. 한편 집단은 다음과 같은 색띠 (스펙트럼)를 지니고 있다. 무관심 집단, 무작위 참여집단, 선별된 이질 집단, 동질집단, 공동 작업 집단이 있다. 담화 맥락에서는 지식의 수준 과 사용하는 어휘 등에서 상당할 정도의 조정이 필요하다. 이를테면 설득해야 할 경우에 집단에 따라 시선 끌기, 관심 유발, 긍정적 인상, 확신, 행동지침을 전달하는 강도를 조정해야 한다.

인민(人民)이란 낱말을 생각해 보기로 한다. 인민은 사회구성원 일반 을 가리키는 말로 조선왕조실록에는 '국민'이 163회, '백성'이 1,781회 나오는 반면, '인민'은 2,504회 나온다고 한다. 이때 인민은 '나라나 사회를 구성하는 일반 사람, 국가를 구성하는 자연인'의 의미로 썼을 터이다. 이념의 대립이 오래 굳어진 오늘날 '인민'은 북녘에서만 쓰고, 남한에서 이를 쓰면 불온시하거나 좌익편향적인 사람으로 오해를 받 는다. 이는 1917년 러시아혁명으로 사회주의 국가가 등장하면서 계급 적 차원에서 다수의 국민(노동자, 농민, 지식인 등)을 인민으로 자리매김 하였는데 좌익과 우익의 맞섬이 날카로웠던 남한에서는 이 용어의 사 용을 금기시하였다. 고유어 가운데 동무라는 용어도 남한에서는 친구 라는 한자어로 대체되어, 거의 사용되지 않는다. 북녘에서 널리 사용된 다는 이유 때문이다.

3. 지식과 권력

지식과 권력의 관계는 '지식의 본질이 무엇인가'라는 물음에 대한 답을 찾으려는 여러 학자들에 의해 지적되어 왔다. 여기서는 인식론적 공동체에서 작용하는 구체적인 권력을 중심으로 하여 앞의 '1'항에서 언급한 인식론적 공동체가 여러 범주로 나타날 수 있음을 보여주려고 한다.

베이컨(Francis Bacon, 1561~1626)은 지식이 국가에 힘을 부여하고 정부가 지식을 통제한다고 지적하였고, 지식사회학의 대표적인 학자인 만하임(Karl Mannheim, 1893~1947)은 지식을 제약하는 여러 조건, 즉 계급뿐만 아니라 세대, 사회적 지위, 종파, 직업, 학파 등을 제시하고 지식인의 역할을 강조하면서 존재적 구속성 혹은 상황적 구속성이라는 개념으로 지식을 가진 집단의 사회적 지위가 지식과 긴밀히 연관된다고 보았다. 미셸 푸코(Michel Paul Foucault, 1926~1984)는 "권력 행사는 언제나 지식을 만들어내고, 지식은 늘 권력의 효과를 낸다."라는 말로 지식과 권력의 관계를 압축해서 표현하였다. 이는 권력이 지식을 규정하면서 세상을 정상과 비정상, 이성적인 것과 비이성적인 것으로 나누고 사람들로 하여금 이성적이고 정상적인 기준의 범위 안에 머무르게 한다(규율적 권력). 동시에 권력은 이런 기준에 맞는 지식을 생산하고, 다시 이 지식이 규율적 권력을 견고하게 작동하도록 뒷받침한다는 것이다. 부르디외(Pierre Bourdieu, 1893~1947)와 쿤(Thomas Kuhn, 1922~1996)은 이전의 인문과학과 사회과학의 지식뿐만 아니라 자연과학의 지식도 권력이나 주도적인 학문의 패러다임(보는 틀)에서 자유롭지 못함을 지적하였다. 피터 버크(2015/2017: 38)에서는 빅토리아시대(1837~1901)의 고전학자인 옥스퍼드 베일리얼 칼리지의 학장이었던 벤저민 조잇(Benjamin Jowett)을 풍자한 4행시를 소개하고 있는데 이는 전문적인 지식 사회라고 할 수 있는 대학에서조차 권력이 지식에 대한 통제력을 발휘하고 있음을 보여준다.

주도적 세력에 의한 지식의 통제 상황에서 만들어진 지식을 만하임의 용어를 따라 피터 버크(2015/2017: 65~68)에서는 '상황적 지식'이라고 불렀다. 만하임은 주로 계층과 세대의 측면에서 상황적 지식 즉 특정 시대와 장소, 공동체 내에 존재하는 일상에 묶여 있는 지식을 고려하였지만 종교와 종교, 국가와 국가, 문명권과 문명권 사이에서도 권력이 개입되어 나타나는 지식을 고려할 필요가 있다.

중세의 악명 높은 마녀 사냥을 언급할 필요도 없지만 푸코의 『장미의 이름』(1980)이라는 소설에서는 교회 권력에 의해 지식에 대한 독점과 접속 가능성 차단이 이뤄지는 은밀한 사례를 볼 수 있다. 종교 영역에서 지식에 대한 독점은 역사가 깊다. 잘 알려져 있다시피 원시시대 샤먼(무당)의 주술에서부터 중세시대 수도사들에 이르기까지 그와 같은 지식의 독점은 널리 퍼져 있었다. 지식의 독점으로 인한 폐해는 인류의 지적 자산에 대한 접속의 차단(이를테면 아리스토텔레스가 쓴 가상의 책 대해 이뤄짐)과 함께 관련 자료들의 폐기와 훼손일 터이다.

국가와 국가 사이에 권력(힘)에 의한 지식의 통제력은 우리나라에 대한 일본 제국주의 지배에서 뚜렷이 나타난다. 식민지 종주국인 일본은 자신들의 침탈을 정당화하기 위해 한국의 역사 전체를 왜곡하였다. 사료에 대한 뒤틀린 해석과 삭제, 훼손 등을 광범위하게 자행하였다. 수많은 사례들이 들 수 있지만, 그 가운데 대표적인 사례로 광개토대왕비에 대한 훼손을 들 수 있다. 이처럼 국가 권력은 특정의 지식과 정보를 인정하거나 거부함으로써 특정 시대와 장소에서 무엇이 지식과 학문으로 인정받을 수 있는지 결정한다.

좀 더 구체적으로 살펴보면 일본 제국주의는 우리나라 역사의 전체적인 얼개를 재구성하기 위해 조선사편찬위원회(1922년), 조선사편수회(1925년)를 세워서 1937년에 조선사(37권)를 발간하는 일련의 과정을 거쳤다. 무엇보다도 심각한 것은 식민지 종주국의 주도적인 권력에 의한 왜곡은 식민지 국가 안에서 관제 지식인의 양성에 의해 심화된다는 점이다. 관제 지식인들은 종주국 지식인에 기생하면서, 식민지 국가에서는 또 다른 지식을 재생산하고 지식인을 지배하는 데서 곁가지로 나타날 수 있는 문제점뿐만 아니라, 다른 민족이 아니라 동족이 그와 같은 식민사관에 바탕을 둔 지식에 동조를 보인다는 점에서 식민지 백성들에게 깊은 절망감과 자괴감을 느끼게 한다는 점에서도 문제가 심각하다. 우리나라의 경우 이와 같은 식민사관에 맞서서 이겨내려는 노력이 1960년대에 와서야 이뤄질 수 있었는데 그 과정에서 한국사의 많은 부분들이 잘려나가고 왜곡되었다. 식민 지배는 끝났지만 여전히 제국주의 종주국의 잔재들이 영향력을 발휘하고 있다. 아마도 일본이 동아시아를 침탈하면서 지배해 온 과거에 대해 성실하게 사과하거나 반성하지 않는 태도를 보이는 것도, 오리엔탈리즘에서 벗어나지 못하는 다수의 서구 유럽인들과 마찬가지로, 과거 자신들이 재구성해 놓은 식민국가의 역사를 사실인 것처럼 믿고 있기 때문일 것이라는 생각이 든다. 여전히 동아시아가 자신들의 식민지이고 침탈해야 하는 영역으로 남아 있는 것이다. 고구려 역사에 대해 중국 정부에서 하고 있는 동북공정도 자료의 발굴과 해석의 과정에서 역사 지식의 영역을 침탈하는 행위로 번질 수 있음을 이와 같은 맥락에서 늘 경계해야 할 필요가 있다.

한 문명권 안에서 이뤄지는 권력에 의한 지식의 통제와 주도권 행사는 문명들 사이에서도 발견되는데 이를 보여주는 사례로 팔레스타인 출신의 미국 평론가 사이드(Edward Said, 1935~2003)의 연구를 들 수 있다. 그는 유럽 제국주의 역사관에 의해 동양의 역사가 얼마나 왜곡될 수 있는가를 보여주는 『오리엔탈리즘』(1980)을 통해 동양에 대한 지식이 서구인들의 우월의식에 의해 만들어지고 이것이 다시 유럽인들뿐만 아니라 동양인들에게도 영향을 미치고 있음을 보여준다. 그리고 그와 같은 인식이 오늘날에도 여전히 자리 잡고 있음을 구체적으로 보여주고 있다.

지식과 권력에 관련하여 비판적 담화 분석이 필요한 이유가 좀 더 분명해진다고 생각한다. 비판적 담화 분석이 추구하는 바가 담화(혹은 담론)와 삶의 일치이며, 비판적 담화 분석가는 그와 같은 일치를 위해 실천하는 사람이라는 점이다. 담화로 포장된 지식의 실체를 규명하고 재생산과 확대의 과정을 감시하고 비판하는 노력이 필요하다면 비판적 담화 분석은 그와 같은 일을 하는 데 적합한 도구가 될 것이다.

지금까지 언급한 지식과 권력, 담화의 관계를 다음과 같은 그림으로 정리할 수 있다.

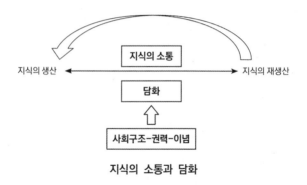

지식의 소통과 담화

　사회구조와 권력, 이념은 담화 산출과 이해의 하부구조이다. 물론
이 관계는 담화가 다시 사회구조와 권력, 이념의 유지와 형성에 영향을
미치기 때문에 한 방향의 관계를 이루고 있지는 않다. 담화를 통해
지식이 소통이 되는데, 지식의 소통은 긍정적인 측면에서 학습을 들
수 있다. 그렇지만 담화 공동체 안에서 사회구조에 따라 구성되어 있는
권력과 이념의 작용으로 부정적인 지식(예컨대 식민사관)의 확산과 재
생산이 이뤄지고 있다. 이와 같은 부정적인 지식은 사회 인지적 통제를
통해 강화되며, 개념적 통제를 통해 합리화되고, 다양한 모습의 조작
(manipulation)을 통해 굳어지고 대물림된다. 맨 위의 화살표는 긍정적
이든 부정적이든 지식이 만들어지고 나면 그에 따라 재생산이 이뤄지
고, 이것이 다시 순환하면서 지식의 확장으로 이어질 수 있음을 나타낸
다. 토마스 쿤의 과학혁명에서 뚜렷이 드러난 지식의 범주, 즉 기존의
패러다임을 중심으로 한 과학적인 사실의 발견이 이뤄진 다음에 새로
운 패러다임으로 그에 따른 지식의 축적이 이뤄지는 사례들이 그러한
예에 든다. 예컨대 뉴턴의 중력에 의한 지식의 발견이 패러다임의 변화
로 인해 아인슈타인의 상대성 이론, 또 그 다음에 양자 이론에 의해
지식이 쌓여가는 것과 같다. 또한 일본 제국주의에 의한 식민사관은
수많은 조선의 지식인이 참여하여 새로운 지식을 재생산하게 하였다.
그 뒤 민족주의 사관과 사회경제사학에 의해 이를 극복하기 위한 노력들이 계속 이뤄지는 경우를 들 수 있다.

이 그림에서 비판적 담화 분석은 지식의 생산과 재생산에도 눈길을 주어야 하지만, 재생산된 지식이 다시 또 다른 지식의 생산으로 이어지는 데 작용하는 사회적 토대를 밝히기 위한 노력을 해야 함을 함의한다. 아울러 재생산된 지식의 성격을 밝히기 위한 학제적 연구의 방법을 폭넓게 찾아보아야 한다. 그런 점에서 이 책이 시사하는 바가 크다고 생각한다.

어느 시대에나 해결해야 할 여러 문제들이 있고, 그것을 깨닫고 해결하는 방법을 찾는 이들을 지식인 혹은 지성인이라고 생각한다. 교산 허균이 그러했고, 연암 박지원, 조지 오웰 등의 선각자들이 그러하였다. 그렇지만 이들도 자신의 시대와 지역의 한계를 벗어나지 못했다는 점을 생각해 볼 필요가 있다. 반 데이크(Van Dijk)나 페어클럽(Fairclough) 등 서구의 지식인들이 문제로 삼는 것은 정도의 차이는 있지만 자신의 나라 안에서 일어나는 문제와 관련이 깊었다. 담화와 지식의 문제는 일차적으로 같은 동아리 안의 문제에 관심을 가져야 할 것이다. 그렇지만 중국과 미국, 일본의 열강에서 고군분투하고 있는 우리나라의 처지를 고려한다면 이런 지식인들이 다루고 있는 문제를 넘어서 우리나라의 지식인에게는 또 다른 고민거리가 있다고 생각한다. 식민지 잔재의 청산, 제국주의 부활의 시도, 신자유주의적 패권과 팽창주의 이런 모든 문제들이 담화와 관련되어 있다. 또한 종교 분야에서 왜곡된 권력화와 관련된 담화의 문제도 있다. 이런 문제들을 자각하고 해결 방안을 찾는 출발점은 결국 비판적 담화 분석으로부터 비롯된다는 생각을 뒤친이만 하고 있지는 않으리라 생각한다.

김병건(2017), 「담화분석 연구 동향 분석」, 『어문론총』 73, 31~62쪽.

허선익(2019), 『비판적 담화분석과 국어교육』, 경진출판.

Burk, P. (2015), *What is the History of Knowledge?*; 이상원 옮김(2017), 『지식은 어떻게 탄생하고 진화하는가?』, 생각의날개.

Foucault, M. (1980). *El nombre de la Rosa*; 이정우 옮김(2009), 『장미의 이름』, 열린책들.

Said, E. W. (1980), *Orientalism*; 박홍규 옮김(2015), 『오리엔탈리즘』, 교보문고.

Conway. A. (ed.)(2007), *Variation in Working Memory*, Oxford University Press.

Van Dijk (2014), *Discourse and Knowledge*, Cambridge University Press.

찾아보기

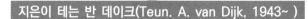

지은이 테는 반 데이크(Teun. A. van Dijk, 1943~)

- 네덜란드의 암스테르담 자유대학에서 학부를 졸업하고, 암스테르담 대학에서 문학석사(1968), 박사학위(1972)를 받음.
- 2004년까지 암스테르담 대학의 교수로 있었으며 그 뒤 2014년에 물러날 때까지 바르셀로나(Barcelona) 대학, 팜퓨 파브라(Pampeu Fabra) 대학의 방문 교수를 지냄.

이 책은 현재 그의 누리집인 www.discourse.org에서 찾을 수 있는 가장 최근의 책(2014년 출간)이며, 그의 저서 중 비교적 최근에 영어로 출간된 책은 다음과 같다.

- 2008년 *Discourse and Context: A sociocognitive approach* (Cambridge University Press)
- 2008년 *Discourse and Power*(Palgrave-MacMillan)
- 2005년 *Discourse and racism in Spain and Latin America*(Benjamins)
- 2003년 *Ideology and discourse: A Multidisciplinary Introduction*(on Website)
- 1998년 *Ideology*(Sage)

뒤친이 허선익

경남 합천에서 태어나 경상대학교 사범대학 국어교육과를 졸업하고 그곳 대학원에서 국어교육학을 전공하였다(교육학박사). 1990년 경상남도 거창의 웅양중학교를 시작으로 하여 지금은 경상대학교 사범대학 부설고등학교에 근무하고 있다. 현장에서 지금까지 30여 년 동안 국어교육을 실천하면서 그 동안 지은 책으로『국어교육을 위한 말하기의 기본 개념』(2013, 경진출판),『비판적 담화분석과 국어교육』(2019, 경진출판),『국어교육을 위한 현장 조사 연구 방법론』(2019, 휴머니스트)이 있으며, 뒤친 책으로『쓰기 이론과 실천사례』(2008, 박이정),『읽기교육과 현장조사 연구』(2014, 글로벌콘텐츠),『듣기교육과 현장조사 연구』(2014, 글로벌콘텐츠)가 있다.

거시언어학 11: 담화·텍스트·화용 연구

담화와 지식: 사회 인지적인 접근
Discourse and Knowledge: A Sociocognitive Approach

©경진출판, 2020

1판 1쇄 인쇄__2020년 04월 20일
1판 1쇄 발행__2020년 04월 30일

지은이__테는 반 데이크(Teun A. van Dijk)
뒤친이__허선익
펴낸이__양정섭

펴낸곳__경진출판
　　　　등록__제2010-000004호
　　　　이메일__mykyungjin@daum.net
　　　　블로그(홈페이지)__mykyungjin.tistory.com
　　　　사업장주소__서울특별시 금천구 시흥대로 57길(시흥동) 영광빌딩 203호
　　　　전화__070-7550-7776 팩스__02-806-7282

값 40,000원
ISBN 978-89-5996-736-0 93370

※ 이 도서의 국립중앙도서관 출판예정도서목록(CIP)은 서지정보유통지원시스템 홈페이지(http://seoji.nl.go.kr)와 국가자료
　공동목록시스템(http://www.nl.go.kr/kolisnet)에서 이용하실 수 있습니다. (CIP제어번호: 2020013733)